移民社会学研究

実態分析と政策提言
1987−2016

駒井 洋
Komai Hiroshi

A Study of Sociology of Migration

Empirical Research and Policy Proposal 1987-2016

明石書店

移民社会学研究

実態分析と政策提言
1987-2016

*

目　次

はしがき ……………………………………………………………………… 11

序章　移民社会学の提唱 ……………………………………………… 13

第1節　日本における移民社会学の展開と移民政策 …………………… 13
1. はじめに　2. 90年体制の成立　3. 外国人労働者の就労と生活
4. 移民包摂政策不在のもとでの適応（1）――地域的集住
5. 移民包摂政策不在のもとでの適応（2）――エスニック集団による差異
6. 移民第二世代の教育問題の浮上　7. 移民にたいする政治的権利の付与
8. おわりに

第2節　30年にわたる実態分析と政策提言 ……………………………… 28
1. 1980年代後半から1990年代初頭　2. 1990年代初頭から現在

第Ⅰ部　1980年代後半までの外国人労働者 ……………………… 35

第1章　外国人労働者の激増 ……………………………………………… 37
第1節　外国人労働者の流入史（1）――在日韓国・朝鮮人 ………… 37
第2節　外国人労働者の流入史（2）――新来外国人労働者 ………… 45
第3節　外国人労働者の激増 …………………………………………… 47

第2章　外国人労働者の流入のしかた ………………………………… 58
第1節　あっせんブローカーの役割 …………………………………… 58
第2節　就学生という名の労働者 ……………………………………… 65
1. 就学生の流入と就労の実態　2. 就学生の日常生活
3. 日本語学校対策の迷走
第3節　低賃金労働力としての研修生 ………………………………… 79

第3章　産業別の実態分析 ………………………………………………… 89
第1節　性産業 …………………………………………………………… 89
第2節　製造業 …………………………………………………………… 96
1. 中小下請け製造業での就労　2. エスニック集団別の就労実態
第3節　建設業 …………………………………………………………… 113

1. 労働力不足に起因する非正規就労　　2. 職種・就労経路と居住
　　　3. エスニック集団別の就労実態
　　第4節　サービス産業 …………………………………………………………… 128
　　第5節　その他の産業と結論 …………………………………………………… 138
　　　1. その他の産業　　2. 産業構造の底辺に組みこまれた外国人労働者

第4章　外国人労働者の居住の様態 ……………………………………… 144

第5章　送り出し国の状況 …………………………………………………… 150
　　第1節　第二次大戦後の送り出しの3段階 ………………………………… 150
　　第2節　国策としての労働力輸出——パキスタンとフィリピン ………… 152
　　　1. パキスタン　　2. フィリピン
　　第3節　韓国の「人力進出」 …………………………………………………… 161
　　第4節　中国の「労務輸出」と強い出国熱 ………………………………… 166
　　第5節　その他のアジアの送り出し国とアジアの受け入れ国 …………… 172
　　　1. その他のアジアの送り出し国　　2. アジアの受け入れ国

第6章　欧米の外国人労働者政策の変遷 ………………………………… 183
　　第1節　期限付き雇用政策の挫折——西ドイツとフランス ……………… 183
　　第2節　植民地支配の遺産——イギリス ……………………………………… 189
　　第3節　その他のヨーロッパ諸国 ……………………………………………… 192
　　第4節　原則自由から原則禁止へ——アメリカ ……………………………… 195
　　第5節　人権擁護の諸方策 ……………………………………………………… 197

第7章　政策提言 ………………………………………………………………… 208
　　第1節　鎖国論と開国論の問題点 ……………………………………………… 208
　　第2節　難民の実質的締め出し ………………………………………………… 216
　　第3節　受け入れ容認に傾斜した世論 ………………………………………… 218
　　第4節　外国人労働者「必然論」の提唱 ……………………………………… 227
　　第5節　緊急政策・中期政策・長期政策 ……………………………………… 228
　　　1. 緊急政策　　2. 中期政策　　3. 長期政策

第Ⅱ部　90年体制下の外国人労働者・移民── 1990年代前半の状況
.... 235

第1章　90年体制確立期の外国人労働者・移民の概況......... 237

第1節　90年体制の確立と外国人労働者・移民の変容............ 237
1. 90年体制の概要　2. 外国人労働者・移民の変容　3. 景気後退の影響
4. 肯定的世論の停滞

第2節　1990年代初頭の産業別就労実態............ 258
1. 雇用と賃金の概況　2. 建設業　3. 製造業　4. 性産業　5. サービス産業
6. その他の産業

第3節　ラテンアメリカ日系人の就労・生活と来日事情............ 265
1. 就労と生活　2. 来日事情

第4節　1990年代前半の在日外国人の国籍と在留資格............ 272

第5節　外国人労働者・移民の犯罪と管理強化............ 278

第6節　自治体の役割の増大と労働運動の萌芽............ 281

第7節　1990年代初頭のアジアの送り出し国と受け入れ国............ 285
1. 送り出し国　2. 受け入れ国

第8節　1990年代初頭の欧米の外国人労働者政策............ 289

第2章　研修・技能実習制度の乱用............ 293

第1節　技能実習制度と国際研修協力機構の創設............ 293

第2節　90年体制確立期における研修生による偽装就労の実態............ 296
1. 研修生受け入れ企業にたいする質問紙調査
2. 受け入れ・送り出し企業および研修生にたいするインタビュー

第3節　海外進出企業と研修生──タイの事例............ 322
1. 聞き取りの内容　2. 聞き取り結果の整理

第3章　外国人労働者・移民の属性と類型............ 331

第1節　エスニック集団別比較──神奈川県の事例............ 331
1. 属性　2. 就労状況　3. 定住化と同国人ネットワークの形成　4. 要約

第2節　非正規就労者の実態──イラン人を例として............ 339
1. 擬似亡命派の重要性　2. イラン革命がもたらしたもの
3. 差別にもかかわらず滞在しつづける　4. ネットワークの形成

第3節　非労働移民の登場 ………………………………………………… 345

第4章　定住化の開始とエスニック・コミュニティの形成 …… 351

第1節　定住化の開始 ……………………………………………………… 351
第2節　アイデンティティの危機 ………………………………………… 356
第3節　エスニック・コミュニティの形成 ……………………………… 358
第4節　居住の様態 ………………………………………………………… 364

第5章　包括的包摂政策不在のもとでの共生の模索 ……………… 366

第1節　自治体、NPO、コミュニティ・ユニオンの役割 …………… 366
　1. 非国家性と非営利性　2. 自治体の国際政策　3. 行政課題とそれへの取り組み
　4. 地域コミュニティにおける共生の条件　5. NPO、NGOの重要性
　6. コミュニティ・ユニオンの意義
第2節　「段階的市民権」を提唱する ………………………………… 384
　1. 基本的人権の尊重　2. 「段階的市民権」を提唱する

第Ⅲ部　移民の定住化──1990年代後半から2000年代前半まで
………… 397

第1章　移民の概況 ……………………………………………………… 399

第1節　出身国（地）と在留資格 ………………………………………… 399
第2節　各移民集団の属性 ………………………………………………… 407
第3節　景気後退下での就労の継続と労働条件の悪化 ……………… 409
第4節　定住化と生活問題 ………………………………………………… 414
第5節　世論の拒否傾向と外国人犯罪 ………………………………… 421

第2章　多文化をもつ移民の日本社会への貢献 ………………… 424

第1節　多文化共生社会をどう建設するか ……………………………… 424
　1. 多文化主義の意義　2. 移民受け入れ3ヵ国における多文化主義政策
第2節　移民の価値意識 …………………………………………………… 428
　1. 地球市民的価値意識の5次元　2. 移民が住みにくい日本
　3. 日本社会の良い点　4. 日本社会の閉塞状況をいかに打破するか

第3節　「住みわけ」と「潜在化」から「共生」へ……………………… 441
　　第4節　日本のムスリム社会を歩く……………………………………… 445
　　　1. 日本のムスリムの歴史　2. 日本のムスリムの状況　3. 宗教施設の活動
　　　4. 日本のムスリム社会の今後の展望

第3章　ラテンアメリカ日系人の定住化の諸相…………………… 460

　　第1節　ブラジル人移民の定住化の進展………………………………… 460
　　　1. はじめに　2. 帰国意志をもちながらの定住化　3. 将来展望
　　第2節　移民労働者の地域移動——東海圏を中心に…………………… 464
　　　1. 移民労働者の地域分布　2. 移民労働者の地域分布の推移　3. 要約と結論
　　第3節　ラテンアメリカの日系諸社会におけるデカセギの評価……… 469
　　　1. 問題の所在と調査方法の吟味　2. 調査対象3ヵ国の概観
　　　3. 中間層流出論は成立するか　4. デカセギが日系社会に与えた影響の評価

第4章　ベトナム人研修生の送り出しのメカニズム……………… 482

　　第1節　失踪問題の深刻化………………………………………………… 482
　　第2節　ベトナムの労働力輸出の歴史と概況…………………………… 483
　　第3節　頻発する詐欺と搾取……………………………………………… 487
　　第4節　労働力輸出企業の概況…………………………………………… 488
　　第5節　労働力輸出企業の事例…………………………………………… 491
　　第6節　日本での研修生・技能実習生の事例…………………………… 493
　　第7節　韓国、旧東ドイツへの出稼ぎ者の事例………………………… 495
　　第8節　結語……………………………………………………………… 496

第5章　移民第二世代問題の浮上…………………………………… 499

　　第1節　移民第二世代の教育問題………………………………………… 499
　　第2節　移民第二世代としての中国帰国者二世・三世………………… 506

第6章　日本国籍取得者の動機とアイデンティティ……………… 514

第7章　低迷する移民受け入れ……………………………………… 518

　　第1節　新たな移民導入論の登場——その混乱と矛盾………………… 518
　　　1. 移民政策論争の再燃　2. 少子高齢化対策としての移民導入の非現実性
　　　3. 外国人排除論の台頭　4. 外国人の低賃金労働者を導入すべきか

5. 高度な人材をどう獲得したらよいか　　6. 看護・介護分野とメイド
　第2節　難民受け入れの立ち遅れ ································· 531

第8章　自治体、NPOの取り組みと在留特別許可の要求 ······· 535
　第1節　自治体、NPO、市民運動 ······························· 535
　　1. 基礎的自治体による取り組みの展開　　2. 台頭するNPOと市民運動
　第2節　非正規滞在者による在留特別許可の要求 ················· 544

第Ⅳ部　移民・ディアスポラの歴史的展開 ························ 549

第1章　グローバルな移民・ディアスポラの歴史 ··············· 551
　第1節　唐、オスマン、ローマ3帝国の文化的開放性 ············· 551
　　1. はじめに　　2. 唐帝国　　3. オスマン帝国　　4. ローマ帝国　　5. むすび
　第2節　ナチスによるユダヤ人迫害
　　　　　──ディアスポラとしての歴史を背景として ············· 559
　　1. はじめに　ナチス型のレイシズムをどのように把握するか
　　2. ヒトラーのユダヤ人迫害の軌跡　　3. ユダヤ人はなぜレイシズムの標的にされたのか
　　4. レイシズムの担い手──階級脱落者（デクラッセ）、一般大衆、役人
　　5. 2010年代の日本への教訓
　第3節　新大陸のブラック・ディアスポラ ······················· 574
　　1. はじめに　　2. 起源としての奴隷貿易　　3. カリブ海地域のブラック知識人・運動家
　　4. アメリカのブラック知識人・運動家　　5. ブラジルとカナダにおけるブラック音楽
　　6. 要約と結論
　第4節　ヨーロッパ、ロシア、アメリカからの帝国ディアスポラ ····· 585
　　1. ディアスポラ研究における欧米とロシアの諸帝国の意義　　2. 初期的諸帝国
　　3. 本格的諸帝国　　4. 諸帝国から入植地への労働力としての移動
　　5. 最終帝国アメリカの特異性　　6. 帝国主義との訣別の可能性
　付論：アジア系日系人 ··· 594

第2章　1980年代までのグローバルな労働移民と難民 ········· 596
　第1節　労働移民の理論 ······································· 596
　第2節　モノカルチュア期の移動 ······························· 600

第3節　産業化期の移動 …………………………………… 604
第4節　底辺階級への転成 ………………………………… 619

第3章　北米における移民ヒエラルヒーの実態分析 …………… 628

第1節　ハワイのサモア人移民──社会福祉への依存 ………… 628
　1. はじめに　2. ハワイにおけるサモア人　3. クヒオ・パーク・テラスでの生活実態
　4. 社会福祉への依存をどう説明するか
第2節　カナダの非白人系移民にたいする人種差別 ……………… 633
　1. 非白人系移民の登場　2. 垂直なモザイク
　3. 非白人系移民にたいする人種差別
第3節　トロントのシク移民──頭脳流出の事例 ………………… 643
　1. 高い資質をもつシク移民　2. 移動による地位の低落　3. カナダへの定着

第4章　BRICs諸国からの高学歴移民の空間的可動性 ……… 650

第1節　グローバルノマドの類型 ………………………………… 652
第2節　なにがグローバルノマド類型を決定するか ……………… 655
第3節　グローバルノマド類型と出身国 ………………………… 657
第4節　出身国の開発にたいする貢献の可能性 ………………… 662

終章　多文化共生社会への途 ……………………………… 669

第1節　エスニック概念の成立 …………………………………… 669
第2節　多文化主義への逆風 ……………………………………… 671
第3節　コスモポリタニズムとナショナリズム ………………… 673
第4節　複合民族論、単一民族主義、「公定」多文化共生主義 … 679
第5節　社会的統合から社会的包摂へ …………………………… 682

あとがき ……………………………………………………………… 683

初出一覧 ……………………………………………………………… 684
参考文献 ……………………………………………………………… 685
事項索引 ……………………………………………………………… 708
人名索引 ……………………………………………………………… 713

はしがき

　本書は、日本における外国人移民の実態を述べ、それに基づいて政策提言をおこなうことを目的とする。移民という言葉は、従来日本では主として日本からの出移民にたいして用いられ、日本への入移民をさすことはあまりなかった。しかしながら、1970年代末から日本に労働者として大規模に流入しはじめた外国人たちの相当部分は、日本での定住化が進み、移民と呼ばれるにふさわしい存在へと転化した。

　日本に来住する外国人にたいして移民という言葉がほとんど使われなかった理由としては、日本の外国人にたいする政策が、いわゆる高度な人材を別にして、原則的に外国人の受け入れを拒否してきたことがあげられる。帰国を前提とする期限付きの労働者のための技能実習制度や、難民の実質的な締めだしは、その典型的な例である。そのため、現実に存在している移民が、政策的には無視されてきたのである。

　このような事態を反映して、筆者が専攻する社会学分野でも「移民社会学」という語はいまだ使用されたことがなかった。これまで比較的多用されてきた「国際移動の社会学」では、社会学の本領である人間的・社会的なニュアンスを伝えることがむずかしい。本書のメインタイトルをあえて『移民社会学研究』としたのは、移民についての社会学的研究をさすのに、この語の採用がもっとも適切であると考えたからである。

　移民社会学の内容を思いつくままにあげるとすれば、出身国から日本への移動のしかた、日本での就労・居住・生活実態・家族形成・コミュニティ形成など、価値意識や行動様式、受け入れ側の日本社会の反応、日本人との関係、差別や人権の侵害、支援者としての自治体・NPO・コミュニティユニオンなど、移民の社会運動、日本国籍の取得、移民第二世代の問題とりわけ教育や文化変容、出身国との関係などがあろう。

　本書のサブタイトルのあとに「1987-2016」とつけたのは、1986年以前にも筆者は東南アジアや北アメリカで移民についての断片的な調査研究をおこなったことはあったが、グローバルな数世紀にわたる国際労働力移動についての本

格的な移民社会学的論文をはじめて執筆したのが、1987年だったからである。本書はそれ以降2016年にいたるまでの30年間に発表した移民社会学に関する実態分析と政策提言のすべてを網羅し、必要な加筆訂正をおこなったものの集大成である。

　本書は4部および序章と終章とから構成されている。日本の移民政策の基本姿勢は、1990年に改定施行された「出入国管理及び難民認定法」によって定まり、現在にいたるまでそれが継続されている。その特徴は、いちじるしく「管理」に偏り、移民の受け入れや移民を包摂しながら共生をはかる政策がまったくといってよいほど不在であることである。このような移民政策は、「1990年体制」と呼ばれることが一般化したので、本書もそれにしたがう。

　そのため、第Ⅰ部では1990年体制以前の1980年代後半までを、第Ⅱ部では1990年体制が確立した1990年代前半を、第Ⅲ部ではその延長のうえにある1990年代後半から2000年代前半までを検討した。また第Ⅳ部は、移民およびディアスポラの世界大の歴史的空間的な展開について、筆者が関心をもったテーマをとりあげた。なお、序章では移民社会学という新しい領域を提案する理由を述べ、終章では多文化共生社会への途を展望した。

　ここで、学術的専門書の出版がますます困難になっていくなかで本書の刊行を決断された明石書店の石井昭男会長にお礼をもうしあげる。明石書店の神野斉編集部部長、編集実務を担当された関正則氏にも感謝したい。とくに関氏からは細かい所まで念入りなご配慮をいただくことができた。また、『エコノミスト』（毎日新聞社刊）元編集部の北村龍行氏からは、1988年に「日本では外国人労働者問題についての本格的研究がまだ存在しないので、あなたにぜひそれをお願いしたい」と25回の長期連載のお誘いをいただいた。このお誘いこそが、そののちの筆者の研究生活の方向を大きく決めることとなった。また、ともに多数の実態調査をおこなってきた主として社会学を専攻する筑波大学の優秀な学生や院生諸君との熱い共同作業も、忘れることはできない。最後に、筆者が所属する移民政策学会および移民・ディアスポラ研究会のメンバーの方々から受けてきた学問的刺激に謝意を表する。

2016年6月27日

駒井　洋

序章　移民社会学の提唱

第1節　日本における移民社会学の展開と移民政策

1. はじめに

　日本に流入する外国出身者やその子孫を対象とする社会学的研究においては、「移民社会学」という語はいまだあまり使われたことがない。1880年代から中国（台湾をふくむ）出身者の、1910年代ごろから朝鮮半島出身者の流入が開始されたが、日本の植民地出身者が多数を占めていたこともあって、この人びとは「移民」とは呼ばれなかった。外国出身者の新しい流入は1960年代後半から開始されたが、その大きな部分は労働者であったため「外国人労働者」という呼称が多く使用され、また戦前からの流入者（オールドタイマーズと呼ばれることが多い）と区別するためニューカマーという英語もしばしば採用されたが、「移民」は使われなかった。なお、本書ではニューカマーは「新来移民」と表現する。

　その大きな理由のひとつは、単一民族という発想の残存のもとで、日本への外国出身者の定着を含意する「移民」概念そのものにたいする反発が根強く存在しつづけているという日本社会の状況が、社会学的研究にも反映したと考えられる。また、別の理由として、日本が明治時代から1950年代ごろまで国際移民の送り出し国であったため、「移民」は主として日本からの出移民をさす概念であったこともあげられよう。

　本書では、このような経緯をふまえながら、「移民社会学」という語を用いることとする。「移民」は英語ではmigrantであるが、英語圏ではmigrationという語のほうが多用されている。この語に「国際移動」という訳語をあてるとすると「国際移動の社会学」となるわけだが、「移民社会学」のもつ人間そのものに焦点をあてる語感とは微妙なずれがあり、日本語では後者のほうが適切

であろう。

　ここで、「移民」とは、国連人口部の定義にしたがって、生誕国と異なる地域に12ヵ月以上滞在している人びとをさす概念であると暫定的に定義しておく。したがって、「移民社会学」の対象は、日本への入移民ばかりでなく日本からの出移民も当然ふくまれるが、本書では主として前者に力点をおく。

　つぎに「社会学」についてであるが、日本ではすでに移民研究の相当の蓄積があり、社会学はいうに及ばず、経済学、文化人類学、法学、教育学、経営学、国際コミュニケーション論などの諸分野にまたがっている。本章では、教育社会学をふくむ社会学的研究と、方法論的に近い文化人類学的研究を対象とすることとする。学際的な研究については、その方法論が広い意味で社会学的とみなせるか否かを判断基準とした。

　時期的には、移民の大量流入が顕著となり、それにともなって移民に関する議論も活発化した、1980年代後半以降に限定する。

　なお、本章でとりあげた諸業績は筆者の管見によるものであり、重要な文献の見落としが多々あることは重々承知している。あらかじめご寛恕をお願いしておく。

2. 90年体制の成立

　現在にいたるまでの日本の移民政策の基本的方向を決めたものは、1990年に改定施行された「出入国管理及び難民認定法」（以下「入管法」と略）であった。この法により確立された移民政策のありかたは「90年体制」と呼ばれることが多い[1]ので、本書もそれにしたがう。

　法務省入国管理局（以下「入管」と略）は、従来在日コリアンをはじめとする外国人にたいする管理を主要な任務としてきた。入管を主管部局とする90年体制の主要な特徴を列挙すれば、以下のようになろう。

①「いわゆる単純労働者」は原則として受け入れない。

②日系人（日本人の子および孫ならびにその配偶者）を受け入れ、その就労を許す。

③従来からあった「技能研修制度」を整備し、これにより技能研修生を受け入れる。

④いわゆる高度な人材については積極的に受け入れる。

　ただし②については、入管は労働力の意図的導入をはかろうとしたものでは

なかった。入管は改定法で在日コリアンの三世までに「特別永住者」という安定した在留資格を付与した。一方、中国に残留していた日本人の日中国交回復以後の帰国者が随伴した二世・三世が日本に相当数在留しており、また1980年代後半にラテンアメリカ日系人一世・二世が日本でかなり就労しはじめていたが、三世の入国の簡易化の要望も強かった。こうして在日コリアンにたいする「特別永住者」の新設とバランスをとるため、日系人二世・三世にたいして「定住者」という安定した在留資格を与えたと推測され〔梶田・丹野・樋口 2005：118-119〕、それが結果的にラテンアメリカ日系人の大量流入につながったのである。

③については、1993年に、1年間の技能研修後2年間にかぎって賃金および労働の保護をともなう就労が認められる技能実習制度が設けられ、2010年からは技能研修制度を廃止して技能実習制度に一本化された。

90年体制の確立の背景としては、1980年代後半のバブル経済による労働力不足の時期に、風俗関連産業に従事する女性の外国人労働者を上回って、男性の外国人労働者が激増しはじめたことが指摘できる。彼らは、パキスタン人、バングラデシュ人、イラン人などビザの相互免除協定を利用して入国後超過滞在者となる者、中国人など就労を目的として就学ビザを利用して入国する者、フィリピン人、韓国人など短期滞在ビザを利用して入国後超過滞在者となる者などからなる非正規就労者、ラテンアメリカ日系人、研修生などから構成されていた。

90年体制の確立に間接的ではあるが相当の影響を与えたと目されるものが、すでに日本社会学界におけるこの分野の著名な研究者であった宮島喬および梶田孝道による、ヨーロッパの諸社会に移民がもたらしたさまざまな社会問題の紹介であったと思われる。彼らは、意図したか否かにかかわらず、外国人労働者の導入が社会的緊張をもたらすとする言説の日本への定着に寄与したと判断できる。

具体的には、宮島は1985年にフランスの移民労働者を問題としてとりあげ、フランス社会における「内なる第三世界」との軋轢の現状を紹介した〔宮島・梶田・伊藤1985〕。さらに宮島は1989年に、フランスを中心とするヨーロッパの社会問題としての外国人労働者問題の状況を「先進社会のジレンマ」として

＊1　〔明石2010〕はこの体制についての労作である。

概観した〔宮島1989〕。また梶田は、1988年に、フランス、イギリス、スイス、ベルギーにおける移民の国家的・地域的影響と移民が経験する社会的現実を問題として提示した〔梶田1988〕。

　90年体制が成立するまでの有力な議論は、鎖国論と開国論とに二分されていた。鎖国論は、単一民族のもとで育まれてきた日本文化が崩壊するという論拠にたって外国人労働者にたいする鎖国を主張し、いっぽう外国人労働者を受け入れようとする開国論は労働力不足に対処しようとする経済界と、差別に反対する一部支援団体により支持されていた。宮島の1989年の前掲書も、「できるかぎり、人（ひと）としての労働者、つまり尊重されるべき人権と人間的文化的要求をもった存在としてかれらを迎え入れるために、なにがなされなければならないかを……検討していくことが必要だろう」〔宮島1989：はしがき〕として、条件付きの開国論的立場を示した。

　それにたいして、筆者は、外国人労働者が低賃金労働者であり人権侵害にさらされているという実態調査に基づいて、鎖国論および開国論という二者択一にかえて「必然論」（unavoidability）をうちだした（〔駒井1989-1990〕、〔駒井1993〕）。「必然論」とは、資本主義経済のもとでは、外国人労働者が低賃金労働者として労働市場の最底辺におかれて搾取の対象とされ人権が侵害されることは不可避であるから、外国人労働者は本来的には受け入れるべきではないが、すでに日本に滞在して就労している外国人労働者については、その人権の擁護を最優先の課題とすべきだ、というものだった。この調査は、日本における産業別の就労実態や居住と生活などについての最初の包括的な実証研究であったと自負している。

　日系人と研修生という抜け道はあったものの、90年体制が原則的には鎖国論的立場を採用したことはすでにみたとおりである。このような姿勢の背景としては、入管が移民政策全般にわたる決定権の掌握に成功したことがあげられる。当時の労働省は非正規就労への対策を念頭において雇用許可制度をうちだそうとしたが、入管の猛烈な反対にあってそれ以後移民政策から締めだされることとなった〔濱口2010：278-281〕。その結果は、現在までつづく外国人労働者の労働保護行政の欠落ともいえる状況であった。同様に、当時の文部省も留・就学生の受け入れについて入管からの干渉を余儀なくされ、現在にいたっている。そればかりでなく、日本では現在にいたるまで包括的な移民包摂政策がほとんど欠如している。

本書で一般的に使われることの多い「統合（integration）」にかえて「包摂（inclusion）」を採用するわけは、「統合」概念が結局ある社会のマジョリティが支配的な権力関係のなかに移民を組みこむことにほかならないのではないかという疑問を払拭できないことと、「包摂」概念はその反対概念としての「排除（exclusion）」を拒絶するという積極的指向性をもっていることによる。これについて詳しくは、本書の終章第5節を参照されたい。

要するに、90年体制の成立以前に社会学が提言していた人権の擁護の重要性は、入管が移民政策の主導権をとったことにより国レベルでは無視されつづけた。さらに、社会学界との関係がある程度存在していた当時の厚生省や文部省が移民問題についての意思決定から実質的に締めだされたことは、国レベルの移民政策にたいする社会学の影響力を弱めることとなった。

以下、日本における移民社会学の蓄積を、5項にわたって概観していく。新来移民は当初労働者として渡来してきたので、第3項では外国人労働者という視角から移民を分析する。つづく3項では、定住化が進むなかで次第に生活者という色彩を強めていく移民が、包括的包摂政策の不在のもとでどのように日本社会に適応してきたかを整理する。適応は総体的にみればまず地域的集住の進展として現れたので、第4項でこの問題をあつかう。つぎに第5項では、エスニック集団ごとに異なる適応のパターンをみる。第6項では、近年適応の重要な課題として浮上してきた移民第二世代の教育問題を考察する。第7項は、包括的包摂政策の要ともいうべき政治的権利の付与について検討する。

3. 外国人労働者の就労と生活

風俗関連産業に就業する女性の外国人労働者についての実態分析としては、M. R. P. バレスカスによるフィリピン女性エンタテイナーに関する研究がある[*2]。日本への旅立ち、日本到着、仕事と労働条件、帰国ないしは日本での超過滞在の段階ごとに、性的搾取にたいする彼女たちの意識と行動がいきいきと叙述されている。政策提言として、エンタテイナーの送り出しはフィリピンにも日本にも負の影響を与えているので、それを全面禁止することを提唱している〔Ballescas 1993 = 1994：133-134〕。

[*2] 調査は28人にたいするインタビューと18人にたいするアンケートからなり、1991-1992年にかけておこなわれた。

この提言がやっと実現したのは、国連、アメリカ政府、国内外のNGOから人身取引にたいする強い批判を受けたのちの、日本政府による2004年の「人身取引対策行動計画」と2005年の改正刑法における人身取引罪の創設および入管法の改定であり、その結果エンタテイナーの入国はかなりの減少をみせた。
　非正規に滞在する外国人労働者については、1990年前後に断片的な社会学的調査は散見されるが、1990年代後半の調査はない。2000年以降の調査も数えるほどだったが〔鈴木2009：487〕、やっと2009年になって、鈴木江理子による男性の非正規滞在者についての本格的な実態調査*3が刊行された〔鈴木2009〕。それによれば、聞き取り対象者28人の初来日の時期は1981年から1993年までであり、うち23人は89年改定入管法の施行以前に来日しており、滞在期間は10年以上から20年以上に達し、きわめて長期である。彼らは長期にわたる日本での就労や生活のなかで職場や労働市場における評価を高めており、国籍にかかわらず日本社会の社会構造の変動に応じて共通した変化が起こっているとされる。
　超過滞在や不法入国などで非正規に滞在する移民には、入管法により法務大臣の裁量による在留特別許可（以下「在特」と略）を得ることができる。2000年以降許可数が飛躍的に増大したが、これには1999年の在特をもとめる超過滞在者9家族38人による法務省への一斉出頭行動の結果が強く影響している。すなわち、2000年にはいって中学生以上の子ども（入学予定者をふくむ）をもつ4家族16人が在特を獲得し、これをきっかけとして在特の門戸が大きく広げられるとともに、付与の基準も公開されるようになった。筆者は、研究者グループの代表としてこの行動を支援した〔駒井・渡戸・山脇編：2000〕。研究者グループには社会学者も多く参加しており、移民政策の改善にたいする社会学の貢献の好例といえる。これと関連するが、鈴木は前掲書で、長期に非正規滞在する単身者にも在特による合法化が必要であると主張している〔鈴木2009：4-5, 516〕。
　ラテンアメリカ日系人は、1990年代の景気後退にもかかわらず着実な増加をつづけた。この人びとにたいする本格的な社会学的研究の嚆矢となったものは、渡辺雅子を中心とするグループによる日系ブラジル人を対象とする共同研究〔渡辺編1995c〕であった*4。この研究は、教育、労働、行政と民間支援団体、生活などの実態を多角的に考察するとともに、労働については人材斡旋会社・事業所の役割を重視している。

日系ブラジル人についての本格的研究としては、梶田と丹野清人および樋口直人による価値の高い研究〔梶田・丹野・樋口：2005〕がある＊5。この研究の中心的問題関心は、労働市場と地域社会においてブラジル人がどのような位置におかれているかの解明にある。まず労働市場については、業務請負業者が排他的に各工場にブラジル人を送り出してきたが、1990年代中葉から2000年代初頭には不安定就労部門に日本人がもどってきたため、ブラジル人は時間的にも空間的にもよりマージナルな領域へと移されつつある（第6章）。このような就労形態により、ブラジル人は地域社会で認知や理解が不可能な存在と化し、「顔の見えない定住化」が進んだ。その結果、場当たり的な対症療法はあるものの医療や教育における問題状況が固定化した。したがって、政策課題としては、ブラジル人の労働市場をミニマムな水準が保障される安定的なものにかえていくことが提言されている（第9章）。

　丹野は、2007年にさらに在日ブラジル人を主な対象とする研究を刊行した〔丹野 2007〕。そのなかでは、下請構造の下位を占める企業が親企業から業務請負業者の提供する日系人労働者の間接雇用への依存を強制されているが、それは本来なら当然加入すべき社会保険に業務請負業者がはいらないことにより請負単価を低く設定できるからであり、ここには親企業という「見えないフリーライダー」が存在しているとされる（5章）。

　外国人労働力のきわめて重要な供給源であった研修生については、1990年代初頭の研究として、無作為抽出された597企業にたいする筆者による調査がある〔駒井 1992〕。それによれば、偽装就労の疑いの強い研修生受け入れ企業は全体の7割以上にも及んでいた。また、技能実習生については、2015年になってついに上林千恵子による本格的な研究が現れた〔上林 2015〕。受け入れ側

＊3　鈴木の主要なデータは、2006-2007年にかけておこなわれた男性の長期非正規滞在者28人にたいする聞き取りから得られている。聞き取り対象者の出身国をみると、バングラデシュ10人、フィリピン7人、韓国5人、その他6人となっている。

＊4　この研究は1990年から実施され、ブラジルにおける日本への出稼ぎの影響の現地調査もふくまれている。

＊5　この研究の中心的なデータは、「労働者調査」および「業務請負業調査」から得られている。労働者調査は1998年に業務請負業者に依頼して実施され、有効回答数は2054であった。回答は静岡県と愛知県およびその周辺をふくむ中部地域から得られた。また業務請負業調査は1997-1999年にかけて実施され、関東地方と中部地方に所在する45社および滋賀県に所在する1社から回答を得ている。これらを補完するものが、1998年と1999年に実施されたブラジルにおける斡旋組織96件を対象とする調査である。

は、単純労働力を確保したい小零細企業であり、その半数弱は衣服および食料品製造業である（第5章）。技能実習生の大きな部分を構成する中国人*6は、金銭の獲得を目的とする若年・低学歴の農村出身者が主体である。また、3年間にもわたる非社会化された耐乏生活を余儀なくされ、長時間の残業に明けくれる就労状況や生活環境は劣悪である（第6章）。こうして、技術移転という技能実習制度の建前は有名無実化されている。

　以上みてきたように、ラテンアメリカ日系人に関する研究はかなり蓄積されてはいるが、それ以外のカテゴリーの外国人労働者については近年ようやく本格的な研究が登場したばかりである。したがって、外国人労働者に関する政策への社会学的研究の影響力はいまだ小さい。

4. 移民包摂政策不在のもとでの適応（1）――地域的集住

　流入した移民労働者の地域的集住は、包摂政策不在のもとでの適応の重要な様態として、1980年代後半以降に大きく進み、それとともに地域社会のかかえる問題を主題とする社会学的研究が蓄積された。

　地域社会にたいするもっとも早い本格的な実態調査は、奥田道大を中心とするグループにより、東京の池袋地区のアジア系外国人の存在状況を解明することを目的として1988年および1989年に実施された*7。その枠組みは「都市社会学的な地域社会調査」であるとされ、行政サービスにたいする提言としては、アジア系外国人の存在により自明のものとされてきた「地域社会、住民概念そのものの再検討」が自治体に要請されているとする〔奥田・田嶋 1991：323〕。このグループは、さらに1992年に東京の新宿地区でアジア系外国人について綿密な聞き取りによる調査をおこない*8、結論として、「居住生活者としてのアジア系外国人を柔らかに包みこむ地域社会の再生」を提案している〔奥田・田嶋 1993：311〕。

　前述した渡辺らによる日系ブラジル人にたいする調査は、主として集住地域である東海地方、群馬県東毛地域、静岡県、浜松市などでなされているので、地域社会研究という色彩も強い。

　2000年代初頭には、日系ブラジル人が集住する群馬県東毛地域と浜松市を中心とする静岡県西部地域における本格的な地域研究が現れた。

　まず群馬県東毛地域であるが、1994年から実施された小内透を中心とする地域社会学的な方法にたつ共同研究〔小内・酒井 2001〕があり、日系ブラジル

人だけではなくホスト社会やホスト住民も視野にいれながらこの地域の変化を総合的に捉えようとした。結論として、「ホスト住民と外国人の労働——生活世界におけるセグリゲート化された関係」にいかに対処するかという地域課題が生まれたとされる。

また浜松市を中心とする静岡県西部地域については、1996年から文化人類学の背景をもつ池上重弘を中心として、「地域社会の国際化をめぐる問題」を主題とする調査がなされた。その報告書〔池上2001〕は、大きく居住、教育、医療の3部からなり、それぞれがはらむ問題点とそれにたいする行政の国際化施策や、日本人社会との接点が検討されている。

日系ブラジル人の集住地域を対象とする研究は、自治体の外国人政策にも踏みこんだ点で、都市社会学的な方法をとる1990年前後の奥田らの地域社会研究と異なってはいるが、これらの研究が、移民にたいする各自治体の行政施策に貢献したことは疑えない。

日系ブラジル人の集住する地域の研究により、移民包摂政策の不在のもとで、本来的には移民の就労先の企業が担うべき社会的コストを地域や自治体が負担させられている状況があきらかにされた。

このような歴史的経緯を背景として、情報交換と中央省庁にたいする要望をとりまとめるために、浜松市の呼びかけにより、新来移民が多く居住する自治体が2001年に外国人集住都市会議を結成した。教育、日本語の習得、雇用、コミュニティ、行政サービスなどがテーマであり、2014年の加盟自治体数は26である。付言すれば、上述した池上は、2012年および2013年にこの会議のコーディネータをつとめている。

付言すれば、武田里子〔武田2011〕は新潟県南魚沼市に居住する外国籍住民に関する研究をおこない[*9]、結婚移住女性たちの適応過程は同化的適応ではな

[*6] この研究の中心的なデータは、外国人研修生権利ネットワークとその関係団体、および実習生相談事業を実施している連合愛媛、連合徳島へ相談にきた実習生を対象として2009年に実施されたと思われるアンケート調査（50人）と面接調査（10人）から得られている。

[*7] 対象者は、アジア系外国人156人と地域住民105人である。

[*8] 対象者は、アジア系外国人158人と地域住民10人である。

[*9] 聞き取り調査の対象者は、国際結婚家族14家族を構成する20人であり、その出身国は韓国3人、スリランカ1人、フィリピン4人、中国8人、タイ3人、ブルネイ1人であった。調査は2006-2009年にかけて実施された。

く、アイデンティティを保持しつつ受容可能な形で折り合いをつけるものであり、それに夫をふくむ日本人家族が共振していくことをみいだした。武田は、結婚移住女性がもつトランスナショナルなネットワークと「越境プレイヤー」としての存在形態が、彼女たちに社会変容の主体的行為者となる可能性を与えると主張する。

さらに小林真生は、外国人が地域的に集住する北海道稚内市と富山県旧新湊市を対象として、地域住民の対外国人意識を分析した〔小林 2012〕。

なお、筆者と渡戸一郎は、「内なる国際化への取り組み」をサブタイトルとする共編著書を1997年に刊行した〔駒井・渡戸編 1997〕。この著作では、移民が集住する11の基礎的自治体および地域と5都府県とについて、体系的政策の模索、外国人労働者への政策、大都市インナーエリアでの共生、固有の課題への取り組みという4軸に分類しながら、自治体の外国人政策の課題と取り組みの状況を概観した。

5. 移民包摂政策不在のもとでの適応（2）——エスニック集団による差異

包括的な移民包摂政策の不在のもとで移民は個別的な適応を迫られるが、その様態はエスニック集団ごとに異なっている。以下では、本格的研究が存在するベトナム人移民、中国人移民およびパキスタン人移民について述べる。

難民として受け入れられたベトナム人移民については、文化人類学を背景とする川上郁雄の研究がある[*10]。ベトナム人移民は日本からベトナムや他のベトナム人の定住国へ広がる家族のネットワークによって支えられているが、日本では就労、教育、住環境、行政サービスなどの障壁が高く、祖国との関係では緊張や不安が生まれるため、その生活世界は不安定性を特徴としているとされる〔川上 2001：219-221〕。このように、ベトナム人移民は移民包摂政策の不在の影響を大きく受けている。

中国人については、日本での留学から滞在者へと移行した人びとに関する坪谷美欧子の研究〔坪谷 2008〕がある[*11]。高学歴で高い職業的地位をもつこのグループを、坪谷は「永続的ソジャナー」であると規定する。このカテゴリーは一時的滞在者と定住者の中間に位置し、帰国にたいする漠然とした意思はあるが具体的な計画をもたない。永続的ソジャナーは、日本における移民包摂政策の不在への適応の結果として生まれたと坪谷は捉えている〔坪谷 2008：234〕。いずれの社会にも属さないため、この人びとの準拠集団とアイデンティティは

多様である。それにもかかわらずこの人びとの日本社会への貢献度が大きいことは、大学教員や専門職・技術職が多いことに示されている。

中国人移民のなかの結婚移住女性については、賽漢卓娜による研究〔賽漢 2011〕がある。賽漢は、名古屋市付近の近郊農村に在住する日本人と結婚した妻および母としての中国人女性を対象として、中国におけるライフストーリーおよび来日後の適応過程と教育戦略の詳細で綿密な聞き取りをおこなった[*12]。結論として、妻のばあい日本人家族による準拠枠——役割期待を拒絶してそれぞれ異なる外部集団の準拠枠を選択し、母のばあい子どもが「自立できる・移動できる」ようにさせる戦略がとられているとされる。

移民企業家として日本でもっとも成功しているのはパキスタン人移民であるが、この人びとに関する研究として福田友子によるものがある〔福田 2012〕。非正規に滞在する移民労働者であった彼らは、日本人配偶者女性の支援を受けながら中古車貿易業者へと転身した。彼らの特徴は、日本、パキスタン、アラブ首長国連邦を結ぶトランスナショナルなネットワークを形成していることにあり、そのためホスト社会である日本への志向性とトランスナショナルな志向性を併存させている[*13]。このように日本を拠点とするパキスタン人移民企業家による国際的な経済活動は、無視できない程度に達している。非正規滞在移

[*10] この研究のデータは、1989-1990年にかけて関東および関西に居住するベトナム難民として入国した60世帯にたいする聞き取りからなる第1次調査、1994-1996年にかけて第1次調査の対象世帯のうち約半数にたいする聞き取りからなる第2次調査、1992-1998年にかけてベトナム、アメリカ、オーストラリアで断続的におこなわれた海外調査から得られている。ベトナムでは日本で聞き取りをした家族、アメリカとオーストラリアでは聞き取り対象者のうち日本から移住した者が調査対象であった。

[*11] この研究のデータは、質問紙調査およびインタビュー調査からなる。1999年に実施された質問紙調査Ⅰは、滞日中国人団体のメンバー868人に配布され回収票は147票であった。2000年に実施された質問紙調査Ⅱは、在日中国人の代表的な名簿に記載されている学者および日本企業への就職者545名に送付され120票が回収された。また、インタビュー調査は1997-2002年にかけて35名にたいしておこなわれた。

[*12] 調査は2001年から開始され2005-2006年を中心としているようである。調査対象者は妻4人、母3人である。

[*13] この研究のための実地調査は、パキスタン人移民と日本人配偶者調査、宗教団体/同郷団体調査、ビジネス調査から構成されている。調査は、日本、パキスタン、アラブ首長国連邦で1996-2008年にかけておこなわれた。パキスタン人移民と日本人配偶者調査では、参与観察、面接調査、グループでのヒヤリングがおこなわれた。面接調査の対象者は、日本人女性25人、パキスタン人男性3人、その他2人の合計30人であり、グループでのヒヤリングの対象者は日本人女性の合計7人であった。

民から移民企業家への彼らの転身もまた、移民包摂政策の不在という状況への適応の結果であるといえよう。

パキスタン人移民の日本人配偶者女性に関する研究として、竹下修子と工藤正子によるものがある。竹下〔竹下2004〕は、外国人ムスリムの夫と日本人妻との結婚満足度の規定要因を検討し、妻がイスラームに適応しているほうが高い満足度をもつと結論している*14。人類学を背景とする工藤は、妻たちが夫からの押し付けに対抗する手段として「本来のイスラーム」に立脚した「改宗イスラーム」という立ち位置を確立しようとしていることをみいだした〔工藤2008：174〕*15。この2つの研究から、パキスタン人移民男性を支援する日本女性にとっては、イスラームという宗教がきわめて重要な意味をもっていることがわかる。

本項で紹介したエスニック集団が、包括的な移民包摂政策の不在という状況のもとでも、ベトナム人移民を例外としていずれも能動的で主体的な適応過程をみせていることは興味ぶかい。

6. 移民第二世代の教育問題の浮上

包摂政策不在のもとで移民の日本滞在が長期化し定住化が進むとともに、日本語の習得、不就学、進学の困難などの移民第二世代の教育問題が、適応の大きな課題として浮上してきた。

すでに述べた渡辺らによる日系ブラジル人の研究は、教育についても児童生徒のかかえる問題とともに学校と自治体の対応にも注目しており、後続するさまざまな分野にわたる諸研究の論点を先取りしたものとして評価に値する。また、研究結果に基づく具体的な政策提言もおこなわれており、自治体や教育現場にたいするかなりの影響があったであろうことは推察に難くない。

移民第二世代の教育問題に関する本格的な研究としては、教育社会学の志水宏吉を中心とするグループの業績が注目される。1997年からはじめられた研究は、学校文化と家族の教育戦略とを焦点としている*16。移民第二世代としては、日系ブラジル人、インドシナ難民、韓国移民がとりあげられ、結論として、学校文化は社会的差異を積極的に考慮すべきこと、教育戦略はエスニックグループごとにかなり相違しているから、学校が提供する資源もそれに対応すべきことが主張されている〔志水・清水2001：366, 370〕。

前述した小内らのグループは、地域社会研究を引きついで、群馬県太田・大

泉地区の日系ブラジル人の教育・保育の現状と課題に関する共同研究を1998年からおこなった＊17。結論として、公立小中学校においてはポルトガル語やブラジルの文化の継承がむずかしく、ブラジル人学校は社会的地位が低く、さらに親の「出稼ぎ意識」をベースとする教育戦略が子どもの進学や就職の機会を悪化させる可能性が大きいことが指摘される〔小内2003〕。

　移民第二世代のアイデンティティ形成についての先駆的研究としては、関口知子による日系ブラジル人の子どもたちにたいする調査〔関口2003〕があげられる＊18。関口は方法論としてA.ポルテスとR.ルンバウトによる文化変容のモデル〔Portes & Rumbaut 2001 = 2014〕を採用しながら、同化して日本での社会上昇を達成しようとする「調和的な文化変容」、異化して社会上昇を遂げていこうとしてバイカルチュラル・アイデンティティを志向する「選択的な文化変容」、周辺化・疎外化されたアイデンティティしかもてない「不協和な文化変容」の3類型をみいだした（第4章）。それにもとづいて、関口はメインストリームの教育が「移動性」と「異文化成長」を前提とするよう改革されるべきだと提言する〔関口2003：14〕。

　志水を中心とするグループは、2001年刊行の研究を継承しながら、日本の公立学校や各種の外国人学校がどのような教育戦略にもとづいて保護者や家庭により選択されるかを解明しようとした。外国人学校としては、韓国学校、朝鮮学校、中華学校、ブラジル人学校、インターナショナルスクールが対象とされている。結論的には、日本の公立学校のもつ画一性・硬直性・排他性の是正

＊14　質問紙調査はイスラミックセンタージャパンおよび4モスクの協力のもとに61カップルを対象として1999年に実施された。またインタビューは26人の日本人妻にたいして、1999年に第1次調査、2002年に第2次調査が実施された。

＊15　データである40人にたいするインタビュー調査は、おもに1998年から2001年の3年間にかけて日本でおこなわれ、また1999年にはパキスタンに滞在している8人から聞き取りがなされた。

＊16　データは、公立の3小学校および1中学校における参与観察および113組の親にたいするインタビューから得られている。

＊17　調査は、公立小中学校、ブラジル人学校、託児所および保育所を対象として、子どもはいうまでもなく、親および教師・保育士の意識も検討された。

＊18　調査は、自動車製造企業と関連中小・零細企業からなる企業城下町に所在する、日系ブラジル人が集住するB市A団地（豊田市保見団地と思われる）の地域の公立小学校2校、中学校1校に在籍する57事例にたいして、1995年におこなわれた。方法としては、子どもにたいする心理テストと個別面接調査および親および教師にたいする補充調査からなる。

にたいして外国人学校が「外側」から果たすべき役割には肯定すべきものがあるのにたいし、周縁部に位置づけられてきた状況は是正される必要があるとされる〔志水ほか編 2013：317-318〕。

　このグループは、2005年以降の共同研究のうえに、学校関係者の経営戦略と保護者の教育戦略とに注目しながら、2014年に外国人学校の詳細な「スクール・エスノグラフィー」を発表した〔志水・中島・鍛治 2014〕[19]。とりわけインターナショナルスクールについては、国際バカロレアの認定校3校とそれに準じる教育をおこなっている1校が選択された。国際バカロレアは、「多文化にたいする理解と尊敬を通じて……探究心、知識、思いやりのある若者の育成」を目標とし、学習者中心の全人教育をおこなう、初等、中等、大学入学資格、職業関連資格の教育プログラムからなる〔志水・中島・鍛治 2014：297〕。大学入学資格プログラムの修了者には、日本をふくむ各国の大学への入学資格が与えられる。

　2015年現在、日本の国際バカロレア認定校はその大部分がインターナショナルスクールである数十校にすぎないが、2018年までに認定校を200校にするという目標が2013年に閣議決定されている〔志水・中島・鍛治 2014：299〕。国際バカロレア機構による5年ごとの認証評価を受ける義務もあいまって、国際バカロレアの拡大が硬直した日本の公教育に大きな影響をもつことは必至と思われる。それもふくめて志水は、外国人学校が「日本の学校にはない新たな価値を創出するリソースとなる」ことを強調している〔志水・中島・鍛治 2014：22〕。

　以上紹介したように、移民の第二世代の教育については問題が山積しているが、日本の公教育システムは日本人の教育を主目的としているため、それに対応できる能力をあまりもっていない。志水らが主張するように、外国人学校は、バイリンガルな教育もふくめて移民第二世代をよりよく教育できる可能性をもってはいるが、日本の教育制度のなかでは正当に位置づけられていない。包括的な移民包摂政策の不在の悪影響がここにも現れている。

7. 移民にたいする政治的権利の付与

　包括的な移民包摂政策の核である移民の参政権について、筆者は1994年に雑誌『世界』に「段階的市民権を提唱する」という論文を発表した〔駒井 1994a〕。このなかで、外国人の日本への定住の程度に応じて、一番基礎に生存権を保障し、そのうえに社会権および自由権一般、さらに高次の段階に参政権

を保障することを提唱した。その翌年の1995年に、最高裁は、地方参政権の選挙権について憲法が「国内永住者など自治体と密接な関係をもつ外国人に、法律で地方選挙の選挙権を与えることを禁じているとはいえない」とする画期的な判断を示した。ただし、この判決にもかかわらず、地方選挙の選挙権はいまだ法制化されていない〔樋口2014：171-180〕。

その背景には、日本社会において依然として排外主義が存続していることがある。田辺俊介を中心とするグループは、日本人の対外国人意識についての包括的な研究をおこなった[*20]。それによれば、「現在の生活に不満や不安を感じる人や比較的階層の低い人たちが、『外国人』という他者に対してより強く懸念や防衛的な意識を抱く傾向があった」とされる。この人びとは「共生よりもむしろ排除を求め、さらには外国人への権利付与へ反対する傾向が確認された」〔田辺2011：211-212〕。

付言すれば、佐々木てるは、永住市民にたいする政治的権利付与について、帰化を認めずそのかわりに参政権を与えるとする「参政権モデル」と帰化を推進する「帰化モデル」があるとする。在日コリアン社会には帰化が日本社会への同化を促進するとするタブー視があったが、日本国籍を取得したコリア系日本人であってもコリアンとしてのアイデンティティを保持しつづけることは可能であり、日本社会の多文化化に寄与するとされる〔佐々木2006〕[*21]。

このように、移民包摂のための最重要な手段である政治的権利の付与への道は、日本ではまだまだ遠い。

8. おわりに

本節の最後に、日本における移民社会学がどのように政策提言能力を高めることができるかについて考えてみたい。本節でみてきたように、これまでの諸研究には、研究対象のアンバランスと、現状追随性という特徴が共通してみられる。

[*19] 調査対象の外国人学校は、コリア系学校（韓国学校と朝鮮学校）6校、中華学校3校、ブラジル人学校4校、インターナショナルスクール4校の合計17校からなる。

[*20] 調査は2009年に実施され、調査対象者は選挙人名簿から抽出された20-79歳の日本国籍保持者8550人であり、そのうち3610人から回答が得られた。

[*21] この提言の根拠となる日本国籍取得者に関するデータは、『官報』に記載された日本国籍取得者から無作為抽出された1500人の対象者にたいして2000年におこなわれたアンケート調査（有効回答数238人）および5人からの聞き取りから得られている。

まず研究対象のアンバランスであるが、たとえば自治体とならぶ重要な行為主体として支援団体や労働組合があるが、これらについての本格的な社会学的研究は未見である。また、エスニック集団についても、人口の多いフィリピン人やタイ人および韓国人移民の研究は、断片的なものはあるもののきわめて手薄である。このアンバランスには、研究対象へのアプローチの難易度や研究者の好悪が影響していると思われる。それにしても、欠落部分を穴埋めしないかぎり、総体的な政策提言能力の獲得はむずかしい。

　つぎに現状追随性について。個別の諸領域については問題点が指摘されその改善策も示唆されてはいるが、総体としての日本社会がもつ経済構造や政治構造ないし文化などからなる布置連関と個別の諸領域とがどう関係しているかを考慮しているとはいいがたい研究が多い。その結果、現状をほぼ追認したままその部分的改善をはかる、という研究姿勢が生まれることになる。ただし、すでにみたとおり、梶田らや志水らのグループや上林の研究は、その例外をなしていることをつけくわえておく。

　それにしても、包括的な移民包摂政策が不在で移民管理政策だけがひとり歩きしている90年体制の打破のために、移民社会学が果たさなければならない責任は重い。

第2節　30年にわたる実態分析と政策提言

　本節では、本書に収録した筆者による主要な実態分析と政策提言の内容を、その執筆の背景をも加味しながら、要約的に提示する。時期的には、1990年代初頭までと、それ以降とに区分する。

1．1980年代後半から1990年代初頭

（1）1980年代後半における外国人労働者の大量流入と実証研究の不在

　1980年代以前の日本への移民の流入について概観すると、第二次大戦後の最大の移民集団は在日コリアンだった。この人びとについては、絶対数の多さや深刻な人権侵害、日本における社会的・経済的・文化的重要性などにより、現在にいたるまで厖大な研究の蓄積がなされている。

　1960年代後半から1970年代前半には、現在の状況の先駆けともいえる研修生の相当規模の流入があった。1972年には日中国交正常化にともない、中国

序章　移民社会学の提唱

残留孤児および二世・三世の日本への帰国ないし流入がはじまった。さらに、1970年代末には、風俗関連産業に従事する女性の外国人労働者が大量に登場しはじめた。また1982年の難民条約の発効にともない、1万人をこえるインドシナ難民が受け入れられた。1980年代後半のバブル経済は、男性の外国人労働者を大量に引きよせた。

その代表的なグループをみると、イラン人、パキスタン人、バングラデシュ人などビザの相互免除協定により入国しそののち超過滞在者となった者、日本語学校の就学生として入国した中国人を主体とする就労者、ラテンアメリカ日系人、研修生などがいた。

この時期には、外国人労働者を受け入れるべきか否かについての観念的な議論は声高になされていたにもかかわらず、学問的研究は主として英連邦をふくむ欧米諸国や中東諸国の紹介にかぎられており、日本に滞在する外国人労働者やその他の移民についての実証的研究は断片的なもの以外はほとんど存在しなかった。

筆者はS.カースルズとG.コザックによる著作〔Castles & Kosack, 1985〕などを参考にしながら、外国人労働者の世界的・歴史的移動の概況とその要因とを総合的に概観した論文を1988年に発表した（本書第Ⅳ部第2章）。

(2) 鎖国論および開国論にたいする必然論

当時の観念的議論は、鎖国論対開国論という図式だった。鎖国論は、単一民族のもとで育まれてきた日本文化が崩壊するという論拠にたって鎖国を主張し、いっぽう開国論は労働力不足に対処しようとする経済界と、差別に反対する一部救援団体により支持されていた。それにたいして、筆者は、R.コーエンの著作〔Cohen 1987 = 1989〕などから大きな示唆を受けながら、外国人労働者が低賃金労働者であり人権侵害にさらされているという実態分析に基づいて、「必然論」（unavoidability）をうちだした（本書第Ⅰ部第7章）。「必然論」とは、労働市場の最底辺におかれてしまう低賃金労働者としての外国人労働者は受け入れるべきではないが、すでに日本に滞在して就労している外国人労働者については、その人権の擁護を最優先の課題とすべきだというものだった。

(3) 日本における移民の存在のしかたの原点の成立

1989年に改定され1990年から施行された入管法により、「90年体制」と呼ば

れるようになった移民のありかたの原型が成立し、その基本的構造は現在まで存続している。この改定法により、日系人は入国や就労の制限なしに来日できるようになり、研修制度が改編されて低賃金労働力としての合法的導入が可能となり、超過滞在など非正規の労働者の排除がはかられ、いわゆる高度な人材については積極的に受け入れるなどの諸方針が確立した。

　研修生については、筆者は入管当局の協力をえて、1990年に受け入れ企業を対象とする郵送調査をおこなうことができた。その結果は、座学の実施や残業の有無などを基準としたばあい、偽装就労性が強い企業が33.8％、かなり強い企業が38.3％にも達し、問題があまりない企業はわずか27.8％しかなかった。偽装就労率は企業規模が小さくなるほど高くなっていた（本書第Ⅱ部第2章第2節）。

　つぎに非正規滞在者については、1993年に30万人近くと現在までの最高数に達していた。そのなかでイラン人は、最初は上野公園、つづいて代々木公園に毎日曜日数千人の多数があつまることで当時目立っていた。そこで1993年7月に、イラン人にたいする面接調査を代々木公園の入り口にあたる原宿駅を中心として首都圏各地で実施した。その結果をみると、経済的動機による「出稼ぎ派」は45.7％と最多ではあったものの過半数には達しなかった。それにたいし、外国で能力を発揮しようとしたり視野・見聞を広げようとする「自己実現派」が29.8％、イスラーム革命により暮らしにくくなったイラン本国からの脱出をはかろうとする「擬似亡命派」が18.1％にものぼり、非出稼ぎ派の合計は出稼ぎ派を上回っていた（本書第Ⅱ部第3章第2節）。

2．1990年代初頭から現在

　1990年代初頭のバブル経済の崩壊以降は、産業空洞化の進展に由来する影響もあいまって、外国人労働力にたいする需要がいちじるしく低迷し、外国人労働者ひいては移民の増大のペースも停滞傾向が顕著となった。その一方で、すでに日本に滞在する移民の特定部分の定住化傾向が進み、生活者としての実態の解明と権利の擁護が重要な課題として浮上してきた。それと関連して、多用されてきた「多文化共生」という用語について、その定義や妥当性についての議論が2000年代なかば以降広くなされるようになってきた。

　このような状況のなかで、1990年代に日本における移民研究の蓄積は質量ともに顕著に進んだ。筆者は、移民研究について資料的価値があると思われる

調査、報告、政策提言、公的施策などを包括的に採集・収録した『資料集成』を1990年代に計3点刊行したが（〔駒井 1994c〕、〔駒井 1995b〕、〔駒井 1998b〕）、対象があまりに増加したためにこのような試みも1998年を最後として不可能となった。

(1) 労働者とならぶ生活者の視点の登場

　生活者としての移民が形成する集住コミュニティ地域については、早くから本格的な研究がおこなわれてきた。その嚆矢となったものは、1990年代初頭の池袋および新宿の実態調査であり、2000年代初頭には浜松市や群馬県太田市および大泉町についての本格的な研究がつづいた。移民の生活実態については、国際結婚、子どもの教育問題、日本語の習得、医療などについての多面的な研究がおこなわれた。労働者については、2000年代なかばにブラジル人の就労構造についての注目すべき実証的研究がなされた。

　非正規滞在者についても、出稼ぎ労働者ではなく日本社会に定住する生活者という性格をもつ人びとが増加した。前節第3項で述べたように、1999年秋からの在留特別許可をもとめる非正規滞在者の法務省への一斉出頭行動の結果として、中学生以上の子ども（入学予定者をふくむ）をもつ4家族16人にたいして2002年2月に在留特別許可がおりたことは大きな成果だった。そののち、在留特別許可が付与される条件は次第に明確化されて、毎年数千人にのぼる許可取得者がでるようになった。

(2) 「多文化共生」をめぐる諸議論

　欧米の主要な移民受け入れ国では、とりわけオーストラリアやカナダにみられるように、多文化主義にたつ受け入れの施策が長期にわたり推進されてきた。しかしながら、1990年代ごろから、多文化主義はそれぞれの文化を絶対化する本質主義的発想をもち、その結果社会的分裂をまねくものであるという議論が次第に高まってきた。それにかわるものは、社会的統合を優先課題とする受け入れであり、移民が不利とならないようにさまざまな権利を付与するとともに、ホスト社会の言語を習得させることを重視する。

　日本では、地域レベルでの在日コリアンとの共生をめざす概念として1970年代ごろから「多文化共生」が使われはじめ、近年ではそれ以外の移民グループとの関係についてもNPOや自治体を中心として多用されてきた。2006年に

総務省は「地域における多文化共生社会推進プラン」を策定し、自治体はそれにしたがう施策を実施することになった。国が先導するこのプランをきっかけとして、多文化共生という概念にたいする疑問や批判が急速に高まりはじめた。低賃金労働力としての外国人労働者への依存にともなう社会的コストを、本来ならばそれを負担しなければならない企業にかわって自治体や地域社会に転嫁する隠れ蓑ではないかという批判は有力である。

このような「多文化共生」という語にたいするある種の忌避感の根底には、「文化」とはなにかという基本的な問いかけがないまま、山積する現実的諸課題への対応としてこの言葉が多用されてきたという歴史がある。文化にたいする姿勢が明確になれば、多文化共生という語は貴重な価値をもつようになろう（本書終章）。

(3) 研究のアンバランス

相当の蓄積があるにもかかわらず、日本の移民研究の方向性や研究対象にかなりのアンバランスが存在していることは否定できない。専門分野別では、法学、社会学、経済学を中心とする社会科学分野が研究の中心となってきた。法学分野では移民の人権擁護に主要な関心がおかれ、社会学分野では就労や生活の実態の解明に力点がおかれ、経済学では労働力需給の分析が重点的になされている。しかしながら、これらの社会科学分野の研究の多くについては、移民という行為主体が、歴史的・社会的・文化的に、送り出し社会とホスト社会にひいては地球社会全体になにをもたらすかという問題意識が欠落しているという傾向を指摘できる。付言すれば、経済学分野については、産業基盤の海外移転やオフ・ショアリングの影響がきわめて重要であるにもかかわらず、その検討が不十分であるようにみえる。

エスニック集団別にみると、ブラジル人をはじめとするラテンアメリカ日系人に関する研究が圧倒的に多く、中国人およびフィリピン人がそれにつづき、パキスタン人についてもかなりの蓄積がある。それにたいし、人口の絶対量が大きい韓国人、タイ人についての研究はあまり多くない。なお、日本に救済をもとめる難民のなかで重要性の高いミャンマー出身者やクルド人についての研究はほとんどない。

また、移民第二世代は2つの文化からなる背景をもっており、文化のハイブリッド化を進めるためにきわめて重要な役割を果たす可能性をもっているが、

この人びとにたいする関心はきわめて低いように思われる。中国からの帰国者についても、残留孤児・婦人にくらべて、その二世・三世についての研究は立ち遅れている。筆者は、入管統計によれば中国人の家族滞在者数が異常に多いことを解明しようとして、1995年に中国帰国者二世・三世にたいする面接調査をおこなった。その結果あきらかとなったことは、1人の残留孤児・婦人が平均10人強の夫・子・孫をともなって帰国しているという事実だった。二世・三世のアイデンティティは、中国人33.6%、日系中国人24.7%、中国系日本人11.6%、日本人8.9%、「わからない・考えたことがない」21.2%となっており、中国人の意識をもつ者が6割弱であるのにたいし、日本人の意識をもつ者は2割強にすぎなかった（本書第Ⅲ部第5章第2節）。

　ホスト社会である日本における移民についての蓄積と対比すると、送り出し国についての研究はいちじるしく少なく、しかも断片的である。筆者は、ラテンアメリカ6ヵ国で1999年になされた意識調査の結果のうち、ブラジル、アルゼンチン、ボリビアの3ヵ国のデータを比較しながら分析した。出稼ぎにたいする高い評価と出稼ぎ行動の多さとは一致しており、高い順にボリビア、アルゼンチン、ブラジルとなった。これにもっとも影響している要因は、農村性の強さである（本書第Ⅲ部第3章第3節）。

　また、2002年にはベトナムで、当時失踪率が異常にたかかったベトナム人の研修生・技能実習生の送り出しの実態について、政府関係機関、労働力輸出企業、日本での研修・実習経験者にたいする調査をおこなった。その結果あきらかになったことは、日本への送り出しが公的機関である労働力輸出企業により営利を目的としておこなわれており、研修予定者は渡航にさいし多額の経済的負担を強いられているという事実だった（本書第Ⅲ部第4章）。

　ここに指摘した移民研究のアンバランスには、問題意識の希薄さや偏りとならんで、対象の可視性や合法性をふくむ対象へのアプローチの容易さという要因も関係していると思われる。

(4) 国レベルの受け入れ政策の不在にたいする関心の少なさ

　日本では、多義化の担い手である移民を積極的に受け入れて、日本社会の活性化や変容をはかろうという国レベルの政策は、前述した総務省の2006年の「プラン」以外には存在しない。これを反映してか、入管当局による管理体制についての批判的研究は相当になされているが、移民受け入れがもたらす積極

的効果についての考察は、法学分野での国際的比較に基づく議論を例外として、ほとんどなされていない。

この点で参考としうるのは、韓国の事例である。韓国では、従来の入管法にくわえて、2007年に「在韓外国人処遇基本法」を成立させた。この法は国際結婚による外国人配偶者の増大などに対処するための施策をうちだしている。同化主義的色彩があることも否定できないが、受け入れ政策の樹立という点では日本に一歩先んじていると判断できる。付言すれば、韓国は日本を模倣してつくられた研修制度を廃止して、2004年に雇用許可制度をあたらしく制定したが、その点も評価できる。

強調すべきであるのは、国籍の付与が移民受け入れの有力な手段であるということである。それにもかかわらず、日本国籍を取得した元外国人について注目する研究はほとんどみられない。それは、日本人と外国人という二分法が絶対視されているため、○○系日本人であっても日本人一般のなかに解消されてしまい、その存在が不可視となっていることに由来する。このような状況にかんがみ、筆者は2000年に日本国籍取得者を対象とする郵送調査を実施した。日本国籍取得者は『官報』に公示されるので、それをもとに対象者を抽出した。

その出身国別内訳は、韓国49%、中国33%、台湾5%、その他12%となった。日本国籍取得の理由は、50歳代に「子どものため」が多く、逆に20歳代には「権利の確保のため」が多かった。さらに、アイデンティティが出身国と日本に二重に帰属する者は4割に達し、重国籍を支持する者はなんと6割にも達した。これらのデータは、国籍取得が手段的であって、原国籍の放棄を強制することは現実的でないということを示しており、国籍付与についてのあたらしい発想が要請されているといえる（本書第Ⅲ部第6章）。

第Ⅰ部

1980年代後半までの外国人労働者

第Ⅰ部は、90年体制が成立する以前の1980年代後半までの、移民の先駆けとしての外国人労働者の実態分析と政策提言から構成される。第1章は、日本での外国人労働者の流入の歴史と、1980年代後半までの段階の外国人労働者の激増の状況について、第2章は流入のしかたについて、第3章は産業別就労の様態について、第4章は居住の様態について、第5章は送り出し国の状況について、第6章は諸先進国の政策について、それぞれ実態分析する。第7章では、外国人労働者「必然論」と名づけられたこの段階での政策提言で第Ⅰ部をしめくくる*。

---

* 第Ⅰ部の情報の相当部分は、1988～89年度文部省特定研究経費「日本における外国人労働者の実態」（研究代表者：駒井洋）の研究成果によっている。この報告書のその主要なデータは、私と筑波大学の学生諸君（院生も含む）14人でつくった「外国人労働者研究会」による実地研究の結果えられたものである。この研究は1988年9月から1989年5月にかけておこなわれ、概況調査・事例調査・出身国調査の3段階で構成された。

　なお、インタビューは、1988年12月から1989年2月に、出身国調査は1989年3月から4月に、それぞれおこなわれた。学生たちの主体は、社会学を専攻する学群（他大学でいう学部）の3年生であった。

第1章　外国人労働者の激増

第1節　外国人労働者の流入史（1）——在日韓国・朝鮮人

　外国人労働者とは、語義としては国籍を保有する国以外の国で労働する人間一般をさすが、日本の場合には在日韓国・朝鮮人や在日中国人など入管法上の特別永住者はふくまれない。またこの言葉は、主として肉体労働あるいはいわゆる単純労働に従事する者をさすが、専門管理職や事務職あるいは特殊技能を要する職業への従事者も広義にはふくまれる。

　日本において外国人労働者の流入が本格化したのは1970年代後半以降であるが、それ以前の80年間にわたる前史が存在している。まず、1899年から1920年代にかけての中国人の流入があげられる。中国人については、理髪および料理業従業者をはじめとして呉服行商、土工、仲仕、人夫などがいたが、1931年の満州事変後その多くは帰国した。

　在日韓国・朝鮮人については膨大な研究の蓄積があるが、ここではこれからの外国人労働者が日本でどうなるかという視点から、必要最小限の整理をすることにしよう。

　徐京植によれば、1945年までの朝鮮人の渡航は4つの時期に分けることができる〔徐1989〕。第1期は植民地支配がはじまった1910年からの10年間であり、安価な植民地労働力としての渡航が開始され約3万人が流入した。第2期は世界大恐慌が起きた1920年代の10年間で、在日朝鮮人数は約30万人に増大した。第3期は、日本が中国への侵略をはじめた1931〜38年であり、その数は約80万人に激増した。第4期は、太平洋戦争突入にともなう労働力不足を補う目的で朝鮮人が強制連行された1939〜45年の時期であり、連行数は72万〜126万人に達した。こうして1945年には230万人以上の朝鮮人が在住していた。このほかに、約5万〜7万人の朝鮮女性が従軍慰安婦として中国や東南アジアの戦場に送られたが、敗戦後はそのまま遺棄された。

第Ⅰ部　1980年代後半までの外国人労働者

　第1期から第3期にかけての職種は、土木労働者、炭鉱労働者、砂利採掘作業員が多数で、次いで中小零細企業の工場の労働者として働く者が多かった〔金賛汀 1985：227〕。また賃金については、日本人の約半額という差別がおこなわれていた〔徐 1989：8〕。ある資料には、在日朝鮮人労働者に強制される労働条件として「1、一般に内地人のそれよりも賃金の低廉なること、2、労働時間の他より長きこと、3、危険の伴ふ仕事、穢い仕事、労苦多き仕事なること」が列挙されている〔朴 1975：第1巻、971〕。第4期に強制連行された朝鮮人は、炭鉱、土木建築、鉄鋼、農業等における作業に従事させられた（以上強制連行については、〔朴 1965、49ff.〕）。

　このように、鉱業を別にして建設業と中小零細製造業における3K労働に従事する低賃金労働者という存在形態および女性の性の搾取という性格は、1980年代後半の外国人労働者と共通している。

　1945年の日本の敗戦により朝鮮は植民地支配から解放され、これにともなって短期間に150万人以上が朝鮮半島に帰った。しかしながら、在日歴が相対的に長くすでに生活の本拠が日本にあった約50万人は、朝鮮半島における政情不安や異常なインフレ、財産の持ち帰りの厳しい制限なども手伝って日本に残留し定住した〔大沼 1986：58-60, 150〕。

　当時の日本政府は、平和条約によって戦争状態が終結するまで旧植民地人は日本国籍を有するという立場をとっていた。しかしながら、1945年の衆議院議員選挙法により、彼らの選挙権および被選挙権が否認された。さらに、1947年新憲法発効の前日に公布・施行された天皇の最後の勅令としての外国人登録令は、旧植民地人について「当分の間、これを外国人とみなす」と規定し、外国人としての登録義務を課し、違反者には退去強制処置をおこなうこととした。これは定住している旧植民地人の国籍選択の自由を奪うものであった。この勅令の目的は、あくまで在日朝鮮人および在日台湾系中国人にたいする取り締まり体制を確立し、それによって社会秩序を維持しようとする治安対策にあった（以上は、〔大沼 1986：第Ⅰ部第3章〕）。

　そして、こののちの日本の外国人にたいする政策は、日本に定住する旧植民地人以外の人びとについても、基本的には治安対策という色彩を帯びた。

　治安対策の特徴としては、人権を無視あるいは軽視しながら厳重な監視体制をとること、日本への同化が強制されそれにしたがわない者には最終的には退去強制措置が予定されていることなどがあげられる。こうして外国人一般にた

いする極端な差別構造が出現したが、それはとりわけ在日韓国・朝鮮人にたいしてもっとも厳しく作用しつづけてきた。

　サンフランシスコ条約が発効し日本が独立した1952年に、入管法制が確立された。1952年の法務省民事局長通達は「朝鮮人及び台湾人は、内地に在住している者を含めてすべて日本の国籍を喪失する」と宣告し、在日朝鮮・台湾人を完全に入管法制のもとにおいた。

　その柱となったものは、1950年に改定された父系血統主義にたつ国籍法、1951年に施行された出入国管理令、外国人登録令を改定し1952年に施行された外国人登録法であった。

　日本政府により外国人とされた在日朝鮮人の基本的な法的地位については、韓国の戸籍にもとづいて韓国国民とした。韓国国民への書き換えをおこなわなかった者は、日本国内で「朝鮮籍」とされた。1980年代末の韓国籍者と朝鮮籍者の比率は2対1程度で、韓国籍者が増大しつつあった〔在日朝鮮人社会・教育研究所 1989：上巻、90〕。

　1965年に締結された日韓条約に基づく「法的地位協定」により、在日朝鮮人のうち韓国籍をもつ申請者にたいしては「協定永住権」が与えられることとなった。また出入国管理令を改定した1981年の「出入国管理及び難民認定法」により、大部分が朝鮮籍であるその他の人びとも「特例永住権」を取得することが可能となった。ただし、退去強制の要件においては協定永住権のほうが有利となっていた。また、協定永住者の第三世代以降の在留資格については1980年代末時点では規定がなかった。

　1952年の外国人登録法は、監視を目的として、外国人登録証の常時携帯・提示義務と指紋押捺制度を定めた。その違反者には懲役をふくむ刑罰が科せられることとされた。外国人登録法は1980年以後数次の改定がなされているが、1987年改定法によれば、すべての外国人は入国後90日以内あるいは日本で出生後60日以内に外国人登録をすることが義務づけられていた。この登録証には職業や勤務先の名称と所在地の記載までが要求されていた。16歳以上で在留1年以上のばあいは登録時に指紋押捺を強制された。16歳以上の者は、5年に1回ずつ切り替え申請をおこなわなければならなかった。これらの手続きの違反それぞれについて、懲役1年以下あるいは罰金20万円以下などの刑罰が定められていた。

　指紋押捺の強制については、人権の侵害であるとして外国人が拒否する事例

が多発した。1985年には、初めて指紋をとられる16歳の少年少女が42人も押捺を拒否した〔徐1989：66〕。

　法務省の調査によれば外国で実際に指紋をとっている国は1988年現在25ヵ国にとどまり、アメリカ、スペインとポルトガル以外はすべてラテンアメリカとアジアに限定されていた。しかもアメリカ以外はすべて自国民にも押捺の義務があった。したがって、外国人だけに押捺させていたのはアメリカだけであった〔田中1991：92〕。そのうえ大沼によれば、アメリカでは移民および永住権取得のばあい以外は事実上おこなわれていなかった。大沼は、このように指紋押捺の普遍性がないばかりでなく、不正登録の減少をもたらすという実効性についても、さらに本人であるという同一人性確認の必要性についても疑わしいと主張している〔大沼1986：279ff.〕。つまり、実際にはなんの意味もないのに無用な押捺の強制がなされていたのである。

　これに関連していえば、在日韓国・朝鮮人は再入国許可制度により出入国の自由を奪われていた。この制度は、出国後日本への帰国の許可の裁量権を法務省に与えており、再入国不許可のばあいには、実質的には退去強制と同じ結果となるため出国できないことになる。そのうえにこの制度は、在日韓国・朝鮮人の海外渡航に信じがたい困難な諸制約を課した〔尹1990〕。再入国不許可の手段は、指紋押捺拒否者への制裁としてしばしば用いられた。

　在日韓国・朝鮮人は、多くの民族差別にさらされていた。彼らの生活のなかでもっとも深刻な問題のひとつは住宅差別であった。戦前の大阪では、家主は朝鮮人には絶対に家を貸そうとしなかった。ひどい例では「犬と朝鮮人おことわり」と張り紙がしてある貸家もあった。日本人を装って入居しても、朝鮮人だとわかると追い出された。日本人の借り手のないような劣悪な貸家のばあいでも、日本人の保証人、きちんとした職業、1年以上の勤続証明書が要求された〔金賛汀1985：65〕。

　1980年代末現在でも住宅差別は広く存在していた。入居資格として「日本国籍」あるいは外国人には不可能な「住民票」の要求などの事例〔民族差別と闘う連絡協議会1989：153〕、あるいは不動産業者の店頭の「外国人不可」という張り紙〔『朝日』1990年1月22日〕など、公然とした差別がおこなわれていた。

　就職差別もきわめて深刻であった。1984年におこなわれた「神奈川県内在住外国人実態調査」（神奈川県に在住する20歳以上の韓国・朝鮮人および中国人を母集団とし、回収票数は1028）によれば、調査対象者の36.2％が就職差別の経験

をもっていた。その内容は、国籍の相違に基づく差別や不採用が圧倒的に多いが、国籍を理由とする解雇、採用取り消し、入社試験時あるいは入社後のいやがらせ、教師・学校就職窓口の紹介・あっせん拒否、国籍を隠す、日本名使用あるいはその強制などにわたっていた〔金原・石田ほか 1986：30ff.〕。

就職差別のなかでは公務就任権の問題が大きかった。この権利については、国家公務員法に明文化した国籍条項が存在しないにもかかわらず人事院規則により就任権が剥奪され、地方公務員についてもそのような指導がなされてきた。その根拠としては、1953年の法制局第1部長による文書があるのみである。そのなかでは、「公務員に関する当然の法理として、公権力の行使又は国家意志の形成への参画にたずさわる公務員となるためには日本国籍を必要とする」と述べられている。

1974年に尼崎市などで国籍条項が廃止されたのをはじめとして、国籍条項を撤廃する自治体が増加しつつあった。また看護専門職については、自治省からの通達で1986年に国籍条項が廃止された。このように、自治体職員への採用は遅々としてはいるが進展していった。また、電電公社職員、司法修習生、郵政外務職員への採用も運動の末認められたが、これらはあくまでも例外であった。

教員についてみると、1982年に国公立大学に関しては外国人を任用しうることになった。しかしながら、国公立の小・中・高校については、同年に文部省による外国人排除の通達が出された（以上は、〔中井 1989〕）。外国人教員の採用は、1988年現在教諭が東京都等4都府県、2政令指定都市で33人、常勤講師が長野県等で2人にすぎなかった。国籍条項を設けている自治体も32道県にのぼっていた〔徐 1989：62〕。

民間企業の就職差別も深刻であった。1970年、日立製作所から採用通知を受けたある在日朝鮮人は、戸籍謄本がとれないことを理由に採用を取り消された。これは国籍を理由にした民族差別であるとして訴訟が起こされ、1974年、裁判所はその主張をほぼ全面的に認めた〔中井 1989：81ff.〕。この判決以降、民間企業の門戸は、現業的あるいは末端事務的な職種については次第に広がりつつあったが、総体としては巧妙な差別がつづいていた。

社会保障・福祉については、一部は1979年に批准した国際人権規約、決定的には1981年の難民条約への加入を契機として、公営住宅への入居制限、住宅金融公庫の利用資格制限、国民健康保険、国民年金、児童手当等ほとんどに

ついて国籍条件が撤廃された。ただし、生活保護については外国人は対象外であるとして恩恵的準用にとどまってきた。

　付言すれば、在日韓国・朝鮮人は国政レベルはいうに及ばず、自治体レベルの選挙権・被選挙権ももっていなかった。それだけではなく、民生委員、教育委員、人権擁護委員にもなれず、住民の直接請求権もなかった。これは、定住者としての彼らに多くの不利益をもたらした（以上は〔民族差別と闘う連絡協議会 1989：第3部、第4部〕）。

　在日韓国・朝鮮人にたいする日本人の偏見には根強いものがあった。たとえば、パチンコ献金問題がきっかけとなって、1989年に在日朝鮮人児童・生徒へのいじめが日本各地で頻発した。在日朝鮮人総連合会の調査によれば、差別的暴言を浴びせられたほか、殴られたり蹴られたりするケースが1989年11月現在48件64人に及んだ（『朝日』1989年11月19日）。

　表Ⅰ-1-1は、われわれがおこなった人種的偏見に関する3つの調査結果のうち共通する部分をまとめたものである。それらは、(1) 1974年の東京都民にたいする調査（標本数190）、(2) 1986年の那覇市民にたいする調査（標本数224）、(3) 札幌市民にたいする1987年の調査（標本数339）であり、いずれも20歳以上を無作為抽出しておこなわれた。

　表の上欄は、各人種ごとに「親友としてよい」と答えた者の回答者全体にたいする比率を、下欄は同じく各人種ごとに「兄弟姉妹や子どもが結婚してもよい（ただし東京都民は自分自身）」と答えた者の回答者全体にたいする比率をそれぞれ示している。したがって、この表を縦に足しても100％にはならない。

　これをみると、韓国・朝鮮人にたいする偏見は「親友」についてはかなりの改善がみられるが、「結婚」についてはあまり変わっていなかった。相対的にみると白人が優位である事実は変わらないものの、黒人よりも韓国・朝鮮人のほうが好意をもたれるようになった。それにしても韓国・朝鮮人を親友にしてもよいとする者が半数前後、家族の結婚を許容する者が2割未満しかいなかったということは、日本人のもっていた偏見をよく示している。

　在日韓国・朝鮮人の民族教育は大きなハンディキャップを背負わされてきた。1945年以降、自然発生的に朝鮮語、朝鮮の歴史を教える在日朝鮮人の民族教育がはじまった。これにたいして文部省は1948年、朝鮮人子弟が日本の学校へ就学すべきこと、学齢児童、生徒の教育については各種学校の設置は認められないことを通達した。政府はさらに朝鮮人学校の閉鎖措置をとったが、その

表Ⅰ-1-1　人種別社会的距離（％）

次の人びとがあなたと親友になることに賛成

	1974年　東京都民	1986年　那覇市民	1987年　札幌市民
白　　　人	43	56	55
黒　　　人	39	41	44
朝鮮・韓国人	36	46	53
フィリピン人[1]	38	44	＊

次の人びとがあなたの兄弟姉妹や子どもと結婚することに賛成[2]

	1974年　東京都民	1986年　那覇市民	1987年　札幌市民
白　　　人	21	18	22
黒　　　人	12	9	14
朝鮮・韓国人	13	14	17
フィリピン人[1]	14	14	＊

＊　質問にない。
(1)　東京都民調査はインドネシア人。
(2)　東京都民調査は自分自身との結婚。
出所：東京都民は〔駒井1975〕、那覇市民は〔筑波大学1987〕、札幌市民は〔筑波大学1988〕

際神戸地区では、警官の動員により死者1人、検挙者1700人以上という事態になった〔朴1989：184ff.〕。

　朝鮮人学校は1950年代後半からふたたび建設が広がり、1980年代末現在幼稚班（幼稚園）66、初級学校（小学校）83、中級学校（中学校）56、高級学校（高校）12、朝鮮大学校（大学）が存在していた。しかしながら、朝鮮人学校は各種学校という位置付けがなされていたために、私学助成がなく通学定期券も認められていなかった。さらに高級学校卒業者については、一部の公私立大学を除き、国立大学をふくめて入学資格がなかった〔民族差別と闘う連絡協議会1989：131ff.〕。ただし学齢期の児童生徒約12万人のうち、朝鮮人学校で学ぶ者は2万人以下であった〔在日朝鮮人社会・教育研究所1989：上巻、91〕。

　残り10万人以上が通学する日本の学校においては、在日韓国・朝鮮人が多く居住する地域でも、民族教育は教師たちの自主的取り組みの域を出ていなかった。

　在日韓国・朝鮮人たちは、1980年代末にはすでにその約9割が日本で生まれた第二世代および第三世代となってしまった〔朴1989：523〕。また、1986年におこなわれた法務省の調査によれば、彼らの9割以上が引き続き日本での生活を希望していた（『毎日』1986年9月6日）。

このような状況のなかで、金石範の『「在日」の思想』(1981年)は若い世代の大きな共感を呼んだ。その主張は、これからの在日韓国・朝鮮人はもはや祖国に帰ることはなく、日本に定住する運命にあるから、それを前提とする視点に転換すべきであるということにある。すなわち、「在日」の位置が被差別を告発するという観点を超えて自立的となるとき、「在日」の思想は、「『在日』の位置での祖国とその統一にかかわる思想」となるのである〔金1981〕。

同様の主張は、いわゆる「第3の道」論にも存在した。それは、民族性を失うことなく朝鮮人として日本に永住するということを基本とし、日本社会は在日韓国・朝鮮人にたいして追放や同化策をとることなく、諸々の差別を撤廃して市民的な権利を与えるべきなのである〔金1979〕。

「在日」あるいは「第3の道」の選択は、日本への帰化ではなく定住外国人となることの選択であった。すなわち1980年代末の在日韓国・朝鮮人の多くは、日本国籍の取得すなわち日本への帰化にたいして強い抵抗感をもっていた。大韓民国居留民団の調査では、帰化希望者は19％であった〔『毎日』1986年9月6日〕。なお、1988年末の帰化者の累計は14万5000人であった〔『カラバオ』第14号、1989年11月15日〕。

これは、日本への帰化の認可が、在日韓国・朝鮮人であるというアイデンティティを捨てたうえでの日本社会への同化を否応なく強制していることにも大きな原因があった。具体的には、国籍法上の要件ではないにもかかわらず、窓口指導という形で民族固有の氏名を捨てて日本的な氏名に変えることが強要されていた〔大沼1986：266〕。さらに、生活歴を細かく洗い出す身辺調査をしたり、はなはだしいばあいには、日常の食事のなかでニンニクを使うことをチェックした。また調査の際、玄関をあけたときチマチョゴリを着た女性が目につけば、それだけで失格であるといわれていた〔飯沼1988：108, 222〕。

ただし、帰化者が漸増傾向にあったことも否定できない。1984年に日本の国籍法が父母両系主義に改定された。その結果、在日韓国・朝鮮人と結婚した日本国籍の女性の子についても日本国籍の取得が可能となり、日本国籍者が増えていた〔在日朝鮮人社会・教育研究所1989：上巻、64〕。ちなみに在日韓国・朝鮮人の1980年代なかばの婚姻の6割近くは日本人との結婚であり、男女別は半々であった〔大沼1986：271〕。なお、1989年末現在の在日韓国・朝鮮人の永住許可者数は60万795人で〔田中1991：43〕、従来いわれてきた70万人弱より相当減少していた。また、日本名をもつ3人の日本国籍保持者が、1989年に裁

判所に民族名への復帰を申し立てて認められた〔『朝日』1989年10月7日〕が、これは民族的アイデンティティーを失わない韓国・朝鮮系日本国籍者という選択への道を拡大したといえる。

第2節　外国人労働者の流入史（2）――新来外国人労働者

　新来外国人労働者の流入[*1]の出発点は、1960年代後半から1970年代初頭にかけての労働力不足の時期であった。このときには、低賃金労働力の確保のために研修生という在留資格が乱用された。この時期の研修生という名目での単純労働への就労は、単に中小企業ばかりでなく、造船・自動車・電器・食品などの大企業にも広くみられた。また、全国各地の病院が看護婦を研修生として導入したことは大きな話題となった。その中心は韓国人であった。

　このような研修生という名目の単純労働者の存在については、当時の日経連でさえ1970年の「技能労働力不足の現状と対策の方向」と題する報告書で認めていた。そして同じ年に、東京商工会議所と日本商工会議所は、労働力不足に対処するためにアジア諸国からの外国人労働力を移入すべきであるという要望をあいついでまとめ、東京商工会議所のばあいには研修生受け入れの拡充がうたわれた（以上は、〔落合1974〕）。しかしながら、これらの要望は、国内の労働力の有効利用が先決とする労働省をはじめとする当時の鎖国論を覆すにはいたらず、外国人労働者の導入問題はオイルショックにより沈静化した。

　それ以降1980年代後半までの新来外国人の流入は、大きくみて2つの時期に区分することができる。ただし、この時期区分はある形態での流入がその時期からはじまったことをしめすものであり、通常、後の時期になってももとの形態での流入は多少なりとも存続し続ける。

　第1期は、日本経済がいまだ第1次および第2次石油ショックに由来する経済不況から回復していなかったにもかかわらず、期せずして異なる4つの形態

＊1　在日韓国・朝鮮人や在日中国人については、オールドカマーあるいはオールドタイマーズという呼称が使用されてきた。それにたいして、新しくやってきた外国人についての対語としてニューカマーという言葉が相当に通用していることを認めるにしても、英語をそのまま使うことにたいする抵抗感はまぬがれない。そこでニューカマーの日本語として、以下では「新来外国人」を採用する。オールドカマーは、当然のことながら「旧来外国人」となる。

での新来外国人の流入がはじまった1970年代末から1980年代前半である。

その第1の形態は、1970年代末からの風俗関連産業に従事する女性の外国人労働者であり、初期にはフィリピン女性が多数を占めた。その後フィリピン女性のほか韓国やタイの女性も加わった。フィリピン女性の日本への入国には、エンターテイナーのための「興行」の在留資格が多用されていた。

第1期の第2の形態はベトナム、カンボジア、ラオスからのインドシナ難民である。1970年代後半から国際的対応が求められたことにより開始された日本の難民の受け入れは、主に1980年代におこなわれたが、総計1万人強にとどまり、1989年のスクリーニングの実施以後実質的に終息した。付言すればインドシナ難民以外の政治的難民の受け入れはほとんど存在しなかった。

第1期の第3の形態は、中国帰国者二世・三世たちである。帰国した中国残留婦人・孤児たちは、配偶者とともに子や孫とその家族を同伴したり呼び寄せたりした。これが中国帰国者二世・三世である。

ここで中国残留孤児・婦人にふれておけば、中国残留孤児・婦人とは、第二次大戦末期およびそれ以降の混乱により、保護者と生別あるいは離別し中国に置き去りにされた日本人をさす。その大部分は黒龍江、遼寧、吉林の東北三省の出身であり、開拓団員の子が多い。厚生省は残留孤児を「当時の年齢がおおむね13歳未満の者」と定義し、当時13歳以上であった者は自分の意思で残ったとしている。残留婦人はこれにあたるが、実際には生きるために中国人と結婚し、やむなく留まらざるをえなかった者が多い。また残留孤児の大部分は、中国の養父母に養育されて成長した。

1972年の日中国交正常化を受けて、1973年から国費負担による日本への帰国の道が開かれた[*2]。ただし、親族の身元引き受け人を見出せない者にたいする帰国の道は閉ざされていた。残留孤児・婦人は、高齢のためもあって配偶者や子ども、孫などを同伴して帰国したり呼び寄せたりすることが多い。国費で同伴できるのは、配偶者はもちろんであるが、そのほか原則として20歳未満の独身者である子どもにかぎられていた。このほか自費による子どもや孫の帰国も相当数にのぼった。

第1期の第4の形態は、欧米系ビジネスマンである。

新来外国人の到来の第2期は、1980年代後半から始まりバブル経済が崩壊した1990年代初頭に終わる。この時期は、好景気下の労働力不足に対応するさまざまな形態での低賃金労働力と、自己実現をもとめる人びとの流入により特

徴づけられる。

　第2期の低賃金労働力の第1の形態は、資格外就労者および超過滞在者からなる「非正規の」*3 外国人労働者であった。資格外就労としては、主として日本語学校に通う就学生と研修生の在留資格が利用された。それとともに超過滞在者が激増していった。

　第2期の第2の形態は、大多数が合法的に滞在していたブラジルを中心とするラテンアメリカ諸国からの日系人であった。

第3節　外国人労働者の激増

　このように外国人労働者の歴史は比較的新しいが、その増大のスピードには驚くべきものがあった。日本における外国人労働者は、パスポートをもたずにあるいは偽造されたパスポートで入国した不法入国者、観光ビザなどで入国し滞在期限を超えて滞在している超過滞在者、滞在期間内ではあるが入国目的以外の単純労働に従事している資格外就労者、合法的就労者という4つのカテゴリーから構成されていた。このうち、不法入国者、超過滞在者、資格外就労者が非正規労働者であった。

　合法的就労者としてのラテンアメリカ日系人（以下日系人と略）の一世および二世を主体とする日本へのデカセギは、1985年ごろから開始され1987年に

---

*2　この人びとはすべて50歳代以上の高齢者であり、しかも中国での生活環境が主として農村であったためもあって、日本での新しい生活の確立は容易ではない。帰国後まず全国に8ヵ所ある定着促進センターに4ヵ月入所し、日本語や生活習慣を教わる。その後本籍地や身元引き受け人のいる地方へ半ば強制的に送られ、全国15ヵ所の自立研修センターに8ヵ月通う。定住地の指定については反発が強く、後に相当数が東京など大都市およびその周辺に移動している。

*3　本書で使用する「非正規」という語は、一般に使われている「不法」という語にかえるものである。以下その理由を説明する。
　1980年代後半までの入管法の規定する「不法」の意味は、日本への入国のしかたが適切でないこと、超過滞在していること、資格外活動をしていることの3つに大別されていた。
　「不法」という言葉は法に違反している、すなわち社会的正義の原則を侵しているという意味をもつ非常に強い言葉である。ところで不法入国、不法残留、不法就労などとして表現される行為は、刑法犯などと異なって実際には被害者を特定することができない。またこの行為は単に定められている形式に違反しているだけであるから、公序良俗に反するものではなく、いわば形式犯にすぎないといえるものである。しかも

この人びとは所得税を源泉徴収され、消費税を支払っている。このような当を失する「不法」性の付与は、「不法」就労者の排除に直結するとともに、この人びとに不当な差別をもたらす。

「不法」就労者はすべて国家の手により退去強制される可能性をもっている。退去強制処置は、生活や就労の場、すなわちすべての根拠としての居住権を奪われるということにほかならない。定住の程度が進んでいる外国人にたいする退去強制は、一般的にいって処分が重すぎるという感をまぬがれない。

それだけでなく、退去強制をまぬがれている「不法」就労者についても、その人権が侵害されていることは重大である。参政権は論外として、社会権や自由権一般、あるいは最も基本的な生存権さえ、「不法」な存在であるがゆえに国家の手により剝奪されてしまう。このように、およそ人間であれば誰にでも普遍的に保障されるべき人権が無視される。そればかりでなく、「不法」就労の発見が退去強制に直結するという弱みをもつため、雇用者は「不法」就労者にたいして強い支配力をもち搾取することができる。つまり「不法」性の付与は外国人差別の中でも頂点にたつものであり、しかもそれが国家という圧倒的な力によりおこなわれているということができる。

以上、「不法」性の付与が差別的であることをみてきた。したがって、人権を擁護し差別の撤廃をめざす立場にたてば、この用語に代わる言葉を使用すべきである。従来日本で使われてきた「不法」に代わる語としては、「資格外」「未登録」「非正規」などが代表的である。ここでこれらそれぞれの得失を比較考量してみよう。

まず救援団体が使うことの多い「資格外」はどうであろうか。この語からただちに連想されるのは、入管法に規定されている在留資格である。そのため資格外というときには、主として許された在留資格以外の活動をおこなっているという意味になってしまい、在留資格そのものが与えられていない超過滞在者や、入国のしかたが適法でない者を表現するには相当無理がある。つまり「資格外」という語は、文字どおり在留資格以外の活動をさすとする方が混乱が少ないと思われる。

「未登録」は、1975年の国連総会ですべての国連機関が使うことを決定された「ノンドキュメンティド」の日本語訳であり、「非登録」とされるばあいもある。「ノンドキュメンティド」は「アンドキュメンティド」とも表現され、旅券等出入国関係の文書を所持していなかったり、それが失効した人を意味する。「未登録」はとりわけアメリカの移民・少数民族運動などで「不法」に代えて広く用いられている。

ところで日本には外国人登録法があり、90日以上滞在する外国人の登録が法によって強制されていた。そのため日本で「未登録」を用いると、いまだ外国人登録をおこなっていない人という意味にならざるをえない。そうなると、この語は登録をしている「資格外活動」者をカバーできないということになる。そればかりでなく「未登録」という言葉の使用は、従来の経緯からみて外国人差別の原点ともいえた外国人「登録」を是認することになってしまうおそれもある。このような意味で、「未登録」には不適当な点が多いと考えられる。

「非正規」も同上国連総会で「ノンドキュメンティド」とならんで使用が決定された「イレギュラー」の訳語であり、「非適法」「不正規」などの訳もある。この語は、合法的か否かを問わず、すでに存在しているすべての外国人労働者についてその人権が保障されるべきであるとした国連の「移住労働者の権利条約」にも使用されている。そればかりでなく、実際の使用にあたっても「資格外」や「未登録」と比べて誤解の余地が少ない。

同様に、以下では「不法残留」にかえて「超過滞在」という語を使用する。

は一定の広がりをみせるようになった。ただし、当時のラテンアメリカの日系社会では、デカセギにたいする抵抗感は依然として強かった。

　日本に在留するすべての外国人は、入国後90日以内の登録を法により義務づけられていたが、日系人の一世および二重国籍保持の二世は日本国籍を保有していた（したがってこの人びとは正確にいうと外国人労働者ではない）ため、その総数はわからない。ただしブラジルについては、1989年に2万人の一世がデカセギに来ていたという情報がある〔『朝日』1989年5月12日〕。1988年になるとブラジル国籍をもつ二・三世のデカセギが増加しはじめ、しかも潜在的な希望者はたいへん多くなった。日本への入国は、親を同伴する観光ビザが普通であった。日本国籍を保有していなかった二世には「日本人の配偶者等」の在留資格が与えられた。三世の日本での在留には面倒な手続きが必要とされた〔梶田・丹野・樋口2005：119〕。

　日系人の外国人登録者数をみると、1985年に3608人であったものが、1989年には2万1899人へと激増した。そのなかではブラジル人が過半を占め、1985年に54.2％であったものが、1989年には66.3％へと増大した〔法務省各年版b〕。なお、1988年なかばに日本で就労中であったブラジル人は、3000人とも6000人ともいわれていた〔前山1988〕。1989年の日系人の総数は3万人以上であったとされる〔『朝日』1989年10月16日〕。外国人労働者としての日系人が急増したことの背景には、ラテンアメリカ諸国の深刻な経済危機があった。これら諸国のインフレ率は軒並み年4桁台にのっていた。

　ブラジルのインフレ率は、1987年に366.0％、1988年933.6％、1989年にはなんと1764.9％と悪化の一途をたどっていた。また国内総生産の伸び率も、1987年に3.6％、1988年にマイナス0.3％、1989年に3.6％と低迷をつづけていた。そのため1人当たり所得の伸び率も、1987年に1.4％、1988年にはじつにマイナス2.3％を記録した。また、外国にたいする債務は1120億ドルに達し、内債は国内総生産の40％近くを占めていた。

　出稼ぎ人口はすでに日系人人口のなかである程度の比率を占めていた。ブラジルの日系人人口については、50万人台と120万人台の2つの推測がある。前者については、外務省領事移住部の資料によれば、1986年の帰化一世および二・三世以下は52万9000人強であった。なお、1989年現在日本国籍をもつブラジル在留邦人数は10万9000人強であった〔外務省1989〕。それにたいし、サンパウロ人文科学研究所がおこなった「ブラジルに於ける日系人口調査」によ

れば、どこかで日本人の血が混じっている者と定義される日系人口は、1988年に128万人であった〔サンパウロ人文科学研究所（無日付）〕。したがって、ブラジルの出稼ぎ者の割合は、前者であれば3％弱、後者であれば1％強ということになる。ラテンアメリカの他の諸国の日系人人口は、ペルーに8万人、アルゼンチンに3万人、ボリビアに6000人、パラグアイに7000人となっていた〔国際協力事業団 1992：69〕。

　非正規就労者の数の推定については、法務省発表のデータを利用することができる。法務省入国管理局の推計によれば、1986年6月現在の超過滞在者数は3万2000人であったのにたいし、1987年6月のそれは4万2000人、1988年6月には5万7000人と年間およそ1.3倍の速度で増加し、1989年6月には10万1000人と前年のおよそ1.8倍に達した〔田中 1991：204〕。ただし、非正規労働者を阻止するためのさまざまな手段が講じられたため、超過滞在者数は10万人強の水準に留まった。非正規就労者の激増にともない、入国拒否件数および出入国管理及び難民認定法（入管法）違反件数も大きく増大する傾向にあった。法務省の発表によれば、1988年の入国拒否数は1万1107人であり、1987年の2.7倍となった。また入管法違反数は1万7854人であり、同じく1.3倍の増加であった。両者とも過去最高の数字であった。

　違反理由をみると、滞在期限が切れたにもかかわらず留まっていた超過滞在が1万5970人（うち不法に就労していた資格外活動がらみは1万3475人）でもっとも多い。なお滞在期限は残っているものの資格外活動で摘発された数は839人、パスポートをもたずにあるいは偽造されたパスポートで入国した不法入国者は616人であった。ちなみに1988年の入管法違反者のうち男性は1万725人、女性は7129人であり、初めて男性が女性を上回った。また年齢別では、男性では20歳代後半が、女性では20歳代前半がもっとも多かった〔法務省 1989i〕。

　外国人労働者にたいする他の省庁の施策は、1980年代後半時点でも、いずれも入管行政を補う形となっていた。これは入管法に、公的機関の職員の義務として、入管法上在留が違法であることを知ったときはこれを入国管理局に通報しなければならないという規定があったことによる。

　この義務は、外国人労働者にたいする保護をふくむ諸施策を直接担当しなければならないはずの労働省についても、同様に課されていた。すなわち、労働省の通達（基発第50号、職発第31号）によれば、「労働関係法令は、日本国内における労働であれば、日本人であると否とを問わず、また、不法就労であると

否とを問わず適用されるものである」とされて労働保護の姿勢が一応示されているにもかかわらず、「入管法違反に当たると思われる事案が認められた場合には、出入国管理行政機関にその旨情報提供すること」という指示がなされた。この通告義務は、1988年1月の通達（基発第76号、職発第57号）においても繰り返された。この義務の存在によって、労働行政が本来担うべき外国人労働の保護という役割は果たされることがなく、非正規就労者の労働条件は、きわめて劣悪化してしまう。その理由は、通告が入管当局による日本からの退去強制を引き起こすことにある。

　非正規就労の外国人労働者にとって入国拒否は第1の障碍であるが、首尾よく日本に入国できたとしても、入国後ある程度の期間、退去強制だけはどうしても避けなければならない。というのは、日本に来る前に、航空運賃や当座の生活費、あるいはブローカーや日本にいる知り合いにたいする手数料などの諸費用を、親・兄弟ないし親類や知人等から借金しているのが通例だからである。この借金は、外国人労働者の本国ではほとんど返済できないほど巨額である。もしも入国が拒否されたり、あるいはほとんど金を貯めないうちに非正規就労が発覚して退去強制処分を受けることになれば、それはすでに投資した巨大な金額が失われることにほかならなかった。

　ちなみに1987年に退去強制された非正規就労者の就労期間は、3ヵ月未満の者が18.7％、3ヵ月以上6ヵ月未満の者が19.8％、6ヵ月以上1年未満の者が34.2％、1年以上の者が27.3％であった〔町田1988〕。また、1988年になると、1年以上の者は31.6％へと増加した〔法務省1989i〕。この数字は、非正規就労の外国人労働者の大部分が少なくとも6ヵ月以上日本に滞在したことを示している。

　以上みてきたように、法務省や労働省は、入管法に基づいて、就労している外国人労働者にたいして不法であるという烙印を焼きつけてきた。けれども、このばあいの違法行為は、通常の犯罪とはまったくその性格が違う。非正規就労者であるとしても、この人びとは人を傷つけたり物を盗んだりしているのではない。ただ人目につかないところで、安い賃金で真面目に一生懸命日本人の嫌がる仕事をしているのである。したがって、不法であるという烙印を押されている外国人労働者たちはなにか悪事を働いているという意識を少しももっていない。

　その背景として第1にあげられるべきであるのは、外国人労働者の送り出し国が、一般的にいって外国における出稼ぎを禁止していないばかりでなく、積

極的に奨励しているばあいも多いという事情である。その背景には、送り出し国における失業の深刻化と国際収支の悪化がある。こうして、外国への出稼ぎ労働者は救国の英雄であるという意識さえ生まれるにいたる。

　第2に、多くのばあい、非正規就労者の本国の家族が、父や夫あるいは娘の収入を待ちわびていることがあげられる。本国で就業機会があまりないのに、家族を食べさせなければならず教育も受けさせなければならない。そのうえに、テレビに象徴される商品が消費意欲を駆り立てる。こうして外国での出稼ぎ労働は、家族の存亡に影響するものとして肯定されることになる。

　犯罪を犯しているという意識がないのに、日本の法律によって犯罪者にされてしまうということはそれ自体大きな問題であるが、それとともに、不法性の付与によって、外国人労働者の人権が無視され抑圧されるという事態が引き起こされているということも重大である。

　外国人労働者の多大なエネルギーは、入管当局や警察に発見されないことに費やされる。外国人労働者の生活は、発覚を恐れて人目から隠れることを中心として組織されているといってよい。外に出かけることは危険であるから、できるだけ狭い部屋に閉じこもっていなければならない。外出するにしても、明るい太陽は避けなければならない。

　しかも、非正規就労者の取り締まりがきわめて強圧的におこなわれてきたということも看過できない問題である。入国審査にあたる係官の態度は高圧的であり、また摘発の現場においても、人権の尊重とは正反対の行為がなされている。そのうえに、もし強制退去のための航空運賃を支払えないばあいには、収容所に留まらなければならない。

　入国警備官による摘発の実態の一例をあげると、1988年5月、埼玉県蕨市の外国人専用アパートで以下のような行為がおこなわれたという情報がある。①「コノヤロー」といった暴言を繰り返す。②布団の上に土足で上がる。③理由もなしに蹴飛ばす。④就学ビザ保持者に「早くバングラデシュに帰れ」と暴言を吐く。さらに、連行された入国管理局では、首から国籍・名前等の書かれた大きな札をかけられる〔ぐるーぷ赤かぶ 1989：217〕。

　さらに同国人を殺害したバングラデシュ人を逮捕した東京・品川警察署は、その取り調べの際、木の棒で殴るなどの拷問をしたとして東京地裁から記録の提出を求められたが、同署はそれを拒否した。弁護団によれば、このことは拷問がおこなわれたと推定される根拠となる〔『朝日』1989年7月8日〕。超過滞在

のバングラデシュ男性と結婚した日本女性の入管での1989年の経験も、職員の人権感覚の欠如を如実に示している。呼び出しの職員はいきなり怒鳴りつけ、警備官は「お前」呼ばわりを繰り返し、タバコをふかし、大声を出しつづけたのである〔シャヘド・関口 1992：118 ff.〕。

　ちなみに当時アジア系外国人の微罪の起訴が急増していた。このことは、犯罪が増えたというよりも、今までは見逃されていた微罪が起訴されるようになったためであると考えられる。また、有罪となったばあいの量刑も重すぎるという指摘がある。1985年4月から1988年3月までに東京地裁および簡裁で判決を言い渡された窃盗事件の執行猶予率は、日本人のばあい、すり88.1％、万引き100％であったが、来日外国人の場合はそれぞれ14.0％と21.4％であった〔大貫 1990：62〕。

　また、名古屋市内のホストクラブでフィリピン女性に約1ヵ月の傷を負わせたタイ女性が、殺人未遂で名古屋地裁から懲役3年の判決を受けた。判決文の量刑の理由のなかで、「その不法滞在中に本件犯行を敢行したものであることなどに徴すると、被告人刑罰は重いと言わざるを得ない」と述べられていたことからもわかるとおり、この事例は量刑が不当に重く、日本にいる外国人労働者にたいするみせしめ的要素をもっているとして、救援団体の関心をひいた〔『まいぐらんと』1989年10月20日号〕。

　不法化によって、外国人労働者の労働条件は極端に悪化する。外国人労働者が労働する現場では、労働災害はもっとも憂慮すべき事態となっていた。キタナイ・キツイ・キケンからなる3K労働に従事させられている外国人労働者は、怪我や事故に見舞われる可能性がきわめて高かった。

　労働災害が起きたばあい、労災補償保険法は日本で働く外国人にも適用されることとなってはいるが、非正規就労者がその給付を請求することは実際には不可能であった。というのは、すでに述べたように、請求を受けた労働基準監督署が非正規就労を入管当局に通報するため、申請者は退去強制を受けることになってしまうからである。そのため、よほど程度のひどい労働災害以外には、保険の申請がなされることはほとんどなかった。さらに、非正規就労者を雇っている雇用主も、入管当局や警察等とのトラブルを恐れて、相当の労働災害でも隠そうとし、給付の申請をおこなわなかった。

　不法性の付与の帰結としては、労災の問題とともに賃金の問題が大きかった。一般的にいって、非正規就労者であるために外国人労働者の雇用主にたいする

立場はきわめて弱く、そのため低賃金が常態化し、賃金不払いが頻発していた。低賃金については、1987年に摘発された非正規就労者のデータが利用できる〔町田1988〕。就労期間が6ヵ月以上のものは61.5％であったが、報酬総額が100万円以上200万円未満のものは16.3％、200万円以上のものは10.4％であり、この両者を合わせてもわずか26.7％にしかならない。つまり外国人労働者の多数は、半年以上働いても100万円を稼ぐことができなかったのである。また賃金不払いについても、同じデータによれば被害を受けたものは492人であり、全体の4.4％に達した。賃金不払いはとくに女性に多く、女性総数の5.6％であった（男性は2.3％）。

　労働条件の悪化とともに、不法化の帰結としてブローカーの暗躍がもたらされたことが強調されなければならない。入国管理として立ちはだかる国境の厚い壁をこえることはきわめて困難な課題である。そのため、越境に組織的に介入して不当な利益をむさぼるプロが出現したのである。ブローカーによる賃金の不払いやピンハネあるいは人身拘束等の事例が頻発していた。

　生活の場についても、不法入国者や超過滞在者は医療保護や生活保護を受けることができなかった。保険がないため、病気の際の出費はきわめて高額になった。生活に真に困窮したときにも、頼れる所がなかった。付言すれば、外国人労働者は超過滞在者もふくめて、短期滞在＝非居住者という理由で税務署により一律20％の課税が所得にたいしてなされていた。つまり納税の義務はあるが、それに対応する権利がないということになる。

　不法化の帰結の最後に、外国人労働者の犯罪は同国人どうしの間で発生することが多いというきわめて顕著な傾向がみられたことを指摘しておきたい。

　1988年3月埼玉県川口市のアパートで起きた乱闘事件は、パキスタン人どうしのものであった。さらに、1989年3月東京都板橋区のアパートでもパキスタン人どうしの刺殺事件が起こったが、その背景には、川口市の乱闘事件と同様にグループ間の抗争が存在していた。パキスタン人による同種の事件は1988年以来首都圏で計7件発生しており、警察は7つか8つのグループが首都圏にあるとみていた〔『朝日』1989年4月4日〕。

　この事件について公判判決を担当した東京地裁の裁判長は、「彼らは被害にあっても強制送還を恐れて警察へ届けられず、グループで身を守るしかすべがない事情もあった」と指摘している〔『日経』1989年11月8日〕。すなわち超過滞在という状況が外国人労働者を一種の無法状態のもとにおき、同国人の間で

グループ間抗争があるばあいは、自衛のための行動に駆り立てられたとおもわれる。

　中国人のばあいには、福建省出身の就学生が強盗団を結成し、埼玉県・神奈川県に在住する上海出身の就学生を相次いで襲っていた事例がある。この強盗団は、来日するときに背負った借金の返済に困り、比較的裕福そうな人を標的に選定していた。その理由として、「同じ中国人だと、ばれないと思った」と語っている〔『朝日』1989年10月6日〕。同様な中国人どうしの強盗傷害事件は、1989年9月東京都の昭島市でも起こっている〔『朝日』1989年9月14日〕。

　このほか、パキスタン人や中国人にかぎられないが、同じ職場で働く同国人どうしの喧嘩などによる傷害事件その他も散発していた。

　外国人労働者の流入を制限しようとする諸施策と激増する外国人労働者との関係は、1980年代後半にはあたかもモグラ叩きのゲームのようにみえたことがあった。法や行政対応の特定の盲点をついて外国人労働者が流入すると、それにたいする対策が講じられて一応その穴はふさがれるが、今度は別の穴から外国人労働者が飛び出してきたのである。こうして、いくら叩いても叩いても新しい穴が次つぎと開けられ、しかもモグラの数はどんどん増えていった。念のためいうと、モグラというのはもちろん純粋の比喩であって、けっして外国人労働者を差別しているのではない。

　送り出し国の変遷は、このような状況の好例であるといえる。表Ⅰ-1-2は、摘発された非正規労働者を送り出し国別に示したものである。なお1986年のばあい、摘発者のうち83.7％は本人が出頭してきたケースである〔田中1990：182〕。これは帰国の際の出頭が主であったことによる。

　表Ⅰ-1-2によれば、1989年の送り出し国の首位はフィリピンであって、全体の22.5％を占めている。フィリピンは1983年以来ずっと最大の集団であって、とくに1987年には全体の7割をこえていた。1988年以降の減少の理由としては、査証発給の際の審査が厳格化されたことがあげられよう。なお、摘発者のなかで女性が多いという傾向は一貫している。

　送り出し国第2位のパキスタンと第4位のバングラデシュは1988年以降急増したが、これは査証の相互免除協定を利用した結果であった。この協定は1989年1月に一時停止された。付言すれば、1988年の入国拒否の第1位はパキスタンの4288人、第2位はバングラデシュの3233人であった。すなわち摘発者よりもはるかに多い入国拒否者がいたことになる。

第Ⅰ部　1980年代後半までの外国人労働者

表Ⅰ-1-2　非正規就労者の摘発数の推移

	1983	1984	1985	1986	1987	1988	1989
フィリピン	1,041 *29	2,983 *96	3,927 *349	6,297 *1,500	8,027 *2,253	5,386 *1,688	3,740 *1,289
パキスタン	7 *7	3 *3	36 *36	196 *196	905 *905	2,497 *2,495	3,170 *3,168
韓国	114 *24	61 *34	76 *35	119 *69	208 *109	1,033 *796	3,129 *2,209
バングラデシュ			1 *1	58 *58	438 *437	2,942 *2,939	2,277 *2,275
マレーシア	―	―	―	―	18 *15	279 *265	1,865 *1,691
タイ	557 *39	1,132 *54	1,073 *120	990 *164	1,067 *290	1,388 *369	1,144 *369
その他	620 *101	604 *163	516 *146	471 *199	644 *280	789 *377	1,283 *790
総数	2,339 *200	4,783 *350	5,629 *687	8,131 *2,186	11,307 *4,289	14,314 *8,929	16,608 *11,791

注1：＊印は男性を示し内数である。
注2：1983-86年のマレーシアの数のうち「―」は、「その他」にふくまれる。
出所：〔法務省1989i〕、〔法務省1992c〕

　第3位の韓国は、とくに1989年に急増したが、これには1989年1月から韓国政府が海外渡航を自由化したことと、オリンピック関係の建設ブームが終了したことの影響が考えられる。第4位のマレーシアについても査証の相互免除協定があって、主として中国系マレーシア人が1989年に流入しはじめた。第六位のタイも流入開始の時期は早く、その主体は女性であって、発達したブローカー組織のもとに、主として風俗関連産業に従事していた。

　送り出し国の動向に大きな関連をもつとおもわれるひとつの条件は、日本人に似た人びとのばあい非正規就労の摘発を受けにくいが、日本人と顔つきが異なった人びとのばあいには、その目立ちやすさのために摘発を受ける可能性が強いことである。この条件は、日本人に似た人びとの流入を増大させた。その兆候は中国系マレーシア人の登場にみられた。

　送り出し国と同じように、入国・在留が認められる在留資格についても、同じ論理に基づいて大きな変遷がみられた。1980年代後半の外国人労働者の多くは観光客として短期滞在ビザを取得し、入国後許された在留期間を超えて就労するというパターンをとっていた。それとともに、就学ビザを利用する偽装

就労もみられた。

　就学生は届け出れば最高週20時間までの就労がアルバイトとして認められることとなっていたが、実際には就学生の就労のチェックは野放し状態であったといってよく、これが偽装就労を可能にしたのである。就学生は、観光ビザによる非正規就労者の摘発の強化と中国人の大規模な流入にともなって激増をつづけ、1988年に3万5107人が入国した。しかしながら、1989年には審査の厳格化にともない入国者は1万8183人へと激減した。

　それとともに、表面的には就労が一応合法的にみえるような、技術習得を目的とするビザの大々的な利用がはじまった。このビザを取得したものは研修生と呼ばれるが、研修生受け入れ先については事実上書類審査だけであるため、外国人労働者の就労の絶好の隠れ蓑となっていた。この場合、オン・ザ・ジョブ・トレーニング（OJT）という口実で実質的な労働が強制されながら、建前としては研修であるため賃金を支払う義務がなく小遣い銭が渡されるだけ、という事例が相当あった。研修生は1988年に2万3432人、1989年に2万9489人が入国し、これもまた増加傾向にあった。

　このように、在留資格については、観光ビザが頭打ちになったとしても、就学ビザに大きな伸びがみられたとともに研修ビザによる入国も増大し、モグラ叩きゲームはここでも成立していた。

　以上みてきた非正規就労者の激増は、入管行政が有効に機能していなかったことを示している。表Ⅰ-1-2にみられるように、滞在期限が切れているいないにかかわらず資格外活動で摘発されたものの総数は、1986年に8131人、1989年に1万6608人であった。摘発された非正規就労者を非正規就労者の推計数で除したものを摘発率とすれば、それは1986年のおよそ25％から1989年の16％へといちじるしく低下したことになる。なお、摘発にあたる入国警備官の人員は、1989年現在650人にすぎなかった。

第2章　外国人労働者の流入のしかた

第1節　あっせんブローカーの役割

　本節では、1980年代後半までのあっせんブローカー（以下単にブローカーと略）の役割を概観する。ここでブローカーとは、広く外国人労働者を稼働先にあっせんすることにより利益を得る者をさすことにし、就労が合法であるか非正規であるかは問わない。なお、風俗業に従事する女性を対象とするブローカーについては第3章第1節で述べることにして、ここでは取り扱わない。もちろん、単純労働に従事している女性の外国人労働者も少数ながら存在していたが、以下では、主として男性について分析することにする。

　ブローカーは、男性非正規就労者の就労にたいしてどの程度介入していたのであろうか。事柄の性質上実態の把握はきわめて困難であるが、これについて参考になるのは、1987年に摘発された非正規就労者の雇用の経緯に関する法務省発表のデータである。この年の摘発者総数1万1307人のうち、男性は4289人を占めていた。

　これを100％としたとき、雇用の経緯が「仲介者のあっせん」による者は73.9％、「自ら来訪」した者は22.0％、「その他」は4.1％であった。この「仲介者」がここでいうブローカーにかぎられるのか、それとも知人や友人などブローカー以外の者をふくむのかは不明である。しかしながら、ブローカー等の関与の程度は相当に高いというのが法務省の解釈であった〔山崎1989〕。

　これとは別に、法務省入国管理局が1987年3月に発表した「不法就労外国人にかかわるあっせんブローカーの実態について」という資料が、ブローカーの関与について、別の手がかりを与えてくれる。非正規就労者にからむブローカー活動をおこなって1985年および1986年の両年に摘発された者のうち、氏名等身元が判明した者は201人いた。この201人があっせんした非正規就労者数として、全部で3480人が計上され、そのうち男性は240人を占めた〔法務省

第2章　外国人労働者の流入のしかた

表I-2-1　男性非正規就労者にたいするブローカーの関与率（1985～86年）

国　籍	ブローカー斡旋数 (A)	摘発者総数 (B)	$\dfrac{A}{B} \times 100$
フィリピン	150	1,849	8.1
タイ	50	284	17.6
パキスタン	20	232	8.6
バングラデシュ	20	59	33.9
その他	0	449	0
計	240	2,873	8.4

出所：(A)〔法務省1987〕
　　　(B)〔法務省1989i〕

1987〕。ところで、表I-2-1にみられるとおり、この両年に摘発された男性非正規就労者の総数は2873人であった。この2つの数字の性格はまったく異なるが、あえてブローカーの関与率を計算すると8.4％となる。ただし、摘発されなかったブローカーは多数にのぼるから、この数字が不当に低すぎるのはいうまでもない。

　入管資料〔法務省1987〕によれば、当初は口コミや在日友人による紹介、アルバイト情報誌などで十分でブローカー関与の必要がなかったが、1985年秋以降の非正規就労者の増加傾向にともない、自然発生的にブローカーの関与が始まったとされている。

　ブローカーが日本人であるか外国人であるかについて、前掲山崎論文をみると、1987年には、男女とも合わせたばあい仲介者が日本人であったものは30.9％であり、同国人であったものは69.1％で、同国人のほうがはるかに多くなっている。けれども、同上入管資料によれば、1985～86年に摘発されたブローカーの内訳は日本人が110人、外国人が91人であって、ここでは日本人のほうが多い。

　日本人ブローカーと外国人ブローカーの役割分担については、同上入管資料は次のような4つのタイプに区別している。

　第1は、「日本人・外国人分担ケース」であって、外国人ブローカーが来日させた出稼ぎ希望者を、日本人ブローカーが出迎え、各地の工場等にあっせんまたは管理するものである。

　第2は、「日本人・外国人共謀ケース」であって、外国人ブローカーおよび日本人ブローカーが共謀して、出稼ぎ希望者に同行するなどして来日させ、あ

っせんまたは管理するものである。

　また第3は「日本人ケース」であって、外国において日本人ブローカーが、自らまたは外国人ブローカーを通じて募集した出稼ぎ希望者を、自らの手で来日させ、あっせんまたは管理するものである。

　最後に第4は「外国人ケース」であって、在外の外国人ブローカーが、自らの手で募集した出稼ぎ希望者に同行して来日させ、あっせんまたは管理するものである。

　付言すれば、ブローカーの稼働先あっせん代は、男性のばあい5万～10万円であり、雇用主が前貸しという形で負担する例が多い。

　ブローカーの活動の程度については、国別に大きな差異がみられた。表Ⅰ-2-1によって国籍別のブローカーの関与率をみると、バングラデシュ33.9％、タイ17.6％、パキスタン8.6％、フィリピン8.1％、その他0％の順になり、バングラデシュとタイが高かったことがわかる。つまり、この両国人を対象とするブローカー組織は、他国よりも確立されていたことになる。

　なおタイについては、海外向けの私設職安ともいうべき労働者あっせん所が林立しており、バンコクだけでも500社を超えていたという〔日名子1986〕。

　前掲入管資料〔法務省1987〕には、前述「外国人ケース」に該当するタイ人ブローカーについての次のような事例が報告されている。

事例1：タイ人男性G（29歳）は、同国人女性H（31歳）と組み、タイ人男性13人を長野県下の土木業者に作業員としてあっせんしていた。両人の役割は、Gがタイから作業員を連れて来日し、Hが稼働先をあっせんするもので、手数料のほかに給料の一部を取得していた。

　ブローカーの活動内容についても国別の違いがあった。フィリピン人およびタイ人のばあいには、出国手続きにあたって旅行業者等のブローカーが代行し、偽造旅券・偽造査証を取得させたうえ、いわゆる見せ金、すなわち日本入国の際就労目的でないことを証明するため貸与された相当額の現金を使って入国させていた。

　その際、偽造査証をふくむ偽造旅券代は、10万～20万円、本国出国から日本に入国し稼働あっせんまでの包括的代金は25万～30万円である。これらの代金は、雇用主またはブローカー自身が前貸しして立て替え、その分1～3ヵ月無報酬で働かされている例が多かった。

　なおフィリピン人のばあい、超過滞在者を日本から他人名義で出国させると

いう業務があり、写真張り替えをおこなった偽造旅券代は約10万円であった。

1989年に偽変造旅券や他人名義旅券によって入国しようとした者は483人に達したが、そのうちタイ人は281人、フィリピン人は170人、計455人を占めた〔法務省 1990a：第17表〕。これは、この両国におけるブローカーの暗躍を裏付けていた。

パキスタン人とバングラデシュ人のばあいには、就学ビザを取得させ、それを隠れみのにして長期に就労させたケースが少なくなかった。これについては、次節で述べる。

パキスタン人については、パキスタンでの出身地域ごとのグループ化がブローカーがらみで進んでいた。パキスタン人ブローカーは、出身地域から就労希望者を調達し、日本に入国させて就労をあっせんしていたと思われる。

バングラデシュ人については、次のような事例があった。

事例2：1988年10月に、バングラデシュ人53人、インド人3人の集団不法就労が発見されたが、彼らは浜松市内の人材派遣会社に仲介されていた。同社は、1987年3月から1988年10月までに計176人（バングラデシュ人164人、インド人10人、フィリピン人2人）を雇用し、浜松市を中心に自動車またはオートバイ部品の製造工場、塗装工場等計31社に派遣、実質1人1時間当たり1300〜1400円の派遣料を得ていた。

摘発された非正規就労者は月平均10万〜12万円の収入を得ていたが、その中から、人材派遣会社への案内にあたったバングラデシュ人により月6万円を徴収されていた模様である。彼らはバングラデシュにおいて日本向け出稼ぎ募集に応じたところ、同国人の案内でいったんバンコクで待機させられた後来日し、この会社へ案内された〔法務省 1989b〕。

この事例は、バングラデシュのブローカー組織と日本のブローカーが結託していたことを示すものであり、前述の「日本人・外国人共謀ケース」にあたる。

バングラデシュ人のなかには、同国人のブローカーによる悪質な詐欺にあうものがいる。

事例3：1989年初頭のある日曜日、われわれは秋葉原に電気製品を買いにきていたバングラデシュ人の3人連れと面接することができた。3人とも日本語学校に通学しながら、プラスチック加工の工場で働いていた。3人のリーダー格である通称ババは1年半前に来日した。彼はバングラデシュを出るときに、「日本での仕事もあっせんする」というブローカーに30万円（うち10万円は飛

行機代）をだましとられた。そのため自分で仕事を見つけざるをえず、すでに日本に来ていた友達に手紙を書いて今の仕事を紹介してもらった。通称マスムは来日後1ヵ月半仕事がなかった。在日バングラデシュ人のブローカーに5万円払ったが、それも詐欺だった。なお、3人目の通称ファルクのばあいは、バブの紹介で今の会社にはいったという。

1980年代後半に目立った活動をしていたものとして、日系ブラジル人を対象とするブローカーをあげることができる。日本での就労に関しては、日本国籍者のばあい問題がなく、二重国籍者のばあいも便法を講じればなんとかなる。それにたいし、数も多くそれほど高齢でもないブラジル国籍者のばあいには、就労が容易ではなかったため、ブローカーが介在したのである。

ブラジルのブローカーの大部分は、日本の特定企業、企業グループ、あっせん団体・業者が日系移民を現地代理人として間接的に募集をおこない、その実績に応じて手数料を支払うという形式をとっていた。これは、前掲の分類にしたがえば「日本人ケース」ということになる。ただし、例外として代理人をおかず直接募集をしていた日本企業と、日系ブラジル人が経営する業者とがあった。

主要な募集対象は、当初は単純労働への合法的な就労が可能な者であった。しかしながら、労働者が合法的に就労できるとしても、あっせん業者が希望企業にたいして日系ブラジル人を派遣して単純労働に就労させるばあいには、1986年に施行された労働者派遣法違反となる。この法では、専門的な技術や知識を必要とする業種については派遣業務が認められているが、単純労働については認められていなかったからである。またピンハネ等中間搾取がおこなわれれば、労働基準法に抵触する。さらに有料で職業あっせんをおこなうばあいは職業安定法違反となる。

ブラジルにおける人材派遣業者の嚆矢は、1985年横浜のS工業による就労者の募集であった。その後同種業者は著増し、1988年には20業者以上がサンパウロで操業していた〔前山1988〕。しかしながら、1989年末代表的大手業者であるS工業と千葉のN機工とが相次いで労働者派遣業法違反により摘発された。

事例4：S工業は日系人を中心として常時500人から2200人の労働者を確保し、同社の社員寮やアパートに住まわせて、関東・東海地方の自動車部品製造会社など百数十社に自社のマイクロバスで送迎し、賃金の約4割をピンハネして3年間で68億円を稼いでいた〔『朝日』、『日経』1989年10月13日〕。また、N機工

は日系人約1200人をふくむ約2300人を関東地方の工場に派遣し、賃金の約3割をピンハネし約50億円を稼いでいた〔『朝日』、『日経』1989年11月1日〕。

けれども、このようなブローカーの行為にたいする法的措置はほとんどなく、日系ブラジル人のあっせんは野放しに近かった。

事例5：同様に、韓国人のばあいをみると、福岡市内で摘発された土建会社は人夫の派遣を主事業とし、経営者の在日韓国人が同国人を呼び寄せては人夫を補充していた〔法務省1989a〕。

以上、不法入国者や観光ビザ等による就労者など、非正規性が明瞭であるものについてみてきたが、入国審査の厳格化や非正規就労者の摘発などにともなって、研修ビザによる研修生や就学ビザによる就学生など、表面的には合法的な入国に偽装された就労のあっせんが1980年代後半に顕著に増大する兆しをみせていた。

まず、ブローカーによる研修生の利用の状況をみることにしよう。

事例6：外務省の休眠状態にある外郭団体の理事という肩書をもつある人物は、この制度を利用して1年半で250人もの中国人を25の会社や工場に送り込んだ。中国人は中国各地にある工場の工場長に日本での研修の希望を申し出、その地域の科学技術協会で審査がおこなわれたのち、選ばれた者がこの人物に委ねられて日本に入国したのである。これらの会社や工場はいずれもこの団体の「会員」で、中国人1人当たり月1万円の会費が徴収されていた。この人物と工場の間に、特定地域に拠点をもつあっせん会社が介在することもあった。

これらの中国人たちにたいして、入管への申請書類に書かれている日本語講座や技術に関する講習はまったくおこなわれなかった。そして彼らは、残業も含めて朝から晩まで単純作業や重労働に従事させられていた。その報酬としては、月額わずか7万～8万円の生活費が、工場―（あっせん会社）―ある人物という経路で手渡されただけである〔毎日新聞1990a：140-146〕。

事例7：われわれは、北関東にある金属加工工場で働いている、26歳と35歳の2人のタイ人男性に話を聞くことができた。若いほうをBさん、もう1人をCさんと呼ぶことにしよう。2人とも日本語はまったく話せないが、Bさんは日本語教科書のタイ語版をもっていた。

2人ともバンコクから北へ長距離バスで数時間の距離にある地方の出身で、本業は農業。昨年4月に2年間の契約で来日した（ただし、工場との直接契約ではないから、工場側も、彼らがいつまでいるのか知らなかった）。Cさんは従兄弟

図　研修生の名目で就労する仕組み

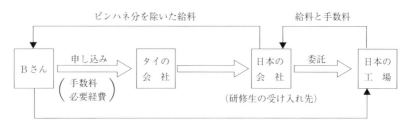

の紹介で、Ｂさんはタイ人経営の日本への研修あっせん会社に申し込んで、日本にやってきた。

あっせん料は、ビザ取得やパスポート代など必要経費が５万バーツ（約27万5000円）、ほかに手続き代として約10万円を会社からの借金というかたちで払い、その会社が日本の国内のあっせん会社に研修生を送り込む仕組みである（図）。

ＢさんとＣさんの日給は3500円、ほかに残業１時間につき500円、１日の食費として800円をもらっている。同僚の日本人がいくらもらっているかは知らないとか。タイでは、彼らが仕事をしてもふつう１日65バーツ（約360円）にしかならないので、これはかなりの額になった。同工場には、似たようなタイ人研修生が９人いた。給料は工場から日本のあっせん会社にいき、そこから彼らの手に渡るという。その間に、前借り分となんらかのかたちでのピンハネがあるらしい。

研修とはいっても、ＢさんもＣさんも、これまで日本語教育はまったく受けていなかっただけでなく、技術もほとんど教えられていなかった。帰国後はまるで役にたちそうもない単純労働を強いられるだけであった。工場側もそれを「承知はしているが、経営を優先させざるをえないのでしかたがない」という。

この２人のタイ人男性の事例は、研修制度を利用するブローカーの在り方のひとつの典型であった。

事例８：東京のＰ建設は、1986年３月現在200人の研修生を擁し、協力企業と呼ばれる12企業に就労のあっせんをおこなっていた。Ｐ建設は1982年に初めてバングラデシュ人10人を研修生として迎えいれた。協力企業は外国人１人につき月12万8700円をＰ建設に支払う。そのうち、Ｐ建設からタイ人には５万円、バングラデシュ人には４万5000円が払われる。ただし、航空運賃や保険料はＰ

建設が負担する。P建設では専門の講師が学科や日本語を教えるとしていたが、実際に指導がおこなわれたことはなかった〔『下野新聞』1986年3月14日・16日〕。

次に、研修生とならんで偽装就労の手段となっていた就学生についてであるが、日本語学校は、ブローカーの活躍の絶好の舞台となっていた。すでに述べたように、前掲入管資料〔法務省1987〕によれば、パキスタン人およびバングラデシュ人のブローカーはこのカテゴリーを利用していた。彼らが受け取る入国手続き代は25万〜30万円であった。この両国人のばあい、日本人ブローカーの介在はみられず、先に述べた「外国人ケース」の一種に該当する。以下前掲入管資料から2事例を紹介する。

事例9：日本語学校への就学を目的に来日したパキスタン人男性K（34歳）は、出席率不良により日本語学校から退学処分となったが、じゅうたんの輸入販売会社勤務を名目にして、パキスタン人にたいする不法就学案件のブローカーとして暗躍していた。

事例10：バングラデシュ人男性L（23歳）ら4人のグループは、本国において、日本での日本語就学の名目による稼働可能を餌に出稼ぎ希望者を集め、入国および就学手続きの手数料として1人当たり約30万円を取得していたが、現実には、航空券を渡して査証免除の入国をさせるだけで、就学手続きを放棄するという悪質ぶりであった。

就学生を対象とするブローカーはきわめて多数いたが、就労あっせんのみを目的とするとは考えられないケースについては、第2節で検討する。

以上述べてきたことを要約すると、ブローカーは外国人労働者の就労を相当支配し、その活動には中間搾取や詐欺等きわめて悪質な要素もふくまれていた。また、ブローカーは国別に大きな違いがあり、その活動形態も研修生や就学生など合法的とみなされるカテゴリーの利用をふくんでいた。

第2節　就学生という名の労働者

1. 就学生の流入と就労の実態

就学生というカテゴリーは、1980年代後半における外国人労働者の流入のための格好の受け皿とされてきた。そもそも、当時の入管法には就学生に関する明文化された規定が存在していなかったが、それはこのカテゴリーが法務省

第Ⅰ部　1980年代後半までの外国人労働者

により「創作」されたためである〔田中 1989〕。就学生という名称は、学校教育法に基づく高等専門学校・短大・大学ではない日本語学校をふくむ各種学校や専修学校などで学習する外国人学生をさしており、「法務大臣が特に認める者」というカテゴリーにより入国が許可されていた。

　就学生には就学ビザが発給されるが、このビザによる入国者のほとんどが日本語学校の入学者であった。ただし、日本語学校以外に就学生の受け入れを認められている学校も50校前後存在していた。ところで、日本語学校の一部は学校教育法に基づいていたものもあるが、その設立についてはなんの法的根拠もなく、また文部省をふくめてどんな省庁も、1988年ごろまで指揮・監督をおこなうことがなかった。就学ビザによる在留期間は6ヵ月または3ヵ月で、更新による延長は3年までにかぎられていた。またアルバイトは、入管に届け出が必要だが、週20時間まで認められていた。

　就学生の流入は、「21世紀までに留学生を10万人受け入れる」という中曽根首相（当時）の1983年の提唱に端を発している。これに基づいて、1984年に就学ビザの発給手続きが簡素化された。すなわち、受け入れ校による事前審査の一括申請が認められたのである。その結果は、ただちに就学生の新規入国者数に反映された。1984年に4140人にすぎなかったものが、1985年には8942人と倍増、1986年には1万2637人へと3倍増し、1987年にも1万3915人という水準をつづけ、1988年には3万5107人へと激増した〔山神 1989c〕。

　それでは、就学生は当時どれくらい日本に残留していたのであろうか。1987年末の在留就学生数は2万1500人であった〔山神 1989a〕から、これと1988年の新入国者数の合計は5万6000人以上に達したことになる。もちろん、帰国者や他のビザに書き換えた者がいるから実際の在留数はこれより少なかったことは確実であるが、それにしても4万〜5万人台という水準にあった。

　1987年以降、就学生の流入は新しい段階を迎えた。1988年の新規入国者数の大部分が大陸出身の中国人（以下、中国人には台湾人をふくまない）により占められるようになったからである。中国人が希望すれば海外に出国できるようになったのは1985年からであり、日本の就学ビザはその有力な手段となった。

　表Ⅰ-2-2にみられるように、中国人就学生の入国数は1987年以降非中国人を上回りつづけてきた。そして、1988年の新規入国者総数に占める割合はじつに80.5％にのぼって2万8000人を超え、この年の大量流入の主な原因となった。ところが、1988年頃から就学ビザの発給が厳格化されるとともに、天安

表 I-2-2　外国人就学生新規入国者数の推移

	1986	1987	1988	1989
中　国	2,126	7,178	28,256	9,134
台　湾	4,029	1,839	1,113	1,279
韓　国	1,702	1,470	1,733	3,858
その他	4,780	3,428	4,005	3,912
合　計	12,637	13,915	35,107	18,183

出所：〔山神 1989c〕、〔法務省 1990b〕。

門事件後中国からの出国の規制もおこなわれたために、1989年に新規に入国した中国人就学生は前年の3分の1に激減した。なお1989年の新規入国者の2位以下を列挙すると、韓国21.2％、台湾7.0％となっており、韓国の伸びが注目される。

ちなみに台湾人の日本への入国に就学ビザが多く使われた理由は、アメリカのばあいは英語の統一試験（TOEFL）を受けなければならないのにたいし、日本についてはそのような条件がなく入国が比較的容易だったためであったといわれている。

就学生の流入にともない、日本語学校にも設立ラッシュがつづいた。入管により就学生受け入れを認められた日本語学校数は、1984年末に49校にすぎなかったが、以後毎年89校、143校、218校と増えつづけ、1988年10月末にはついに309校となった〔山神1989c〕。すでに述べたように、日本語学校設置のためにはなんの基準も認可も必要でないため、不動産屋・貸しビル業・旅行代理店・予備校等が、極端なばあいにはアパートや一部改装した店舗等を用いて、営利目的のための日本語学校を続々とつくったのである。その有り様は、「池袋」戦争が終わったら「高田馬場」戦争に移り、その後「大塚」戦争がはじまったといわれるほどであった〔東1986〕。なお表向きは日本人が校長だが、実際は台湾系が経営するものも多かったといわれる。

もちろん良心的な学校も存在してはいるが、日本語学校の多くは、「日本ではアルバイトもできる」という学生募集とともに、ブローカーとも結託しながら、就学生から徹底的な収奪をおこなった。入学許可書の販売、就学ビザの申請に必要な身元保証人の紹介料、水増し入学による入学金や授業料の着服に加えて、アルバイトや下宿の紹介料、ビザ更新に必要な出席率や成績の改ざん料など、とれるものをどんどん就学生からとりたてたのである。また教師は主婦

のパートなどを使い、できるだけ教育に金をかけないようにしている学校もあった。

　さらに、日本語学校はブローカーの暗躍する場となった。彼らは、人集め、卒業証書偽造、支払い能力を示すはずの残高証明書の偽造、身元保証人の手配や必要書類の偽造、日本語学校入学手続き、住宅・アルバイトの世話などを主な仕事とした。ブローカーは、高額の手数料を払った者を日本語学校に売りこんだ。

　日本語学校ばかりでなく専修学校や各種学校など就学ビザが発給される学校にも問題があった。新宿のあるビジネス専修学校は、大量水増し入学、いい加減な授業、不適切な教室等の理由により行政指導を受けたが、この学校には韓国人をはじめとする中国人をふくむアジア諸国からの就学生が在学していた。経営者は、「経営上苦労しているので、どこだってたたけばホコリが出る。学生たちは出稼ぎ目的が多いため出席率が悪い」と語っている（『朝日』1989年4月8日）。

　付言すれば、台湾人の日本への入国に就学ビザが多く使われていた理由としては、次のことが考えられる。台湾では、パスポートとして観光、商務、留学という種類があり、発行官庁が異なっていた。そして、ビザはこれらパスポートの種類に関係なく申請がなされていた。たとえば日本の就学ビザは観光パスポートにも与えられていた。

　以下、日本語学校がからんだ就学生の偽装就労の代表的事例をみることにしよう。日本語学校そのものが就学生を労働させていた事例としては、フィリピン人を寮に詰め込み、学校近くのゴルフ場などで1日9時間も働かせ、月約12万円の報酬のうち1万5000円しか手渡さなかったため、学生が集団脱走したという事件がある〔『産経新聞』1988年6月23日〕。

　また、韓国人や台湾人の性産業に従事する女性についても、就学ビザが使われていたばあいがある。1988年4月および5月に大阪市で摘発された事例では、逮捕時まで台湾人女性のべ約400人を自分の経営する日本語学校に在学しているように偽装させ、ホステスとして働かせていた。〔法務省1988b〕。さらに、風俗営業の経営者が日本語学校を設立し、ブローカーと結託してアジア諸国から女性の学生を募集し、クラブのホステスやダンサーにさせようとしたケースもあった〔『産経新聞』1988年5月9日〕。

　このほかに、特定企業が低賃金労働力を確保するために日本語学校を開設し

たケースが注目に値する。あるラーメン・チェーンは人材確保のためわざわざ日本語学校をつくり、かなりの学生をラーメン店で働かせていた〔山口1988b〕。またマクドナルドのばあい、系列の日本語学校に中国系マレーシア人を入学させ、その4分の1が時給600円でマクドナルドの店で働いていた。なかには1日8時間半労働の者もいた〔毎日新聞1990a：第3章〕。

　とりわけバングラデシュおよびパキスタン両国については、1986年にバングラデシュ人就学生が795人、パキスタン人就学生が356人という多数に達した〔山神1989c〕が、その大部分が偽装就労者であって、在学させていた日本語学校が入管の手入れを受け、1987年以降は両国合わせても100人以下へと激減した。

　つぎに就学生を対象とするブローカーの実態をみる。中国人就学生に関しては、在日中国人とくに元留学生のブローカーもいるが、自分自身就学生である学生ブローカーと香港のエージェントが主流となった。香港のブローカーは十数社あるといわれ、中国の地元紙に広告をだして就学生を募集する〔『朝日』1988年4月18日〕。日本人は言葉がわからないため、中国人を対象とするブローカーはできないといわれていた。またビザ更新に必要な学業成績及び出席状況調書などを偽造して就学生に売りつけるブローカーも現れた。

　われわれが話を聞いた池袋のA校では、別に募集広告などの特別の努力をしなくても、すでに来日している学生がその親類や友人をその学校に呼ぶため、「もう仕事を辞めてしまったから、早く入学許可を出してほしい」という手紙が中国からどんどん来たという。というのは、中国では、就学を目的とするパスポートは原則として退職した後に発給されることになっていたからである。

　JR高田馬場駅は、日雇い労働者があつまる寄せ場として有名であった。中国人も多くあつまるようになり、われわれはここで日本語の上手な中国人就学生のAさんと会った。彼は「4人ほど日本語学校の世話をしたが、パスポートが出てから1年以上もビザがおりていないらしい。上海出身者は大体1人当たり2～3人は呼んでいるのではないか」と語った。呼ばれた側はもちろん手数料を徴収されるのである。こうして、多数の就学生自身がブローカーとなっていた。

　ここで、就学生の来日目的はなんであったかを検討しよう。中国人については、1988年12月14日『北京日報』が報道した100人近い在日就学生にたいするインタビュー結果が興味深い。それによれば、30％が完全に金を稼ぐのが目

的であり、同じく30％が大学入学などを目指すと同時に金を稼ぐことで、20％は日本国内での仕事・生活条件が良く、外国を見たいだけで具体的目標はないとなっている。ただし、就労時間については相当に長く、多くは週40時間働いているが、1日12時間に達する者もいた〔『東京新聞』1988年12月16日〕。

また、ある中国人就学生の体験記は、日本語学校の「教室が満席になることはなく、3分の1の人は"輪番休み"をとっている。3分の2のうち、遅れもしなければ早退もしないものは極めてまれである。学生はみんな何をしているのだろうか。アルバイトである。歯に衣を着せずにいうとすれば、来日学生の95％以上は、留学とは名ばかりで、実は"金もうけ"が目的なのである。来日後、高騰する学費、家賃、生活費、そのうえ借金が、あなたをして懸命に働かざるをえなくさせるのである」と述べている〔柴1989〕。

さらに、あるルポルタージュによれば、中国人の「就学生のうち、金儲けが第1目的になっているのは、学生の8～9割に上るといってよい。日本で貯めたカネを元手に、一旗揚げたいと考えている。自分の車を買い個人タクシーをするとか、喫茶店や食堂、洋服店などの商売を始めたいのである。……残りの1～2割の人たちは、何としてでも日本に残りたい、と思っている」〔山口1988a〕。

われわれは、日本語学校を訪問して実態を確認しようとした。池袋にあるA校の教員は、「学生の50％は出稼ぎ目的だ。出稼ぎ目的の者も初めの1～2ヵ月は真面目に出席する。が、その後はビザの延長審査があるまで、全体の出席率をある程度保ちながら休むようになってくる。学生の90％は大陸からの中国人だが、北京の学生は真面目、上海は半々、その他はまず出稼ぎだ」と語った。また同じ学校の事務員は、学生の90％が出稼ぎ目的であるとみている。また、高田馬場にあるB校の中国人の事務員は、「最近は働きにきている人が多くて、真面目な学生が迷惑している。学生の70％は大陸からの中国人だが、授業中態度が悪い者は上海出身者にやや多い。学校に来なくなってしまう学生もおり、手紙で警告するが効き目はない」と語ってくれた。

それでは、就学生は総体としてどのような属性をもつ人びとだったのであろうか。これについて参考になるのは、外国人就学生受入機関協議会（以下外就協と略）という日本語学校の団体がおこなった調査と東京都がおこなった調査である。

外就協は、1988年9月、加盟170校の在校生1万9474人にアンケート用紙を配布し、約1万6700人の回答を得た。回答者の出身国は、中国が60％と最多

であり、韓国と台湾がそれぞれ12％ずつ、その他（フィリピン、タイ、マレーシア、香港など）が16％となっている〔外国人就学生受入機関協議会1989〕。

また東京都は1988年8〜10月、東京都内の日本語学校36校の協力を得て、学校経由4150人、直接郵送1235人、合計5385人の就学生にたいしてアンケート用紙を配布し、都内在住者990人の回答を得た。出身国は、中国が49.6％、台湾が20.6％、韓国が5.5％、フィリピンが5.2％、その他が19.1％であり、外就協調査と比べると分散している〔東京都1989d〕。

まず性別をみると、外就協調査では男性61％、女性39％、東京都調査では男性58.0％、女性42.0％と男性のほうがかなり多い。次に年齢であるが、外就協調査では20歳以下7％、21〜30歳71％、31歳以上22％となり、20歳代が主体である。一方東京都調査では、19歳以下4.7％、20〜24歳27.8％、25〜29歳35.1％、30〜34歳22.0％、35歳以上10.3％、平均年齢は27.2歳であり、外就協調査よりもかなり高年齢である。

なお、外就協調査による来日前の職業は会社員58％、学生24％、その他18％であり、有職者のウエイトが高い。また、東京都調査によれば、最終学歴は高校卒が38.1％ともっとも多く、ついで大卒30.2％、高専卒22.7％、他に中卒4.4％、大学院修士課程修了1.0％、その他3.6％となっている。さらに、既婚率は27.3％である。このように、就学生の主体は20歳代後半の男性であり、すでに就職していた者が多く、学歴もかなり高いうえに既婚者も相当おり、日本の学生の一般的イメージとはかなり異なっている。このような属性が就労の程度を高める条件となっていたことは十分に想定できる。

現実問題として、就学生たちの大多数が、就労せざるを得ない状況に追い込まれていたことは間違いない。外就協調査では生活費については、5万〜10万円、学費については3万〜5万円と答えた者が過半に達している。それにたいし、東京都調査では就学生の平均支出は月11万9000円であり、その内訳は住居費3万4000円、食費2万7000円、授業料3万2000円、その他2万7000円であった。

生活費と学費の重荷のうえに、就学生は本国で借金した留学資金を返済しなければならない。中国人就学生のばあい、希望者がブローカーに支払う額は普通30万円以上であり、上海では50万円から60万円が相場であったといわれていた。これは、当時の中国では10〜15年分の年収に相当した。ただし、この額は地域によっても違い、個人の富裕度や支払い能力によっても変化した。け

れども、中国人の就学希望者は、大金を払っても日本で働けばすぐに取り戻せると考えていたのである。留学資金は、普通、中国国内の家族や親戚から借りられたことが多い〔山口1988a〕。

中国人就学生はほとんど無一文で日本での生活を開始するが、その背景としては、中国政府の許可する外貨の持ち出し限度額がわずか1万円であったことがあげられる〔ぐるーぷ赤かぶ1989〕。付言すれば、上海には外貨管理局や市の公認のもとで円とドルの貸し付けをおこなう企業が1988年に発足したが、その貸し付け実績は微々たるものであった〔『朝日』1988年12月12日〕。

就労の実態を両調査からみると、アルバイトをしていた者は、外就協調査によれば62％、東京都調査によれば65.4％と似たような結果を示している。つまり、アルバイトをしていない者も3分の1前後はいたことになる。

そこで、就学生の収入の内訳を、外就協調査の生活費・学費の支弁方法という質問項目からみると、全額アルバイト11％、一部本国からの送金・不足分はアルバイトが32％、一部アルバイト・不足分は身元保証人が援助12％となっている。そして、アルバイトをしていない者のうち、もっとも多い回答は、全額本国または本国以外にいる家族・親戚からの送金で23％、以下、本国からの送金と身元保証人の援助9％、全額身元保証人の援助8％、奨学金等団体等からの援助1％、その他4％であった。このように、額にかかわらず本国からの送金を受けている者は、64％という多数に達していた。

一方、東京都調査には収入の構成という質問項目があるが、それによると平均の合計収入12万1000円を100％とした場合、アルバイト料が47％、家庭からの送金43％、奨学金2％、その他8％となっており、ここでも送金のウェイトが高かった。アルバイトによる収入は、外就協調査では月額5万円以下16％、5万～10万円61％、10万円以上22％であり、5万～10万円が多数を占めた。一方東京都調査では、平均アルバイト収入は週当たり2万1120円と算定されている。

次に、アルバイトをしていた者の就労時間を検討する。その前提として、就学生のアルバイトが週20時間を超えても、そのチェックは実際には不可能であり、ほぼ黙認に近かったということを指摘しておかなければならない。外就協調査によれば、1日当たりのアルバイト時数は、3～5時間が7割弱であったが、6時間以上の者も1割以上いた。一方、東京都調査によれば、アルバイトをしている学生の平均値は、1日当たり就労時間が4.8時間、週当たり就労日

数が5.0日であるから、週当たり就労時間数は24.0時間となる。ここにみられるアルバイト時間数の少なさは印象的である。

両調査にみられたアルバイトへの依存の低さ、送金の多さ、アルバイト時間の少なさなどは、就労の実態を反映したものではないと考えられる。すなわち、両調査とも通学している日本語学校が関与し、しかも日本語学校の団体や公的機関が実施したことは、非正規就労の摘発に脅える人びとから正しい回答を引き出すことができなかったと想定するのが妥当であろう。さらに、就学ビザをもちながらすでに日本語学校に通学していない人びとが対象から排除されたことも影響していよう。

ちなみに外就協調査によると、日本で勉学する動機については、大学進学が67％と圧倒的であり、以下仕事上15％、就職6％、その他12％となっており、ここでも出稼ぎ者というイメージからは遠い回答が得られている。

以下、上述のような偏りがそれほどではないとおもわれる職種、就労先の見つけ方、就労場所を、両調査からみることにしよう。

就労の職種をみると、外就協調査では、多い順に飲食店店員49％、一般事務12％、スーパー店員10％、語学教師4％、通訳・翻訳1％、その他24％であり、東京都調査では、ウェーター・ウェートレス等のサービス関係の仕事51.1％、工場・建設現場作業26.5％、事務的な仕事10.7％、専門・特技を生かす仕事7.2％、語学講師・通訳・翻訳6.7％であった。飲食店ないしサービス関係が主要である点は共通であるが、外就協調査では工場・建設関係のカテゴリーが存在していない。

就労先の見つけ方については、外就協調査では、友人の紹介54％、自分で32％、学校からの紹介7％、その他7％となり、友人の紹介が過半数を占めた。一方東京都調査では、日本人友人34.0％、同国人友人27.9％、新聞・雑誌18.5％、街中の広告10.8％、その他8.9％となっており、ここでも類似した結果がみられる。

外就協調査によれば、就労の場所を東京近県とする回答が70％あったが、この数字は東京近県に居住している者52％を上回っており、東京近県での就労の比重がかなり高いことを示している。以下高い順にあげると、新宿区11％、豊島区6％、大阪・京都・神戸5％、渋谷区4％、中野区2％、杉並区2％となり、東京の盛り場が重要であることがわかる。

なお、東京都調査には就労の問題点という質問がある。複数回答による上位

3項目をあげると、「賃金が低い」42.3％、「専門・特技が生かせない」36.5％、「精神的疲労が多い」33.3％となった。ここには、就学生が従事している労働の特徴がよく表れている。

2. 就学生の日常生活

本項では、1988年12月から1989年2月におこなった就学生にたいする3件のインタビューを紹介する。対象者は勉学意欲の強さと外国指向の強さにより類型化できるが、第1の事例はこの両方とも強いもの、第2の事例は勉学意欲はあるが帰国意思をもつもの、第3の事例は勉学意欲が弱く帰国意思をもつものである。

事例1：中国人就学生のAさんは、26歳で未婚の女性である。1987年7月就学ビザで来日した。現在、池袋のある日本語学校に通いながら、お茶の水の喫茶店でバイトをしている。今の店は2軒目だそうだ。以前働いていた店は日本人の友達（友達の友達）の紹介だったが、今度は店の前に貼ってあった募集広告を見て自分で電話をかけた。

ウェートレスが主な仕事内容で、土曜日以外毎日9時間（朝の8時半から12時と夕方5時半から11時まで）働いている。時給は650円で、日本人との賃金格差はないそうだ。一緒に働いているのはほとんど日本人だが、1人だけ外国人がいるらしい。しかし国籍などは不詳である。働いている間は日本語を使っているそうだ。

彼女は大学卒の学歴があり、中国ではコンピュータに関係する大学で助手をしていた。大学時代の友達が日本に留学しており、自分も日本に行こうと決意したそうだ。「将来は、日本の大学院にはいって、コンピュータのことを学びたい。そして自分の視野を広げていきたい」と語ってくれた彼女には強い意志のようなものがうかがえた。

彼女の家族は55歳になる父親と母親、そして16歳の妹である。父親と母親は2人とも、社会科学系の大学で研究をしている。1間8畳もある3DKのアパートに住んでおり、かなり良い暮らしをしていたようである。彼女の中国での給料は100元（日本円で4000円弱）。日本に行くにあたって家族の反対はなく、20万円ほどお金を出してくれたそうである。現在家族からの仕送りは一切受けていない。連絡も2週間に1回電話をする程度だそうだ。

彼女は現在、都心から電車で1時間ほど離れた町（都内）に友達4人と住ん

第2章　外国人労働者の流入のしかた

でいる。日本に来てからずっとそこに住んでいるそうだ。1戸建ての家でバス・トイレ・台所付き。家賃は13万円である。その家は公費派遣留学生の友達のために中国側が借りているもので、彼女は内緒でもぐりこんでいるのだそうだ。そこには大学のクラスメートで、今日本のコンピュータ会社に勤めている友人もおり、皆で和気あいあいとやっているらしい。

　生活費や授業料（3万円）、交通費等は全部で8万円くらい。すべてバイト代からまかなっているそうである。食事は、朝と昼（弁当）は自分でつくるが夕食は外食が多いらしい。バイト→日本語学校→バイトの生活なので必然的にそうなってしまうのだろう。休みの日などは、テレビを見たり、料理をつくったりしているそうだ。料理は友達と一緒につくったり食べたりしている。

　日本の大学院を出たらアメリカやオーストラリアに行きたいし、あまり日本人男性は好きではないとのことである。日本についてはあまり良いイメージを抱いていないようだ。土地は狭く、物価も高い。「妹が日本に留学したいといっても、絶対に来させない」とまでいっていた。

事例2：高田馬場の日本語学校で出会ったBさんという男性は福建省長楽県の農村の出身で、朴訥な感じのする人である。来日したのは1988年9月。自称28歳だがもう少し上と思われる。子供は「1人っ子政策」をとっている今の中国には珍しく、7歳と4歳の男の子がいる。現在は池袋のアパートに住んでいる。彼は中国では建築会社に勤めていた。開発の進む中国では請負制のおかげもあり、もうかる仕事である。日本に来る前に3階建ての自分の家を新築したというから、暮らし向きはいい。

　彼は仕事でもうけた50万円を生活費として日本にもってくることができた。また、入学費や手続き費その他は、アメリカや香港に住む親戚が50万～60万円払ってくれたという。「借金か」と聞くと、「ごく近い親戚なので返さなくてもいい」という。

　さて、彼の現在の生活について聞いてみた。住んでいるアパートは6畳。風呂なし、トイレと台所は専用で家賃は月4万円。奥さんと住んでいる。既に2年間契約している。福建省の友達でBさんに学校を紹介した友人がアパートも紹介してくれたそうだ。周りに住む人は日本人が多いが付き合いはあいさつ程度。

　さて、彼もやはりハードなアルバイトをしている。現在は週に3～4日秋葉原の八百屋で野菜運びなどの仕事と、日曜だけ建築の仕事である。八百屋は先

の友達の紹介である。時間帯は午後11時から翌朝4～6時、つまり真夜中である。学校が午後1時から5時なので、朝帰って少し寝て、すぐ授業ということになる。日給で7000円だったのが昇給して7500円になった。

　一方、建築の仕事は台湾人の友達の紹介である。専門の人以外雇わないところで、それだけ待遇はいい。一緒に働いているのは日本人ばかりである。朝9時から午後4時半まで働いて日給9000円。昼食に1時間、ほかに20分の休憩が2回ある。こんな生活だが病気になったことはないという。学校でまとめて国民健康保険に入っている。別の日本語学校に通っている奥さんも時給700円で旅館の清掃をしている。朝9時から午後1時までだ。月に収入は15万円、支出は住居費5万円と学費が2人合わせて6万円なので余裕はない。買い物は近くのスーパーが多いが、たまに上野まで出るという。テレビはよく見る。おそらく休日がなく遊ぶ暇のない彼にとってテレビは唯一の娯楽なのだろう。

　日本へ来ようと思ったきっかけは先に来ていた前述の友達から誘いの手紙があったことである。来日の半年ほど前のことだ。「日本は進んでいるので技術を学びたい。2年間の間に建築学校に行きたい」といって日本と中国の建築の違いを説明してくれた。

　彼が他の多くの就学生と少し違っているのは、奥さんと一緒に来ている点である。紹介を頼む際、2人同時だと大変なのでBさんが先に来て奥さんは3ヵ月前に来たという。奥さんがAさんについてきたのかと思ったが、そうではなく2人共「外の世界を見たい」という希望があったそうだ。子供は両親に預けてきた。反対はされなかった。2年で必ず帰る約束をしてきたという。「今一番つらいことはなんですか」という質問に「子供のことが一番心配」という答えが返ってきた。2～3週間に一度電話する。「一番の楽しみは」という質問には「日本語の勉強。また仕事に行く時バスから町を見るのが楽しみ。日本の交通に興味をもっています。日曜の仕事が遅くなると夜の高速道路がきれいですね」と答えた。

事例3：高田馬場駅前で、CさんとDさんという男性の就学生2人から話を聞いた。2人とも上海出身で、本国の仕事は辞めている。Dさんは日本に来て2ヵ月。日本語は片言だが、筆談を交えて時間をかければ会話は可能だ。平日は朝は清掃、夜は料理屋のアルバイトをしている。そして、授業のない土曜・日曜は高田馬場で日雇い労働の仕事を見つける。Cさんは高田馬場へは仕事を見つけに来たのではなく、その日は同郷の人に会いに来ていたのだという。「高

田馬場に来るのは、日本に来て半年に満たない人が多い。日本に来る時に親戚や友人に多くの金を借りているので急いでそれを返すためだ。しかし、きつい仕事ばかりなので、そのうち行かないようになってくる」。日本に来て半年の彼は、今は喫茶店で働いているそうだ。今年度末で日本語学校は卒業だが、その後は専門学校に進学したいという。

　2人とも円高の日本でたくさん稼いで中国に持ち帰りたいという。だが同時に日本語を覚えたいという希望も語っている。彼らの中では出稼ぎ労働という目的と日本語学習という目的が併存しているようだ。Cさんは「勉強をするつもりで日本に来る人も、お金を返したり生活をするためには仕事をしなければならない」という。

3. 日本語学校対策の迷走

　就学生にたいする1980年代後半の法務省の対応は、外国人労働者問題にたいするこの官庁の行動パターンとその限界を象徴的に示している。それは、外郭団体の設立の仕方と、いわゆる「上海事件」に表れている。

　まず前者からみると、日本語学校が非正規就労者の隠れみのとして使われるという事態に直面して、法務省は日本語学校の団体をつくり、それを通じて統制をはかろうとした。1986年12月、法務省入国管理局の肝いりで、109の日本語学校により設立された外国人就学生受入機関協議会がそれである。なお、この団体についてはすでにその調査を引用した。

　入管側は、統制という目的とともに、事前審査とビザの期間更新の申請の激増に対応するため、この団体にその処理を代行させようという意図をもっていたと推察される。こうして、外就協の初代および二代目の会長・事務局長には入管OBが天下りした〔外国人就学生受入機関協議会1987〕。外就協加盟校には、就学生の事前審査を通りやすくし、また一部の学校については、ビザの期間更新を学校が一括して代行できるなどの特典が与えられた。この代理申請は、就学生にとっては入管窓口に出向かなくてすむという大きなメリットを意味した。

　しかしながら、外就協は入管が意図したような日本語学校業界の浄化という役割をほとんど果たさなかった。加盟の申請があったばあい、外就協は一応法務省と相談するとしているが、加盟させるか否かの基準は不明確であるといわれていた。そのため加盟校のなかには、悪質な学校とみなせるものがかなりふくまれることになった。『外就協会報』には、ほとんど毎号といってよいほど

除名校が掲載されていた。外就協の創立にもかかわったといわれる日本語教材の出版・販売会社の経営者は、外就協加盟校のなかで「真面目にやっているのはまあ40校くらいだろう」といっていた。ちなみにいえば、1989年8月現在の加盟校数は223であった。

このような事態に立ちいたった大きな理由として、入管OBが外就協加盟校の幹部に迎えられたことを指摘できる〔『朝日』1988年7月3日〕。1989年6月、社会党の日本語学校調査団は、法務省の退職者が13人も日本語学校に天下っていたことを発見した。さらに、同調査団は、外就協加盟校のひとつに現職入管幹部が設立以来書類作成の助言をおこなっていたことも明らかにした。この学校は出席率がきわめて悪く、設備や入学時期の問題もあり、いわゆる悪質校とみなせるものであった〔『朝日』1989年6月15日、22日〕。

なお、外就協の後を追うように、文部省は1987年3月、原則として学校教育法に基づく日本語教育機関30余校を組織して、「全国日本語教育機関振興会」を発足させた。

次に「上海事件」であるが、1988年11月、中国人の就学生希望者による偽造書類の横行にたいし、入管は提出書類の種類や内容を厳しくしようとした。上海で職を辞めてビザ待ちしていた者は3万5000人にのぼるが、日本渡航が不可能になるとの不安に駆られた人びとが連日総領事館に抗議デモをおこなった、というのがこの事件の概要である。

さらに法務省は1989年1月、この事件との関連で、入学許可書を乱発していた日本語学校23校にたいし、就学ビザも出さずビザの更新もしない不適格校扱いの処分をおこなった。このなかには、外就協加盟のものもいくつかふくまれていた。この処分は後に条件付きに緩和されたが、中国でこれらの学校の入学許可を受けてビザ待ちをしていた人びとを混乱に陥れたばかりでなく、日本にいる在校生5000人も、日本在留が不可能になることを恐れてパニックを起こしたのである。

ここでみてきたような日本語学校にたいする行政の混乱に対処するため、ついに、「日本語学校の標準的基準に関する調査研究協力者会議」（座長・中川秀恭大妻女子大学長）が文部省を中心として組織された。この会議は、1988年12月、日本語学校のガイドラインとして「日本語教育施設の運営に関する基準」を取りまとめた。これは、就学期間、学年の始期、授業時数、同時に授業をおこなう生徒数、教員数、教員の資格、校舎および校舎の面積などの基準を示し

たもので、おおむね各種学校と同等ないしそれ以上となっている。ただし、営利法人による経営は否定されてはいない。

1989年5月、この基準に基づいて日本語学校の審査・認定事業をおこなうことを目的とする「日本語教育振興協会」が発足した。その設立総会には、日本語学校53校が参加した。

そして法務省も、今後この協会の実施する日本語教育施設の審査の結果を踏まえて、入国、在留の管理をおこなうと発表した。これは、法務省がおこなってきた従前の取り扱いに先行するものとされている。さらに、従来適格であるとされてきた学校もすべて審査を受けなければならなくなった〔法務省1989e〕。これが意味するものは、就学生にたいしておこなってきたこれまでの対応策を、法務省が放棄したということにほかならない。このような展開は、外国人労働者問題全般について、次のような教訓を与えている。

第1に、学校であるかぎり、当初から文部省がその管轄の責任を果たすべきであったにもかかわらず、入国管理の一環として入管が積極的な介入をはかろうとし、結局事態の収拾に失敗したことがあげられる。その犠牲者は、直接的には、退職してビザ待ちをしていた3万5000人の中国人たちであった。第2に、就学生を利用しようとする日本語学校やブローカーが暗躍して大きな不当利益をあげたが、彼らにたいする行政的な対応がほとんどなされなかったばかりか、入管との癒着さえ発生したことを指摘できる。そしてここでも、高額の手数料をむしりとられる就学生たちという犠牲者が生まれた。

なお、規制の確立とともに新宿では廃校する学校が増えた〔『朝日』1989年7月18日〕。

第3節　低賃金労働力としての研修生

次に、研修制度によって来日した研修生の実態についてみる。

1989年8月、法務省は、研修の実施に問題があるのではないかとおもわれた企業40社（547人）について、1988年4月以降おこなった調査結果を発表した。その内容は、低賃金労働力の確保の手段として研修生のカテゴリーが乱用されている実態をまざまざと示すものであった。

すなわち、(1) 研修を名目として研修生を受け入れ、事実上労働者として就労させている事実が相当数判明した。(2) 入国事前審査時に提出した研修カリ

キュラムのなかで実施が予定されている講義方式による学科研修を実施していない企業があり、また、従業員と区別なく生産ラインに組み込まれ、活動内容が研修か労働かの区別が判然としないものや研修時間帯が深夜に及ぶ等の問題が一部に認められた。(3) 研修終了後、本国において当該研修の成果を発揮しうることにつき疑義のもたれる研修が一部に認められた〔法務省1989g〕。

ここにみられるような研修生の現場作業への従事は、オン・ザ・ジョブ・トレーニング（OJT）という口実で正当化されていた。OJTとは、本来は実際の作業・労働をとおして技術を習得させる実地教育を意味する。

この発表の40企業のうち8企業については、1989年6月、研修生にたいして初めておこなわれた立ち入り調査に関する情報がある。8企業とも提出されていた学科研修をまったくおこなわず、いきなり現場作業に従事させていた。また日本語を習得するための時間は存在しなかった。ある調査官は、「臭気と暑さで職場環境は悪く、作業は単純労働に近く、研修にはほど遠かった。人手不足を反映し、学科などやる余裕すらうかがえない」と語っている〔法務省1989g〕。

このように、実質的には研修ではなく文字どおり就労させていたにもかかわらず、研修生たちにたいする手当は、研修生という名目が悪用されてきわめて低かった。川口市の鋳物工場の2人の中国人のばあいは月5万円であり、20人のタイ女性のいる札幌管内の弁当工場では月4万円であり、7人の韓国人がいる大阪管内のゴム製造工場では月5万円にすぎなかった。一方、名古屋市内の自動車部品製造工場ではこの例よりも高く、3人のフィリピン人に月12万円を渡していた。また研修生には時間外勤務は禁じられているが、前記ゴム製造工場では研修生に一時間半の残業を強いていた〔『朝日』1989年6月20日〕。

研修生が外国人労働者の搾取の温床となっていることについては、第1節でも述べた。研修生という名目で入国する者のうちの相当部分は、他の非正規就労者と比べても、総体的にみてより低い賃金しか支払われておらず、しかもきわめて厳しい人身拘束がおこなわれ、そのうえに労働法の保護外におかれるなど、戦前のタコ部屋を想起させる側面さえあり、1980年代後半段階でもっとも問題をはらんでいる入国カテゴリーであった。

ここに紹介した実態は氷山の一角であり、著名な事例としては1987年に長野県で起きたスリランカ女性の事件がある。彼女たちは電器部品工場で一般工員と同じ作業をし、休日出勤・残業もあったのに、食事・住宅を与えられた以

外には月5000円程度の小遣いしかもらえなかった。この研修生たちは、スリランカに工場が進出した際に雇ってもらうかわりに、1年間無給で研修を受けることなどがあらかじめ決められており、この約束を破ったばあいは罰金を払うことになっていた。なお、この事例にはアジア人女性との結婚ブローカーがからんでいた〔『毎日』1988年2月13日〕。

研修生名目の非正規就労が出現した大きな理由は、法務省の審査が不十分であったことにある。従来は、書類審査だけで実地審査がおこなわれることがないので、書式さえ整っていれば研修ビザが発給されると一般にいわれていた。とくに、研修生を送り出す国に現地法人が実体としては存在しないのに、研修生導入のための手段としてこれから設立する予定という口実がよく使われた。

研修生を隠れみのにした単純労働者の流入の激増という事態に対処するため、法務省は、1989年8月、労働・建設・通産・外務省など関係省庁と調整のうえ、入国事前審査基準を策定し、地方入国管理局に通達した。その内容は以下のとおりであった。

(1) 従来の18歳以上という研修生の要件に加えて、研修を受ける能力があり、本国などで習得した技術・技能を活用できる者とした。

(2) 研修実施機関については、研修実施の必要性と能力を有しているかどうかについて要件を定めた。公的機関でないばあいには、専任指導者が2人以上おり、かつ外国語能力を有する従業員がいる法人であることを要する。そのうえに、研修設備・宿泊施設・安全衛生上の処置・災害や疾病にたいする治療などの条件が満たされていなければならない。

(3) 研修生派遣機関については、研修生派遣の必要性について合理的な理由が認められることを要件とした。公的機関でないばあいには、取引関係を有する企業または海外の合弁企業もしくは現地法人など関係の深い企業に限定している。合弁企業もしくは現地法人が設立準備中のばあいには、その設立が承認されまた確実であることを要する。

付言すれば、この基準は、現在操業中または将来操業予定の海外の合弁事業や現地法人から日本国内の親企業に送りこまれる研修生も多かったことを示すものである。

(4) 本邦の研修生あっせん機関については、適正な活動をおこなっていること等の要件を定めた。

(5) このほか、研修の内容については実務研修の時間数が研修全体の3分の

2以内であること、研修生の配偶者の入国は原則として認めないこと、研修実施機関の従業員20名にたいし研修生1名の割合を目安とすることなどを要する〔法務省1989g〕。

表Ⅰ-2-3は、年次別国別に研修生の入国者数を示したものである。これによれば、研修生は1987年より顕著に増大しはじめ、1989年には2万9489人に達したことがわかる。送り出し国としては、1988年にはタイが急増して第1位となり、第2位は中国、第3位は韓国で、以下フィリピン、インドネシア、マレーシアの順で続いている。1987年の順位は、韓国、中国、タイ、インドネシア、フィリピン、マレーシアであったから、韓国とタイの位置が入れ替わったことになる。

それでは、研修生に偽装していた外国人労働者はどれくらいいたのであろうか。その把握はきわめて困難であるが、前述したとおり、当時の研修制度では研修生は事前に受け入れの事業所が確定していなければならなかったので、受け入れ事業所の性格がひとつの手がかりになる。

事業所は、研修生の費用の負担の様態により3つに大別できた。その第1は、基本的に政府が全額負担するものであり、国際協力事業団、アジア生産性機構、UNIDOがそれにあたる。1988年の研修生受け入れ数は、それぞれ4821人、459人、20人で、合計5300人であった。このばあいには文字どおりの研修生であって、単純労働への就労があったとは考えられない。

第2は、半政府半民間ベースで費用負担がなされるものであり、多くのばあい、民間技術協力団体が研修の主体となり、研修費の国家補助を受けながら、学科研修終了後会員企業に実地研修を委託するものであった。したがって、企業も相当額の研修費用を負担することが多かった。このばあい、会員企業からなされる研修申し込みがかなりの部分を占めることを考慮すれば、単純労働への就労の偽装は当然可能であり、本来の研修との弁別の難しい灰色部分が広範囲にわたって存在していたと思われる。

民間技術協力団体のうち最大手と目せるものは、海外技術者研修協会（AOTS）であり、通産省を主務官庁とし、研修費の75％について国の補助を受けていた。AOTSが1988年に受け入れた研修生は2740人であった。このほかこのカテゴリーに属する団体と1988年の受け入れ数を列挙すると、外務省・通産省管轄の交流協会が326人、労働省管轄の日本ILO協会が192人、外務省管轄のオイスカ産業開発協力団が172人、農水省管轄の海外漁業協力財団が93

表Ⅰ-2-3 　研修を目的とする外国人入国者数の推移

	1985	1986	1987	1988	1989
タイ	1,233	950	2,428	4,708	4,502
韓国	1,604	2,336	2,800	3,343	4,125
フィリピン	1,134	968	1,207	2,314	3,974
中国	2,541	2,848	2,688	3,840	3,496
マレーシア	610	620	757	1,329	2,175
インドネシア	1,135	1,114	1,310	1,378	1,748
ブラジル	466	521	576	628	851
台湾	299	497	375	444	539
その他	4,965	4,534	4,940	5,448	8,079
合計	13,987	14,388	17,081	23,432	29,489

出所：1985-88年は［『国際人流』1989年6月号、25ページ］、1989年は［法務省1990b］

人、合計3523人となっていた。

　ちなみにAOTSの受け入れ企業の主たる業種は、自動車・電気・建設などであり、また日本ILO協会のそれは、自動車・機械・建設などであった。

　第3は、純民間ベースの費用負担であり、各種の団体や企業が独自におこなっていて全体を把握することは不可能であった。しかし、研修ビザさえ発給されてしまえば後はほとんど野放しといえる状態であり、低賃金の単純労働者としての利用が集中的におこなわれていたとおもわれるカテゴリーであった。

　とくに中小企業のばあい、単独では法務省の要求する研修条件を充足することが困難であるため、同業者が集まって組合のようなものをつくり、それが研修生を受け入れるという形式を整えて、研修生という名の単純労働者を各企業に分配して就労させるというケースが登場していた。このカテゴリーによる受け入れ総数は、1988年に1万4609人であった。

　研修生の受け入れは、かなり広い範囲に及んでいた。雇用開発センターが1988年9月に全国4500社の海外進出企業および外資系企業を対象におこなった調査（1240社回答、回収率27.6％）によれば、最近3年間に研修生を受け入れた企業は19.1％に達していた〔雇用開発センター1989〕。また、東京都品川労政事務所が東京23区内に所在する従業員規模10人以上の事業所にたいしておこなった調査によれば、827社の集計数のうち、1988年10月現在で研修生を受け入れている企業は122社（14.8％）、かつて受け入れた経験のある企業は104社（12.6％）となり、合計27.3％に達していた。受け入れたか受け入れている企業

の比率を産業別にみると、製造業38.4％、サービス業29.6％、建設業28.4％の順であった。また、従業員規模が大きくなるほど受け入れる傾向も強かった〔東京都1989c〕。

　実際には研修ではなく就労をしている者が多いのに研修生の労働条件がきわめて劣悪であるのは、彼らがあくまでも技術の習得のために滞在しているという建前の論理があったためである。劣悪な労働条件をまず研修手当からみると、これは賃金ではなくあくまでも宿舎と食事が確保されたあとのさまざまな雑支出のための小遣いという位置付けがなされていた。これについて法務省は、研修手当の支給額が「妥当な範囲内であること」を要件としていた〔法務省1989f〕。すなわち研修手当は高すぎてはならなかったのである。

　これにしたがって、建設業のばあいには、月6万円という目安で建設省による業界の指導がなされていた。また前述のAOTSのばあい、小遣いの基準は1日2100円とされているから、月当たりではこれも6万円強ということになる〔海外技術者研修協会1988〕。こうして冒頭の自動車部品製造工場の月12万円は、法務省によれば、「逆に不法就労であることを示したもの」とされることになったのである。

　研修生にたいする研修手当がこのように低額でなければならないという指導は、研修生を単純労働者として使用する雇い主に、低賃金の絶好の口実を与えることになる。こうして研修生は、まさに絵で描いたような搾取の対象とされてしまっていたのである。

　しかしながら、はっきり労働力とわりきって、研修生に日本人なみの賃金を払う経営者ももちろんいた。われわれは、事例調査で韓国人のAさんという研修生と面接することができた。

　Aさんは、1988年末、3人の同僚と建設技術を研修するために来日した。彼の本国での仕事は大工であり、来日した4人は同じ建設会社に勤めていた。彼はこの仕事で20数年間家族を養ってきた。Aさんの研修先は、大阪に事務所をもつ従業員300人くらいの建設会社。建設会社としてはそれほど大きいものではないらしく、零細経営ともいえる小さな会社であった。しかし、その小さな会社が、Aさんをふくむ4人の研修生を初めて受け入れることになったのである。

　当時建設業では労働者がなかなか定着しなかった。同社専務の話によれば、少々オーバーな表現かもしれないが、仮に毎月10人採用しても、定着するの

は1人くらいだということだった。こうした労働者のなかなか定着しない建設会社が考えだした労働者確保の方法が、研修制度であった。この会社では、Aさんら研修生を受け入れるにあたって、国際事業部を新設。そしてこの部門が研修に関する業務を担当していた。もっとも業務はすべて、書類上で済んでしまったらしい。そのため、会社側の話では、研修に関するノウハウさえもっていれば、どこでも研修生を受け入れられるとのこと。この建設会社は「こうしたノウハウを提供する別会社をつくりたい」とも語った。

　Aさんが実際に「研修」していた場所は、関西某県の山あいにある公共施設の建設現場であった（Aさんの受け入れ会社は孫請けとして、その建設に携わっていた）。現場の主任格の人は、まず4人の研修生が日本語の数字を聞いて理解できるように努め、1ヵ月間は補助的な作業をさせ、その後、日本人と同じ作業をさせたという。このように、研修とは名ばかりの就労であった。会社側は「この仕事では講義をしてもしようがない、実地教育によって初めて技術が身につく」としている。研修は、もっぱらオン・ザ・ジョブ・トレーニングで進めていたというわけである。

　Aさんらの就労時間は午前8時から午後5時、昼に1時間の休憩をはさむから計8時間の研修であった。研修日数は雨などの天候に左右されやすく、月に20数日だったそうである。研修手当は1日1万円で、月末にまとめて受け取っていた。つまり、収入は月に20数万円であった。日本人の労働者とある程度の賃金格差はあったらしいが、会社側は「韓国から日本への航空運賃などを会社が負担するから、研修生を受け入れるメリットはとくにない」と話した。

　私たちが訪れる数日前に、2人の研修生が3ヵ月の研修期間を終えて帰国してしまっていた。一方、Aさんともう1人の研修生はまだ研修することがあるとのことで、ビザを延長して3ヵ月後に帰国する予定であった。Aさんらが日本に来たがる理由は、韓国では12月から翌年の3月にかけての冬場にコンクリートが凍ってしまうため、建設の仕事がなくなってしまうことにあった。そのため、春になれば、研修生は帰国して元の仕事につくということだった。

　研修生の労働条件のなかで賃金とならぶ問題として、労働諸法令の適用の対象とされなかったことがあげられる。とりわけ、労災補償保険の給付を受けられないことは研修生を窮地に追い込む。ただし、限度額が設定された海外旅行障害保険が利用されることはあった。

　研修生にたいする人身拘束の程度がきついことは、研修生の労働条件の別の

大きな問題であった。人身拘束は、日本滞在中と帰国後とに分けることができる。まず前者についてみると、研修生は、来日以前に、受け入れ企業と研修招へい契約を取り交わしているのが通例であった。その契約書には、理由なくして招へい者の指揮を拒んではならないという条項とともに、研修を中途で放棄することを禁止する条項が含まれていることが多かった。

　このような条項は、雇い主が研修生にたいして極端な権力を振るうことを可能にした。なぜならば、研修の放棄は退去強制に直結し、また前借り金の返済を迫られるばかりでなく損害賠償の請求がなされることもあるため、研修を放棄することが実質的にできなかったからである。こうして研修生は不満があってもじっと耐えて、研修期間の終了を待ちながら泣き寝入りするほかなくなってしまっていたのである。

　帰国後の拘束については、研修生の派遣企業が日系企業であるばあい、研修後の勤務義務を内容とする研修契約が一般化していた。これについて、AOTSの文書は、「研修生帰国後の勤務を厳しい契約をもって拘束するときは、とかく不当な労働条件を強制するのではないかとの批判や不満を生じるおそれがあり」と述べ、拘束期間の短期化、違約金の廃止、研修生費用の弁償の明確化を当面の方策としていた〔海外技術者研修協会1988〕。

　研修期間の長さは、実質的な就労であるか否かを判断する重要な手がかりを提供した。もちろん職種による差はあるが、いわゆる単純労働のばあいには、その一定水準の習得にそれほど長期間を必要とはしないから、あまりに長すぎる研修期間は単純労働者としての使用の意図をもっていたと考えられる。この点について参考となるのは、全国造船重機械労働組合連合会が策定した「外国人労働者の受け入れ判断基準」〔全国造船重機械労働組合連合会1989〕である。これによれば、「一般技能系の研修については……OFF-JT（座学）およびOJT期間を含めて6ヵ月以内とする」という基準が示された。

　AOTSのばあい、技術者の研修生は学科にあたる一般研修を最長3ヵ月おこなったのち、最長18ヵ月の企業での実習をすることになっていた。またオイスカ産業開発協力団のばあいは、3ヵ月の基礎研修ののち、農業・漁業関係の研修生は最長12ヵ月の農家等での実習を、工業部門関係の研修生は最長21ヵ月の企業等での実習をそれぞれおこなった。ここにみられる最長2年あるいはそれに近い研修期間の長さは、政府ベースの国際協力事業団の最長でも1年未満という原則と顕著な対照をなしていた。その背景にあったものは、研修生を

低賃金労働力として使用しようとする企業の論理であった。

　1980年代後半における外国人労働者を受け入れようとする開国論は、研修生をその突破口としようとしていた。労働省でさえ、1988年10月、「外国人基礎技能研修制度」という研修生カテゴリーの積極的活用をはかる構想を打ち出した〔『日経』1988年10月10日〕。労働省は、年間1万人程度まで受け入れ枠を拡大すべきだとした。

　さらに、きわめて有力な経済団体である経済同友会は、1989年3月に、外国人の単純労働者を受け入れるひとつの方法として、「実習プログラムシステム」をおこなうべきだという提言をした〔経済同友会1989a〕。これは、日本国内の労働力不足の緩和ならびに近隣の労働力送り出し国の雇用問題改善に資するために、現地で語学研修をしたあと、国内の「受け入れ調整機構」を通じて企業で実習生として働かせ、1〜2年で帰国させる、というものであった。すなわち、この提言は「民間企業におけるOJTを中心とした実習により、熟練化のための教育訓練をおこなう。そして、一定期間の実習を終えたら帰国させることによって、国内滞留による社会的摩擦や社会問題の発生を避ける」としていた。また、実習プログラムのもとでは、労務の提供にたいして正当な報酬を支払うべきものとした。

　開国論にたっていた外務省もまた、研修生を手始めにしようとしていたようにみえた。1989年5月、外国人労働者受け入れの具体策として研修ビザ制度を大幅に拡充する方針を外務省が固めたという新聞報道がなされた。研修生には手当ではなく賃金を支払い、労働諸法令の適用を可能にする。そのため、官民合同の受け入れ機関を創設し、また送り出し国と2国間協定を締結する。こうして秩序ある門戸開放を進めようというのがその骨子であった〔『日経』1989年5月19日〕。

　このような議論を受けて、政府は1989年9月、「外国人研修生受け入れ機構」（仮称）を1990年中に設置する方針を固めた。この機構は、受け入れを希望する各団体に研修生を紹介、割当数を調整するとともに、研修制度の運営について企業を指導し、不法残留を防止することをねらいとする。この機構の設立は、法務省のイニシアチブを労働・外務両省が認めたことを意味する〔『日経』1989年9月7日〕。

　研修生を突破口としようとしていた1980年代後半の外国人労働者の開国論の構図は、まさに第1章第2節冒頭でみた1960年代後半から1970年代初頭の歴

史的事実を忠実に再生産したようにみえる。その共通点は、労働力不足に対処する外国人の低賃金労働者の導入を、技術研修という美名で偽装していた点にある。

第3章　産業別の実態分析

　以下では、第1節で1970年代後半以降ではもっとも古い歴史をもち就労者も最多であった性産業、第2節で製造業、第3節で建設業、第4節でサービス産業、第5節でその他の産業の実態分析をおこなうとともに、結論を提示する。

第1節　性産業

　本節では風俗業と総称される性関連産業を検討する。この分野では多かれ少なかれ女性の性が商品化されているので、以下性産業と呼ぶことにしたい。
　当時、性産業に従事しようとする日本の若い女性は一般に減少しはじめていたが、それにたいする社会的需要は変わらなかった。その空隙を埋めるために登場したのが外国人女性たちであった。彼女たちの姿は、日本中至るところの繁華街でみられるようになった。性産業で働く外国人労働者にたいしては、戦前の「からゆきさん」を転用して、「じゃぱゆきさん」という呼称があてられた〔山谷1985〕。1979年は、アジアからの女性が初めて大量に日本の性産業に登場したために、「じゃぱゆき元年」と呼ばれたことがあった。それ以降1987年まで、彼女たちは日本の外国人労働者のなかでは最大多数を占めてきた。
　したがって、日本の外国人労働者問題は、性産業に従事する女性たちからはじまったのである。
　以下、性産業の当時の就労者数を推測してみよう。1988年の入管法違反者のなかで女性の占める割合は39.9％であった。1989年7月現在の非正規就労者の残留数は10万人程度であったとみられるので、この比率をあてはめると、およそ4万人の女性が非正規就労者として残留していたことになる。このうちどれだけ性産業に就労していたかについての推測はきわめて難しいが、摘発された非正規就労者のデータがある程度の根拠を与える。というのは、前にも述べたとおり、非正規就労者の大部分は、残留期間が切れて出国する際に摘発さ

れる者であったため、外国人労働者全体の分布をかなりよく反映していたとおもわれるからである。後述するように、非正規就労女性のなかで性産業従事者が占める割合は1988年に87.4％であったので、この比率を残留者数にあてはめると、性産業に従事する超過滞在女性は3万5000人程度だったということになる。

　性産業従事者としては、このほかに、合法的な興行ビザ所有者が年間4万8000人入国していたし、就学ビザによる偽装就業者も最低6000人以上はいたとおもわれる〔『国芸協ニュース』1988年9月1日号〕。そのうえ偽装結婚をしながら働いている者もかなりいた。ちなみにいえば、第1章第2節でみたとおり、就学生は中国のほかに台湾・韓国・フィリピンの国籍をもつ者が多かったが、中国人はあまり性産業に従事していなかった。

　それでは、まず、非正規就労者から検討することにしよう。1988年に摘発された女性の非正規就労者5385人の稼働内容は、ホステス81.0％、ストリッパー3.8％、工員3.1％、売春婦2.6％、雑役2.2％、店員1.9％、その他5.4％となり、ホステス・ストリッパー・売春婦からなる性産業関係が87.4％に達して圧倒的多数を占めた。ここでいうホステスと売春婦の区別は難しいばあいがあった。というのは、摘発を逃れるために、経営者の黙認のもとで外国人女性が客のふりをして店内にたむろし、ホステスのような行動をしながら相手を見つけてホテルで売春する「たむろケース」がかなり多かったからである。なお、男女合わせた非正規就労者全体に占める性産業の比率は32.9％と、産業別では首位に位置していた。

　摘発された女性の非正規就労者数の年次別推移を表Ⅰ-3-1よりみると、1985年以降年々1000人前後増えつづけていたが、1988年には初めて1500人以上の減少へと転じた。その理由は、表Ⅰ-3-1にみられるように、フィリピン人が減少したことにあった。これについて入管は、「一時的な現象にすぎないのではないか」と考えていた。ただし、フィリピンにおけるビザ発給の厳格化が流入抑制に寄与している点も認められる、としていた。

　表Ⅰ-3-1によって1989年の国籍別内訳をみると、フィリピンが断然トップで2000人台、以下1000人未満の韓国、タイ、台湾となった。なお1988年にはコロンビア57人とチリ16人が摘発された。年次別にみると、フィリピンは1987年までは大きく伸びつづけたが、1988-89年には前に述べたように絶対減に転じた。それにたいし、タイと台湾は1988年にいたるまでそれほど変動を

表Ⅰ-3-1　女性非正規労働者の摘発数の推移

	1983	1984	1985	1986	1987	1988	1989
フィリピン	1,012	2,887	3,578	4,797	5,774	3,698	2,451
韓国	90	27	41	50	99	264	920
タイ	518	1,078	953	826	777	1,019	775
台湾	443	330	301	195	284	272	不詳
その他	76	111	69	77	84	132	671
合計	2,139	4,433	4,492	5,945	7,018	5,385	4,817

注：台湾にはごく少数の中国および香港をふくむ。1989年の「その他」には台湾をふくむ。
出所：1983-88年は〔法務省1989d〕、1989年は〔法務省1992c〕

みせていなかった。

　一方、韓国人女性は相当増大したが、性産業関係としては、ホステスが非正規就労者総数の5分の1、53人いただけであった。フィリピン人、タイ人および台湾人の大多数はホステスであった。また、コロンビア人とチリ人の大多数はストリッパーであり〔法務省1989i〕、この両国にストリッパー供給の確立したルートが存在していたことを推測させる。

　次に、興行ビザによる入国者をみることにしよう。興行ビザとは、「収入を伴う演劇、演芸、演奏、スポーツ等の興行を行なう者（歌手、タレント等の芸能人……）」と規定されていた。このビザが、性産業に就業しようとする女性や就業させようとするブローカーに利用されて、日本への合法的入国の手段とされたのである。歌手やダンサーなど興行ビザの所有者の大部分は、ごく短時間のショータイム以外は、もっぱら客席に座って酌をしたり客の話し相手をするなど、実質的にはホステスの役割を果たさせられていた。ところで、興行ビザの在留期間は60日以内とされており、延長されるとしてもおおむね半年以内に出国するのが通例となっていた。また、興行ビザで来日した者がいったん帰国したのち再度日本に入国できるまでの6ヵ月の待機期間は、1988年7月に撤廃された。

　表Ⅰ-3-2は、興行ビザによるアジア諸国からの新規入国者の年次別国籍別内訳を示したものである。これによれば、入国者は1988年までは着実に増加してきたが、1989年に大きく減少した。これは1988年の審査の厳格化を反映しているとおもわれる。国籍別にみると、フィリピンが圧倒的なシェアを占めており、また台湾には停滞傾向が、韓国には増大傾向がみられた。

　韓国は1984年までは増加していたが、1985年から顕著な低落を示した。こ

表Ⅰ-3-2　興業ビザによるアジア諸国からの新規入国者数の推移

	1983	1984	1985	1986	1987	1988	1989
フィリピン	8,375	11,941	17,834	25,996	36,039	41,357	32,636
台湾	1,297	1,218	1,825	2,267	2,515	2,346	1,962
韓国	3,948	7,091	794	375	827	994	1,643
マレーシア	21	11	38	130	568	1,638	不詳
その他	588	608	984	1,151	1,313	1,615	2,016
アジア計	14,229	20,869	21,475	29,919	41,262	47,950	38,257

注：1989年の「その他」はマレーシアをふくむ。
出所：1983-88年は〔法務省各年版a〕、1989年は〔法務省1990b〕

れは、1983年の韓国人ホステスの日本での連続自殺を機に、韓国政府が妓生を主とする芸能人という名目での出国を厳しく制限した結果である〔『国芸協ニュース』1988年2月1日号〕。なお、1988年のマレーシア人の急激な増大も注目される。また、タイについては、興行ビザによる入国者がほとんどいなかった。

　1988年7月、法務省は、興行ビザによる性産業従事者の激増という事態に対処するため、興行ビザの手続き改正を実施した。その内容は、料理飲食税額・店の面積・店の従業員数・出演地などの基準を厳しくすることによって、実際上はホステスである名目的な芸能人を締め出そうという狙いをもつものであった。これが、前述した1989年の伸び率の鈍化につながったとおもわれる。そのうえに、法務省は1989年3月、出演場所についてはステージしか認めずフロアショーは認可しないとの通達を出した。

　さらに法務省は、日本語学校の外国人就学生受入機関協議会とまったく同様の業界団体を入管の主導のもとに設立させようと、種々の努力をおこなっていた。

　第3に、就学生については、日本語学校がからんだ事例を第2章第2節で紹介した。また1988年2月および3月、新宿歌舞伎町の台湾パブが売春防止法で摘発されたが、ホステス兼売春婦の女性35人のうち台湾人11人は日本語学校（計9校）の就学生であった〔法務省1988b〕。

　第4に偽装結婚についてであるが、1984年から1988年の5年間に入管に摘発された偽装結婚の総数は211件であった。その国籍別内訳は、韓国が129件と過半を占め、以下台湾（数は不明だが中国・香港をふくむ）62件、フィリピン13件、その他7件となっていた〔法務省1989i〕。その典型的な例をみると福岡の

あるクラブ経営者は、自分の経営するコリアン・クラブで働く韓国人ホステスを来日させるために夫役の日本人男性を訪韓させて8人の韓国人女性と偽装結婚させていた。夫役に支払われる戸籍の汚し料は50万円であり、このほか女性が月々10万円を夫に払うことになっていた〔『日経新聞』1988年5月9日〕。

以上、性産業に従事していた外国人労働者の概況をみてきたが、日本における地域的な分布がいわば全国型ともいえるものであったことを付け加えておきたい。1988年に摘発された女性非正規就労者の稼働地帯は、東京都（853人）、千葉県（637人）、大阪府（600人）、愛知県（526人）、茨城県（381人）、長野県県（302人）、埼玉県（273人）の順で、拡散が顕著であった。いずれもフィリピン人が多いが、とくに愛知県ではフィリピン人が93％を占めていた。また茨城県ではタイ人がフィリピン人と同程度に多いことが目立っていた〔法務省1989i〕。

超過滞在者と興行ビザによる入国者とを比較すると、人権の抑圧の程度は前者に強かった。全国の救援組織に持ち込まれたケースのなかで、賃金不払い、売春強要、暴力などの悪質な人権侵害の被害者のほとんどは、観光ビザなどによる非正規就労者であった。非正規就労であるがゆえに、被害を訴え出にくいという弱みに付け込まれたのである。

それにたいし、興行ビザのばあい、招へい者であるプロダクション側は、タレントとのトラブルが生じることによって入管から招へい許可を得られなくなることを恐れていた。そのため、入管に申請した賃金よりも低い額しか払わない、賃金を帰国時一括払いにする、休みをほとんど与えない、休んだ者に法外な罰金を請求するなどのケースが多くみられたものの、ある程度の就労条件は確保されていたといってよい〔『まいぐらんと』第3号、1988年6月〕。

もっとも悪質な人権侵害の事例として名古屋市のスナック「ラパーン」をあげることができる。このスナックでは、非正規就労者であるフィリピン女性に殴る蹴るの暴力を加えて売春を強要し、逃亡を防ぐため座敷牢のなかに閉じこめていた。また、このスナックで働いていた2女性が怪死していた〔『名古屋タイムス』1989年1月19日〕。

性産業は、そのアンダーグラウンド性もあいまって、暗躍するブローカーに絶好の舞台を提供してきた。このテーマについては、ルポルタージュや研究論文など多くの蓄積がある。その代表的なものとしては、〔山谷1985〕、〔石井1986〕、〔大島・フランシス1988〕、〔内海・松井1988〕、〔水町1988〕、〔田中・三好

1988〕、〔萩尾 1988〕、〔石山 1989〕、〔毎日新聞 1989〕、〔毎日新聞 1990a〕、〔信濃毎日新聞社 1989〕、〔朝日新聞 1989〕がある。以下、これらの文献から得られる情報を整理しながら、各国別にその状況を概観してみよう。

　フィリピンでは、きわめて組織的な供給システムが確立されていた。出稼ぎ労働のあっせん会社であるプロダクションが存在し、世界各地に送りこむ業者に卸すために女性をあつめていた。その際、歌や踊りのレッスンを施すところもあった。マニラではその数は500以上にのぼったといわれる。

　一方、日本向けの専門ブローカーは、プロダクションやカラオケ・バーなどの風俗営業店、あるいはフィリピン各地から女性をあつめて日本人ブローカーに引き渡した。この日本人ブローカーは、1987年に約100人いたが〔『国芸協ニュース』1987年4月1日号〕、日本のスナック・バー・クラブ等に仕入れた女性を売り渡したのである。また、末端の経営者が直接プロダクションやカラオケ・バーから女性を買い付け、中間業者が省かれて流通経路が合理化される例も多くなっていった。なお、日本人ブローカーとしてはヤクザばかりでなく素人も出現しはじめていた。

　金の流れに着目すると、末端のスナック・バー・クラブ等は女性の滞在費・飛行機代をもつほかに、月々か一括かどちらかの方法で手数料をブローカーに支払った。ブローカーが何段階にでもなれば、手数料はその分だけ上積みされていくことになった。なおブローカーが用意したパスポート代やビザ代その他雑費は、女性本人からとるばあいもあるが、日本人ブローカー経由で雇い主に請求するばあいも多かった。こうして、雇い主は相当の投資をするために、女性に稼げるだけ稼がせて元をとろうと考えるにいたり、搾取と人権の無視が発生することになったのである。

　タイ女性のばあいには華人系タイ人によるシンジケートがバンコクの供給ルートを独占し、また警察は売春業者と密接に結びついていたといわれる。したがって日本人ブローカーが供給ルートに割り込む余地はほとんどなかったようである。日本には古くから日本にいるタイ人や、日本に何度も来ているタイ人がボスとして連れてきた例が多い。彼女たちは、ブローカーであるボスから、パスポートおよびビザ代・飛行機代・見せ金その他を前借りして大きな借金を抱えながら日本に来た。借金が残っている間、ボスはパスポートを預かり、返済が済んだ時点で彼女たちにパスポートを返すことが多かった。なお、日本人男性と結婚して日本あるいは自国に在住し、ブローカーとして活躍する例もし

ばしばみられた。

　日本の性産業界においては、台湾系の店は確固たる位置を占めており、日本在住の台湾人とのネットワークも形成されていた。そのため、台湾人については、日本で働く同国人が知り合いの女性を本国から呼び寄せるという事例が多かった。とくに会員制台湾クラブの台湾人経営者が、本国から売春婦として女性を呼び寄せる事例が増加していった。観光ビザが圧倒的であるが、偽装就学や偽装結婚のばあいには、ブローカーが関与することがあった。

　同国人ネットワークが一番確固として存在していたのが韓国である。性産業で働こうとするほとんどの韓国女性は、すでに日本で働いている同国人や在日朝鮮・韓国人のつてを頼ってやってきた。ブローカーも雇い主も在日韓国・朝鮮人をふくめた同国人が大半であった。ここでもコリアン・クラブが彼女たちに就労の場を提供することが多かった。日本で最大のクラブ密集地である東京赤坂では、100軒を超す店に1200〜1300人の韓国女性が非正規就労していたといわれる〔『国芸協ニュース』1988年1月1日号〕。彼女たちのばあい、韓国政府の厳しい出国規制を潜り抜けるため就学ビザがよく用いられたが、前述したように偽装結婚が使われたこともしばしばあった。

　以下、コリアン・クラブで働いていた26歳のKさんにおこなった面接の内容を紹介しよう。Kさんは、1988年2月に観光ビザで来日し、日本語学校の就学生として、1度滞在の延長をした。もうすぐ2度目の延長をすることになるという。日本語学校の学生といっても夜の仕事が午前3〜4時ごろに終わるので、正午〜午後3時の授業もほとんど出ていない。しかし、接客業という仕事柄、滞在1年にしては、かなり日本語は堪能である。

　彼女の家族は母（52歳）と兄（30歳）と本人の3人だけである。兄は現在コンピュータの勉強でオーストラリアに留学中であるため、喫茶店のような店を経営する母が1人でソウルに残っていることになる。母や兄とは電話でよく連絡をとるそうである。兄の留学にお金がかかるため、彼女は実家に送金したいと考えており、まだしばらくは日本にとどまって働くつもりであるという。滞在を延長するため、今度、45万円を日本語学校に支払わなければならないらしい。それによって日本語学校は出席簿の調整を図り、生徒の6ヵ月間の滞在延長許可を申請するわけだ。彼女自身は、高校卒業後、しばらくは美容師になる勉強をしていたが、日本行きの話を友達と2人で聞いて、それに飛びついたということである。

職場は自宅からタクシーで10分ほどの繁華街にある、コリアン・クラブだった。「だった」というのは、彼女がその近辺で店を1度変えた後、現在失職中であったからである。彼女いわく、ホステスという仕事は自分の性に合わないので、何度か店を休むとつづけられなくなって、やめてしまうのだそうだ。コリアン・クラブで働く女性たちは、わずかな在日をふくめ、全員が彼女のような若い韓国人である。

　給料は日給で1万5000円となっているが、遅刻・欠勤があると、それによってかなり差し引かれるらしい。遅刻1回で日給の半分が差し引かれ、欠勤では日給が支払われないどころか、それがつづくとマイナスになるため、収入は得られず、借金をつくることにもなりかねない。

　彼女の来日・就労についてであるが、これは日本語学校関連のプロダクションのあっせんによる。彼女たちは、旅費などすべてをふくめて200万円ほどをプロダクションに借金し、プロダクションは、主に在日韓国人がオーナーである日本語学校に入学手続きを済ませ、職場も世話をするというのである。日本へ渡航するに際しては、韓国の入管で簡単な日本語の試験が課せられるため、それへの対応もプロダクションが施す。このようにして最初の職場にはいった彼女らは、200万円の借金を返済し終えるまで、プロダクションや店に拘束されることになる。もちろん、働いても手元にはいくらも残らないが、借金をすべて返済してしまえば晴れてフリーの身となり、今度は自分たち自身のためにお金を稼ぐことができる。

　彼女のばあい、最初の店では2LDKの寮のような場所に5人で住まわされたが、約半年でフリーの身になった後はその店を辞めて他の店に移り、寮からアパートに出ている。今は韓国から日本へ来るまでずっと一緒だった友達のお姉さんと2人で住んでいるということだった。

第2節　製造業

1. 中小下請け製造業での就労

　性産業を別格とすれば、製造業は1980年代後半に外国人労働者の就労がもっとも多かった分野である。その総数は、後述するように6万人以上に達していたと推測される。出身地域別にみて最大のグループは、ラテンアメリカ日系

人であり、すでにみたように3万人以上が主として製造業に従事していた〔『朝日』1989年10月16日〕。そのほとんどは、自動車・家電製造およびその関連企業で働いていた。

　法務省の実態調査によれば、自動車部品工場で働く日系人のほとんどが、大企業の下請け業者の生産ラインの一部を請け負う構内下請けとしての孫請け業者に雇用されていた。孫請け業者は、仕事に関する指揮・命令を雇用先から直接受け、通常製品単価×数量で請け負い料金を払われた。作業現場の指揮・監督は、日系ブラジル人等のなかで日本語のわかる者が担当していた。

　成年男性の日給はおおむね8000円から1万円が相場で、そのうえに1日約2時間ないし4時間の残業をおこないその手当が加算された。来日に際し、渡航費用を就労予定先企業から前借りしている者が多く、その支払いは月割りで給料から天引きされる例が多かった。住居については、単身者のばあい雇い主がマンションやアパートの一室を借り上げて、そこに4～5人程度が同宿していた。その費用は雇い主と日系ブラジル人等が分担して負担していた。なお、日本国籍をもつブラジル永住者は、2年以上帰国しないと永住権を失うので、就労は2年以内であった〔法務省1990c〕。

　日系人に次ぐ大きなグループは、非正規就労者であった。性産業のばあいと同様に、摘発された非正規就労者のデータがその数についての手がかりを与えてくれる。1988年の摘発者の稼働内容のなかで、「工員」は3651人（うち女性165人）にのぼり、全体に占める比率は25.5％と「土木作業員」の26.8％にほぼ匹敵していた。ただし、建設業のばあいと同様に、「雑役」「清掃」のなかで製造業にふくまれるものがあるとすれば、この比率はもっと増大する。

　国籍別にみると、バングラデシュ人42.6％、パキスタン人35.0％とこの両国で4分の3以上を占め、以下フィリピン、タイ、韓国の順になっていた。製造業におけるバングラデシュ人とパキスタン人の突出は注目される。なお、女性の工員は、韓国人93人とフィリピン人39人とがその大部分であった。

　男性全体を100とするとき工員はその39.0％であり、ここでも土木作業員の42.6％とおおむね同等であった。ただし、この数字は1987年のシェア24.2％と比べると著しく増大しており、男性非正規就労者の就労先としての製造業の重要性は大きく高まりつつあったといえる〔法務省1989i〕。

　この比率を1989年7月現在の非正規就労者の残留数10万人程度にあてはめると、製造業にはおよそ3万人弱の非正規就労者が就労していたことになる。

偽装就労およびアルバイトをしている就学生たちの数は5000～7000人と推測され、また研修生名目の偽装就労者も相当いた。したがって、製造業に従事していた当時の外国人労働者の総数は、6万人を上回っていたとおもわれる。

外国人労働者の就労は主として中小下請け企業でみられた。東京の中小製造業を対象にして1989年2月から4月にかけて実施された「首都圏工業を取り巻く技術革新・環境変化に関する実態調査」(以下「首都圏工業調査」と略)は、ほとんどデータのないこの分野についての貴重な資料を提供している(以下は、〔伊豫谷・内藤1989〕による)。

この調査は、東京23区および隣接する埼玉県川口市、川崎市に本社をおく中小製造業のうち、業種を鋳造、全属加工、溶接、鍍金、鉄工、機械工業、電気機器、製本業の8つに限定したうえで標本抽出をおこない、質問票を郵送して回答を得た。回答総数は266社で、回収率は9.1％であった。ただし、回答企業の平均従業員数は20.3人であり、東京全体の製造業の平均従業員数(1986年に1工場当たり11.6人)よりかなり多くなっている。

同調査によれば、中小製造業のなかで外国人労働者を雇用したことのある企業は、一般に考えられていたよりもはるかに多かった。「現在雇用している」企業は11.3％、「過去に雇用したことのある」企業は12.8％であり、合計24.1％と約4分の1に達していたのである。

付言すれば、似たような傾向は、東京都民銀行による調査にも現れている。この調査は1989年6月、首都圏の取引先の経営者にたいしておこなわれたものであって、回答数は513社、回答率は48.5％であり、製造業が55.9％、非製造業が44.1％を占めた。この調査によれば、製造業で現在外国人労働者を雇用している企業は9.6％、これまで雇用したことのある企業は10.8％であり、合計20.4％に達した〔東京都民銀行1989〕。

強調されるべきことは、外国人労働者の雇用経験について従業員規模別に大きな差異が存在していたことである。すなわち、首都圏工業調査によれば、従業員4人以下では8.0％、5人から9人では23.0％であるのにたいし、10人以上では36.6％となり、なんと3分の1をこえる企業が雇用経験をもっていたことになる。

この調査結果について伊豫谷と内藤は、「中小製造業において、技術革新に熱心であり、深刻な雇用問題に直面し、外国人労働者の雇用の必要性を最も切実に感じているのは一般に従業員規模が10人以上の企業であり、……一般的に、

外国人労働の導入は技術革新を遅らせると主張されてきたが、むしろ……技術革新に積極的な企業において、外国人労働導入の必要性が痛感されている点は、重要である」と総括している。

　ここにみられるような中小製造業への外国人労働者の進出は、何よりも中小製造業を直撃していた当時の深刻な労働力不足にその原因がある。首都圏工業調査の結果をみると、58.3％という多数が「求人しても人が集まらない」と回答しており、中小製造業にとって人手不足がきわめて深刻な問題であったことがわかる。その内容としては、「若年男子労働力の不足」が59.4％と圧倒的に多く、次いで「熟練工の不足」が20.0％となっている。さらに、13.2％の企業が「若者が従業員として定着しない」と回答している。なお、調査企業の従業員の平均年齢は40.4歳であって高齢化が著しい。

　関西においても、労働力不足による中小製造業の高齢化は顕著に進展していた。1986年におこなわれた東大阪市の中小工業208社にたいする企業調査によれば、従業員の平均年齢は44.3歳に達していた。ちなみに事業所統計調査の業種の中分類でみたばあい、高齢化が進展している業種は、高い順に「金網、工具、鋳物、鍛造」「鉄・非鉄線」「機械・器具」であり、5年前との年齢差がもっとも大きい、すなわちもっとも急速に高齢化している業種は「メッキ・塗装」であった〔大西 1987：41〕。

　とりわけ中小製造業において、労働力が不足していた理由は、中小製造業の労働条件が他と比べてその劣悪性が著しいことにあった。この劣悪性は、建設業ほど複雑ではないにせよ、下請け組織構造が存在していたことに由来している。下請け組織構造とは、製品の生産に必要な投入財または加工過程の一部を、企業内で生産または加工するよりも外注するほうが生産費を低減できると考える親企業と、外注先の下請け企業との間に形成される組織構造を意味する。製造業においては、一次下請けと二次以下の下請けからなる重層構造が存在していた。

　下請け企業は、主として中小製造業から構成されており、中小製造業のじつに3分の2を占めていた。下請け組織の特徴は、特定の親企業との結びつきが強く継続的であったことにある。この特徴は、下請け企業にたいする強大な権力を親企業に付与した。下請け組織は、部品下請け、賃加工下請け、構内下請けの3種に大別することができる。賃加工下請けは繊維産業に、構内下請けは造船業にそれぞれ典型的にみられた。

第Ⅰ部　1980年代後半までの外国人労働者

　1980年代後半には、受注価格の頭打ち、納期の短期化、受注ロットの小口化、高品質の要求などの下請け企業にたいする親企業の締め付けが顕著に厳格化し、下請け企業の選別化が大きく進展した。その結果、賃加工下請けではとくに転業が増加し、また構内下請けでは廃業が増加するとともに他産業からの参入も増大した（以上のデータは、〔中小企業庁 1989：第2章〕）。こうして、下請け企業では賃金や労働時間、あるいは労働環境などといった労働条件をなおざりにせざるをえなくなった。その帰結が、前述したような中小製造業における若年層の決定的不在と高齢化であり、極端な労働力不足にほかならなかった。

　その結果、中小製造業はいやでも外国人労働者に期待せざるをえなくなる。首都圏工業調査によれば、労働力不足にたいする対応策としては、「機械化の促進で合理化」（37.6％）に次いで、「外国人労働者の雇用」（13.2％）があげられていた。

　それでは、外国人労働者はどのような業種に就業していたのであろうか。同調査によって外国人労働者の雇用経験のある企業を業種別にみると、金属関係5業種が26.8％、次いで製本業の20.7％、機械・電気の15.8％となっており、外国人労働者の導入が金属関係にとくに多かったことが知られる。

　外国人労働者が金属関係の業種に多かったことは、労働省の資料によっても確認できる。労働省は、1988年3月、外国人が多く就労している大都市圏において、労働基準監督署職員等による建設業・製造業等の事業主への調査をおこなった。その結果非正規就労と認められた事例は43件あり、そのうち製造業と目されるものは29件であった。製造業の職種を多い順に列挙すると、金属製品製造業10件、食料品製造業4件、自動車修理業4件、電気機械器具製造業3件、製本業2件、紙加工品業、一般機械器具製造業、窯業土石製品製造業それぞれ1件、その他の製造業3件となり、金属製品製造業が際立って多かった〔労働省 1988a〕。

　以上みてきた中小製造業における外国人労働者の概況は、東京入国管理局による東京都内の京浜島工業団地内で操業している部品下請けの中小企業19社にたいする立ち入り調査によってもうかがうことができる。この調査は1987年11月におこなわれ、バングラデシュ、パキスタン人等多数の非正規就労者が摘発された。その業種は、メッキ加工業、自動車部品製造業、電気機械部品製造業、製缶業等であり、1社平均の従業員数は40人であった。

　これらの企業では、日本人の就業希望者が少なく定着率も低いため、人手不

足が慢性化していた。その理由としては、交通が不便であることと、公害企業であることがあげられる。その結果、外国人労働者を雇用するにいたったが、彼らの稼働期間は、もっとも長い者で1年10ヵ月、短い者で11日であり、勤務時間は平均9時間、賃金は時給700円から900円であった。

　各社の責任者は、外国人労働者を雇用するメリットとして、(1) 日本人が嫌う単純作業・汚れ作業でも真面目に従事すること、(2) 無断欠勤が少なく作業の予定がたてやすいこと、(3) 雇用にあたって面倒な手続きが不要であること、(4) 社会保険等を考慮する必要がないこと、(5) 退社する際は代わりの者を紹介してくれること、(6) 比較的低賃金で雇用できることをあげた。ただし、デメリットとしては、言葉が通じないため作業内容を理解させるのに長時間を要することが指摘された〔法務省1988a〕。

　以下、当時の彼らの就労実態を、代表的な業種別にみていくことにしよう。外国人労働者がもっとも就労していた金属関連の業種については、鍍金業と鋳物業を紹介する。

　まず鍍金業であるが、われわれは東京都葛飾区にある鍍金工場で話を聞いた。鍍金の技術はかなり機械化されたとはいえ、やはり勘に頼る部分が多く、その技術習得には10年かかるといわれている。また化学薬品を扱う作業は危険で、労働環境はけっして良いとはいえない。こうして若い人は入職しようとせず、この工場でも熟練技能工と単純労働者の慢性的不足が生じていた。

　そのため外国人労働者に依存せざるをえなくなり、バングラデシュ人8人、パキスタン人2人を雇っていた。この工場で外国人労働者を雇うようになったのは数年前で、日本人ブローカーの紹介でバングラデシュ人を1人使ったのが始まりである。このブローカーがどこの誰かは担当者も知らないらしい。ブローカーを通したのはそれだけで、後は友が友を呼ぶ形で増えていった。

　外国人労働者は、全員日本語学校の就学生である。彼らが通っている日本語学校は北区や豊島区など比較的遠くにあるため、午前中は学校に行く。就業するのは午後2〜3時ごろ、終業は8〜9時で1日6時間ほどの労働である。土曜日は終日働くから週40時間以上働いていることになる。このように、週20時間という基準を超えているが、警察もとくに問題のないかぎり黙認している。

　彼らの主な仕事は、真っ黒になった鍍金製品を薬品で磨いたりするような、機械化ができず、しかも日本人が嫌がるような単純作業である。賃金は多い人で月に20万円弱と日本人と同程度であるが、雇うほうからいえば賞与や福祉

関係の費用がかからないため、かなり割安になる。

　就業態度はきわめて真面目で、1日1時間を惜しんでいるかのようにみえる。日本人従業員とのトラブルもなくはないが、喧嘩両成敗で差別はしない。何よりも彼らの礼儀正しいことが、この工場での印象を良くしている。

　次に鋳物業であるが、象徴ともいえる埼玉県川口市の鋳物業界は、深刻な労働力不足に悩みながら衰退の途をたどりつつあった。われわれが会った零細鋳物業者の1人は、「下請けの仕事ばかりで、発注元からの単価切り下げの要求がきつい。合理化もできるだけやっているがどうにもならない。だから人件費を切り詰めるしかない」と語った。業界で人あつめのキャラバンを毎年東北地方に出すが、人はあつまらないそうだ。川口職業安定所の所長は、「仮に鋳物業界が100人募集しても、55歳以上の高齢者が10人集まるかどうか」と語っている〔『朝日』1988年4月2日〕。同市の旧市街にある大手の鋳物工場では、ガーナ人とナイジェリア人の労働者10人余りが働いていた。「みんな観光ビザ、不法就労というやつだ。人があつまらないんだからしようがない」と社長は語った〔毎日新聞1989：第3章〕。

　自動車関連の業種にも非正規外国人労働者の雇用がかなりみられた。一説には5000人以上が就業していたといわれる〔『日経』1989年9月20日〕。

　五野井博明による大手自動車メーカーの部品下請けをしている零細企業のルポルタージュは、この業界の状況をいきいきと描写している。この会社は、群馬県伊勢崎市のはずれにあり、従業員数は12人、初老に近い社長も従業員と一緒に働いている。この12人のうち8人が非正規就労のフィリピン人であり、日本人はいずれも40歳代後半である。フィリピン人は、熟練を必要とする工作機械にはかかわりあっておらず、仕上がってくる部品をあつめたり箱詰めにしたりしている。

　社長はフィリピン人の雇用について、以下のように語った。「苦肉の策ですよ。うちのようなちっぽけな下請けが生きのびていくには、人件費を切り詰めるより、もうほかに手だてはないんです」フィリピン人については、「よく働いてくれますよ。……正直いってフィリピン人の仕事に対する姿勢を、日本人は見習うべきですね」非正規就労については、「密告でもされて警察か入管に踏み込まれでもしたら、手の下しようがありませんね。弁解の余地はないですよ。工場ですか？　それはもう聞くだけ野暮です。その時点でストップに決まっているじゃありませんか」〔五野井1989：1章〕。

次に印刷・製本業をみよう。埼玉県南にある印刷工場は東京に本社のある大手企業の下請けであるが、その工場には、製本機械を借りて製本をする孫請けが入っていた。すなわち、構内下請けということになる。この孫請けの従業員は12人で、その大部分が、バングラデシュ人、パキスタン人、フィリピン人などの外国人労働者であった。シャチョウと呼ばれている経営者は、「親会社は外国人を使うなというけど、いくら募集しても日本人は来てくれない。われわれも板挟みなんです。法律が改正になればいいのですが……警察の手入れは覚悟してます」と語った〔『朝日』1988年3月31日〕。

こうして、労働力不足にせっぱ詰まって、再三にわたり摘発を受けながら、なお非正規就労者の雇用をつづけようとする経営者も出てきた。東京入国管理局は、1989年6月、川口市のスプリング製造工場を調査し、そこで働いていたパキスタン人8人、バングラデシュ人5人、フィリピン人1人の計14人を摘発した。同社はこれまで3回、計60人の摘発を受けていたが、新規部門拡張のためふたたび非正規就労者を雇用していた。今回の調査を察知するや、非正規就労者の大半が工場内の各所に隠れ、なかには日本人従業員が自分の作業台のなかにかくまったりしていた〔法務省1989h〕。

ここで当時の製造業における研修生の実態にふれておこう。すでに紹介した法務省の「研修実施企業に関する実態調査結果」〔法務省1989g〕によれば、研修の実施に問題があるのではないかとおもわれた企業40社（547人）のうち、製造業関係は25社、62.5％と3分の2近くを占めた。

その業種別内訳をみると、もっとも多いのが自動車および自動車部品の7社であり、次いで金属加工が4社、機械・機器が3社、鋳物と化学製品加工がそれぞれ2社、その他が5社、不明が2社となっている。つまり、労働力としての研修生の導入は、自動車関連と金属関係に進展していたとみられる。

さらに、この25社の資本金の内訳をみると、1000万円未満3社、1000万円以上1億円未満14社、1億円以上1社、不明7社となり、零細企業ではなく中小規模の事業所で労働力としての研修生の導入が進んでいたことを示している。

研修生の国籍をみると、大部分の企業は特定の1国だけから導入しており、2国以上は2社だけにみられた。その内訳は、中国とタイがそれぞれ9社とこの2国に集中し、フィリピンが2社、その他が3社となっており、中国人とタイ人を研修生として利用する傾向が強かったといえる。

中小製造業における劣悪な労働条件は非正規就労者の労働災害を多発させて

いた。1987年1月から1988年3月まで、労働基準監督署にたいし労災保険の保険給付の申請があった事案のうち、労働者が非正規就労者であるとおもわれるものは、合計わずか28件にすぎず、極端に少なかった。その業種別内訳をみると、製造業が19件、建設業が2件、その他の各種事業が7件であり、労働災害が圧倒的に製造業に集中していたことがわかる。製造業の業種別内訳をみると、金属製品製造業9件、化学製品製造業3件、木材・木製品製造業2件、輸送用機械器具製造業、食料品製造業、鍍金業それぞれ1件、その他の製造業2件となっており、製造業のなかでもとりわけ金属製品製造業に多発していた。被災労働者の被災時の状況をみると、機械（プレス、カンナ盤、丸のこ盤等）を用いていた作業中に被災したものが18人、熱湯等による熱傷が4人、墜落が2人、転倒等が4人であった〔労働省1988a〕。なお、非正規就労者による給付申請は、1988年度に83件、89年度に89件と微増した。

　労働災害の発生の状況について、いくつかの事例を紹介しよう。まず、労災保険の適用を受けることのできたごく少数の例をあげる。

事例1：バングラデシュの男性（21）。観光ビザで入国し、千葉県の鉄骨加工の会社（従業員数4〜5人）で働いているときに、ドリルに巻き込まれ右手親指を切断し、右手首を骨折した。いったん帰国後再来日し、ビザの切れる直前にひとりで労働基準監督署におもむき、保険の申請をおこなって274万円が支払われた。

事例2：バングラデシュの男性（24）。観光ビザで入国し、千葉市のプレス加工の会社（従業員数約20人）にはいったばかりのときに、右の親指を切断した。保険の適用を受け131万円を支払われたのち、退去強制処分となった（以上2例は、〔『朝日』1988年6月19日〕）。

事例3：国立リハビリテーションセンターで療養中のパキスタン男性（28）。非正規就労者として埼玉県内のプレス工場で働き始めて2日目に、両手を機械のなかに入れたまま起動装置を踏んでしまい、右手を手首から、左手を前腕から失った。労災保険の給付申請が認められ、療養補償約320万円、休業補償月8万4000円が支給された。さらに障害補償年約100万円が支給されることになろう〔毎日新聞1989：245-246〕。

　次に労災保険の申請をしなかった例をあげる。

事例4：パキスタンの男性（22）。非正規就労者として埼玉県南部の印刷工場（従業員数12人）で働いているときに、製本機械のローラーに右手にはめてい

た手袋の先が巻き込まれ、人さし指をつぶした。第2関節まで切り落とす手術を受けたが、非正規就労のため保険の申請はおこなわなかった。雇い主は、治療費を払うとともに休業期間中について賃金の6割を出すといっている〔『朝日』1988年3月26、31日〕。

関西圏の中小零細製造業は、外国人労働者としての韓国人が集中していたという大きな特色をもっていたので、少し詳しく検討してみたい。

韓国人の急激な増大は1988年から始まったが、とくに大阪府、滋賀県、京都府の近畿3県および岐阜県に顕著であった。これについて入国管理局は、「同地域に在日韓国人が多数在住していることから、同国人を呼び寄せ、あるいは雇用するケースが多いためである」と述べている〔法務省1989i〕。なお、1988年上半期の韓国人摘発者の36％は大阪府におり、次いで岐阜県であった〔法務省1988b〕。

1987年に大阪入国管理局が和歌山県をふくむ近畿6府県で摘発した非正規就労韓国人は215人であった。その稼働内容は、第1位が製造業工員の54.0％、第2位がホステスの14.0％、第3位が土木作業員の13.5％であった。韓国人の製造業工員は、摘発された工員全体の63.4％に達し、関西圏の製造業の主体が韓国人であったことが知られる。その性別内訳は、男性62人、女性54人であって、女性が男性にほぼ匹敵していた。ちなみに、摘発された韓国人を年齢別にみると40歳以上が54.0％を占めており、高年齢者が多かったことがわかる〔法務省1988d〕。

流入する韓国人の受け入れ基盤となっていたのは、関西で長い歴史をもつ相当規模の在日韓国・朝鮮人（以下在日と略）の社会である。韓国人のばあいには、在日とのつながりが日本での入職や居住に決定的な意味をもっていた。つながりの程度としては、在日に親族や知人がいるというような強いものから、日本での出稼ぎ経験者から在日の雇用主の名前を聞いた程度のものまでさまざまであるが、来日するときには、これらの在日とのネットワークに頼ることになる。そして関西圏の在日には製造業を経営していた者も多かった。

大阪市生野区は、大阪市内でも中小零細工場の多い地域であるが、ここには在日の日本最大の集住地区である猪飼野地区があり、彼らの経営する零細工場が集中していた。その主要な業種としては、金属加工、プラスチック加工、ゴム加工、ビニール加工、ヘップサンダル等があった。以下、われわれの聞き取り調査に基づいて、関西圏の在日による零細製造業の典型ともいえる猪飼野地

区を概観してみよう。

　これらの工場は、元請からの発注価格切り下げの圧力や、ヘップサンダルにみられるような国内需要の落ち込み等きわめて厳しい環境にあった。そこでは、従来日本人もしくは在日の人が主としてパートとして働いていたが、低賃金の割にはきつい仕事が多いことから敬遠されがちで、労働環境が悪くても低賃金で働いてくれる出稼ぎ韓国人に依存せざるをえない状況に立ちいたったのである。

　稼働内容としては上記の職種が主要であるが、女性のばあいには、これらに加えて、裁断工、縫製工等にも従事していた。稼働期間は、親族訪問ビザの期限が最高90日間でたいてい1回の更新が可能であるため、6カ月未満というケースがもっとも多かった。また、夫のつぎは妻というように、親族が代わるがわる出稼ぎにやってくることが多かったという。

　賃金は、時給5～600円が大体の相場であった。労働時間については、機械を24時間フル回転させるため2交替制が多く、このばあいには1日12時間労働ということになる。そうでないばあいにも、かぎられた期間内にできるだけ稼ごうとするため、どうしても長時間労働になった。日本での生活は残業代だけでまかない、残りはすべて本国に送金するという人も少なくなかった。なお、費用を節減するためもあって、親族の家で生活する者が多かった。

2. エスニック集団別の就労実態

　本項では、就労者数が多いほうから、ラテンアメリカ日系人、バングラデシュ人、フィリピン人、韓国人をとりあげて、われわれがおこなった面接調査の結果を紹介する。

　まず日系人であるが、大城知雄はブラジル国籍の日系二世、31歳の男性で独身である。日本に働きに来る前の職業はエンジニアで、大学では電気関係を専攻していた。彼の親は6歳のときにブラジルに渡り、今はサンパウロから300キロ離れたところに住んでいる。彼自身は親元を離れてサンパウロに住んでいた。

　大城は現在は1年契約である自動車会社の工場で働いている。この会社では期間工として日系ブラジル人を雇用しており、現地の代理人を通じて募集をおこなったという。会社の寮では約130人の日系ブラジル人が生活している。基本給は1日1万円であるが、その他に残業手当や夜勤手当、休日出勤手当、皆

勤手当等がつけば月に30万円以上になる。さらに1年間の契約終了時に、契約の完遂と皆勤を条件として報奨金やブラジルへの帰国費用の補助が出ることになっている。条件は基本的に日本人の期間工と同じで、他社が日系人に提示したものよりもややよくなっている。仕事はリアアクセルの組み立てである。就業時間は昼勤・夜勤とも8時間（休憩をふくむ）で、1時間程度の残業がある。

　この仕事は、日本語新聞の募集広告を友達がみて教えてくれたのがきっかけで応募した。日本に働きに来たのは、お金のためもあるが日本を知りたいからでもあった。3ヵ月前に観光ビザで来日後、3年間の定住ビザに変更した。

　来日してから間もないのでブラジルへは送金していないが、今後する予定である。使途は、兄弟でアパートを買ったのでその支払いにあてるとのことであった。日本人の友達はまだいない。ブラジル人とは同僚と接するぐらいである。家族には週に1回ほど手紙を書くが電話はしない。大城はアパートの購入代金がたまるまでは帰国しないつもりである。それには4年ぐらいは働かなければならないだろうといっていた。帰国したらレストランかなにかの商売でも始めたいとおもっている。

　つぎにバングラデシュ人であるが、就学生と研修生の事例を紹介する。就学生はバブ、マスム、ファルクという名の3人で、いずれも25歳であった。
——どこで、どんな仕事をしているんですか？
　「横浜の工場で、リップクリームの外側のプラスチックケースをつくっている。仕事は日本人と一緒だけど、重い物を運んだり、汚い仕事なんかは私たちがやる。日本人にいわれた通りに仕事をするだけだ。ヘビーワークの私たちは時給580円なのに、日本人はライトワークで800円ももらっている」

　しかも、バブは午後2時から午前2時まで、ファルクは午前2時から午後2時まで、マスムは午前8時から午後8時までと、それぞれ12時間、1回の休憩もなしに働くのだという。もちろん日本人には休憩時間がある。なお、横浜の工場がどこにあるのかという問いにたいしては、明らかに答えをいやがる素振りをした。入管への通報をおそれていたのだろう。ビザの種類は、バブが就学ビザ、マスムとファルクのビザは観光ビザだったが、バブの日本語学校の学長が入管OB（25年勤務）だったため、ビザ書き換えの際、就学ビザに変更させてくれたのだという。これからは、マスムとファルクもバブと同じ日本語学校へ通うそうだ。
——そんなに忙しくて、池袋の日本語学校へは行けるんですか？

「もちろん。ただしプライベートな時間はほとんどないよ」

例えば、バブの1日はおおむね次のようなものらしい。午前7時に起床して池袋の日本語学校へ。日本語学校の授業は午前8時から12時まで。出席が90％以上なくてはビザがとれないため休むわけにはいかない。横浜に戻って午後2時から12時間仕事。会社からアパートまで歩いて40分かかるので、仕事を終えて帰ると午前3時ごろになっている。それから4時間弱の睡眠をとると次の日が始まる。したがって、日曜日（休日）は疲れをとるために朝から晩まで寝ていることが多いという。

――もっと条件のいい仕事はないの？

「なかなかないよ。ファミリーレストランで働いている友達がいるけど、午後8時から午前8時までの仕事だし、給料も安い」

職場では12時間の仕事の後で食事がとれる。しかし、500円超過分については月給から差し引かれるため、必ず500円の物を食べるようにしているそうだ。また、1ヵ月の給料から「税金として」1万5000円が引かれているという。保険はもちろんない。カゼをひいたら、自分で薬を買って飲むしかない。生活費は、食費やアパート代に6万円、日本語学校に3万6000円、電車賃が3万5000円で計13万円ほどかかる。その残りを郵便為替でバングラデシュに送金している。

「社長はビザの種類は問題にしないけれど、契約書のような身分を保証する文書は何もない」（つまり、彼らの雇用は非常に不安定で、いつレイ・オフされてもおかしくない）というのが、彼の感想である。

――なぜ、日本に来たのですか？

当然のように「お金のため」「家族のため」という答えが返ってきた。日本はとにかく金になるとみんながいっているそうである。家族を日本に呼びよせるとしたら男兄弟を呼んで一緒に働きたい、とも語った。

ただバブ自身は、バングラデシュの自然科学系の大学のコースを卒業しており、分野は問わないからできれば日本で勉強して日本で就職したいという夢をもっている。来日したのも、日本が学問の分野で進んでいるということにひかれたからだという。彼はあと5、6年は日本で働くつもりだと語った。国へ帰れば日系企業の工場で働けるし、日本語ができる人は給料もいいのだという。

――バングラデシュでは働いたことがありますか？

バブだけが経験者。「1〜2ヵ月だけウェーターの仕事をしていた。でも父が

いないので生活が苦しかった」

　日本人についての印象を尋ねると、バブはこの時だけ日本語で何度も「オカシイ」と答えた。社長は自分たちを働かせすぎだし、ケチだし、めんどくさい仕事はすべて自分たちにやらせる、だから「オカシイ」のだという。職場の日本人とも仕事の話をするだけだ。

　3人ともイスラーム教徒である。イスラーム教は日に5回の礼拝が義務とされるが、時間も場所もないという。マスムが社長に「職場に礼拝のスペースがない」と文句をいったところ、社長は「ここでは私が神様だ」といい放ったそうだ。

　つぎに研修生としてのバングラデシュ人との面接調査結果を紹介する。いたる所に小さな工場のある北関東の都市の板金工場のひとつで、ロッキー（24）とコビー（32）というバングラデシュ人の労働者と会った。

　2人の仕事は、金属板の長さを正確に測って裁断したり、曲げたり、塗装したりといったことだが、「チャチャン（ベンガル語で「おじさん」という意味らしい）」によれば、彼らの正確で真面目な仕事ぶりは直属のボス（上司）も信頼しているし、ロッキー自身「ボスは、ロッキーの仕事ならOKというんだ」と自信をもっているようだった。勤務時間は朝9時から夕方5時まで。7時まで残業のこともあるが、逆に仕事をきちんとやり終えないと納得できないのは、ロッキーとコビーの方らしい。

——月にどのくらいお金をもらってるの？

　「月によって違うけど15万～16万円」

　ロッキーは1988年9月、コビーは10月に来日し、東京で観光ビザを研修ビザに書き換えてこの工場にやってきた。

——どうやって、ビザを書き換えたの？

　「初めは仕事を見つけられなかった。それで池袋駅に立っていたら日本人が話し掛けてきた。英語と日本語を交ぜてしゃべるもんだからよくわからなかったんだけど、僕が『仕事がなくて困ってる』といったら、数日後入管に行ってビザの書き換えを手伝ってくれた。そして『この工場に行け』っていわれたんだ」とロッキーは語った。

——彼にはいくら払ったの？

　「お金？　ノー。全然払ってないよ。彼はとても親切だった。彼だけじゃない、日本人はみんな親切だよ」

そんなロッキーに「池袋の日本人は、あなたの工場から手数料をもらっているのではないか」という推測を語ることはためらわれた。

初めは日本語が全くわからなかったロッキーは、工場のある駅に着いて呆然としていたらしいが、「親切な」日本人の老婦人が1時間半かかって連れてきてくれたのだという。

——ロッキー、日本に来る前は何の仕事をしていたの？

「大学の経済学・商学コースを卒業した後、ダッカで1年半ほど建設現場の監督をしていた。来日費用2000ドルはそれで稼ぎ出したんだ。給料が安かったので、質のいいコンクリートを悪いコンクリートにすりかえて、ポケットマネーにしていた。ひどく忙しかったし、人をだます仕事だろ。生活を変えたいと思って日本に来たんだ」

ロッキーは、イスラーム教にたいしても不満を表した。「一夫多妻制なんて古くさい考え方だし、僕はお母さんに結婚相手を決められてしまったんだ」さらに、バングラデシュという国は「仕事の絶対数が少ないんだ。日本に来なきゃしようがないじゃないか」というわけである。そして彼は「日本はすばらしい国だ。勉強するならアメリカやイギリスでもいいな」と語っていた。

コビーは子供3人、妻、弟、弟の妻の計6人を養っていかなければならない。節約して、40万円をこの前送金したのだという。ブランド品の靴をはき、「昨日パチンコで1万5000円すっちゃった」と笑うロッキーの姿からは「貧困」のイメージはあまり浮かばなかった。

私たちは工場が休みとなる日曜日に彼らのアパートを訪ねたが、ひっきりなしに「ママさん」や「チャチャン」が現れては、彼らの面倒を見ていった。「ママさん」や「チャチャン」はパートのおばさんであったり、事務員であったり、工場の責任者であったりする。

「チャチャン」はかわいくてたまらないといった様子で、「日本人よりずっと真面目だし、一生懸命仕事を身につけようとしているよ。人種差別なんかうちではないね。言葉だって、最初のうちはなーんもわかんなかったけど目を見りゃ心は通じるんだから」そして、研修が終わって2人がバングラデシュへ帰国してしまう1989年8月の話になると、「オレは空港には見送りにはいけないねえ、泣いちまうよ」といいながら涙をぬぐっていた。

以下は非正規滞在のフィリピン人との面接記録である。

アーニー（31）、フィリピンのセブ島出身。結婚しており、フィリピンには

妻と子供2人を残して、父親が日本人であるいとこの女性を頼って、1988年12月に来日した。大学では経営学を専攻し、卒業後は株関係の仕事につき、そのほかセールスマンなどを経験したという。彼は横浜の寿町にある3畳もないドヤでひっそりと暮らしていた。

　彼の仕事は、機械のパッケージである。機械に大きなビニールをかけてダンボール箱に入れる作業である。この仕事は、同じドヤ街に住むフィリピン人から紹介してもらった。仕事場は近く、歩いて10分くらいのところにある。同じ仕事場には、もう1人フィリピン人が働いている。彼とは同じセブ島の出身ということでとても気が合い、また社長さんもやさしい人なので気に入っている。日当は1万2000～1万4000円（残業ふくむ）。残業代は1時間につき1000円である。毎日2時間ほどの残業があるという。彼は以前、土木作業員、バラシ（解体）などをやっていた。船内のサビをサンドペーパーで磨き落とす作業も経験したというが、この作業はいくら防じんマスクをしていても息苦しくてたまらなかったという。

　彼の夢は、日本で稼いでアメリカへ渡り、そこで砂金採取の機械を購入してフィリピンに帰ることだ。彼は月に2回くらい、家族に電話する。約5分間で3000円、テレホンカード1枚がすぐになくなる。家族への送金は不定期だが、3ヵ月に1回くらいの割合で送金するという。1回の送金は30万円くらいである。

　われわれがインタビューした時、彼は風邪をひいていた。関節が痛く、全身がとてもだるいという。それでも彼は仕事を休まない。その理由をたずねたところ、さっと左手首にある時計を見せてくれた。そして彼はこう答えた。「この時計は僕の兄がサウジアラビアへ出稼ぎに行った時、おみやげにもらったものなんだ。僕もフィリピンへ帰ったら兄のようにみんなにおみやげをプレゼントして、僕のサクセス・ストーリーを聞いてもらうんだ」

　彼の部屋は3畳1間のドヤだが、かど部屋のため鉄筋が部屋の内側へくい込んでおり、しきりに部屋の狭さを嘆いていた。部屋には作業着・布団のほかに、友人からもらったテレビとカラーボックスがあった。部屋の片隅には来週フィリピンの家族のもとへ送る品物がたくさんあった。例えば，娘には約50センチのうさぎの人形、息子にはラジコンカー、それと子供たちの大好きなチョコレート。明日、友人がビデオデッキを運んでくるので、それをつめこんだら早速フィリピンへ送るつもりだ。1ヵ月前に秋葉原で買ったテレビを送った（送料・税金などをふくめて20万円かかったという）。

仕事から帰ってきたらシャワーを浴びて、午後8時ごろ夕食をとる。夕食は自炊することが多い。食後は友人たちとまわし読みしている英字新聞を読んだりして、午後10時ごろには床につく。テレビは一応スイッチは入れるが、日本語がよくわからないので何をやっているのか見当もつかない。もっとお金があったら、2ヵ国語放送の聞けるテレビが欲しいという。休日は教会へ行くが、その後は部屋で寝ていることが多い。

ここで、猪飼野地区にある在日が経営するプラスチック成型の零細工場（従業員数4人）で働き、労働災害を受けて1989年3月現在入院中であった韓国人女性について述べておきたい。ただし、経営者の強い希望により本人への面接はできず、経営者と労働基準監査署監督官からの聞き取りによった。

彼女は、済州島出身の53歳。済州島での仕事は農業である。結婚しており、息子1人、娘4人の計5人の子供がいるという。日本へは1ヵ月間の親族訪問ビザで来た。彼女は、経営者の母親とつき合いのある在日の女性の夫の母親の家に住んでいて、親族、知人のつてを頼って仕事を探していた。一方、工場の方でも正月休みが終わったにもかかわらず従業員が1人出てこないので困っていたところだった。そこで、経営者の母親を通じて話のあった彼女を雇うことになったのである。

彼女の仕事はプラスチック成型の機械から製品をとり出す仕事などで、時給は570円、他の人と差はない。1日の労働時間は12時間、この工場は、他と違って2交代の24時間フル操業はしていないので夜勤はないそうである。

日本語はほとんど話せないが、経営者とは会話が通じたので特に仕事上の不都合はなかった。食事は親族の家で食べていた。工場では夕方にうどんを出していたが、口に合わないらしく、汁は自分でつくっていた。仕事以外での日本人や在日の人とのつき合いはあまりなかったが、経営者の母親とつき合いのある女性の家には、しばしば行っていた。

彼女は、工場で働きはじめてわずか3日目、機械に手をはさまれて入院することになる。事故の状況はおよそ次のようなものだった。プラスチック成型の機械でもっとも事故の起きやすい部分は金型のある場所なのだが、この部分には行政指導によって、機械メーカーにドアロック式の安全装置が義務付けられている。それにもかかわらず彼女が事故にあったのは、安全装置を兼ねるドアのない上部から手を入れてしまったからだった。

事故が起きると、すぐに労働基準監督署による調査がおこなわれ、労災が適

用されることになった。2月末現在で治療費等で6万円が支払われており、今後も（帰国後もふくめて）日本人と変わらない金額、条件で労災が適用されるという。このように彼女は、労災の適用を受けることになったが、同時に彼女が非正規就労していた事実も、また明らかになってしまった。そのことで経営者は入管に呼び出され、事情聴取と様々な注意を受けたというが、そのなかには「こんなことが続くようだと、あなたの（特別永住者としての）在留資格にも響きますよ」というような脅しまがいのものもあったという。

調査時点では、彼女は大阪市内の病院に入院中であった。機械にはさまれた手は、まだ十分に動かすことはできないという。すでに当初の在留期限は過ぎているが、治療中なので、1ヵ月ごとに在留期限の延長手続きをとっている。その手続きは、日本人と結婚している彼女の夫の姉にあたる人が代わっておこなっている。帰国の時期は医師の判断によるが、未定という。

第3節　建設業

1. 労働力不足に起因する非正規就労

1980年代後半段階の建設省は、外国人労働者の就労に絶対反対の立場をとっていた。すなわち、1988年11月の通達によれば、「建設業における不法就労外国人の増加は、建設業界に対する社会的信頼と評価を低下させるのみならず、将来、建設業を第一線で支える基幹的な労働者となるべき若年層の入職促進の隘路となり、ひいては、建設業の構造改善の推進を阻害する要因となるおそれが大きいものである」と述べている〔建設省1988〕。

建設省のこのような態度にもかかわらず、大部分の公共工事の発注機関は、外国人非正規就労者の雇用が仮にあったとしてもそれは請負側の問題であるとして、具体的なペナルティーは考えていなかった。ただし、年間約1000件の発注をおこなう建設省関東地方建設局のばあいは例外で、現場のどこかで外国人の非正規就労者が発見されたときは、その雇用を即刻やめるように指導するとともに、入札指名回数の減少につながる可能性をもつ工事成績評価表に反映させるとしていた〔『日刊建設工業新聞』1988年3月8日〕。

それでは大手業者の建設現場では、外国人の非正規就労者にたいするチェックをどのようにおこなっていたのであろうか。ここでは、1988年10月大工・

左官・小工務店主などが組織する全国建設労組総連合(以下全建総連と略)関東地方協議会が、総元請けであるゼネコン53社と住宅企業16社にたいしておこなった交渉の際得られた回答を整理して、その実情をみることにしよう(〔全国建設労組総連合関東地方協議会1988〕より集計)。

外国人労働者へのチェックは、ゼネコン現場のほうが住宅企業の現場よりもはるかに厳格であった。チェックをなにもおこなっていなかった企業は、ゼネコンのばあいは53社のうち12社にすぎなかったが、住宅企業では16社のうち9社に達した。これには、住宅企業のばあい公共事業よりも民間からの受注の多いことが反映しているとおもわれる。

ゼネコンによる外国人労働者の就労のチェック方法は、その程度の厳しさに応じて、次のような6段階に分けることができた。①下請け・職長等への禁止通達、②就労者名簿を提出させる、③現場パトロール、④入場時もしくは朝礼時でのチェック、⑤新規入場者教育の際のチェック、⑥日本語を書かせたり話させたりする。一般的にいって、ある厳しさの段階のチェックは、それより厳しさの低い段階のチェックをすべて包含していた。すなわち、名簿を提出させているゼネコンの多くはすでに通達を出していた。また、日本語能力のチェックは、それ以前の5段階の実施をふくんでいたケースが多い等々。

チェックをおこなっているゼネコン41社の内訳は次のとおりであった。①通達6社、②名簿6社、③パトロール5社、④入場時もしくは朝礼時チェック10社、⑤教育時チェック4社、⑥日本語チェック10社。通達と名簿は、実際にはチェックの機能をあまり果たさなかったとおもわれる。パトロールと入場時・朝礼時チェックも、日本人によく似た人びとのばあいにはそれほど実効があがらなかったであろう。したがって、教育時チェックと日本語チェックだけがやや効果をあげたと考えられるが、この方法をとっていたゼネコンはわずか14社にすぎなかった。

同じように、チェックをおこなっていた住宅企業7社の内訳をみると、①工務店から職人の名簿を提出させる:3企業、②現場担当者によるチェック:3企業、③この両方法の併用:1企業となった。つまり、過半数の住宅企業の現場では外国人労働者にたいするチェックがおこなわれておらず、おこなわれていた現場でも名目的にすぎなかったといえる。

こうして、関東地方についていえば、大手ゼネコンが施工している都心部の大型プロジェクトや官公庁の大型工事には外国人労働者はほとんどいなかった

とみられる。ただし、千葉・埼玉・神奈川といった周辺部で、規模が10階前後の建物にはかなり見受けられたという情報がある〔『日刊建設工業新聞』1988年4月5日〕。

　建設省の反対にもかかわらず、建設業は外国人労働者の主要な受け皿のひとつとなっていた。この産業への1980年代後半の就労数について、摘発された不法就労者のデータから推測してみよう。

　1988年に摘発された非正規就労者1万4314人のうち、「建設現場等における作業員」として定義される土木作業員は、男性3807人、女性31人、計3838人であった。その国籍別内訳は、フィリピン人25.7％、バングラデシュ人24.2％、パキスタン人24.0％、韓国人16.3％、その他9.8％であった。ちなみに、女性の大多数は韓国人である。

　非正規就労者全体を100としたばあい、土木作業員の占める比率は26.8％であり、性産業に次いで多く、第3位の「工員」にほぼ匹敵していた。男性だけをとりあげると、土木作業員はその42.6％を占めており首位であった。なお1987年の数字は43.4％であったから、シェアにはほとんど変化がみられなかった。ただし、このデータには「雑役」という不明瞭なカテゴリーがあり、885人が計上されていた。また「清掃」従事者も78人いた。もしこの2つのカテゴリーが建設業をふくんでいたとすれば、建設業従事者はもっと多かったことになる〔法務省1989i〕。

　ところで、1989年7月現在の非正規就労者の残留数は10万人程度であったから、建設業に従事する非正規就労者はおよそ3万人弱いたことになる。就学生のアルバイトおよび偽装就労については、第2章第2節で述べた東京都調査によれば、3分の2が就労し、そのうち工場・建設現場作業に従事する者が26.5％であったから、その半数が建設業で就業していたとすれば、3000～5000人程度ということになる。このほかに、後にふれるが研修生という名目の偽装就労者が相当数存在していた。したがって、建設業に従事していた外国人労働者の総数は当時3万人台だったということになろう。

　このように大量の外国人労働者が建設業に入職していた理由としては、第1に、建設現場が、労働者の人物や経歴などをあまり問題にしない職場であり、その意味では外国人労働者の就労が比較的容易だったこと、第2に、後述するように建設業の労務管理形態はきわめて複雑であり、外国人労働者の潜入できる余地が広かったことなどがあげられよう。しかしながら、それよりもはるか

に重要な条件は、1980年代後半に建設業を直撃していた極端な労働力不足である。

1986年後半あたりから内需拡大による建設投資が活発化し、建設業は冬の時代から一転してブームを迎えた。それにもかかわらず、建設業はこのような事態に対処できる労働力のストックをもっていなかった。労働省の調査によれば、5人以上の常用労働者を雇用する建設業の民間事業所の労働者の不足率は、1988年11月時点で26.7％であり、1987年の13.5％に比べても大幅に増加していた。これは、全産業のなかでも最高の率であった〔『朝日』1989年7月3日〕。その結果は、とりわけ公共建設工事における入札不調、すなわち積算単価が低すぎることによる契約不成立の続出として現れた。その最大の理由は、労働力不足に由来する労賃の高騰にあった。さらに労働力不足による労務倒産もぼつぼつ出現していた。

労働力不足は、なによりも熟練技能工の不足であり、また単純作業に従事する労働者の不足であった。東京オリンピック前後の建設業の好況時に入職した多くの者は、冬の時代に離職を余儀なくされた。そればかりでなく、この時代には若年の新規入職者もほとんどなかった。こうして、当時の建設業の労働者は、驚くべき高齢化の傾向を示した。試みに、1988年に5人以上の常用労働者を雇用する建設業の民間事業所に雇用された屋外労働者の年齢構成をみると、10歳代が2.1％、20歳代が12.0％、30歳代が21.4％、40歳代が24.2％、50歳代が29.2％、60歳以上が11.1％となり、なんと50歳代が最多となってしまっていた〔労働省1989d〕。

このような高齢化に象徴される労働力不足はなぜ生じたのであろうか。まず指摘されるべきことは、国内の労働力供給源の枯渇である。建設業への入職者の特徴は、新規学卒者の比率がきわめて低い一方、失業者等無業者の比率が圧倒的に高いことにあった。それは、従来は構造不況業種から排出された労働力が建設業に吸収されてきたことを意味していた。しかし、この供給源は、1980年代後半にはほぼ消失してしまった。

第2に、農村からの出稼ぎ労働の消滅をあげることができる。公共事業のばあい、予算の単年度主義の影響もあって、繁忙期は8〜10月と2〜3月に集中する。このような季節的需要のサイクルに対応して、出稼ぎ労働は一定の機能を果たしていたのである。けれども、その供給源は次第に遠隔地化していき、ついにほぼ存在を終えようとしていた。農村の過疎化と若い世代の消滅がその

背景にあった。

　しかしながら、これよりもはるかに重要な理由は、建設業の労働条件が他産業に比してきわめて劣悪であったことにある。建設業では、高所作業、屋外作業が多いため、労働災害の発生率は高い。また、都会では交通対策などのため深夜労働を余儀なくされるばあいがしばしばあり、雨天による作業日の振り替えなどから休日が一定していない。同時に工期によっては、突貫工事をしなければならないことがある。

　それにもかかわらず、建設業労働者の報酬は極端に低く、その就労状態は安定していなかった。その基盤をなすものは、この産業に固有の重層下請け構造と呼ばれる収奪-搾取のヒエラルヒーである。重層下請け構造とは、発注者と請負契約をした総元請けが一次下請けと下請け契約をおこない、今度はその一次下請けが元請けとして二次下請けと下請け契約をおこない、次に……というように下請け契約が次々に繰り返されていく構造を意味する。その結果、建設業における業者数は肥大し、1980年代後半には50数万の業者が存在していた。

　重層下請け構造における労働力調達は、親方（職長）と5～10人の職人で構成される班単位でなされることが多かった。班は、元請けや下請け業者との関係が強い直用班と、一時的に調達された外注班とに二分できる。業者は、労働力が不足するばあいには、自らあるいは直用班の親方を通じて日雇いや外注班を手配した。

　重層下請け構造は、景気変動や季節変動に由来する雇用調節機能と、市場競争による受注価格の低落によって生じる圧迫を、より劣位の下請けに転嫁することを可能にしてきた。そして、総元請けとしてこの構造の頂点に位置し、この構造から利益を貪ってきたものは、ゼネコンと呼ばれる総合工事業者としての巨大企業群であった。その帰結は、建設業労働者全体の労働条件の悪化と賃金の低下であり、離職者の発生と若年新規入職者の停滞にほかならなかったのである。

　以上みてきたような、建設業における劣悪な労働条件は必然的に労働災害を多発させていた。しかしながら、外国人労働者は退去強制を恐れ、雇い主は非正規就労者の雇用の発覚を恐れるため、労災保険の申請はほとんどなされることがなかった。建設業には元請け責任という制度が存在していて、労災保険は総元請けが全体の事業主として申請することになっていた。事故が発生したばあい、総元請けは、労災保険の申請による非正規就労者の存在の表面化という

打撃を受けるが、それは企業イメージを著しく低下させた。

　ここで当時の労働災害の事例をひとつ紹介しておく。非正規就労者のフィリピン人男性（45歳）は、東京都下のアパート建築現場で、突風にあおられて落下してきた100キロ以上のパネルの下敷きになり、脊髄を損傷するとともに右足を複雑骨折した。この件は、救援団体の支援により、元請け責任のもとにやっと保険が適用されることになり、また保険は帰国後についても継続されることになった〔『カラバオ』第8号、1988年10月1日〕。

　外国人労働者を使用していたある建設会社社長は、「おれだって労災のことなんか考えると、本当は日本人を使いたい。変ないい方で悪いけど日本人にケガしてもらったほうが気が楽だよ」と語っており、またある外国人労働者は、「観光ビザだから、健康保険にもはいれない。……ケガのことを考えたりすると危険な仕事はしりごみしたくなってしまう」といっていたが、これらは当時の労災の問題状況を端的に示している〔『信濃毎日新聞』1988年9月8日〕。

　本項の最後に、当時の建設業界では、深刻な労働力不足に直面して外国人労働者を合法的に受け入れるべきではないかという声が急速に高まっていたことをみたい。この業界を代表する全国建設業協会の本部レベルでは一応建設省に足並みをそろえていたが、各地方建設業協会では合法化への要望が根強かった。その先頭を切っていたのが神奈川県建設業協会であり、歯止めのある外国人雇用システムの開発と日本的風土にあった法的検討を提唱していた〔『日刊建設工業新聞』1988年3月25日、29日〕。

　それだけでなく、専門工事業界の雑誌は、工事量の波に対応するために、21世紀の建設労働者の3分の1が外国人労働者をふくむ出稼ぎによって充足されるべきことを主張していた〔『月刊けんせつ』1989年5月号：16〕。なお、専門業界のなかでは、鉄筋業界が受け入れ促進の方向を強く打ち出していた。

　さらに、全建総連は、ずっと「違法な外国人労働者等の現場就労を防止するとともに、それを行う不正・不良業者は排除すること」といった強い主張をしていたが、1989年2月には「その対応が建設労働市場に混乱を与えないことで関係者が合意することができるまでその受け入れに反対」とトーンダウンした。これには、親方でもある組合員の意向が影響を与えたとおもわれる。また、上場建設会社の労組などを中心とした建設同盟は、「現在いる外国人労働者については認めないものの、将来的には受け入れざるをえないだろう」と発言した〔『朝日』1988年8月1日〕。

このように、労働力不足に悩む建設業界は、開国論を公然と主張しはじめていたのである。

付言すれば、当時の一般の日本人建設労働者は、外国人労働者にたいしておおむね無関心であった。もちろん「給料が下がる」といった不安や、「言葉が通じないため、一緒に組まされて仕事をすると、他の班より仕事が遅れる」といった不満はあったが、それが表面化してトラブルになることはあまりなかった。

2. 職種・就労経路と居住

1980年代後半の建設業従事者は550万人、このうち現場の屋外労働者はそのおよそ4分の3、410万人であると一般にいわれていた。そのなかで3万人台を占める外国人労働者は、建設業のどのような職種に従事していたのであろうか。現場作業は熟練技能工を中心として組織されているが、その主要な職種は、掘削などの基礎工事やコンクリート打ちなどをおこなう土工、足場を組むとび工、コンクリートを流しこむ型枠を組み立てる型枠大工、鉄筋を組み立てる鉄筋工、型枠をバラす解体工、不良部分を取り壊すはつり工、コンクリートの表面仕上げ等をする左官などである。そして熟練技能工を補助するため、現場の清掃作業、基礎工事のための掘削作業、道路工事の掘り返し作業などとともに、資材運搬などのいわゆる手間仕事を含む雑工と総称される単純労働がある。屋外労働者全体を100としたときの構成比は、土工29.1％、とび工7.3％、型枠大工3.5％、鉄筋工1.3％、はつり工0.4％、左官2.6％、軽作業員12.7％などとなっていた〔労働省1989d〕。

外国人労働者が多く従事している職種は、鉄筋工・解体工の手伝いと雑工すなわち前記分類の軽作業員であった。鉄筋や解体作業のある部分は2～3日で仕事が覚えられ、しかも汚れ仕事であるため日本人がやりたがらないといわれていた。鉄筋は切断および折り曲げの加工が必要であるが、外国人労働者は鉄筋加工場に就労することが多かった。また解体作業の労働者の半数は外国人労働者であったという説もある〔全国建設労組総連合1988：76〕。

雑工についてみると、建設業の冬の時代には、補助作業や単純作業まで熟練技能工自身でおこなうことが多かったが、熟練技能工の不足という状況のもとではこのような作業を他の人にさせることが必要になり、外国人労働者の使用が始まったのである。

建設業における外国人労働者の主要な就労経路としては、(1) 日雇い労働市

場経由、(2) ブローカー経由、(3) 下請なり親方との個人的つながりによる直接雇用、(4) 研修生、があった。(1) から (3) までを支えていたものは、職種や賃金あるいは親方についての同国人どうしの情報交換とネットワークであった。

(1) の日雇い労働市場経由については、外国人労働者の大きな部分が手伝いや雑工など非熟練労働者であり、その多くがこの市場を通じて就労していたので、詳細にみる必要がある。1987年の建設業における臨時・日雇いは66万人に達し、雇用者総数にたいする比率は15.1％であった。これは、全産業のなかでも最高の比率であり、建設業における日雇いの重要性を示していた〔総務庁1988〕。

日雇い労働者の相当部分は、「寄せ場」と呼ばれる、直接的に労働力売買がおこなわれる場所で、早朝にその日の就労先を決めた。寄せ場の日雇いは、建設労働者のなかでも、もっとも質が悪いと考えられていた。その特徴は、単身者がほとんどであり、匿名性が高く、またあらゆる意味で流動性に富んでいたことにある。こうして、非正規就労者が大多数の、しかも非熟練の外国人労働者にとっては、寄せ場は就労先を見つける格好の場所であった。

日本4大寄せ場といわれていたのは、東京・山谷、横浜・寿町、名古屋・笹島、大阪・釜ヶ崎である。これら4大寄せ場は、ドヤ（簡易宿泊所）街と呼ばれる宿泊場所をともなっていた。寄せ場は、大阪圏では釜ヶ崎への集中傾向がみられたが、東京・横浜圏では小規模な寄せ場も複数存在しており、東京圏では池袋や高田馬場が知られていた。

寄せ場の就労形態は、(1) 職安、(2) 直行・顔付け（半契約状態）、(3) 手配師、に大別される。(2) は相対的な安定就労層であり、(3) は不安定就労層である。手配師とは、労働者を調達して送りこむことにより親方や企業等から手数料をとる業者をさし、寄せ場の9割を支配していたといわれている。手配師は、暴力団員かその関係者も多いといわれ、関西では在日韓国・朝鮮人（以下「在日」と略）も相当数存在したとみられる。

寿町以外のドヤ街には、外国人労働者はほとんど居住していなかったとみられるが、その理由は次のとおりである。(1) ドヤが入管等の取り締まりの対象になりやすい、(2) ドヤの経営者が外国人を泊めたがらない、(3) 山谷や釜ヶ崎では、ドヤの建て替えが進んだ結果宿泊料の大幅な値上がりが起こった、の3点があげられる。

それにたいし、寿町のドヤ街には、日本人労働者はもちろんとして、在日と

ともに相当数のフィリピン人と韓国人労働者が居住していた。その理由としては、(1) ドヤの建て替えがあまり進んでおらず宿泊料がまだ安かった。(2) 経営者の約9割が在日であったといわれ、在日や韓国人はもちろんのこと、外国人労働者一般に同情的であったことがあげられる。寿町に居住していたフィリピン人の総数はわからないが、近くのカトリック教会には約250人があつまった〔『朝日』1988年4月15日〕。また韓国人は1988年ころから増えはじめ、1989年には数百人にのぼったとみられる。

　寄せ場に現れる外国人労働者は、一般にはアパート等の居住地からの通勤が多かった。また、就学生の姿もかなりみられた。

　寄せ場においてさえ、外国人労働者は、日本人労働者よりも下のランクに位置付けられており、寄せ場では、外国人労働者のほうが仕事が決まるのが遅かった。当時手配師が派遣してくる労働者のうちの少なくとも1割は外国人であることを覚悟しなければならないといわれていた。こうして、「良心的な」手配師は、仕事ができないと思われていた外国人労働者を扱いたがらないという傾向が生まれた。それにたいし、外国人専門の手配師も存在していた。労働者の頭数をそろえることが必要とされる現場では、安価な外国人労働者はそれなりの意味をもったのである。このばあい、外国人と結婚しているなど、送り出し国となんらかのつながりをもっていた手配師が多かったといわれる。

　われわれが寿町で話を聞いたある親方は、「手まね足まねじゃ仕事は教えられない。安いからといって外国人労働者を入れても使えないね。そのため、いい人夫をとろうと思うなら、自分で寄せ場に行くしかない」と語った。

　(2) のブローカー経由については、タイ人の事例がある。

事例1：豊橋市の建設会社T組は、1984年11月観光ビザで来日したタイ人男性13人を、中部地方はいうまでもなく関東から九州・四国にまで送って、農家のビニールハウス組み立ての仕事に従事させていた。1日9時間労働で日給は9000円、月収は約15万円となったが、宿舎代1万円、食費3万円を差し引かれた残りから、来日時の借金返済と家族への仕送りのため彼らは8万～10万円を本国に送金していた。

　これらタイ人の存在が発覚したのは、1986年9月、三重県内の作業終了後宿泊先の四日市市内の営業所に送迎の途中、交通事故のため4人が死亡、1人が重症を負ったためである。北部タイで農民をしていた彼らは、チェンマイの華人系タイ人に45万円を払ってパスポートと航空券を受け取った。その費用は、

華人系タイ人の高利貸から借金した。成田空港では、T組の関係者が直接出迎えた（〔『中部読売新聞』1986年9月28日〕、〔『中日新聞』1986年10月10日〕）。

　低賃金の外国人労働者を合法的に受け入れるため、建設業においても研修生カテゴリーの利用が積極的になされていた。

　本節の冒頭にも紹介した全建総連の報告書によれば、研修生がはいっていることに言及したゼネコンは53社のうち5社あった。そのほかに実態が単純労働者であったので断ったという回答が1社あった。また住宅企業では、16社のうち中国人の研修生を導入しているという回答が2社あった（〔全国建設労組総連合1988〕より集計）。このように、研修生の受け入れはかなり広範囲に広がっていたと思われる。

　民間ベースによる大掛かりな研修生の受け入れプロジェクトとしては、広島県のものが注目される。ここでは、1980年に中堅のF建設を中核に専門業者も参加した組織を発足させ、型枠工と鉄筋工を中心に、1988年現在218人の研修終了者を帰国させていた。その主体は、フィリピン・タイ・中国の3国である〔『日刊建設工業新聞』1988年4月20日〕。

　しかしながら、建設業における研修生についてはきわめて問題が多かった。法務省による1989年の実態調査をみると、研修の実施に問題があるのではないかと思われた企業40社（547人）のうち、「建築建設業」は3社、「鉄筋加工業」は12社であり、建設業関係は合計37.5％に達した。建築建設業のうち2社は問題なしとされたが、神戸の1社は韓国の人材派遣会社からの韓国人の受け入れで、就労の疑義ありとされた。また、鉄筋加工業12社のうち1社は事実上の就労と認定されて退去強制措置がとられ、残り11社についても就労の疑義ありとされた〔法務省1989g〕。

　なお、鉄筋加工業のうち11社は名古屋地方入管局に集中しており、すべて中国人を導入していた。これは、この地域の鉄筋業者12社が共同して、1988年2月に中国と基本協定を締結し、中国人研修生を受け入れようとしたプロジェクトの結果である。ちなみにこのプロジェクトでは、研修生にたいする1日の小遣い支給額はわずか2000円とされていた〔『日刊建設工業新聞』1988年4月7日〕。

　ここで研修生の受け入れ企業の事例を紹介する。1989年5月に開催された全国鉄筋工事業界総会では、研修生を受け入れている社長から次のような発言があった。

「現在中国から型枠20人、鉄筋20人の研修生が来ている。彼らは中国の建築工事会社のアクションによって受け入れ、6ヵ月を経てビザの切り替えをしたが、つぎの切り替えは無理ではないかとみている。通訳1人、食事賄い1人は中国から呼び、さらに日本語教育の先生を雇うとともに、技能講習会を開くなど非常に細かい神経を使っている。ただし、研修受け入れの現場が少なくなってきているので、将来このままの形では行き詰まると思っている。

日本人と顔や体つきは変わらないのでまったく見分けがつかないが、元請けの現場担当者に話し掛けられても笑ってばかりいて返事ができない。そこで発見され、"おい、彼らは猿の軍団か" と大騒ぎになったこともあった。中国の若人は、大人数のなかから選び抜かれて来ているので、その質は申し分ない。さらに型枠や鉄筋などの技能を経験している者も多く、真面目によく働き、現場でたいへん役立っている」〔『月刊けんせつ』1989年6月号〕。

居住の様態については、ブローカー経由や直接雇用のばあい、外国人労働者は作業員宿舎やアパート等に居住し、そこから現場への送迎がおこなわれるのが一般的であった。また日雇い労働市場経由ではドヤが重要な役割を果たしていた。

居住地としては、このほか飯場があった。飯場とは、建設現場近くに建てられたプレハブなどの賄い付きの宿舎を意味し、労働者は週あるいは月単位の仕事をした。飯場は、通勤が不可能な、あるいはコスト的に引き合わない山奥等の現場に設置された。ドヤが入管の摘発を受けやすいのにたいし、飯場は受けにくかった。

3. エスニック集団別の就労実態

本項では、フィリピン人と韓国人に主として着目して、エスニック集団別の1980年代後半の就労実態を検討する。

まずフィリピン人については、賃金の低さについての情報と人種差別の事例を紹介する。建設業界の一部では、フィリピン人労働者のことを「マニラ」という隠語で呼んでいた。彼らの賃金は「マニラ相場」などと呼ばれ、日本人よりかなり低かった〔内海・松井 1988：186-187〕。なお、千葉県の業者間では、申し合わせたように「マニラ相場は4000円」（1988年）ということになっていた〔カラバオの会 1988〕。

つぎはフィリピン人にたいする人種差別の事例である。

事例1：フィリピン人Aさんは、横浜の建設会社で働いていたときに、日本人労働者から「ピン人」と呼ばれ、食事の奉仕までさせられた。工事現場では日本語の指示がわからず、いつも「コノヤロ」「バカヤロ」とどなられた。しばらくして回された別の現場では、長時間労働のため疲労困ぱいしてフラフラしていたら、監督に大きな石を投げつけられ、太ももに当たって倒れた。Aさんはそのとき、「こんな仕事をしていたら身の破滅と思った。召し使い扱いの屈辱にも耐えられなかった」と語っている〔『朝日』1987年7月3日〕。

以下フィリピン人の3つの事例を紹介する。

最初の事例は、就労経路が直接雇用の型枠大工である。

事例2：1988年2月、東京・多摩地区の住宅建設現場で「フィリピン大工だよ」と親方（43）に紹介されたのは、28歳と34歳のフィリピン人男性の義兄弟だった。大卒会社員と船乗りだった2人は、4年前に観光ビザであいついで来日し、友人の紹介で神奈川県で大工の修業をしたのち、2年前、今の親方のもとにやってきた。親方は、「大工は6年で一人前、彼らはもう0.8人前、簡単な仕事はまかせてもOK」と太鼓判をおす。日本語にはほとんど不自由しない彼らは、「わたしたちは日本の大工。みんな気付かない」という。2人は、親方の家に近いアパートに住み、20万円余りの手取りのうち十数万円を送金している。すでに漁船1隻を買った元船乗りは、あと5年以上は働いて漁業経営者になるのが夢だという〔毎日新聞1989：135ff.〕。

次の事例は、1987年夏、都内の飯場に身をおいて、下水道工事現場で資材運搬や残土の片付け、穴掘りなどをして働いていた2人のフィリピン人男性である。

事例3：ベン（33歳）、14歳の娘をはじめとする3人の子供の父親である。ロミー（22歳）独身、3人兄弟の次男であり父母と一緒に暮らしていた。ベンは約1年前観光ビザで来日し、飯場を転々としている。ロミーは約3ヵ月前就学ビザで来日し、飯場は2回目である。2人は寄せ場で知り合って以来、一緒に仕事をしているという。

賃金は1日7000円であった（日本人労働者は1日8000円）。彼らは賃金格差についてこう語った。「ここは賃金もいいし、そんなに悪い条件じゃない。結構気に入っているから長く働いて稼ぐつもりだ」。前の飯場では親方に「フィリピン、フィリピン」とバカ呼ばわりされ、賃金も1日4000円しかもらえなかったらしい。そのためか、賃金格差はあっても少しでも条件のいいところで働き

たかったらしい。

　ここの飯場には出稼ぎに来ているフィリピン人から話を聞いてやってきたという。同国人どうしで情報を交換して、少しでも条件の良い仕事を得ようとしているのだ。そこで交換される情報は主に賃金についてだそうだが、親方の人柄や飯場の食事などについても情報交換されるという。そうした情報をもとに仕事をさがすのだそうである。

　ベンによると、飯場へ行く前に手配師から聞かされた話と実際の話が違うことが何度もあったという。例えば、賃金格差もさることながら、休憩がほとんどなく、夜遅くまで働いても残業手当がもらえなかったりしたそうである。一番ひどかったのは暴力団がらみの飯場をたらい回しにされ、やっとの思いで逃げてきたことだという。ベンに「どうしてそんなにつらい思いをしてまで働くのか」と尋ねたところ、「フィリピンに帰ったら店を開いて、家族5人が一緒に住める家を建てたい」と答えた。

　この2つの事例でみたように、熟練度に応じて日本人なみの賃金を出す所も増えていた。その背景には、外国人労働者の同国人どうしの情報交換によって安い仕事が敬遠されて転職がおこなわれたことと、親方による高い評価があった。

　寿町であったある親方は、「こっちは大金はたいているんだから、おなじ金額なら日本人のほうがいいに決まっている。外国人は言葉が通じないから能率が悪くて。中国人は日本語しかできない親方をバカにして働かない。だけどフィリピン人はいい。真面目だし日本人よりたくさん働くよ」と語った。また別の親方は、「フィリピン人は日本の若い衆よりよっぽど真面目で、仕事も時間をかければ教え込める」と、きわめて好意的に評価していた。

　以下の事例は、就労経路が日雇労働市場の同じく型枠大工である。

事例4：横浜の寿町のドヤ街で会ったフィリピン人の1人にルイスという男性がいた。年齢は36歳、1987年11月末に就学ビザで来日、川口市内の写真専門学校に入学した。来日の際、あっせんブローカーは介在せず、渡航費用は、航空運賃以外はほとんどかからなかったという。1988年の正月に東京都内のフィリピン・パブで新年を祝うパーティーがあったときに、そこで知り合ったフィリピン人から仕事を紹介してもらい、現在にいたっている。

　仕事内容は建設現場の型枠大工の手伝いで、横浜から現場のある八王子市まで、毎日電車で通勤している。長期にわたって毎日働ける仕事にありつけたル

イスは、自分のことを幸運だといっていた。仕事上のトラブルも特にないらしい。

日曜日は休日で、他のフィリピン人と一緒に近くの教会へお祈りに行くのだそうだ。来日当初の目的が写真専門学校に通うことであったルイスは、フィリピンでは警察に勤務する傍ら、写真ジャーナリストとしても活躍し、写真店を経営していた。すでに結婚していて、奥さんが今までに2度、日本まで彼に会いに来ている。フィリピンへは毎日曜日、電話で連絡をとっているそうである。

次は、鉄筋加工場で働くパキスタン人と台湾人の事例である。

事例5：埼玉県南部の建設会社の資材置き場で、21歳から33歳までのパキスタン人4人と台湾人1人が、マンション建設用の鉄筋の切断作業をしていた。5人は作業場の片隅にあるプレハブの6畳で暮らしている。最初は6000円で始まった日当も、技術に応じて上がって今では8000〜9000円になっており、残業手当もついて月20万円前後になる〔毎日新聞1989：170-171〕。

1980年代後半、五輪関連工事の終了で韓国内の働き口が減ったため、韓国人の建設業への就労が関西で本格化した。関西では当時の建設ラッシュにともない労働力不足が顕著であった。在日が経営する建設会社は、日本人経営のそれよりも韓国人を雇う可能性が強かった。韓国人の入職は、すでに就職している者からの口コミや呼び寄せによった。さらに、関西の飯場は経営者が在日であるばあいが多く、韓国人を受け入れやすかった。すでに、経営者から賄い婦、労働者までがすべて在日あるいは韓国人からなり、日本人の姿の見られない飯場も出現していた。なお韓国人労働者は、釜ヶ崎でも建設や港湾関係の仕事を見つけていた〔『朝日』1988年10月14日〕。

次に、関西で摘発された韓国人の建設労働者の若干の事例をみておこう。

事例6：京都市に本社のあるA建設は、観光ビザで入国した韓国人男性12人を芦屋市内の作業員宿舎に宿泊させ、神戸・大阪・奈良市内のマンション建設現場で働かせていた。日当は食事のほか3000円であった。〔『読売』1988年5月12日〕。また、このA建設は、同じく観光ビザで入国した韓国人男性40人とマレーシア人男性3人を、個別に雇用して作業員宿舎に宿泊させ、京都市内を中心とする道路工事や遺跡発掘調査の現場にマイクロバスで送迎して働かせていた〔『毎日』1988年6月16日〕。

事例7：尼崎市にある在日韓国人の経営するN建設は、観光ビザで入国した韓国人15人を作業員宿舎に宿泊させ、同社が請け負った神戸市、宝塚市などの

ビル建設現場で働かせていた。日当は2200円から5000円であった〔『毎日』1988年3月15日〕。

なお韓国人の集団入職は、関西以外にも登場していた。

事例8：1988年10月摘発された静岡県駿東郡の建材会社は、経営者である在日韓国人が親族訪問等の名目で男性39人、女性1人（賄い婦）を本国より呼び寄せていた。彼らは従業員寮に宿泊し、日給5000～7000円で土木作業に従事していた〔法務省1989b〕。

最後に、奈良県の山奥の飯場でわれわれが面接した韓国人の事例を紹介しておこう。

事例9：Bさん（50歳）は韓国の慶州出身で、本国では鉄工所や機械の修理や土木作業などいろいろな仕事を経験してきた。家族は母と妻、ホテルの調理師をしている息子（29）、それと高校生の娘（17）である。Bさんは大阪に在日韓国人のおばをもっている。Bさんはそのおばを訪問するという名目（親族訪問ビザ）で日本に来て、建設現場で働いていたのである。

実は、Bさんの来日は今回が2度目である。1988年の7月の1度目の来日の時は、所持金を10万円しかもっていなかったため、入管の入国手続きで、15日間の滞在許可しか与えられなかったらしい。Bさんの話では、航空運賃などの元手を考えると、最低2ヵ月は日本で働かないと割に合わないという。今回は日本で働いたことのある友達に頼んで、入国の手続きや日本での仕事を世話してもらい、10月に再来日した。その際、手数料のやりとりはなかったという。

現在、Bさんは最初の仕事をやめて、知人から紹介された従業員80人程度の建設会社で飯場に住みながら働いている。Bさんの仕事は建設現場で日本人が能率的に働けるようにするための運搬などの作業である。日本語は話せないBさんだが、仕事を指示する程度の日本語なら理解できる。Bさんのほかにも韓国人はいるようであるが、出入りが激しく、いない時は1人もいないが、いる時は2、3人いるという。また韓国人のほかにも、フィリピン人や台湾人の労働者もいっしょに働いている。

Bさんは、1日の賃金1万2000円から食事代2000円と宿泊代1000円が差し引かれ、その上、税金、班長とあっせん者への礼金として2000円をピンハネされ、手取りはだいたい7000円程度である。一方フィリピン人の日給は手取り3000円程度だという。日本人の学生アルバイトになると9000～1万円はもらっている。

Bさんの住居は会社が用意してくれた部屋で、韓国人と2人で住んでいる。この飯場には、日本人の労働者もいっしょに住んでいるようである。また食事に関しても、会社が3食用意してくれる。日本食は最初口に合わなかったようであるが、1ヵ月で何とか慣れたそうである。

　日曜日には、Bさんはデパートなどに買い物に出かけたり、家族に電話しているという。買い物は今までカメラ、時計や電気釜また自分が仕事で使う工具など10万円相当を買ったという。また電話は週2回ほどかけ、手紙も月に1回書くという。このように日曜日にお金を使ってしまうとBさんはいうが、それでも月に15万円の収入のうち12万円程度手元に残るらしい。そのお金は送金せずにまとめて直接もって帰るという。食費や家賃の出費がない分、生活費はそれほどかからないようだ。

　Bさんは、初来日時に滞在日数を減らされて以来、入管にたいして恐怖心をもっているようで、警察などに警戒されないように、行動を慎んでいるという。しかし、3月に帰国して4月には日本に働きに来たい、といっている。そして、今の法律では無理だけど日本に永住できるなら永住したい、といっている。また、家族も日本に呼び寄せられるなら呼び寄せたいと考えてもいる。

第4節　サービス産業

　ここでサービス産業とは、主として人手に頼っておこなわれる様々なサービス業務、たとえば外食産業や物流関係、あるいはビルのメンテナンスなどを広くさすものとする。したがって、ここでは通常使用される日本標準産業分類におけるサービス業と異なる定義を用いる。

　周知のとおり、日本標準産業分類のサービス業はきわめて雑多な職種から構成されている。参考のためにそれらを列挙すると、物品賃貸、宿泊、家事サービス、洗濯・理容・浴場、個人サービス、映画・娯楽、駐車場・自動車整備・その他修理、事業サービス、廃棄物処理、放送・情報サービス、医療・宗教・教育・各種団体・専門サービス等である。本節でのサービス産業は、放送以下を除外する一方、大分類の卸売・小売業、飲食店や運輸通信業の特定部分等をふくんでいる。また、すでに述べた性産業については除外する。

　このように定義したサービス産業における1980年代後半の外国人労働者の概況についての情報はきわめて乏しかった。その例外として、摘発された非正

規就労者に関しては、〔法務省 1989i〕（以下「入管データ」と略）があり、また東京23区内にかぎられるが、〔東京都 1989c〕（以下「品川労政調査」と略）がある程度利用できる。この調査は、1988年10月に従業員規模10人以上の事業所にたいして郵送法でおこなわれたものである（対象企業数2000社、有効回答率41.4％）。

　外国人労働者はサービス産業にどれくらい就労しているのであろうか。入管データによれば、1988年に摘発された者の稼働内容のうち、ここでいうサービス産業にふくまれるとおもわれるカテゴリーは、店員、給仕、料理人、清掃、家政婦・夫、絵画販売であり、これに建設業や製造業との区別がわかりにくい「雑役」も加えるとすれば、その合計は1852人となる。

　この分類によると、摘発者全体にたいするサービス産業従事者の比率は12.9％となり、性産業32.9％、建設業26.8％、製造業25.5％に次いでいた。なお、これら4大産業のほかには、「農業」0.3％、「その他」1.6％があるだけであった。1989年7月現在の非正規就労者の残留数は10万人程度であったから、この12.9％という比率からすると、非正規就労しているサービス産業従事者はおよそ1万人から1万5000人程度存在していたとみられる。

　非正規就労のほかに、就学生たちの偽装就労およびアルバイトがサービス産業の大きなシェアを占めていた。就学生の項で述べたとおり、彼らの残留数4万〜5万人の3分の2がアルバイトないし偽装就労していたとすれば、その数は3万人前後となる。そのうちサービス産業に従事しているものは5〜6割、1万5000人から2万人程度であったということになろう。このほかに、相当数の研修生がいた。これらを合計すると、3万人前後に達する外国人労働者がサービス産業で働いていたことになり、建設業や製造業の3万人台という就労者数におおむね匹敵していたといえよう。

　一方品川労政調査からは、限界はあるが東京23区内の状況を知ることができる。この調査は、日本標準産業分類の大分類を採用しているが、全集計数827社の産業別構成は、サービス業26.6％、卸・小売業・飲食店26.2％、製造業22.2％、運輸通信業10.3％、金融・保険業7.6％、建設業7.3％であった。この調査のサービス業、卸・小売業・飲食店、運輸通信業を本節でいうサービス産業とみなすことにすれば、その合計は63.1％となる。

　この調査には、「国内労働力に不足を感じる部門や職種があるか」という質問項目がある。これにたいして「ある」と回答した企業は、サービス業では

42.7％、卸・小売業・飲食店では35.5％、運輸通信業では44.7％であり、建設業の66.0％、製造業の53.3％に比してかなり低いにせよ、4割前後の企業が労働力不足を訴えていた。

　その結果、サービス産業における外国人労働者の雇用も必然的に多かった。品川労政調査は単純労働者と専門・技能労働者の区別をしていないが、これら両者を一括した外国人の雇用経験をみると、サービス業では現在雇用中の企業が33.6％、雇用経験のある企業が10.5％、卸・小売業・飲食店では雇用中が33.2％、経験ありが8.3％、運輸通信業では雇用中が14.1％、経験ありが7.1％となっていた。このように、サービス業と卸・小売業・飲食店では、3社に1社ほどが外国人労働者を雇用中であった。この調査では、就労ビザをもつ合法的就労者を雇用する大企業も対象としていたので、外国人労働者の雇用はその分多くなったとおもわれる。

　また、集計数827社が雇用していた外国人は計2152人であったが、その内訳は、サービス業55.8％、卸・小売業・飲食店19.5％、運輸通信業3.5％であり、合計78.8％に達して、企業数のシェア63.1％を上回っていた。このことは、少なくとも東京23区内に関しては、外国人労働者の就労先が建設業や製造業よりもむしろサービス産業に集中していたことを意味している。付言すれば、サービス産業従事者1695人のうち、就学生は27.8％を占めていた。

　さらに、東京都立労働研究所は、1989年7月東京都内の中小企業（10人以上）から無作為抽出した5200事業所を対象とする郵送調査をおこない、有効回答数2080（有効回答率40.0％）を得た（以下「都労研調査」と略）〔東京都1991〕。その結果をみると、外国人労働者を雇用している比率は、卸売・小売5.9％、飲食店40.5％、運輸・通信2.7％、サービス12.9％となり、東京都内の中小企業の飲食店の雇用率は4割をこえていた。また、運輸・通信業では外国人労働者の雇用がそれほど進展していなかったといえる。

　以上、サービス産業にたいする1980年代後半の外国人労働者の進出状況を概観したが、性別・国籍別・業種別等についてさらに詳しくみることにしたい。

　まず性別であるが、入管データによれば、サービス産業の非正規就労者は男性1243人、女性717人と男性のほうがはるかに多かった。ちなみにいえば、女性のほうが多い唯一の職種は「家政婦・夫」であった。一方、就学生の男女比はおよそ3対2であったから、サービス産業への就労は、彼らについても男性のほうが多かったと推測される。

次に国籍別であるが、1989年に摘発された非正規就労者のうち、サービス産業に従事する者の比率をみると、韓国人26.5％、フィリピン人19.1％、台湾人12.8％、バングラデシュ人9.7％、パキスタン人9.6％、マレーシア人8.9％、タイ人7.3％、その他6.0％の順となった〔法務省1990a〕。これを前述した1万人から1万5000人程度にあてはめると、韓国人が2〜4000人、フィリピン人が2〜3000人弱で、台湾人が1〜2000人弱、バングラデシュ人、パキスタン人以下がそれぞれ1000人弱となる。

　これに、就学生として中国人4〜5000人、韓国人3〜4000人および台湾人1000人と、その他の諸国計2〜3000人がつけ加わる。つまり、韓国人5〜8000人が首位を占め、中国人4〜5000人、台湾人2〜3000人、フィリピン人2〜3000人弱がつづいていた。このように、サービス産業に従事する外国人労働者については韓国人と中国人が突出しており、それ以外もアジア諸国が多かった。

　一方品川労政調査によれば、サービス産業に従事する外国人労働者のうち国籍不明者を除いた1305人にたいするアジア人の比率は58.9％（そのうち台湾・香港・マカオを除く中国人は461人）となり、中国人の多さについては法務省のデータと一致している。ちなみに家政婦ではフィリピン人女性の、料理人では台湾人男性の占める割合が顕著に大きかった。

　それでは、サービス産業を業種別にみるとどのようになっていたのであろうか。品川労政調査によれば、サービス産業の企業195社のうち、雇用している外国人労働者をいわゆる単純労働（以下には、いわゆる単純労働でないものも含まれているがその区別はできない）に就業させていた企業は合計67社となり、およそ3分の1を占めた。その職種をみると、調理13社、ウェーター・ウェートレス6社、警備1社、介護1社、その他のサービス13社、作業員6社、販売店員5社、その他の営業・販売6社、運輸関係8社、その他8社となり、とくに外食産業に多かったことがわかる。

　一方、入管データによれば、1988年に摘発された非正規就労者1852人の業種別分布は次のとおりであった。雑役885人、店員388人、給仕233人、料理人129人、清掃78人、家政婦・夫71人、絵画販売68人。「雑役」については、先述したように建設業や製造業との区別がわかりにくいばかりでなく、仕事内容の把握も不可能である。けれども、このデータは、少なくとも店員、給仕、料理人が相当のウエートを占めていたことを示している。

第Ⅰ部　1980年代後半までの外国人労働者

ところで、ここでみてきたような現状は、サービス産業関連の企業がもっている外国人労働者にたいする期待とずれていた可能性がある。品川労政調査によれば、外国人労働者の雇用が認められたばあい就労させたいサービス産業関連の職種の上位5位（複数回答）は、配送・倉庫26件、荷役・倉庫20件、調理補助・洗い場11件、清掃11件、店員8件、営業・販売7件、運転手7件で、配送・倉庫と荷役・倉庫の物流関係が際立って多く、外食産業をはるかにしのいでいたからである。

なお、われわれが話を聞いた指導的な就職情報紙の部長によれば、外国人労働者にたいするサービス産業の求人の多い職種は、やはり労働条件が悪く人手不足に悩んでいるところ、たとえば、新聞販売店、警備員、ビルメンテナンス、運転手、宅配便、外食産業、交通量調査等であった。このほか、パチンコ店員やコンビニエンスストア店員などとしても就労していた。

ここで、研修生についてふれておきたい。前述の品川労政調査によって研修生の受け入れの状況をみると、サービス業では受け入れている企業が16.4％、受け入れ経験のある企業が13.2％、卸・小売業・飲食店では受け入れ中が12.9％、経験ありが10.1％、運輸通信業では受け入れ中が4.7％、経験ありが3.5％となり、研修生の受け入れは相当みられた。

その職種（複数回答）を多い順に列挙すると、営業・販売が14件と群をぬき、以下調理5件、調理補助・洗い場および店員それぞれ4件、荷役・倉庫3件、配送・倉庫、運転手、ウェーター・ウェートレス、フロントそれぞれ2件、清掃および警備それぞれ1件であった。つまり、サービス産業においても、研修生名目の外国人労働者の利用がかなり進展していたのである。

外食産業における具体的事例をみると、日本ケンタッキーフライドチキン（略称KFC）は、1990年春からフィリピン人研修生を受け入れようとしていた。フィリピンのKFCで採用したうえで、日本KFCに派遣して半年間研修させ、終了後はフィリピンKFCで雇用するという構想であった〔『日経』1989年9月20日〕。

ところで、入職はどのようにしておこなわれているのであろうか。品川労政調査のサービス産業における外国人労働者の雇用企業115社の募集方法（複数回答）をみると、もっとも多かったものが「知人・社員の紹介」で56社、以下「本人からの直接申し込み」34社、「学校」26社、「就職情報誌・紙」25社、「新聞広告」16社、「職業紹介機関」10社、不明その他23社となっている。一

第3章　産業別の実態分析

方、都労研調査は外国人労働者を雇用する企業223社の業種別に採用経路を示している（複数回答）。飲食店（47社）では「自社の外国人従業員による紹介」が42.6％、「本人による直接の応募」および「新聞広告・求人雑誌」がそれぞれ31.9％であった。それにたいしサービス（57社）では「新聞広告・求人雑誌」が45.6％と群を抜いていた。このように、飲食店では、すでに働いている外国人労働者の紹介と飛び込みとが多かった〔東京都1991：17〕。このように、入職の多くは、個人的紹介と本人の飛び込みによりおこなわれていたといえる。

　以下、代表的なサービス産業として、外食産業とビルメインテナンス業の実状をみることにしよう。当時外食産業では、外国人の飛び込みのアルバイト希望者を即決で採用する傾向が強まっていた。日本へ来た目的、家族、将来の計画など立ち入ったせん索をすれば、よそへ逃げられてしまうからである〔『日経』1989年9月20日〕。

　大手ファミリーレストランのSチェーンは、グループ全体で約80人の外国人労働者を雇用していた。中国人就学生が中心で、全員アジア人である。キッチンでの皿洗いや調理補助が主な仕事だが、言葉が少しできる人には、客席での注文取りもさせていた。賃金は日本人と同一にし、週20時間を厳守していた。社長は、外国人を雇用する理由として「とくに都心の店舗では、パート集めに大変苦労しています。サービスの質を維持するためには、人は絶対必要です」と述べている〔『朝日』1989年1月4日〕。

　また農林水産省は1989年9-10月、従業員200人以上の外食産業の企業から25社を抽出して聞き取り調査をおこなったが、そのうち20社が外国人を雇用しており、その半数が中国人だった〔農林水産省1989〕。

　この産業には、ファーストフードやファミリーレストラン、居酒屋などの業界団体として日本フードサービス協会があった。この協会は1988年9月、正会員企業324社にたいする郵送調査をおこない、182社の回答を得た（回答率56.2％）。その結果をみると、「外国人を雇用している」61.5％、「したことはあるが現在はしていない」9.3％、「したことはないが今後はしたい」13.7％、「したことはない、今後も予定はない」15.4％となり、強い雇用の希望があった。その動機としては「日本人の労働力の不足」をあげるものが45.0％と圧倒的であった。この調査結果や研究、討議に基づいて、協会は1990年5月、外国人雇用調整機構によるコントロールされた出稼ぎプランを核とする「外国人雇用に関する外食産業からの提言」を発表した〔日本フードサービス協会1990〕。

次にビルメンテナンス業であるが、この産業はビルの清掃、空調、エネルギー供給設備の管理などをおこなう都市型のサービス産業として発達してきた。この分野での外国人労働者の増加は、1988年春ごろから顕著化したが、そのほとんどが中国人就学生であったといわれる。この事態に対処するため、業界団体である全国ビルメンテナンス協会は、1989年春に「外国人学生雇用のための手続き・実務マニュアル」をつくり、会員2550社に配布するにいたった〔『朝日』1989年4月10日〕。

この業界では100社以上が外国人労働者を雇用していたとみられるが、その多くは試験的に2、3人を採用していたにすぎない。大手の第一建築サービスでは約80人を使用していた。そのほとんどが中国人就学生であり、そのうち20人は都庁の清掃業務に従事していた。通訳を使っているほかに、漫画で書かれた「ビルメンの仕事」「ビルクリーニングの簡易作業用語集」といった中国語のマニュアルも作成した。同社は社内に外国人雇用問題研究会を組織し、月2回中国語の勉強会を開いていた〔『日本ビル新聞』1988年11月7日〕。

また、富山県宇奈月温泉にあるビル管理清掃会社は、観光ホテルで働く雑役夫が不足していたため、超過滞在のバングラデシュ人13人を時給600円で雇用し、ホテル等に派遣して客室の布団の上げ下げや清掃に従事させていた〔法務省1989h〕。

このほか、当時のサービス産業の3つの業種を紹介しておく。

第1に、築地の魚市場に近い冷凍マグロの仲卸会社では、外国人労働者が解体作業に従事していた。20人近い従業員のうち、パキスタン人とバングラデシュ人が4人ずつ、それに観光ビザのガーナ人とラテンアメリカ人もふくめて、全部で10人が外国人であった。早朝で汚れ仕事のため、日本人の若い人は集まらなかった。2年前に新聞の募集広告をみて飛び込んできたパキスタン人が最初で、口づてで仲間がやって来、この1年間急激に増えた。稼ぎ頭のパキスタン人は、時給900円を得ていた。

次に東京・山の手のクリーニング店では、ラオス人の難民2人がクリーニング作業をしていた。彼らは1日10時間働き、月に17万円稼いでいる。店主は「"難民"と思って同情心から採用した。人手が足りなかったしね」と語っていた。

最後に東京・下町のLPGスタンドでは、4人の中国人就学生が、タクシーの洗車作業を深夜おこなっていた。深夜の8時間労働で月に17万円余り稼いでいた。チーフは「単純であきあきする仕事。日本の若い者ではなかなか務まらな

いよ」と語った（以上3例は、〔毎日新聞 1990b：163-164〕）。

　ここで、廃油の片付けに従事していたフィリピン人2人の事例を紹介したい。アンディ（33歳）はフィリピン出身の男性出稼ぎ労働者である。彼は現在、採掘機械の廃油を片付ける仕事をしている。毎朝5時に起床、フィリピンから送ってもらった米を食べ、7時前に社長さんのバスに乗って横浜のドヤ街から千葉県の船橋へと向かう。日本人との賃金格差はなく日給1万円である。就労時間は午前8時から午後4時までであり、昼に1時間、午後3時に15分間の休憩がある。残業はほとんどなく午後6時ごろに横浜に戻ってくる。仕事で全身油だらけでにおいがすごいので、帰ってきたらすぐにシャワーを浴びる。1ヵ月の就労日数は15～20日だそうだが、もうすぐ帰国するので少しでも稼ぐために最近では日曜日でも働いている。シャワーの後夕食となるのだが、仕事で疲れているため自炊はせずに近くの弁当屋で白米とおかず1品を買う。

　夕食がすむと3畳しかない彼の部屋に、同じドヤ街に住むフィリピン人が2～4人集まって故郷の話や悩みごとを相談するという。また、「△△の仕事は日当がいい」とか「あの手配師から仕事へ行くのはやめたほうがいい」など仕事についての情報交換もするという。また、『アジア人出稼ぎ労働者手帳』〔アジア人労働者問題懇談会 1988〕を利用して自衛しているという。

　仕事のない日曜日には、近くの教会で礼拝する。礼拝の後はドヤへ帰って音楽を聴いたり、ゴロ寝したりする。とにかく、休みの日には徹底的に休むそうだ。やはり入管は怖いのでほとんど出歩かないようにしているという。

　部屋で話をしていたら社長さんが来て、「明日も仕事頼むぞ。朝迎えに来るからな」と言い残していった。「明日もお願いします」と彼はいった。この社長に話を聞いたところ「うちはフィリピン人がいないとやってけないねェ。そうじゃねェと、うちみたいなとこはつぶれちまうよ」と語ってくれた。

　こうしてアンディは生活費を切り詰めながら家族のもとへ毎月10万円送っている。家族との連絡は手紙と電話でおこなう。彼はマニラ近郊に住居を構え、妻・長女・長男・次女の5人で暮らしていた。フィリピンでは塗装業を営んでいたが仕事がなく、また子供たちに高等教育を受けさせたい一心で1988年1月に来日した。観光ビザで来日した彼は一度もビザ延長することなく2年以上滞在している。彼の長女、長男はともに高校生であり、彼はしきりに「子供の教育費が欲しい」といっていた。

　実はアンディには同居人がいる。同じフィリピン人のリック（32歳）。6人兄

弟の三男であり、現在独身だがマニラに恋人がいるという。リックはフィリピン人男性数人と一緒に北千住のアパートで暮らしていたが、部屋代の高さにたまりかね、友人の紹介でアンディのところへやってきた。1泊1100円のドヤ代を2人でもつことにより1人当たり1泊550円となり、アパート住まいのころより楽になったという。

　現在の仕事はアンディと同じ職場で油にまみれて働いている。仕事はアンディが紹介してくれた。

　リックは来日2度目である。1度目は興行ビザでダンサーとして来日したが、エージェントを通したので22万円もかかった。その金は親と親戚から借りて受けた。今回はエージェントを通さないで自分で航空券（片道4万円）だけ買って来日した。

　リックはこの前来日したときは解体専門で1年近く働いたが、仕事がきつくつらかったという。また、前の職場では「バカ」「ピン公」などと呼ばれてイヤな思いばかりしたという。今の仕事は社長さんがとてもいい人なので気に入っており、できればずっと働きたいという。

　リックは、アンディとは反対に、日本語を話すことがほとんどできない。できるのは挨拶と仕事に関係する言葉くらいである。彼はしきりに「日本語ができないから日本人のガールフレンドができない」とぼやいていた。

　本節の最後に、台湾料理店で調理師として働いていたAさんの事例を紹介しておこう。男性、台湾の台南市近郊出身、38歳。一緒に日本にいた妻は、出産のため帰国中。1986年に就学ビザで来日、茨城県内の料理店に住み込みで働いていた。

　Aさんは6人兄弟（姉1人、兄1人、弟2人、妹1人）の3番目。家は、輸出用の室内装飾品をつくる工場を経営していた（ただし、家族と数人の従業員からなる、ごく小規模なものである）。家庭不和と結婚問題を逃れるために来日した。Aさんが来日した3年前は、まだ日本語学校が野放し状態だった時だった。ビザは来日した時のままだということなので、彼は非正規滞在ということになる（就学ビザは最長2年）。ちなみに日本語学校（都内）には、もう全然行っていなかった。

　Aさんにとって日本は"逃亡先"にすぎなかった。とりあえず台湾に近く、ビザが簡単にとれたから日本に来たという感じだ。別に就労を目的に日本に来たわけではないが、勉強目的というわけでもない。けれども生活費を稼ぐため

には、必然的に毎日が仕事中心で動くようになる。1年余り東京をうろつき回り、いろいろなアルバイトをして生計をたてていたが、中でも一番鮮明に覚えているのは、新宿の路上で物売りをしたことだそうだ。そんな不安定な東京での生活から茨城県の現在の仕事についたのは、1987年の夏。東京にいた時知り合った同じ台湾人の友達の紹介だった。それから1年半の間、彼はずっとこの店で働いてきた。

　店の主人は、彼が超過滞在であることを承知していた。台湾での職業とは全く無縁な"調理師"という仕事だが、調理の仕方などの技能は、店に来てから覚えた。店は台湾料理の店なので、彼もなじみやすいところはあったのだろう。今では店の調理をほぼ一手に引き受けていた。午後5時半から翌日の午前4時まで働いて（ただし、準備と後片付けがあるため、実質11時間以上の労働となる）、賃金は月20万。台湾出身の主人と、台湾人のお手伝いさん（いずれも女性）の3人で、小さい店を仲よく切り盛りしていた。店は住宅も兼ねており、現在は主人の息子さんと4人暮らし、同国人ばかりでやっているため、今のところ不満はないそうだ。

　この店に来て、ここに出入りしていた台湾女性と結婚（ただし内縁）。妻は彼女の両親のもとで出産し、子供を預けてふたたび来日することになっていた。

　Aさんの生活は単調である。仕事は休日なし。仕事以外の時間は、寝るかテレビを見るかである（しかし、仕事で少し使う言葉以外日本語はあまりよくは理解できない）。外出もほとんどしないため、近所との面識もあまりなく、一緒に暮らす3人の台湾人だけが彼の知り得る世界である。住み込みで働いているため、生活する上で困ることは何ひとつない。つらいでもなく楽しくもない生活、といったところだろうか。あまり外出しないのは、別に入管や警察が怖いというわけではなく、多分にAさんの性格によるもので、またその時の気分次第でもある。

　店に出入りする客はほとんど日本人だが、台湾料理の店だからコックが台湾人でも当たり前と思っているのか、多くは彼のことを"チーフ"と呼び、日本人と変わらぬ接し方をしていた。

　台湾の家族はAさんに帰ってきてほしいといっている。Aさん自身、パスポートの期限がそろそろ切れようとしているし、日本滞在が非正規なため妻と正式な結婚ができない。子供も生まれた今、この点からも日本にもう長居は無用と考えていた。半年から1年のうちには帰るつもりであった。帰国後は、少な

い資本で始められるから、親類に預けた工場の経営をもう1度やりたいのだそうだ。

第5節　その他の産業と結論

1. その他の産業

　1980年代後半の外国人労働者の就労分野は、これまで述べてきた性産業、製造業、建設業、サービス産業だけにとどまらず、他の産業にも拡散しつつあった。それらは、農林漁業、海運業、ソフト産業などであった。

　まず農業であるが、1988年に摘発された非正規就労者のうち「農業」は0.3％にすぎなかった〔法務省1989i〕。これを1989年7月現在の不法残留者数10万人程度にあてはめると、農業従事者数は数百人程度だったということになる。

　それでは、農業就労の実態はどのようになっていたのであろうか。情報は茨城県に集中していた。茨城県東南部や西部の農村地帯では、フィリピン人を中心とする若い男性が、農家に住み込んだり渡り歩いたりしながら、野菜の栽培や収穫、養豚、養鶏などの単純労働に従事していた。とくに西部の野菜栽培地帯では、およそ500人にものぼるフィリピン人が農家で働いていたといわれる。

　ある農業経営者は、「2年前くらい前までは、外国人を雇う農家はごくかぎられていた。フィリピンにコネのあるブローカーを知っている農家とかが中心だった。それがこの1年ほどで急速に広がり、外国人の数も増えた。フィリピン人はてきぱき働くので評判もいい」と語った。ただし、摘発が心配なので目立つところでは仕事をさせづらく、また免許証がとれないので車の運転が不可能という制約もあった。

　同じ地域のある大規模農家は、経営面積約100ヘクタールの畑でゴボウや白菜を栽培しているが、観光ビザで入国したフィリピン人の男性14人を住み込みで雇い、取り入れや出荷作業に従事させていた。3年前に近くの木工場にいた3人をスカウトしたのが最初だった。賃金は平均8万円、1日3000円の勘定で、アルバイトの主婦の1日5000円に比べ安い。ただし、1日500円の食費を別途支給し、米と野菜をただで渡していた。経営者は「最初は外国人を雇うのに抵抗もあった。しかし、アルバイトの主婦は田植えや稲刈り時期は集まらず、しかも最近は近くにできた工場に行く人が多い。彼らなしに夫婦2人ではとて

もやっていけない」と語った。

　また、同じ地域で8万羽以上を飼育する養鶏場では、集卵、給餌、掃除の作業のために、フィリピン人男性4人を雇っていた。宿舎、食事付きで月給は約10万円。一緒に働いている日本人より5万円ほど安い（以上は、〔『毎日』1989年3月19日〕）。

　入職経路についてみると、超過滞在のフィリピン人男性3人を雇っていた同県西部の農家のばあい、3〜4年前からフィリピン人、スリランカ人、ガーナ人などを16人雇用した。最初は県内のスクラップ業者の紹介、あとは東京や埼玉の建設業者や不動産業者といったブローカーのあっせんを受けた。紹介料として1人20万円を払っていたが、3年は働いてもらう約束が1〜2ヵ月でやめられる例が続いたため、1日1人500円をブローカーに払うようになった。最近では、口コミでの飛び込みがあるほか、フィリピンに出向いて人探しすることもあった（以上は、〔『朝日』1989年8月4日〕）。

　次に林業についてみると、在日韓国人の経営する岐阜市内の林業会社は、観光ビザで入国した韓国人82人を森林伐採やゴルフ場造成等に従事させていた。賃金は、日本人労働者の相場である日給1万2000〜1万3000円にたいして、男性7000円、女性4000円と安く、労働時間は午前6時から午後5時ごろまでの約11時間であったという。なお、このケースは、韓国人の1つの会社での大量就労としては最大規模のものであった（〔『読売』1988年4月21日〕および〔法務省1988b〕）。

　また、漁業については海女の例がよく知られていた。海女は、絶対数が減少するとともに高齢化が著しい。その需要を埋めるために登場したのが韓国済州島の海女であった。熊野灘沿岸中南部の漁協では、組合員を介して業者にサザエやアワビの漁場を貸し、漁場使用料をとるという慣行が存在していた。漁場を借りた業者は、高い潜水技術を有するうえに賃金の低い済州島海女を雇い入れた。1988年5月、三重県で摘発された16人の韓国人海女のばあい、賃金は「たとえばサザエ1キロの水揚げにたいし、日本人海女の半分以下にあたる200円弱」という低水準にあった。彼女たちは、空き家を借りて住み込み、自炊をしていた〔片岡1988〕。

　この海女たちは、主に親族訪問ビザで来日して在日韓国人の業者に雇われていた。収入は多い人で月40万円、少ない人で月10万円で、そのほとんどを本国に送金していた。ビザの切れるときに帰国して代わりの海女がやってくると

いう方式で、常時数人の海女が働いていた〔『朝日』1988年5月13日〕。

　なお、遠洋漁業は外国人労働者を導入する方向に向かっていた。この業種では、厳しい労働条件などから就業者の高齢化と若年労働者の不足が深刻になっていた。水産庁長官の私的諮問機関である漁業問題研究会が1988年9月にまとめた報告書は、遠洋漁業における労働力不足に対処するため、「外国人船員の生活の本拠は本国に留まるのが通常と考えられること、外国200海里水域内で操業する場合に沿岸国から自国民雇用を要求されるケースが多いこと」等から、外国人労働者の受け入れを前向きに検討することを提言した〔漁業問題研究会 1988：44-45〕。具体的には、外国の港を基地にする漁船が現地で船員を雇用することが想定されていた。これは、外国人の乗り組みを事実上禁止してきた水産庁の従来の姿勢が緩和されたことを意味している。

　外国人乗組員の採用は、とくに海運業で大きく進展していた。海運業については、日本籍船には原則として日本人船員しか乗せないという閣議了解が存在していた。しかしながら、日本人船員の賃金が相対的に高いため、賃金の安い外国人船員を雇用しようとするさまざまな試みがなされた。

　その第1は、名目上外国籍となることにより、自由に外国人を雇用する「便宜置籍船」であり、その第2は、船をいったん外国に貸し出し、外国人船員を必要なだけ乗せたうえでふたたび日本企業が用船する、いわゆる「丸シップ」であった。丸シップ方式は主として近海船を中心に採用されていたが、船舶職員法の規定により日本人船員が最低9人以上乗船しなければならないこととなっていた。こうして近海船の丸シップについては、外国人船員との「混乗」が進んだのである。

　国際船員協会は大手の船会社27社が組織する団体であったが、これに加盟している会社の便宜置籍船および丸シップで働く外国人労働者の総数は1988年10月現在5607人に達し、その内訳は、韓国人3096人、フィリピン人2405人、インドネシア人10人、その他96人であった。このように外国人船員のなかでは首位が韓国人であり、フィリピン人がそれに次いでいた。なお、日本人船員は、日本籍船をふくめてわずか1237人であった。

　外航海運については、全日本海員組合が混乗は日本人船員の失業を引き起こすとして反対してきたため、丸シップ、したがって外国人船員は存在しなかった。しかしながら、便宜置籍船等の増大により日本籍船が激減しはじめたため、組合側は、1989年10月ついに、日本人船員を9人以上乗せるという条件付き

で丸シップ方式による混乗に合意した〔『朝日』1989年10月26日〕。

ここで、当時の丸シップの事例を紹介しておこう。あるバラ積み貨物船（5万3500トン）は、パナマのペーパーカンパニーに賃貸しされた丸シップである。丸シップになった1986年の夏まで、乗組員は全員日本人だった。1989年現在21人のクルーのうち、船長と一等航海士ら9人がライセンスをもった日本人であり、残る12人、つまり甲板員、コックら下働きの乗組員はフィリピン人でまかなっていた。入職はすべて日本の船員業者（マンニングエージェント）と、それと提携したフィリピンのリクルーター（人集め業者）によっておこなわれた。1年契約で、船長の命令どおりに働かなければ即刻下船させられるという厳しい条件がついていた〔毎日新聞1990a、174ff.〕。

いわゆる単純労働者には含まれないが、ソフトウェア業界でも人手不足が著しかった。そのため研修名目による外国人労働者の導入が急増していた。その数について、通産省では「数千人はいそうだ」とみていた〔『朝日』1989年8月24日〕。ところで、研修生の間では、どうも「安く使われているだけで、自分の知りたいことを教えてくれない」というような不満が、好意的な意見よりも多かった。〔下田1988〕。

2. 産業構造の底辺に組みこまれた外国人労働者

本章でみてきたように、合法か非正規かは問わず、1980年代後半の外国人労働者の就労数は、性産業では9万人台、建設業および製造業ではそれぞれ3万人台、サービス産業では3万人前後であり、その合計はすでに20万人近くに達していたとみられる。

これらの外国人労働者の就労のきわ立った特徴は、その大部分が日本の産業構造の底辺部分に確固として組み込まれてしまったことにあった。建設業のばあいには、特有の重層下請け構造の最底辺に位置する親方たちに雇用され、また製造業のばあいには下請け組織構造の同じく底辺を構成する中小零細企業に雇用されていた。

これら2つの産業において、特定の職種への集中が始まっていたことは看過しえない。建設業のばあいには鉄筋、解体、雑工など比較的熟練を要しない職種に、また製造業のばあいには、金属関連、自動車部品製造、印刷・製本などの職種に、外国人労働者の就業が多くみられた。その共通の特徴は、3K労働（汚い、きつい、危険）の要素が多く日本人があまり従事しようとしないことに

あった。
　サービス産業の大きな部分も、規模が小さく経営が不安定な企業から構成されており、その意味で日本の産業構造の底辺であったといえる。そして、この産業の外国人労働者は、外食産業を中心として、深夜労働や３Ｋ労働の性格をもつ多様な職種に従事していた。性産業も、日本社会に欠かすことのできない一定の社会的機能を果たしながら、しかも正当な産業構造の外部に追いやられていた産業である。
　これらの諸産業・諸職種では、個々の外国人労働者は次々に入れ替わっていくが、総体として外国人労働者は増大しながら常に存在しつづけていた。この意味で、外国人労働者は当時すでに構造化されてしまっていたのである。ただし、外国人労働者のみからなる労働市場の形成はいまだみられなかった。すなわち、欧米諸国に存在するエスニシティによって分断されたいわゆる二重労働市場は出現していなかった。
　強調したいことは、外国人労働者を雇用している雇い主も、一般的にいって、日本の産業構造の底辺に位置づけられていた人びとであるということである。建設業や製造業の下請けの連鎖の最下層を構成する彼らは、日本人従業員が逃げ出さざるをえない状況のなかで、受注価格の低迷に必死に耐えていた。またサービス産業や性産業の経営者も、安定とはほど遠い経営基盤のうえで、慢性的な人手不足に直撃されていた。そのため、この人びとが外国人労働者に救いを求めざるをえなくなったのは当然のことだったのである。
　外国人労働者の当時の労働条件としては、日本人の主婦や学生のパートなみに扱うという処遇が一般化していたとみられる。この点で参考になるのは、前述した東京都立労働研究所がおこなった調査である〔東京都1991〕。その結果をみると、「自社の日本人アルバイトなど同一職種の人の給与」を外国人労働者の給与決定の基準としているという回答の職種別の比率は、店員で78.6％、工具で50.0％、ウェーター・ウェートレス・皿洗いで62.5％、清掃員で81.8％等となっており、賃金水準は多くのばあいアルバイトなどと同程度を意味していたことがわかる。
　これは、日本人との差別があまりなかったという論拠を提供するかもしれない。しかしながら、このような低賃金で働く日本人は、日本の労働市場の底辺を構成していた人びとなのであり、ここでいう日本人並みとは、日本人の底辺の水準を超えることがなかったということなのである。

結論的にいえば、外国人労働者の流入は、日本の産業構造のかかえていた構造的な矛盾を糊塗し温存するという役割を果たしはじめていたと判断することができる。この矛盾は特定の分野における労働力不足の深刻化として露呈していた。この意味で、外国人労働者の受け入れは、1980年代後半の日本にとっては必然であった。

第4章　外国人労働者の居住の様態

　雇い主やブローカーが提供する宿舎、日本語学校の寮、あるいは横浜・寿町のドヤのような住居が得られなかったばあいには、外国人労働者は自分で住む所を探さなければならなかったが、低家賃でしかも彼らを受け入れてくれる住居となるときわめて限定されてしまい、住宅探しは仕事探し以上の難事であった。外国人労働者は、ワンルーム・マンションなどにも居住していた例があるが、その大多数は現在もっとも低家賃でしかも比較的入居しやすい木造民間賃貸アパート（いわゆる木賃アパート）に住まざるをえなかった。ただし性産業に従事する女性の一部は、高収入のため木賃アパートでなくマンションに住むばあいもあった。

　ところで木賃アパートは、もっとも新しいものでも1965年前後に建設されたもので、木造住宅の耐用年数の限界といわれる30年に近づきつつあった。1980年代後半の地価高騰あるいは都市再開発により、これらの木賃アパートは取り壊しの格好の対象とされ、その数は著しく減少しつつあった。したがって、木賃アパートの分布は地域的にかなり限定されていたことになるが、外国人労働者の分布も、それによって大きく規定されていたのである。

　それでは、外国人労働者の居住はどのような地域的分布を示していたのであろうか。以下、データの関係で首都圏に話をかぎって検討してみよう。東京の新宿歌舞伎町、大久保、池袋を結ぶ三角地帯は、アジア系外国人が急増していたため、エスニック・トライアングルと呼ばれたことがあった。これらの地域は、大盛り場として仕事をみつけることが比較的容易であった。たとえば、歌舞伎町で働く労働者のおよそ半数は外国人によって構成されていたとみられていた。さらに、池袋は近くに日本語学校が多く就学生の通学に便利であった。このような条件とともに、駅周辺の盛り場を取り囲むようにして、その外縁に木賃アパートをはじめとする低家賃住宅が馬蹄形に残存していた。こうして、アジア系外国人の顕著な集住地が形成されていたのである。われわれが話を聞

第4章　外国人労働者の居住の様態

いた大久保のある不動産業者は、「昔はうちに来る客の60～70％が日本人ホステス、25～35％がサラリーマンと学生さん、残り5％が第三国人だったんですけどね。今じゃ第三国人が10人中9人を占めるようになってしまいました」と語ってくれた。

　外国人労働者の巨大な集住地であるエスニック・トライアングルは、東京の区部全体のなかではどのように位置付けられたのであろうか。外国人登録者の分布は、これについてひとつの手がかりを提供してくれる。東京都23区における外国人登録者の国籍を、韓国・朝鮮、中国（台湾を含む）、フィリピン・タイ・マレーシア、その他に分けたばあい、登録者全体にたいする中国人の構成比が25.0％以上（23区全体では22.6％）であるのは、高い順に豊島区、中央区、中野区、新宿区、杉並区、板橋区、北区、文京区であった。また、フィリピン・タイ・マレーシア人については、同じように構成比が6.0％以上（23区全体では5.7％）であるのは、高い順に墨田区、台東区、江東区、文京区、北区、目黒区、港、品川区、江戸川区であった〔渡戸1988〕。

　すなわち、中国人は、中央区を別にすれば池袋と新宿という東京の二大盛り場およびその周辺に多かったことがわかる。また、このデータでは東京の別の大きな盛り場である渋谷およびその周辺の中国人の比重が高くなかったことが興味深い。それにたいし、フィリピン・タイ・マレーシア人のばあいは、文京区と北区を別にして城東地区と城南地区へのある程度の集中がみられ、中国人と顕著な対照をみせていた。つまり、エスニック・トライアングルは、中国人を主体とする東アジア人の比重が相対的に高く、それ以外のアジア人は城東地区と城南地区に多く居住した。

　しかしながら、当時外国人労働者は、ある程度の集住と同時に、首都圏全般に低密度で拡散しつつあった。これは、一般的にいえば、木賃アパートに代表される低家賃住宅が広い地域に低密度で分布していたためである。こうして、外国人労働者は、鉄道路線に沿いながら限界的な通勤可能地域に向かって行進しつつあった。

　外国人の入居は、不動産業者を通じておこなわれることが多かった。たとえば就学生について、住居の紹介・あっせんを誰から受けたかをみると、「不動産会社」35.8％、「日本人友人」26.3％、「同国人友人」21.0％、「その他」16.9％となっていた〔東京都1989d〕。

　ところで、外国人労働者の居住地では住み方についてのトラブルが頻発して

いた。その内容についての情報をもっとももっているのは不動産業者であるが、彼らが共通してあげる外国人労働者の居住のトラブルは、契約した本人がいつのまにかいなくなって、まったく知らない人間が住んでいるという「又貸し」であった。さらに池袋西口のアパートあっせん業者は「一番多い苦情は、一部屋に何人も連れ込んでしまう例です。それにゴミの出し方の問題。中国人は油を使う料理が多いんで、匂いがきつかったり、夜遅くまで声高にしゃべっていたりして、それがまた外国の言葉だからよけい耳につくのでしょう。特に、彼らが望むような安い家賃のアパートでは一度はそういう経験をしています」と語っている〔『朝日ジャーナル』1989年10月20日号〕。

われわれが会った北区王子の不動産業者は、「この間の話だけど、紹介した韓国人が友達は中に入れるわ、家賃は払わないわ、人が集まるものだから近所から苦情がくるわで、どうにもしようがなくて裁判にかけて、強制執行でやっと追い出したんだよ。その後で部屋に入ったら、まあ、ひどい使い方されててね。その一人のお陰で家主さん100万くらい損しちゃったかな。もう外国人は絶対入れないよ」と嘆いていた。このほか、「借室への通路に、拾ってきたらしいテレビやストーブなどを積み上げ、他の居住者の迷惑も何のその。部屋の中はインスタント食品の空き容器が散乱、臭気がただよっている」という不動産業者の声もあった〔『朝日』1988年9月25日〕。

居住地におけるトラブルが恒常化すれば、家主も不動産業者も外国人には部屋を貸すことをためらうようになっていく。前述した池袋西口の業者は、「3年前なら、喜んで部屋を貸してくれる大家さんも多かったが、最近は非常に難しい。一度入れて何か問題のあった大家さんはもう二度と貸してくれない。池袋周辺では特に難しいんです」といっている〔『朝日ジャーナル』1989年10月20日号〕。同様に新宿・大久保通りの近辺では、1989年春家主が集まって「外国人にはいっさいアパートを貸さない」ことを決議し、不動産業者に通知した〔畑田 1990〕。

こうして、外国人労働者が住居を見いだすことはきわめて難しかった。多くの不動産業者は、原則としてアジア系外国人お断わりという態度をとっていたといわれる。内外学生センター（東京都新宿区）が1989年度に扱かった外国人留学生にたいする首都圏におけるあっせん状況をみると、外国人留学生でも可とする物件は全宿舎提供数のうちの14％（450件）、また紹介した外国人留学生のうち入居できたのは16％（78人）にすぎなかった〔信濃毎日新聞社 1992：

第4章　外国人労働者の居住の様態

197〕。多くの不動産業者は、原則としてアジア系外国人お断りという態度をとっていたといわれる。このような住宅差別の実態は把握しがたいが、留学生については、その69％が外国人であることを理由に一回以上契約を断られた経験をもっていた〔渡戸1988：56〕。そのうえに、賃貸契約を結ぶ際、しっかりした在留資格と保証人を要求されるばあいには、住居の確保はますます困難になった。

　外国人労働者のこのような住宅難につけこんで、暴利を貪る者もいた。ある就学生ブローカーは、中国人留学生向けの新聞に広告を出して客を募集し、池袋の自己所有の2DKの狭いマンションに1泊2500円で10数人も詰め込んでいた〔『朝日』1989年9月9日〕。

　狭い部屋での数人の集住は、外国人労働者の居住の一般的な形態となっていた。これは、もちろん家賃の高さに対抗する手段という意味もあるが、同時に住宅差別によって居住できる住居がきわめて少ないという事情も大きな影響を与えていた。さらに、同国人のネットワークが集住に拍車をかけた。新規に来日した者は、先に日本に来ている友人や親類を頼って、生活が落ち着くまでの一時期そこに転がりこんだ。

　第3章第2節で紹介した3人のバングラデシュ人、バブ、マスム、ファルクも超過密の集住生活をしていた。

――日本での生活について教えて下さい。

　「6畳の部屋に5人で住んでいる。普段は就業時間帯が違うからいいけど、日曜日は5人で寝てる。部屋代は月々5万円だったけれど、大家さんに5人も住んでいることがバレて5万4000円に値上がりしてしまった。社長が保証人だけど、家賃を払うのはもちろん私たちだ。それから家賃のほかにキー・マネーを1年につき20万円払っている」

――キー・マネーというのは、敷金・礼金のことではないかと思ったのだが、彼らは「1年につき20万円なのだ」と主張した。このお金が誰の懐にはいっているのかはわからなかった。

　「部屋に風呂はついていないので1週間に1、2回公衆浴場か会社のシャワーを使う。料理は、池袋でスパイスを買い自分たちでつくっている。日本語があまりできないので、アパートの他の住人（日本人、韓国人、中国人）とはあいさつをする程度のつきあいしかない」

　集住による超過密とともに、設備の貧弱さも見逃せない問題であった。就学

生の住宅の設備についての調査結果をみると、台所については専用が70.4％あるものの、トイレは専用49.4％、共用49.1％と共用が半数となり、風呂については「ない」が45.4％、専用が37.8％と「ない」が多数を占めていた〔東京都1989d〕。

エスニック・トライアングルのうち池袋地区については興味深い情報があるので、以下それを紹介しよう。アジア系外国人の激増により、地元の人は自嘲気味にこの地域を「小香港」とも「チャイナ・タウン」とも呼んだ。そればかりではなく、外国人の長期滞在者用の旅館までできていた〔渡戸1988：52〕。

立教大学の奥田道大研究室は、1988年12月から1989年6月にかけて、池袋西口・東口地区を中心とする豊島区に在住するアジア系外国人155人にたいする面接調査をおこなった。それによれば、出身国の上位三位は中国53.5％、台湾17.4％、韓国9.7％で、その合計は80.6％に達した。そのほかはきわめて少数であり、香港、マレーシアがそれぞれ6人、バングラデシュが5人、タイが3人、その他が9人となっていた。その70.3％は日本語学校の就学生であった〔『朝日ジャーナル』1989年10月20日号〕。

このデータにみられる特徴としては、外国人労働者のなかで大きな比重を占めるフィリピン人、パキスタン人、バングラデシュ人があまりみられないこと、また就学生が大きな部分を占めていたことがあげられる。つまり、この地域は、中国人を主体とする就学生の集住地域となりつつあったと考えられるが、それはすでに指摘したように、低家賃住宅が残存していたこと、日本語学校が近かったこと、サービス産業の働き場所が近かったことが大きな条件となっていたとおもわれる。1989年7月現在、豊島区には外国人登録をしている中国人が9000人弱居住していた。中国人就学生の残留数は3万5000人といわれていたから、ここには彼らの4分の1弱が集住していたことになる。

部屋の広さをみると、3畳3.2％、4.5畳29.0％、6畳31.6％、7畳以上31.0％、無答5.2％となり、6畳以下が3分の2を占めていた。そのうち同居人のある者は68.4％に達していたが、それを100としたばあい、同居人1人が54.7％、2人が21.7％、3人以上も23.6％となり、過密な居住状態がみてとれる。

なお、とりわけ大久保地区に顕著であったが、外国人の増加が顕著なため、彼らを主要な客にしようと考えはじめた不動産業者もいた。ここの不動産業者のなかには、外国人専用のアパートをつくろうという動きもあった。

過酷な日常生活のなかで病気が多発していたが、なかでも結核の多さは注目

される。厚生省によれば、1987年秋の東京・神田保健所による管内の日本語学校の検診で429人中8人、1.86％が、また日本語学校が集中する東京・豊島保健所管内の日本語学校にたいする1988年夏の検診によれば、5257人中33人、0.62％が、それぞれ結核患者であった。なお、1987年の日本国内の結核患者の発見率は0.01％であったので、これはきわめて高い比率である〔『朝日』1987年4月13日〕。また東京都衛生局は、1988年外国人就学生受入機関協議会に加盟している都内の日本語学校116校のうち、結核検診を希望した92校の在学生で検診を希望した者1万3117人を対象に検診をおこない、要医療者57人を発見した。発見率は0.43％であった〔東京都1989e〕。

　付言すれば、過密居住の結果皮膚病が蔓延していた。皮膚病には、シャワーや風呂の設備が貧弱であることも関係していた。パキスタン人は人前で裸になることをとても嫌う。アパートに風呂がないばあい銭湯を利用しなければならないが、洗い場でパンツを脱がない「パンツ男」が出現した。湯船にははいらないがパンツのままでシャワーを浴び、バスタオルを巻いて着替えるのである〔『朝日』1988年4月6日〕。このような状況では、銭湯に行く回数は最小限に抑えられた。

　外国人労働者の生活の最大の慰めは、国際電話による故国との通話であった。「国際通話兼用カード公衆電話」の設置されている電話ボックスは、特定の駅の周辺などに限られており数が少なかった。外国人労働者が多かった地域では、1週間の仕事の終わる土曜日、料金が割引となる午後11時をすぎると、故国の家族などとの会話を求めて、外国人労働者がこれらの電話に集まってきた。そこでは同国人どうしのおしゃべりや、働き口についての情報交換もおこなわれた〔『朝日』1988年4月12日〕。

　なお、文化交流については、外国人の要望がきわめて強かった。1988年に東京都豊島区が外国人600人にたいしておこなった行政需要調査によると、60.7％が近所との交流がないとし、交流を希望するが75.4％となっていた。そのため、区への要望のトップは文化的活動の機会・サークルへの参加であった〔東京都1989b〕。なお同区は、1989年度から区政モニター40人のうち外国人を3人登用し〔信濃毎日新聞社1992：261〕、外国人の区政参加による交流をはかった。

第5章　送り出し国の状況

第1節　第二次大戦後の送り出しの3段階

　1980年代後半までのアジア諸国からの出稼ぎ労働者流出の構造は、第二次世界大戦後に限定すれば、およそ3つの段階をたどったと考えられる。第1の段階は、主として旧植民地から宗主国へ向かうものであり、南アジアからイギリスへの流れやフィリピンからアメリカへの流れは、これに属している。ただし日本にたいしては、敗戦国であったなどの事情があり、旧植民地からの流入は、韓国人の例があるものの顕著ではなかった。

　第2の段階は、石油ショック後オイルマネーの流入により、とりわけ建設業を中心とするブームを迎えた中東諸国への出稼ぎ移動によって特徴づけられる。これら諸国の建設業は、一時期労働力需要の60％を占めていた。この段階こそ、国策としての労働力輸出政策がアジア諸国で確立した時期であった、とみなすことができよう。なぜならば、各国とも、労働力輸出が失業・潜在失業人口の圧力の軽減と本国送金による国際収支の改善に役立つことを、この段階で発見したからである。

　第3は、中東諸国がもはや出稼ぎ先としての意味を喪失しはじめた段階である。1980年代半ばから、中東産油国は一斉に労働の自国民化を進めだした。それとともに石油ブームの減速により、建設需要が激減した。労働力需要の50％以下に低落した建設業に代わって、中東では保全やサービスおよびメイドなどへの需要が高まった。中東の減少にもかかわらず、ピーク時にこそ及ばないが、アジア諸国からの大規模な労働力の送り出しは依然として存続していた。

　つまり、多くのアジア諸国は中東に代わる別の労働力輸出先を必死に開拓しつつあったのである。こうして、日本がその有力な対象として注目されたのは、いわば必然的であったといえよう。

　第1と第3の段階については後述する国別の検討に譲ることとして、ここで

第5章　送り出し国の状況

表Ⅰ-5-1　アジア各国からの出稼ぎ労働者の流出数　　　　　　　　　　（1000人）

	1976	77	78	79	80	81	82	83	84
（南アジア）									
パキスタン	41.7	140.5	130.5	125.5	129.8	168.4	143.0	128.2	n.a.
バングラデシュ	1.0	15.7	22.8	24.5	30.6	55.8	62.8	59.2	n.a.
スリランカ	5.6	8.1	9.4	25.8	28.6	57.3	48.0	n.a.	n.a.
インド	4.2	22.9	69.0	171.8	236.2	272.0	239.5	119.0[1]	n.a.
（東南・東アジア）									
フィリピン	19.2	36.7	61.0	92.6	157.4	210.9	250.1	380.3	371.1
タ　　イ	1.3	3.9	14.5	9.1	20.9	24.7	108.1	67.0	75.0
韓　　国	37.9	69.6	85.0	105.7	131.1	163.1	171.2	162.0	152.7
インドネシア[2]	n.a.	n.a.	n.a.	n.a.	145.9	159.4	180.7	128.1	69.2
中　　国	n.a.	n.a.	n.a.	n.a.	n.a.	17.0	31.0	30.0	47.0

注：1) 1～6月。　2) 各年末の在外現員数。　3) n.a.は不詳。
出所：[森田 1987b：296]

は、第2の段階である中東への出稼ぎの概況をみよう。この問題については、小川雄平によるすぐれた研究〔小川1987〕が存在するので、以下これに依拠する。

表Ⅰ-5-1は、出稼ぎ労働者の国別の出国数を示したものであり、その流出先は中東を含む全世界である。これによれば、1970年代半ばからアジア諸国における出稼ぎの本格化が始まり、1980年代前半まで増大しつづけたことがわかる。中東への出稼ぎがピークに達した1983年の出国数を多い順に列挙すると、第1位がフィリピンの38万人、第2位が韓国の16万2000人、第3位がパキスタンとインドネシアの12万8000人であり、以下インド、タイ、バングラデシュ、中国と続く。スリランカについては1983年は不詳であるが、その前年の出国数はかなり多かった。1980年代半ばの状況について、小川は「南アジアから年間50万人、東南アジアから70万人、計120万人が出稼ぎ労働者として流出している」と推測している。

これら膨大な出稼ぎ者たちの大部分は中東に向かっていた。1983年の中東向け出稼ぎ者が全出稼ぎ者に占める比率は、フィリピン85.1％、韓国92.6％、パキスタン95.5％（1978年）、タイ94.8％、バングラデシュ98.2％となっている。その結果、アジア人労働者の中東での残留数は、1983年現在、南アジアが306万人以上、それ以外のアジアが77万人、合計383万人以上にのぼった。その国籍別残留数を多い順にみると、パキスタン人120万人、インド人90万人、フィ

リピン人35万人、タイ人27万人、韓国人16万4000人、バングラデシュ人15万人、スリランカ人6万人、インドネシア人4万人、中国人1万人、マレーシア人2000人となる。

　一般的にいって、このような大量の出稼ぎ労働の出現は、アジア諸国の直面する失業問題を相当軽減し、それと同時に、国際収支の改善という点でも大きな寄与がみられた。パキスタンについてみると、1982～83年の海外からの送金は28億9000万ドル、そのうち中東からの送金は24億ドルに達したが、この額はこの国の同じ時期の貿易赤字29億9000万ドル、商品輸出26億3000万ドルにほぼ匹敵している。またタイのばあいには、1984年の海外からの送金は8億9000万ドル、そのうち中東からの送金は6億9000万ドルであったが、これは観光収入12億1000万ドル、米輸出11億ドルに次ぐ外貨獲得源となっていた。(以上は、〔小川 1987：295-302〕)

　こうして、中東への出稼ぎの展開は、失業・潜在失業人口の就労と逆調に悩む国際収支の改善をもたらし、アジア諸国の経済においては、労働力輸出が確固とした位置を占めることになった。つまり、労働力輸出の推進が一般的な国策となったのである。

　第3の段階にはいって、新たな出稼ぎ先としての日本に注目が向けられたのは当然だった。今さら繰り返すまでもないが、1988年の日本の1人当たりGNPは、韓国のそれの5.8倍、マレーシアの10.8倍、ブラジルの9.7倍、タイの21.0倍、フィリピンの33.4倍、インドネシアの47.8倍、パキスタンの60.1倍、中国の63.7倍、バングラデシュに至ってはなんと123.6倍にも達していた〔World Bank 1990：Table 1〕。

　基本的には、このような条件が日本への外国人労働者の流入をもたらしていたのである。

第2節　国策としての労働力輸出——パキスタンとフィリピン

　本節では国策として出稼ぎを推進し、労働力輸出の規模もアジアで1、2位を争っていたパキスタンとフィリピンについて検討する。

1．パキスタン

　パキスタンはアジア最大の出稼ぎ国といわれ、出稼ぎ人口は一説には400万

第5章　送り出し国の状況

人（1985年）にのぼった〔DAGA 1986：41〕といわれる。また、彼らは労働力人口の10％を占めていたものとみられ、これは世界の労働力輸出国のなかでは最大の比率であった。ここでは、男性の10人に8人が海外出稼ぎを希望しているといわれるほど、出稼ぎが一般化していた〔佐々木1991：59〕。出稼ぎ大国パキスタンにとって、労働力輸出は経済の枢要な地位を占めていた。1982/83年度（7月-6月、以下同様）の出稼ぎ労働者による本国送金は28億9000万ドル（輸出総額の110％）という巨額に達し、その後も85/86年度26億ドル（輸出総額の88％）と高水準を維持しつづけたが、86/87年度から減少傾向が顕著になり、88/89年度には20億ドル台を割って19億9000万ドルとなった。ここでみた送金額は公的ルートによるものであり、ヤミを考慮すればこの倍以上になると推測されている〔深町1989〕。

　他のアジア諸国と同様に、パキスタンも海外出稼ぎの3つの段階を経験している。中東以前の第1の段階のうち、植民地時代には、世界各地のイギリス領植民地、とりわけアフリカへの出稼ぎがあった。独立後1950年代になると、人びとは主に家事使用人として旧宗主国であるイギリスに向かった。1970年代にはいってからは、アメリカと西ヨーロッパへの大量進出が顕著になった（〔深町1989〕、〔佐々木1991：第5・6信〕）。こうして、1982年末現在、イギリスで35万人、アメリカで10万人、カナダで5万人、西ドイツで2万7000人が就労しており、合計57万人が北アメリカと西ヨーロッパに滞在していた〔山中1984〕。このような状況に応じて、パキスタン政府は1971年移民局を設立したが、これが国策としての海外出稼ぎの始まりである〔DAGA 1986：43〕。

　第2段階としての中東への出稼ぎについては、アジア諸国のなかでパキスタンの出足がもっとも早く、1979年に前年の4万人から一挙に14万人に急増した。新規出国数のピークは1981年であり、17万人弱に達した（表Ⅰ-5-1）。なお、1980年代初頭には西ヨーロッパおよびアメリカへの出稼ぎが困難になりはじめたが、それに代わってカナダとオーストラリアへの出国が始まった〔深町1989〕。

　このような展開に対処するため、政府は1979年に移民法令、移民規則を制定し、あっせん業者の許可制などを定めた。これにともなって、従来の労働省が改組されて「労働・人材・海外パキスタン人省」となり、移民局も改組されて「移民海外雇用局」となった。海外での就職先を見つけた人は、この移民海外雇用局への届け出が義務付けられ、労働条件などの審査を受けなければ出国

ができないものとされた。同時に政府直轄の組織として海外雇用公社が開設された。これとともに、同年に「海外パキスタン人基金」が設立された。この組織は、海外出稼ぎ労働者からの寄付を基金とし、海外で働くパキスタン人と国に残るその家族の抱える問題に対処することを目的として、住宅開発、厚生保護、教育・職業訓練、産業振興などの諸事業をおこなっていた〔佐々木 1991：62、DAGA 1986：43〕。

　海外出稼ぎへの誘因として制定されたものに「ギフト・スキーム」という制度があった。これは、海外で6ヵ月以上働いた人については、その家族または親戚に車を1台贈ることができるというものである。パキスタンでの車購入はきわめて高くつき実際には不可能ともいえるため、この制度の魅力は大きかった〔佐々木 1991：第6信〕。

　こうして1982/83年度には、推定170万～200万人が海外で働き、うち110万～140万人が中東で就労していたものとおもわれる〔深町 1989〕。海外出稼ぎは、国際収支の改善とともに失業問題の軽減にも大きな効果をあげた。すなわち、パキスタンの失業者数は1975年には20万5000人であったが、中東への出稼ぎの本格化とともに、その数は14万～15万人台へと減少したのである〔小川 1987：300〕。

　パキスタンでは、海外出稼ぎにともなう「ドバイ症候群」が注目されていたという。その第1段階は、出稼ぎ資金調達のために多額の借金をしたことによる不安であり、第2段階は留守家族とくに妻の精神的不安定であり、最終段階は帰国後の生活の再設計の困難さである〔深町 1989〕。

　第3の段階にはいると、石油ブームが減速し、またインド人やフィリピン人、あるいは中国人などのより安い労働力との競争が激化したために、中東への出稼ぎは減少しはじめた。すなわち、1988年の中東への新規出国数はわずか7万9000人に低落したのである。ただし、当時中東には依然として120万人が滞留しており、エジプトに次いで多かった〔佐々木 1991：59〕。出稼ぎが構造化されてしまったこの国にとって、中東への出稼ぎの停滞は大きな問題を投げかけており、中東を代替する出稼ぎ先をなんとしても探しださなければならなくなっていたのである。

　出稼ぎ者は、建前としては移民海外雇用局に届けなければならないが、実際にはかなり多数の労働者が非公式ルートを通じて出国していたものとみられる。また、許可が必要とされるあっせん業者についても、無認可のものが数多

く存在した。あっせん業者は300近くあり、出国の手数料の相場は、日本のばあい、往きの航空賃、来日後の就職と宿泊の世話を含んで3万ルピー（22万円）とも4万ルピー（29万円）ともいわれた。また、ビザ取得の難しいアメリカのばあいの手数料は、5万～6万ルピー（36万～44万円）であった。手数料をだましとる悪質なブローカーも多かった（〔佐々木1991：第5・6信〕、〔毎日新聞1990a：83ff.〕）。

　出稼ぎ者の属性については、1980年初頭のデータがある。まず出身地を都市・農村別にみると、都市が63.1%、農村が36.9%と、都市部出身者が3分の2を占めていた。また、その70%は既婚者であり、そのうち66%が家族を本国に残していた。さらに、本国に送金された資金の使途をみると、冠婚葬祭費および外国製消費財の購入と不動産の購入が大部分となっていた〔山中1984〕。

　パキスタンから日本への出稼ぎについては、ビザの免除協定を利用して大量の出国があった。その出身地は、特定の都市にとくに集中していたという情報がある。パキスタン・パンジャブ州の州都ラホールから80キロメートルのところに、日本人町と呼ばれた人口60万人余りの工業都市があった。この町から日本へ渡った出稼ぎ者は500人から1000人ともいわれた。ブローカーの数は10を下らなかった。同じような傾向は、この町以外のいくつかの周辺都市にもみられた〔毎日新聞1989：83ff.〕。

　ただし、1989年1月に前記協定が一時停止されたため、日本への出稼ぎについては諦めムードがただよった。なお、日本の入国ビザの偽造も相当規模でおこなわれはじめた（〔佐々木1991：第6信〕、〔深町1989〕）。

　ここで、日本で4トントラックの運転手をしているパキスタン人アミールの実家を、イスラマバードから約150キロ北にある比較的大きな農村にわれわれが1989年春に訪ねたときの記録を紹介する。

　われわれが白い壁で覆われた家の通用門を抜けて家の前に来ると、待ってましたとばかりに家族や親戚たちが迎えてくれた。驚いたことに、家族はアミールが何の仕事をしているかを知らなかったし、その連絡先さえも教えられていなかった。翌朝村を案内してもらったり友達を紹介してもらったりした。そこでびっくりしたのが、日本語を話せる人がたくさんいるということである。聞けば、この村の中には約25人も日本へ出稼ぎに行った人がいるという。この村の人口は大体2000人位ということである。

　そのきっかけは、フィリピンでじゅうたんの行商をしていた人が日本の話を

聞き、就学生として日本に出稼ぎに出かけたことにある。彼のうわさは口コミによってどんどん村中に広がり、彼の友人、そのまた友人というように日本へ行く人が続出した。アミールの親戚関係などはほとんどが日本へ行っているといっていい。彼らは東京近郊にアパートを共同所有している。村人どうしのネットワークが、そのアパートを拠点として日本に存在するので、安心して日本に行けるというわけである。この村の人たちの生活水準は高く、とくに日本へ出稼ぎに行っている家庭の水準は高い。

2. フィリピン

　フィリピンもまた、パキスタンとともに、労働力輸出を国策として積極的に推進してきた国である。1989年初頭、出稼ぎ労働者は世界132ヵ国に散らばっていた〔『朝日』1989年2月8日〕。その総滞留者数は300万人に達したといわれており〔内海・松井1988：172〕、アジアで有数の出稼ぎ大国の名にふさわしかった。

　フィリピン海外雇用庁が取り扱った出稼ぎ労働者の年度別出国人数は、1969年には4000人にすぎなかった。それがILO統計によると、海外出稼ぎ労働者数は船員を含めて1975年3万6000人、1980年21万5000人、1985年38万9000人、1986年41万4000人、1987年49万7000人、1988年47万8000人、1989年52万3000人と増加傾向が顕著であった。なお船員は1989年に11万5000人であった〔佐々木1991：153〕。これから明らかなことは、出稼ぎ労働者が1980年代から大幅に増加し始め、50万人前後の水準を維持していたということである。

　国策としての出稼ぎの推進の背景にあるものは、失業と国際収支の悪化であった。失業者の絶対数は、1989年1月に196万人であった〔山本1989〕。また、失業率は1987年4月に14.2％であり、1週の就業時間が40時間に満たない者を合わせると労働力人口のじつに43％にも達した。失業者を年齢階層別にみると、若年労働者に多く15～24歳でほぼ50％を占めていた。また失業者の過半数はマニラ首都圏等都市部に集中していた（以上は、〔労働省1988e：85-86〕）。巨大な規模の海外出稼ぎ労働者が、この国の失業問題の緩和に貢献していたことは疑えない。

　次に国際収支についてみると、1987年の対外債務は280億米ドルという巨額に達し、同年の国家予算の24倍にあたるという危機的状況にあった〔内海・松井1988：173-174〕。出稼ぎ労働者による本国送金は、このような状況の改善に

不可欠の役割を果たすに至った。海外からの送金額は、1988年に正規の銀行送金が8億7000万米ドル〔山本1989〕、ヤミ市場を含めると25億米ドルは下らないと推定された。これは、1988年の輸出収入70億米ドルの3分の1強に相当した〔『朝日』1989年2月8日〕。

　他のアジア諸国と同じように、フィリピンも出稼ぎ労働の3つの段階を経験した。まず中東以前の第1の段階についてであるが、フィリピンの海外出稼ぎの歴史は古く、アメリカの植民地となった今世紀初頭から第二次大戦まで、ハワイやカリフォルニアなどに農民たちが農業労働者として渡って行った。中東への進出までの第二次大戦後の特徴は、アメリカ占領下のグアム、沖縄などの復興、建設のための出稼ぎであり、朝鮮戦争、ベトナム戦争のための軍属としての派遣であった。1965年のアメリカ移民法の改正により、専門職がアメリカに大量に流出するとともに、西ヨーロッパ諸国についても、ホテル従業員、病院労働者、メイド、看護婦などへの就業が開始された。さらに、国際海運業の進展とともに、1960年代より船員の増大が始まった。その多くは、第3章第5節で述べた便宜置籍船に劣悪な条件で雇われた。なお、この時期には280万人にのぼるといわれるアメリカへの移民が国を後にした（以上については、〔アジア太平洋資料センター 1987a、1987b〕、〔山本1989〕、〔CIIR 1987〕）。

　第2の段階は、いうまでもなく中東への出稼ぎを主体とした。オイルショック後急速に増大した中東への出国は、1983年に38万人というピークに達し、この国の全出稼ぎ者の85％を占め、アジアの他の送り出し国をしのいで第1位であった。なお、中東へ送り出した労働者のうち1万人については、中東6ヵ国の政府および政府関係機関と海外雇用庁との協定に基づいていた〔手塚1989：123〕。

　労働力輸出の主務官庁であるフィリピン海外雇用庁が設置されたのは、まさにこの第2の段階においてであった。その前身は、労働力輸出を推進するために1974年に設立された海外雇用促進部を含む特別の3機関であった〔山本1989〕。1982年にマルコス元大統領は、これらを労働・雇用省の外局としての海外雇用庁に一元化したのである。海外雇用庁の業務としては、(1) 市場開発、職業紹介所を創設し、より多くの仕事の機会をつくり、職業紹介サービスを促進し、(2) 認可・規制事務所は、雇用基準を定め、民間雇用あっせん所等の運営を規制し、(3) 労働者援助裁定事業所は、海外出稼ぎ労働者やその家族にたいし法律上ならびに福祉面でのサービス等の活動をおこなうものとされていた

第Ⅰ部　1980年代後半までの外国人労働者

〔内海・松井1988：173〕。なお、芸能人の資格認定もこの機関がおこなっていた（その詳細については、〔佐々木1991：第2信〕が興味深い）。フィリピンにはこのほかに海外労働者厚生庁があり、雇い主に義務付けられている納入金を資金として労働者の厚生面を担当していた〔佐々木1991：第3信〕。

　しかしながら、実際の就業あっせんの大部分は、民間のあっせん業者の手でおこなわれていた。たとえば、1989年初頭の出稼ぎ労働者の97％は、民間業者の紹介であった。海外雇用庁の認可を受けた民間業者の数は、1975年の15社から1983年のピーク時には1023社に達した〔山本1989〕。なお法定のあっせん料は上限5000ペソ（3万5000円）であり、海外雇用庁があっせんするばあいはこの金額が請求された。しかしながら、民間業者のばあいには1万～3万ペソ（7万～21万円）が相場であった。この巨額な費用は、借金でまかなわれたり、農民のばあいには農地や農機具、水牛等を売却することでつくられた。

　フィリピン政府は、大統領通達758号によって、出稼ぎ労働者の賃金の一定額を政府の銀行を通じて本国に送金するよう義務づけていた。額は職種によって異なるが、賃金の50～80％となっており、これを怠った者はパスポートの更新や仕事の契約の延長ができなくなる。マルコス政権時代に、香港の出稼ぎ労働者組織を中心としてこの通達の撤廃を求める運動が起こり、罰則規定は廃止された。このほか、出稼ぎ労働者はフィリピン政府に賃金の1～3％を税金として支払わなければならなかった（〔アジア太平洋資料センター1987a〕、〔佐藤1988〕）。

　第3の段階は、中東への出稼ぎが頭打ちになった時点以降である。中東諸国への新規出国者の1988年の実数は25万人強であり〔山本1989〕、ピーク時の1983年の38万人に比べて減少傾向が顕著であった。

　ところが、失業の圧力と国際収支の危機は変わらないどころか悪化さえしていた。そのため、1986年のアキノ政権の成立以後も、第2の段階で構造化された労働力輸出への依存政策は存続しつづけ、中東を代替する受け入れ先が模索されていた。

　ちなみにアキノ新政権はあっせん業者の登録の見直しをおこない、認可業者は1987年現在674社に減少した〔山本1989〕。

　ところで、1988年の新規出国者の就労先国は、高い順に、中東諸国66.7％（リビアを含む上位6ヵ国だけのシェア）以上、日本10.7％、香港9.0％、シンガポール2.1％、アメリカ1.4％となっていた。依然として首位の中東諸国は、男性

の建設労働者が主であった〔山本1989〕。付言すれば、船員は1986年に5万7000人であった〔毎日新聞1990a：82〕。

　フィリピンで注目されるのは、出稼ぎ労働力としての女性の重要性である。1987年には船員を除く出稼ぎ者の47％が女性であり、職種はメイド、芸能人、看護婦が圧倒的であった。とくにアジアへの出稼ぎ者の97％は女性（メイド60％、芸能人37％）であった〔佐々木1991：第3信〕。

　メイドは、1989年に香港に5万人〔佐々木1991：180〕、1987年にシンガポールに1万7000人おり、サウジアラビアには1987年に9000人が出国した。芸能人としては日本への風俗関連従事者がいる。看護婦については、1987年サウジアラビアに1万8000人が出国した〔山本1989〕。さらに西ヨーロッパには、家庭やホテルのメイドを主とし、性産業にも従事するフィリピン女性が1986年現在16万2000人いた〔APMMF 1988：44〕。またアフリカでは、主として教師である女性が1万5000人程度就労していた〔内海・松井1988：174〕。

　ちなみに海外に働くフィリピン人の80％は、25～44歳の働きざかりで、そのほとんどが少なくとも高等学校を終了した高学歴者であった。女性のほとんどは独身だが、男性の80％は既婚者であった〔アジア太平洋資料センター1987a〕。

　中東以後に対処するためにグアムや西ヨーロッパなどの出稼ぎ先の開拓も試みられていた〔山本1989〕が、日本への期待はきわめて大きいものがあり、日本の門戸を開くために様々な努力がなされていた。1985年には海外雇用庁の官民合同代表団が来日し、日本船主協会、興行プロモーター連合等との会合をもった〔佐藤1988〕。また、1987年7月当時の倉成外相のフィリピン訪問を機に、日本との間で出稼ぎ労働者についての協議会の設置が合意された〔石山1989：194〕。1989年9月に来日したフィリピンの労働・雇用相は、高失業率に悩むアジア近隣諸国の現状を訴え、外国人労働者の積極的な受け入れを日本政府に求める考えを明らかにした。さらに、研修については、研修生の数や期間に関する二国間交渉の必要性を協調した〔『日経』1989年9月30日〕。

　このような強い出稼ぎ圧力にもかかわらず、在フィリピン日本大使館のビザの発給率は低下する傾向にあった。申請数にたいする拒否数（取り消しを含む）の比率は、1985年以降0.5％、4.1％、16.7％と増大し、1988年にはついに21.3％となった。その主な理由は、出稼ぎ労働者を防止するため、観光ビザと短期商用ビザの審査基準を厳しくしたためである。付言すれば、日本人との結婚による結婚ビザは1988年に2526件にのぼり、激増する傾向にあった。

本節の最後に、第3章第4節で紹介したフィリピン人のアンディのマニラの実家を1989年春に訪ねた時の様子を報告する。

私たちがマニラでも指おりのスラム地帯として有名なトンド地区にあるアンディの留守宅に着いた時は、ちょうどランチタイムであった。そして私たちは手厚い歓迎を受けた。アンディの妻と3人の子供はもちろんのこと、近所の人びとが私たちを迎えてくれた。アンディが事前に私たちが訪問することを連絡してくれたようで、食卓にはレチョンをはじめとするフィリピン料理がたくさん盛りつけられ、もう食べ切れないほどであった。

アンディの子供たちは私たちに直接は話しかけてこない。一度母親に耳打ちしてから、母親の口を通していろいろと私たちに聞いてくる。それは子供たちがタガログ語しか話すことができないことを意味する。「子供たちは英語を話すことができないの」とアンディの妻から聞いた時、アンディが子供たちに教育を受けさせたいとさかんにいっていたことを思い出した。

真ん中の男の子が今春から中学校へ行くという。中学校へ行くための費用はアンディが稼ぎ出したもので、月々10万円の送金のなかから貯えておいたそうだ。一番上の女の子も同じようにして中学校へ行くことができたといっていた。

アンディの妻は私たちにいろいろと質問したが、なかでも「主人に日本人のガールフレンドはいるか？」という質問を繰り返した。何でもフィリピン人男性は浮気性であるという。そのための質問であるらしい。また、「日本からいつ帰ってくるのか？」と聞かれた。みんな、アンディが帰ってくるのが本当に待ち遠しそうだった。

アンディの家族のほかに近所の人々とも話をした。その中には、日本で3畳一間のドヤにアンディと同居しているリックの姉がいた。リックの家はアンディの家の2軒隣で、リックの姉の話によるとトンド地区では日本への出稼ぎが流行しているという。実は彼女の夫もこの4月にアンディとリックを頼って日本へ出稼ぎに行くそうだ。観光ビザで入国し、その後の仕事や住居は彼らが手配してくれるのだそうだ。

また、近所の人びとの中には東京にある日本語学校へ通っていたという女性もいた。彼女は日本で知り合ったフィリピン人男性と結婚して、現在は出産のためフィリピンに一時帰国したという。子供が生まれてしばらくしたら、子供をつれて日本へ行きたいと語った。

アンディに頼まれた電気ポットと子供たちへのおみやげを手渡した時、こうした品物がアンディと彼の家族をつないでいるのだろうかと考えた。部屋には彼から送られてきたテレビやビデオデッキ、大型冷蔵庫に洗濯機があり、家の外観からは見当もつかないほどの生活ぶりである。彼の妻は早速、電気ポットで沸かした湯でコーヒーをいれてくれた。子供たちはテレビに釘付けになっている。

帰り際に、アンディへの伝言を頼まれた。その内容は、父親の帰りを待つ家族の気持ちを反語的に痛いくらいに表したものだった。

パパ

あなたをとても愛しています。

フィリピンには帰って来ないでください。

私たちはお金をもっていないから。

（もちろん冗談です）

第3節　韓国の「人力進出」

韓国は、アジアNIESでありながら、パキスタンおよびフィリピンとならんで「人力進出」と呼ばれる政府レベルでの組織的な労働力輸出政策を展開してきた点で、独特の位置を占めていた。

以下、韓国の人力進出の構造を歴史的に検討することにしよう。他のアジア諸国と同じように、韓国も人力進出の3つの段階を経過しているが、その第1段階については、旧宗主国である日本以外への送り出しが重要である点が他の諸国と異なっている。韓国の人力進出の嚆矢は、1963年である。この年、韓国は西ドイツとのあいだに政府間協定を結び、247人の鉱員を派遣した。その後、西ドイツへは看護婦などの医療関連労働者も派遣されている。当時、韓国は多くの大学卒業生が職を得ることのできない失業の時代であり、また外貨準備も深刻な危機に見舞われていた。

しかしながら、第1段階の人力進出で決定的重要性をもったものは、ベトナム戦争とのかかわりである。グアム島をはじめとするアメリカ軍基地では、韓国企業が建設事業や各種の用役を請け負っており、それにともなって韓国人労働者も派遣されていた。1966年のベトナム戦争の本格化とともに、アメリカに協力する朴大統領は5万人をベトナムに派兵し、併せて軍需物資の荷揚げや

輸送、兵舎建設を担当する労働者を送りこんだ。そのために官民一体となって設立された政府機関が、活発な活動をつづけていた韓国海外開発公社である。

次頁の表Ⅰ-5-2は、韓国の人力進出の概況を示したものである。これによれば、1966年には1万人以上の韓国人労働者が南ベトナムに派遣されており、1968年まで5000人以上の水準がつづいていた。そしてこの間に、受注企業に雇用された単身出稼ぎ型の労働者が、派遣先で現地社会と切り離された集団キャンプ生活を送るという、韓国人労働者に特有の、軍隊類似の労働慣行が形成されたのである（この慣行については、〔花房1989〕）。

人力進出の第2の段階は、他のアジア諸国と同様の中東への進出であった。表Ⅰ-5-2によれば、第1次オイルショックの翌年1974年には395人であったものが、5年後の1979年には10万人近くに急伸している。この年の第2次オイルショック以降も、派遣労働者数はさらに増加をつづけ、1982年には15万人を超えてピークに達した。1983年以降減少が始まるが、それでも1986年に4万人台であった。

韓国の中東への労働者派遣の大きな特徴として、それが韓国企業による「建設輸出」と一体をなしていたことがあげられる。中東の建設業における韓国のシェアは、1975年6月～1976年6月では8.6％、第5位であったものが、1977年5月～1979年6月では21.4％、第1位に上昇した〔平川1988〕。

韓国の建設企業は、中東に派遣する労働者を自国で直接募集した。たとえば1983年の在中東韓国人労働者の94.3％は、韓国企業に雇用されていた。付言すれば、日本の在中東建設企業も韓国人労働者を雇用した。海外での彼らの平均賃金は韓国内の建設業のおよそ2倍に達したため建設労働者の中東流出が起こり、韓国の建設業では労働力不足が惹起されるほどであった〔小川1987：295ff.〕。

彼らは、年齢としては20歳代、30歳代が中心で、独身・既婚にかかわらず1年から2年間の契約労働に従事した。「多くの工事場では『現代建設』などの社旗がはためき、そこでは韓国人だけが集まって仕事をしていた。しかも、彼らは家族と切りはなされた単身赴任の集団である。このため、言語、風習がまったく異なる中東の庶民などからは、韓国労働者は軍隊が工事服に着替えて遣ってきた人たちなのでは」とささやかれた。つまり、ベトナム戦争の時期に形成された労働慣行が中東でも継承されていたといってよい〔花房1989〕。中東のキャンプ地では、食事と住居は雇用主である企業が負担するのが通例であっ

第5章 送り出し国の状況

表Ⅰ-5-2 韓国の人力進出数の推移 (人)

年度	欧州	中東	アジア	米州	船員	その他	全体
1965	2,251	—	182 (93)	295	1,015	66	3,809
1966	1,520	—	10,418 (10,097)	24	978	7	12,947
1967	428	—	5,734 (3,328)	234	1,861	57	8,314
1968	94	—	6,472 (6,046)	682	1,307	73	8,628
1969	847	—	2,609 (2,131)	418	1,577	51	5,492
1970	3,022	—	1,864 (1,184)	914	2,874	108	8,728
1971	2,731	—	1,555 (355)	844	4,089	61	9,280
1972	1,728	—	1,548 (88)	736	6,199	109	10,320
1973	2,120	—	1,445 (8)	973	7,278	47	11,863
1974	2,416	395	2,697 (6)	608	8,403	19	14,538
1975	910	6,466	2,867 (1)	358	10,323	62	20,986
1976	379	21,269	1,765	526	13,098	155	37,192
1977	779	52,247	1,570	506	14,074	426	69,602
1978	97	81,987	903	676	18,169	156	101,988
1979	—	99,141	820	225	20,587	217	120,990
1980	3	120,535	4,004	154	21,649	91	146,436
1981	—	138,310	9,081	70	27,556	97	175,114
1982	288	151,583	12,597	857	31,252	278	196,855
1983	437	130,776	18,092	1,219	33,285	468	184,277
1984	378	100,765	16,350	805	34,067	308	152,673
1985	320	72,907	5,590	1,418	39,215	795	120,245
1986	338	44,753	4,882	2,093	42,751	458	95,278

注：( ) 内南ベトナム進出。
出所：韓国労働部

たため、全収入の8割前後の本国送金が可能であった。ただし、送金は制度的に義務とされていたわけではない。

　ちなみに韓国の建設企業は、関西新空港の建設への参加を求めるなど日本の建設市場への参入を指向していた。これにたいし、建設省は1988年より韓国の建設業者の日本市場への参入の認定を開始し〔手塚 1989：97-98〕、1989年末に11社が認定された〔『日経』1989年12月22日〕。

　次頁の表Ⅰ-5-3は、海外への人力進出による送金額と国際収支を示したものである。これによれば、経常収支の赤字は1979年から深刻化し、1980年には53億米ドルに達した。一方、送金額は1979年から10億米ドル台に乗り、中東

表Ⅰ-5-3　韓国の海外進出人力による送金と国際収支の推移　　　（百万ドル、％）

年度	送金額（A）	経常収支	商品輸出額（B）	貿易外収支（C）	A／B	A／C
1977	584.2	12.3	10,046	3,027	5.8	19.3
1978	769.8	1,085.2	12,711	4,450	6.1	17.3
1979	1,158.3	△4,151.7	15,055	4,826	7.7	24.0
1980	1,292.4	△5,320.7	17,505	5,363	7.4	24.1
1981	1,673.4	△4,646.0	21,254	6,598	7.9	25.3
1982	1,938.9	△2,649.6	21,853	7,476	8.9	25.9
1983	1,663.1	△1,606.0	24,445	7,178	6.8	23.2
1984	1,489.0	△1,371.3	29,245	7,316	5.1	20.4

資料：韓国労働部、韓国銀行。
（出所）〔金・崔 1985：33〕

への人力進出のピークであった1982年にはなんと20億米ドル近くになったことがわかる。すなわち海外からの送金は、1979年から1980年代前半の韓国の国際収支の危機の救済に大いに役立ったのである。なお、このほかに建設工事そのものによる利益やそれに関連する商品輸出もまた国際収支の改善に貢献した〔小川 1987：303〕。

　これほど大きい影響のあった中東への人力進出も、1983年の石油価格の下落以後減少が始まり、1986年にはわずか4万5000人へと低落した。しかしながら、これとともに船員の増加がみられたことは興味深い。船員は、1万人を超えた1975年以降も着実に増大し、1986年にはついに4万3000人となって、中東へ向かう労働者数にほぼ匹敵するに至った（表Ⅰ-5-2）。ちなみに、1989年の船員数は3万5000人へと減少したばかりでなく、賃金の高騰のために確保が困難になりつつあった（『東亜日報』1989年5月28日）。

　1989年現在、合法的な出稼ぎの主要なルートとしては、(1) 雇用主である企業の直接雇用、(2) あっせん業者、(3) 韓国海外開発公社（以下公社と略）の3つがあった。

　(1) はすでにみてきたとおり、もっとも一般的な形態である。(2) は数業者あった。(3) の公社は、先に述べたようにベトナム戦争を機縁として1965年に設立され、約27万人の労働者を海外に派遣してきた。1989年現在のシェアは5～10％程度である。人力進出に関する公社の業務としては、海外における雇用主の受け付け、派遣労働者の選定補助、派遣労働者と雇用主間の労働契約の締結、派遣労働者の訓練等がある。

第5章　送り出し国の状況

　アジアNIESの優等生といわれた韓国では、オリンピック関連工事の終了により一時的に労働力過剰が現れたにせよ、全般的にいえば、好調な経済のもとで出稼ぎ労働力の減少も国内で吸収され、特定の部門では労働力不足さえ出現した。また、国際収支は黒字基調に転じ、海外で働く労働者からの本国送金は必ずしも重要ではなくなった。

　ところで、関西圏に顕著だった韓国人の増大は、これまで検討してきたような合法的なものではなかった。彼らは、いわば人力進出政策の外部で、自己の決断のもとに来日していたのである。

　ここで、奈良県の山奥の飯場で働いていた韓国人Bさん（第3章第3節で紹介）の実家を1989年春に訪ねたときの模様を記しておこう。

　幸運にも、私たちが韓国を訪れた時、Bさんもビザが切れたため韓国に帰国していた。慶州市街から踏み出ると景色はあたり一面田畑の農村に一変する。バスに30分も揺られたのち、私たちはBさんの運転する耕運機に乗せてもらい、Bさんの家に向かった。家では、Bさんのお母さんと奥さんと商業高校に通う娘さんが出迎えてくれた。Bさんは帰国してから、これといった仕事はしておらず、日本で起こした腹痛をいやしているようだ。

　Bさんの家は平屋で、3部屋ほどのものである。床は韓国の伝統的床暖房であるオンドルのため暖かかった。また庭には、犬数匹と鶏が何羽か飼われていた。同行した韓国人の話ではこの家は典型的な農家であるということだ。またBさんの部屋にはテレビやおそらく出稼ぎの時買ったと思われる日本製のラジカセがあった。

　Bさんの家は第2種兼業農家で、主にBさんの左官や大工、鉄工所などの仕事で家計を支えているが、自作として400坪、小作として1500坪の田んぼで稲作もしている。昔は4000坪もの土地をもっていたとBさんはいう。

　この村は、114戸のうち88戸が専業農家で、残りは兼業農家をしているという構成である。この村にはみかんのかんづめ工場もあるが、過疎化が進行しているという。若い人は農業を捨てて、都市へ職を求めて行く。その背景にはこの村にいては嫁がこないということがある。Bさんの息子もホテルの調理師としてソウルで働いているという。

　帰国してから日本への出稼ぎについて相談にくる人はいるかどうか尋ねたところ、いることはいるという答えが返ってきた。しかし、Bさんとしては若い人に日本への出稼ぎを勧めることはできないという。危険なわりに利益が少な

いので韓国国内で働いていた方がよいというのが理由らしい。

　Bさんは3週間後には再び日本に出稼ぎに行く予定である。前の飯場ではBさんに再び働いてもらいたがっているが、賃金がより高い職場があれば、前の飯場を捨てて新しい仕事場に移りたいという。

第4節　中国の「労務輸出」と強い出国熱

　中国には、国策としての労働力輸出を表現する「労務輸出」という言葉があった。中国対外経済貿易省によれば、1987年の労務輸出数は6万400人、1988年1～5月は5万4372人と増加傾向が顕著であった〔手塚1989：103〕。その合計は1989年までの10年間で延べ30万人に達したといわれる〔小島1989〕。中国の労務輸出の出発点も、他のアジア諸国と同じように中東の建設需要であった。その数は、1981年の1万7000人から増大して1984年に4万7000人となり（第1節表Ⅰ-5-1）、低賃金を武器に1989年現在も続いていた。

　しかしながら、海外出稼ぎの転機は1985年末の「中国公民出境入境管理法」の公布であった。この法により、所属している職場の同意さえあればパスポートが発給されることとなった。自ら金を借り集めて出国しようとする人びとが急増したのはこれ以降のことである〔丸川1989〕。

　これとともに、政府は労務輸出を直接担当する国営および公営（省や市等）の各種企業を多数設立した。相手先としては、中東やシンガポールとともにソ連にたいしてもおこなわれていた。その第1号は、1988年10月の黒龍江省の建設労働者の出国であった〔手塚1989：104〕。さらに、中国は、沿海地方に10ヵ所船員のあっせんセンターをつくり、台湾等の外国船に乗船させていた〔伊藤1989〕。

　1988年7月、中国の李鵬首相（当時）は、訪中した竹下首相（当時）にたいし中国人の建設労働者の日本への受け入れを求めた〔『日経』1988年9月8日〕が、それはこのような労務輸出政策の延長の上にあったといえる。中国の労務輸出の規模は1980年代後半にはそれほどたいしたものではなかった。けれども、中国が他のアジア諸国と同じように労務輸出を積極的に推進せざるをえなくなるとおもわれる条件が発生していた。それは失業の増大と国際収支の悪化である。

　中国の失業率は、集計対象が都市部に限られているが、1988年までの5年間

第5章　送り出し国の状況

に2％前後400数十万人の線を上下してきた。しかしながら、1988年秋から始まった経済調整政策の影響等により、1989年末の失業率は4％に上昇する見通しが強くなってきた〔『日経』1989年10月30日〕。農村部については、労働力4億人のうち1億8000万人が余剰労働力であるとされてきたが、それに加えて郷鎮企業の相次ぐ閉鎖が事態を深刻化させた。郷鎮企業とは、地方に立地する中小規模の地場産業である。1989年まで総数1880万の企業が9500万人の労働力を吸収していたが、1989年現在このうち10％が操業停止、20％が半停止のやむなきに至り、1500万人が失業状態に追い込まれたといわれる〔小島1989〕。

　このような状況の帰結が、「盲流」（盲目的な人びとの移動）と呼ばれる一種の流民現象であった。盲流は、就業機会を求めて内陸の農村から大都市に向かう流れであり、1987年ころから目立ち始めた。中国では居住地選択の自由が原則として存在しないため、この人びとは居住者に与えられる権利をもっていない。その数は、1988年段階で北京市に160万人、上海市に200万人以上であり、1989年現在全国で5000万人とも6000万人ともいわれていた〔小島1991：66-67〕。1989年6月の天安門事件後、とりわけ8月に入って盲流が再発生し、広州駅には連日5000人以上が集まった〔小島1989〕。

　つぎに国際収支の悪化についてであるが、中国の対外債務は急速に増大していた。世界銀行などの推定によれば、1985年には167億米ドルであったが、1986年に219億米ドル、1987年に302億米ドルとなり、1988年末には400億米ドル（中国政府発表）に達した。それにたいし1988年の輸出額は474億米ドルであった。中国当局は債務返済に問題はないとしていたが、1989年の輸出の伸び悩みと観光収入の激減から、国際収支の状況には大きな懸念がもたれていた〔『日経』1989年10月14日〕。

　労務輸出政策とならんで、中国の民衆とりわけ上層部分には強い出国意欲がみられた。中国では職業選択の自由がほとんどなく、大卒者のばあいにはとくに著しかった。そのなかで、外国への渡航は、自由を獲得するための数少ない手段のひとつであった。さらに、現存する体制にたいする一般的な不満がそれに拍車をかけた。また、文化大革命を経験した世代は政策の変化によって地位を失うことを恐れていた。海外に指向する中国人の特徴は、学歴がきわめて高く社会の特権的地位に属しているものが多かったことにある。彼らの目的は、一般に金銭そのものではなく、より高い教育や技能の習得が目指されていた。このような強靭な目的意識と資質の高さは、「黄金の追放者」と呼ばれた1970

年代初頭までのキューバからアメリカへの政治的亡命者を想起させるものがある。渡航希望国としてはアメリカを頂点とし、カナダ、オーストラリアなどが一般的であり、日本にたいする希望はそれほど強くなかった。

　強い出国意欲にもかかわらず、中国の人びとにとって海外渡航はきわめて困難であった。まず、観光目的の出国は実際上不可能に近かった。観光先の身元保証人とともに職場の同意が必要であり、さらに日常使う人民元は原則的には外貨と交換できなかったからである。そのため、中国人の合法的な出国は、留学・就学や親類訪問という名目、あるいは研修に限られていた。

　留学・就学についてみると、従来アメリカへの留学・就学は比較的自由であったが、英語の学力試験や原則として大卒以上という学歴制限など、入国規制が強められた（〔ぐるーぷ赤かぶ1989：79〕、〔『読売』1988年10月12日〕）。

　オーストラリアについても、1986年以来、英語学校で勉強する就学生を積極的に受け入れてきたが、中国人の就学生が激増して1万5000人に達し、また非正規滞在者も増大したため、1989年8月末、年齢や学歴の制限、就労の際の雇用主の証明書の要求など規制を強化した。その結果、就学生としてオーストラリアに出国することは著しく困難となった〔『朝日』1989年10月31日〕。

　両国の規制の厳格化のためもあって、日本へ中国人就学生が大量に流入し、それにたいし日本の側でも不十分ではあるが規制措置を講じたことは、第2章第2節ですでに述べた。

　付言すれば、中国人がボリビアに1年住んでボリビアの永住ビザを取得すると、中国系ボリビア人としてアメリカへの入国が可能になるといわれていた。そのため、1988年暮れごろから中国本土からばかりでなく日本にいた就学生も、続々とボリビアに向かいはじめ、その数は2000人に達したといわれる。これに対抗して、ボリビア政府は中国人にたいする観光ビザの発給を停止した〔『朝日』1989年4月27日〕。

　ただし、天安門事件以後出国の規制が厳格化していたことにも留意しておきたい。当局は、活動家の海外逃亡を恐れてパスポートの発給を抑える方針をとるとともに（『朝日新聞』1989年9月8日）、アメリカへの出国にはビザだけでなく出境証を要求した〔伊藤1989〕。こうして出国者が減少したため、上海では米ドルにたいする人民元の相場が急騰した〔『日経』1989年10月21日〕。

　中国から日本への流入のなかでは、研修生が重要な役割を果たしていた。第2章第3節でみたように、1988年の入国者数はタイに次いで第2位、4000人弱

を占めた。研修生候補者は、所属職場の許可を得たのち、前述した労務輸出を担当する各種企業を経由して、日本に派遣された。われわれが話を聞いたある建設会社の研修生の事例では、月に小遣いを4万円、食費として現金を3万円支給され、部屋を与えられていた。このほか会社は、中国の企業に月4万円、元の職場に月2万円を支払っていた。なお、渡航費用は会社負担であった。このように、中国側企業は、研修生にかかる費用の20〜30％を雇い主から徴収し、また元の職場も相当額を雇い主に請求するのが通例となっていた。元の職場は、ここから留守家族に月給を支給するとともに、派遣に要した諸費用（日本語の教育等）に充当する。このように、研修生の派遣は中国の外貨獲得に直接貢献しており、中国側からみれば日本の研修生制度は労務輸出の重要な対象であったといえる。

　ベトナム難民に偽装した中国人が小船で大量に日本に漂着したことは、1989年の大きな話題となった。その背景には、前述した中国人の強い出国熱があった。5月29日以降の漂着数は24隻、3498人に達し（12月5日現在）、そのうち中国人偽装難民と判明したのは2844人であった。「難民船」の大半は8月上旬からの1ヵ月間に集中していた（〔『日経』1989年10月24日〕、〔『朝日』1989年10月30日、12月5日〕）。

　このような事態にたいして、政府は9月11日、中国人（ベトナムからの帰国華僑を含む）については不法入国者として退去強制措置をとり、インドシナ難民については政治難民か経済難民かを個別に審査する難民資格認定制度（スクリーニング）を導入することを決めた〔『朝日』1989年9月11日〕。これ以後、難民船の漂着は実質的に終息した。中国人の偽装難民は、中国政府の確認を待って、強制的に本国に送還された。

　難民船の出航基地は福建省に集中していた。福建省は、海外移民の送り出しの長い歴史をもっているばかりでなく、日本における中国人就学生の主要な出身地でもあった。1988年末時点での上海市当局による日本向けのパスポートの発効件数は、上海3万5000、福建省1万、江蘇省1000とみられており、〔ぐるーぷ赤かぶ1989：75〕、この省のウエートが高かったことがわかる。

　在日就学生の間では、福建省の福清県、長楽県、福州市と上海市出身者による4つのグループができていたといわれる。そして福清県では、日本で就学生であった者が帰国後建てた石造りの真新しい豪邸が目についた〔『朝日』1989年9月2日〕。したがって、難民船の出航の大きな理由が、就学生にたいする日

本の入国規制の強化であったことは疑いようがない。付言すれば、福建省は日本の規制強化後対岸の台湾への大量密航の経験をもっていた。

　出航基地の最大のものは福清県にあり、大きな基地は長楽県、平壇県海壇島にもあった。ちなみに福清市は福建省有数の華僑の里として知られ、市民の6割が海外華僑に親類をもっていた。日本で問題化して以来中国当局による取り締まりが厳しくなっており、福清県沿岸では、非合法出国により検挙された者が約700人に達したという情報もある〔『朝日』1989年9月1、2、6日〕。

　難民船の仕立てについては、大規模な組織などはなくばらばらにおこなわれていた。以下典型的な例をあげると、福建省の同じ村出身の顔見知りがベトナム難民として日本にいるのをテレビで知ったのがきっかけとなり、数人がリーダーとなって資金集めが始められた。ベトナムからの帰国華僑数10人の手数料は無料とし、出稼ぎ目的の男性は一人4000元（約20万円）、女性は2000〜4000元を徴収して船の調達、ベトナム出生証明書の偽造、食料費などにあてた。彼らのほとんどは、土地を売ったり、親戚や知人から金を借りて費用を捻出していた〔『朝日』1989年10月4、25日〕。

　このように、難民船ではベトナムからの帰国華僑が重要な役割を果たしていた。彼らは、ベトナムと中国の関係が悪化した1978年以降中国に帰国し、その数は16万人余りに達した〔伊藤1989〕。福清市には海外からの帰国華僑を収容する華僑農場や華僑工場があり、ベトナムやインドネシアで迫害を受けた華僑が生産に従事していた〔『朝日』1989年9月1日〕。このようなベトナム帰国華僑の存在という条件も、この町を最大の出航基地とすることを助けていた。

　以上みてきたとおり、中国人の偽装難民は1989年現在一応終息したが、出稼ぎ目的でない政治難民とおもわれる者が初めて登場したことは注目に値する。10月12日に発見された難民船には、「学生運動に参加した」「親類には政治的迫害を受けて殺された者がいる。自分も迫害を逃れてきた」など、出国理由として政治的迫害をあげる者が少なくとも10人はいた。この難民船には、北京語を使う学生・教師ら教育水準の高い人たちが多く乗船していた〔『朝日』1989年10月16日〕。

　福建省とならんで、上海の人びとも特別に出国意欲が強かった。そのため、上海には中国の他の都市にみられない海外渡航者のためのサービス機関が出現した。その第1は、1988年7月私用で出入国する個人向けのサービス会社として、市公認のもとに発足した「私出入境人員咨詢服務公司」である。その中をのぞくと、情報量の多さは「アメリカ、カナダ、オーストラリア、日本」の順

であった。さらに、中国では外貨の持ち出しは極端に制限されていたが、前掲企業の親会社にあたる「上海愛建金融信託投資公司」は、外貨管理局や上海市からの公認を受けて、1988年9月から闇レートよりは少し安い程度で、円とドルの貸し付けを開始した〔『朝日』1988年12月12日〕。

　以下、1989年春上海でわれわれがおこなったインタビューの3事例を紹介する。

事例1：上海の街角で突然われわれに日本語で話しかけてきたDさんの事例は、海外を目指す人びととの一般的意識をよく示している。Dさんは、日本語の方はまだまだで英語が大変上手である。彼は父が設計した機械を売っているという。父の名義では売れないので自分が契約書にサインをしている。しかし、仕事といってもそれだけなので毎日ぶらぶらしているようだ。

　彼は典型的なエリートである。大学進学率が当時4％であった中国では一般に大学を出た知識人は自分自身に強い誇りをもっていた。そういうと彼は「その通りだ。彼らは他の人びとを見下している」といった。彼自身の口からも社会的地位の高い知人や親戚の話が何度となく聞かれた。そして、在学中の5年前、アメリカ大使に認められてアメリカに来いと誘われたが、まだ開放政策が進む前でこわかったので行かなかったことなどを語った。もし今だったらもちろん行っているという。

　彼は日本へ行くことを具体的にはまだ考えていないが、もし行くことになればその目的は「金儲け」だとはっきり答えた。本命はアメリカらしい。「どうして日本ではないのか」と聞いてみると、「日本は近すぎる」とあっさり答えた。しかし一方で、「日本人男性は正直でなく口がうまいから嫌いだ」という。

　Dさんによれば、経済的、能力的理由でアメリカ行きを断念する人が多い。それにもかかわらずアメリカ行きを希望する理由は、永住権にある。日本に来る就学生の中に北京の人が少ない理由は、彼らがアメリカへ行ってしまうからだという。日本へ就学生として来た人は2年たっても祖国へ帰らないことが多く、アメリカやカナダ、オーストラリアやニュージーランドに渡ってしまうのだという。

　われわれは上海の日本語学校を訪問し、そこで学生たちから話を聞くことができた。ここでその内容を2例紹介しておこう。この学校は上海の中心地である外灘からほど近い中学校の校舎を利用し、夕方仕事を終えた人たちを集めて授業をおこなっていた。

事例2：Sさんは、1973年、20歳の時以来15年間日本語を独習している。彼は1978年から4年間昆明工学院で冶金設計を学んだ。そして卒業から現在に至るまで、上海のある大工場で設計にたずさわっている。その工場は日本の技術を導入しており、日本人技師がいたときは現場で通訳を頼まれ重宝されたという経歴をもっている。

Sさんは次のように語ってくれた。「中国の制度はよくない。中国ではいくら働こうといくら技術をもっていようと、収入は変わらない。競争がないから中国は遅れている。けれども中国の体制は変わらないだろう。実は現在の職場には満足していない。設計といっても少しも創造的でない。上司からいわれたことを機械的に処理するだけだ。たとえ日本に行けなくても職場を変わる努力をするつもりだ。日本の自由競争はいい。もし日本に行けたら、経営や競争の仕方を実際に見て学びたい」

事例3：Yさんは、日本で就学している弟を通じて入学金8万5000円を納入した日本の日本語学校が不適格校となり、払い損となってしまった。そのため、日本に行こうという気持ちは5分の1ほどに減ってしまったという。上海では日本への就学希望者のうち3分の1は日本に知り合いがいると彼は推測している。

Yさんは著名な大学のひとつである交通大学を卒業しているが、大卒の人は勉強第一であるのに、高卒の人のなかには金儲けを目的とする人がいると語った。人民元と外貨の交換の方法について尋ねると、日本に知り合いがいるばあいには、その友人が日本円で必要な支払いをする一方、就学希望者が中国にいる家族に相当額を人民元で支払い、いないばあいには闇で交換するということだった。

第5節　その他のアジアの送り出し国とアジアの受け入れ国

1．その他のアジアの送り出し国

以下、前節までにふれなかったアジアの送り出し国として、バングラデシュ、タイ、スリランカ、インドネシア、インドをとりあげ、1980年代後半までの状況を概観する。

第5章　送り出し国の状況

a　バングラデシュ

　まずバングラデシュについてみると、この国から中東（リビアを含む）への出稼ぎは他の諸国に比べるとかなり遅れて始まったが、失業難のなかで大きな関心を呼び、民間のあっせん業者が簇生した。そのなかには、中東での出稼ぎ口を紹介するといって法外の金を搾取する業者もあった。これもひとつの理由となって1976年、政府は労働省内に「人材・雇用・訓練局」を設置し、出稼ぎ先のあっせんと出稼ぎ希望者にたいする職業訓練を開始した。1984年には、さらに海外雇用サービス公社が設立された。

　中東への出稼ぎは、1982年に6万3000人とピークに達した。その後2年間はやや減少したが、1985年から再び増大が始まり、1980年代後半は約7万人前後の出国水準を維持していた。その主たる理由は、他の中東への送り出し国に比して、労働者が低賃金であったことによる。

　海外送金の額は、1980〜81年（7月〜6月、以下同様）に3億8000万米ドル、1986〜87年に7億3000万米ドル、1987〜88年に7億9000万米ドルに達した。そして、同じ年の輸出額にたいする送金額の比率は、それぞれ53.3％、68.1％、64.0％となり、ここでもいわば労働力が最大の輸出品目になったといえるのである。その結果、バングラデシュの国際収支は顕著に改善された。元来、貿易収支の大幅な欠損が経常収支の欠損に直結し、それを外国からの援助がある程度縮小するという構造であったが、送金の増加は、外国からの援助の増加もあいまって、国際収支を黒字に転化させた。

　中東への出稼ぎ者の金の使途としては、「ドバイ・ワラの豪邸」が象徴的である。ドバイ・ワラとは、ドバイからお金をもって帰ってきた人びとをさす。

　海外への出稼ぎのあっせんは、民間のあっせん業者によるものが多い。すなわち、彼らのシェアは40％、政府機関のシェアは10％以下であり、残りは個人的つてである（以上は、〔長田1989〕）。パキスタンと比べて、バングラデシュのあっせん業者ははるかに組織的であった。大手のあっせん業者はたいてい職業訓練所を併設していた。あるあっせん業者は、主に中東での韓国企業の建設プロジェクトに労働者を送り出していたが、ここでは労働者は統一された制服・制帽と名札をつけさせられて空港に向かった。

　バングラデシュには、「日本に出稼ぎに行ったバングラデシュ人の7割」を出しているという話のある村が存在し、われわれは1989年春ここを訪れた。ダッカから50キロメートル離れた地点にあるこの村からは、2、3軒に最低1

人は日本への出稼ぎ者がいるらしく、もっとも多い所では、2軒から16人が渡日中であった。そして、「ジャパニーズ・ハウス」と称される煉瓦づくりの立派な家があちらこちらで建設中であり、村人の興奮を誘っていた。

バングラデシュについても、パキスタンと同じように1989年1月にビザの免除協定が一時停止された。ちなみに、一時停止後2ヵ月間に日本大使館が発給した観光ビザは687件であり、申請は次第に増加する傾向にあった。なお1989年3月、アメリカへの移住を求めて1000万～2000万人のバングラデシュ人が突然ビザ申請をおこなったといわれ、この国の流出圧力を示していた〔『国際人流』1987年6月号：34-35〕。

b タイ

タイにおける労働力送り出しの第1の段階は、女性労働者の出稼ぎとして始まった。それが顕著化したのは1974年であり、メイドや売春を中心とする性産業に従事するため西ドイツ、スイス、オランダおよびスカンディナビア諸国等に向かった。出稼ぎの目的としては、家計を支えるためと結婚資金をためるためが多かった〔DAGA 1986：26-27〕。第2の段階である中東へ向かう男性労働者が急増したのは1980年からであり、そのピークは1982年で、中東への出国数は10万人を超えた。

中東以後の第3の段階の推移について、まず1983年以降の出国数をみると、1983年6万7000人、1984年7万3000人、1985年7万人、1986年8万6000人、1987年8万6000人となり、原油価格が低落した1986年に、かえってかなり大幅に伸びたことがわかる。なお1987年の送り出し先国のうち中東諸国は87.5％を占めており、最盛期に比べて若干減少はしているものの、その重要性は変わっていなかった（〔労働省1988d：129-130〕、原資料は、タイ国内務省労働局）。

バンコク銀行の発表によれば、1988年のタイの海外労働者の残留数は合計30万1500人であった。その内訳は、中東諸国が22万8000人、76％と群を抜き、次いでシンガポール3万1000人、マレーシア2万6000人、ブルネイ6000人、日本5000人、香港2500人、その他3000人となっていた。なお中東諸国のなかでは、サウジアラビアが15万人と、圧倒的に多かった。1987年の残留数は31万3000人だから、これと比較すると1万1500人の減少だが、これは中東諸国とりわけサウジアラビアの減少に由来していた〔鷲尾1989〕。サウジアラビアは、外国人労働者を60万人削減しようとしていた。中東での賃金水準が低下

していたために、労働者は中東への出稼ぎ意欲を喪失しつつあったといわれる〔日本労働協会1987：12〕。

　ここで注意しておきたいことは、残留数30万1500人というバンコク銀行の資料が、いくつかの点で不十分であると考えられることである。第1には、出稼ぎ女性の把握がなされていないことを指摘できる。その数は、全世界で10万人に達するとみられ、ビザが免除される西ヨーロッパ諸国特に西ドイツとスカンディナビア諸国や、中東諸国および台湾、日本等に出国していた（〔DAGA 1986：20〕、台湾については〔『朝日』1989年6月30日〕参照）。第2に、すでに述べてきたように、シンガポール、台湾、日本には相当数の男性の非正規就労者が存在したが、それもまたカウントされていない。なお、このほかにタイからは相当数の研修生名目の労働者が日本に送り出されていた。研修生は、タイに進出した日本資本の現地企業を母体にしていたほか、タイのあっせん業者が日本の受け入れ側と連携して組織的に送り出しているばあいがあった。ちなみに、タイの研修生としては若い女性が目立った。

　したがって、1980年代後半のタイの海外労働者の残留数はバンコク銀行の数字よりかなり多く、40万～50万人の間であったと想定できよう。

　このようにタイの海外出稼ぎは相当の量に達し、また国際収支に与える影響についても、すでに述べたように無視できない額となっていた。それにもかかわらず、タイ政府が積極的な出稼ぎ奨励策をとっていたとはいいがたく、その役割は、出稼ぎあっせん業者の規制・監督と、海外にいる労働者の保護に限定されていた。規制・監督の内容としては、悪質なあっせん業者の取り締まりや、あっせん業者にたいして未熟練な労働者の教育訓練を強制したことなどがある〔鷲尾1989〕。

　こうして、タイの海外出稼ぎのあっせんは、全面的に民間業者の手によっておこなわれていた。海外職業紹介業者協会にあっせん業者が300社ほど加盟していたが、この団体の会長は、政府のあっせん業者にたいする規制の強化にともない手数料が高騰しつつあり、また出稼ぎ先の先細りにともない、あっせん業者の経営も悪化していると語っていた〔日本労働協会1987〕。

　出稼ぎ労働者が海外で稼いだ金は、住宅、耐久消費財、農業機械などに使われた。出稼ぎ売春者の出身地としてよく知られているタイ北部チェンマイ県バーン郡では、送金による新しい家、家電製品、トラクター・農作業用トラックが目立っていた。なお、この地域では若い男性が深刻な結婚難に見舞われてい

た〔『朝日』1989年6月30日〕。

最後に、第2章第1節で紹介した、研修生名目で来日し北関東の金属加工工場で働いていたBさんの実家を訪問したときの印象を記しておこう。

Bさんの家は、バンコクから北へ長距離バスで数時間行った所の農村にあった。村では10数軒の高床式の住居が近接していた。Bさんがあらかじめ伝えておいてくれたおかげで、私たちはBさんの奥さんから大変歓迎された。Bさんの家の一間には、テレビ、ラジオ、新品の冷蔵庫などの家電製品がおかれ、ずいぶん豊かに感じられた。これらはBさんからの仕送りで買ったものとおもわれた。奥さんは、Bさんが日本から送ってきた写真を見せてくれ、帰りにはハンバーグやバナナなどのお土産を渡してくれた。

c　スリランカ

次にスリランカであるが、海外出稼ぎが本格化したのは、1978年の出国許可制度の廃止以来のことである。その後1980年に海外職業あっせん所法が制定され、1985年には労働省の外局として海外雇用局が設立された。また、海外出稼ぎ者のための労働者厚生基金が、出稼ぎ者の拠出をもとに設置されていた。海外雇用局の任務は、あっせん業者を認可してライセンスを発行すること、個々の職業あっせんが適当な条件のもとにおこなわれているか否かを審査すること、職業あっせん、海外就労者のためのトレーニング、契約違反、搾取・事故などの場合の苦情処理などであった。

1978年当時の出稼ぎ者は年間約2万人であったが、中東への出稼ぎの増大とともに1980年代前半には年間約6万5000人に至った。そして、石油ブームの沈静後も、海外滞留数はそれほど減少しなかったとみられている。出稼ぎ者からの海外送金は、スリランカでも国際収支の改善に大きく貢献していた。1984年の総金額は70億ルピー（3億米ドル）に達し、総輸出額にたいする比率は27.6％であった。

南アジアの他の労働力輸出国がメイドの送り出しを禁止しているのと対照的に、スリランカの出稼ぎ労働力の半数前後はメイドであり、その比率は少なくとも40％以上、多ければ50％以上と推測されていた。その出稼ぎ先は主として中東諸国であったが、シンガポールおよび香港への進出が著しくなった。

あっせん業者は、法定のあっせん料の3～10倍の1万～2万5000ルピー（4万～10万円）の手数料を要求したといわれており、数百のあっせん業者が認可

を取り消されたばかりでなく、無認可のあっせん業者も多数存在した。それにもかかわらず、海外雇用局によるあっせんはごく限られていた（以上スリランカについては、〔佐々木1991：第9信〕、〔DAGA 1986：64-65〕）。

d インドネシア

インドネシアで中東への出稼ぎが本格化したのは1978年ごろからであり、その行先はほとんどサウジアラビアに集中し、またその職種はメイド、運転手などの家事使用人であった。1982年の最盛時には18万人の中東出稼ぎ者の流出があった（151ページの表Ⅰ-5-1）が、1985〜87年には4万5000人へと減少した。1989年にも9割がサウジアラビアで就労し、8割以上が家事使用人であり、その6割はメイドであるといわれていた。

インドネシアで労働力送り出しを担当していたのは、労働省所属の海外雇用センターであった。センターは、50ほどあるあっせん業者を管轄下においていた。あっせん業者は業者ごとに異なる国を担当することになっており、また手数料は労働者からではなく、雇い主から徴収された。

これに加えて、インドネシアからマレーシアに向かう大量の非正規労働者がいた。彼らは東マレーシア（サバーおよびサラワク州）に15〜20万人、半島部で30〜40万人といわれ、プランテーション労働や建設労働に従事していた。東マレーシアへの流入者の多数はスラウェシ島と東ヌサ・トゥンガラ諸島の出身であり、手配師に組織されて木造船で入国した。一方半島部ではジャワ島およびスマトラ島出身者が多く、首都クアラルンプールでの都市雑業層および錫鉱業に流れこんだ。このほか、台湾でも数万人が中小工場などで非正規就労していた。なお、1989年4月から開始された第5次5ヵ年計画では、労働力送り出し50万人という目標が示された（以上は、主として〔佐々木1991：第15信〕のほか〔松井1989〕、〔福家1986〕、〔加納1992：173〕も参考にした）。

e インド

インドでは、歴史的にみれば、海外への出稼ぎよりも移住のほうがはるかに重要性をもっていた。移民としては、155ヵ国に900万人が永住し、そのうち500万人が市民権をもっていた。

このインドで出稼ぎがクローズアップされたのは、他のアジア諸国と同じく中東の石油ブームによる労働力需要であった。第1節で述べたように、中東諸

国への1980年代前半の流出数は年当たり20万人台にものぼったが、1980年代後半には10万人台へと半減した。なお、湾岸戦争による送金減は5～6億ドルとみられる〔『朝日』1990年9月21日〕。インドの海外送り出しの特徴として、数千に達するとみられる無認可のあっせん業者が大きな活動をしていたことがあげられる。そのなかでは、パスポートやビザなしで大量の労働者を送り出すという業務も大きな比重を占めていた。こうして彼らは、労働者から法外な利益を貪っていたのである。このような状況に対処するため、インド政府は1983年新移民法を制定し、あっせん業者にたいする許可制や海外におけるインド人労働者の保護のための手続きなどを定めたが、実効はあまりあがらなかった。

インド人出稼ぎ労働者の特徴として、ケララ州という特定地域のウエートが高かったことを指摘できる。ケララ州はインドの南端近くアラビア海に面する小州であるが、全インドの出稼ぎ者の半数以上を送り出していたといわれる。1989年現在中東諸国には50～60万人のケララ人がおり、この州の10軒に1軒は出稼ぎ労働者を抱えていたとみられる。その最大の理由は、26％という失業率の高さに示されるこの州の貧困にあった。中東に行ったケララ人出稼ぎ者の属性としては、35歳以下が80％を占め、独身者が半数であり、大学中退以上の学歴をもつ者も25％もおり、就労した経験のない者が66％に達し、イスラーム教徒の比重が極端に高く、女性がいないなどの諸点があげられる（以上は〔佐々木1991：第7信〕、〔DAGA 1986：46-61〕）。

2．アジアの受け入れ国

アジア地域で外国人労働者の流入がみられたのは日本ばかりではない。いわゆるアジアNIES（新興工業国・地域）と称された諸国はいずれも外国人労働者の受け入れ国となっていた。これらの諸国の動向は、間接的にせよ、日本に向かう外国人労働者の移動の波に影響を与えた。そのなかでもシンガポールは、とくに注目に値する。

a　シンガポール

シンガポールでは、もともと労働力人口が少ないうえに、若年者が肉体労働を嫌う傾向が顕著になり、労働力不足を訴える声が高まっていた。この国は、いわゆる単純作業における労働力需要に対処するため、以前から外国人労働者

に依存してきた。正規の許可を得ている外国人労働者数は、1989年4月現在約15万人であり、このほか数万人の非正規就労者がいたといわれる。そのうえに、シンガポールとの国境地区に居住して毎日シンガポールに通勤するマレーシア人が2万人前後いたとみられる。したがって、外国人労働者はこの国の労働力人口145万人の10％台を占めていたことになる。

　シンガポールは、外国人労働者の送り出し国を「伝統的供給国」と「非伝統的供給国」に分け、基本的には前者にプライオリティーを与えていた。伝統的供給国は、マレーシア、香港、マカオ、中国、韓国で、それ以外は非伝統的供給国ということになる。南アジア諸国については、メイドとしてのスリランカ人や特別のばあいを除いては、労働許可申請がほとんど認められなかった。

　以下、産業別に出身国をみることにしたい。小売業についても導入を認める動きがあるが、政府が受け入れを認めていた産業は、製造業、建設業、ホテル業、メイド業だけであった。製造業については、主として10万人以上に達するとおもわれるマレーシア人が外資系の工場等で働いていた。彼らは、そのほとんどが中国系であった。建設業については、タイ人、フィリピン人、中国人、韓国人、台湾人など3万人弱が就労していた。メイドの導入は、シンガポール女性の就労率を高めることを目的としていた。外国人メイドの数は4万人といわれており、その大多数がフィリピン人女性であるが、スリランカ人もいた。外国人メイドは、シンガポール国民との結婚が許されないばかりか、シンガポール滞在中の妊娠も禁止されており、6ヵ月ごとの妊娠のテストが義務づけられていた。

　シンガポール政府は、経済の体質改善をはかるため、1982年以来外国人労働力への依存からの脱却を指向していた。1988年11月、外国人雇用者数の比率が従来の対従業員比50％から40％に引き下げられ、また外国人雇用税が1990年8月まで段階的に引き上げられることになった。

　1989年4月に改正出入国管理法が施行され、非正規就労者を雇う雇用者にたいして罰則が科されるほか、90日以上超過滞在した就労者自身にもムチ打ち刑と禁固刑が科されることとされた。これにより、3月に非正規就労のタイ人約1万人が出頭して本国に送還されたが、とくに建設業関係の労働力不足が深刻化したため、全員に正規のビザが与えられ、ふたたびシンガポールで就労することとなった。なお1989年7月までに、タイ人1人とインド人9人がムチ打ち刑に処せられた（以上の情報は、〔佐々木1991：第1、2、4、10、18信〕、〔『朝日

第Ⅰ部　1980年代後半までの外国人労働者

1989年4月20日、7月15日〕、〔労働省 1989c：416-418〕、〔菅田 1989〕、〔矢延 1989〕などから得た）。

b　香　港

　次に香港であるが、香港政庁は、労働力不足対策として1988年に公共事業の建設のために少数の外国人建設労働者の香港入りを許可した〔『日経』1989年10月30日〕ほか、1989年5月に、熟練外国人労働者の緊急受け入れ要請にもとづき「外国人技能労働者3000人受入計画」を施行した。この計画によれば、受け入れ期間は延長不可の2年間で家族の同伴は認めない。ただし同年10月までにビザ申請があったのは273件（大部分が中国本土人）だけであった〔佐々木 1991：第14信〕。

　ここでは女性の社会的進出が著しいために、1989年現在フィリピン人5万人、タイ人2000人、スリランカ人およびインドネシア人若干名がメイドとして就労していた〔佐々木 1991：第14信〕。ただし香港でも、外国人労働者の定着を恐れて、きわめて厳格な方策がとられていた。すなわち、メイドは解雇されたばあいにはただちに帰国しなければならず、別の雇い主に雇用されるばあいにも、一旦帰国して入国手続きをやりなおさなければならなかった〔CIIR 1987：91-94〕。

　このほか、中国からの非合法な入国者も相当数に達したとみられる。すなわち、香港から中国に退去強制されている中国人数は1年間に2万7000〜3万人にものぼっていた〔『朝日』1989年11月5日〕。なお、1988年には中国から2万7000人の合法的移民が入った〔内田 1989〕。

　付言すれば、ベトナムからの難民は香港の大きな社会問題になっていた。1989年10月現在、香港では5万7000人のベトナム難民が滞在していたが、そのうち4万4000人が経済難民であった。収容所は超過密状態で、その居住環境は極端に悪化していたといわれる。なお、政庁は彼らに労働許可を与えていなかっただけでなく、自主帰還を奨励するとともに、1989年12月には少数の経済難民の退去強制に踏み切った（以上は、〔『毎日』1989年9月4日〕、〔『日経』1989年10月27日〕、〔『朝日』1989年11月5日、1990年2月6日〕）。

c　台　湾

　台湾人が日本へ流入するとともに台湾にはアジア諸国から外国人労働者が流

入しており、階段状移動がみられた。台湾は外国人労働者を原則として認めていなかったが、行政院経済建設委員会の発表によれば、1989年3月現在4万人前後の非正規就労者がおり、毎月1000人以上のペースで増大していた。その国籍は、タイ、マレーシア、インドネシア、フィリピン、スリランカ、シンガポールにわたっていた。彼らは、主として輸出向けの製造業に非熟練労働者として低賃金で雇用されていた。ところで、労働力不足の深刻化に伴い、行政院は1989年6月、ついに建設業の特定部分について条件付きで外国人労働者の導入に踏み切った。また、数千人と推測される中国人が、政府の受け入れないという方針に反して滞在していた。彼らは東南アジアの国で旅券を取得するか、密入国していた（以上は、〔劉 1989〕、〔『日経』1989年10月30日〕）。1989年3月、中国・福建省から大量の中国人が漁船で次々と密入国しようとして大きな問題となったが、当局の必死のパトロールにより終息した〔『毎日』1989年9月4日)〕。

d　マレーシア

シンガポールに労働力を供給していたマレーシアにも、大量のインドネシア人が流入して非正規就労者となっており、一種の階段状移動が形成されていた。マレーシアは伝統的にプランテーションのための労働力を外国人労働者に依存していたが、1970年代にあっせん業者を通じた契約ベースが主となるとともに、インドネシアをはじめ、タイ、ミャンマー、スリランカ、フィリピン、カンボジア、バングラデシュなどからの合法や非正規の労働者の新規流入が顕著となった。1987年のプランテーションの就業者は約28万5000人であったが、極端な労働力不足にみまわれていた。

マレーシアには大量のインドネシア人が流入してプランテーションや建設労働、インフォーマル・セクターなどに非正規就労していた。その数についての推測は20万人から100万人にまで分散している。なお、35万人といわれる建設業就労者のほとんどはインドネシア人だといわれていた。このほかに、メイドが1989年現在7000人おり、その大部分はフィリピン人であった〔佐々木 1991：第16信〕。マレーシアでは非正規労働者の正規化（アムネスティ）の措置が試みられていた。東マレーシアのサバ州では、1988年8月からの定められた期間内に出頭し、いったん帰国して有効な渡航文書を取得すれば、不利益処分なしにふたたびマレーシアで稼働できることとした。期間は数回延長されたが、出頭者は1989年2月末までに6万1000人であった。また半島部では、1989年1

月に雇い主の届け出だけで労働許可が与えられる正規化措置を一時的に講じたが、帰国保証費の義務などもあって登録数は3万人にすぎなかった〔佐々木1991：第15、16信〕。

e 韓　国

　他のNIES諸国と同じように韓国にも外国人労働者が登場しはじめ、1989年現在2万人前後が学校の講師、企業の対外折衝、家政婦、売春婦等に非正規就労していたとみられる〔『釜山日報』1989年5月22日〕。ただし、非正規労働者数は5000人弱であったという説もある〔『日経』1989年12月31日〕。

f ブルネイ

　最後に、外国人労働者の受け入れ国として特殊な地位を占めていたブルネイに若干ふれておきたい。ブルネイは、1984年に独立したスマトラ島の北部に位置する人口25万人弱の小国であるが、石油と天然ガスの存在のためにきわめて豊かである。

　この国には、永住していた中国系移民以外に、3万4000人（1986年）の外国人労働者が就労していて、労働力人口の36％を占めていた。産業別にみると、農林水産業で65％、サービス業で75％、建設業ではじつに90％以上が外国人労働者であった。ここではあっせん業者はおらず、外国人労働者を必要とする会社が法務局から「割り当て許可」を取得し、個別に調達した。滞在期間は2または3年で、延長は可能だがその前にいったん帰国しなければならなかった。出身国は、マレーシア、インドネシア、フィリピンなどであった〔佐々木1991：第18信〕。

第6章　欧米の外国人労働者政策の変遷

第1節　期限付き雇用政策の挫折——西ドイツとフランス

　コーエンは、1980年代後半までの外国人労働者を「新しい奴隷」としての不自由労働者であると規定し、その数はアメリカには1100万ないし1200万、ヨーロッパには、地位は多様だがしばしば不自由な労働移民が1500万人、南アフリカに500万人いたとしている〔Cohen 1987=1989：41〕。南アフリカの事例はきわめて興味深いが、ここでは取り扱わないこととする。アメリカおよびヨーロッパについては、労働力不足に対処するため出稼ぎ労働者を調達した大陸ヨーロッパ諸国と、旧来の移民受け入れ国であるアメリカおよびイギリスとの間に歴史的経験の相違があるので、まず大陸ヨーロッパ諸国を検討する。本節では、旧西ドイツ（以下「旧」を省略）とフランスについて、当初の受け入れ政策、流入規制策、帰国促進策、包摂政策を比較する。なお、人権擁護の施策については次章で別に紹介する。

　この問題についてはすでに多くの蓄積があり、屋上屋を重ねる感があるが、政策という観点からできるだけ簡明にしかも体系的に整理してみたい（以下の情報は、とくに断らないかぎり次の文献から得た。両国全般については、〔Castles & Kosack 1985：Chaps. II & III〕、〔労働省 1988e〕、〔労働省 1989b〕、西ドイツについては、〔森田 1987b：7、8章〕、〔森 1986：3章〕、〔手塚 1989：3部〕、〔広渡 1990〕、フランスについては、〔林 1984〕、〔Gaspard et Servan-Schreiber 1984=1989〕、〔梶田 1988：4・5章〕、〔宮島・梶田・伊藤 1985：3章〕、〔花田 1989〕）。

　西ドイツは、第二次世界大戦直後には、東ドイツからの流入も手伝って失業率はかなり高かったが、1950年代後半に労働力不足に転じた。そのため西ドイツ政府は、1955年イタリアと労働者募集協定を結び労働者を導入した。そののち同種の協定は、スペイン、ギリシャ、トルコ、ポルトガル、ユーゴスラビアなどとの間に次々と結ばれていった。採用の方法は、連邦労働局が協定相

第Ⅰ部　1980年代後半までの外国人労働者

手国に事務所を設置し、西ドイツの雇用主の要請に応じて募集するというものであった。西ドイツはローテーション原則を推進しようとした典型的な国であった。ローテーション原則とは、単身者を一定期限付きで雇用し、期間終了後は帰国させるというものであった。

しかしながら、1960年代後半から外国人労働者が著増するとともに、彼らは帰国しようとせず、家族を呼び寄せて定着する傾向が顕著となっていった。こうして西ドイツ政府が規制策に転じた1973年には、トルコ人をはじめとする外国人労働者が260万人、滞在者が397万人の多数に達してしまったのである〔労働省1989b：10〕。ローテーション原則の崩壊の直接的理由としては、経験を積んだ労働者を帰国させて新たに募集や訓練をしなければならないことを雇用主側が嫌ったこと、外国人労働者も帰国後就労先を見つけることが困難であったことなどが指摘されている。

フランスもまた、第二次大戦後の労働力不足に対応するため、外国人労働者の積極的導入をはかった。1945年に設立された国立移民局は、雇用主を登録して政府間協定により労働力を供給しようとするものであった。その原則はあくまでも出稼ぎであり、外国人労働者は一時的に滞在したのち帰国するものと考えられていた。この「回転ドアのシステム」〔Gaspard et Servan-Schreiber 1984=1989〕は、1950年代末から1960年代末までのおよそ10年間機能し続けた。その背景には、外国人をできるだけ拒もうとしない移民庇護の発想があった。

しかしながら、単に南・東ヨーロッパ人ばかりでなく、アルジェリア、モロッコ、チュニジアなどのマグレブ諸国出身者や、西アフリカからの黒人の流入も激増して、西ドイツと同じように定着の傾向が顕著となった。そればかりでなく、非正規移民の流入が著しくなり、1968年には合法移民の82％を占めた〔Castles & Kosack 1985：36〕。これは経済の必要を考慮する行政側のある程度の黙認の結果でもあった。1975年の外国人数は344万人、国籍取得者数は139万人に達した〔労働省1989b：58〕。

1973年の石油危機はヨーロッパ全体に不況と失業者の増加をもたらし、各国は相次いで外国人労働者の流入規制に転じた。西ドイツ政府も、1973年外国人労働者の募集停止をおこない、EC加盟国以外からの外国人労働者の参入を厳しく制限した。EC諸国に関しては、条約により労働力の流動を阻止しないこととされていた。

西ドイツにおける外国人労働者の規制は滞在許可制度と労働許可制度によっ

ておこなわれていた。滞在許可は1965年に施行された外国人法に根拠があり、連邦労働社会省が最終的な決定権をもつ労働許可を保有していないものには与えられなかった。労働許可には、5年間あるいは無期限有効な特別労働許可と、労働市場の状況に応じ、地域的な限定を受け、最高2年間有効である一般労働許可の2種類があった。一般労働許可の新規発給は、規制政策により外国人労働者の家族および難民に限られていた。

　西ドイツにおける外国人数の増大の大きな原因となった家族の呼び寄せについては、1965年に定められた規則によれば、1年以上滞在し、確実に仕事をもち、十分に広い住居がありさえすれば、配偶者と子供を呼び寄せることができた。しかしながら、1981年には規制が厳格化され、16歳以上の子供、本国で父あるいは母と一緒に住んでいる子供は呼び寄せることができなくなった。

　フランスについても、石油危機に対応して1974年に新規流入および家族呼び寄せの停止措置がとられた。ただし、EC域内での労働者の自由移動は1970年に承認されていた。フランスの規制も、滞在許可制度と労働許可制度によってなされていた。これは1945年の「外国人のフランス入国・滞在に関する大統領令」によるものであった。1974年以前にも、流入規制が試みられたが、そのなかには、1967年の不法入国者を雇用した企業を処罰する規定、あるいはマグレブ諸国および西アフリカ出身者の定着を阻止しようとした1968年の移民規制の厳格化などが含まれている。

　1974年以降も、保守政権の時期には規制が強化され社会党政権の時期には緩和されるという傾向があり、一貫して規制を継続している西ドイツとは異なっていた。1981年の社会党政権の成立とともに、とくに滞在規則違反を理由とする退去強制を撤廃するなどの緩和策がとられたため、外国人労働者が急増した。その結果、1984年には労働・滞在許可が厳格化され、流入が急減した。

　1986年の保守政権の成立とともに、非正規就労者の源泉となる観光目的の入国の規制がおこなわれた。1989年現在、新規の労働許可は、外国人滞在者の家族を除いてほとんど認められていなかった。家族呼び寄せについてのフランスの政策は動揺していた。1974年の停止措置は1976年に撤回され、その翌年ふたたび3年間にわたって停止されたあと、再度撤回された。1984年の政令では、一定の住居および収入を前提として、配偶者と18歳未満の子にかぎって呼び寄せることができるとされていた〔林1991：137〕。

　新規流入の規制とともに、外国人の帰国促進がはかられた。西ドイツでは、

失業者は一定の期間の後、在留資格を失った。さらに1983年には、「外国人帰国促進法」（1984年まで実施）により、わずかな帰国一時金の支給と引き換えに排除がはかられた。また母国での住宅取得を補助しようとする「帰国外国人住宅取得援助法」は、1986年に実施された。これらの措置も手伝って、1988年までの過去10年間、毎年37万人以上が帰国した。それにもかかわらず、外国人が全人口の7％を占めるという水準は恒常的に維持されていた。それは、家族の呼び寄せと、西ドイツ生まれの外国人が増え続けていたことによる〔手塚1989：162〕。

　フランスにおいても、さまざまな帰国促進措置が講じられた。外国人労働者が職を失ったときには、一定期間内に再就職しないかぎりフランスから去らねばならなかった。また、1970年に帰国奨励制度が設立され、1980年に法制化された。1977年には帰国旅費支給による奨励がなされた。1984年の帰国奨励策には渡航費や移転費の補助があった。とくにアルジェリア人については、1980年の協定により特別の措置がなされた。しかしながら、移民の同一のサンプル80人にたいする1972〜73年と1980〜81年の調査結果によれば、大部分は8年後もフランスに居住し続けており、しかも家族を持つ既婚男性は誰ひとり母国に帰っていなかった〔Gaspard et Servan-Schreiber 1984 = 1989：74〕。このように、帰国奨励策に応じる外国人は年間3000人程度にすぎず、効果はあまりあがらなかった〔『朝日』1988年11月23日〕。

　新規流入の規制、帰国促進とならんで、外国人政策の重要な柱となっていたものは、定着した人びとの統合である。

　まず、その根底となる滞在や就労に関する権利の保障についてみると、西ドイツでは1978年に、定着している外国人労働者とその家族に期限の定めのない特別労働許可と滞在許可を与えた。特別労働許可をもっている外国人労働者は1980年代後半にはすでに9割を超えていた〔労働省 1989b：14〕。

　それにもかかわらず、西ドイツへの帰化が少なかったことは注目される。一般に血統主義に立つ西ドイツ国籍の取得は困難であったが、外国人居住者の側も帰化への抵抗感がきわめて強かった。その結果、帰化件数は1985年に約1万4000件ときわめて少なかった〔広渡 1988：116〕。

　さらに西ドイツは、外国人労働者の定着化に対処するために、外国人労働者の教育・文化・社会をも重視する統合政策を1980年に打ち出した。

　フランスには永住権という制度はなかった。帰国しない者は最長10年の滞

第6章　欧米の外国人労働者政策の変遷

在許可証の更新を繰り返すか帰化するしかなかった。出生地主義を原則とするフランス国籍の取得は西ドイツに比べてはるかに容易であった。それは、本人ないし両親のどちらか一方がフランスで生まれているか、成人となる18歳までの5年間フランスに常住していれば与えられた。しかし移民の大半は、帰化を母なる祖国への裏切りとみなしていた。国籍取得者は1982年で143万人にすぎず、1940年代から一貫して2％台を超えることはなかった〔労働省1989b：58〕。また1989年の国籍取得者は10万人あまりにすぎなかった〔花田1991：181〕。

　フランスでは、特に1980年のボネ法が大きな議論を呼んだ。この法は、非合法のままフランスに滞在する外国人を、強制的な手続きに訴えてでも国外に退去させるという趣旨をもつもので、その対象には移民の第二世代も含まれていた。この法は、1981年社会党政権になってから廃止され、未成年の外国人の子はどのような理由があっても退去を強制してはならないこと、10歳になる前にフランスに入国した子は理由のいかんを問わず追放してはならないことが立法化された。

　フランスでは、「編入」（アンセルシオン）という語に象徴される政策が次第に支持を得ていった。編入とは社会的周辺に位置する移民を産業構造・社会構造のなかに組みいれ、しかも文化的相違をも重視することを意味する（〔梶田1991〕参照）。その一貫として、1983年に正規の移民すべてにたいして10年間有効でそれ以降も自動的に更新可能な、単一の滞在・労働許可証明書の発行が開始された〔伊藤1990〕。

　こうして、西ドイツ、フランスの両国は移民の国となった。西ドイツにおける1989年現在の国籍別・地域別外国人居住者数は、トルコ161万人、ユーゴスラビア61万人、イタリア52万人、ギリシア29万人、ポーランド22万人、アジア諸国39万人、アフリカ諸国16万人、その他105万人、合計485万人であり〔細見1992：36〕、1987年現在の外国人人口の比率は7.5％であった〔労働省1992c：424〕。さらに、1988年現在の在住期間は、15年以上が42.8％、滞在権を取得できる最低居住期間の8年を超える者は68.3％に達した〔広渡1992b〕。また外国人の就労数は、1989年で168万人であった〔シェーンエック1991：53〕。

　一方フランスについてみると、1987年末の内務省の調査によれば、移民数は約450万人、人口の約6.8％に達していた（『日経』1989年12月24日）。その内訳は、ポルトガル86万人、アルジェリア78万人、モロッコ52万人であった。マグレブ3国（アルジェリア、モロッコ、チュニジア）出身者が150万人で3分の

1を占めた。労働力人口は約170万人であった〔『朝日』1988年11月23日〕。

このような大量の外国人の存在は大きな社会的問題を引き起こしていた。経済情勢の悪化は、まず外国人を直撃した。西ドイツの外国人労働者の失業者数は1989年に23万人もおり、全体の失業率が7.9％なのにたいし、外国人労働者のそれは12.2％にも達した〔労働省1991a：参53〕。このような条件のもとで、外国人労働者の就労はきわめて劣悪な状況となった。トルコ人労働者に変装して実態調査をおこなったG.ヴァルラフによれば、世界有数の製錬所では、常勤労働者を削減して400にのぼる派遣会社から外国人労働者を受け入れていた。派遣会社には重層的な構造があり、各段階でピンハネがなされた。雇用には証明書もいらず、名前も聞かれなかった。また、原子力発電所の検査や故障には放射線による被爆が不可避のため、下請会社の外国人労働者が動員された。そればかりでなく、故郷喪失者としての彼らは毎日ドイツ人から強い屈辱、敵意、憎悪を身に受けていた〔Wallraff 1985=1987：1-3, 122-125, 320ff.〕。外国人労働者は借家や公共住宅など劣悪な住宅に居住し、一部ではゲットー化の様相を呈していた。問題はとくに第二世代に集中的に表れ、彼らには中途退学者や失業者が多かった。

事態の深刻さは、フランスでもよく似ていた。移民の3つの大罪として、「失業の原因、社会保障費・家族給付の奪取、治安の悪化」〔Gaspard et Servan-Schreiber 1984=1989：144〕が糾弾された。「わが国の風景のなかから有色人種の存在を一掃せよ」「フランスをフランス人に」などのスローガンが声高に叫ばれた。フランス人と外国人の相互間の非合理的な恐怖心が、言葉による非難の応酬、暴力行為、狙撃、無差別テロ事件へと拡大していった。外国人嫌悪の序列では、最下位に北アフリカ出身者とりわけアルジェリア人が位置し、アフリカの黒人はそれより上であった。

ここでは、失業者約270万人のうち、1割強が外国人であった〔『朝日』1988年11月23日〕。幸運なことに就業している者も「プロレタリアートのさらに下層の者」と呼ばれ、辛く汚い建設、土木、自動車産業などの製造業、ゴミ集め、家事手伝いなどに従事していた。また、彼らの住宅は、移民のための一時的な簡易住宅である仮住まい団地である場合が多かった。問題は第二世代にもっとも深刻であったが、とりわけ教育においては、学業不振と中途退学が多発していた。「熱い夏」と形容された1981年の夏の間、リヨン郊外の移民の集住地区で、移民の若者たちが車を盗んで乗り回し、最後に火をつけて「ロデオ」を楽

しむという事件が起こったが、これは彼らの鬱憤晴らしのためであった〔林1984：154〕。

入国規則と帰国奨励の谷間で、非正規就労者が大量に発生した。西ドイツでは、1982年の不法就労対策法により、非正規就労者の雇い主に罰金、外国人に刑罰を設けた。また、1985年の就業促進法改正により、外国人を非正規就労させた使用者に3年以下の禁固刑を科し、とくに悪質な者については刑を加重することとした。それとともに、非正規就労者、就労あっせん者も罰せられることとなっていた。

それにもかかわらず、労働許可を受けていない外国人労働者がほぼ50～60万人、東欧諸国などから観光ビザで入国して就労している外国人が約25万人に達していたといわれる〔労働省1989c：291〕。彼らは法の保護外におかれ、退去強制を恐れているため、あっせん業者や彼らに依存する雇い主の格好の搾取の対象になった。

フランスでも1976年の法律により、無許可の外国人を雇用した雇い主にたいしては罰金が科せられることになっていた。しかしながら、不法入国や政治亡命を装った流入が続いており、年間約15万人が入国していたといわれる（『日経』1989年12月24日）。非正規就労者数は全部で40万人に達したとされる〔Cohen 1987=1989：194〕。

第2節　植民地支配の遺産――イギリス

イギリスはヨーロッパ諸国のなかでも早い時期に、主として旧植民地からの流入という形で外国人労働者問題に直面し、それへの政策的対応も早期におこなわれたという点で、旧西ドイツやフランスとは異なっている。

1947年にイギリス政府は、「イギリス経済生活の特徴となっている人力の不足」に対処するため、海外からの労働力の導入を奨励する政策を決めた。それにもとづいて、旧敵国の難民キャンプでの採用を中心とする、ヨーロッパからの志願労働者の受け入れが1951年まで続けられた。数年の滞在期間が与えられる労働者をつぎつぎに入れ替えていくローテーション原則こそ採用されなかったものの、当初の外国人労働者は定住ではなく出稼ぎが主体であった〔富岡1988：第5章〕。

それとともに、旧植民地を含む英連邦諸国からの流入が顕著化した。英連邦

は、白人の国々（カナダ、オーストラリア、ニュージーランド）である旧英連邦と、非白人系の国々（カリブ海地域、ブラック・アフリカ、アジア亜大陸）である新英連邦に分けられるが、1948年のイギリス国籍法は、新英連邦諸国を含む英連邦の全市民にイギリス臣民として同じ地位を与えた。その結果、新英連邦諸国から非白人系移民が大規模に入国しはじめた。その第1の波は1955-56年をピークにするものであって、旧英領カリブ海地域、なかでもジャマイカからの黒人たちによって構成された。その背景には、カリブ海地域からアメリカへの移住を事実上停止した1952年のアメリカのマッカラン-ウォルター法の成立があった。それにつづいたのは、インドとパキスタンの分離独立にともない難民化したインド人とパキスタン人であって、1960年を頂点とする大量流入があった。なお、このほかアイルランドやドイツからの移民も継続していた。

このような状況に直面して、イギリス政府は1962年に英連邦移民法を制定し、非白人系移民の入国を厳しく制限しようとした。この法は保証人制度を導入するとともに、入国以前にイギリスでの職が決まっているばあいに発行される雇用省発行の労働許可証の取得を移住の条件とした。この法の制定の直前に、新英連邦からの移民の扶養家族その他が「法律ができる前に」と殺到した。さらにこの法の施行後も、家族に合流する妻と16歳以下の子供に入国資格が与えられていたために、扶養家族の流入の急増がつづいた。要するに、この法は流入した移民の家族単位の定住を促進するという役割を演じたのである。

これ以降、イギリスは主として新英連邦と植民地から到着する移民をいかに阻止するかに腐心していくことになる。1966年には半・非熟練労働者への労働許可証の発行が停止され、扶養家族にたいしては、その適格性の審査が厳格化された。その結果、カリブ海地域出身者については、1966年以降労働許可証保持者が、1968年以降扶養家族が急減した。

1968年には、旧イギリス領のアフリカ諸国でアフリカ化政策が実施され、その結果多数の南アジア系の人びとが追放された。彼らがイギリスに流入するのを制限するために、同年移民法が改訂された。さらに1974年には、扶養家族の入国制限を強化する改訂がなされた。こうして、非白人系移民の旧英連邦諸国とアメリカへの再流出という現象が出現するに至った。この傾向はとりわけパキスタンからの流入者に強かった。また、カリブ海地域からの移民も1970年代初頭に再流出に転じた。

1981年には国籍法が改訂されたが、これにより1997年に中国に返還される

香港の住民からイギリスに入国・定住する権利が原則的に奪われた。なお、1989年、イギリス政府は香港住民にたいして最大5万家族、22万5000人に限ってイギリス市民権を保障すると発表した〔『朝日』1989年12月22日〕。このように、1962年移民法以降の政策は、かつての植民地支配の清算という色彩が強かった。

　なお、1981年に改訂された国籍法によれば、市民権の取得には登録ではなく帰化手続きが必要であった。帰化の承認には当局の意向が強く反映されたといわれる。また、国籍の出生地主義も変更されて、父または母がイギリス市民であるばあいまたはイギリスに定住している者であるばあいに限定された。これらはいずれも、非白人系移民の定住の阻止を指向していたといえる。

　このような諸対策の結果、1986年に許可された定住移民は4万7000人にすぎず、1962年以来最低となった。そのなかでは、減少傾向にある英連邦諸国が約6割を占めた。なお、インド亜大陸出身者は31％ともっとも多かった。さらにその8割は配偶者や子供等の扶養家族であり、大人は2割にすぎなかった〔労働省1989b：88ff.〕。付言すれば、EC加盟諸国の人びとが労働許可証を必要としなかったことは、他と同様である。労働力調査によれば、非白人系移民の人口は1981年に200万人を超え、1985年には約240万人、全人口比4.4％となった〔労働省1988e：317〕。なお1988年現在の非白人系移民は243万人、全人口比4.7％と微増していた〔『朝日』1988年5月5日〕。また白人系移民人口は、S.カースルズとG.コザックによれば1981年に132万人であり、そのなかではアイルランド人が95万人と圧倒的多数を占めていた。

　1981年の非白人系移民の出身地の内訳は、カースルズとコザックによれば、インド67万人、パキスタンとバングラデシュ36万人、カリブ海地域55万人、その他新英連邦63万人、その他アジアとアフリカ26万人、計247万人となっており、南アジア出身が4割強である。なお1981年の全移民数は447万人であった〔Castles & Kosack 1985：493〕。

　非白人系移民の大量の定住は、イギリス社会に大きな人種間緊張をもたらした。1958年には、ノッティンガムにおいてカリブ海地域からの黒人移民にたいする非行青少年を中心とする白人の襲撃が発生し、ひきつづいてロンドンのノッティングヒルでははるかに大規模な黒人襲撃がおこなわれた。移民の側もこれに対抗したため、人種間戦争の観を呈するに至った。その結果、「イギリスを白く保て」と主張する人種主義的組織が台頭した〔富岡1988：第9章〕。こ

れよりはるかに大規模なものが、1981年夏のロンドンのブリックストンにおける騒擾である。これは黒人対警官の争いに端を発し、ついには破壊・掠奪・放火へと発展した。そればかりでなく、この事件はイギリス全土の諸都市の人種騒擾の引き金となった〔富岡1988：第13章〕。このような人種間紛争の多発は、イギリスの大きな特徴であったといえる。

　その背景にあるものは、非白人系移民に割り当てられた劣悪な就業および居住条件であった。一般的にいって、非白人系移民は白人よりも賃金水準の低い半・非熟練肉体労働に多く集中し、そのなかでは、カリブ海地域からの黒人が南アジア系よりも下位に集中していた。非白人系移民は白人よりもはるかに失業率が高く、若年層で黒人ほどその程度がはげしかった。また、非白人系移民は住宅差別により住宅を借りることが極度に困難であったので、イギリス人の捨て去った荒廃した大都市の「都心たそがれ地区」に人種的コミュニティを形成し、その古い貧弱な住宅に密集居住するようになった〔富岡1992〕。

　非白人系移民については、第二世代の問題が起こっていた。彼らは公平かつ平等な取り扱いを要求しはじめたが、イギリス人は、依然として非白人系移民としてしか扱っていなかった（以上イギリスについての情報は、とくに断らない限り〔富岡1988〕、〔Castles & Kosack 1985〕、〔Cohen 1987＝1989〕、〔労働省1988a〕、〔労働省1989b〕より得た）。

第3節　その他のヨーロッパ諸国

　本節では、その他のヨーロッパ諸国として、スイス、スウェーデン、オランダ、イタリアの1980年代後半までの外国人労働者政策を概観する。

a　スイス

　まず、当初厳しいローテーション原則が採用された点で西ドイツと類似していたスイスについてみることにしよう（以下の情報は〔Castles & Kosack 1985：Chaps. II & III〕、〔梶田1988：第6章〕、〔手塚1990a〕から得た）。外国人人口の規模という点で、また外国人と本国人の労働市場が二分され境界が閉ざされていた点で、スイスは際立っていた。ローテーション原則における西ドイツとの相違は、公的機関ではなく雇用主による直接の募集がなされたことにある。1950年代にイタリアを中心とする大量の労働者の導入があった。そしてここでも、

外国人制限を求める数次の国民発案の影響もあって、外国人の定住許可保有者が激増していった。

　定住許可は1931年に制定された「外国人の滞在・定住法」に基づき、10年以上の滞在を条件として与えられた。なお、帰化数はきわめて少なかったが、それは帰化の手続きが極端に難しかったことにも原因がある。スイスは、1978年の国籍法の改正の際、父系血統主義を父母両系主義に改めたが、外国人の国籍取得を恐れて出生地主義は採用しなかった。

　流入規則については、1975年と1986年の「外国人制限令」によってなされていた。1986～87年にはわずか1万人以内の年間滞在者が受け入れられた（以上は〔手塚1990a〕）。この国はピーク時に近い1975年時点に約110万人の外国人人口をかかえ、人口に占める比率は16.6％、全労働者に占める比率は19.5％に達し、1980年代後半にも大きく変化していなかった〔梶田1988：137〕。このほかに、10万人が毎日国境を越えて通勤していた。別の11万人は、季節労働者として最高9ヵ月間の労働許可を与えられていた〔Cohen 1987 = 1989：198〕。外国人は主として低賃金非熟練部門に就業していたが、外国人のための特別の施策はあまりなかった。これは遠隔地の者、とりわけ非ヨーロッパ人が少なかったことにも由来するとおもわれる。

b　スウェーデン

　スウェーデンは、第二次大戦後フィンランド、ユーゴスラビア、ギリシア、トルコなどから外国人労働者の受け入れをおこなったが、1967年の移民規制法により北ヨーロッパ圏を除く地域からの移民が規制され、1972年以降労働移民の入国は全面的に停止された。

　規則策とともに統合策もとられていた。1967年には移民は永久的な居住者であり、新たなスウェーデン人とみなし、また、スウェーデン国民と同等の社会的・経済的機会を提供するとされた。1975年には、(1) 社会的・経済的な平等な機会の提供、(2) 移民がその文化および言語を発展させるための選択の自由、(3) 従来からのスウェーデン人および新たなスウェーデン人の間の協調を柱とする移民法がスウェーデン議会で可決された。

　スウェーデンでは、1989年現在841万人の人口のうち106万人、12.6％が外国生まれまたは外国籍者であり、そのうち後者は約40万人に達した。そのなかでは、隣国のフィンランド出身者が大半を占めるが、トルコ人、イラン人、

ポルトガル人、エチオピア人等もいた。（以上の情報は、〔労働省1988e：259〕、〔梶田1988：144〕から得た）。

c　オランダ

　1979年現在、オランダにはオランダ国籍をもつ植民地系移民（スリナム系19万人、アンティル諸島系7万人、南モルッカ諸島系4万人）のほかに、二国間協定に基づき1960年代から労働者として導入された外国人が62万人おり、総人口の4.2％を占めていた。そのなかでは、トルコ人18万人とモロッコ人14万人の比重が大きかった。1970年代後半になると、オランダ政府は外国人労働者の規制策に転じた。1976年には新規の就労許可証の発行が停止され、また1978年には非正規労働者の摘発と企業が雇う外国人労働者に上限を設定することを趣旨とする雇用許可制度を創設した〔下平1991〕。この制度は、オランダのほかはベルギーだけに存在していた〔花見・桑原1989：197〕。

　ただし、オランダの外国人労働者にたいする規制は、ヨーロッパのなかでは例外的に厳格でないため、旧西ドイツなどから多くの外国人労働者が流入した〔手塚1989：229, 276〕。彼（女）らの失業率は高く、福祉政策への依存が指摘されていた〔労働省1992c：443〕。なお、ここではスウェーデンと比肩しうる統合政策がおこなわれており、住宅や教育に重点がおかれていた〔下平1991〕。さらに、ここでも外国人排斥を掲げる極右勢力の台頭がみられた〔Gaspard et Servan-Schreiber 1984=1989：262〕。

d　イタリア

　最後にとりあげる、第二次世界大戦後の外国人労働者の主要な送り出し国であったイタリアは受け入れ国に転化した。1989年の外国人滞在者の推定数は114万人であり、そのうちEC諸国以外の者は96万人に達した〔佐藤1991〕。なお1988年現在の合法的滞在者は約40万人、非正規労働者は約80万人といわれていた。東ヨーロッパの出身者が多いが、とりわけ問題となっていたのは、セネガルなどアフリカからの黒人労働者の増加であり、その多くは路上販売などに従事していた。それにたいして、イタリア政府は1987年に「密入国防止およびEC諸国以外の移民労働者の労働条件と就職に関する法律」を施行し、新規流入の規制措置と不法入国者の原則的な退去強制を決めた（以上の情報は、〔佐藤1991〕、〔『朝日』1988年11月25日〕）。

第4節　原則自由から原則禁止へ——アメリカ

　アメリカについての情報は、とくに断らない限り次の文献から得た（〔Briggs 1984〕、〔労働省 1988e〕、〔労働省 1989b〕、〔Cohen 1987 = 1989〕、〔手塚 1989：第12、13章〕、〔柏木 199〕1、〔岡部 1991〕）。

　ピオールによれば、1970年代までのアメリカへの移動・移民は2つの段階に大別できる。第1は遠距離からの移民にたいする労働需要の発展の段階であり、第2は労働市場の底辺への移民の供給の段階である。第2の段階は、(1) 初期の経済発展を支配した北西ヨーロッパからの「旧」移民の時期、(2) 19世紀末から20世紀初めの南・東ヨーロッパからの「新」移民の時期、(3) とりわけ第二次大戦終了時から顕著になり1960年代初頭まで続く、国内移動およびプエルトリコとメキシコからの移住の開始の時期、(4) メキシコおよびカリブ海地域からの移住を中心とする1960年代後半と1970年代の「新」新移民期から構成される。なお「新」新移民期の移民の多くは不法入国者であった〔Piore 1979：chap. 6〕。

　新移民の流入に対応するため、1921年に国別割当制を骨子とする移民法が制定された。これがアメリカにおける本格的な移民規制の端緒である。1952年に移民国籍法（マッカラン-ウォルター法）が制定されたが、その基本的性格は1921年法とほとんど同一であった。この法は、非正規移民の輸送、滞留をおこなった者に罰金あるいは懲役を科するとしていた。非正規移民の過半数はメキシコ人であるが、長大なメキシコとの国境線を越えて非正規移民を雇用主に供給する業者は「コヨーテ」と呼ばれていた。

　カリブ海地域のなかでアメリカへの流入に最大のウエイトをもつプエルトリコは、1917年にアメリカの領土に併合されており移動が自由にできた。そのため、本土人口を超えると予測されるほどのアメリカへの移住が起こったのである。またプエルトリコはカリブ海地域からの非正規移民の経由地になっており、そのなかではドミニカ人が多かった。その数は合計100万人程度に達したといわれる〔Dixon & Jonas 1982〕。

　アメリカでは1960年代前半に公民権運動が高揚したが、1952年法の国別割当制は、人種差別撤廃の理想と抵触するものであった。その結果、1965年に新しい移民法（ハート=セラー法）が制定された。この法は国別割当制を廃止し、

家族の呼び寄せと政治的亡命を認めるとともに、就労を目的とする移民には労働省による労働許可証を要求した。

　この法のもとで移民の流入が激増して、アメリカへの移民の第3の波となったのである。1970年代以降、東及び東南アジアを送り出し地とする移民も大規模な流入を開始した。1980年代にアメリカに流入した移民の出身国の第1位はメキシコで年6万人、以下フィリピン、中国（香港、台湾を含む）、韓国、ベトナム、インド、ドミニカとなっていた〔『日経』1989年11月2日〕。

　とくにメキシコおよびカリブ海地域からの非正規移民は莫大な量に達していた。メキシコ人非正規移民の数についての推定は、200万人から1500万人まで分散しており確定しがたいが、人口統計局は1985年に400〜600万人と推定していた〔Government of U.S.A. 1986b = 1986：272-273〕。

　なお、アメリカの産業空洞化にもかかわらず移民にたいする労働需要が発生する理由について、S.サッセンは、大都市で第3次部門の高所得者の需要を充足する零細かつ労働集約的な製造業やサービス業が発展したためだと解釈している〔Sassen 1988 = 1992：第5章〕。

　このような状況に対処するため、1986年に改正移民法（シンプソン-マゾーリ法）が施行され、アメリカは史上初めて移民原則自由から移民原則禁止に転じた〔川原1990：第4章第2節〕。この法では就労を目的とした移民について数の上限が設定され、年間5万4000人までとされた。彼らには労働省より無期限の労働許可証が発給された。

　この法の審議過程で、非移民で短期に就労しようとする者の入国に関して大きな論争が起こった。その主体はメキシコ人の季節的農業労働者であるが、農場主および農業団体がその雇用を望んだのにたいし、労働組合、ヒスパニック系（スペイン語使用）グループ、黒人団体などは他の産業に低賃金労働力として雇われる可能性があるとして強く反対した。結局、法務省が発給する短期労働許可により期限と数を限定することとなった。その背景には、1942〜64年に実施されたブラセロ計画と呼ばれる「メキシコ人労働プログラム」に基づくアメリカ南西部への契約農業労働者の導入があった。1950年代の最盛時には年間40万人台が入国したが、農場主の要望もあいまって、計画終了後も実質的に入国が認められつづけてきたのである。

　さらに非正規労働者に対処するため、改正移民法では雇用主にたいする処罰が初めて法制化された。無資格と知りながら、非正規労働者（不法入国者およ

び超過滞在者を含む）を雇用・募集・雇用に関与（あっせん等）した者は民事罰および刑事罰が科せられるとされた。民事罰の罰金は雇っている人数に応じる人数制であり、また刑事罰についても累犯者のばあいにのみ人数割で1人当たり3000ドル以下または6ヵ月以下の禁固刑となっていた〔川原1990：131-133〕。そのため雇用主には、就労権限証明の調査義務が課せられた。また、外国人の不法入国を援助して輸送し滞留させた者にたいする罰金も増額された。

　雇用者処罰規定にたいしては、各種使用者団体が反対したばかりでなく、ヒスパニック系やアジア系のグループとともに進歩的な労働団体や宗教団体も反対した。その理由は、就労権限の調査義務により、ヒスパニックグループへの雇用差別が生じる可能性があるということにあった。雇用者処罰制度の帰結については、第1に密入国者数が当初こそ多少減少したものの、ふたたび増加しはじめたことがあげられる。これは、雇用者処罰規定が効果をあげなかったことを意味する。それとともに、アメリカ会計検査院の報告によれば、かなりの数の雇用者が、法施行後外国人らしい外貌またはアクセントをもつものにたいする差別的取扱いをおこないはじめたとしている。そればかりでなく、相当数の雇用者がアメリカ生まれの者のみを採用し、短期労働許可をもつ者を採用しなくなった。さらに、証明書制度は複雑で、雇用者は混乱し悩まされていた。またこの制度は、非正規労働者が搾取に対抗するためのもっとも有効な手段である転職を制限したという指摘もある。

　このように、アメリカに流入する移民は複雑な様相を呈していたが、それにともなって各エスニック集団の相対的地位にも変化がみられた。従来の黒人集団は著しく上昇してヒスパニック一般より上位にたった。そしてヒスパニックのなかではメキシコ人が最下層を占めていた。とくに不法入国した者の地位はきわめて低かった。

第5節　人権擁護の諸方策

　前4節にわたって、外国人労働者の大波を経験した欧米諸国の1980年代後半までの外国人政策を、新規の流入の規制とすでに流入してしまった人びとの統合という両側面からみた。本節では、欧米諸国が採用した外国人労働者の人権を擁護するための諸方策について検討することにしたい。それは、外国人労働者にたいする政策のもっとも重要な基調音として存在していたのである。

第Ⅰ部　1980年代後半までの外国人労働者

　外国人労働者の人権擁護の出発点はなによりも人種差別の撤廃にある。国連による1948年の世界人権宣言、1966年の国際人権規約の採択は、世界的な人権尊重の流れを示すものであり、そこではあらゆる差別の撤廃が中心的な課題とされてきた。そして、そのための基本的な3つの柱として、国連は「人種差別撤廃条約」と「女性差別撤廃条約」（日本での訳語「女子差別撤廃条約」には差別的なニュアンスが感じられるので用いない）と「子どもの権利条約」を採択したのである。

　「あらゆる形態と表現による人種差別を速やかに撤廃するために必要なあらゆる措置をとる」という決意を表明している人種差別撤廃条約は、1965年の国連総会で採択され1969年に発効した。人種差別撤廃条約は、もともとは第二次世界大戦中にドイツでファシズムがユダヤ人虐殺という人類にたいする最悪の犯罪をおこなったことに由来する。このような事態の再発を何とか防がなければいけないということから、人種差別というものは人道上の罪であるという原則が承認されたのである。

　ここで人種差別とは、人種、皮膚の色、世系（＝門地）、民族的出身および種族的出身に基づく差別をいう。締約国は人種差別撤廃のための施策をおこない、その措置を人種差別撤廃委員会に報告する義務を有する。具体的には、雇用、住宅、各種サービスなどにおける差別が外国人であることを理由としておこなわれれば、この条約と抵触することになる。さらに人種を理由にして、暴行を加えたり、侮辱を加えたりすることも許されない。この条約には1988年現在すでに124ヵ国が加盟しており、人権諸条約のなかでももっとも高い支持を得ていた〔日本弁護士連合会1988：212〕。ちなみに、日本は女性差別撤廃条約にはすでに加盟したが、人種差別撤廃条約には加盟しようとする気配さえなかった。

　そのうえに、ヨーロッパには1950年に締結された「ヨーロッパ人権条約」が、アメリカには1969年に採択された「米州人権条約」が、それぞれ地域的人権保障機構として人種差別の撤廃をうたっていた（以上は、〔田畑1988〕）。欧米諸国の外国人労働者にたいする差別禁止のための諸施策は、基本的にはこのような人種差別撤廃の理念に立脚するものであったといえる。

　アメリカは、表現の自由の侵犯を恐れて、上述の人権差別撤廃条約にこそ加盟していなかったものの〔内野1990：25ff.〕、それに代わる諸施策がとられていた。それらは、黒人にたいする差別の撤廃を目指して1960年代に大きな高ま

りがみられた公民権運動の帰結であった。すなわち1964年に公民権法が、1965年に投票権法が制定された。公民権法は、人種・宗教・皮膚の色・年齢・性別または出身国による差別を禁止した。

アメリカではさらに、「積極的差別解消策」（アファーマティブ・アクション）と呼ばれる連邦行政令により、従業員50人以上、政府との年間取引5万ドル以上の企業は、その所在する地域の人種構成を反映して従業員を構成しなければならなかった。なおこれについては、機会の平等から結果の平等へと移行させ、結果的に白人にたいする逆差別を導くものであるとして、とりわけ新保守主義の側からの批判があった〔Glazer & Moynihan 1975＝1984：第Ⅲ章〕。

なお連邦最高裁は、アメリカ市民権をもたない者についても公民権が適用されると判断した。具体的には、州法でそのような者が公務員・弁護士・土木技師になることを妨げてはならないとされた〔日本弁護士連合会1988：255〕。同様に1986年移民法も、国籍および市民権に基づいた雇用上の差別を禁止した〔労働省1988a：122〕。

アメリカにおける外国人支援の代表的な団体は、1986年移民法の審議の過程で結成された。広い支持基盤をもちロビーイング活動を中心とする「全米移民難民市民権フォーラム」と、草の根レベルの運動体を結集する「移民難民の権利のための全米ネットワーク」がある〔岡部1991：119ff.〕。

次にイギリスについてであるが、1965年の人種関係法は、公共の場所における皮膚の色、人種、種族、あるいは民族的血統を理由とした差別を違法とし、また住宅の賃貸借や譲渡について人種差別を禁止し、さらに公共の場所で人種憎悪を煽動する意図で恐喝、罵倒もしくは侮辱的な文書を公開、配布したり、そうした言辞を用いた者を有罪とした。しかしながら、この法はとりわけ雇用において無視されたので、1968年の改正により、雇用、住宅、商品の供給、公衆へのサービスとその施設、広告と告示へと法の適用範囲が拡大された〔富岡1988：第7章第1節〕。人種関係法は1976年にも改正され、訓練や教育が対象に含まれたばかりでなく、意図的差別とともに結果的な差別も適用範囲に含められるに至った〔労働省1989b：115〕。さらに人種関係法により、差別の撤廃、機会均等の促進、各人種間の融合の促進をはかるために「人種平等委員会」が設置された〔労働省1988e：334〕。

フランスは1972年に人種差別禁止法を制定したが、それは国連の人種差別撤廃条約に加盟した結果であった。この法によれば、「人または人びとの集団

にたいして、その出身または、民族、国家、人種もしくは特定の宗教への所属の有無を理由に……犯された名誉棄損」にたいして刑罰を受ける〔内野1990：58〕。さらにこの法は、人種差別煽動罪を新設するとともに、レストランに入れない、アパートを貸さない、就職を拒否するなどの財、役務、雇用を拒否する消極的行為、およびフランス人であることなど条件付きで財、役務、雇用を提供するばあいの両方から差別を禁止した〔日本弁護士連合会1988：256〕。この法の画期的な点は、「人種差別とたたかうことを目的とする」と規約に定めて結成され、正式に届け出をして5年を経過した団体なら、被害者に代わって訴えを起こすことができるようにしたことである。

スウェーデンは1986年に差別禁止法を制定し、それに基づいて「人種差別オンブズマン」制度が発足して、苦情を処理し政策を提言した〔『朝日』1989年10月9日〕。なお、西ドイツも1969年に人種差別撤廃条約を批准した〔内野1990：63〕。このように欧米諸国では、人種差別の撤廃が外国人労働者の人権擁護のためのもっとも基本的な施策として推進されていた。

さらにヨーロッパ諸国は、基本的には1977年に締結された「移住労働者の法的地位に関する欧州条約」により、外国人労働者およびその家族の受け入れ国の国民と同等な法的地位および権利を保障してきた。

旧西ドイツは、一般的にいえば他のヨーロッパ諸国とくらべて外国人の人権を保護しようという姿勢が弱かった。すなわち、1965年制定の外国人法の施行心得によれば、外国人には集会・結社の自由、移動の自由、職業・教育の場を選択する自由は与えられなかった〔Cohen 1987=1989：191〕。一方、フランスでは、社会党政権成立後の1981年に外国人の結社の自由が認められた〔Gaspard et Servan-Schreiber 1984=1989：127-128〕。

しかしながら、西ドイツは外国人労働者の人種を守るためのさまざまな制度的な試みをしていた点で注目される。第1はオンブズマン（外国人問題専門官）制度であり、連邦・州・自治体の各レベルに設けられた。連邦オンブズマンは首相により任命され、他省庁から独立して外国人政策を統一的に管轄した。また、自治体ごとに外国人協議会と相談員制度が設けられて、外国人の意見が自治体行政に反映されていた。外国人協議会とは、外国人の代表者からなる協議会で、外国人の生活問題を中心に自治体にたいする勧告あるいは自治体との協議をおこなう。相談員制度については、連邦および州政府による予算の裏付けのもとで、宗教団体を中心にボランティアや徴兵に代わる社会奉仕として若者

が相談員をつとめており、必要に応じて行政側とコンタクトをとった〔手塚1989：271〕。

外国人労働者の人権問題については、ILO〔国際労働機関〕による諸条約と勧告およびECによる条約が重要である。

ILOの1949年の条約（第97号）と勧告は移住労働者一般を対象とするものであり、報酬や社会保障または組合活動などのすべての労働条件に関する内国人と平等の処遇と本国への送金を保障している。また1975年に採択されたILO第143号条約と勧告は、「劣悪な条件の下にある移住並びに移民労働者の機会及び待遇の均等の促進に関する条約」と題されている。その第9条には、「移民労働者はたとえ不法であったとしても、報酬・社会保障・その他の給付について平等な待遇を受ける」ものとされ、また「労働者またはその家族が追放される場合には、その費用を負担しない」と規定されるとともに、非正規労働者を含むすべての移民労働者の家族の結合をふくむ基本的人権の尊重をうたうものであった。なお移民労働者にたいする社会保障に関しては、ILO第102号条約（社会保障の最低基準に関する条約）および同第130号条約（医療および疾病給付に関する条約）等に基づいて、社会保障における本国人と外国人の機会均等が、第118号条約で内国人・外国人平等処遇が、第157号条約で権利の擁護がうたわれた（以上の情報は、〔日本弁護士連合会1988：第3部第6〕、〔金1992〕から得た）。

1977年にECにより採択された条約は、移住労働者およびその家族の生活と労働条件について、内国民労働者と平等の処遇を確保するためにその法的地位を定めることを目的としていた。ただし、その適用はEC加盟国の国民にかぎられていた。なお、欧州経済領域の創設に向け1989年に採択された「労働者の基本的社会権に関するヨーロッパ共同体憲章」は、移住労働者およびその家族の保護および援護を受ける権利を定めた。

彼（女）らの人権を保障する考慮に値する施策としては、その存在の正規化（アムネスティ）がある。これは、条件はさまざまであるが、フランス（1973年、1981年、1982-83年）、ベルギー（1974年）、オランダ（1975年）、アメリカ（1986年）、イタリア（1987年）等で実施されたことがある（〔日本弁護士連合会1988：249〕、〔CALLネットワーク1991：191〕、〔花田1991〕、〔佐藤1991〕）。

フランスの1981年の正規化は、1981年1月1日以前に入国していることと、少なくとも一年間安定した雇用についていることを条件としていたが、約14

万人が正規化された。これは予想された数より少なかった〔手塚・渡辺ほか 1991：175〕。また1982-83年には約13万人が正規化された〔花田1991〕。

アメリカにおける正規化は、1986年の改正移民法により規定された。すなわち1982年1月1日以前に入国し、非正規な状態でアメリカに居住しつづけてきた外国人は、申請により一時的在留資格を認められ、その後18ヵ月後には永住資格が与えられ、永住資格による居住5年後にはアメリカ市民権を得ることができるようになった〔手塚1989：222〕。その結果、310万人以上の外国人が滞留と労働の権利を与えられた〔小井土1992〕。

またイタリアでは、1987年の改正移民法による特別在住権の申告期限である1988年9月までに正規化された非正規労働者の数は、約11万人であったと推定されている〔『朝日』1988年11月25日〕。

ヨーロッパ諸国では、自治体レベルの参政権を外国人に認めようとする傾向が顕著になっていた。たとえば1977年のEC議会の決議は、一般EC市民には市町村レベルの選挙権および被選挙権、10年以上滞在するEC市民には州・地方・県・郡等の選挙権および被選挙権、特別な要件を充足するEC市民には国レベルの選挙権および被選挙権を優先的に保障すべきであるとしていた。

以下各国別に状況を概観してみよう。この問題について先進的であったのは北ヨーロッパ諸国であった。スウェーデンは、1976年から地方議会レベル（コミューンおよび県コミューン）での選挙権ならびに被選挙権および国民投票への参加権を外国人に保障した。また、国政選挙権の付与についても検討中であった。

さらにデンマークは、1978年に北ヨーロッパ諸国出身者に、1981年にはすべての外国人に、自治体レベルでの選挙権、被選挙権を認めた。またオランダは、1983年に地方自治体のレベルまでの選挙権、被選挙権を与えた。これは1986年の地方自治体統一選挙ではじめて行使され、相当数の外国人議員が選出された。

フランスでは、1981年に地方選挙への投票権を外国人に与えるという大統領の公約がなされ、1983年の統一地方選挙ではこの問題が大きな争点になった。そして1985年に、北フランスのモンサンバロル市が初めて移民に参政権を与えた。ここでは、議決権はないが討論、提案については同じ権利をもつ準議員が3人いる。さらに、パリ北方のアミアン市も1986年に同じ制度を創設した。

西ドイツでは、ブレーメン特別市（州と同格）が選挙権を、またハンブルク

第6章　欧米の外国人労働者政策の変遷

特別市が1989年に区議会の選挙権および被選挙権を外国人に付与した。

このほかスイスのヌーシャテル州は、じつに1849年以来市町村レベルでの選挙権を、ジュラ州は1978年以来同じく選挙権と被選挙権を外国人に認めている。またノルウェー、アイルランド、スペインなどでも同様の部分的市民権が承認されていた（以上の情報は、〔民族差別と闘う連絡協議会 1989：107-112〕、〔日本弁護士連合会 1988：256〕、〔岡沢 1991〕、〔宮島・梶田・伊藤 1985：16〕、〔手塚 1989：275〕、〔広渡 1992b〕、〔『朝日』1988年11月24日、1990年9月14日〕から得た）。

ここで労働組合の対応策についてふれておきたい。欧米諸国の労働組合の多くは、当初は外国人労働者の流入規制ないし排除の策をとったが、外国人労働者の増大により政策の転換を余儀なくされた（以下は、とくに断らないかぎり主として〔Castles & Kosack 1985：127ff.〕による）。

たとえばフランスについてみると、フランス最大の全国労組は共産党系の労働総同盟（CGT）であり、社会党系の全国労組はフランス民主労働連盟（CFDT）である。これらは、当初は外国人労働者の受け入れに消極的であった。単位組合内には外国人労働者の組合員にたいする差別がかなり存在し、たとえば役員になることを禁止する組合もあった。

これらの労組の内国人優先的な外国人労働者政策が変わるきっかけとなったのは、外国人労働者の主導のもとにおこなわれた争議であった。すなわち、1982～83年の連鎖反応的な自動車工場のストライキがそれである。その典型としてのパリ郊外のポワシィ工場では、1万2000人の従業員のうち7000人余りが外国人労働者で、ストライキの要求項目のなかには宗教の自由も含まれていた〔林 1984：20ff.〕。この争議の結果、CGTは外国人労働者を自らの組合内に統合する必要にせまられ、彼らの宗教的要求を承認するに至った〔梶田 1988：97〕。同様にCFDTも、フランス国籍者に限るとされていた職場を開放する働きかけなどを始めた〔『朝日』1988年11月24日〕。

また、イギリスでは労働組合会議（TUC）が労働運動の中心となっていたが、その影響力はそれほど強くなく、外国人労働者については単位組合の自由に任せるという傾向がみられた。TUCはイギリス人労働者の既得権を侵害するおそれがあるばあいには移住制限の必要を主張した。人種差別についても、TUCが移民の平等な機会を重視しはじめたのはやっと1974年になってからであった。単位組合は、白人平組合員の偏見に反応して人種差別に傾きがちであ

った（以上は、〔富岡1988：第8章〕）。外国人労働者にたいしては、内国人が利用できるばあいには就業を許さず、労働過剰時における解雇は外国人労働者からなされるなどの差別があった。

このような状況のなかでも、外国人労働者による争議が起こっていた。1976～77年のロンドンのグランウィック社のストライキは、アフリカから移住してきた南インド系の労働者を中心として組織された大規模な争議として名高い。労働者側は結局敗北したが、これにはTUCも積極的な支援をおこなった〔富岡1988：第11章〕。

もっとも教訓的であるのはスイスであった。労働組合は外国人労働者の流入を強く規制しようとしたため外国人労働者からの疑念が強くなり、外国人労働力の増大とともに組織は相対的に弱体化した。

同様に、アメリカにおける全国組織としてのAFL-CIOは、過去の労働運動の成果としての既得権の擁護のために、外国人労働者の流入規制の主要な狙い手のひとつであった。その帰結は膨大な非正規労働者との連帯が阻止され、労働運動の力が著しく弱められたということであった〔Dixon & Jonas 1982：48ff.〕。

それにたいし西ドイツでは、様子はかなり異なっていた。西ドイツの労働組合を代表する全国組織はドイツ労働総同盟（DGB）であるが、DGBは当初から外国人労働者の流入をむしろ歓迎した。組織への積極的受け入れがはかられるとともに、援助機関が設立された。また、1960年代末には、外国人労働者の無権利状態の改善と外国人法の改定、1970年代以降は社会的統合の推進が目標とされてきた〔森1986：第3章第4節〕。具体的には、DGBの保証する賃金表による賃金の支給、ドイツ人と同一の健康保険・年金・失業保険の保障、社会保障掛け金の国境を越えての適用、経営協議会における外国人の選挙権・被選挙権の付与などが実現された〔細見1992：132-134〕。

こうして、西ドイツにおける外国人労働者の組織率はかなり高くなった。DGB傘下の最大の労組であるドイツ金属労組は外国人30万人を組織しており、地方選挙権の獲得など外国人の要求実現を重視した〔『朝日』1988年11月22日〕。なお、トルコをはじめとする主要な外国人労働力の提供国6ヵ国の平均組織率は、1984年には41.1％であった〔森1986：152〕。ただし、職場レベルでは外国人労働者にたいする強い反感が存在した。

なおイタリアでは、外国人労働者が相互理解を深め自らの利益を守ろうとい

う目的で、1986年に「イタリア外国人組織連合」を結成した。これには、14ヵ国の移民の自助組織のうち11ヵ国の15組織が加わった〔『朝日』1988年11月26日〕。

　政治的難民の受け入れは、ある社会がどれくらい人権尊重の感覚をもっているかどうかをはかる試金石である。欧米諸国はこの点でも日本よりはるかに進んでいた。

　難民ないし亡命者という用語は、英語のrefugeeに対応する。日本語では、亡命者は難民に含まれるが、そのなかでもとりわけ本国政府との対立がはっきりしている者をさすことが多い〔本間1990：34〕。1951年に国連が採択した難民条約では、難民とは「人種、宗教、国籍、特定の社会集団の構成員または政治的意見の故に迫害を受けるおそれがあるという十分に根拠のある恐怖を有する」者と規定され、「締約国は難民の生命または自由が脅威にさらされるおそれのある領域へ追放しまたは送還してはならない」と定められている。難民の概念は、アフリカにおけるいわゆる飢餓難民の大量の発生によって著しく拡張された。単に政治的理由だけでなく、戦災や飢饉、あるいは経済的困窮などの理由で生命や安全が脅かされるばあいには、戦災難民、飢餓難民、経済難民などという言葉が使われている。

　アメリカに流入する人びとのなかで、政治的難民は非正規移民とならぶ重要性をもっていた。ただしアメリカの政治的難民は、人権問題という側面とともに、東西冷戦の当事者であったアメリカが社会主義政権の確立した地域から自国への帰依者を受け入れざるをえなかったという理由によっても生じたものである。第二次大戦後東ヨーロッパから50万人以上が流入し、そののち中国革命やハンガリー動乱による難民が入国した。さらに1959年のキューバの社会主義化の際には、東ヨーロッパからの難民に匹敵する数が到着した。そのため1965年移民法は、難民枠年1万7400人を設定するに至った。

　1975年の南ベトナムの社会主義化はこれまでにない量の難民を生みだし、政府や軍の関係者とともに「ボートピープル」が流入し続けた。それに対処するために開催された1979年のインドシナ難民国際会議を受けて、1980年に難民法が制定された。また、この法は難民の受け入れを年5万人に拡大した。

　1980年のキューバ危機に際しては、キューバ人12万5000人が「自由艦隊」でアメリカに入国したばかりでなく、黒人のハイチ人2万人が入国した〔Cohen 1987=1989：183〕。入管当局は彼らが経済的移民であると考え、メキシコから

の不法入国者と同様に扱おうとしたが、市民団体などがこれに反対した。その結果、難民としての受け入れもできないが入国制限もできない、ということになった。なお、エルサルバドルおよびグアテマラからの未登録難民は50万人にのぼったとみられる〔岡部1991：133〕。

それでは、ヨーロッパ諸国はどうであろうか。まず旧西ドイツであるが、1949年に発効した西ドイツの憲法は、東ドイツ人の受け入れに備えて難民の入国についてきわめて寛大であった。政治的亡命の手続き申請者は、1980年代前半まで年2万人以上であったが、アジア諸国と東欧を主体に1985年以降著増し、1988年には10万人を超えた。ただし、承認された者は申請者の9％前後にすぎなかった〔広渡1992b〕。そのため、却下されてなお西ドイツにとどまっている者が29万人もいた〔『朝日』1988年11月26日〕。

フランスも基本的には難民を受け入れる姿勢を保っていた。「自由のために祖国を追われた外国人に庇護を与える」というフランス憲法の条文は、早くも1793年に明文化されていた。1975年以降はインドシナ3国からの流入があり、家族を合わせると1980年代半ばに25万人が滞在していた〔Cohen 1987=1989：194〕。1989年には、政治的亡命の申請者が前年比2倍の6万人に達する見通しとなった。申請者の出身地で多いのは、トルコのほかザイール、マリ、アンゴラなどの黒いアフリカであった〔『日経』1989年12月24日〕。難民には労働許可が与えられ定住策が講じられているが、彼らをめぐるフランス国内でのテロ、政治事件が多発した。

1979年のインドシナ難民国際会議の結果、イギリスもインドシナ難民を引き取ることに合意し、1981年現在1万5000人が在住していた〔富岡1988：29〕。

スウェーデンでは政治的難民の流入は第二次世界大戦中から始まり、1989年現在18万人に達した。この国は、従来経済難民に近い者も難民として受け入れてきたが、1989年末に純粋な政治的難民だけの受け入れに政策を転換した〔『朝日』1989年10月7日、1990年1月8日〕。

本節の最後に、人権擁護の核心としての、異なる文化の尊重について述べておく。アメリカでは、公民権運動以後エスニックな言語の尊重、生活文化の維持、エスニック集団の権利の擁護が社会的に承認されて、基本的な目標としての「多文化主義」が一般的に受容されていた。この概念の提唱者M.ゴードンによれば、多文化主義の主張の核心は、エスニック集団がその文化的伝統から全体的な文化に寄与するとき、その文化はより豊かで多様性に満ちたものにな

るということにある。それは、平等の理想とともに差異を重んじる文化的民主主義の確立を目指すものなのである〔Gordon 1964 = 2000〕。

目標としての多文化主義に対立するものは、「アングロ同調」と「ルツボ」にほかならない。アングロ同調とは、アメリカにおけるアングロ-サクソンの優位性という前提にたって、それへの移民の融合をはかろうとすることを意味する。またルツボとは、アングロ-サクソンを含む各エスニックな文化が溶解して新しい文化を形成することを目標とする（ルツボについては、〔Glazer & Moynihan 1963=1986〕を参照せよ）。しかしながら、ルツボとは実際はアングロ同調の変形にほかならない。つまり、これら両者はいずれもエスニックな価値を否定するものである〔Gordon 1964 = 2000〕。なお当時、多文化主義に立ちながら社会的不平等の存在をも許さない多文化社会の理念を象徴するために、「サラダボール」という言葉がよく使われていた。

フランスにおいても、「異なることへの権利」が強く叫ばれていた。ここには、社会にとって異質な集団の相違が豊かさであるという、価値の多様性の積極的な肯定があった。そして各民族固有の文化を尊重し互いに磨きあうことを目標とする、「文化相互社会」という主張が強くなされるに至った〔林 1984：216〕。「SOS-ラシスム」は移民二世とフランス人の若い世代による人種差別にたいする抗議運動であり〔岡部 1991：156〕、「フランス-プリュス」は参政権の行使を目標とする移民二世の組織であった〔林 1991：146〕。

本章で整理してきたことを簡単に要約すると以下のようになろう。いずれのヨーロッパ諸国も外国人労働者の新規の流入にたいしては規制策をとっていた。その歴史はイギリスにもっとも古く、1960年代にローテーション政策を採用した西ドイツやフランスも1970年代に規制に転じた。また、移民の国アメリカも、1986年以降移民の原則禁止へと方向転換をした。ただし、すでに存在している外国人労働者については、人種差別撤廃条約への加盟や積極的差別解消措置などの手段によりその人権の保護がはかられるとともに、非正規滞在者についても正規化の措置が講じられていた。また異なる文化を承認する統合への模索が重ねられていた。

第7章　政策提言

第1節　鎖国論と開国論の問題点

　1980年代後半、日本では外国人労働者に関して多くの論議がなされていた。NHKテレビは、1989年5月12日と13日の2日間にわたり、特別番組「外国人労働者・激突討論・開国か鎖国か」を放送し、多大の反響を呼んだ。このことは、外国人労働者問題が、すでに日本社会全体の問題となってしまったことを反映していた。

　当時の論議は、この番組のタイトルにもみられるように、大きく鎖国論と開国論とに二分されていたと考えられる。

　鎖国論に共通してみられた特徴は、とりわけ西ヨーロッパの経験をもとに、外国人労働者の受け入れは処理しがたい難題を流入先の社会にもたらすものであるから、いまだその初発段階において、いかなる手段を講じても外国人労働者を阻止すべきだ、と主張するところにあった。

　周知のとおり、西ヨーロッパ諸国では第二次世界大戦後の好況時に深刻な労働力不足があり、それに対処するために、国策として外国人労働者の導入がはかられた。ところが、石油ショック後の不況時になっても彼らは帰国しようとしないばかりか、妻子を呼び寄せて定住しようとする傾向が顕著になった。

　彼らは、それぞれの社会の「最底辺」の位置に押し込まれ、そこでは、失業・不就学・少年非行・都市ゲットーの形成などの社会問題が集中的にみられた。そればかりでなく、彼らには、世界における西ヨーロッパの相対的地位の低下を代償するスケープゴートの役割が与えられ、極右勢力の格好の攻撃目標とされていた。

　鎖国論は、このような状況が日本にも出現するのは必至であると考えるばかりか、極端な場合には、外国人労働者の流入が日本文化の純粋性を脅かす可能性について警告した（代表的な議論としては、〔西尾1988〕がある）。

それにたいし開国論は、開国こそが日本文化の質を高める道であるというような議論（たとえば、〔石川 1988〕）を別にすれば、2つの互いに相異なる発想から構成されていたと思われる。

　第1の発想は、国際化の進展するなかで日本がその責任を果たすためには、モノ・カネの自由化とならんで、ヒトの自由化をも実行することが必要であり、また他国からもそれが期待されているという論拠に基づいていた。

　第2の発想は、経済界からのより現実的な要請に発していた。当時日本経済の特定の分野において労働力不足が深刻化しつつあり、企業の合理化努力にも限界があるから、外国人労働者の導入をはかりたい、とするものであった。

　この議論に関して、日本政府の統一見解をみると、1988年5月に閣議決定された「経済運営5ヵ年計画」では「当面、専門的な技術、技能を有する外国人については、可能な限り受け入れる方向で対処する」〔経済企画庁 1988b：29〕とされ、また、同じく6月に閣議決定された「第6次雇用対策基本計画」では「いわゆる単純労働者については、……十分慎重に対応する」とされていた〔労働省 1988c：22〕。このことは、当時の政府が鎖国に近い発想を採用していたことを意味している。

　しかしながら、各省庁のレベルになると、鎖国論と開国論の間を揺れ動いており、しかも、省庁間の縄張り争いが混乱に拍車をかけていた。これを大別すれば、入国管理行政の当事者である法務省と、労働行政の当事者である労働省は、ともに鎖国論に傾斜し、外務省や若干の省庁はやや開国論に近かったということができる。

　もう少し詳しく省庁別にみると、まず法務省では、入管協会が主催する「外国人労働者入国問題検討委員会」（委員長・木村尚三郎東大教授）が、1989年3月に報告書を発表した〔法務省 1989c〕。そこでは、専門の技術・技能、語学や外国人の特性を生かして就職する者については、国民的コンセンサスが得られているとし、今後とも積極的にその受け入れがはかられてよい、とされていた。

　しかしながら、いわゆる単純労働者については、いまだ国民的コンセンサスが存在していないとされ、この委員会でも意見が分かれた。各種の条件をつけたうえで徐々に受け入れざるをえないのではないかという意見がやや多かったが、その一方で強い反対意見もあった。受け入れざるをえないという意見の根拠としては、労働力不足が今後とも見込まれること、不法就労が存続しつづけ、そのデメリットが大きいこと、技術移転ができること、などがあげられた。

次に、労働省についてみると、「外国人労働者問題研究会」（座長・小池和男京大経済研究所長）は1988年3月27日に労働省としては初めて、外国人労働者に対する考え方を明らかにした報告書〔労働省1988b〕を発表した。それによれば、専門・技術職や管理職などについては積極的受け入れをはかる一方、単純労働者については、受け入れないとする従来の政府の方針を継承して、その締め出しを強める方向を打ちだしていた。

そのための方策として「雇用許可制度」を提唱したのが、この報告書の大きな特徴となっていた。この制度は、事業主が事前に外国人労働者の雇用許可を取得することを要求するものであり、許可なく雇用した場合には、雇用者に罰則が適用され、また雇用許可には一定の期限が付されることとなっていた。

1988年12月の労働省の「外国人労働者問題に関する調査検討のための懇談会」（座長・圓城寺次郎日本経済新聞社顧問）の意見報告〔労働省1988d〕も、ここにみられた基本方針を大筋として踏襲していた。しかし、雇用許可制度については、法務省から、出入国管理及び難民認定法と二重チェックになるなどの批判が強かった。

このように、法務省と労働省は、鎖国論に近いという点では似ていたが、雇用許可制度をめぐる議論にみられるように、外国人労働者をどちらが管轄するかという問題については主導権争いを演じていた。付言すれば、建設省は、建設労働市場に外国人の単純労働者が参入することに絶対反対の態度をとっていた。

それにたいし、開国論にやや傾斜していた省庁をみると、外務省は、経済大国としての責務があるとして、単純労働者の受け入れについてもある程度の配慮が必要であるとしていた。なお外務省は、1989年5月に、外国人の人権侵害問題も担当する外国人課を発足させた。また、農林水産省と運輸省は、遠洋漁業や外航海運における国際競争力を回復させようとして、総体的には受け入れに前向きであった。

しかしながら、政府機関として初めて外国人の単純労働力の受け入れを容認する姿勢を打ちだしたのは経済企画庁である。「労働力の国際間移動の国内労働市場等に与える影響に関する調査研究委員会」（座長・島田晴雄慶大教授）が1989年4月に発表した報告書〔経済企画庁1989〕によれば、比較的実現可能性のある選択としては、(1) 現状放置型、(2) 閉鎖型、(3) 出稼ぎ・コントロール型、(4) インテグレーション型が考えられるとした。ここでいう出稼ぎ・コ

ントロール型とは、コントロール機関をつくって、人数・期間・分野などについて徹底的なコントロールをおこないながら、外国人労働力を受け入れようとするものである。また、インテグレーション型とは、外国人を社会的に隔離したり差別したりするのではなく、コミュニティの一員として受け入れ、統合することであるとされる。ただし、それは「日本人化」を強制することではない。そして、長期的な基本戦略としては、インテグレーション型がもっとも適当であるが、当面の緊急避難的措置として、出稼ぎ・コントロール型の対応も考えざるをえないのではないか、とした。

なお、通産省については、通産大臣の諮問機関である「産業構造審議会総合部会企画小委員会」(委員長・圓城寺次郎日本経済新聞社顧問)が1989年7月に、日本経済の国際化の現状と課題についての報告書『共存的競走への道：グローバリゼーション下での我が国産業活動と産業政策の方向』〔通産省1989〕を発表した。そのなかで、通産省としては初めて外国人労働者についてふれ、外国人労働者の受け入れについて積極的な検討を提唱してはいるが、鎖国論・開国論のどちらかにくみしているとはいいがたかった。

一方、経済界についてみると、日経連や日本商工会議所は、政府の統一見解にならって、単純労働者の受け入れについては慎重な態度を打ち出していた。このような態度は、1988年の秋ごろまでは一般に共有されていたとみることができる。

すなわち、電力、製鉄、家電メーカーなどによって設立された財団法人「企業活力研究所」は、1988年7月に、経済界としては初めて「外国人労働者受け入れに関する提言」を発表した。それによれば、専門能力やスキルを有する外国人労働者については受け入れを拡大するが、単純労働者については、当面受け入れをおこなわないとしていた〔企業活力研究所1988〕。

また、東京商工会議所が1988年9月に発表した外国人労働者受け入れについての中間意見も、専門的知識・技術・技能を有するものについては受け入れを大幅に拡大するが、単純労働者については慎重に検討を継続するとなっていた〔東京商工会議所1988〕。

しかしながら、そののち開国論に傾斜する議論が出始める。民間の政策提言機関「21世紀経済基盤開発国民会議」(議長・隅谷三喜男東大名誉教授)は、1988年12月に、外国人労働者の受け入れは、専門職や技術・技能労働者ばかりでなく、単純労働者についても積極的におこなうべきだという提言を発表し

た。その理由は、アジア諸国を中心に高まっている門戸開放の要求に応える必要があるということと、2000年の日本は270万人の労働力人口が不足するという試算があるということによる〔21世紀経済基盤開発国民会議 1988〕。

そして1989年1月、関西経済同友会は、経済団体としては初めて、専門的な技術・技能をもたない外国人労働者を条件付きで受け入れるべきである、と提言した。具体的には、外国人労働者を独占的に雇用し、企業に派遣する派遣センターを設置する。外国人労働者は、雇用期間の終了とともに帰国する。なお、センターは、外国人労働者の処遇が日本人と同等またはそれ以上であることをチェックする、とした〔関西経済同友会 1989〕。

さらに、きわめて有力な経済団体である経済同友会は、1989年3月に、外国人の単純労働者を受け入れるひとつの方法として、「実習プログラムシステム」を行うべきだという提言をした。これは、日本国内の労働力不足の緩和ならびに近隣の労働力送り出し国の雇用問題改善に資するために、現地で語学研修をしたあと、国内の「受け入れ調整機構」を通じて企業で実習生として働かせ、1～2年で帰国させる、というものであった〔経済同友会 1989a〕。なお経済同友会は、合法的に在留している外国人にとっては住みやすい日本をつくり出すために、同年7月に「外国人との共生を目指して」という提言を発表した〔経済同友会 1989b〕。

日本商工会議所については、その下部団体である東京商工会議所が、1989年12月「外国人労働者熟練形成制度」の創設を提言し、一般労働分野への受け入れ形態として、中央と地方にまたがる受け入れ機構を設立し、政府間の双務的な協定に基づき、単身で24ヵ月以内の就労者を受け入れるという構想を発表した〔東京商工会議所 1989〕。付言すれば、1989年11月に栃木県経済同友会も、二国間協定による期限2年の研修生名目による外国人労働者の受け入れを提言した〔栃木県経済同友会 1989〕。

このように、諸省庁と同様に、当時の経済界も研修生ないしそれと類似した形式による外国人労働者の導入へと指向していたのである。

一方、労働組合についてみると、総評は、1988年5月に「外国人労働者問題に関する当面の見解」をまとめた。これによれば、低賃金労働力にたいする労働市場の開放は先進国のエゴにほかならず、入ってくる労働者にとっても、受け入れ側の労働者にとってもマイナスであるから、原則的に反対である、とされていた。それ以外の外国人労働者については、労働許可証の交付が、雇用主

にたいする雇用許可制度とともに提唱されていた。

　また、連合は、1988年5月の「1988/89年度政策・制度要求」によれば、未熟練労働力の受け入れはおこなわないことを原則とし、不法就労者を雇用する者に対する罰則を明確化および強化することを求めた。

　さらに、大工・左官・小工務店主などを組織する全国建設労組総連合は、1987年秋の定期大会以降、外国人労働者の受け入れに反対であった。その理由は、国内労働者の賃金や労働条件のさらなる低下を生むおそれがあることによる。

　なお、1989年3月、造船重機労連は、単産レベルとしてはおそらく初めて、一般技能労働者としての外国人労働者の就労は認められないとする確認を経営側と交わした。このように労働組合の大勢は、圧倒的に鎖国論に傾斜していた。

　当時の鎖国論については、現実的に問題が多かった。まず、外国人労働者が大量に流入し、その存在が構造化されてしまった結果、鎖国が物理的に不可能になってしまったという状況があった。それを無視して鎖国を無理やり強行しようとすれば、その社会的コストは膨大なものとなろう。具体的にいえば、20万〜25万人の非正規就労者を当時の2000人足らずの入管職員、とりわけ600人の入国警備官で摘発しようとすることはとうていできない相談であったと思われる。

　それだけでなく、首都圏の中小・零細製造業のばあいには4社に1社、東京23区内のサービス産業のばあいには3社に1社がすでに外国人労働者の雇用経験をもっていた。しかもそれは、いわば社会的弱者ともいえる弱小企業に集中していた。この膨大な数の企業群に不法性の烙印を押すことは、ごく一般化している企業活動を犯罪視することを意味した。しかしながら、通常の社会通念からいえば、このような事態はむしろ許容されるべきだったであろう。

　そればかりでなく、外国人労働者の強圧的な摘発ないし取り締まりは、当該の外国人労働者自身の取り締まり当局に対する心証を決定的に悪化させた。この人びとの多くは、出身国では優秀な資質をもつ中堅的な存在であるのに、日本での生活は犯罪者としてのそれであり、とくに日本からの出国時の入管当局からの処遇は忘れがたい悪印象を残した。

　つぎに当時の開国論の大きな問題点として、外国人労働者という低賃金労働力の導入が、日本の産業構造の改善のための絶好の機会を放棄させるおそれがあったことが指摘できる。

第Ⅰ部　1980年代後半までの外国人労働者

　当時労働力不足が顕著な建設労働者の賃金や労働条件には著しい改善傾向がみられ、サービス産業のパート賃金も上昇が始まっていた。さらに、下請け製造業においても受注価格の上昇への動きがみられた。外国人労働者の流入は、このような傾向を部分的に阻止した。

　開国論の有力な論拠として、日本の閉鎖的な文化にたいする外国人の貢献の重視があげられていた。これについては、低賃金労働者としての処遇が文化の担い手となることをきわめて困難にしていたということを指摘したい。なぜかといえば、そもそも低賃金ということは、搾取の対象であったと同時に、同情や憐憫の対象であったことを意味している。このようなときには、文化の交流に不可欠な対等性は失われる。

　そればかりでなく、在日韓国・朝鮮人に顕著であるように、外国人労働者は偏見の対象となる可能性を強くもっていた。そもそも偏見は社会的経済的差別という事実があり、それを正当化するために発生するメカニズムをもっていると考えられる。パート並みの賃金しか払わないとか3K労働に従事させるとかという差別は、外国人労働者にたいする偏見をすでに生み出しはじめていた。1989年に東京都新宿区が居住している外国人82人を対象におこなった調査によれば、日本人による偏見や差別を受けることが「よくある」23％、「ときどきある」59％、「ほとんどない」15％となっており、8割以上が偏見や差別を感じている。なお、調査回答者の71％は就学生・留学生であった〔東京都（新宿区）〕。

　また1988年に東京都港区が在住外国人810人にたいしておこなった調査（無作為抽出、郵送法、回収率40.5％）によれば、中国人のばあい偏見や差別を感じた経験が「ときどきある」者は52％、「よくある」者は10％、フィリピン人のばあいはそれぞれ56％と5％であった。〔東京都 1989a〕。このように外国人は偏見の対象であるから、彼らに文化的貢献を求めるという姿勢は一般的には存在しない。

　ところで、当時の開国論は、労働力は欲しいが日本社会への定住についてはさまざまな社会問題が引き起こされるおそれが強いという理由で、出身国への帰国を前提とする単身の労働者の期限付き導入へと傾斜しはじめていた。そして、このような条件を満たしながら段階的で秩序ある導入をはかるために、研修生という名目が開国論の突破口となる可能性がますます強まっていた。研修生は第三世界への技術移転という美名をもっており、非正規就労にも対抗できるとされていたのである。

研修生であるかどうかは別として、期限付き雇用政策は第三世界の側からみると問題が多い。それは外国人労働者のいちばん働き盛りの2、3年をつまみ食いしてあとは使い捨ててしまえばよいという発想をもっているからである。ところで彼らに食物や教育を与えて育ててきたのは日本ではないし、彼らの老後の面倒をみるのも日本ではない。送り出し国に労働力の再生産費用を押し付ければ、もちろん経済的には日本にきわめて多大な利潤がもたらされるが、倫理的には看過すべきではない。

　さらに、期限付き雇用政策では単身での受け入れが前提とされているが、ある人を家族や恋人から長期間引き離すということはきわめて非人道的な行為であり、人権という点からみて許されるべきではないとする見解が国際的に一般化していた。この点日本は、単身赴任が当然とされていた異常な企業優先社会であったことを銘記すべきである。

　また、残された家族やコミュニティにたいする悪影響も無視できない。父親が不在のばあい妻や子供の精神的負担は重くなる。出稼ぎの送り出し地は、地域的に集中する傾向がみられるが、そのばあいには地域的な社会生活の正常な運営が阻害される。

　以上期限付き雇用政策の問題性をみたが、期限付きであろうとなかろうと、ヒトの収奪は第三世界に悪い効果をもたらす。

　第1に、一般的にいって出稼ぎにやってくる人びとは、外国への渡航を実行できるだけの勇気と実行力をもっている人びとであり、その意味で資質が高いといえる。したがって、彼（女）らの送り出しは、第三世界にとっては多かれ少なかれブレイン・ドレイン（頭脳流出）という性格をもっている。これは、第三世界から発展のために必要な人材が奪い去られていることを意味する。

　また、出稼ぎに構造的に依存しなければ存立していけないような社会が相当な規模で出現してきたのも、きわめて大きな問題である。国際収支の悪化や失業の深刻化は不等価交換と不均等発展の帰結であるが、それに対処するための出稼ぎ労働の大量の送り出しは、本来的にはなにひとつ解決をもたらさないばかりでなく、真の発展からますます遠ざかる。

　人類史上もっとも注目される労働力の送り出しはアフリカからの奴隷輸出であったが、その結果アフリカは長期的停滞を強制され、その打撃からいまだに回復していない。日本でも山村や離島が過疎化し次々に崩壊しているが、そのきっかけは出稼ぎとしての労働力移動から始まったといえないこともない。第

三世界からのヒトの収奪は、このような悲劇をアジア全体ひいては地球的規模で再生産させることになりかねないのである。

　送り出す第三世界の側だけでなく受け入れる側についても開国論の問題は多い。欧米諸国の経験が教えていることは、期限付き雇用政策の挫折である。出稼ぎ労働者たちは、当初もくろまれたようには帰国しようとせず、家族を呼び寄せて定住してしまったのである。

第2節　難民の実質的締め出し

　本節では、鎖国論的対応が濃厚な難民の問題を検討する。これについては、第6章第5節ですでにふれた。

　難民の概念は、アフリカにおけるいわゆる飢餓難民の大量の発生によって著しく拡張された。単に政治的理由だけでなく、戦災や飢饉、あるいは経済的困窮などの理由で生命や安全が脅かされるばあいには、戦災難民、飢饉難民、経済難民などという言葉が使われている。国連難民高等弁務官事務所によれば、1980年代なかばに1000万人以上の難民が世界に存在していた〔国連大学・創価大学アジア研究所1986：312〕。

　日本における難民問題の嚆矢は、1884年の甲申政変で日本の軍事力を背景にしてクーデターを企てて失敗し日本に亡命した「金玉均事件」である。こののち日本政府は一貫して難民を受け入れないという態度をとるようになった〔日本弁護士連合会1988：203〕。その例外は、第二次大戦のときの数千人にのぼるユダヤ人難民の受け入れであった。1960年代には、朝鮮統一運動に関与していた韓国人、北朝鮮人漁船員、台湾独立運動のメンバーであった台湾人などによる亡命の要請があったが、いずれも拒否された〔吹浦1989：111ff.〕。

　このような状況を変化させる大きなきっかけとなったのは、インドシナからのボートピープルの到来であった。日本に到着した最初のボートピープルは1975年にデンマーク船に救助された9人であり、これ以降ボートピープルは急増するが、日本への定住が認められたのは、やっと1978年の閣議了解によってであった。そののち1975年以前に入国したインドシナ3国からの留学生等、アジア諸国に一時滞在していたインドシナ難民、家族との再会のためのベトナムからの合法的出国者の定住も次第に認められた。日本は1951年の難民条約および1967年に作成された同上「議定書」にはなかなか加入しようとしなか

った。けれども、インドシナ3国からの大量の脱出者の処遇に関して1979年インドシナ難民国際会議が開催され、第二次大戦後最大の再定住計画が採択された。これをきっかけとして、難民条約および議定書は、国際世論の圧力のもとにようやく1981年に日本の国会で承認され1982年に発効した。

　こうして日本の難民は、その不承不承の受け入れの歴史を反映して、インドシナからのボートピープルからなる一時滞在難民、インドシナ難民のうち日本に定住を認められた定住難民、入管法に基づく難民認定申請が許可された条約難民の3種類に分けられることとなった〔法務省1988c〕。一時滞在難民は、日本もしくは第3国への定住が決まるまで日本に一時滞在する。1989年12月に至る一時滞在難民の累計は、日本で出生した者を含めて1万2797人であり、そのうち2643人が日本に定住した〔本間1990：148〕。一方定住難民数は、同じ時点で累計6087人であり、1985年に閣議了解された定住枠1万人にもはるかに及ばなかった。なお、1988年4月現在の主要国のインドシナ難民の定住受け入れ数の累計は、多い順にアメリカ72万人、カナダ12万人、オーストラリア12万人、フランス11万人、西ドイツ2万4000人、イギリス1万8000人、香港1万人などとなっていた（以上は〔吹浦1989：21ff.〕）。このように、日本の定住難民の受け入れ数は国際的にみればきわめて少なかった。

　難民条約加入後も、日本政府は難民認定についてきわめて消極的な姿勢をとり続けていた。条約難民の1987年7月現在の認定数は192人にすぎなかった。その内訳は、インドシナ156、イラン23、アフガニスタン9、その他4であり、アフリカは1人もいない〔日本弁護士連合会1988：205〕。条約難民の認定はきわめて厳しくおこなわれていて、法律扶助協会が6年近くで扱った申請150件のうち、認められたのはわずか2件にすぎなかった〔伊藤和夫1989〕。

　1986年にパキスタン経由で来日しようとしたアフガニスタン難民3人のクアラルンプール、東京、カラチの3地点間の「たらい回し難民」事件は、このような姿勢を示す事例として良く知られていた〔吹浦1989：115〕。また、1989年の「中国民航機ハイジャック事件」では、容疑者が政治的亡命を求めているにもかかわらず日本政府は中国への引き渡しを決めた〔『朝日』1990年1月10日〕。

　インドシナ難民については、次第に経済難民という性格が強くなってきた。この事態に対処するため、1989年77ヵ国の参加のもとにインドシナ難民国際会議が開催された。その結果、ボートピープルについては難民条約に基づく難民に該当するかどうかを選別審査するスクリーニングを実施し、それが認めら

れない者については第3国への定住を認めず本国への帰還をはかることが合意された〔山神 1989d〕。

　これは、インドシナ難民であっても、経済難民についてはその定住を認めないということを意味した。日本政府も、1989年の中国からの多数の偽装難民の到来を機に、この会議の結論にしたがって、インドシナからの経済難民の受け入れ拒否を決めた。定住難民の就労は、けっして良好な状況にあるとはいえなかった。インドシナ難民の定住促進事業をしているアジア福祉教育財団難民事業本部のまとめによると、就労者2558人のうち従業員1000人以上の企業で働いている者は36人にすぎなかった〔『朝日』1988年11月3日〕。また各地の定住促進センターから紹介された就職先からの転職率も1980年代後半に50％を超えており、労働条件が悪かったことを示している〔吹浦 1989：56-57〕。

　付言すれば、定住難民のうち日本に帰化した者は1988年までにわずか35人にすぎなかった〔『朝日』1989年8月25日〕。彼らについても、在日韓国・朝鮮人のばあいと同じように、国籍取得の際、半強制的ないし誘導的に日本的な姓名に変えさせたり、また日本人との結婚を強く勧めるなどの窓口指導がおこなわれた〔吹浦 1989：62〕。

第3節　受け入れ容認に傾斜した世論

　1980年代後半の、外国人労働者に関する日本人全体を母集団とする大規模な世論調査としては、経済企画庁、総理府、朝日新聞による3つがあった。

　経済企画庁の調査は、1987年10月、20歳以上の3000人を対象に郵送法でおこなわれ、回収率は27.9％であった（〔経済企画庁 1988a〕、以下「経企庁調査」と略）。また、総理府による調査は、1988年2月、20歳以上の1万人を対象に、調査員による面接法でおこなわれ、回収率は76.5％であった（〔総理府 1988〕、以下「総理府調査」と略）。さらに朝日新聞の調査は、1989年10月、有権者3000人を対象に、調査員による面接法でおこなわれ、回収率は79％であった（〔『朝日』1989年11月6日〕、以下「朝日調査」と略）。

　これら3つの全国調査の結果から、まず外国人労働者の受け入れの可否に関する世論の動向をみることにしよう。経企庁調査によれば「一定の条件をつけて受け入れるべきである」63.0％、「制限を設けることなく受け入れるべきである」11.0％、「認めるべきではない」4.8％、「わからない・不明」21.2％とな

っている。つまり、4分の3にも達する回答者が、受け入れを認めていたのである。

一方、総理府調査によれば「単純労働者であっても一定の条件や制限をつけて就職を認める」51.9％、「単純労働者の就職は認めない現在の方針を続ける」24.2％、「わからない」23.8％となり、受け入れ容認派は半数となった。

それらにたいし、調査時点がもっとも新しかった朝日調査によれば、外国人の単純労働者の受け入れに関する今後の方針としては、「条件をつけて受け入れる」56％、「受け入れない政策を続ける」33％、「その他・答えない」11％となった。すなわち、受け入れ容認派が半分強であることは総理府調査と同様であるが、受け入れ反対派が着実に増加していたことが注目される。

経企庁調査は、設問を単純労働者に限っていないため、他の2調査と単純な比較はできない。しかしながら、3調査を総体的にみると「わからない」などの回答が減少し、その分受け入れ反対派が増大してきていたようにおもわれる。一方、容認派については、経企庁調査ではきわめて多いが、他の2調査ではこれより少なかった。

次に、非正規就労者についての態度をみることにしよう。経企庁調査には設問がない。総理府調査によれば、非正規就労者への対応については「暴力団関係、売春、その他悪質な場合だけ重点的に取り締まる」40.7％、「法に違反している以上、法で定められた手続きによりすべて強制送還する」37.0％、「労働力が不足している分野では取り締まらないでそのままにする」7.3％、「わからない」15.0％という結果が得られ、法の適用をある程度猶予しようという傾向がみられた。

一方、朝日調査によれば、いま不法に働いている人については「法律を改めて、合法的に働けるようにする」45％、「法律通り厳しく取り締まる」34％、「悪質でない限り大目に見る」16％、「その他・答えない」10％と、合法化を支持する者が、排除しようとする者より多かった。

このように、非正規就労自体の存在を許そうとする者が半数近くに達している時点で、両調査には一致がみられた。また、厳しく取り締まることに賛成の者も3分の1強と、似たような比率を占めていた。

外国人労働者の受け入れの可否と非正規就労者についての態度の関係については、朝日調査にデータがある。それによれば、受け入れ容認派で合法化論者は全体の36％、受け入れ反対派で排除しようとする者は全体の21％にすぎず、

一貫した関係がみられるとはいえないとされている。つまり、この両者をそれぞれ独立した別個の問題としてとらえていた日本人が多かったといえる。

総理府調査には、さらに、非正規就労者が増えていることについてどうおもうかという質問がある。これにたいする回答をみると、「良くないがやむをえない」45.4％、「良くないことだ」39.4％、「わからない」15.2％となっており、やむをえないと考える者のほうが若干多かった。

経企庁調査では、外国人労働者受け入れに関する意見として、4つの項目についての賛否を聞いている。回答のうち、「全くその通りである」および「ややそう思う」を賛成者として、賛成者の高い順に意見を列挙すると、「日本人の雇用機会が奪われる心配がある」41.2％、「労働者受け入れにより治安が悪くなる」40.7％、「日本の社会を活性化させる」26.2％、「途上国の労働者受け入れは日本の責務である」23.1％となった。

同様に、総理府調査について、非正規就労者が「良くない」あるいは「やむをえない」とする理由のうち上位6位（複数回答）を高い順に並べると、「その人が稼いだ金で家族が暮らしていけるから」28.4％、「売春等で人権が侵害されたり犯罪の温床になるから」18.9％、「治安・風紀等が悪くなるから」18.7％、「その人が納得して働いているのだから」18.2％、「高収入を求めて日本に来るのは当然だから」16.2％、「日本の法令に違反するから」14.2％となった。

また、朝日調査で、外国人労働者をどう見ているかという質問にたいする回答をみると、「人手不足を補っている」29％、「安い労働力を得られる」16％、「受け入れは先進国の務めだ」14％、「治安・風紀などが乱れる」13％、「嫌な仕事を押しつけている」12％、「日本人の労働条件を引き下げる」6％、「その他・答えない」10％となり、主として安い労働力として人手不足を補っていると認識されていたことがわかる。

これら3調査を概観すると、治安や風紀の乱れおよび犯罪などにたいするおそれは、一貫して一定程度存在していた。また、総理府調査では「日本の企業の人手不足を解消してくれるから」に賛成の者はわずかに6.4％にすぎないが、朝日調査では「人手不足を補う」が首位を占めていた。この変化は、2つの調査時点の間に進展した現実を反映していたとおもわれる。さらに「受け入れは責務」という見方も、経企庁調査と朝日調査に共通して根強い支持を得ていた。

次に、受け入れるばあいの条件について日本人はどう考えていたであろうか。総理府調査で単純労働者について「一定の条件や制限をつけて就職を認める」

と答えた者に、その条件を複数回答で聞いたところ、「期間に制限をつけ、それ以上の滞在は認めない」43.0％、「国や地方自治体など責任ある機関のみが雇うことができるようにする」34.8％、「職業分野別に受け入れ数を制限し、他分野への移動は認めない」17.8％、「本人に限って滞在を認め、家族の呼び寄せは認めない」14.7％、「国籍別に受け入れ数を制限する」10.3％、「何の条件・制限も必要ない」5.4％、「その他・わからない」9.7％となった。

　また、朝日調査によれば、入国や就職の条件をひとつ選ばせた場合、「就労期間を制限する」27％、「働ける企業や機関を限定する」25％、「人数を制限する」22％と、この三者が2割台でならんだ。このほか、「特に条件をつけない」11％、「扶養家族の入国を認めない」5％、「その他・答えない」10％となった。

　このように、両調査とも期間制限がトップであった。さらに、欧米で大きな問題となっていた家族の呼び寄せについては、いまだあまり関心を呼んでいなかったようにみえる。

　付言すれば、朝日調査には「もし隣に住むようになったらどう感じるか」という質問がある。これにたいする回答は、「社会になじめるように手助けしたい」47％、「なるべく付き合いたくない」20％、「外国の文化に触れる良い機会だ」11％、「ほかへ移ってほしい」10％、「その他・答えない」12％となり、58％が好感派、30％が冷淡派で、好感派は冷淡派の2倍を占めた。

　以上、3つの全国調査の結果を比較検討してきた。全体的には、日本人が外国人労働者にたいして好意的にふるまおうとしている傾向が強かったことが印象に残る。日本人は、いわば本国にいる外国人労働者の家族の生活を考慮して受け入れを容認し、隣人をなるべく手助けしようとする善意をもった人々だったのである。

　地域住民の反応については、1989年に筑波大学が町村敬志の指導のもとにおこなった調査は興味深い結果を示している。この調査の一部は新宿区・豊島区・渋谷区・板橋区の町内会・自治会等の代表者全員にたいする郵送調査であった。豊島区についてみると、「住民から外国人に関してなにか苦情が出たことがある」が59.6％、「ない」が33.3％となっており、苦情のないほうがはるかに多い他の3区と顕著な対照をみせている。その内容を複数回答でみると、「ゴミ捨てのマナー」53.5％、「話し声がうるさい」31.3％、「アパートの賃貸契約トラブル」26.3％が上位3位を占めていた〔筑波大学1990〕。

　似たような傾向は、立教大学の奥田道大研究室の調査結果にもみられた。豊

島区内の日本人105人にたいして、外国人をめぐる話題・噂を聞いた結果（複数回答）をみると、「別になし・聞かない・答えない」34.3％、「部屋の使い方・契約のトラブル」14.3％、「万引きするなど犯罪の噂」13.3％、「ゴミの出し方など地域ルール違反」「夜の近隣騒音」「態度が悪い、約束を守らないという噂」それぞれ9.5％、「その他」27.7％となり、良いカテゴリーが存在していないのが印象的である。また、「万引きするなど犯罪の噂」は、他ではあまり聞かれない反応であって注目される〔『朝日ジャーナル』1989年10月20日号〕。

慶応義塾大学の宮沢浩一研究会は、外国人労働者と接触する機会の多い埼玉県川口市および蕨市の住民、および両市への通勤・通学者を対象とする意識調査をおこなった。調査は1989年7月、有意に選択された214人にたいして面接法でおこなわれた。ただし、標本抽出がなされていないためもあって、15～19歳が対象者の28％、学生も同じく28％を占めた。

「不法労働者と思われる人が身近にいる、またはいるとしたらどう思われますか」という質問にたいして、「いてほしい」0.9％、「いてもよい」22.9％、「何とも思わない」30.4％、「できればいてほしくない」30.4％、「いてほしくない」13.6％となり、反感派の合計は44.0％に達し、好感派の23.8％を大きく上回った。しかしながら、実際に交流経験のある地域住民のばあい、好感派が45.1％、反感派が35.5％と、比率が逆転していたことは示唆的である（ただし、交流経験ある者の実数が32人と極めて少ないので、統計学上の問題はある）〔慶応義塾大学1989〕。

企業ないし経営者の態度については、すでにある程度の調査の蓄積があった。

東京商工会議所では、会員企業にたいして1988年4月、郵送法による調査をおこなった（対象企業数5000社、回収率22.6％）。外国人労働者の受け入れについては、「制限を緩和して、受け入れを現状より増やしていく」59.3％、「現状の制限程度でよい」36.7％、「制限を強化して、受け入れを現状より少なくしていく」3.9％となり、制限緩和を求める企業が多かった。緩和の内容としては、単純労働まで認めるべきだとする企業が40.6％にのぼっていた〔東京商工会議所（無日付）〕。

また、第3章第4節で紹介した品川労政調査（1988年10月）の結果をみると、単純労働者については、「なんらかの形で就労を認めるほうがよい」とする条件付き承認派が58.6％、「現状のまま就労を認めないほうがよい」とする反対派が17.4％、「特に制限をつけずに就労を認めてよい」とする無条件承認派が

14.1％、「その他・無回答」9.8％となった。すなわち、単純労働者の就労を認めてよいとする企業は72.7％に達したのである。

産業別にみると、無条件承認派は建設業と運輸・通信業に、条件付き承認派はサービス業と卸・小売り・飲食業にそれぞれ多い。また、規模別にみると、1000人以上の企業では反対派が多かったが、10〜29人の規模では、承認派ことに無条件承認派が多かった。

ちなみに、単純労働者の就労が認められたばあいの雇用の可能性については、「わからない」39.7％、「条件次第で雇用の可能性あり」30.0％、「雇用しない」23.5％、「積極的に雇用したい」2.7％、「無回答」4.2％となり、「わからない」企業がもっとも多いが、雇用の可能性がある企業も32.7％となった。なお、「積極的に雇用したい」企業は、産業別では建設業と製造業に、規模別では10〜29人に相対的に多かった。

さらに、外国人労働者の権利保護のためにどのような行政施策が必要かという質問にたいする回答（複数回答）は、「悪質なリクルーターの取り締まり」がトップで39.4％、以下「救済機関の設置」36.5％、「外国人雇用企業に対する啓発」30.8％、「企業の不法行為の摘発」19.5％、「その他・無回答」10.5％となった。当然ながら、ここでは「企業の摘発」が少なくなっていた〔東京都1989c〕。

中小企業自体については中小企業庁による調査が存在する。中小企業庁は、1988年12月に「労働問題実態調査」を、1989年12月に「雇用問題実態調査」を実施した。ここで中小企業とは資本金1億円未満もしくは従業員300人未満の法人企業、または従業員300人未満の個人企業をさす（ただし、卸売業のばあいには3000万円未満または100人未満、小売業・サービス業のばあいには1000万円未満または50人未満）。

それによれば、1988年に外国人労働者を「採用しておらず必要性も感じない」が56.8％、「採用していないが必要性を感じる」が15.8％、「採用していないが必要性についてはわからない」が25.6％、「採用している」が1.9％であった。それにたいし1989年になると、「採用しておらず必要性も感じない」70.2％、「採用していないが必要性を感じる」26.8％、「採用している」3.2％とそれぞれ大きく増大した。これは1989年の質問項目から「採用していないが必要性についてはわからない」が外されたためとおもわれる。なお、外国人労働者を必要とする理由については、高い順に「人手不足が深刻である」80.5％、「コ

ストの安い労働力が得られる」32.6％、「日本人が好まない仕事でもする」28.1％（複数回答）となった〔中小企業庁1989：第2章2節〕。

　また東京法人会連合会によるものがある。この調査は、会員である都内（三多摩地区を含む）に主たる事業所を有する中小法人企業（資本金1億円未満）の経営者にたいして、1988年10月に郵送法によりおこなわれたものである。対象企業数は700社、有効回答率は53％であった。その結果をみると、外国人労働者の受け入れが「場合によってはやむを得ない」とする者が60.4％と、「好ましくない」32.2％の2倍弱に達した。その理由（複数回答）としては、「日本人労働者を雇い入れようとしても難しいから」60.4％、「日本も国際的立場で労働市場の門戸を開放すべきだから」56.1％、「安い賃金で雇用できるので、経営コスト面を考えて」23.3％などがあげられていた〔東京法人連合会1988〕。

　第3章第2節で紹介した首都圏工業調査（1989年2～4月実施）にも、製造業に限られるが、外国人労働者の受け入れの可否についての調査項目がある。外国人労働者の就労が増加していることをどう考えているかという質問にたいして、「零細な工場の生き残りのためには外国人労働力の利用はやむをえず、政府は就労を認めるべきだ」という回答は36.5％、「求人しても人が集まらない場合は外国人を雇用してもよいと思う」は19.5％、「国内の労働力だけでやっていくべきだ」は15.4％、「外国人をめぐるトラブルを懸念」は9.4％となっていた。また、仮に法制度が整えば外国人を雇用したいかという質問にたいしては、53.8％が肯定していた〔伊豫谷・内藤1989〕。この調査結果については、同時期の類似調査に比較して、受け入れ賛成者が少ないように思われる。

　最後に、同じく第3章第2節で紹介した、東京都民銀行が取引先の中小企業経営者にたいして1989年6月におこなった調査によれば、「条件付きで雇用を認めるべき」59.1％、「自由に雇用できるようにすべき」17.7％、「認めるべきではなく、不法就労者にはもっと厳しく対応すべき」9.4％、「『技術者』や『語学教師』に限っている現状を維持すべき」7.4％、「その他・無回答」6.5％となった。すなわち4人に3人が受け入れを容認していた一方、反対の者は16.8％にすぎなかったことがわかる。その背景には、「日本では単純労働者の労働不足が深刻だから」66.0％、「先進国としての日本の国際的責任があるから」41.9％という数字に表現されるような意識があった。受け入れの条件としては、「雇用先の受け入れ体制（住居・社会保険等）を審査する」「労働力不足が深刻な職種に限る」「年間に採用する人数・割合・増加率等で制限する」などが支

持されていた〔東京都民銀行1989〕。

　外国人雇用の有無別の企業の態度については、法務省による調査から情報が得られる。法務省入国管理局は、1988年11月、有意に抽出された東証一部上場企業等大企業1144社、それ以外で外国人を雇用する企業1856社を対象として郵送法による調査をおこない、前者については624社、後者については1270社の有効回答を得た。この調査の一部上場企業では従業員数1000人以上が75.5％を占めるのにたいし、外国人雇用企業では499人以下が69.8％を占めた。

　一部上場企業についての結果をみると、積極的および条件付き受け入れ派は45.4％、消極派が50.0％となり、受け入れ派をやや上回った。それにたいし、外国人雇用企業の積極的および条件付き受け入れ派は50.7％であり、僅少ではあるが一部上場企業と逆転していた。さらに、非正規労働者を雇用する雇用主にたいする処罰の是非については、一部上場企業のばあい、「罰則を一層厳しく取り締まるべきである」18.3％、「事情にもよるが、悪質な雇用者について直接罰則が及ぶこともやむを得ない」69.4％、「現行のように、不法残留又は資格外活動といった入管法違反の共犯、ほう助犯として処罰する程度でよい」7.7％、「特に処罰する必要はない」1.5％、「無回答」9.4％となり、9割近くが罰則の強化に賛成するという驚くべき結果となった。それにたいし、外国人雇用企業で「罰則を一層厳しくすべき」と回答したものは25.2％であるが、「直接罰則が及ぶのもやむを得ず」は53.9％にすぎず、合計すると8割弱となり一部上場企業よりも低かった〔法務省1989a〕。

　外食産業については、第3章第4節で紹介した日本フードサービス協会が会員企業を対象に1989年9月におこなった調査によれば、「積極的に受け入れるべき」は15.9％、「制限付きで受け入れる」59.3％となり、4分の3以上が受け入れを支持した〔日本フードサービス協会1990〕。

　なお、千葉県が1989年におこなった調査によれば、現在雇用している企業は4.8％で、これらの企業を含んで「外国人を採用したい」21.1％、「採用したくない」43.4％、「わからない」32.9％であった〔千葉県1990〕。

　以下、これ以外の企業や経営者にたいする調査について、その賛否の分布だけを記しておく。1989年の東京都立労働研究所の調査によれば、積極的賛成派が29.9％、消極的賛成派が39.2％、反対派が17.9％であった〔東京都1991：図1-18〕。また1989年の横浜商工会議所の調査では、受け入れ派が49.9％、現状維持派が34.8％、反対派が2.7％であった〔横浜商工会議所1990〕。同様に栃

木県経済同友会の1989年の調査では、受け入れ派63.8％、慎重派および反対派36.2％となっていた〔栃木県経済同友会 1989〕。

　以上、企業ないし経営者を対象とする調査をみてきたが、全般的には、1988年から1989年にかけて、単純労働者を受け入れるべきだという考えがますます強まっていたといえる。しかもそれは、人手不足に見舞われていた零細企業の経営者に著しかったのである。

　ここで、外国人労働者を雇用していた企業の外国人従業員にたいする評価をみておこう。前述した東京都立労働研究所の調査によれば、出勤状況を「良い」とする企業は54.3％、勤務態度が「良い」は同じく49.8％と高く、仕事のできばえについては27.8％が「良い」、仕事ぶりについては25.1％が「てきぱき」としているとした。一方否定的評価については仕事ぶりが「のろい」だけが10.3％であとは5％前後と低くなっていた〔東京都 1991：図1-16〕。なお、1988年の川崎市による調査では、外国人労働者を雇用中の企業のうち36.4％が「勤勉で良く働く」を支持していた〔川崎市 1988〕。

　付言すれば、中国人を雇っている経営者が中国人に悪感情をもち始めていたという情報がある。東池袋のソバ屋は、「うちは日本語ができないと困る。中国人は、仕事場にさえいれば、その時間の給金をもらえるぐらいに考えているんじゃないか」とそっけなく言い放った〔『朝日ジャーナル』1989年10月20日〕。

　また、歌舞伎町の雇い主の中国人にたいする意見には、以下のようなものがあった。「注文もろくに取らずに、座ってテレビを見ている。注意をするとプイとふてくされて店の外に行ってしまう」（飲食店主）。「出前の注文がなかなか来ない、という苦情が多くなりました。店はとっくに出たハズなのに。注文の取り違い、配達先の間違いも多くて困ります」（別の飲食店経営者）。「確かにちゃんと教えて渡したハズなのに、いつも給料の金額が足りない、と見せに来る」（ゲームセンター経営者）（以上は、〔『ナイタイレジャー』1989年9月22日〕）。

　日本人の労働者の態度については、日本化学エネルギー労働組合協議会（電力、化学、化学繊維、ゴム、紙パルプ、ガスなど）がおこなった興味深い調査がある。この調査は、組合員を対象に1987年9月に実施されたもので、6500人に配布され、有効回答率は84.1％であった〔日本化学エネルギー労働組合協議会 1988〕。これによれば、「必要なら外国人労働者を受け入れる」ことに、「賛成」33％、「やむをえない」24％、「反対」20％、「わからない・不詳」23％となっていた。調査時点は、すでにみた経企庁調査と同時期であるが、「賛成」「やむ

をえない」の合計が50％台と、経企庁調査よりも低くなっていた。これは、労働組合員の意識の特徴であるとおもわれる。ただし、「わからない」が多い点は、経企庁調査と類似していた。

　この調査は、職種別の集計をおこなっているが、現業職とそれ以外の職種に顕著な差異がみられた。すなわち、現業職のばあいには、「賛成」と「やむをえない」の合計は38.8％、「反対」は33.3％と、ほとんど拮抗しているが、それ以外の職種のばあいには、それぞれ68.0％と11.9％となり、現業職は外国人労働者の受け入れにたいして強い反対の態度をとっていた。このような現業職の反対の強さは、欧米諸国で指摘されている事実と共通している。なお、現業職以外の職種で、受け入れにもっとも肯定的であったのは研究職であって、「賛成」と「やむをえない」の合計が73.2％、「反対」が10.5％となっていた。

　以上要するに、1980年代後半の日本人の意識は、総体的にいえば、外国人労働者の受け入れの容認へと傾斜していたのである。

第4節　外国人労働者「必然論」の提唱

　鎖国論も開国論もともに否定する立場を、筆者は外国人労働者「必然論」として提唱した。この必然論にたつと、それまでの諸議論の多くが的外れであり、考慮すべき課題は、従来のものとは実質的に異なったものとなることが明らかとなった。

　鎖国論の大きな前提は、外国人労働者の流入を阻止できるという発想であった。筆者は、この発想が根本的に誤っていると考えた。すなわち、どのような人為的な障壁を設けようと、彼らの流入を阻止することはできないのである。それは、あたかも浸透圧にしたがって水が膜を超えるようなものである。

　その論拠は、以下のように整理することができるだろう。資本主義経済における蓄積のためのもっとも有効な方法は、低賃金労働力の利用である。そのためには、資本が低賃金労働力を求めて移動するか、あるいは低賃金労働力が資本のもとに移動するか、という2つの可能性が考えられる。ただし、国境の存在のために、通常は資本の移動のほうが労働の移動よりも容易である。

　しかしながら、たとえ国境という障壁が存在していたとしても、低賃金労働力の移動を阻むことはできない。それは、資本主義的世界経済の中心諸国では、少しでも高い賃金を求める外国人労働者と、賃金を少しでも低くしたい雇用者

との間に、暗黙の合意が成立しているからにほかならない。

　こうして、鎖国論は誤っていることがわかるが、それでは開国論を支持すべきであろうか。筆者は、政策としては開国論もまた、正しい方策ではないと考えた。なぜかといえば、開国により流入してくるものは、あくまで低賃金労働力なのであり、それは、中心諸国の労働力需要を満たすことによって現在の資本主義的世界経済を強化する、という帰結をもたらすだけだろうと思われたからである。しかも、低賃金労働力という地位の強制は、新しく底辺階級が形成されることを意味し、鎖国論が危惧するような社会問題が発生することになろう。

　ただし、外国人労働者をめぐるそれまでの議論のなかには、鎖国論や開国論とは異なって、外国人労働者の人権の擁護という立場から、その合法化を主張する人々がいた。非正規就労という事態は、外国人労働者を法の保護の外に追いやるものであった。また、その不法性により、外国人労働者は人権の蹂躙や不当な搾取の対象にされていた。彼らをこのような状態から救済するためには、合法化こそが唯一の道であるとされた。このような考え方は、外国人労働者の救援活動に携わっていた人々に多かった。この立場は、筆者のいう必然論的な実情把握を出発点として問題解決を考えていた、ということができる。

　鎖国論にせよ開国論にせよ、必然論的認識をとりにくかった理由としては、日本で当時すでに就労していた外国人労働者の実態についての把握がほとんどなされないまま政策論ばかりが先行していた、という事実を指摘することができる。それは同時に、すでに述べたように、外国人労働者問題が深刻化していた西ヨーロッパ諸国やアメリカの経験が主な論拠として用いられた、ということをも意味した。

　必然論の議論にたつとき、当時日本社会で働き生活している外国人労働者の人権の擁護が優先されるべき政策課題であることは明白であった。けれどもそれは、外国人労働者の流入に道を開くということにはならない。

第5節　緊急政策・中期政策・長期政策

　本節では、必然論の立場からおこなった政策提言について述べる。政策はすぐ実施する必要がある緊急政策、数年をめどとして近い将来に実施する必要がある中期政策、かなり長いタイムスパンを要する長期政策に分けることができる。

1. 緊急政策

　まず緊急政策であるが、(1) 当時すでに存在していた20万〜25万人に達するとみられる非正規就労者の人権の保護、(2) それと関連して自治体の取り組み体制の整備、(3) 同じくあまりにも厳格化しすぎた出入国管理の見直し、(4) 開国論の突破口としての研修生の見直し、(5) アジア諸国における日本語教育の提供の5つがあげられる。以下、その内容をより詳しく検討する。

　(1) 人権の保護はもっとも緊急な課題である。頻発していた労働災害や賃金不払い、あるいは突然解雇や極端な低賃金の救済、もしくは福祉事務所への生活保護の申請等の大きな障壁となっていたものは、入管法が公務員に課していた非正規就労者に関する通報義務である。国および自治体レベルにおける人権の保護のためには、通報義務が実質的に廃止されなければならない。

　法務省東京法務局は、1988年8月、外国人のための特設人権相談所を開設した。これは相談を実施するにあたり秘密厳守をうたっており、事実上通報義務を回避していた。その根拠は、「人権にかかわるばあいには守秘義務を優先してよい」という論理にある〔関東弁護士会連合会 1990：39, 103〕。

　また労働省は、1989年11月東京、神奈川、愛知、大阪の労働基準局に「外国人労働者相談コーナー」を開設した。その際労働基準局は、とくに悪質な労働基準法違反のある業者や多数の不法就労者を雇っているばあいを除き、原則として通報しないようにという通達を出した〔『朝日』1989年12月1日〕。

　さらに東京都は「外国人にたいする相談窓口」のほか、労働経済局と品川、中央、渋谷の各労政事務所で外国人労働者からの労働相談を受け付けていたが、前者については「不法就労と分かっても、あえて入管に連絡をとることはしていない」としていた〔『朝日』1989年10月4日〕。これらの事例は、それぞれの組織のもつ本来の業務目的を遂行するために通報義務をおこなわないとしていた点が、注目される。

　人権保護のためには、民間の救援団体の果たしていた役割がきわめて大きい。代表的なものとしては、横浜の「寿・外国人出稼ぎ労働者と連帯する会（カラバオの会）」、名古屋の「滞日アジア人労働者と共に生きる会（あるすの会）」、東京の「女性の家HELP」および「ぐるーぷ赤かぶ」、大阪の「アジアからの出稼ぎ労働者を支える会（アジアンフレンド）」などがあった。実績のある民間救援団体には、外国人労働者の代弁者としての権利や制度的地位が与えられるべきである。

（2）自治体の取り組み体制の整備については、まず自治体による外国人専門の相談窓口の設置が進んでいたことを指摘したい。関東弁護士会連合会の調査によれば、関東11都県から選ばれた合計104自治体のうち、このような窓口を自らあるいは外郭団体が設置していた自治体は、1989年6月末現在東京都、神奈川県、千葉県、埼玉県、長野県および5区3市で合計13あった。相談件数は多く、その内容は雇用、ビザ、生活困窮、交通事故など多岐にわたっていた〔関東弁護士会連合会 1990：135〕。

さらに、外国語表記による生活情報パンフレットの自治体による作成も進められていた。東京都の市区町村については、豊島区をはじめとするいくつかが英語、中国語、ハングルなどによるパンフレットを発行したか近いうちにする予定であった。日本語講座については、港区、目黒区、葛飾区（中国帰国者向け）、武蔵野市、国立市が開設していた〔東京都 1989f〕。これらの試みは、通報義務の不履行と結びつくとき、身近なレベルでの外国人労働者の労働および生活の改善に貢献することは間違いない。

（3）非正規就労者の排除にばかり気をとられるあまり出入国管理を過度に厳格化したことは、大局的にみてむしろ反日感情の増大など日本にとってのデメリットをもたらす。完璧な排除は、不均等発展による経済格差のもとでは現実には不可能だという認識が要請される。

（4）研修生の多くは、実際には期限付きの低賃金労働者にほかならない。各種の研修生受け入れ構想も、現実には労働力の受け入れを予定していたとおもわれる。研修生が労働者化する基本的な理由は、企業内実地研修（OJT）を柱とする研修の施行方法にあると考えられるので、研修方法の抜本的な見直しがおこなわれるまで、研修生の受け入れは停止されるべきである。

なぜならば、外国人労働者を研修生としてなし崩し的に受け入れるのは建前のすり替えであり、このようなすり替えは本来許されるべきものではない。また、研修生は労働者とは見なされないため、報酬はきわめて少額で労働諸法の保護の外におかれ、さらに広く確立されていた慣行では人身拘束がきつく、そのうえ長期間の単身赴任が強制されるなど人権が侵害されるおそれがきわめて強いからである。

（5）日本語の習得にたいする広範な需要からみて、アジア諸国での営利を目的としない日本語教育の十分な提供が必要である。これは日本国内における悪質な学校屋の駆逐に役立つ。それと同時に日本への就学生・留学生の希望につ

いては、英語のTOEFLに準じる日本語の統一試験を課すべきである。

2．中期政策

　中期政策は、就労している外国人労働者の全面的な排除あるいは新規流入の完全な阻止が不可能であるという必然論的な事実を前提とする。

　排除あるいは流入阻止の強行は、単に外国人労働者の人権の不当な抑圧をもたらすばかりでなく、日本社会にたいしても排除や阻止のメリットを上回るより大きなデメリットをもたらすであろう。

　1980年代後半には、外国人労働者は日本に定住しはじめていたとはいえない。しかしながら、複数回往復している流入者の増大や、中国人就学生の長期的滞在への傾向などから判断すると、ヨーロッパ諸国と同じように、日本でも遠からず外国人労働者の定住が開始されるのは必至とおもわれる。

　従来、日本は単一民族主義に立ちながら外国人を差別し排除する姿勢を一貫してとりつづけてきた。しかしながら、在日韓国・朝鮮人や在日中国人の定住あるいはアイヌ人の存在とならぶ外国人労働者の定住は、単一民族主義にかわる多民族社会の形成を要求している。したがって中期政策は、定住する外国人を日本社会の構成員として受け入れるとともに、彼らの人権を擁護するための諸施策を核としなければならない。この点で、一般外国人と区別された「定住外国人」というカテゴリーの新設という大沼保昭の提唱は参考になる〔大沼1986：353〕。

　中期政策の第1は、非正規に滞在している外国人労働者にたいする特別在住権（アムネスティ）の付与である。すでに日本滞在が数年という長期に達する者が相当数存在していた。この人びとは摘発に脅えながら労働を続けているのであるが、一定の要件を満たす者については、人権擁護の立場から救済がはかられるべきである。その要件としては、一定期間を超える滞在、退去強制により本人あるいは家族が重大な不利益を被ること、などが考えられる。特別在住権を得た者については、その就労に制限を加えない〔関東弁護士会連合会1990：156ff.〕。

　中期政策の第2は、人種差別撤廃条約への加盟である。すでにみたとおり、この条約は女性差別撤廃条約とならぶ人権擁護の中心であり、人権関係の諸条約のなかでは加盟国数がもっとも多く、雇用差別、住宅差別、人種的憎悪および暴力の否定などを内容としている。日本では、とりわけ外国人労働者にたい

する住宅差別が憂慮すべき状況に立ち至っており、人種的偏見に基づく差別行為も頻発していた。これらは犯罪として法により弾劾されなければならない。

中期政策の第3は、定住している外国人にたいする全般的差別の撤廃である。在日韓国・朝鮮人にたいする治安対策として出発した日本の対外国人政策には、改善されなければならない点が多かった。それについては第1章第1節で述べたが、(1) 外国人登録の内容の簡素化、(2) 外国人登録証の常時携帯・提示義務の廃止、(3) 指紋押捺の廃止、(4) 再入国許可制度の全面的見直し、(5) 公務就任権の承認、(6) 自治体レベルでの選挙権・被選挙権の付与、(7) 民生委員、教育委員、人権擁護委員等への就任の承認、(8) 住民の直接請求権の承認などがあげられる。

中期政策の第4は、国籍法の改正である。外国人労働者の第二世代の登場は当然予想される。すでにみたとおり、諸外国では帰化の希望者は相対的に少なく、在日韓国・朝鮮人の第二・第三世代についても帰化を選択する者はそれほど多くなかった。このような事実があるにせよ、定住外国人の国籍選択の自由はできるだけ広く保障されるべきである。

したがって、日本の国籍法は、フランスやアメリカと同様に出生地主義の原則へと転換することが望ましい。また重国籍を承認すべきである。

これに関して、日本の条約難民の受け入れはあまりにも少なすぎる。難民条約の精神にたてば、とりわけ近隣諸国からの政治的亡命者の積極的受け入れがなされるべきである。

中期政策の第5は、非正規者を含む外国人労働者にたいする待遇の平等をうたったILO第143号条約の批准である。

中期政策の第6は、外国人労働者のもっている出身国の文化の尊重である。すなわち、アメリカの「文化的多元主義」あるいはフランスの「相違への権利」への模索にならって、さまざまな文化から構成される多文化社会へと日本社会を改編するための条件を準備しなければならない。

そのために何より必要なことは、民族教育の振興である。在日韓国・朝鮮人が自分たち自身でつくりあげた民族教育は、学校教育法に基づく正規の学校として認められていない。朝鮮人学校の公認は、多文化社会への道の第一歩である。これに続く外国人学校についても、助成と振興が進められなくてはならない。なお外国人学校では母語の教育が重要な課題となる。

日本国籍の取得を希望する者にたいする窓口指導は、単一民族主義に立脚す

るものであってとうてい認めがたい。そこでは、日本名への改名と民族名の放棄の強制ならびに日本社会への日常生活レベルでの完全な同化の指示など、信じがたい人権無視の条件が課せられていたのである。

3. 長期政策

　かなり長いタイムスパンを要する長期政策は、送り出し国についても受け入れ国である日本についても、出稼ぎ労働に依存しない社会を形成することが主眼となる。

　出稼ぎ労働は、送り出し国全体のみならず出稼ぎ者本人やその家族の犠牲がきわめて大きい「ヒトの収奪」にほかならない。それにもかかわらず、国際収支の逆調や失業の圧力に対処するために出稼ぎが推進されるのである。このような状況が出現した最大の理由は、世界的な資本主義経済システムにより第三世界に不等価交換が強制され、それにより富の収奪がおこなわれたことにある。その結果不均等発展が起こり、出稼ぎ労働は、低発展の周辺地域から半周辺地域ないし中心地域へと向かうことになる。

　したがって、出稼ぎに依存しない第三世界の形成は、現在の経済発展戦略とはまったく異なる戦略の採用を必要とさせる。第三世界の農業は、商品作物のモノカルチャー栽培に特化させられたことによって世界的不等価交換のメカニズムに巻き込まれ、農村の貧困化と土地なし農民の激増が一般化した。そのため、出稼ぎや向都離村の移動が普遍的となり、第三世界の巨大都市における異常な人口集中と失業・半失業人口の膨大な堆積をもたらすこととなった。

　また低賃金労働力を求める日本資本の第三世界への進出は、日本が金融・管理部門を掌握し、またハイテクノロジー分野での優位性を確保した基盤のうえで遂行される、あらたな垂直的国際分業体制の確立にほかならなかった。そこでは、経済的余剰の日本による収奪が起こるが、その結果は第三世界の累積債務問題の深刻化に如実に示されている。こうして、第三世界における国際収支の危機は構造的なものとなっていた。

　外国人労働者問題の真の解決は、送り出し国の側におけるこのような状態をいかに改善できるかにかかっている。この点で日本のODA（政府開発援助）は根本的に見直されなければならない。経済インフラ関連の供与は、経済協力開発機構（OECD）の開発援助委員会（DAC）加盟国の平均が20.0％であるのにたいして、日本のODAは43.9％に達していた（1986～87年平均）。その内容は、

発電所、道路、港湾、空港などであった。

　また、別の顕著な特徴は有償資金協力の比率が他国と比較して異常に高いことにあった。1987年度の数字をみると、日本は58%に達するがアメリカは5%にすぎない〔外務省 1989：166, 217〕。さらに物品、役務の調達を日本企業に限定するタイド援助の形式が一般的であったことも付け加えておきたい〔鷲見 1989：6〜7〕。

　このような経済インフラ主体というODAの性格は、農業の商品作物生産と垂直的国際分業体制をますます進展させるという機能を果たした。また、有償援助は利息と元本の支払いのために国際収支を悪化させた。さらに、タイド援助という性格は日本企業には巨大な利益をもたらしたが、調達の面では援助受け入れ国の経済を潤さないことになった。要するに当時のODAは、第三世界の出稼ぎ労働の送り出し圧力をますます強めたと考えられる。

　受け入れ国である日本が出稼ぎ労働に依存しないですむためには、どのような長期政策をとればよいであろうか。すでにみてきたとおり、出稼ぎ労働に依存せざるをえない経営者は、重層的下請け構造の最末端に位置し、親企業の厳しい受注単価切り下げの圧力のもとで労働条件を切り下げざるをえず、そのため日本人の若い労働者が逃げだしてしまったような中小零細企業である。

　つまり、下請けを犠牲として親企業が利潤をあげるという重層的構造が存続し続けるかぎり、低賃金で働く外国人労働者にたいする大きな需要はなくならない。したがって、外国人労働者に依存しない社会をつくるためには、日本の産業構造の根本的な再編成が必要となろう。

　いずれにせよ、低賃金労働者としてではなく、尊敬しあえる対等な人間としての外国人の日本社会への受け入れと彼らとの共生は、地球社会のなかの日本にとって今後いよいよその意義を増していくだろう。すでに始まっている多文化社会化の方向を誤らないためには、必然的に流入し、就労し、生活している外国人労働者の人権の尊重が何よりも重要な出発点となろう。

第Ⅱ部

90年体制下の
外国人労働者・移民
―― 1990年代前半の状況 ――

第Ⅱ部は、1990年に包括的移民政策としての90年体制が確立してからのちの1990年代前半*の外国人労働者・移民の概況と、筆者がおこなった各種の実態分析および政策提言から構成される。第1章は、90年体制の確立のもとで外国人労働者・移民がどのように変容したかという問題と、1991年から顕著となった景気後退が与えた影響を検討する。第2～4章は、研修生・技能実習生、イラン人などを事例とする非正規の外国人労働者・移民、定住化の開始とエスニック・コミュニティの形成の実態を分析する。第5章では、共生のための政策提言をおこなって第Ⅱ部をしめくくる。

---

*　1990年代前半には1995年もふくまれる。

第1章　90年体制確立期の外国人労働者・移民の概況

第1節　90年体制の確立と外国人労働者・移民の変容

1. 90年体制の概要

　現在に至るまでの日本の移民政策の基本的方向を決めたものは、1989年暮の国会で可決成立し1990年6月1日より施行された「出入国管理及び難民認定法」（以下「入管法」と略）の改定法[*1]であった。この法により確立された移民政策のありかたは「90年体制」と呼ばれることが多いので、本書もそれにしたがう。

　90年体制の確立を規定した決定的条件としては、従来在日コリアンをはじめ外国人にたいする管理を主要な任務としてきた法務省入国管理局（以下「入管」と略）が、移民政策全般にわたる決定権の掌握に成功したことがあげられる。当時の労働省は非正規就労への対策を念頭において雇用許可制度をうちだそうとしたが、入管の猛烈な反対にあってそれ以後移民政策から締めだされることとなった〔濱口2010：278-281〕。その結果は、現在までつづく外国人労働者にたいする労働保護行政の欠如であった。同様に、当時の文部省も留・就学生の受け入れについて入管からの干渉を余儀なくされ、現在に至っている。90年体制の主要な特徴を列挙すれば、以下のようになろう。

①「いわゆる単純労働者」は原則として受け入れない。
②日系人（日本人の子および孫ならびにその配偶者）を受け入れ、その就労を許す。

[*1]　本書では通常使われている「改正入管法」にかえて「改定入管法」という語を用いるが、その理由はこの法が非正規労働者を排除しようとする姿勢をもち、そのために雇用者処罰制度などを新設するなど「改正」とはいいにくい側面をもっているからである。

③従来からあった「技能研修制度」を整備し、これにより研修生を受け入れる。

　以下、これら3つの特徴について順次にみていく。まず①についてであるが、改定入管法の大きな特徴として、雇用者処罰制度が新設されたことがあげられる。すなわち、非正規就労外国人と知って雇った雇用者や、非正規就労外国人のあっせんを仕事としているようなブローカーにたいしては、不法就労助長罪を新設し3年以下の懲役かまたは200万円以下の罰金刑を科すこととされたのである。ただし、紆余曲折の末「悪質なあっせん業者、雇用者を罰するもので、濫用を慎む」という付帯決議がつけられた。雇用者処罰制度は、1986年にアメリカで制定された移民法の規定を模倣したものであるが、罰則規定がはるかに厳しくなっていることが注目される（これについては、第Ⅰ部第6章第4節参照）。

　旧入管法にも、超過滞在者についての罰則規定は存在していた。しかしながら、技術的な問題から、超過滞在者が摘発されても罰則が適用されることはほとんどなく退去強制されていた。ところが、改定法の施行直前に、一部の英字新聞が超過滞在者にたいする収監や罰金を含む厳しい処罰制度が新設されたような誤解を与える記事を掲載した（〔『デイリー読売』1990年3月19日、4月13日、5月1日〕、〔『ジャパンタイムズ』1990年5月4日〕）。そのためもあって、超過滞在者のあいだに帰国パニックが発生し、最終段階では1日1000人弱くらいの人びとが入管に出頭するに至り、最終的にかなりの超過滞在者が帰国した。

　また雇い主についても、雇用者処罰制度の新設にともなって大きな心理的不安が拡がった。ところで改定入管法の付則11条によれば、1990年6月1日以前から在留しているかあるいは在留を確信している外国人を雇用するばあいには、雇用者処罰制度を適用しないとされている〔『官報』1989年12月15日〕。この付則の存在が早い時期から明らかにされていれば、無用の混乱のかなりの部分が防げたとおもわれる。いずれにせよ、改定入管法の試行にともなう混乱については、1990年6月1日長谷川法務大臣（当時）が参議院法務委員会で、「若干のPR不足もあり、パニックという現象も起きているのでお詫びします」と釈明している〔『読売』1990年6月2日〕。

　②については、入管はラテンアメリカ日系人労働力の意図的導入をはかろうとしたものではなかった。入管は改定法で在日コリアンの三世までに「特別永住者」という安定した在留資格を付与した。一方、中国に残留していた日本人の日中国交回復以後の帰国者が随伴した二世・三世が日本に相当数在留していた。また1980年代後半にラテンアメリカ日系人一世・二世が日本でかなり就

労しはじめており、日本国籍をもつ日系人二世には「日系人の配偶者等」の在留資格が与えられていたが、三世の入国の簡易化の要望も強かった。こうして在日コリアンにたいする「特別永住者」の新設とのバランスをとるため、日系人三世にたいして「定住者」という安定した在留資格を与えたと推測され〔梶田・丹野・樋口 2005：118-119〕、それが結果的にラテンアメリカ日系人の大量流入につながっていったのである。

　次に③についてであるが、研修生を隠れみのにした単純労働者の流入の激増という事態に対処するため、法務省は、改定入管法の施行に際して研修生受け入れに関する基準省令を定めた。その内容は以下のとおりである。

(1) 研修生が習得しようとする技術、技能または知識（以下「技術」と一括）が、同一の作業の反復のみによって習得できるものではないこと。
(2) 研修生は18歳以上であり、かつ帰国後習得した技術を要する業務に従事することが予定されていること。
(3) 研修生が習得しようとする技術は、本国での習得が不可能または困難であること。
(4) 研修は、受け入れ機関の常勤の職員で技術について5年以上の経験をもつ者が指導すること。
(5) 研修のなかに実務研修が含まれているばあいには、研修生の受け入れ機関は以下の要件を満たさなければならない。a、宿泊施設の確保。b、研修施設の確保。c、研修生の人数は、常勤職員の20分の1以内であること。d、生活の指導を担当する職員がおかれていること。e、死亡、負傷、疾病にたいする保険への加入。f、研修施設について労働安全衛生法に則った措置を講じていること。
(6) 研修のなかに実務研修が含まれているばあいは、研修生は次のいずれかに該当する本国の機関の常勤の職員でなければならない。a、国、地方公共団体、またはこれらに準ずる機関。b、受け入れ機関の合弁企業または現地法人（ただし、その設立が承認されている設立予定の合弁企業または現地法人を含む）。c、受け入れ機関と引き続き1年以上の取引の実績または過去1年間に10億円以上の取引の実績を有する機関。
(7) 実務研修を受ける時間は、研修を受ける時間全体の3分の2以下であること。
(8) 受け入れ機関や関係者が過去3年間研修について不正行為をおこなったことがないこと。

(9) 研修のあっせん機関は、営利を目的とするものでないこと〔法務省1990d〕。

　ここにみられるように、この省令は性格の異なる2つの種類の研修生の送り出し機関と受け入れ機関の関係を予想している。そのひとつは、国、地方公共団体、またはこれに準ずる機関のあいだとの関係であり、もうひとつは海外の現地法人または合弁企業あるいは業務提携先と日本の関連企業とのあいだの関係であって、主として海外活動ができる程度の企業を想定している。いずれにせよ、ごく規模の小さい企業による受け入れについてはあまり考えられていなかったといえる。

　そのため、この省令は発表後短期間のうちに、中小企業からの研修生受け入れの強い要望を受けて変更されることになった。企業規模の小さい企業でも研修生を受け入れることができるようにするため、上記、(5)-cの20人に1人以内という枠を緩和して、常勤職員数が201人以上300人以下のばあいには研修生が15人、同じく101人以上200人以下では10人、51人以上100人以下では6人、50人以下では3人まで認められることとなったのである（1990年8月17日法務省告示）。さらに、中小企業のばあいには、中小企業等共同組合、商工会議所、商工会などの中小企業団体が日本語研修や技術講習などを一括して実施し、会員の企業に実務研修を委託することとなった。

　なお、留学生・就学生については、改定入管法で、
(1) 入国・在留を認める在留資格の枠を細分化し現状に対応する。とくに就学生の枠を新設する、
(2) 留学生・就学生のすべての就労に入管の許可を必要とする、とされた。
　法務省は改定入管法の施行に際して、就学生について次のような内容をもつ省令を公表した。
(1) 申請者は生活費用をまかなうのに十分な資産、奨学金その他の手段をもっていること。ただし、誰かほかの人がまかなってもよい。
(2) 日本語学校以外の専修学校や専門学校に入学しようとするばあいは、a、認定された日本語学校で6ヵ月以上の教育を受けていること、あるいはこれに準ずる日本語能力をもっていること。b、帰国後習得した技術、技能または知識を要する業務に従事することが予定されていること。c、入学しようとする教育機関に、外国人学生の生活の指導を担当する常勤の職員がおかれていること。
(3) 日本語学校については、認定されたものであること〔法務省1990d〕。

このように、この省令はアルバイトへの依存を禁止するとともに、悪質な日本語学校の締め出しをはかろうとしていた。さらに専修学校や専門学校については、帰国後習得した業務に従事することという歯止めをかけているのが特徴となっていた。

さらに、就学生のアルバイトについては、従来の週20時間以内という上限枠を1日4時間以内に変更した。

留学生ビザ発給のための省令の骨子はほぼ就学生と同じであるが、研究生・聴講生については週10時間以上の聴講の義務が追加されている〔法務省1990d〕。また、留学生のアルバイトについての条件は上述した就学生と同様である。なお、専修学校の留学生は、定員の2分の1以下でなければならないとされた〔『日経』1990年7月5日〕。

また、性産業への就労の主要な手段であった興行ビザについては、改定入管法の施行にあたって、法務省は以下のような省令を公表した。

(1) 申請者は2年以上の経験を有すること。
(2) 申請者を招へいする日本の機関は次の条件を満たすこと。a、通算3年以上の常勤経験をもつ経営者または管理者がいること。b、申請できる人数は、職員1人について10人以内であること。c、過去3年間に不正行為をおこなったことがないこと。
(3) 出演する施設が次の条件を満たすこと。a、13平方メートル以上の舞台があること。b、9平方メートル以上の出演者用控え室があること。c、従業員数が5人以上であること。d、1ヵ月の売り上げ高が200万円以上であること。e、過去3年間に不正行為をおこなったことがないこと。f、申請者が月20万円以上の報酬を受けること〔法務省1990d〕。なお、興行ビザの在留期間は1年または3ヵ月に延長された。

この省令は、当時芸能人をあっせんする業者と、芸能人が出演する場所の両面から資格外就労を締め出そうとするものであった。そのためステージショーしか認めず、フロアショーは不可というような奇妙な基準が出されている。

2. 外国人労働者・移民の変容

改定入管法が施行されてわずか1年のちの1991年後半、日本のバブル経済は崩壊し長期の経済不況がはじまった。労働省が発表した1992年6月の有効求人倍率は、1991年3月以来16ヵ月連続で下降したあと、1.04倍と1988年9月以来

第Ⅱ部　90年体制下の外国人労働者・移民――1990年代前半の状況

表Ⅱ-1-1　非正規労働者の摘発数

	1990	1991
韓国	5,534 (4,417)	9,782 (8,283)
イラン	652 (648)	7,700 (7,611)
マレーシア	4,465 (3,856)	4,855 (3,892)
タイ	1,450 (661)	3,249 (926)
フィリピン	4,042 (1,593)	2,983 (1,079)
中国本土	481 (428)	1,162 (981)
パキスタン	3,886 (3,880)	793 (793)
スリランカ	831 (821)	307 (295)
バングラデシュ	5,925 (5,915)	293 (292)
その他	2,618 (1,957)	1,784 (1,198)
総数	29,884 (24,176)	32,908 (25,350)

注：（　）内は男性を示し内数である。
出所：〔法務省1992c〕

の低水準となった〔『日経』1992年8月28日〕。その影響は外国人労働者にも大きく及んだ。以下、90年体制の確立と景気後退という状況のもとでの、1990年代前半の外国人労働者・移民を概観する。

まず、表Ⅱ-1-1より1990年および91年に摘発された非正規就労者を検討する。

表Ⅱ-1-1によれば、1991年の送り出し国の首位は韓国であって全体の29.7％を占めていた。送り出し国第2位のイランは1991年に急増し23.4％を占めていたが、これは日本との査証の相互免除協定を利用して入国したものである。1992年4月にこの協定が一時停止され、それ以後の流入は沈静化した。14.8％を占める第3位のマレーシアについても同じく査証の相互免除協定があり1990年に急増したが、主として中国系マレーシア人が流入していた。第4位のタイ

第 1 章　90 年体制確立期の外国人労働者・移民の概況

は9.9％であるが、表にみられるようにその主体は女性であり、発達したブローカー組織のもとに1991年に倍増し、主として風俗関連産業に就業していた。

　第5位のフィリピンは1989年までは首位であったが、9.1％と相対的に減少した。その理由としては、査証発給の際の審査が厳格化されたことがあげられよう。なお、摘発者のなかで女性が多いという傾向は一貫していた。第6位の中国本土は3.5％であるが、かつて就学生として入国した者が大量に超過滞在者となったことが影響したとみられる。第7位のパキスタンと第9位のバングラデシュとは、査証の相互免除協定を利用して1990年まではきわめて多かった。1989年1月にこの協定が一時停止され、1991年には激減した。

　なお1991年の摘発者の国籍は75ヵ国に及び多国籍化が顕著であった。とくにアフリカ諸国が21ヵ国（前年14ヵ国）、ラテンアメリカ諸国が14ヵ国（前年12ヵ国）と増加し、送り出し国が地球規模に拡散しつつあったことを示している〔法務省1992c〕。

　非正規労働者のうち超過滞在者のストックについては、法務省による算出がある。次頁の表Ⅱ-1-2によれば、1990年6月の改定入管法の施行にともないかなり帰国したにもかかわらず、7月現在の超過滞在者数は10万6497人と10万人をこえる水準を維持した。そののち、超過滞在者は激増をつづけた。施行後10ヵ月の1991年5月には15万9828人と1.5倍になり、同年11月には21万6399人、1992年5月には27万8892人と30万人に近づいた〔法務省1992d〕。このことは改定入管法が超過滞在者の排除にほとんど効果をあげなかったことを意味する。国籍・出身地別にみると、1992年現在タイの15.9％が首位で、次いでイラン、マレーシア、韓国、フィリピンまでが10％台であり、以下中国、バングラデシュ、パキスタン、台湾とつづいていた。

　超過滞在者全般については、かならずしもその滞在が長期化しつつあったとはいえない。すなわち1991年に摘発された超過滞在者の就労期間は6ヵ月以内が38.7％、6ヵ月をこえ1年以内が31.9％、1年をこえ2年以内が16.5％、2年をこえる者が12.7％であった〔法務省1992c〕。

　ただし、女性は男性よりも定着化が進み、とくにフィリピン女性に著しかった。1991年に摘発された超過滞在者のデータによれば、就労期間が1年を超える者の全体に占める割合をみると、男性が26.9％であるのにたいし女性は37.9％と高く、フィリピン女性のばあいには59.3％に達していた。

　ちなみに、1991年に摘発された非正規労働者のうち、男性は2万5350人、

表Ⅱ-1-2 国籍・出身地別超過滞在者数の推移　　　　　　　　　　　　　　　　　　　　　　　人

	1990年 7月1日現在	1991年 5月1日現在	1991年 11月1日現在	1992年 5月1日現在	1992年5月現在 の全体に 対する比率
タイ	11,523	19,093	32,751	44,354	15.9
イラン	764	10,915	21,719	40,001	14.3
マレーシア	7,550	14,413	25,379	38,529	13.8
韓国	13,876	25,848	30,976	35,687	12.8
フィリピン	23,805	27,228	29,620	31,974	11.5
中国	10,039	17,535	21,649	25,737	9.2
バングラデシュ	7,195	7,498	7,807	8,103	2.9
パキスタン	7,989	7,864	7,923	8,001	2.9
台湾	4,775	5,241	5,897	6,729	2.4
ミャンマー	1,234	2,061	3,425	4,704	1.7
スリランカ	1,668	2,281	2,837	3,217	1.2
その他	16,079	19,851	26,416	31,856	11.4
合計	106,497	159,828	216,399	278,892	100.0

出所：〔法務省 1992b〕

女性は7558人であり、1988年に初めて男性が女性を上回ったのち男性の増加傾向が続いていた。また年齢別にみると、男女とも25歳以上30歳未満がもっとも多かった〔法務省1992c〕。

不法就労助長罪の適用状況をみると、1990年に41件54人、1991年には242件306人が摘発された。なお、労働者派遣法、職業安定法、労働基準法、入管法の不法就労助長罪で1991年に摘発された338件440人のうち、建設・製造業関係が件数で57.1％、人数で71.4％を占め、残りが売春や風俗営業関係であった〔警察庁1990：221〕。

非正規労働者を阻止する手段としては、水際での入国拒否および非正規労働者の摘発と日本からの退去強制があげられる。法務省の発表によれば、1991年の入国拒否数は2万7137人と前年を94.8％上回り過去最高となった。また1991年の非正規労働者の摘発件数は同じく過去最高の3万2908人で、前年にくらべ10.1％、1987年にくらべ約2.9倍の増加となった。その内訳は、不法入国者が1518人、超過滞在者が3万405人、資格外就労者が882人、その他103人であった〔法務省1992c〕。

このほか資格外就労の新しい形態として、観光ビザ等で入国し、許された滞

在期間の範囲内で就労して帰国するという事例が急増した。とくに韓国人が多かったとみられるが、日本国内のあっせん業者が韓国内の日本人ブローカーに出稼ぎ希望者を集めさせ日本で就労させたという例が報告されている〔信濃毎日新聞社 1992：47〕。1991年11月の入管の上陸審査強化期間には、大阪空港に到着した数次査証（15日間滞在）をもつ中年の韓国人男性4人が、観光予定について説明できず作業衣ももっていたことからただちに出国させられた例がある〔法務省1992a〕。

付言すれば、1990年代前半には、非正規に滞在する外国人にたいする取り締まりが強化された。1993年の4月には、入管のなかに摘発に専従する特別調査チームが発足した。そして、毎年6月には非正規就労外国人特別取り締まりキャンペーンをおこなうようになり、集中的な取り締まりは多いときには年間3回にも及んだ。キャンペーン期間中に大体2000人から3000人くらいの外国人が拘束された。つまり、非正規滞在者のうちの約1％足らずがこの特別集中取り締まりキャンペーンで把捉されていた。

過去の取り締まりの対象をみると、主な標的はまず「蝟集」であった。蝟集とは、群れ集まるという意味である。この事例の最初は1993年で、代々木公園、上野公園、新宿駅に集まっていたイラン人が狙い撃ちにされた。1995年には、広島県に労働市場を求めて集まるペルー人を集中的に摘発した〔法務省各年版e〕。

改定入管法のもとで、あっせんブローカーは、外国人労働者の就労にたいしてどの程度介入していたのであろうか。1991年に摘発された非正規労働者にたいする関与の状況をみると、日本への入国にあたって出身国ないし第三国において日本行きの勧誘や募集を受けたり、旅券や査証（偽変造を含む）の手配を受けるなど、日本国外においてブローカーの介在を受けたとする者は全体の12.5％であった。介在したブローカーを100とするときの国籍別内訳は、タイ人33.1％、韓国人22.8％、フィリピン人17.9％、中国人6.8％、日本人6.2％、その他13.2％であった。

一方、日本国内については、入国にあたり空港への出迎え、仕事のあっせんなど日本国内においてブローカーの介在を受けたとする者は摘発者全体の13.2％であった。介在したブローカーを100とするときの国籍別内訳は、日本人30.6％、韓国人17.0％、タイ人15.9％、中国人8.5％、フィリピン人6.4％、その他21.6％であった〔法務省1992c〕。

似たような状況は、労働省職業安定局長の私的な研究会である「外国人労働

者が労働面等に及ぼす影響等に関する研究会」が1990年10月におこなった調査にもみられる。この調査は、事業主団体等の協力を得て団体所属の1都5県の外国人労働者を雇用している企業348社を対象としておこなわれたものであり、入国資格が短期滞在の外国人を雇用する企業が20.1％、資格不明の外国人を雇用する企業が27.3％という数字から判断すると、非正規労働者の割合は相当高い。

　この調査により外国人労働者の就労経路を企業数の割合でみると（複数回答）、本人の直接応募29.4％、知人の紹介28.5％、外国人の紹介17.0％、同業者の紹介16.1％、募集広告10.1％、あっせん業者の紹介5.8％、派遣業者の紹介4.9％、請負業者の社内外注3.5％、学校2.9％、その他7.8％、無回答0.3％であった。すなわち、あっせん業者と派遣業者の関与率は1割強の企業でみられたにすぎない〔労働省1991a：参45〕。

　なお、1995年の非正規労働者にたいするブローカーの関与率を入管データからみると、日本国内では6.5％へと減少したが、国内においては16.5％と逆に若干拡大した。つまりバブル崩壊後のブローカーの関与は国外ではある程度高まっていたが、日本国内では逆にエスニック・ネットワークが確立されてきたという状況も手伝って、ブローカーが関与する余地が減少してきていた。1995年について、ブローカーを国籍別に見ると、国外ではタイ（40.2％）、フィリピン（19.8％）、中国（12.1％）、国内では日本（32.6％）、タイ（29.3％）、中国（15.0％）となり、タイ、フィリピン、中国の比重が高かったことがわかる。なお暴力団の関与はとくにタイ女性に高かった〔法務省1992c〕。

　急増したイラン人については、喜多川らによる群馬県太田市の17人にたいする調査がある。それによれば、就職経路は友人4人、家族1人とならんでブローカーが4人を占めていた。ブローカーはパキスタン人であることが多く、そのあっせん料は当時500ドルから1000ドルに値上がりした〔山下1992：235〕。

　合法的就労者である日系人については、外務省領事移住部の資料がある。それによれば、1991年6月現在14万8700人の日系人が日本で就労していた。その内訳を出身国別にみると、ブラジル80.7％、ペルー12.1％、アルゼンチン5.7％、ボリビア1.0％、パラグアイ0.5％であり、8割がブラジルの日系人であった〔国際協力事業団1992：69〕。

　海外日系人協会が1991年におこなった日系人全体を対象とする調査（有効回答数1027、サンプリングはおこなわれていない、以下「日系人調査」と略）は、

表Ⅱ-1-3　研修を目的とする外国人入国者数の推移

	1990	1991
中国	7,624	10,668
タイ	5,075	6,290
フィリピン	3,460	4,476
韓国	4,485	4,439
マレーシア	3,564	4,307
インドネシア	2,891	3,883
台湾	1,239	1,312
ブラジル	1,027	640
その他	8,201	7,634
合計	37,566	43,649

出所：1990年は〔法務省 1991a〕、1991年は〔法務省 1992c〕

1991年当時もっとも規模が大きく情報量も多かった。この調査によれば、ブラジル日系人の国籍はブラジル79.3％、日本11.9％、二重国籍8.9％であり、ペルー日系人の国籍はペルー78.0％、日本11.0％、二重国籍11.0％であった。このようにほぼ2割の者は日本国籍をもっていた。

日系人の基本的属性を日系人調査よりみると、性別では男性67.8％、女性32.2％と男性が女性の2倍おり、年齢別では10歳台4.9％、20歳台47.9％、30歳台23.8％、40歳台11.2％、50歳台5.8％、60歳台0.8％と圧倒的に20歳台に集中していた。また100％日系人の系統である者が88.3％、混血である者が11.7％であり、混血はペルー日系人にすすんでいた。

100％日系人である者についてその世代別分布をみると、一世6.7％、二世台62.1％、三世台30.9％、四世台0.2％となり、二世台が多数である。なおここで「台」とする理由は、たとえば父親が二世で母親が三世のばあい本人は3.5世となり、これを三世台に含めるからである（以上は、「国際協力事業団 1992：72ff.」）。

なお、日系人の就労・生活と来日事情については第3節で述べる。

表Ⅱ-1-3は、年次別国別に研修生の入国者数を示したものである。これによれば、研修生の入国は1991年には4万3649人と4万人を大きくこえたことがわかる。送り出し国としては、1990年より中国が急増して第1位で1万人をこえ、第2位は6000人台のタイとなり、以下4000人台のフィリピン、韓国、マレーシア、3000人台のインドネシアがつづいている。第2位はこれまで日本からの企業進出が多かった国である。

第Ⅱ部　90年体制下の外国人労働者・移民——1990年代前半の状況

　政府の各省庁や自治体は、いっせいに研修生の受け入れ体制を整えはじめた。各省庁は管轄下にある財団法人等を受け皿とした。
　そのうち最大手と目せる通産省を主務官庁とする海外技術者研修協会（AOTS）が1991年に受け入れた研修生は3370人であった。
　労働省が1990年2月に開始した「海外青年技能研修」制度もこのカテゴリーに属し、外郭団体の中央職業能力開発協会が運営にあたっていた。これは政府開発援助（ODA）の一環であり、1989年度の研修生はマレーシア、タイ、インドネシアの3国からの204人で、最長1年9ヵ月間の研修を受ける。協力企業は自動車、機械加工、紡績などの20社で、食費と住居費を負担する。小遣いは月4万円支給される。なお2月に来日した者の6割は失業中であった〔『日経』1989年12月11日、『朝日』1990年2月4日〕。
　また通産省のコンピュータソフトを軸とする研修生の受け入れも既存の財団法人を窓口とすることになっていた。これもODAの助成を受け、民間ソフト会社で実務研修をおこない、研修期間は2年以上とするとされた〔関東弁護士会連合会 1990：133-134〕。
　同様に建設省も1991年「建設産業教育センター」を設立した。研修生は4ヵ月間座学研修を受け、2ヵ月間の民間企業における技術研修ののち、1年間を限度に民間企業で実務研修を受ける〔建設業外国人問題研究会 1991〕。年間受け入れ数は当初2〜300人であった〔『日経』1991年1月10日〕。
　付言すれば、埼玉県は姉妹提携をしている中国山西省と、1990年5月に研修生受け入れの協議書に調印した。これは地方自治体が受け入れ主体となったはじめてのケースとして注目されていた。23人の研修生は10月から1年間の予定で来日し、パン製造、金属機械加工、自動車部品製造など県内8社で実務研修をおこなう。研修生にかかる費用は8万円の手当てを含めて月13万5000円であるが、県はそのうち5万円を補助する〔『日経』1990年6月25日〕。
　また東京都も、1990年より姉妹提携している北京市とジャカルタ市から研修生をそれぞれ30人ずつ受け入れた〔『日経』1992年2月23日〕。神奈川県も1992年より中国遼寧省から研修生約100人を受け入れ、商工会議所や中小企業団体の会員企業で研修をおこなうとされた〔『日経』1992年2月11日〕。
　中小企業の受け入れの実態については、労働省が、東京、大阪および名古屋の一部・二部上場企業、ならびに研修ビザによる外国人登録者がおおむね50人以上の都道府県にある規模30人以上299人以下の企業から抽出した企業

表Ⅱ-1-4　外国人就学生新規入国者数の推移

	1990	1991
中国	10,387	8,099
韓国	5,346	6,487
台湾	1,563	1,877
その他	3,555	4,191
合計	20,851	20,654

出所：1990年は〔法務省 1991a〕、1991年は〔法務省 1992c〕

6104社にたいして、1990年7月におこなった調査（2718社回答、回収率44.5％）によれば、外国人研修生の受け入れ企業は、10.0％に達していた〔労働省1990a〕。

大企業のばあいですら研修生名目の資格外就労は一般化していた。大手タイヤメーカーの兵庫県伊丹事業所は、技術提携しているマニラの会社からフィリピン研修生8人を1990年3月から導入したが、この8人は4月に入って同市内のカトリック教会に集団脱走した。研修生は「研修のはずが実際は床掃除や荷物運びの単純作業ばかり。日本人にくらべてもわずかな研修手当で深夜勤務させられて我慢できない」と語った。彼らは日本人従業員と同一の二交代制勤務に組み入れられ、夜8時半から翌朝8時半までの深夜勤務をさせられていた。研修手当は月6万3000円であった〔『毎日』1990年4月17日〕。なお、法務省の基準によれば、深夜の実務研修は原則的には許されない。

1989年に激減した就学生の新規入国者数は、表Ⅱ-1-4にみられるように1990年に2万851人、1991年にも2万654人にとどまった。中国人は1991年に減少傾向をみせた。一方、非中国人は微増傾向はあるが、新規入国者数は1万人台にとどまっていた。なお1991年の新規入国者の2位以下を列挙すると、韓国31.4％、台湾9.1％、香港3.4％となっており、韓国の伸びが注目される。

規制の確立とともに就学生数が停滞し、日本語学校は冬の時代を迎えていた。事前審査終了証の発給率は従来の80～60％から35～20％程度に減少し、廃校や規模の縮小が目立った〔『日経』1990年3月9日〕。なお1992年8月現在、日本語教育振興協会は458校を認定していた〔『朝日』1992年8月28日〕。就学生は外国人登録をしているのが通例であるが、1990年12月現在の登録者数は3万5595人であった〔法務省1991b〕。

1988年の大量流入者たちは1990年末にはその出国期限を迎えた。多数の就

学生は中国の国内事情もあって帰国を希望せず、コンピュータやビジネス関連などの専修学校の専門課程学生や大学聴講生としての留学生への資格変更による日本での残留を望んだ。このような状況に対応して、定員の3倍もの水増し入学を許可した専修学校も出現した〔『朝日』1990年3月9日〕。その結果は、専修学校専門課程学生の急増として現れた。また1991年現在の超過滞在者のうち、就学生であった者は1万2678人の多数に達していた〔法務省1992b〕。このことは、進学できなかった者が超過滞在の途を選んだことを示している。

つぎに、留学生についてみる。留学生とは、日本の大学もしくはこれに準ずる機関、専修学校の専門課程、外国で12年間の学校教育を修了した者にたいして日本の大学に入学するための教育をおこなう機関、高等専門学校で教育を受ける者と規定されている。ただし夜間や通信教育は除外されているが、大学の研究生や聴講生は含まれている。

留学生のストックを外国人登録者数からみると、1991年12月に4万8715人であり、留学生を出身国別にみると、中国60.3％と韓国20.4％が飛び抜けて多かった〔法務省1991b〕。なお同年5月現在の専修学校（専門課程）在籍者は27.8％を占めていた。〔『日経』1992年2月8日〕。専修学校に中国人が多いひとつの理由は、1988年に大量に入国した中国人就学生の移行にあった。

留学生のうち就労している者がどれくらいいるかについては、1991年に東京都がおこなった調査が参考になる。この調査は、都内および東京近辺の短大を含む大学65校と専門学校・日本語学校29校の協力を得ておこなわれ、都内在住の留学生1900人、就学生735人の回答を得た〔東京都1992a〕。その結果をみると、留学生でアルバイトをしている者は53.5％に達した。彼（女）らの平均就労時間は、1日4.6時間、週3.5日であった。したがって、留学生は一般的には労働者であったといえる。

なお、1990年6月～12月の留学生・就学生にたいする入管による就労許可件数は9610件にすぎなかった。これは入管がアルバイトの実態を把握しておらず是正の指導もおこなっていなかったことを意味する〔総務庁1992：76〕。

就学生・留学生が集住する東京・池袋地区についての奥田らによる調査については第Ⅰ部第4章で紹介した。奥田らは1991年に東京・新宿地区で調査をおこない、158人の回答数をえた。まず出身地域をみると、韓国57人、台湾46人、中国40人、タイ5人、その他10人となっており、韓国人と台湾人が上位を占めて、中国人が多数を占めた池袋地区と様相が若干異なっていた。また現在の

職業については、就学生63人、留学生47人、フルタイム就労者16人、不就労者13人、その他・無回答19人となり、池袋地区より就学生が少なくそのぶん分散していた。

居住条件についてみると、木賃アパートが88人、賃貸マンションが65人となり、広さ6畳以下は半数であり、3人以上で同居している者も37人と、条件は池袋地区よりはるかによくなっていた（以上は、〔奥田・田嶋1992〕）。なお、新宿地区の外国人の家賃は日本人の1割増しが相場であった〔奥田・田嶋1992：138〕。

さらに1990年代初頭には、「外人ハウス」と呼ばれる安宿が増加中であった。マンションやビルのワンフロアに間仕切りをして二段ベッドを置き、共用のキッチンと有料洗濯機があり、情報交換もおこなわれていた。東京都内では板橋、池袋、大久保、日暮里などに十数軒あり、200人を収容するものもあった〔日名子1992：33〕。

本項の最後に難民についてみてみると、定住難民数は、1990年1月現在で累計6398人であり〔『日経』1990年4月21日〕、1985年に閣議了解された定住枠1万人にもはるかに及ばなかった。条約難民の1990年5月現在の認定数も192人にすぎなかった〔本間1990：151-152〕。なお、1992年4月、民主化運動をしていたミャンマー人3人がやっと難民として認定された〔『朝日』1992年4月23日〕。

3. 景気後退の影響

景気後退は非正規労働者にもっとも打撃を与えた。一般的にいって受注が減少した中小企業が外国人労働者を解雇するばあい、その不法性を理由とすることが多くなっていた〔『日経』1992年3月22日〕。状況はとくにイラン人にきびしかった。彼らは日本へのいちばん新しい到来者であるため求職ルートが未開拓のうえに、コミュニケーション能力に問題があった。こういう事情でイラン人にとって仕事をみつけることはむずかしかったのである。

上述した喜多川らによる調査によれば、平均月収は18万4000円で、同じく太田市で就労するパキスタン・バングラデシュ人の20万8000円よりも低くなっていた。ところで彼らの来日前の職業は、大学・専門学校卒業の技術者4人、学生3人、公務員3人、兵役除隊1人、病院職員1人であった〔山下1992：232ff.〕。

東京の代々木公園はイラン人の情報交換の場となっていたが、日曜日に集まるイラン人は、1991年末にはせいぜい1500人ぐらいであったものが、1992年

7月には6〜7000人となっていた〔『朝日』1992年7月20日〕。同じく東京の上野公園でも毎日100〜300人を超すイラン人が集まっていた。イラン人は失業に苦しみホームレスとなる者が多かった。「生命と人権をかちとる会」が1992年3月東京の代々木公園でイラン人88人に直接おこなった調査によれば、求職・失業中の者は29人に達した。なお、賃金不払いは27人が、治療費の出ない労災は8人が経験していた〔アジア人労働者問題懇談会 1992：34〕。

また山崎喜比古らが1992年6月東京上野駅および上野公園周辺に集まっているイラン人143人にたいしておこなった調査（対象は自発的協力者）は、景気後退の影響に関する貴重な情報を提供している。すなわち、ここ1ヵ月の間に仕事についたことがある者は78人であるのにたいし、ついていない者も50人にのぼり、失業率は39％に達していた。さらに仕事についた者の就労日数は、10日以下23人、11日以上20日以下26人、21日以上22人と、3分の2が20日以内しか就労していなかった。これと関連する日本語能力については76.2％が「あまり使えない」または「まったく使えない」としており、言語の壁も影響していたことがわかる。

その結果ホームレスになる者も相当出現していた。現在の寝泊まり場所（複数回答）は、友達のアパート45人、自分のアパート31人、会社の寮28人、公園内14人、ホテル8人、サウナ・映画館3人、その他3人となり、公園・サウナ・映画館の合計は13％となった〔山崎・若林ほか 1992〕。

ここで、法務省の入管法違反事件のデータ〔法務省 1993〕により、非正規就労者の1992年の賃金と就労分野をみることにしよう。表Ⅱ-1-5によれば、日収は「7千円超1万円以下」が56.4％と最多であり、「5千円超え7千円以下」が19.4％とそれにつぎ、さらに「1万円超え3万円以下」も15.3％いた。また就業分野も表Ⅱ-1-6のとおり、建設業38.9％、製造業25.4％と、この両者に集中していた。ただし男女別にみると、女性の約3分の1がホステスであった。

なお、1992〜93年の非正規就労者の就労状況については、入管データのほかに東京都社会福祉協議会による調査結果〔東京都 1993〕がある。それによれば、失業率が14.7％という高率に達していたことが注目される。就労者を100としたばあいの就労先は建設関係40.3％、工場内労働18.5％、その他雑役等27.5％と現場労働の比重が大きく、入管データとほぼ照応している。ちなみに現在の仕事への不満をみると、「ボーナスが出ない」47.3％、「社会保険に加入できない」45.2％、「日本人にくらべて賃金が安い」42.8％の3つに集中していた。

表Ⅱ-1-5 非正規就労者の日額報酬（1992年） %

3千円以下	0.7
5千円以下	5.5
7千円以下	19.4
1万円以下	56.4
3万円以下	15.3
3万円超え	0.5
不詳	2.1
合計	100.0
実数	62,161

出所：〔法務省1993〕

表Ⅱ-1-6 非正規就労者の就業内容（1992年） %

	男女計	男	女
建設作業員	38.9	50.9	—
工員	25.4	27.9	17.4
その他労務作業者	5.3	5.9	3.4
ホスト・ホステス	8.1	—	34.4
バーテン・ウェイトレス	3.1	1.9	7.3
調理人	2.6	2.2	3.9
皿洗い人	3.8	2.2	9.1
その他サービス	2.0	1.6	3.3
運搬労務者	1.1	1.4	—
売春婦	2.6	—	11.0
その他	7.0	5.9	10.3
合計	100.0	100.0	100.0
実数	62,161	47,521	14,640

出所：〔法務省1993〕

　日系人以外の合法的就労者にも景気後退の影響がではじめていた。中国瀋陽市から人材派遣会社に招かれて来日したコンピュータ技術者27人は1年あまりろくな職につけず、賃金の未払い分は総額2500万円を上回った〔『朝日』1992年8月24日〕。ちなみに、インドシナの定住難民の就職難も深刻であった。神奈川県大和市の定住促進センターでは、求人数の激減により7家族18人が就職が決まらず退所できないでいた〔『朝日』1992年7月8日〕。

4. 肯定的世論の停滞

　東京都は1992年2～3月に都民3000人にたいする「国際化に関する世論調査」（無作為抽出、面接法、有効回答数2115）をおこなった。それによれば、「外国人労働者が多くなるのは良いことだ」10.2％、「かまわないと思う」40.8％と肯定派の合計が51.0％であるのにたいし、否定派は「困ったことだ」9.5％、「あまり良いことだとは思わない」39.4％と合計48.9％で、肯定派がわずかに多かった（無回答は0.1％）〔東京都1992c〕。この結果を第Ⅰ部第7章第3節で紹介した全国3調査と比較すると、(1) 無回答がほとんどなく、また (2) 肯定派が減少して否定派と接近している。この調査が景気後退後のものであったことを考えると、この結果は興味深い。

　企業ないし経営者の態度については、大同生命保険が1990年におこなった

全国の経営者1000人にたいする調査では、「受け入れるべき」70.7％、「受け入れるべきではない」11.8％、「わからない」10.7％であった〔大同生命保険無日付〕。

また大阪商工会議所は、大阪市内に本社を有する企業を中心とした2762社（一部京都府、兵庫県を含む）にたいして1990年2月郵送法で調査をおこない、回答率は33.0％であった。その結果をみると、単純労働にたずさわる外国人の増加については、「受け入れ体制整えば認める」36.6％、「やむを得ない」28.1％、「できるだけ抑えるべき」18.0％、「望ましい」7.7％、「わからない・無回答」9.7％となっていた。

外国人労働者を採用していた企業は11.1％であるが、採用していない企業全体を100％としたときの採用計画の分布は、「今すぐ採用したい」8.9％、「1～2年内に採用したい」5.1％、「将来採用を計画」28.5％、「計画はない」28.1％、「わからない・無回答」29.4％であった。なお、規模別では1000人以上よりも999人以下に、業種別では製造業全般とくに機械・金属・繊維衣料と非製造業の飲食業・サービス業に受け入れの意向が強かった〔大阪商工会議所1990〕。

また、長野県経営者協会が1990年におこなった調査では、外国人単純労働者の受け入れに賛成16.2％、やむをえない68.8％、反対14.3％であった〔長野県経営者協会1990〕。

中小企業を対象とする調査としては、全国信用金庫協会が1991年10月に発表した調査がある。この調査は全国の信用金庫の取引先中小企業1万5000社にたいしておこなわれ、有効回答数は96.6％であった。その結果をみると、日本の経済や社会にとって外国人労働者を受け入れることに「大いに賛成である」8.2％、「どちらかといえば賛成である」41.9％、「どちらかといえば反対である」16.9％、「反対である」5.0％、「わからない」25.5％となり、賛成派が半数に達する一方「わからない」も多かった〔全国信用金庫協会1991〕。

さらに、雇用満足度については、東京都信用金庫協会が1990年2月取引先中小企業1万319社にたいして事前に配布した調査票を郵送により回収した調査（回答率43.6％）によれば、雇用経験のある企業419社のうち、外国人の就労に「満足」は11.2％、「まあ満足」は29.6％、「どちらともいえない」は20.5％、「やや不満」は18.6％、「不満」は15.5％、「無回答」は4.5％となった。すなわち、満足が4割強、不満が3割強で、業種別には、卸売業・製造業・建設業で満足度が高く、小売業ととりわけサービス業で低かった〔東京都信用金庫協会

1990〕。

　なお埼玉県については、1990年の調査によれば現在雇用している企業は6.3％で、これら企業を含んで、「雇用を予定」6.4％、「雇用を検討中」4.9％、「雇用に関心がある」27.8％、「雇用するつもりはない」41.0％、「わからない・無回答」19.9％となっている〔埼玉県1991〕。さらに神奈川県については、同じく1990年の調査によれば、「現在採用している」9.6％、「今後採用したい」41.7％、「採用する必要がない」41.9％、「わからない」6.2％であった〔手塚・駒井ほか1992：316ff.〕。茨城県については、1992年の調査によれば、現在雇用している企業は9.2％、「今後雇いたい」10.4％、「雇うつもりはない」46.8％、「特に考えていない」32.9％、「不明」0.7％であった〔茨城県1992〕。

　地域住民の態度については、公共政策調査会によりおこなわれた、外国人が多く居住する地域における住民意識の調査が示唆的である。この調査は、1990年2月〜3月、東京・埼玉・千葉・神奈川・群馬の5都県の特定6区市のうち、とくに外国人労働者が多く居住すると警察で判定された特定派出所10と、その周辺にあって比較的居住者が少ない派出所6を選定し、20歳以上の地域住民を各派出所管内当たり100人無作為抽出し、合計1600人を得たものである。

　その結果をみると、近隣に外国人がいることによる不安感については、「漠然とだが不安を感じている」40.2％、「不安は感じていない」33.4％、「強い不安を感じている」3.3％、「無回答」23.1％となった。不安感は外国人が身近に居住している者ほど強い。不安の内容を複数回答でみると、第1位が犯罪の発生、第2位が夜間の女子の一人歩き、第3位はなんとはなしの不安となっている。

　この調査では、外国人労働者そのものにたいする聴き取り調査もおこなわれた。上記派出所管内から各5〜7人が無作為抽出され、合計116人の外国人を対象に1990年2月〜3月に面接が実施された。それによれば、日本人とのつきあいは、「日本人の友達はいない」52.6％、「道であいさつする程度」および「道で雑談する程度」の合計が26.7％、「家を訪ねる程度」「親身になって相談する程度」の合計が19.0％、「無回答」1.7％となった〔公共政策調査会1991：第3、4章〕。これは、外国人労働者の居住する地域の地域住民と外国人との社会的交流がきわめて希薄であったことを示している。

　なお、東京都が1991年11月におこなった都民3000人にたいする「都市生活に関する世論調査」（無作為抽出、面接法、有効回答数2106）によれば、外国人

第Ⅱ部　90年体制下の外国人労働者・移民——1990年代前半の状況

と個人的に「つきあいたい」8.2％、「できればつきあいたい」26.6％、「あまりつきあいたいとは思わない」27.7％、「つきあいたくない」30.3％、「わからない」7.1％となり、つきあいたくない者の合計は58.0％とつきあいたい者の合計34.8％をはるかに上回った〔東京都1992b〕。

　これと関連して、1990年夏頃から埼玉県東南部と隣接する千葉県の一部で、女性が外国人につぎつぎと襲われ乱暴されたといううわさが広まった。警察では悪質なデマであるとしているが、回覧板で注意を呼びかける自治会が登場し、防犯ベルの売上げも増えた〔『朝日』1990年11月28日〕。同種のデマは1992年夏東京都小金井市、国分寺市、市川市などJR中央線・総武線沿いにも広がった。ここでは「イラン人が集団で主婦を襲い暴行する」というものだった〔『朝日』1992年7月4日〕。

　1991年に発表された東京都立労働研究所による『東京都における外国人労働者の就労実態』は、1990年代初頭における代表的調査である〔東京都1991〕。この調査では、以下の発見が注目される。①外国人雇用の特徴として、製造業、飲食業、商・サービス業という業種ごとに外国人の果たす役割が異なっていること。すなわち製造業では日本人の仕事の代替型と補完型が、飲食業では接客型と裏方型が、商・サービス業では知識集約型と労働集約型が存在している。②外国人の仕事にたいする日本人の評価については、実際に外国人を雇用している企業とそうでない企業とのあいだに大きな違いがみられた。雇用している企業では、事業主も日本人同僚も外国人を歓迎し、良い評価を与えており、さらに日本への流入も容認している。それにたいし、雇用していない企業では、外国人雇用がいろいろなトラブルや問題を発生させるとみており、日本への流入にも反対している。また、③行政への要望をみると、日本語教育、職安によるあっせん、相談窓口の設置が多い。

　1990年代前半のバブル崩壊後、非正規就労者にたいする日本社会の逆風は非常に強まっていった。その風圧の高まりは、東京都立労働研究所（以下「都労研」と略）が1995、96年に発表した報告書（以下「都労研調査」と略）〔東京都1995-96〕からよくわかる。本報告書のPART-1は、1990～91年および1994～95年に実施された「企業（事務所）調査」、「日本人従業員調査」、「事業主面接調査」からなり、PART-2は1994年に実施された「外国人労働者本人に対する聞き取り・アンケート調査」からなる。

　「日本人従業員調査」では、外国人にたいして受容的グループが49.5％、排

第1章　90年体制確立期の外国人労働者・移民の概況

表Ⅱ-1-7　外国人雇用に関する行政への要望（複数回答） (%)

	日本人の従業員				日本人の事業主			
	外国人雇用企業		外国人非雇用企業		外国人雇用企業		外国人非雇用企業	
	1990年〜1991年	1994年〜1995年	1990年〜1991年	1994年〜1995年	1990年〜1991年	1994年〜1995年	1990年〜1991年	1994年〜1995年
日本語教育	①43.1	②44.9	①58.1	②53.7	①43.5	②29.0	①51.8	①49.0
安全・技能教育	④21.0	④29.5	③46.3	④43.0	③22.9	④15.0	③36.3	④32.0
相談窓口の設置	③25.7	③35.4	②50.4	③48.0	①43.5	①30.1	②45.7	③39.2
不法就労者の取締り	②26.1	①48.4	④46.1	①60.9	④18.8	③26.9	④34.5	②42.3

○は順位。
出所：〔東京都 1995-96〕

他的グループが50.5％とほぼ同数となった。排他的グループは、外国人を雇用しない企業で78.6％、雇用する企業で21.4％を占め、雇用しない企業に極端に多かった。

　さらにこの調査では、外国人雇用についての日本人の従業員と日本人の事業主の行政への要望を明らかにしている。とくに注目すべきなのは、「非正規」就労者の取り締まりにたいする意見である。1990年〜91年と1994年〜95年を**表Ⅱ-1-7**でくらべてみると、「非正規」就労者を取り締まれという日本人従業員は、複数回答であるが、外国人のいる企業で26％から48％へと増えている。雇っていない企業でも、46％であったものが61％へと増加している。日本人の事業主については、外国人を雇っている企業の事業主のばあいには19％から27％へ、また雇っていない企業のばあいでも35％から42％へと上がっていた。つまり、外国人と接触のある企業では「非正規」就労者を取り締まれという人が少なく、また雇い主と従業員をくらべれば雇い主の方に取り締まれと言う人が少なかったということができる。さらに、バブル期の頃とくらべれば、雇い主にも従業員にも取り締まれという意見が圧倒的に強まった。要するに外国人を雇っていない企業の日本人従業員のばあいには、6割が「非正規」就労者を取り締まれといいはじめている状況が出現していたのである。

　ちなみに、「企業（事業所）調査」の主要な発見としては、第1に不況を理由とする解雇や辞職がきわめて少なく、不況は外国人雇用に直接的影響をもっていなかったことがあげられる。第2に、外国人を雇用している企業のばあい、日本人を採用できないかあるいは業績の悪い企業はどちらかというと「日本人以上によく働く」とし、その逆の企業はどちらかというと「日本人にとっても

新しい経験になる」として、どちらも外国人雇用に高い評価をあたえていた。

第2節　1990年代初頭の産業別就労実態

　本節では、1990年代初頭の就労実態について、まず雇用と賃金の概況をみたのち、就労者の多い順に、製造業、建設業、性産業、サービス産業、その他の産業を検討する。

1. 雇用と賃金の概況

　労働省は、第1回調査のおこなわれた1993年以来「外国人雇用状況報告」を発表している〔労働省各年版〕。これによれば、300人未満規模の事業所では1993年に外国人を雇用していた事業所数は78.2％、外国人労働者（直接雇用）数は69.4％の多数に達していた。これは300人未満の中小零細事業所が景気後退下の外国人労働力の受け皿となっていたことを示すものである。

　中小企業の相互扶助組織である中小企業経営者災害補償事業団が首都圏（東京・神奈川・千葉・埼玉）の会員を対象におこなった調査は事態を如実に示している。この調査は、改定入管法施行直前の1990年3〜4月に、無作為抽出された1万事業所にたいして郵送法で実施され、2218事業所からの回答を得た（回答率22.2％）。なお、回答企業の9割強が従業員規模50人未満であった。その結果をみると、過去2年間以内に外国人労働者を雇用していたかしている企業は13.9％、7社に1社という高い割合に達した。しかも在留資格別にみると、非正規労働者を意味する観光ビザ保有者は、そのうちの23.5％にのぼった〔中小企業経営者災害補償事業団1990〕。このように、中小零細企業における外国人労働者の雇用は一般化していた。

　外国人労働者への依存の結果彼（女）らなしでは経営がたちいかなくなる企業が相当規模出現していたことは、1991年におこなわれた国民金融公庫による調査からも知ることができる。この調査は、東京都区内、群馬県、長野県、静岡県の製造業、サービス業、建設業の8000企業を対象として、21.9％の有効回答率を得た。そのうち現在外国人労働者を雇用している企業は11.5％（172社）であった。

　これらの企業に外国人労働者を雇用できなくなったばあいの経営上の対策を聞いたところ、「規模を縮小または廃業する」および「どうしていいかわから

ない」の合計が27.0％、「縮小・廃業もありうる」が11.5％となり、「まったく支障なし」は12.2％にすぎなかった〔稲上・桑原ほか1992：106〕。

関西圏については、情報センターにより1991年3月におこなわれた調査がある。この調査は京阪神エリアにおいて求人情報誌利用によるアルバイト等の募集・採用実績のある企業8000社を対象として有効回答879を得たものである。その結果をみると、過去1年間に外国人を非正社員として雇用したことのある企業は30.4％にも達していた。その滞在資格は、留学生・就学生・研修生以外の者が16.9％あり、その主体は超過滞在者であったとおもわれる〔情報センター1991〕。このように関西圏についても外国人労働者の雇用は広範に進んでいた。

賃金については、前掲の中小企業経営者災害補償事業団の調査によれば、外国人労働者の賃金が日本人と同程度である企業が79.2％、3分の2程度が12.8％、2分の1程度が1.9％、その他・無回答が6.4％となっており、8割近くという多数の企業で日本人との差がなく、低賃金とはいえないようにみえる〔中小企業経営者災害補償事業団1990〕。

同じような結果は、前節で紹介した「外国人労働者が労働面等に及ぼす影響等に関する研究会」がおこなった調査にもみられる。この調査によって同一または類似の仕事をしている日本人との時給の格差を企業数の割合でみると、格差がない54.3％、外国人のほうが高い15.5％、日本人と同じか日本人の7割以上22.7％、日本人の7割未満4.6％、無回答2.6％となっていた。すなわち、およそ7割の企業で格差がないか外国人のほうが高かった〔労働省1991a：参46〕。

両調査にみられる日本人に匹敵する賃金の傾向は、景気後退の直前の状況を反映していたと考えられる。

なお入管法の改定をきっかけとして、超過滞在を入管に知らせると脅迫して賃金を払わないケースも多くなっていた〔CALLネットワーク1991：14〕。

2. 建設業

建設業への就労数について、摘発された非正規労働者のデータから推測してみよう。1991年に摘発された労働者3万2908人のうち、「建設作業者」は、1万2057人であった。非正規労働者全体を100％としたばあい、建設作業員の占める比率は36.6％であり、「工員」や風俗関連産業よりも多く首位を占めていた。

ところで1992年5月現在の超過滞在者の就労数は27万8892人であるから、建設業に従事する非正規労働者数はおよそ10万人強いたことになる。2万5000人の就学生の実質的就労者については、「都労研調査」によれば建設業に従事する者が3.4％であったから、1000人にも満たない。研修生についても、これまた1000人強と推測される。このほか「日系人調査」によれば建設業従事者は6.1％であったから、1991年6月現在の日系人就労数14万7800人にあてはめると、日系人は1万人弱就労していたと推定される。したがって建設業に従事していた外国人労働者の総数は11万人以上ということになろう。

3. 製造業

　製造業は、1990年代初頭に外国人労働者の就労がもっとも多く存在していた分野である。製造業従事者は、ラテンアメリカからの日系人を主体に、超過滞在者、就学生や研修生としての資格外就労者などから構成されていた。

　ラテンアメリカ日系人について、前節で紹介した「日系人調査」により現在の職場をみると、工場79.7％、商店0.9％、事務所7.0％、建設現場5.3％、その他7.0％となり、8割が工場で働いていた。また職種別では、自動車・自動車部品関係が33.5％、電気製品・組み立て関係が19.9％と多く、次いで金属・金属加工10.6％、その他生産工程14.2％、建設6.1％、事務6.8％、販売・サービス8.9％となっており、自動車と電気関連の生産工程に集中していたことがわかる〔国際協力事業団1992：113ff.〕。

　前節で紹介した外務省領事移住部の資料によれば、1991年6月現在14万8700人の日系人が日本で就労していた。したがって製造業で働いていた日系人は12万人弱ということになる。

　次に超過滞在者については、摘発された非正規労働者のデータがその数についての手がかりを与えてくれる。1991年の摘発者の稼働内容のなかで、「生産工程作業者」は9596人（うち女性1087人）にのぼり、全体に占める比率は29.2％であって、「建設作業者」36.6％を下回っていた。この比率を1992年5月の超過滞在者の就労数27万8892人にあてはめると、製造業にはおよそ8万人強の超過滞在者が就労していたことになる。

　さらに資格外就労者であるが、2万5000人に達する就学生の実質的就労者については、前節で紹介した「都労研調査」によれば製造業従事者が20.7％であった〔東京都1991〕から、5000人強ということになる。以上より、製造業に従

事していた日系人、超過滞在者、研修生をふくむ資格外就労者からなる外国人労働者のストックの合計は20万人以上であったとおもわれる。

1991年に摘発された非正規就労者のうち、生産工程作業者9596人の職種をみると、金属加工関係が37.7％、ゴム・プラスチック加工関係が14.1％、金属材料製造関係が7.5％、飲食品製造関係が7.5％、機器組み立て関係が7.4％、印刷・製本関係4.6％などとなっており〔法務省1992c〕、金属関連が多かった。

そのうちめっき業について、アジア社会問題研究所は、1990年5月首都圏の約30社にたいするヒヤリング調査をおこない、109人の回答を得た。その結果をみると、国籍別では中国人33人、パキスタン人20人、バングラデシュ人18人、インドネシア人15人、ガーナ人9人、ナイジェリア人6人、スリランカ人4人、エジプト人・フィリピン人・韓国人・イギリス人各1人となっていた。ビザの種類では、多い順に観光49人、就学26人、研修15人、留学10人などであった〔アジア社会問題研究所1990〕。

労働災害についてみると、労働基準監督署にたいし労災保険の保険給付の申請があって補償をおこなった事案のうち、労働者が非正規労働者であると思われるものは、1991年に221件と前の3年間を上回り、国籍も6ヵ国増えて24ヵ国となった。ただし、日本人のばあいには労災保険の新規受給者は毎年およそ2％であったから、一桁少なかった。労働災害は圧倒的に製造業に集中していた〔労働省1989a〕。

1990年以降、民間救援団体が外国人労働者から相談を受けた労災事故について「外国人労働者の労災白書」をまとめている。1991年は129件で1990年の3倍となった。そのうち労災保険の適用を受けたのは67件であり、救援団体が乗り出す前に使用者が自ら労災保険の申請をしていたのはわずか15件にすぎなかった。業種としては、プレス作業24件を含む製造業64件、建設業39件に集中していた。なお就労期間が確認されている66件のうち、39件が就労開始から3ヵ月以内に被災しており、就労初日にも5件あった〔全国労働安全衛生センター連絡会議1992b〕。

4. 性産業

性産業への就労者数を、まず超過滞在者からみると、1992年5月現在の女性の超過滞在者は8万7896人であった〔法務省1992c〕。また1991年に摘発された女性の非正規労働者のなかでホステスおよび売春婦からなる風俗関連産業への

表Ⅱ-1-8　女性非正規労働者の摘発数の推移

	1990	1991
タイ	789	2,323
フィリピン	2,449	1,904
韓国	1,117	1,499
中国本土	53	181
その他	1,300	1,651
計	5,708	7,558

出所：〔法務省1992c〕

表Ⅱ-1-9　興行ビザによるアジア諸国からの新規入国者数の推移

	1990	1991
フィリピン	42,738	56,851
韓国	2,352	2,735
台湾	2,066	2,021
その他	2,212	2,471
アジア　計	49,368	64,078

出所：1990年は〔法務省1991a〕、1991年は〔法務省1992c〕

就労者は54.6％を占めていた〔法務省1992c〕。この比率を上の数字にあてはめるとおよそ5万人弱ということになる。

　風俗関連産業従事者としては、このほかに主としてフィリピン女性からなる興行ビザによる資格外就労者がいた。このカテゴリーによる1991年のフィリピン人新規入国者数は5万6851人であった。興行ビザ所有者のうちどれくらいが風俗関連産業に従事するかについて推測できる根拠はまったく存在しないが、9割以上という説もあり〔石原1992：176〕、一応これを採用して9割とする。その多くは半年以内滞在するから1年に2回以上回転するものとして年間に換算するとストック数は2万5000人強になる。ちなみに、芸能人をあっせんする業者は、当時1200社あるといわれていた〔石原1992：189〕。

　このほか就学ビザによる資格外就業者が最低6000人以上いたこともある〔『国芸協ニュース』1988年9月1日号〕。そのうえに、偽装結婚をしながら働いている者もかなりいた。したがって、風俗関連産業に従事する者の合計は8万人以上だったということになろう。ちなみにいえば、中国人は当時風俗関連産業にあまり従事していなかった。

　表Ⅱ-1-8によって1991年の国籍別内訳をみると、タイが断然トップで2000人台、次いでフィリピンが2000人弱、韓国が1000人台となっていた。タイは1991年に激増し、フィリピンは減少し、韓国は増大していた。

　表Ⅱ-1-9は、興行ビザによるアジア諸国からの新規入国者の年次別国籍別内訳を示したものである。これによれば、1990年以降は増大のテンポが早くなっていた。これは1990年の審査基準の公表を反映していたとおもわれる。国籍別にみると、フィリピンが圧倒的なシェアを占めており、1990年に4万人台にのり1991年には5万人台となった。また韓国には増大傾向が、台湾には停滞

傾向がみられた。

　従来芸能人のホステスや売春婦としての資格外活動についてはほとんど野放しであったが、1992年7月東京巣鴨のフィリピン・クラブ2店舗でフィリピン芸能人41人が資格外就労の現行犯で身柄拘束され、あっせん業者に衝撃を与えた〔『国芸協ニュース』1992年9月1日〕。

　また、1991年に摘発された女性非正規労働者の稼働地帯は、東京都（2224人）、大阪府（833人）、千葉県（753人）、神奈川県（601人）、茨城県（571人）、埼玉県（481人）、愛知県（375人）、長野県（278人）の順で、佐賀県を除く46都道府県に及んでいて、東京都の伸びがいちじるしかった〔法務省1992c〕。

5. サービス産業

　第Ⅰ部で定義された広義のサービス産業における外国人労働者のうち、摘発された非正規労働者に関しては法務省のデータ〔法務省1992c〕がある。それによれば1991年摘発された者の稼働内容のうち、ここでいうサービス産業に含まれるとおもわれるカテゴリーは、主として清掃員などの労務作業者、皿洗い、給仕人、調理人、運送作業者、家政婦であり、その合計は4321人となる。この分類によると、摘発された非正規労働者全体にたいするサービス産業従事者の比率は13.1％となり、建設業36.6％、製造業29.2％につぎ、風俗関連産業12.5％をしのいでいる。なお、これら4大産業のほかには農業0.4％、その他8.1％があるだけである。1992年5月現在の超過滞在者数27万9000人にこの比率をあてはめると、3万5000人強という数字が得られる。

　非正規労働のほかに、就学生のアルバイト就労がサービス産業の大きなシェアを占めていた。就学生の実質的就労数は2万5000人であったから、サービス産業に従事していたものは5割強、1万人強ということになろう。研修生については、資格外就労数は2000人に満たなかったと推測される。日系人については、「日系人調査」によれば8.8％が販売・サービスに従事していたから、1万人強となる。

　これらを合計すると、最大限5万人以上の外国人労働者がサービス産業で働いていたことになる。

　サービス産業における就労の実態については、まず、本節第1項でも紹介した中小企業経営者災害補償事業団による首都圏における1990年の調査が参考になる。この調査によれば、外国人労働者を雇用している比率は、飲食業で

28.7％、サービス業で13.9％、卸売・小売業で6.9％、運輸業で4.8％であり、飲食業については首都圏の中小企業のじつに3割弱が雇用中であったという驚異的な事実を知ることができる〔中小企業経営災害補償事業団1990〕。

ホテル旅館業界には日系ブラジル人を採用しようという動きがあった。北海道旅館環境衛生同業組合温泉部会では、清掃や保守点検などの職種を中心に当面200人を目標として、1991人に雇用を開始する計画をたてていた〔『日経』1990年8月9日〕。また富山県ホテル旅館環境衛生同業組合では、客室係、フロント係など150人の採用を目標に、サンパウロで現地説明会を開くことにした〔『朝日』1990年8月31日〕。

このほか、サービス産業の2つの業種を紹介しておく。第1に東京の築地市場であるが、市場での労働は朝が早くとくに夏は魚が生臭いなど3Kの要素が強いため、若年労働者の不足が著しかった。仲卸経営者の共同組合である「東卸」の調査では、市場内水産仲卸の110の事務所で230人前後の外国人労働者が就労していると報告されていた。しかしながら、実際には内外合わせて500人とも1000人ともいわれていた。彼らは主に中国人就学生・留学生であり、労働時間は短いが賃金は日給7～8000円が相場であった〔青山1990〕。

最後に、廃油処理とならんで廃棄物処理に含まれる古紙回収業における労働災害の事例をみておく。1990年12月、12歳のイラン人少年が、古新聞のあいだから異物を取り除く作業をしていて、ローラーに巻き込まれて死亡した。この少年は、先に来日した父親を頼って母親および弟と来日、年齢を18歳と偽って就労し、大人並みの時給650円を得ていた〔『朝日』1990年12月16・21日〕。

6．その他の産業

まず農業であるが、1991年に摘発された非正規労働者のうち「農業」は134人、0.4％を占めており〔法務省1992c〕、わずかではあるが存在していた。漁業については、海外漁業の労使団体で構成される海外漁業船員労使協議会での報告によれば、1992年3月現在外国の港を基地にする漁船が現地で船員を雇用するという形態での外国人漁船員の数は急増中で2100人に達し、日本人の遠洋漁業従事者の約1割を占めていた。国籍別ではインドネシアが6割、フィリピンが2割弱、ペルーが1割強となっていた〔『朝日』1992年4月24日〕。

第1章　90年体制確立期の外国人労働者・移民の概況

第3節　ラテンアメリカ日系人の就労・生活と来日事情

1. 就労と生活

　本項では、1990年代初頭のラテンアメリカ日系人の就労と生活の実態を検討する。

　1990年代前半のラテンアメリカ日系人の就労状況については、国際協力事業団が1992年に発表した『日系人本邦就労実態調査報告書』〔国際協力事業団1992〕が参考になる。この調査は規模が大きくまた全国を対象としており、調査内容も広い領域をカバーしている点で重要性が高い。本報告書によってはじめて、全国規模でのラテンアメリカ日系人の状況がある程度明確になったことは特筆されるべきである。以下いくつかの興味ある点をひろうと、第1に63.0％という多数が人材派遣業者・中間業者と契約しており、これら業者の関与の実情があきらかになった。また在留資格については無回答の者が27.3％に達しており、ラテンアメリカ日系人のすべてが合法的に滞在していたとはいえないことを示している。なお在留資格について回答した者を100としたばあい、「定住者」あるいは「日本人の配偶者等」の合計は96.3％にのぼる。さらに帰国意思については、無条件あるいは条件つきで日本に留まりつづけようとする者が25.7％あり、かなり多かったといえる。付言すれば、世代数の問題は日系人以外との通婚や配偶者の世代などにより複雑であるが、本報告書はこれについて一応の算定方法を示している。

　国際協力事業団はこれに引きつづいて、1993年に『平成4年度日系人本邦就労実態調査報告書』〔国際協力事業団1993〕を発表した。この報告書はラテンアメリカ日系人の相談内容を整理・分析したものであるが、これにより彼らが直面する就労および生活上の問題点を直接理解できるという点で興味ぶかい資料となっている。本報告書により日系人が直面していた問題の広がりがわかる。相談内容の分類が多い順に示すと、生活情報　相談28.9％、求職22.1％、労働問題17.0％、査証関係15.0％、保険・年金4.4％、日本語（学習・通訳・翻訳）4.0％、税金2.8％、帰国2.1％、医療1.7％、求人0.8％、子供の教育0.7％、ボランティア等0.6％（相談件数の総数は3582件）となる。ここにみられるように、求職と労働問題の合計は4割弱に達しており、景気後退下での就労が深刻であ

265

ったことがわかる。それに次ぐものは生活に関する相談であり、3割弱を占めていた。また、査証関係および帰国という出入国管理に関連する相談の合計は2割弱である。

　労働問題についての相談は、ラテンアメリカ日系人の就労にともなう問題点をあきらかにしている。609件の相談の内訳をみると、「会社・人材派遣会社との問題」13.8％、「賃金支給されず」13.1％の2つが群をぬいて大きい。それに次ぐものは、「罰金課せられる」8.4％、「解雇される」7.7％、「パスポート取り上げられる」6.6％である。日系人雇用の主体をなす派遣会社が景気後退の犠牲を日系人労働者に転嫁している様相がみてとれる。生活についての相談をみると、全1035件のうち「結婚について」が7.6％、「家族の呼び寄せ」が3.9％、「子供の出生手続き」が2.1％を占め、定住化が進展していることを裏づけている。なお、査証関係の相談538件のトップは「査証更新に必要な書類・手続き問合せ」25.5％であるが、ペルー人については偽装でない日系人の書類が戦時の混乱により不備なため、査証が更新されない事例が続出しているという説明がなされている。

　ラテンアメリカ日系人が集住していた浜松市については、同市国際交流室が1993年に発表した調査〔東洋大学社会学部研究室 1993〕がある。まず滞在期間をみると、2年未満が73.0％の多数を占めた。また単身者が26.8％にものぼり、日本での家族員数4～5人は15.7％しかいなかった。賃金については、時給1000円未満の者はわずか22.3％であった。日本語能力については、「聞くことだけなら少しできる」と「ほとんどできない」の合計が28.6％であった。地域社会での日本人との交流については、「たまにしかない」と「ほとんどない」の合計が47.9％にも達した。

　日系人は合法的雇用ができることから、中小企業ばかりでなく大手メーカーそのものによる採用もあった。なお外国人登録によればブラジル人はとくに愛知、静岡、神奈川の3県に多かったが、これは愛知のトヨタ、静岡のスズキ、ヤマハおよびホンダ、神奈川の日産の関連産業に日系人が働いていたことを示していると考えられる。このほか富士重工業と三洋電機の操業する群馬県東毛地域にも多数が集中していた。

　ところで、日系人のなかには定住化しはじめている人びとがいた。前述した日系人調査によれば、帰国希望者が74.3％であるのにたいし、日本での残留希望者も25.7％と4人に1人という高い割合に達していた。しかも帰国希望者の

うち無条件で帰国するという者は18.7％にすぎず、ほかは「国の経済状態が良くなったら」「お金がたまったら」という条件つきであり、長期滞在が予測された〔国際協力事業団1992：134〕。

しかも、ラテンアメリカ在住の沖縄系日系人を対象とする沖縄県国際交流財団による1990年の調査（有効回答数208、サンプリングはおこなわれていない、以下「沖縄系日系人調査」と略）によれば、帰国者のうち再来日を予定している者は71.4％にも達していた。すなわち帰国者の多くはふたたび出身国をあとにすることになる〔沖縄県国際交流財団1990：31〕。ちなみに、日系人調査では父方の出身地が沖縄県である者は30.5％、同じく母方は32.2％となっていた〔国際協力事業団1992：84ff.〕。さらに日本から帰国した出稼ぎ者の再出稼ぎ率は80％以上であったといわれる〔渡辺・弓削ほか1992：81〕。ブラジルからの渡航の形態も、単身で働く父親や夫に合流する「家族呼び寄せ型」に移行しつつあった〔『朝日』1992年4月16日〕。

ここにみられる日系人の定住化傾向は、日系人が他の外国人労働者と異なって家族とともに来日する者が多いことによるとおもわれる。日系人調査によれば、扶養家族をもつ者438人のうち扶養家族全員が来日している者は25.9％、扶養家族の一部が来日している者は9.5％、扶養家族全員が出身国に残っている者は64.6％と、3分の1が扶養家族とともにきていたことになる。扶養家族が来日している153人のうち、学齢期の子どもがいる者は77人と半数弱であった〔国際協力事業団1992：105ff.〕。

日系人は、定住化とともに自動車メーカー等が立地する地方都市およびその近辺への集住の途を歩んだ。ここでは、その典型例をいくつかみることにしたい。まず群馬県の東毛地区であるが、ここには富士重工と三洋電機の所在する大泉町（人口4万人）と隣接する太田市（人口14万人）に、日系人やそれ以外の外国人労働者の居住がみられた。

大泉町では外国人登録数が1991年末現在2000人以上、そのうち日系ブラジル人は1382人であり、太田市でも外国人登録数が2200人以上、日系ブラジル人は1359人いた。このほかに非正規の外国人労働者も相当数いた。大泉町には、中小企業がブラジル人を直接雇用するために結成した東毛地区雇用促進協議会という組織があり、1992年現在の会員会社数は72社で、これまで683人を受け入れてきた〔飯田1992〕。

喜多川豊宇が1990年11月に大泉町でおこなった日系人182人にたいする調

査結果によれば、彼（女）らの住居は会社の寮や社宅20.0％、会社契約の貸家57.1％、会社が一部を家賃補助する自己契約借家11.9％、全部自己負担の借家7.9％、その他1.1％であり、圧倒的に会社に依存していることがわかる〔山下1992：122ff.〕。居住のパターンとしては、企業や派遣業者が所有したり借り上げているアパートにほとんど日系人ばかりで住んでいるというケースが大半であり、また外で問題を起こさないように工場の敷地内に住まわせている例もあった。このように日系人だけからなるコミュニティが形成されていた。

　豊田市では1991年10月現在2730人の日系ブラジル人が外国人登録をしていた。彼（女）らは、トヨタ本社周辺、下請け企業周辺、県営および公団の一団地に集住していた。人口約1万人のこの団地の日系ブラジル人は700人とも800人ともいわれた。彼（女）らは派遣業者あるいは会社が保証人となり、生活用の備品を貸与された部屋に居住した。ただし家賃・礼金・敷金は本人負担であった。これらの部屋は棟ごとないし階ごとに集中してはいなかった。それにもかかわらず、近隣の居住者との交際はほとんどなかった。勤務先のみならず保育園・学校・病院へのマイクロバスによる送迎を核として、派遣業者が日系人労働者を囲いこんでいたからである。

　浜松市はホンダ、ヤマハ、スズキなどの自動車産業の本拠地であり、豊橋市とその中間に位置する湖西市にはその下請けメーカーが集中していた。外国人登録をしているブラジル人数は、1991年2月現在浜松市で3880人、豊橋市で2047人、湖西市で728人に達した。なお浜松市、豊橋市から湖西市への相当規模の通勤があった。

　このほか日系人が集住する地域としては、日産の下請け工場や比較的新しい工業団地をもつ神奈川県綾瀬市（人口7万8000人）や愛川町（人口4万人）が知られていた。

　合法的就労者である日系人の一部は、景気後退以前の時期に日本人の正規従業員以上の給与を受け取っていたばあいもあった。

　また、景気後退以前の日系人の転職による上昇移動の多さは注目される。労働省が東京上野の日系人雇用サービスセンターに来所した者を主とする日系人795人を対象として1992年1月におこなった調査によれば、転職経験者は290人に達していた。転職により給与が上がっただけでなく、生産工程従事者から専門技術職、営業、事務職への移動が目立った。なお、転職経験者の日本語能力は未経験者に比して高かった〔労働省1992a〕。

ただし、日系人のあいだにも格差が発生していた。悪質な現地ブローカーの暗躍によりペルー人には偽日系が多かった。たとえば1991年10月〜92年2月までに、日系人の短期滞在ビザから定住ビザへの切り替えが不許可になったものは854件あったが、その91.9%はペルー人だった〔『日経』1992年5月4日〕。ビザの切り替えを申請しないペルー人も多く、また日系ブラジル人にくらべて日系ペルー人は日本語が下手といわれており、これらの条件がペルー人の位置をおしさげた。

1991年ごろからの景気後退はまず製造業の電機および自動車で深刻化した。そのため、製造業に高い比率で従事していた日系人の失業が顕著化していた。

労働省は、北関東、東海、中部などで期間工や日系人を解雇する例が目立ちはじめているとし、日系人を雇用する企業にたいし業績悪化を理由とした安易な解雇を防ぐよう都道府県に通達した。日系人雇用サービスセンターを訪れる日系人のうち7割は失業状態にあった〔『日経』1992年4月22日、5月16日、8月5日〕。同センターの1992年3月の求人数は182人であったが、求職者は535人もいた。〔『朝日』1992年4月9日〕。

具体的にみると、いすゞ自動車は期間工を4割、約1300人減らすことを決めたが、このなかには約800人の日系ブラジル人等が含まれていた〔『日経』1992年2月5日〕。他地域で就業していた日系人が東海地方に職を求めて流入するケースがみられたが、浜松市でも大量解雇が日常化していた。ある大手人材派遣業者では、企業側の求人がないため530人の日系ブラジル人の賃金が未払いとなった〔『読売』1992年7月16日〕。

人員削減にともなって日系人の賃金も低落傾向をみせた。豊田市では時給が最高1700〜1800円だったが、1992年に入って平均1300円程度となった〔『日経』1992年3月22日〕。日系人雇用サービスセンターでは、1992年4月の求人で月20数万円程度にさがった〔『朝日』1992年4月9日〕。

日系人のなかではペルー人がもっとも打撃を受けており、日系人の失業者やホームレスはペルー人にもっとも多かった〔『中日新聞』1992年5月14日、27日〕。とくに浜松市では、滞在期限の切れるペルー人から解雇するケースが続出した〔『朝日』1992年5月15日〕。

2. 来日事情

1990年代に入って、ブラジル経済の状況はさらに悪化した。1990年3月、新

第Ⅱ部　90年体制下の外国人労働者・移民——1990年代前半の状況

大統領コーロルは「コーロル・プラン」と呼ばれた政策により流通通貨量を一挙に3分の1に縮少したため、経済活動は停滞し失業が顕著に増加しはじめた〔赤木1990〕。1990年末、サンパウロ都市圏の失業者は約85万人に達し、全国の完全失業率も29％というかつてない高率となっていた。また、全人口の50％にあたる7000万人が飢えの状態にあった〔『日経』1990年11月18日〕。経済の悪化にとりわけ直撃されたのは、日系人のなかの低所得層であった〔赤木1990〕。

ブラジルから資本主義的中心国への出稼ぎ数は1991年現在少なくとも63万人に達し、その内訳はアメリカが33万人、日本15万人であり、このほかヨーロッパ諸国にも送り出していた〔渡辺・光山1992：10ff.〕。

ブラジル日系人の労働力の供給余力はそれほど大きくなかった。サンパウロの日本総領事館によれば、日本への出稼ぎ希望者はあと10万人にすぎないとされた。ある大手あっせん業者は、「若くて生きのいいのは全部、もう日本へ行っちまったよ。いまは地方の人集めがたよりだね」と語っていた〔『朝日』1990年8月2日〕。また、大学卒、管理職の者まで出稼ぎに殺到していた〔『日経』1990年9月7日〕。

大量出稼ぎの急進展は、それまで存在していた日系社会を崩壊の危機に直面させた。農村部では、恒例の運動会や祭りができなくなった例も少なくなく〔『日経』1990年4月4日〕、先生が出稼ぎに行って閉鎖した日本語学校が続出した〔赤木1990〕。サンパウロの有力日系銀行では日系人行員が300人近く出稼ぎに行ってしまったために業務に支障を来した〔『日経』1990年9月7日〕。

ここで、サウパウロの近効農業地帯でわれわれが1990年におこなった聞き取り調査の結果を紹介しておこう。日系人4000～5000家族が住むモジ・ダス・クルーゼスは、サンパウロから東へ約50キロ離れたところにある近郊農村である。この植民地のＡ地区は家族数68、人口350人程度でほとんどが農業に従事している。

この地区で最初に出稼ぎに行った人が出たのは3年程前のことで、当時は黙って行って黙って帰ってくるので、周りも気づかなかったという。近ごろはだいぶ様子が違って、働き盛りなのに出稼ぎに行かないと冗談半分に「体が悪いのか」「度胸がないのか」などと聞かれるという。いま16家族から39人が出稼ぎに行っている。その中には、家長7名、母親5名、若夫婦5組などが含まれている。

第1章　90年体制確立期の外国人労働者・移民の概況

　出稼ぎに行くのは、営農のうまくいっていないところが多い。最近は再出稼ぎが多くなっている。出稼ぎの動機を何人かの出稼ぎ経験者や留守家族に聞いてみると、できれば家を新しくしたい、子供の教育費を稼ぐなどとともに、若い人には日本を一度みてみたかった、一世には生きているうちに一度帰りたいとおもっていたという答えもあった。ちなみに、モジ全体ではかなりの学生の出稼ぎ者が目立っていた。

　ラテンアメリカからの日系人を対象とする人材派遣業者の相当部分は、きわめて悪質なブローカー活動をおこなっていた。募集企業による直接雇用もあったが、人材派遣業者が主体であった。両者とも日本語新聞での広告を媒体とするほか、日系人の現地ブローカーから就労希望者のあっせんを受けた。現地ブローカーは旅行業者を中心としてサンパウロ市内に180社あり、1人につき10万円のあっせん料を受け取った〔『中日新聞』1991年12月17日〕。

　これらの派遣業者は、請負契約という建前のもとに日系人を受け入れ企業に派遣しているのが通例である。派遣業者が通常おこなっている業務は、航空運賃の立て替え、空港への出迎え、アパート・寮の提供と生活備品の貸与、ビザの書き換え・外国人登録、生活面のケア、勤務先への送迎、本国送金などにわたっている〔渡辺・光山 1992：26ff.〕。

　海外日系人協会による日系人調査によると、人材派遣会社／中間業者と契約している人は62.9％、勤務する会社と直接契約している人は34.7％、フリーで働いている人は2.3％であった〔国際協力事業団 1992：108〕。また沖縄系日系人調査によれば、就労経路は直接工場が22.9％、派遣会社が72.1％、職安が5.0％であった〔沖縄県国際交流財団 1990：20〕。この2つの調査からみると、日系人にたいする派遣業者の関与率は6〜7割の高さに達していたことがわかる。

　これらの業者は、日系人労働者の賃金から高額のピンハネをおこなうばかりでなく、彼らを人身拘束するためにパスポートを取り上げ、中途退職者には高額の罰金を課し、航空費やビザ等手続き費用を着服していたケースもあった〔『まいぐらんと』1991年2月25日〕。とくに、「1年以内に中途退社したばあい、罰金30万円」などの派遣会社による違法な罰金条項は日系人の大きな不満を呼んでいた〔『朝日』1992年3月7日〕。

　加熱する出稼ぎあっせんは、ついに警察の介入を引き起こした。ブラジル連邦警察は、1990年11月と12月の2回にわたり、日系旅行社とあっせん企業にたいする捜査をおこなった。11月のばあいは、労働省の認可を受けずに出稼

ぎをあっせんしていることが法律に違反するという疑いであった〔藤崎1991：136-139〕。ただし根拠となるブラジル刑法では、永住を目的としたばあいおよび自発的な移住行為については犯罪が成立しないという説がある〔山下1992：188〕。

また12月のばあいには、単に労働者派遣法などの違反のみにとどまらず、背景に「日系人だけを対象に出稼ぎを募集するのは人種差別だ」というあるラジオ放送局のキャンペーンが存在していたといわれる。なお、ブラジル憲法には人種差別禁止の規定がある〔藤崎1991：234-236〕。

ペルーでは日系旅行業者を主体とする悪質な現地ブローカーが暗躍していた。5000ドルで偽日系人となるための偽装書類を用意して日本に渡航させるが、日本到着後定住ビザへの切り替えができない例が頻発していた〔『中日新聞』1992年5月27日〕。

第4節　1990年代前半の在日外国人の国籍と在留資格

日本における外国人移民の人口についての基礎的情報は、2012年に廃止された外国人登録者統計と超過滞在者数から得られ、ともに法務省から公表されていた。外国人登録の非登録者はあらゆる行政サービスを受けることができなかった。したがって、外国人登録の有無は外国人の日本での生活と就労にたいして決定的な意味をもっていた。このような事情から、外国人登録者統計は他に例をみない重要な全国データという位置を占めていた〔入管協会 各年版〕。超過滞在者の数についての算出は、外国人が提出する入国記録、出国記録を処理して得られた数であるとされている。ただし、突き合わせ処理がおこなわれていない等種々の誤差要因があるため、実際の数を正確に表すものであるとはいいがたく、あくまで概数（推計値）であるというコメントがつけられている〔法務省1992b〕。超過滞在者数は半年ごとに発表されてきた。

表Ⅱ-1-10と表Ⅱ-1-11はこのふたつの基礎的データをまとめて、超過滞在者数の最初のデータが得られる1992年末と1995年末について計算しなおしたものである。この表の特徴は、外国人登録者の中の旧来外国人を一番左に別記した点にある。新来外国人の合計は右から二番目の小計に出し、一番右の欄は旧来と新来の合計である。この表は日本に住む外国人をすべて網羅しているわけではない。たとえば、駐留米軍やその家族、外交官などは外国人登録をする

義務がなかったので含まれていない。それにくわえて、密入国など、日本への入り方が非適法であった者も当然のことながら含まれない。

なお、外国人登録は自治体にたいする機関委任事務であったため、先進的自治体のなかには超過滞在者など在留資格が非正規の外国人にたいしても登録を受け付けるところが出はじめていた。したがって、登録者数には合法的滞在者とともに一部非正規滞在者が含まれており、表Ⅱ-1-10では「未取得者」がそれにあたる。したがって新来外国人の小計欄にはこの重複分を差引いた数が示されている。

密入国者などを除く外国人の総人口は、表Ⅱ-1-10と表Ⅱ-1-11のように1992年に157万人、1995年に164万人と3年間に7万人増えた。

表Ⅱ-1-10と表Ⅱ-1-11よりまず新来外国人を出身国別にみると、中国(台湾を含む)(1995年現在26万2756人、以下同様)が群を抜いて多く、中国人の首位は1992年と変わらない。これにつづいてブラジル(17万4872人)、韓国・朝鮮(15万5125人)、フィリピン(11万4177人)までが10万人台であり、この順位も不変である。以下タイ(5万8539人)、ペルー(5万370人)、アメリカ(4万2907人)、イラン(2万2963人)、マレーシア(1万8794人)、バングラデシュ(1万1719人)、パキスタン(1万476人)、ミャンマー(9632人)、インドネシア(6914人)となっている。

外国人全体を在留資格別にみると56万3050人が「特別永住者」であって、1992年の59万193人にくらべると着実に減少している。「特別永住者」とはその大部分が日本の旧植民地出身者およびその子孫からなり、具体的には在日韓国・朝鮮人(55万7921人)および少数の在日中国人(4685人)から構成される旧来外国人をさしている。旧来外国人のうちとくに在日中国人は5000人弱しかいない。それにたいし新来外国人は107万3430人と多く、在日外国人の中核となっている。

新来外国人の在留資格の首位を占めているのは日本人の配偶者や子どもを意味する「日本人の配偶者等」と「定住者」の39万5524人であり、3年間に6万人以上増加した。「日本人の配偶者等」は日本人と結婚した外国人および日本人の子に、「定住者」は、難民などとともに日本人の孫と日本人の子および孫の家族に主として与えられる資格である。難民の総数は1万人程度にすぎなかったから、国際結婚による外国人配偶者と日系外国人が在日外国人の最大のグループを構成していたのである。

第Ⅱ部 90年体制下の外国人労働者・移民──1990年代前半の状況

表Ⅱ-1-10 国籍（出身地）別在留資格別外国人数

在留資格	旧来外国人登録者	新来登録者						
	特別永住者	投資・経営、法律、会計業務、医療、研究、教育、技術、教授、芸術、宗教、報道	人文知識・国際業務、企業内転勤、技能	文化活動、特定活動	興行	研修	留学、就学	家族滞在
韓国・朝鮮	585,170	1,988	2,892	373	646	711	19,890	10,118
中国	4,796	6,781	9,669	1,729	673	10,185	65,872	14,631
ブラジル	－	100	117	37	187	252	324	308
フィリピン	1	806	433	1,057	20,090	1,907	1,646	512
タイ	0	160	441	106	215	1,976	1,732	222
ペルー	0	20	21	10	0	62	53	45
アメリカ	37	9,933	8,149	529	243	48	1,416	7,194
マレーシア	2	298	336	21	103	806	2,633	446
インドネシア	1	99	123	71	14	1,534	1,317	673
イラン	2	78	53	21	2	20	136	374
バングラデシュ	－	69	107	23	3	164	1,117	342
パキスタン		104	100	11	4	43	139	230
ミャンマー		62	54	19	1	78	1,181	79
その他	184	9,919	9,855	3,868	569	1,451	5,497	9,597
合計	590,193	30,417	32,350	7,875	22,750	19,237	102,953	44,771

＊未取得者とは、非正規で外国人登録をしている者をさす。
＊＊若干名いるが「その他」にふくまれている。
出所：〔入管協会 各年版〕、〔法務省 各年版b〕

第1章　90年体制確立期の外国人労働者・移民の概況

1992年12月末および1992年11月1日現在

外国人						非正規者	小計	
短期滞在	日本人の配偶者等、定住者	永住者、同配偶者等	一時庇護、その他	未取得者*	小計	超過滞在者	登録者数＋非正規者数－未取得者数	合計
3,159	35,630	19,462	3,186	4,919	102,974	37,491	135,546	720,716
5,380	52,885	21,592	149	992	190,538	36,374	225,920	230,716
1,945	143,575	290	6	662	147,803	＊＊	147,141	147,141
2,418	30,968	1,625	121	634	62,217	34,296	95,879	95,880
659	4,509	241	14	185	10,460	53,219	63,494	63,494
5,311	25,300	56	0	173	31,051	6,241	37,119	37,119
810	11,001	2,883	71	168	42,445	＊＊	42,277	42,314
279	655	157	2	6	5,742	34,529	40,265	40,267
116	1,071	152	12	18	5,200	＊＊	5,182	5,183
3,372	312	87	6	53	4,514	32,994	37,455	37,457
652	366	29	7	26	2,905	8,161	11,040	11,040
2,629	635	83	19	127	4,124	8,056	12,053	12,053
1,460	153	18	17	10	3,132	5,425	8,547	8,547
5,143	25,023	6,418	398	608	78,346	36,005	113,743	113,927
33,333	332,083	53,093	4,008	8,581	691,451	292,791	975,661	1,565,854

第Ⅱ部　90年体制下の外国人労働者・移民——1990年代前半の状況

表Ⅱ-1-11　国籍（出身地）別在留資格別外国人数

在留資格	旧来外国人登録者	新来登録者						
	特別永住者	投資・経営、法律、会計業務、医療、研究、教育、技術、教授、芸術、宗教、報道	人文知識・国際業務、企業内転勤、技能	文化活動、特定活動	興行	研修	留学、就学	家族滞在
韓国・朝鮮	557,921	2,038	3,773	490	564	600	19,157	11,324
中国	4,685	9,047	13,587	3,643	683	9,610	58,475	23,930
ブラジル	3	95	127	40	249	252	391	357
フィリピン	9	743	536	1,288	12,380	1,718	1,293	662
タイ	1	112	533	134	68	1,376	1,649	236
ペルー		32	25	18	20	61	69	52
アメリカ	108	9,980	7,309	462	249	33	1,286	6,864
マレーシア	2	214	261	18	80	332	2,467	412
インドネシア	1	104	100	846	154	1,888	1,217	725
イラン	3	74	42	12	1	6	146	337
バングラデシュ		108	228	43	2	119	1,310	698
パキスタン	4	120	147	16	13	35	152	305
ミャンマー		91	94	17	5	40	1,083	147
その他	313	10,943	11,566	3,100	1,499	1,643	6,431	10,643
合計	563,050	33,701	38,328	10,127	15,967	17,713	95,126	56,692

＊未取得者とは、非正規で外国人登録をしている者をさす。
＊＊若干名いるが「その他」にふくまれている。
出所：〔入管協会 各年版〕、〔法務省 各年版b〕

第1章　90年体制確立期の外国人労働者・移民の概況

1995年12月末および1995年11月1日現在

外国人						非正規者	小計	
短期滞在	日本人の配偶者等、定住者	永住者、同配偶者等	一時庇護、その他	未取得者*	小計	超過滞在者	登録者数＋非正規者数－未取得者数	合計
3,168	33,853	27,460	3,168	2,860	108,455	49,530	155,125	713,046
4,469	67,963	24,419	256	2,224	218,306	46,674	262,756	267,441
3,010	169,749	503	99	1,565	176,437	＊＊	174,872	174,875
4,260	44,649	4,363	1,163	1,233	74,288	41,122	114,177	114,186
2,796	7,564	475	582	509	16,034	43,014	58,539	58,540
8,392	26,766	192	50	592	36,269	14,693	50,370	50,370
814	12,107	3,716	87	183	43,090	＊＊	42,907	43,015
459	870	221	0	9	5,343	13,460	18,794	18,796
252	1,411	201	16	41	6,955	＊＊	6,914	6,915
6,982	473	142	110	317	8,642	14,638	22,963	22,966
1,829	425	48	73	52	4,935	6,836	11,719	11,719
2,655	869	147	152	138	4,749	5,865	10,476	10,480
1,868	213	29	23	33	3,643	6,022	9,632	9,632
7,722	28,612	8,418	719	879	92,175	42,890	134,186	134,499
48,676	395,524	70,334	6,498	10,635	799,321	284,744	1,073,430	1,636,480

新来外国人のつぎに多いカテゴリーは非正規な超過滞在者であり、28万4744人に達する。超過滞在者は1993年に29万8646人のピークに達し、それ以後微減がつづいていた。つまり、ある程度は入れ替わりながらも、絶対数はそれほど減っておらず、改定入管法がねらった締め出しは不成功に終わったことがわかる。一時多かったバングラデシュとパキスタンも6～7000人前後にまで減少した。

　第3に多い留学生および就学生の在留資格の合計は9万5126人であり、1992年をピークとして減少が進行した。ただし留学生は一定のウエイトを保ちつづけていた。第4に多いものは、永住者およびその配偶者などの7万334人であり、この在留資格は増加した。以下、家族滞在が5万6692人、短期滞在が4万8676人、事務的職業および特殊技能（典型は外国料理）が3万8328人、「投資・経営、法律、会計業務、医療、研究、教育、技術、教授、芸術、宗教、報道」からなる専門的および管理的職業が3万3701人、偽装就労の可能性の高い「研修」が1万7713人、同じ傾向をもつ「興行」が1万5967人とつづく。この両者は1992年より減少した。

　付言すれば、専門・管理・事務的職業および特殊技能は、改定入管法が門戸を広げようとした高度の専門知識や熟練技能をもつ者であるが、わずか10万人にも満たず、この点では改定入管法は意図した効果をあまりあげなかった。これらの人材の多くは日本に留学した者が卒業後日本で就職することにより供給されていたが、資格外就労を恐れて原則として学費をアルバイトに頼らせないなどの規制策をとったことにより留・就学生が減少したことの影響が大きかった。

　要するに景気後退にもかかわらず、外国人人口はわずかではあるが増加した。

第5節　外国人労働者・移民の犯罪と管理強化

　ここで外国人労働者の犯罪についてみておこう。改定入管法と軸を一にして、治安当局による外国人犯罪への警告が強まった。平成2年版『警察白書』は、「外国人労働者の急増と警察の対応」を特集し、外国人の犯罪を治安上問題になる兆しとして把握しようとした〔警察庁1990〕。また平成4年版『警察白書』は、「ボーダーレス時代における犯罪の変容」を特集し、外国人の犯罪の変容に注目している〔警察庁1992c〕。この白書によれば、刑法犯として1991年に検

挙した外国人は6990件、4813人で過去最高であった1990年よりも件数で1.72倍、人数で1.62倍の急増をみせた。

内容は窃盗犯が件数の64.5％を占めた。凶悪犯に関しては、従来は就労のあっせん等にからむ外国人どうしが多く日本人を対象とするものは比較的少なかったが、最近になり外国人どうしに加えて最初から日本人を対象に選定して敢行したとみられる殺人、強盗、強姦事件が目立ったとしている。1991年に凶悪犯罪により検挙された来日外国人は126人いたが、日本人にたいして被害を加えた者の割合は、強盗事件では69人中37人と過半数を占めた。

刑法犯を国籍別にみると、件数でアジア地域が83.4％であり、アジアを100％とするとき件数では中国が37.8％と首位となる。第2位は韓国・朝鮮の32.0％、ついでイランの10.1％である。イランは件数で前年の4.9％から激増した〔〔警察庁 1991：42-43〕、〔警察庁 1992c：16〕〕。

ちなみに、1990年代前半までの外国人の犯罪については橋本光平による研究が貴重である〔橋本1994〕。橋本は、警察庁の「犯罪統計書」をデータに時系列回帰分析をおこない、①フィリピン、タイなど新規入国者については、犯罪が増えたことは確かである。②一方長期滞在者である在日韓国人については犯罪率が低下している。③外国人の犯罪率は、過去30年間減少しつづけてきており、1976年からは20歳以上65歳未満の日本人の犯罪検挙率は外国人のそれを上回っている。④特定の国の出身者が引き起こす犯罪件数は、その母体が増加するにしたがって減少する傾向があると要約している。そして「フィリピン、タイ型の新規入国者であるが、それらの犯罪率、犯罪件数の規模いずれをとっても、特に騒ぎ立てるほど重要視する問題点は見あたらない」と結論している。

なお、外国人労働者が改造テレホンカードを使用して逮捕される事件が相次いでいた。1992年3月末までに20人余りが逮捕されたが、その9割はイラン人であった〔『朝日』1992年3月26日〕。

ただし、大多数の外国人労働者は出稼ぎが目的であるから、退去強制と直結する犯罪行為とは無縁の生活を送っていたことが強調されなければならない。前述した山崎喜比古らの調査報告書は、きわめて興味深いイラン人犯罪についてのコメントを収録している。そのうち23歳の男性のものを引用しよう。

「イラン人は危険な人びとではありません。もし我々を今以上に受け入れてくれるのなら、我々がとてもすばらしい人びとだということがわかるでしょう。

第Ⅱ部　90年体制下の外国人労働者・移民――1990年代前半の状況

……イラン革命前、イラン人は全世界で受け入れられ、沢山の外国人がイランに働きに来ていました。しかし今では、事態は変わってしまい、イランの経済状態も悪化し、外国もイラン人を受け入れることをしなくなりました。

現在日本にイラン人が働きにきているのはイランの経済も社会的地位も下がってきているからです。イラン・イラク戦争もこれに関与しています。今これだけはいいたい。誰かが問題を起こしたとしても、全イラン人が悪いのではないのです。このことを日本政府も覚えていてください」〔山崎・若林ほか1992：21〕。

外国人労働者の被告人にたいする人権侵害の相当部分は、被疑者段階および公判段階の双方の言葉の困難に由来していた。通訳の不足や能力不足および通訳のもつ偏見がその理由であった〔江橋1990：126ff.〕。また、弁護にあたる国選弁護人は外国人を引き受けたがらず、引き受けても手抜きが多いため微罪でも実刑判決がくだされやすかった〔高橋1992：37ff.〕。

ちなみに、非正規の外国人にたいする逆風が強まっていたなかで、外国人排撃をスローガンとしてかかげる運動が散発的に起きたのは、1992年～93年にかけてであった。その代表的な事例をあげると、ひとつは「国家社会主義同盟」と名乗る小規模な団体によるもので、ナチスのハーケンクロイツ（鉤十字）が書かれたポスターを貼り超過滞在外国人の追放を訴えた。また、「宏道連合会」と称するこれも小規模な右翼団体が、不良外国人の日本からの追放を呼びかけるポスターを貼った例もある。これらは、当時日曜日ごとにイラン人が東京の代々木公園に大量に集まっていたことに触発されたという側面もある。

入国警備官による人権侵害は、改定入管法成立以降むしろ悪化した。1990年5月、東京大手町の入管に来ていたミャンマー人は、トイレでタバコを吸っているところを発見されて職員により部屋に連れ込まれ、(1) 5～6人の職員が取り囲みひとりが罵声を浴びせ、(2) 10人ほどの職員が現われ何回かこずかれたあと右腕をねじあげられ、(3) 殴る蹴るの暴行を受けたと、日本弁護士連合会の人権擁護委員会に救援を求めた。医者の診断では、2週間の治療が必要であった〔『ジャパンタイムス』1990年5月30日〕。

都内の4救援団体は、1990年3月12日～14日、入国管理に関する苦情電話を受け付けたが、アジア諸国を中心に22ヵ国の人びとから221件の苦情があった。その内容は入管職員の対応の悪さに関するものが96件、ビザ更新の資格審査に関するものが40件であった〔『日経』1990年3月25日〕。この数字も、当

時の入管の高圧的姿勢を示したものといえる。

第6節　自治体の役割の増大と労働運動の萌芽

　外国人労働者の定住化にともない、彼（女）らが生活し就労する場としての自治体の役割はますます増大しつつあった。そもそも地方自治法は、市町村の区域内に住所を有する外国人を含む住民すべてにたいして、地方公共団体が安全、健康および福祉を維持することを要求している。自治体行政は、労働者としての保護はいうまでもなく、住民としての保護をも課題としなければならない。情報提供や相談窓口の設置は当然として、社会保障、教育、家庭生活の保護、住宅の確保、文化交流などの施策が必要であり、しかもこれらすべての前提として日本語能力不足への対応策が講じられなければならない。

　ところで、外国人にたいする施策の支出の多い上位4自治体における外国人登録者1人当たりの支出額からすると、全自治体では283億円を要することになるが、1991年現在54億円しか支出されていなかったと推定される〔労働省1992a〕。このことは、外国人にたいする自治体の施策がきわめて立ち遅れていたことを示す。

　ここで外国人労働者の日本語能力についてみておこう。日系人については、1991年の海外日系人協会による日系人調査の結果が利用できる。この調査は、聞く、話す、読む、書くについて、その能力別の分布を明らかにしている。これら4項目についてかなり以上の力のある者は、それぞれ43.5％、27.9％、14.0％、11.2％となり、逆にまったくできない者は、それぞれ14.1％、12.3％、29.1％、24.6％となった。つまり、聞く力は相当あるが読み書きについては難しかったといえる〔国際協力事業団1992：102〕。

　イラン人については、喜多川らによる群馬県太田市の調査をみると、日本語は「すこしできる」7人、「まったくできない」6人、英語は「まあまあ」以上が5人、「すこし」が11人と日本語が片言程度であったことがわかる〔山下1992：234〕。

　このような日系人やイラン人のデータは、多かれ少なかれ他の外国人にもあてはまっていた。したがって、外国人住民にたいする行政の対応は、彼（女）らが理解できる言語を使用することが肝要とならざるをえない。

　関東・中部および近畿地方を中心とする15都府県下の外国人が1000人以上

居住する290市町村にたいする労働省の1991年の調査によれば、外国語による生活相談・情報窓口の設置・運営は29.3％、外国語の生活ガイドブックは28.0％、通訳の配置は7.3％の自治体が実施していた〔労働省1992a〕。

群馬県大泉町では、日系二世2人を嘱託として採用し、通訳や相談に応じていた〔渡辺・光山1992〕。なお長野県松本市では、市と医師会の協力により10ヵ国語による外国人救急ノートを作成した。また神奈川県綾瀬市では、同じように15ヵ国語による問診票を作成して効果をあげていた〔『晨』1992年6月号：29〕。

外国人労働者を対象とする日本語講座の設置も早急に必要とされていた。東京都では、港区、目黒区、葛飾区（中国帰国者向け）、武蔵野市、国立市が開設していた〔東京都1989f、東京都1989g〕。在日韓国・朝鮮人が多く居住する川崎市ではふれあい館を設置し、女性の在日一世を主たる対象として日本語を習得する識字学級を開設したが、これには外国人労働者も多数参加していた〔自治労1991：67〕。

外国人相談窓口については、1988年に開設された東京都豊島区のものが先駆的であった。ここでは正規担当職員が5人おり、そのうちの2人は英語および中国語にそれぞれ堪能であった。その相談内容をみると、各種施設や窓口案内など「暮らし」が19.0％、「入国・在留」が14.7％、「教育・余暇」が13.4％、広報紙や税金などの「行政」が12.6％、出生や結婚などの「家庭生活」が11.7％、保育所や入院助産などの「福祉」が11.2％となり、定住化にともなう相談内容が顕著であった〔『晨』1992年6月号：24-25〕。

自治体が講ずべき諸施策のうち、社会保障関係については医療問題が深刻となっていた。稲村博らがおこなった関東の中小企業で働く外国人労働者と就学生84人にたいする調査の結果によれば、精神状態の不安定さを表すGHQ（General Health Questionnaire精神健康調査票）得点が平均値よりも高い人の比率は、通常50％であるのに74.4％となり、神経症的な症状を示していた。酒・たばこの量が増え、孤独感を感じる者も多かった〔『日経』1992年5月29日〕。

病気になったり怪我をしたばあい、外国人労働者の相当数は医療保険の適用を受けないためその経済的負担はきわめて大きかった。非正規労働者のばあいにはあらゆる医療保険への加入ができず、またそれ以外の者でも高額の保険料を嫌って加入しない者があったからである。たとえば前掲した自治体にたいする1991年の労働省調査によれば、合法的な日系人でさえ健康保険への加入率

は23.4％にすぎず、また国民健康保険への加入率は、滞在期間1年未満の者は保険料がごく低額であるにもかかわらず、19.6％にすぎなかった〔労働省1992a〕。総務庁の56医療機関にたいする1991年の調査によれば、1396人の外国人受診者のうち公的医療保険の適用を受けていない者が53.3％おり、医療費の未収者は2.4％にのぼった〔総務庁1992：176〕。

さらに民間医療支援組織「AMDA国際医療情報センター」の調査によれば、首都圏を中心とする64病院・診療所の外国人患者5198人の保険未加入者は57.3％に達した〔『朝日』1992年6月1日〕。全国92ヵ所の赤十字病院では、1991年度の外国人の未払い件数は108件、総医療費約3700万円の約8割に達した。日赤本社は、「日赤なら治療費を払わなくてもすむという誤解が口コミで広まっている」としていた〔『朝日』1992年7月10日〕。

従来このような未収の医療費は、医療扶助として生活保護の適用を受けることにより補塡されてきた。実際、生活保護の大きな部分は医療扶助であった。ところが、1990年夏厚生省は東京都にたいし、短期や不法就労の外国人に生活保護を適用するという対応は1954年の社会局長通知違反であると指摘した。この通知は、外国人登録証の提示などがないときは、窮迫した状況でないかぎり生活保護の申請を却下すべきであるとしていた〔『朝日』1990年12月5日〕。さらに同年10月、厚生省は口頭により同趣旨の指示を全自治体にたいしておこなった（その内容については、〔アジア人労働者問題懇談会1992：416ff.〕に収録されている）。

この指示の結果、非正規労働者の救急医療費を医療機関が自己負担しなければならないケースが増大した。これは患者のたらい回しや診療拒否につながりかねなかった。上述の「AMDA国際医療情報センター」の調査によれば、保険のある人のみ受け入れるとするものは、54医療機関のなかで13もあった。

未払い医療費から医療機関を救済しようとして、さまざまな試みがなされてきた。まず明治時代に制定された「行旅病人および行旅死亡人取り扱い法」の復活がある。東京都をはじめ群馬県、埼玉県、千葉県、神奈川県などで予算措置が講じられた。この法は、ほとんどの自治体で第二次大戦時に廃止されたものである。なお、茨城県は廃止措置を講じなかったため当時も生きていた。ただし、この法は住所が定まっていないいわゆる行き倒れであることを要件とするため、確定した住所のある外国人への適用には限界があった。

自治体が講ずべき諸施策のうち教育関係については、外国人労働者の定住化

とともにその子どもたちにたいする教育態勢の整備が緊急の取り組みを要請していた。とくに日本語の不自由な子どもたちの急増は著しかった。

文部省の調査によれば、1991年9月現在日本の公立小・中学校に就学する外国人児童・生徒で日本語が不自由な者の在籍する学校数は1923校、その人数は5463人であった。その母国語の分布は、ポルトガル語35.4％、中国語29.7％、スペイン語10.9％が多く、以下韓国・朝鮮語、ベトナム語、英語、フィリピン語と続き、全体で43言語にのぼった。学校ではこれらの児童・生徒に対応できる教員も教材も不足していた〔文部省1992〕。

外国人労働者の集住地域では、自治体が外国人労働者の子どもの言語教育についてのさまざまな試みをおこなっていた。大泉町の保育園には日系ブラジル人の児童23人が、また小・中学校には日系ブラジル人の生徒80人が在籍していた。そのため小学校全4校のすべてに、また中学校では日系人の多い1校に日本語学級を設置した。またポルトガル語のできる3人を日本語指導助手として採用したほか、特別配当教員を手当した〔渡辺1992〕。

浜松市の日系ブラジル人の児童・生徒総数は200人を突破し、そのほとんどが小学生であった。浜松市では、児童・生徒のために日本語教室および帰国時に備えてポルトガル語のための「ことばの教室」を開設した。子どもたちは派遣業者が送迎し、日本語は市の職員が、ポルトガル語は派遣業者に所属するスタッフが教えていた〔渡辺・光山1992〕。豊田市の日系人の集住する団地近くの市立保育園には23人の日系ブラジル人の児童が、また近くの小学校には20数名の生徒が通学していた。小学校ではボランティアによる日本語教室が週2回開かれていた〔都築1992〕。

神奈川県愛川町でも外国人労働者が急増していたが、ブラジル語・スペイン語圏の人びとについて児童生徒のための特別の日本語指導学級を設置するとともに、成人のための日本語講座を開設して成果をあげた〔手塚・宮島ほか1992：171ff.、226ff.〕。ただし、日本語ができないことを理由に日系ブラジル人の子どもの就学を9ヵ月間拒否した香川県善通寺市の例も報告されている〔『朝日』1992年8月3日〕。

付言すれば、大泉町では夏祭りに若者を中心とした日系ブラジル人のサンバチームが参加して町民からの熱狂的な拍手をあびた。さらに町民文化の祭りでは、ブラジルの写真展や交流パーティが催された〔『晨』1992年6月号：27〕。

本節の最後に、外国人労働者自身の組織化と運動が出現しつつあったことを

述べたい。1990年2月フィリピンから来日したコンピュータ・オペレータによる組合結成（アトラス・ジャパン＝全国一般労組東京南部支部）、語学学校教師の労組による協議会の結成はその一例である〔CALLネットワーク1991：5〕。また個人加盟の地域労組である東京の江戸川ユニオンには、10ヵ国70人の外国人労働者が加盟しており組合員数の2割を占めていた〔『毎日』1992年2月7日〕。さらに1992年のメーデーをひかえて、東京都板橋区に外国人労働者200人が集まり、差別や偏見の撤廃などを内容とする「外国人労働者人権宣言」を採択した〔『朝日』1992年4月30日〕。現状変革は究極的には主体的運動に基礎づけられなければならないことを考えると、このような運動の萌芽は重要な意味をもっていた。

第7節　1990年代初頭のアジアの送り出し国と受け入れ国

1. 送り出し国

　まず、国策として労働力輸出を推進してきたパキスタンとフィリピンについては、1990年に開戦した湾岸戦争が大きな影響を与えた。パキスタンには1990年だけで1億5000万ドルの送金の減少がもたらされたものとみられており、またフィリピンにも最高2億ドル近い送金の減少がもたらされたと推測されている〔『朝日』1990年9月21日〕。

　ついでにいうと、当時海外で働くフィリピン人の特徴は、大部分が25〜39歳であり（女性では25〜29歳が多い）、中等教育修了以上の者が多く（女性では大卒が多い）、首都圏住民が3分の2を占め、フィリピンで就業中の者が7割弱に達していた。また海外からの送金の使途は、電化製品を始めとする耐久消費財の購入、住居の新築、借金返済に優先的にあてられていた〔菊池1992：180ff.〕。

　なお、福島県でのフィリピン・ダンサー死亡事件に端を発して、フィリピン政府は1992年3月から、訪日を希望する芸能人について、1年以上の芸能活動の実績と最低年齢の23歳への引きあげを要求する制限方針をうちだした。また日本大使館も2年以上の活動実績という基準を1992年8月から設定した〔『日経』1992年8月28日〕。付言すれば、日本人との結婚による結婚ビザは1991年に4503件にのぼり、激増傾向にあった。

　人力進出をはかってきた韓国も様変わりしはじめた。韓国海外開発公社は

第Ⅱ部　90年体制下の外国人労働者・移民——1990年代前半の状況

1991年に労働部から外務部の管轄下に移り、新たな公団として生まれ変わった。その主要任務も、海外への人力進出から、海外からの研修生の受け入れ、専門家の派遣、無償援助などへと重点が変化した〔筑波大学 1991：101〕。

中国の労務輸出についてみると、黒龍江省からソ連へと国境を越えた人の数は、1988年の約1万人から1990年の10月までで約13万人と激増した〔『日経』1991年1月8日〕。1992年には、旧ソ連の独立国家共同体（CIS）、香港、ベトナム向けを重点に1991年より15％多い10万5000人を派遣する計画があった〔『朝日』1992年3月10日〕。

ところで、中国から日本への流入のなかでは、研修生が重要な役割を果たしていた。1991年の入国者数は各国のなかで第1位、1万668人を占めた。研修生候補者は、所属職場の許可を得たのち、上述した労務輸出を担当する各種企業を経由して、日本に派遣された。

偽装難民については、1991年2月現在すでに1788人が送還され、1042人が収容所に滞在中であった〔『朝日』1991年2月2日〕。

1992年にも中国人の小規模の不法入国がつづいた。1992年3月には、九州・沖縄地域にくらべて警備が手薄な八丈島に21人が上陸しようとして13人が死亡または行方不明、8人が漂着（そのうち1人は上陸後死亡）した。このケースは、福建省にブローカーがおり台湾漁船を使用して日本にいる中国人のもとに送りこもうとしたものである〔『日経』1992年4月15日〕。これを含めて1992年1月～7月までの集団不法入国は9件あり、その最大は四国室戸沖でだ捕された乗客61人を乗せた中国福建省の漁船であった〔『朝日』1992年7月29日、8月20日〕。

天安門事件の活動家の海外逃亡を阻止するため、1990年2月に中国政府は、大学以上の学歴をもつ者にたいして卒業後5年間中国からの自費留学のための出国を一切禁止する措置をとった。なお、国費留学による出国もきわめて困難となった〔『留学生新聞』1990年4月1日〕。

これと関連して、強制退去命令書を受けた女性が「自分は民主化運動に参加した政治難民」であるとして処分の取り消しを求める申請をおこなったが、1991年8月中国に退去強制された。1992年4月、東京高裁は原告が日本にいないため難民認定の要件を欠くとして、この女性の訴えを却下した〔『日経』1992年4月14日〕。

最後にイランであるが、イラン政府の発表によれば、1990年のインフレ率

は28％、失業率は20〜30％にのぼった。また、日本とのあいだには査証免除協定（1992年4月廃止）があり、日本は簡単に渡航できる唯一の先進国となっていた。そのため、イラン人の若者の間では出稼ぎに行こうという「日本熱」が猛威をふるった。日本到着後は成田空港でブローカーに数百ドルの金をはらって職を世話してもらった〔『朝日』1990年11月19日〕。

2. 受け入れ国

　シンガポールで正規の許可を得ていた外国人労働者数は、1991年末に約20万人に達し、このほか数万人の非正規労働者がいたといわれる。そのうえに、シンガポールとの国境地区に居住して毎日シンガポールに通勤するマレーシア人が2万4000人いた。したがって、外国人労働者はこの国の労働人口145万人の約2割を占めていたことになる。

　香港の「外国人技能労働者3000人受入計画」による1991年の受け入れ枠は、熟練工2700人、生産労働者1万人、新空港関連建設労働者2000人となっていた〔労働省1992c〕。

　さらに、1997年の返還をひかえ、香港政庁は1990年9月、海外に2年以上住む中国国民に限って労働目的での香港移住を認めるという労働規制緩和策を発表した〔『日経』1990年11月28日〕。なお、1991年現在、中国・マカオから1万4000人程度の特別受け入れがなされていた〔労働省1992c〕。またマカオでは、1990年3月中国からの不法移民3万人が住民登録を求めて大混乱が発生した〔『朝日』1990年3月30日〕。

　付言すれば、ベトナムからの難民は香港の大きな社会問題になっていた。1992年2月現在、香港では5万8800人のベトナム難民が滞在していたが、その大多数が経済難民であった。収容所は超過密状態で、その居住環境は極端に悪化していた〔『朝日』1992年2月18日〕。

　台湾は、1990年までは原則として外国人労働者の就労を認めていなかった。その例外は、建設業の特定部分について、1990年に条件つきで入国を認められた3500人のみであった。しかしながら、1991年より台湾はついに外国人労働者の導入に踏み切ることになった。労工委員会の発表によれば、繊維、金属、機械、動力、建設の5産業は外国人労働者を雇用できる。その雇用期間は2年以内であり、自動化と近代化に努めることが条件とされている。さらに、雇用数は工場や現場の従業員数の3分の1を超えてはならない。1991年の受け入れ

予定数は1万5000人であったが、将来増加が予想されていた。このほか公共プロジェクト事業に1200人の受け入れ枠があった。

外国人の建設労働者たちは、10本の指の指紋と掌紋をとられ、逃亡を阻止するためにバリケードで囲われた専用宿舎で生活し、夜間には抜き打ち点呼がおこなわれた。この措置は、これらの産業における労働力不足にたいする対応策であるとともに、増大する非正規労働者にたいする対策という意味ももっていた。1990年末に6万人に達したといわれる非正規労働者にたいして、台湾政府は1990年から1991年にかけて以下のような措置を相次いで講じた。

第1は、1991年2月までの3ヵ月間に出国する超過滞在者にたいしては所得税および罰金を免除するが、3月以降は断固たる処置をとるという布告であった。これによる出国者はわずか2万2000人にすぎなかった。そのため、労工委員会は新たに4月30日を期限として、今度は雇用者にたいして非正規労働者を登録することを義務づけた。雇用者は、帰国費用相当分を供託することにより、7月14日までの雇用が許されることになったのである。さらに、非正規労働者と雇用者の両方への罰則を含む「雇用・雇用サービス」法案が提出された。この法律は非正規労働者にたいして1100ドルの罰金を、またその雇用者にたいして3年以下の懲役もしくは1万1000ドル以下の罰金を科そうとするものである。

これらの措置にもかかわらず、1991年9月現在2万人強が残留しているものとみられる（以上は、〔『バンコク・ポスト』1991年4月6日、4月7日、6月23日、9月14日〕、〔NHK取材班 1991：160ff.〕、〔労働省 1992c〕）。

ある資料によれば、1990年1月現在の長期超過滞在者の総数は中国本土人を除いて5万4000人であった。その国籍別内訳は、マレーシア1万9000人、フィリピン9000人、タイ6000人、インドネシア5000人であり、これら4ヵ国で7割強を占めていた。非正規労働者は主として製造業、メイドの分野で就労していた〔労働省 1992c：516-517〕。

韓国では1990年10月末までに前年2倍以上の945人の外国人が非正規労働で摘発された。その国籍別内訳は、フィリピン39％、パキスタン14％、バングラデシュ4％などとなっており、ほとんどがいわゆる単純労働に従事していた〔『朝日』1990年11月28日〕。また、炭鉱への外国人労働者の導入を皮切りとして〔『朝日』1990年3月7日〕、1企業当たり韓国人従業員比1％の外国人労働者の就労を認めていた〔『バンコク・ポスト』1991年9月14日〕。なお、1991年に朝鮮

族中国人が5万人以上入国したが、そのうち半数が超過滞在していたといわれる〔労働省1992c：513〕。

マレーシアについては、桑原が1990年にフィリピン人労働者が10～25万人、インドネシア人は家族を含めて20～40万人という数字を紹介している〔桑原1991：70〕。さらにマレーシア政府は、プランテーション、建設業、メイドの分野での非正規労働者について、雇い主にたいする外国人雇用税を条件に、数万人にたいして最大5年までの滞在を1992年1月より認めると発表した〔『バンコク・ポスト』1991年9月14日〕。

第8節　1990年代初頭の欧米の外国人労働者政策

1989年のベルリンの壁の崩壊とそれによりもたらされた東西ドイツの統一は、ドイツの外国人労働者問題にも劇的な変化をもたらした。なによりも深刻であったのは、西ドイツへの人口の大量流入であった。ドイツ経済研究所によれば、1989年1月以来1991年末までに250万人が西ドイツに流入した。その内訳は、東ドイツ人、外国人、ドイツ系のロシア人およびルーマニア人である。このほかに多数の亡命希望者が殺到した〔『バンコク・ポスト』1991年12月24日〕。

ここで東ドイツの状況を整理しておくと、1989年末東ドイツには約19万人、人口の1.2％の外国人が居住していた。その出身国をみると、ベトナムの6万人を筆頭に、ポーランド、モザンビークが多く、以下ソ連、ハンガリー、キューバ、ブルガリアと続いていた〔細見1992：30〕。そのうち約9万人は東ドイツと各国との二国間協定に基づいた外国人労働者であった〔内藤1991：88〕。このほか、1990年春東ヨーロッパ諸国から6万人以上の入国があった〔内藤1991：240〕。これらの外国人労働者の相当部分は本国の命令により帰国したが、1991年現在3万人以上が残留を希望していたといわれる〔NHK取材班1991：202〕。

こうして1989年8月から90年4月までの期間に、55万人もの東ドイツ人が西ドイツへと移動したのである〔内藤1991：242〕。この大量移住にもかかわらず、東ドイツの失業問題は深刻であった。1991年現在、自宅待機を含めた実質的な失業者数は280万人、全体の30％にのぼっていた〔NHK取材班1991：203〕。

また、ドイツは血統主義を原則としていたため、旧ソ連や約320万人に達す

るといわれている東ヨーロッパ諸国からのドイツ系の人びと〔シェーンエック1991：42〕の流入を拒否することができず、その数は年平均30万人に及んだ。さらに、東ヨーロッパの政情不安を反映して政治的亡命の希望者が大量に殺到した。それにともなって、西ドイツのトルコ人たちは失業の危機にさらされていた。というのは、西ドイツではトルコ人を解雇して低賃金で使える東ドイツ人にかえる動きがあらわれていたからである〔NHK取材班1991：207〕。

　このほかドイツは、1990年に東ヨーロッパ6ヵ国と、また1992年にロシアと二国間協定を結び、上限を年当たり平均7万210人とする請負契約労働者を導入した。そのなかではポーランドが最大であり3万4670人に達する〔労働省1992c〕。

　このような状況のもとで、右翼勢力や反移民運動の台頭がみられた。外国人に長期滞在、家族呼び寄せ、社会保障、選挙権を許すなと主張する極右の共和党やドイツ民族同盟、好戦的なネオナチや若者の極右集団スキンヘッズがそれである〔シェーンエック1991：46ff.〕。

　ベルリンでは、スキンヘッズが「外国人は出ていけ」というシュプレヒコールを繰り返し、外国人にたいする暴力行為を重ねた。これは壁崩壊後西ドイツから東ドイツに広がったものであるが、スキンヘッズの大半は東ドイツの若者となった〔内藤1991：94-98〕。また、とりわけ東ドイツで外国人、とりわけ非白人にたいする偏見が極端に高まっていたことが注目される。1989年夏には、東ドイツでアフリカ系黒人が列車からつき落とされて殺されるという事件が起きた〔手塚・渡辺ほか1991：204〕。

　なお、ドイツの連邦憲法裁判所は1990年10月ハンブルク市とシュレスビヒ・ホルシュタイン州の議会が承認した外国人の地方選挙権を憲法違反であるとする判決をくだした。これは自治体レベルでの外国人の参政権が否定されたことを意味する。ただし、社会民主党と自由民主党の一部はこれを憲法に規定すべきであると主張していた。

　おそらく世界で最初に母国語教育をはじめた国といわれるスウェーデンでは、少なくとも片親がスウェーデン語以外を母国語としている子供は母国語教育を受ける権利があるとされた。1990年現在、義務教育学校では84ヵ国語の教育が6万3499人にたいしてなされていた〔『朝日』1990年8月11日〕。

　1990年現在、総人口1000万人にもみたないスウェーデンには48万人の外国人が在住しており、その内訳は北ヨーロッパ19万人、北ヨーロッパ以外のヨ

ーロッパ12万人、アジア10万人が多く、以下南アメリカ、アフリカ、北アメリカと続いていた。このほかに帰化によりスウェーデン市民権を獲得した者が39万人もおり、他のヨーロッパ諸国と比較して例外的に帰化者の比率が高かった。これは、この国の統合政策の成功を意味するものであったとおもわれる（以上の情報は、〔岡沢1991：258〕から得た）。

　ここで、欧州連合（EU）の創設についてふれておきたい。これは、物、サービス、資本とともに労働力の域内自由移動をめざすもので、1993年に発足した。従来外国人労働者を送り出していたイタリア、スペイン、ポルトガル、ギリシアも加盟した。なお、トルコは加盟を希望していたが、労働力流入へのおそれも手伝って見送られた。

　アメリカでは1990年11月ケネディ-シンプソン法と呼ばれる新しい移民法が成立した。この法と1986年法との違いは、就労を目的とする移民の受け入れ枠が年間14万人まで拡大されるとともに、総枠も大幅に拡大された点にある。就労を目的とする移民については、非熟練労働者の枠が1万人に限定されるとともに雇用を創出する投資家の枠が新設された。また年齢、職業、学歴等を点数化し、高いものから受け入れるポイント制度も新設された。

　その目的は、今後予想される高度な労働力の不足への対応とともに、1965年法以来引き起こされたアジア系およびヒスパニック人口の増大への危惧にも基づいている（1990年移民法については〔花見1991〕、〔労働省1991a：参28〕、〔労働省1992c：377〕、〔柏木1991：223ff.〕、〔岡部1991：139-141〕）。したがって移民原則禁止という1986年法の建て前が崩れたわけではないが、良質の移民についてはその受け入れを拡大しようとする思惑をもつものであったと考えられる。

　外国人労働者の人権擁護については、1990年に国連総会が採択した移住労働者権利条約が重要である。移住労働者権利条約の大きな特徴は、合法的な労働者とともに、非正規労働者およびその家族に注目し、移住労働者の秘密の移動と不正取引を防止し除去することを前提に、彼（女）らとその家族の人権の国際的保護を目的としていることにある。社会権的基本権としては、労働条件や社会保障などにおける内国民との平等優遇、移住労働者の子どもの名前、登録、国籍、教育への権利とともに、民族教育を含む文化の独自性の尊重と、出身国との文化的結合の維持にたいする権利が強調されている（以上は、〔金1992〕、〔佐藤1992：2章〕）。

　国連難民高等弁務官事務所によれば、難民数は1991年現在1700万人に達し

ていた〔労働省 1992c〕。

　アメリカの難民は、エルサルバドルおよびグアテマラからの非正規難民が50万人にのぼったとみられるが、1990年司法省は彼らに滞在許可を与え合法化の端緒が開かれた〔岡部1991：133〕。ただし、1991年9月の軍事クーデター以後ハイチ黒人が難民ボートでアメリカへの脱出を開始し、洋上で3万4000人以上が救助され9000人以上が政治的亡命者として受け入れられたが、1992年5月アメリカ政府は難民ボートに帰国を強制しはじめ、大きな議論を呼んだ〔『日経』1992年5月29日〕。

第2章　研修・技能実習制度の乱用

第1節　技能実習制度と国際研修協力機構の創設

　研修生については、1990年代前半に研修基準が次々に緩和された。その一例として、偽装就労のおそれのある「実務研修」期間の延長がある。

　1992年12月改定施行された研修に関する法務省令および法務大臣告示の内容は、とくに実務研修期間を大幅に拡大しようとすることに重点がおかれていた。従来は実務研修は研修期間の3分の2以内とされていたが、実務研修が4ヵ月以上おこなわれるとき、あるいは外国の公的機関や受け入れ機関の合弁企業もしくは現地法人等で非実務研修を1ヵ月以上かつ160時間以上受けているときは、日本での実務研修期間は4分の3以内でよく、この2つの条件とも充たしているときには5分の4以内でよいとされたのである。このことは、研修生が現場におかれる期間の割合が高まることを意味する。

　それとならんで、外国人技能実習制度が創設された。これは、実質的には労働者であるばあいでも研修生であるため賃金を支払うことができないばかりか、労働諸法の適用も不可能であるという困った事態に対処しようとするものである。1993年度予算では、そのための費用として約8億9000万円が認められ、初年度である1993年度には1万5000人程度の実習生が受け入れられる見通しとなった。この制度は、直接的には1991年12月に提出された臨時行政改革審議会による「国際化対応・国民生活重視の行政改革に関する第二次答申」で提唱されたものである。

　研修制度と異なるこの制度の大きな特徴は、研修と就労の分離にある。具体的には、研修生は最長2年間滞在でき、はじめの9ヵ月程度を研修に、残りの15ヵ月程度を実習にあてることとなった。設立目的を示す労働省の文書〔労働省1992b〕によれば、技能実習は「民間企業の活力を利用して」実施されるものであるとされている。すなわち、受け入れ企業は研修終了後の実習期間中は

労働者としての賃金を支払い、日本人労働者と同等の権利を保障しなければならない。

　技能実習制度は、さらに国際貢献をも目的に掲げている。同文書によれば、この制度は「『人づくり』による国際協力を推進する性格のものであり、適正かつ実効的な技能移転を図るためには、それにふさわしい良質な研修生の受け入れ、研修生に対する適正な研修の実施、習得された技能の母国への確実な移転が確保されることが不可欠である」とされている。

　ここで「技能移転」というあまり聞きなれない言葉が使われていることが注目される。これについては、技能の実習が本来的な技術移転にはあまり貢献しないという後述する批判にこたえたものであると考えられる。つまり、技能実習制度は国内的には長期的な労働力不足に対処し、国際的には技能の移転をおこなおうとするねらいをもっている。

　技能実習制度を含む研修生受け入れの中心となっているのが国際研修協力機構という財団法人である。この機構は1991年9月に発足したものであり、法務、外務、通産、労働の4省の共管のもとに設立され、1992年には建設省も加わった。理事長は法務省出身者がつとめていた。ただし、法的な権限を付与するという当初の構想は立ち消えとなった。将来的には年間10万人の研修生受け入れを見こんでいる。この機構は、37都道府県に地方駐在員を配置するとともに、主要送り出し国には海外駐在員を配属することになっていた。

　この機構は、(1) 円滑な研修生受け入れ・管理体制の構築、(2) 適正かつ効果的な研修の確保のための指導・援助の推進、(3) 客観的かつ公正な技能評価の実施体制の確立、(4) 実習生としての研修生を雇用する事業所にたいする指導、(5) 研修生の帰国支援等において中心的役割を果たすことになっていた。具体的には、入国手続の相談支援、企業研修にたいする支援、労災保険を代替する傷害・疾病・賠償事故のための保険の提供、各国の送り出し機関についての情報提供などの業務をおこなうとされた。

　以下、この各段階ごとに説明を加えてみよう。(1) 研修生の募集については、従来の研修制度では受け入れ団体や企業が候補者を選定することが多かった。それにたいし、国際研修協力機構は送り出し国において研修生候補者と面接をおこなうとされた。

　この機構は1993年1月現在までに、約1000件8000人程度の入国申請の支援をおこなった。また、中国とインドネシアとのあいだに情報提供の合意がおこ

なわれたほか、フィリピン、タイ、マレーシア、韓国とのあいだで協議がなされた。さらに、この機構の指導のもとに中小企業国際人材育成事業団は、インドネシア労働省の協力により、1993年4月から研修生5000人を受け入れることとなり、受け入れ先として約500社の仮登録を受けつけた。

（2）研修の実施については、国際研修協力機構が研修カリキュラム、研修指導マニュアル、テキスト等の教材作成、企業において研修を担当する研修指導員を要請するための講習会、研修生にたいする日本語教育システムの開発、日本語指導員の養成、公共職業訓練施設の利用あっせん、研修生手帳の作成・配布等をおこなうとされた。なお、中小企業が集団で模範的な座学をおこなおうとするばあいには、その費用の一部が補助されることとなった。

（3）技能評価は、技能実習制度の核心をなすものであるとされた。研修修了後雇用される者はこの評価検定（かなり低い水準が検討されている）に合格した者に限られ、それに応じて在留資格も研修生から実習生に変更されることになった。評価基準については各省庁間の議論がつづいていたが、1993年8月ついにプラスチック成型の技能評価試験が栃木県で実施され合格者が出た。

（4）実習生としての雇用については、適正な雇用管理および労働条件・安全衛生の確保をはかるため、労働基準法等関係法令および「外国人労働者の雇用及び労働条件に関する指針」（仮称）にもとづく指導がおこなわれることとなった。さらに、相談体制の整備により適正な労災保険給付がなされるとされた。

（5）帰国指導については、受け入れ企業があらかじめ預託した帰国費用による「福利厚生・帰国基金」が国際研修協力機構に設置されることとなった。この費用は研修生の帰国時に返戻される。ちなみに、この基金の運用益は、研修生にたいする福利厚生事業の支援に用いられるとされた。この預託という制度は、研修生を受け入れる事業主の責任において帰国を確実にしようとするものであった。

次節で述べる調査結果から明らかなように、研修生の多くはきわめて低賃金の偽装就労者と目せるものであり、とくに中小企業のばあいにそれが著しい。したがって技能実習制度のもとでの研修生についても、研修実施機関が民間企業であれば、研修期間中については現在の低賃金での偽装就労の傾向がそのまま延長されることは必至であり、中小企業ではその傾向がなお強くなると考えねばならないであろう。

そればかりでなく、研修生・実習生は日本への定着を阻止するために期限を

つけて雇用され、単身赴任を強制される。けれども期限付きであるということは、彼らがまさに日本経済の景気の調節弁として利用されることに直結するとともに、これまで育つためにかかった費用とこれから後の費用、とくに老後の費用を出身国に転嫁することを意味する。また単身赴任も、日本での独身生活を強制する極端な人権侵害を意味することを別にしても、同じように労働者の家族教育の負担を出身国に押しつけることにほかならない。

　要するに、研修生・実習生は入国・出国を管理できるから雇用調節が容易であり、しかも労働力の生産および再生産に必要な諸費用を出身国に転嫁できるきわめて安価な労働力にほかならないといえるのである。

第2節　90年体制確立期における研修生による偽装就労の実態

1. 研修生受け入れ企業にたいする質問紙調査

はじめに

　改定入管法のもとで研修生の受け入れは主要な柱とされたが、研修の実態については驚くほど不明瞭な部分が多かった。なぜかといえば、本来の研修と偽装就労との境界があいまいであり、しかも研修生の受け入れ経路が錯雑しているためもあって、信頼できる情報がまったくといっていいほど存在していなかったからである。そのため筆者は、研修生受け入れ企業にたいする調査をおこなって、日本における研修生がどのような状況にあるかをマクロなレベルで把捉することにした[*1]。

　この調査の問題意識は、受け入れられている研修生が実際には研修しているのか、それとも偽装就労しているのかをできるかぎりあきらかにし、さらにその構造的基盤を解明することにあった。

　調査方法について述べると、調査対象については法務省入国管理局政策課の協力を得て、同課が保存している研修生受け入れ企業のリストにもとづき、1989年5月から1990年3月の期間に研修生を受け入れた全企業を母集団として法務省が抽出した。母集団の総数については情報が提供されなかったが、抽出比率は、同期間の研修生受け入れ総数および本調査で把握された研修生数から類推すると、研修生受け入れ全企業の2分の1程度であったとおもわれる。調査時期は1990年9月で、質問票を法務省が郵送で配布し郵送で回収した。配布

第 2 章　研修・技能実習制度の乱用

表Ⅱ-2-1　企業規模と研修生受け入れ数

	従業員数	企業数	研修生	平均受入数
小企業	20人以下	28（11.0）	61（3.4）	2.2
	21人以上50人以下	49（19.3）	95（5.2）	1.9
	51人以上100人以下	49（19.3）	108（6.0）	2.2
中企業	101人以上200人以下	47（18.5）	166（9.1）	3.5
	201人以上300人以下	14（5.5）	51（2.8）	3.6
	301人以上500人以下	14（5.5）	59（3.3）	4.2
大企業	501人以上1000人以下	20（7.9）	322（17.7）	16.1
	1001人以上10000人以下	20（7.9）	456（25.1）	22.8
	10001人以上	13（5.1）	497（27.4）	38.2
合計		254（100.0）	1815（100.0）	7.1

数は597、回収数は261で、回収率は43.7％の高さに達した。

（1）海外進出大企業による受け入れ

　日本に流入していた外国人労働者は産業構造の最底辺で就労しているのが一般的であったが、研修生はそれと異なって大企業による受け入れが相対的に多かったのが顕著な特徴である。

　研修生受け入れ企業の従業員規模については、**表Ⅱ-2-1**のように、受け入れ研修生数からみたばあい、従業員規模100人以下14.6％、101人以上500人以下15.2％、501人以上1000人以下17.7％、1001人以上1万人以下25.1％、1万1人以上27.4％となり、1000人以上の企業が半数を若干超える研修生を受け入れていることがわかる（合計1815人）。

　ただし受け入れ企業数からみると、同じく100人以下49.6％、101人以上500人以下29.5％、501人以上20.9％となり、半数が100人以下の企業により占められている（合計254社）。

　ここで従業員規模100人以下を小企業、101人以上500人以下を中企業、501人以上を大企業と操作的に定義すれば、小企業の平均受け入れ人数は2.1人、中企業は3.7人、大企業は24.1人となる。要するに、受け入れ企業数では中小

---

*1　本節のインタビューおよび集計については、1990年度に筑波大学社会学類社会学専攻に在籍していた学生8人および国際関係学類に在籍していた学生1人計9人の協力を得た。

企業が多数であるものの、1企業当たり受け入れ数が少ないために、受け入れ研修生数では大企業が7割を占めているのである。

大企業のシェアの大きさとともに、海外進出企業が重要な役割を果たしていることも注目される。これについては受け入れ経路の検討が示唆を与える。

研修生のなかには、国際協力事業団、アジア生産性機構、UNIDO等の政府関係機関が直接受け入れ研修をおこなうものがあるが、これら企業と関係のない研修生は本調査の対象外である。

本調査の対象となる受け入れ経路としては、まず政府関連の特殊法人・財団法人・社団法人等が研修生の受け入れ主となり、座学と呼ばれる教室での講義をおこなったあと、関連企業に実務研修を委託するという方法がある。このばあい、研修費の相当部分はODA（政府開発援助）等の国家補助により賄われることがある。これを本節では「政府ベースルート」と呼ぶことにする。これには現地政府・公的機関もふくまれる。

次に、自社の海外にある設立予定を含む現地法人（合弁企業を含む）からその従業員を研修生として受け入れるばあいがあり、本節ではこれを「現地法人ルート」と呼びたい。

さらに、自社の海外の業務・技術提携先の従業員を研修生として受け入れるばあいがある。前述した法務省令によれば、その条件としては、「引き続き1年以上の取引の実績又は過去1年間に10億円以上の取引の実績を有する」こととされている。これを本節では「提携先ルート」とする。

また、日本国内・国外の民間のあっせん機関・あっせん者の仲介による経路があり、これを「民間ルート」とする。日本国内のその他民間ルートは「日本民間ルート」と呼ぶ。

受け入れ経路についての調査結果を表Ⅱ-2-2よりみると、単一経路と複数経路に分かれており、単一経路で受け入れている企業数は192社、調査対象企業全体の74.4％であった。単一経路で受け入れられた研修生の総数は879人であったが、これを100％としたばあいの経路別分布を見ると、日本政府ベースルート16.8％、現地法人ルート28.8％、提携先ルート37.8％、日本民間ルート3.9％、その他12.7％となった。

複数の経路から受け入れている企業は66社（25.6％）で研修生数は983名（52.8％）であった。複数経路から受け入れている企業は、大企業が比較的多い。また、複数経路の場合には、現地法人ルート、提携先ルート、政府ベースルー

表Ⅱ-2-2　受け入れ経路別研修生数

受け入れ経路	単一経路		複数経路		全体	
	企業数	研修生数	企業数	研修生数	企業数	研修生数
自社の現地法人	47（24.5）	253（28.8）	35（53.0）	843（85.8）	82（31.8）	1096（58.8）
自社の業務・技術提携先	29（15.1）	332（37.8）	37（56.1）	870（88.5）	66（25.6）	1202（64.6）
中小企業共同組合等	1（0.5）	1（0.1）	4（6.1）	8（0.8）	5（1.9）	9（0.5）
政府ベースの特殊法人・財団法人・社団法人	60（31.3）	148（16.8）	35（53.0）	643（65.4）	95（36.8）	791（42.5）
日本国内の民間ベースの斡旋機関・斡旋者	18（9.4）	34（3.9）	11（16.7）	29（3.0）	29（11.2）	63（3.4）
現地政府	6（3.1）	24（2.7）	11（16.7）	263（26.8）	17（6.6）	287（15.4）
現地の地方公共機関等	8（4.2）	21（2.4）	13（19.7）	7（0.7）	21（8.1）	93（5.0）
現地の民間ベースの斡旋機関・斡旋者	2（1.0）	5（0.6）	7（10.6）	70（7.1）	9（3.5）	75（4.0）
その他	21（10.9）	61（6.9）	8（12.1）	44（4.5）	29（11.2）	105（5.6）
合計	192（100.0）	879（100.0）	66（100.0）	983（100.0）	258（100.0）	1862（100.0）

トの3経路に、5割強の企業が集中している。

　すなわち、単一経路で受け入れられた研修生の首位は提携先ルートであって4割弱にも達している。それに続くものは現地法人ルートの3割弱であって、この両者を合わせると3分の2にもなり、研修生が主として海外進出企業により供給されていたことを示している。また、政府ベースルートのシェアは意外に小さい。なお少数ながら日本民間ルートも存在し、研修生についてもブローカーの活動がみられたことを示している。

　ちなみに、単一経路で受け入れられた研修生の上記以外の内訳は現地政府2.7％、現地の地方公共機関等2.4％、現地の民間のあっせん機関・あっせん者0.6％、中小企業協同組合等0.1％、その他6.9％であった。

　海外進出企業による受け入れの重要性は、研修生の出身国についてのデータから読みとることもできる。出身国を多い順にあげると、中国21.1％、タイ17.4％、フィリピン11.4％、マレーシア8.5％、インドネシア5.6％、韓国5.1％となる（合計1864人）。ここにみられるようなタイの多さはタイにたいする日本企業の進出を反映していたと考えられる。

　ちなみに、アジア地域の合計は79.2％に達し、北アメリカ地域10.8％、西ヨーロッパ地域6.1％、その他地域3.9％をはるかにしのいでいる。

　研修生受け入れ企業が製造業の特定業種に集中していたこともみのがせない。

表Ⅱ-2-3　産業別企業数・研修生数

産業	企業数	研修生数
第一次産業	4 (1.6)	45 (2.5)
第二次産業	215 (84.3)	1613 (88.8)
うち製造業	189 (74.1)	1513 (83.3)
第三次産業	36 (14.1)	159 (8.8)
合計	255 (100.0)	1817 (100.0)

表Ⅱ-2-4　業種別企業数・研修生数

業種	企業数	研修生数	一社平均人数
農林業	4 (1.6)	45 (2.5)	11.3
漁業	0 (0.0)	0 (0.0)	0.0
建設・土木	26 (10.2)	100 (5.5)	3.8
食品	11 (4.3)	31 (1.7)	2.8
繊維・衣料	6 (2.4)	21 (1.2)	3.5
化学・石油化学・薬品	9 (3.5)	37 (2.0)	4.1
鉄鋼・非鉄金属	23 (9.0)	193 (10.6)	8.4
金属・一般機械	34 (13.3)	181 (10.0)	5.3
電気機器・電子部品	32 (12.5)	248 (13.6)	7.8
自動車・自動車部品	19 (7.5)	584 (32.1)	30.7
精密機械	12 (4.7)	66 (3.6)	5.5
印刷・製本	3 (1.2)	7 (0.4)	2.3
その他の製造業	40 (15.7)	145 (8.0)	3.6
流通・商業	5 (2.0)	18 (1.0)	3.6
運輸・倉庫	4 (1.6)	42 (2.3)	10.5
マスコミ・出版・広告	0 (0.0)	0 (0.0)	0.0
金融・保険・証券	2 (0.8)	10 (0.6)	5.0
飲食・外食産業	4 (1.6)	18 (1.0)	4.5
情報処理・情報サービス	10 (3.9)	51 (2.8)	5.1
その他のサービス業	11 (4.3)	20 (1.1)	1.8
合計	255 (100.0)	1817 (100.0)	7.1

表Ⅱ-2-3により産業別比率を受け入れ研修生数についてみると、第一次産業2.5％、第二次産業88.8％、第三次産業8.8％であり（合計1817人）、受け入れ企業数についてみると、第一次産業1.6％、第二次産業84.3％、第三次産業14.1％となり（合計255社）、ともにほとんど第二次産業が占めている。そのうち建設・土木業は、研修生数で5.5％、企業数で10.1％を占めるにすぎず、第二

産業の大部分は製造業であったということができる。

　製造業の個別の業種について受け入れ研修生数の全業種にたいする比率を**表Ⅱ-2-4**より多い順にみると、自動車・自動車部品32.1％、電気機器・電子部品13.6％、鉄鋼・非鉄金属10.6％、金属・一般機械10.0％となる。これら自動車および電気・電子関連企業の相当部分は、海外を活動拠点とする大企業からなっていたとおもわれる。なお第三次産業では、情報処理・情報サービスが2.8％と相対的に多いのが注目される。

　海外進出企業が研修生を受け入れている大きな理由は、彼らを研修後現地企業の基幹的要員としようとすることにある。研修修了後の処遇に関する質問にたいする回答は、設立予定を含む自社の現地法人の責任者および指導的従業員26.4％、同一般従業員7.3％、業務・技術提携先の指導的従業員14.6％、同一般従業員3.4％、約束なし52.5％、その他6.5％、無回答2.7％となった（合計296社、複数回答あり）。

　このように、現地法人および提携先でなんらかの形で雇用するという約束をしている企業の合計は半数前後に達していた。しかもその内訳は圧倒的に指導的従業員および責任者の比率が高く、研修制度が日本企業の海外操業にとってもっていた大きな意味をみてとれる。

　以上検討してきたデータは、製造業を中心とする海外進出大企業が、現地生産要員の訓練のためにこの制度を利用しているという側面をあきらかにしている。しかしこれはあくまでも盾の半面にすぎない。研修生制度は、次項でみるとおり偽装就労の隠れみのという側面もまた色濃くもっていたからである。

（2）偽装就労の程度

　「はじめに」で述べたように、研修生の最大の問題は彼（女）らがどの程度偽装就労させられているかという点にあり、本調査でもその解明にもっとも力を注いだ。これについては、①労働力として受け入れようとする企業側の意図、②研修水準、③研修期間、④時間外研修の有無、⑤座学の実施方法の5つの基準により判断しようとした。

　⑤の座学の実施方法については、前述した法務省令は、実務研修を受ける時間が研修を受ける時間全体の3分の2以下であることと規定している。すなわち座学は、実務研修と切り離されて研修を受ける時間の全体の3分の1をこえて設定されなければならない。ところで、調査対象企業の座学の実施方法は、

「主として実務研修に組み込んで実施」53.3％、「実務研修と切り離して実施」35.2％、「法人団体・中小企業組合等への委託」13.0％、その他・無回答6.9％となり（合計283社、少数であるが複数回答あり）、過半数が実務研修に組み込んで実施しており、この点では省令とは合致していない。

しかしながら、座学を組み込んでいる企業の多くは前述した現地法人ルートないし提携先ルートから受け入れている大企業であり、しかも後述する①の労働力として受け入れようとする企業側の意図と座学の実施方法について統計的検定（カイ二乗検定、5％以下水準）をおこなった結果は、関連がなかった。したがって、座学の実施方法という基準は偽装就労性の強さを判断するのには不適当であるとおもわれる。

これ以外の①から④は偽装就労の基準となしうるとおもわれるので、それについて説明する。①については、研修生受け入れの理由として「日本国内における労働力不足を補うため」をあげるか否かという質問と、研修生受け入れのメリットとして「人手不足の解消」があるかないかという質問とを用いた。表Ⅱ-2-5にみられるように、前者については、労働力不足を補うという理由をあげる企業が66社（25.3％）、あげない企業が186社（71.3％）、残りが無回答であり、後者については「とてもある」52社（19.9％）、「ある程度ある」90社（34.5％）、「ほとんどない」54社（20.7％）、残りが無回答であった。

このうち、受け入れの理由として労働力不足をあげる企業と人手不足解消というメリットが「とてもある」と答えた企業は、すべて受け入れの意図において偽装就労性が強いと判断し、また前者について労働力不足という理由をあげない企業でも後者についてメリットが「ある程度」あると答えた企業は、同じく受け入れの意図において偽装就労性がかなりあると判断した。こうして、表Ⅱ-2-6に示されているように、受け入れの意図において偽装就労性が強い企業は78社（29.9％）、ある程度ある企業は69社（26.4％）、偽装就労性がない企業は54社（20.7％）、不明の企業は60社（23.0％）となった（合計261社）。

ちなみに、これら企業が受け入れている研修生は、偽装就労性が強い企業356人（19.1％）、ある程度ある企業441人（23.7％）、ない企業599人（32.1％）、不明の企業468人（25.1％）と、偽装就労性は企業数よりも低くなっている（合計1864人）。

次に②の研修水準であるが、受け入れ企業は研修により習得できる熟練や技能の水準をどのように設定しているかという質問を用いた。それにたいする回

表Ⅱ-2-5　労働力化の意図と程度　　　　　　　　　　　　　　　　　　　　　　　企業数

		人手不足解消のメリット				合計
		とてもある	ある程度ある	ほとんどない	無回答	
労働力不足を補う意図	ある	40	21	0	5	66（25.3）
	ない	10	67	52	57	186（71.3）
	無回答	2	2	2	3	9（3.4）
	合計	52（19.9）	90（34.5）	54（20.7）	65（24.9）	261（100.0）

表Ⅱ-2-6　偽装就労の程度別企業数と研修生数

	企業数	研修生数
強い偽装就労	78（29.9）	356（19.1）
ある程度偽装就労	69（26.4）	441（23.7）
偽装就労なし	54（20.7）	599（32.1）
不明	60（23.0）	468（25.1）
合計	261（100.0）	1864（100.0）

答の分布は、その分野の「最高水準の技能・知識」18社（6.9％）、「一人立ちできる技能・知識」171社（65.5％）、「補助的な技能・知識」60社（23.0％）、「熟練や技能の形成には期待していない」15社（5.7％）、無回答6社（2.3％）となった（合計270社、複数回答あり）。これらの回答のうち、「補助的」および「期待しない」は、偽装就労性があると考えられる。

　③の研修期間については、表Ⅱ-2-7のように、受け入れ企業にたいしてまず「熟練・技能において一人前になる期間」を質問し、次にそれを実際の研修期間と比較した。実際の研修期間が一人前になる期間よりも長いばあいも短いばあいも、ともに偽装就労の可能性があるとおもわれるからである。

　ここで実際の研修期間についてふれておくと、3ヵ月未満24社（9.2％）、3ヵ月以上6ヵ月未満31社（11.9％）、6ヵ月以上1年未満115社（44.1％）、1年以上未満2年未満74社（28.4％）、2年以上17社（6.5％）となった（合計261社）。なおこの数字は、従来の断片的な調査結果に比して極端に長期である。

　これを一人前になる期間と比較した結果を表Ⅱ-2-7よりみると、研修期間不足（網をかけた部分より下の部分）89社（48.1％）、一致（網をかけた部分）67社（36.2％）、研修期間過剰（網をかけた部分より上の部分）29社（15.7％）となった（合計185社）。すなわち偽装就労の可能性があるとおもわれる企業の合計は全企業のおよそ3分の2に達した。

表Ⅱ-2-7 「一人前になる」期間別研修期間

企業数

		研修期間					
		3ヵ月未満	3ヵ月以上 6ヵ月未満	6ヵ月以上 1年未満	1年以上 2年未満	2年以上	合計
「一人前に なる」期間	3ヵ月未満	1	2	5	1	1	10
	3ヵ月以上 6ヵ月未満	2	2	7	5	1	17
	6ヵ月以上 1年未満	1	5	20	7		33
	1年以上 5年未満	7	8	41	32	8	96
	5年以上	5	2	8	10	4	29
	合計	16	19	81	55	14	185

表Ⅱ-2-8 偽装就労の程度

	労働力補充 の意図あり	研修水準が 低い	研修期間に 問題がある	時間外研修 がある	企業数	合　計
問題がない					4	4 (3.0)
少し問題がある				○	6	33 (24.8)
			○		13	
		○			1	
	○				13	
かなり問題がある			○	○	4	51 (38.3)
		○	○		―	
		○		○	6	
	○			○	13	
	○		○		25	
	○				3	
きわめて問題が多い		○	○	○	2	33 (24.8)
	○		○	○	18	
	○	○		○	6	
	○	○	○		7	
研修とはみなせない	○	○	○	○	12	12 (9.0)
合計	97 (72.9)	37 (27.8)	87 (65.4)	61 (45.9)	133 (100.0)	

　最後に④の時間外研修の有無であるが、法務省等の指導ではこれをおこなってはならないことになっている。しかしながら受け入れ企業の回答をみると、時間外研修が「よくある」22社（8.4％）、「ときどきある」97社（37.2％）、「め

ったにない」98社（37.5％）、「絶対ない」35社（13.4％）、無回答9社（3.4％）となった（合計261社）。このうち「よくある」と「ときどきある」企業は、偽装就労させている可能性がある。

　以上を総合して、①から④のどの基準からみても偽装就労の可能性のない企業を「問題がない」、1つの基準だけについて可能性のある企業を「少し問題がある」、2つの基準について可能性のある企業を「かなり問題がある」、3つの基準について可能性のある企業を「きわめて問題が多い」、4つの基準すべてについて可能性のある企業を「研修とはみなせない」とすることにした。

　この4基準について情報の得られた企業数は133社あったが、その分布は、**表Ⅱ-2-8**にみられるように、「問題がない」4社（3.0％）、「少し問題がある」33社（24.8％）、「かなり問題がある」51社（38.3％）、「きわめて問題が多い」33社（24.8％）、「研修とはみなせない」12社（9.0％）となった。つまり4基準のうち2つ以上に偽装就労の可能性のある、「かなり問題がある」「きわめて問題が多い」「研修とはみなせない」の合計は全企業の72.2％という驚異的な比率を占めたのである。

　以上あげた4基準のほかに、研修修了後の処遇についてのデータも偽装就労性の参考にしうる。研修修了後の約束を何もしていない企業が全296社（複数回答あり）のうち137社52.5％と半数前後を占めていることは、帰国後研修で習得した技術・技能・知識を要する業務に従事することという、冒頭で述べた法務省令の条件を実現する保証がない企業が相当存在することを示しているからである。

　以上の結果について強調されるべきであるのは、偽装就労の様態が二者択一的ではなくて段階的であるということである。すなわち、偽装就労性の少ないものから多いものへの移行には明瞭な区分点がみられない。

　それでは、偽装就労させている企業はどのような条件をもっているだろうか。まず企業規模との関係であるが、①の労働力としての受け入れの意図、および②の研修水準については、小企業（100人以下）、中企業、大企業（501人以上）の順で偽装就労性が強い（**表Ⅱ-2-9**および**表Ⅱ-2-10**）。

　また受け入れ経路との関係では、②の研修水準は現地法人ルートおよび提携先ルートのばあいに高く、政府ベースルートに低い（**表Ⅱ-2-11**）。このことは政府ベースルートでの研修生受け入れ企業が研修水準を無視しがちであるということを意味する。

表Ⅱ-2-9　企業規模別偽装就労の程度

企業数

	強い偽装就労	ある程度偽装就労	偽装就労なし	不明	合計
小企業	51 (40.5)	37 (29.4)	15 (11.9)	23 (18.3)	126 (100.0)
中企業	19 (25.3)	22 (29.3)	14 (18.7)	20 (26.7)	75 (100.0)
大企業	7 (13.0)	10 (18.5)	23 (42.6)	14 (25.9)	54 (100.0)
合計	77 (30.2)	69 (27.1)	52 (20.4)	57 (22.4)	255 (100.0)

$p<0.05$

表Ⅱ-2-10　企業規模別研修水準

企業数

	最高水準・一人立ちできる	補助的・期待しない	合計
小企業	78 (65.0)	42 (35.0)	120 (100.0)
中企業	56 (77.8)	16 (22.0)	72 (100.0)
大企業	42 (84.0)	8 (16.0)	50 (100.0)
合計	176 (72.7)	66 (27.3)	242 (100.0)

$p<0.05$

表Ⅱ-2-11　受け入れ経路別研修水準

企業数

	最高水準・一人立ちできる	補助的・期待しない	合計
現地法人ルート	45 (88.2)	6 (11.8)	51 (100.0)
提携先ルート	25 (89.3)	3 (10.7)	28 (100.0)
政府ベースルート	50 (66.7)	25 (33.3)	75 (100.0)
その他民間ルート	6 (85.7)	1 (14.3)	7 (100.0)
合計	126 (78.3)	35 (21.7)	161 (100.0)

$p<0.05$

表Ⅱ-2-12　受け入れ経路別偽装就労の程度

企業数

	強い偽装就労	ある程度偽装就労・偽装就労なし	合計
日本民間ルート	17 (65.4)	9 (34.6)	26 (100.0)
それ以外のルート	61 (35.3)	112 (64.7)	173 (100.0)
合計	78 (39.2)	121 (60.8)	199 (100.0)

$p<0.05$

　さらに、表Ⅱ-2-12をみると、日本民間ルートは、少数ではあるものの他のルートよりも際立って偽装就労性が高い。

　また、日本民間ルートをふくむその他民間ルートでは、とりわけ厳しい生活干渉がおこなわれている。研修時間外の生活への干渉の様態を示す以下の項目

第2章 研修・技能実習制度の乱用

表Ⅱ-2-13 受け入れ経路別生活干渉の程度

ⓐ 外出

	許可がいる	自由である	企業数 合計
現地法人・提携先ルート	11 (12.8)	75 (87.2)	86 (100.0)
政府ベースルート	12 (11.0)	97 (89.0)	109 (100.0)
その他民間ルート	10 (27.0)	27 (73.0)	37 (100.0)
合計	33 (14.2)	199 (85.8)	232 (100.0)

$p<0.05$

ⓑ 電話の取り次ぎ

	制限あり	制限なし	企業数 合計
現地法人・提携先ルート	14 (16.3)	72 (83.7)	86 (100.0)
政府ベースルート	25 (23.2)	83 (76.9)	108 (100.0)
その他民間ルート	14 (38.9)	22 (61.1)	36 (100.0)
合計	53 (23.0)	177 (77.0)	230 (100.0)

$Sp<0.05$

ⓒ 異性交際

	認めない	認める	企業数 合計
現地法人・提携先ルート	26 (31.3)	57 (68.7)	83 (100.0)
政府ベースルート	35 (34.0)	68 (66.0)	103 (100.0)
その他民間ルート	22 (59.5)	15 (40.5)	37 (100.0)
合計	83 (37.2)	140 (62.8)	223 (100.0)

$p<0.05$

について、回答企業全体にたいする制限を設けている企業の割合を高い順に示すと次のようになる。「外泊」150社（57.5％）、「異性交際」156社（34.1％）、「外部からの訪問」82社（31.4％）、「門限」81社（31.0％）、「電話の取り次ぎ」57社（21.8％）、「外出」35社（13.4％）。ちなみに、受け入れ企業の162社（62.1％）が会社の社宅・寮に研修生を受け入れている。

ところで、その他民間ルートは「外出」「電話の取り次ぎ」「異性交際」について、有意に生活干渉の程度が高い（表Ⅱ-2-13）。すなわちその他民間ルートの偽装就労性の高さが、他のルートよりも強い生活干渉を生み出していると考えられる。

さらに受け入れ企業の業種と偽装就労性との関係をみると、②の研修水準は電気機器・電子部品、自動車・自動車部品に高く、建設・土木、金属・一般機械に低い（表Ⅱ-2-14）。

表Ⅱ-2-14　業種別研修水準　　　　　　　　　　　　　　　　　　　　　企業数

	最高水準・一人立ちできる	補助的・期待しない	合計
農林漁業	3　(75.0)	1　(25.0)	4　(100.0)
建設・土木	15　(60.0)	10　(40.0)	25　(100.0)
金属・一般機械	31　(57.4)	23　(42.6)	54　(100.0)
電機機器・電子部品	32　(82.1)	7　(17.9)	39　(100.0)
自動車・自動車部品	15　(83.3)	3　(16.7)	18　(100.0)
その他の製造業	53　(77.9)	15　(22.1)	68　(100.0)
第3次産業	27　(79.4)	7　(20.6)	34　(100.0)
合計	176　(72.7)	66　(27.3)	242　(100.0)

$p<0.05$

表Ⅱ-2-15　研修生出身地域別企業規模　　　　　　　企業数

	中小企業	大企業	合計
中国	65　(79.3)	17　(20.7)	82　(100.0)
アセアン諸国	36　(58.1)	26　(41.9)	62　(100.0)
アジアNIES	12　(42.9)	16　(57.1)	28　(100.0)
先進国	13　(48.1)	14　(51.9)	27　(100.0)
合計	126　(63.3)	73　(36.7)	199　(100.0)

$p<0.05$

表Ⅱ-2-16　研修生出身地域別帰国後の取り決め　　　　　　　　　　　企業数

	取り決めない	取り決めある	合計
中国	62　(74.7)	21　(25.3)	83　(100.0)
アセアン諸国	11　(16.9)	54　(83.1)	65　(100.0)
アジアNIES	5　(17.9)	23　(82.1)	28　(100.0)
先進国	19　(70.4)	8　(29.7)	27　(100.0)
合計	97　(47.8)	106　(52.2)	203　(100.0)

$p<0.05$

　これらを総合すると、偽装就労性が相対的に強い企業は、研修生の受け入れを海外での現地法人や業務提携先に頼ることのない中小規模の企業であり、その業種は金属関連や一般機械であるということになる。

　出身国別には中国の特殊性が注目される。中国人研修生の受け入れは中小企業に多く（表Ⅱ-2-15）、また研修修了後についてもなんの取り決めもしていないケースが多い（表Ⅱ-2-16）。したがって、中国人研修生に関しては一般的に偽装就労性がかなり強いと推測される。

以上述べてきた偽装就労性は、前項で検討した海外進出企業の基幹的要員の訓練という性格と鮮明なコントラストをみせている。われわれはこれをどう理解したらよいのであろうか。これにたいする回答は、研修生という制度がこの2つの側面をあわせもつように利用されていたといえるということにほかならない。
 一方では、海外現地法人ないし業務・技術提携先をもつ企業ともたない企業とのあいだに明瞭な断層が存在している。そして他方では、大部分の企業が研修生を労働力として活用しており、その程度は連続している。その結果、海外進出企業のばあいには偽装就労は基幹的現地要員の訓練の陰に隠れ、そうでない企業のばあいには偽装就労という側面が表面に強く現れるのである。

(3) 研修生の意識

 これまで述べてきたような現実にたいし、研修生たちはどのように反応していたのであろうか。それを紹介するまえに、まず研修生の属性をみておく。
 研修生は高学歴の若年男性に傾斜していた。学歴については、企業別に受け入れ研修生のうちもっとも多い学歴を聞いたところ、大卒以上44.3％、高専卒21.6％、高卒28.0％、中卒5.9％となり、半数近くの企業が大卒以上を受け入れていたことになる（合計203企業）。年齢別にみると、18〜19歳3.1％、20歳台64.8％、30歳台29.2％、40歳以上3.0％となり、3分の2近くが20歳台である。また性別では、男性83.7％、女性16.3％と男性のほうが圧倒的に多い（合計1809人）。なお、男性は半数近くが既婚者であるのにたいし、女性は未婚者が大部分であった。
 本調査では直接研修生からの聞き取りはおこなっていないが、研修内容、研修手当、研修生活、研修施設にたいして研修生から不満が出たかという企業にたいする質問から、間接的に研修生の意識を知ることができる。
 研修生の不満はこの順に高く、それぞれ回答企業の16.5％（43社）、12.3％（32社）、10.7％（28社）、6.9％（18社）が経験している（合計261社）。この数字は受け入れ企業の回答であるから、研修生自身の実際の不満がもっと大きいということは当然想定できよう。
 ところで、この数字について注目される点は、研修内容についての不満が研修手当についての不満を上回っていたことである。というのは、研修生たちに支払われる金額が著しく低額であったからである。

以下、この問題についての調査結果を紹介する。受け入れ企業は研修生の食事と住居を保証するほかに、様々な雑支出をカバーするための小遣いとして研修手当を支給することとなっていた。これら食費・住居費・研修手当・その他の費用について、1ヵ月当たりの現物支給を除く現金支給額合計の企業別分布は、2万円刻みでみて次のようになった。

6万円以下17.5％、6万1円〜8万円25.2％、8万1円〜10万円9.7％、10万1円〜12万円11.3％、12万1円〜14万円7.6％、14万1円〜16万円13.9％、16万1円以上14.8％。なお、支給額0円というものも3.4％あり、また30万1円以上も1.3％あった（合計238社）。この分布をみると、6万1円から8万円の部分に4分の1強という最大の集中がみられ、14万1円から16万円がこれに次いでいたことがわかる。

小遣いとしての研修手当について、法務省は「妥当な範囲内であること」という指導をしており、建設省や政府ベースルートの受け入れ機関である海外技術者研修協会は月6万円程度という額を示したことがあった。このような低額の根拠は、研修生が学生と同じようにあくまでも技術・技能・知識を習得するために存在しているという建て前があったためである。6万1円から8万円の部分への集中は、このような政府等の指導を反映していたとおもわれる。

この数値は現物支給額が含まれていないとはいえ、14万1円以上がわずか3割弱しかなく8万円以下がじつに4割強を占めていたことになる。前項で述べたように研修生の多くは実際には偽装就労させられていたわけであるから、このことは多くの研修生がいかに安価な労働力であったかを如実に示している。

付言すれば、1万円以下という低額の研修手当しか支払わない企業の受け入れ経路は、相対的に現地法人ルートおよび提携先ルートが多い（表Ⅱ-2-17）。

このように低額しか受け取っていないにもかかわらず、研修生たちの最大の不満が研修手当てではなく研修内容に向けられていることは、彼らの多数が就労よりも研修を目的として来日していたことを物語っていると判断できよう。

ところで、不満の首位を占める研修内容の内訳をみると、研修期間については長すぎるとするもの7社、短すぎるとするもの12社で合計19社、研修水準については高すぎるとするもの4社、低すぎるとするもの11社で合計15社、研修強度についてはきつすぎるとするもの8社、楽すぎるとするもの1社で合計9社となっている（複数回答あり）。このことは、研修生の不満が表明されるばあい、その多くは研修期間が短すぎることおよび研修水準が低すぎることに

表Ⅱ-2-17　受け入れ経路別研修手当　　　　　　　　　　　　　　　　企業数

	0 〜10,000円	10,001 〜40,000円	40,001 〜70,000円	70,001円 以上	合計
現地法人・提携先ルート	19 (41.3)	12 (26.1)	12 (26.1)	3 (6.5)	46 (100.0)
政府ベースルート	4 (17.4)	16 (69.6)	1 (4.3)	2 (8.7)	23 (100.0)
その他民間ルート	16 (29.1)	25 (45.5)	11 (20.0)	3 (5.5)	55 (100.0)
合計	39 (31.5)	53 (42.7)	24 (19.4)	8 (6.5)	124 (100.0)

$p<0.05$

向けられていることを意味し、彼らのより多くが就労よりも研修を目的としているという上述の結果と一致する。

　このような研修期間および研修水準についての不満は、実際には低賃金労働力として偽装就労を強いられていることから起こっているとみなすことができよう。研修強度についてきつすぎるという不満がかなりあることも、この推論を裏づけている。研修という建て前で入国しながら現実には就労させられていることの矛盾が、これらの不満に表明されているとみられる。

　ここでついでに、研修生による研修期間中の研修放棄について触れておきたい。これまで研修放棄を経験した企業は全体の16.1％（42社）であった。この42社のうちなんらかの費用負担を研修生に要求した企業は5社、とくに何もしなかった企業は31社であり、大部分の企業は研修放棄にたいして特別の措置をとっていない。

(4) 結論と展望

　以上みてきたように、外国人研修生の相当部分は労働者にほかならなかったと結論することができる。そして、外国人労働者としての研修生には2つの類型がみられた。ひとつは海外進出企業による現地の基幹的要員の研修と親企業における労働力不足への対処を兼ね備えたものであり、これらの企業の規模は相対的に大きい。他のひとつは海外活動をおこなっていない企業による労働力補充を主たる目的とするものであり、その企業規模は相対的に小さい。

　研修生名目の労働力の導入はとりわけ2つの大きな問題を抱えていた。ひとつには、研修生には正規の労働者が享受している諸権利が保障されていないばかりでなく、適正な賃金とは程遠い報酬で働かされていたということがある。またもうひとつには、彼らの多くが研修を受けるという意識で来日しているの

に実際には就労を強いられるために、その不満が高じたということを指摘できる。

2. 受け入れ・送り出し企業および研修生にたいするインタビュー

本項では、現地法人・提携先ルートについて、タイ人および中国人研修生を受け入れていた企業と研修生、送り出していた現地企業、フィリピン人研修生のそれぞれについてのインタビュー調査の結果を紹介する。

タイ（受け入れ大企業）

1990年7月下旬、我々は大阪府下にある電器メーカーの工場を見学し、研修生と話をする機会をもった。この工場では今回初めて研修生の受け入れをし、7月1日から8月11日までの40日間タイ人研修生25名を受け入れた。全員がタイにある現地法人の従業員であった。また、日本での研修には未婚者という条件があるため、全員未婚の男性で、年齢層は18歳から26歳までであった。実務研修の内容は冷蔵庫生産であり、3つの班に分かれ、それぞれ配置がきめられ実際にラインに入って研修をおこなっていた。研修終了後はタイに戻って職場のリーダーとして技術を教えることになっていた。我々は、工場の方からお話を聞き、工場を見学した後、工場側の好意により、研修生全員との懇談が実現した。会議室に25名の研修生全員に集まってもらい、工場の通訳の方に通訳をお願いし、研修生との懇談をした。ここでは、我々が研修生に聞いた話を中心として、工場側の担当者の話を交えながらまとめていくことにする。

――日本に研修に行くことが決まったときの感想は、また、日本のイメージはどのようなものでしたか。

外国に行くのは今回の日本が初めてで、日本に来ることが決まったとき、とてもうれしかった。日本といえば島国というイメージがあり、富士山、新幹線がすぐ思い浮かんだ。今回日本に来れてうれしくてたまらない（Aさん）。

日本に研修に行くことが決まってとてもうれしかった。日本に来て、日本の習慣、文化を勉強し、様々なことを経験したい（Bさん）。

――タイに恋人はいますか。また、日本に来ることが決まったとき彼女は何と言いましたか。

タイに恋人がいるかと聞いたところ、何人からか手が挙がった。しかし、別

に彼女からは反対されなかったという。Uさんは日本からは彼女に電話しないといっていた。また、日本人の恋人はどうかと聞いたところ「努力しています」との弁。
——毎日どういう生活をしていますか。生活時間を教えて下さい。
　平日は、朝6時に起きてシャワーを浴び、朝食を食べてから工場に向かいます。仕事は8時から17時まで、残業があるときは残業をします。残業がないときは真っすぐ帰ります。部屋に戻ったら、タコロ（タイの卓球）などをして遊び、夕食をゆっくりとります。就寝時刻は11時ごろです（Xさん）。
　起床時間や朝食の時間は人それぞれでばらばらだということである。夕方はスポーツをするグループとデパートなどに買い物に行くグループとにわかれる。夕食は過半数以上がご飯だけは食堂からもらい、おかずのほうは自分たちでつくっている。夜は、音楽を聴いたり、テレビを見たり、ビールを飲んだりして過ごしている。
——休日はどのようにして過ごしますか。
　先々週の日曜日は全員で京都見物に出掛け、金閣寺、二条城に行き、祇園祭を見物した。先週の土曜日の夜にはビールパーティーがあった。その日の午前中は何人かは大阪城に行ったということである。また、Cさんによれば出掛けるときは少なくとも2人で行動するということだ。
——仕事はたいへんですか。
　初めのころは大変だったが、慣れてしまえばそうでもない（Rさん）。
　仕事について「とても難しい」、「まあまあ難しい」、「易しい」の3つの選択肢のどれかに手を挙げてもらったところ、「とても難しい」と答えたのはEさんただ1人。「易しい」と答えた人はいなかった。研修生は最初は日本の生活、日本の様式に慣れておらず、日本のスピードについていけないという。タイでは冷蔵庫を1日250台生産しているのであるが、日本では1日2000台生産している。
——日本人とのコミュニケーションはうまくいっていますか。
　工場にいる日本人のタイ語のいくつかは通じます（Λさん）。
　工場にいる日本人のタイ語は、単語はわかるが意味がわからないことが時々ある。日本語は必要な単語をいくらか覚えている。しかし、実際に仕事をするときには、言葉ではうまく説明できないので、やってみせてもらい教えてもらう。だから、言葉は通じなくてもそれほど不自由はない（Wさん）。

身振り手振りで教えてもらえばわかります（Fさん）。

この工場では、研修生受け入れにあたってタイ人の通訳をつける一方、工場の担当者なども少しばかりタイ語を勉強し、タイ人研修生受け入れに備えたという。

──職場の日本人は親切にしてくれますか。また、日本人同僚の家に遊びに行ったことはありますか。

職場の日本人は親切にしてくれるという。また、日本人同僚の家に遊びに行ったことがある人は3人いた。

──タイに帰ったら、日本で学んだ技術を教える自信がありますか。

「教える自信がある」という人に手を挙げてもらったところ、約80％の人が手を挙げた。

担当者の話から：日本に来ているタイ人研修生は、タイでは稼ぎも多くリーダー的存在である。したがって、日本に行くことを希望する人も多い。しかし、日本に研修に行くメンバーが決まった後、本人が日本に行きたくないということであれば、交替が可能である。ちょうど今は、日本に来てから20日あまりたったところでホームシックにかかり、慣れない国でのストレスもあいまって、タイに帰りたいという人もあるという。給料については、現地法人の従業員であるので、日本での研修期間中の分も通常と同じようにタイの現地法人でもらえる。残業の分はわずかな金額ではあるが、日本でもらえる。仕事の内容はタイで関係している仕事をしており、これは、やりがいもあるし、タイに帰ってから役に立つからだ。研修生の学歴は職業学校、高等学校卒が多い。専門学校卒も8名いる。ショッピングは、駅周辺などでカップヌードル、バナナ、野菜といった食料品を中心に買って来ているようだ。

工場訪問を終わって：

工場を訪問して気がついたのは、工場側にしても研修生にしても実務研修のことを「仕事」と言っていたことである。仕事ということばから受けるイメージには労働的要素が強い。もっとも、彼らはタイの現地法人の社員であり、帰国後は指導的役割が期待されていることからも、タイでの仕事の延長ということではある。しかし、工場の様子をみると、実際のラインの中で研修をする以上、多分に労働的要素を含んでいることは否定できないように思われた。

タイ（送り出し日系企業）

　X社は、タイに現地法人をもっている典型的なタイ進出企業である。X社の位置するパトウムタニ県のバンガディー工業団地には約50社の工場が操業していた。そのうちの95％が日系企業だった。私達が訪れたのは1989年に設立されたばかりの新しい工場だった。テレビのブラウン管を製造している。従業員は日本人社員13人とタイ人社員約800人。このうち60人が4月から7月までの4ヵ月間日本の工場で研修を受けた。研修の間はタイでの給料に加えて研修手当が支払われた。日本語教育はタイのAOTS（海外技術省研修協会）を通しておこなわれた。宿泊は会社の寮を、保険は民間の会社のものを利用した。そして研修を終えた研修生は、タイ帰国後工場での指導的立場になっていった。彼らは一応2年間の契約を結んで働いていた。それを破った場合は罰則規定があるそうだ。しかしはっきりいって「日本での研修」というのは一種の"呼び水"になるという。「仏教国・先進国・工業国」というイメージの日本での研修は誰もが憧れるとのことだ。

　企業側からみたメリットとはなにかを聞いた。その回答は、以下のように、タイに進出した日本企業で働く日本人社員の意識を典型的に示すものであった。日本で研修を行う意義については「タイでは学べない日本の工場労働を実際に体験してもらい、タイの工場にこれから導入する製造技術や生産・公害設備などについても学んでもらう」研修生を日本国内の労働力として使用するということについては「とんでもない」と首をふった。「彼らは日本式の生産工程というものを知らない。定時に出勤して決まった労働を繰り返し定時に帰ってゆくという習慣が無い。そのリズムを覚えてもらうのが精一杯で、労働力として使えるまでにはならない」のだそうだ。また、「海外進出＝定価な労働力」と考えてしまうのも危険なことだという。生活習慣や考え方の異なる外国人を雇うのは様々な問題をともなう。生産性と人件費のバランスから考えると割が合わないこともあるのだそうだ。それでも海外進出を進める理由は……

　「もちろん自社の発展のためではあります。しかし、それとともに日系企業の海外進出はいまや世界のニーズとなっているのです。技術面や雇用面など、何らかのかたちで利益を還元することが望まれているのです」

中国（受け入れ小企業その1）

　横浜市から電車で20分程度離れたK市に属する郊外の町のこじんまりとし

た工場がA社である。私達はここの社長であるK氏と直接お会いすることができた。この会社は、従業員100人以下、自動車部品をつくっている鋳物業社である。いわゆる3K（きけん、きつい、きたない）労働にあたるため、新卒者の入ってくる見込みはなく、従業員もほとんどがパートと高年齢者、人手も不足気味であるという。「この業種にも合理化が必要です。それが進めばあとは少数の労働者だけでも十分に工場は成りたっていくんです。ただ、本当に欲しいのは、それを進めていくことのできる頭脳をもった人物なんです。しかし、この業種の会社には、そんな若い有能な人物が入ってこない。だから今厳しい状況にあるわけですよ」とK氏は語った。

A社が研修生の受け入れを開始したのは1985年。ある仲介機関からの要請があったためだという。ちなみに、この仲介機関では1回につき60人、年に3回、年間に計180人程度を研修生として受け入れているそうである。

さて、A社も自動車関係ということで、その関連の研修生を引きうけた訳であるが、当初K氏は、中国がトラックの有望な市場となると見こみ、好意的に中国側を援助し、うまくいけば中国に進出しようと考えていた。ところが実際に自動車を輸出する段階になってみると、中国の自然環境などに配慮した車をつくっていなかったためにトラブルが生じ、結局失敗に終わってしまったのだという。また、鋳物技術についても中国は日本に比べて30年近くも遅れており、ギブ＆テイクの関係は期待できないし、人手不足の会社の中で指導員をもうけるのは正直いって経営の妨げにもなる。それに研修生にしてもやっと仕事を覚えたころにはもう帰ってしまう訳だから、彼らは労働力不足解消の手段とはなりえない。だから、今はただ純粋に奉仕の精神で研修生を受け入れて指導をおこなっているのだそうだ。

受け入れている研修生は日常会話がある程度できる人に限られているのだが、その程度では、専門用語はわからない。週に1回科学技術協会で座学をおこなっている。指導員も設けて、教科書と照らし合わせながら週に2時間ずつだが、それでもやはりカリキュラムどおりに授業を進めることは難しい。だから技術的なことは最終的には現場で覚えてもらうしかないのだという。

「それにしても、外国人はよく働きますよ」。そういってK氏は話を続けた。「彼らの中にはお金を貯めにくる者も沢山いますからね。食費や小遣いをためて、100万円ぐらいもって帰った者もいますよ。彼らは決して強制でも義務でもないのに、残業をさせてくれ、といって社員と一緒に働いて帰るんですよ。

第2章　研修・技能実習制度の乱用

だから本当は研修生には決められた金額しかあげてはいけないのだけど、お小遣いという形で1時間850円、残業分のお金をあげてるんです」けれど以前、もう少し残業手当が安かった頃、日本人従業員より金額が少ないではないかと不満を訴えた者もいたという。「彼らは研修にきてるんだからね。勉強にきてるんだから。無理に残業させる訳じゃないし。日本人従業員と比べて仕事量が少ないのだから、金額が違うのは当然なんですよ。まあ結局は、残業の時給を少し上げたんですけどね」この話をきくだけでも、研修生側と受け入れ側との間の意識の違いが感じられた。

また、K氏は「外国人はよく働く」といったが、同時に「でも最近は、研修生の質がおちてきているね」ともいった。「西側の影響なのかもしれないが、楽してお金を儲けようという者が増えてるね。最初の頃は"国のために"という人もいたけど、今はみんな個人の目的だね。これも中国の変化のあらわれなんでしょうかねえ」

私達はA社へのインタビューを終えた後、A社にちょうど研修に来ていた2人の中国人研修生と話をすることができた。

2人の名はRさん（28）とSさん（26）。Rさんは内蒙古自治区包頭市出身で既に結婚しており、一方のSさんは湖北省十堰市出身で独身である。中国では、Rさんは14年間学校教育を受けた後、鉄鋼工場で銑鉄、合金、鋳物の仕事をしていた。一方、Sさんは中学校をでたあと、自動車工場で鋳造の不良の原因を探す仕事をしていたという。日本語を勉強するようになったのは、2人とも工場に入ってからである。2人とも1989年11月に科学技術委員会の試験を受け、12月に結果を知って来日の準備を始め、1990年の9月24日中国を船で発ち、日本にやってきた。

彼らは今、A社の社宅で一緒の部屋で暮らしている。9畳半に台所、トイレ、お風呂つき、A社からは歩いて5分の位置にある。2人は朝晩自炊をする。もちろん中華料理である。日曜日は、午前中に朝寝坊したり洗濯をすまし、午後遊びにいくこともあるが、だいたい部屋でのんびりしていることが多いという。ウィークデーは、朝7時半には家を出て、7時40分までに会社につき、8時から作業を始める。週2回は担当の指導員のもとで日本の生活などの勉強をする。今の生活はとても忙しくて日本人と話すチャンスもないと2人はいったが、先月は社内旅行で一緒に九州へ行ったというし、日本人社員との交流はあるようである。仕事は4時45分に終わる。入国してからそれほど日がたっていないた

め、まだ残業はしないということである。

中国との連絡は、Rさんは奥さんと手紙をやりとりしており、Sさんは両親や田舎に手紙をだしている。

彼らは、実際はどうかわからないが、2人とも「自分たちは勉強が第一なので、お金をためるつもりはありません」と語った。中国へ帰ったら、前と同じ工場で働くという。そして、チャンスがあればまた日本にきてみたいともいった。研修期間は1年間である。

中国（受け入れ小企業その2）

B社は銅や真鍮の鋳造を扱う金属工業の会社である。工場は神奈川県の内陸部、S市にある。3Kといわれる業種のひとつだけあって人手不足は深刻な問題で、近年は中途採用がほとんどで、新規採用では1990年4月に1名高卒者が入社しただけである。

B社では、1989年度に初めて中国人研修生2名を受け入れた。そして、1990年9月24日から1年間の予定で中国人研修生2名を受け入れている。以下はB社の総務部長の話である。

B社が研修生受け入れに踏み切った理由は、第1に労働力不足を少しでも補うためである。従業員数が100名に満たないB社にとっては、2名であっても大きな力になるということである。また、ほかのメリットとしては中国との関係ができることもあげられるという。もっとも、B社は中国はもちろん海外には現地法人や支店・営業所等はもっていないし、現在国内だけで手一杯の状態であり海外進出の予定も計画もない。ただ、問屋経由で某大手電器メーカーに納入しており、そこから商品が中国に輸出されることで、間接的に関係がある程度だ。

研修内容については、3分の1の「座学」は仲介機関に委託し、そこで日本語研修もおこなっているが、研修生の日本語能力の弱さが問題であり、会社の方でも日本語に慣れるという意味で毎朝20分間会話の練習をおこなっている。実務研修は、ほかの従業員と同じように現場の作業をやっているが、最初は慣れないためどうしても作業能率が落ちてしまい、元に戻るまで半年ぐらいかかる。作業時間は8時20分から17時05分までが通常であるが、ときどき残業もおこなっており、それは1時間程度である。残業に関しては、手当は時給700円であり、日本人が同じように残業するときに比べて低い。これはあくまでも

「研修」のために日本にきているため、仲介機関のきまりとしてそうなっているからだそうだ。研修生の休日は、週休2日制をとっている。仕事中の事故は起きていないが、もし起こった場合には仲介機関がかけている保険が適用される。

研修手当は月額13万4000円を支給している。内訳は住居費として2万9000円、小遣いとして8万円、仲介機関の会費として2万5000円である。住居については民間のアパートに住まわせ、家賃全額を現金で支給している。

研修生は、大卒以上という受け入れ基準をもっているので、中国では管理的立場にいる人がやってきており、中国では現場作業をやっていない。ほかに年齢として25歳以上35歳以下、男性のみという基準を設けている。また、契約上、研修期間1年満了後帰国することを前提としている。彼らが、日本にくる理由については、受け入れをはじめてからまだそれほどの人数を受け入れていないためわからないそうである。

研修生受け入れで一番大変なことは、文化の問題である。まず、言葉、そして日本の風俗や生活習慣に慣れさせることが必要であり、そのために生活指導的なことが多く負担になっている。研修期間については、1年では折角慣れた時分に帰国することになり、効率が悪い。また、入管法改正以後、研修生の入国審査がいよいよ厳しくなっており、そのほかのデメリットも考え合わせると、本当にプラスになっているのか疑問が残るという。したがって、中国人研修生から、入国も比較的簡単で合法的に雇用することができ、文化のギャップも少ない日系ブラジル人にきりかえることも今後検討していくそうだ。

現在の政府の姿勢については、製造業の労働力不足の深刻さを理解していないといった。研修制度を利用するなら2〜3年の研修ができるようにしたり、1年の研修後1年間労働ができるようにするなどが考えられる。研修制度を利用しないとしたら、外国人が恒常的に日本で働くことには問題があって賛成できないが、何らかの形で外国人を労働力として導入できるようにしてほしいと言っていた。

中国（受け入れ小企業その3）

「率直に申し上げますが、ウチの場合、研修生の受け入れを始めたのは労働力を確保するためなんですよ」いきなり、C社の社長であるI氏の口からそんな言葉が飛び出した。

C社は横浜市から少し内陸に入ったZ市にある。従業員70名、鉄鋼業を営

む中小企業である。C社が研修生の受け入れを開始したのは1989年。日本人の高卒者が1年に1人入社する程度で、人手がやや不足気味であったこの会社は、ある仲介機関からの要請もあり、その機関を通して2人の中国人研修生を受け入れることにした。

　この時の研修生の様子については、「初めの2ヵ月間はよかったね。よく働くし、毎朝30分前には2人で玄関に立って社員70名1人1人に"おはようございます""今日もよろしくお願いします"なんて挨拶したりしてね。みんなの評判もよかったし、"ああ、受け入れてよかったな"って思ってたんですよ。ところが慣れてくると……全然ダメだね、怠け者になっちゃって。1人なんて、頭痛がするという理由を押し通して、7ヵ月で中国に帰っちゃったんですよ。もう1人にしても、研修が終わる頃になったんで、じゃあみんなでお別れパーティをしようかって機会をもうけたにもかかわらず、主役の彼がこないんですよ。どうしたのかと思って探しにいってみると、友人の部屋にいる。せっかく君のためにやってるんだからね、といったら結局は出てきましたけど、やっぱりねえー」この研修生が帰国した後は、誰も受け入れず研修生ゼロの状態である。

　I氏によると、仲介機関を通して受け入れた研修生には"当たりハズレ"が大きく、10社のうち2社しか受け入れメリットは得られないのだという。また研修費用にしても、1人11万円支払っても、そのうちの3万円は仲介機関にとられてしまう。

　「それで、1990年の3月にいい人材はいないか、探しに実際に中国へ行ってきたんですよ」とI氏は言った。「最近は中国の人にも変化が見られて、特に上海などの南の地方の若者は、もう働かないね。それに比べて北の方の人はまだ真面目ですよ。だからね、今回は北の大連や瀋陽や長春とかを回ってきたんですよ」その時にI氏は「中国国際人材交流部」という、中国の各市に存在する人材斡旋所へも顔を出してきたという。けれども、ただちょっと様子を見ようと思っていただけなのに、すぐに「希望者が数百人いるから面接をしてくれないか」と要望されてしまったのだという。結局彼はうまく断って帰ってきたのだが、日本のある企業の中には、I氏と同じ状況になった時に、中国側とちょっとした行き違いを生じ、面倒なことになる寸前にまでいったところもあるらしい。I氏は続けてこういった。「研修生制度は、あやふやな労働力募集制度ですよ。もし本当の意味での"研修生"なのであれば、国費ですべきであるし、

研修生に対してもお金は必要ないはずですからね。また一方で外国人労働者を受け入れるつもりなのであれば、条件をつけるとか、滞在期間を明確に設けるなど、ちゃんとした規制をつくらねばならないでしょう」

I氏は今、百数十社の会社が加盟する団体を通して研修生を受け入れるという計画を着々と実行中なのだという。彼によれば、個人レベルでの受け入れは許されないけれど、団体レベルでの研修生受け入れは認められる。最近この計画に対する国の許可がおり、とても忙しい状態にある。「今の予定でいくと、1991年の春には研修生が呼べます。だからその頃来られたら、研修生の人たちとも直接話ができますよ」といってくれた。

フィリピン

ケソンシティでインタビューできたAさん（女性・25歳）は日本での研修の経験をもつ帰国者であった。

彼女は、1989年8月から1年間、東北のあるエレクトロニクス会社の工場で研修生として働いていた。渡航は6ヵ月の研修生ビザを使い、日本で6ヵ月の延長手続きをした。この仕事は近くに住む日本人の知り合いから紹介された。紹介の際に金は要求されなかったようだ。

工場で働いていたのは彼女を含む6人のフィリピン人以外すべて日本人だったという。仕事はラジオの組立作業だった。単純で、簡単だし、楽な仕事らしい。勤務時間は月曜日から土曜日の8時から5時10分まで（12時から45分間は昼休み）、休みは日曜日のみだが残業は無かった。衣食住はすべて会社の負担で、寒いときにはセーターが支給され、暖房も完備してある寮は清潔で快適だったようだ。食費もすべて自炊だったため、自分の好みで食べることができたので困らなかった。その他、病気のときの薬代、フィリピンへの電話代も払ってもらえたし、バレーボールやボーリングやスキー、忘・新年会にも招待してくれたし、親切だったと彼女は言う。

会社が彼女に支払っていた研修手当は、月たった3万6000円だけである。また、最初の4ヵ月は、会社から日本語のテキストと辞書が配られ、仕事のあとで寮にフィリピン人の先生が来て日本語を教えてくれたのだが、そのあとは自主学習するように言われただけだという。仕事のあと、食事の用意、洗濯、掃除をしていたら自主学習をするような時間的余裕は無い。

彼女は、日本人と触れあう機会はたくさんあったが、日本語がほとんどわか

らなかったので、日本人とのコミュニケーションはほとんどできなかった、と残念がっていた。それに、工場管理者側はフィリピン人と日本人の個人的つきあいをあまり好ましく思っていなかったらしく、管理者側の人間が同行しないばあいのフィリピン人と日本人の外出は認められなかったという。フィリピン人のみの外出は自由だった。

彼女に、日本で働いたことについての感想を求めると、「満足している」と答えた。日本人と比較にならないくらい給料が安くても月に2500ペソ（3万円）送金することができたし、毎日の生活にも困ることがなかった。そのうえ、日本の豊かさ、きれいさ、進んだ技術にふれることができた。だからそれだけで十分だというのだ。

彼女は大学で経理を勉強したのだが、就職できず、母がやっているサリサリストアー（日用雑貨品を売るとても小さい店）を手伝っていた。今も、母と彼女の妹の3人はこの店の収入だけで暮らしている。彼女の毎月の送金は、この店の品物の仕入れと家の修理、あとは毎日の生活で使い切ってしまったという。そのため、彼女も彼女の母も、もう1度彼女が日本へ働きに行くことを望んでいる。

第3節　海外進出企業と研修生——タイの事例

本節は、研修生のうち大きな比重を占める海外進出企業について、その研修生送り出しの実情を検討しようとする試みである。調査は、タイ国で操業する日系の代表的自動車メーカーであるトヨタおよびいすゞと電機メーカーであるミネベア、シャープ、ソニー、東芝の6社の工場を対象として、1992年1月9～17日にかけて、日本人の企業責任者あるいは代表者からの聞き取りによりおこなわれた。なお、1バーツは当時約5円であった。

1. 聞き取りの内容

トヨタ・サムットプラカーン工場
　工場概要：工場は1962年に設立した。投資委員会の優遇措置は最初5年間だけ受けた。1989年現在の資本金は約65億円であり、その構成はトヨタ本社59.6％、サイアム・セメント10.0％、トヨタのディーラー9.4％、バンコク銀行2.1％、その他18.9％となっている。主要生産品目はノックダウンによる1トン

ピックアップトラックと乗用車で、1991年の生産台数は約7万台、そのうち乗用車は3割を占める。総生産台数はタイ国首位である。

従業員数は約3000人で、女性が1割強を占める。その内訳は臨時ワーカー（労働者）700人、ワーカー900人、一般エンジニア700人、スーパーバイザー（工長・組長・職長）およびシニア（上級）エンジニア600人、マネージャー以上150人となっている。募集は新聞と職安による。日本からの出向者は17人いる。臨時工については1990年秋から直接採用が禁止され、本工化への圧力が強い。そのため、下請け2社を入れている。

平均年齢は27歳で、若年化傾向がみられる。その一方で10年以上勤続者が30％、20年以上勤続者も5％いる。学歴は大卒360人、高専卒270人、高卒620人で、残りはそれ以下である。給与については、臨時工では最低賃金日給100バーツを考慮して最低110バーツを支給している。中卒者の月給は4000バーツ程度、大卒エンジニアで9600バーツ程度からはじまる。

ジョブホッピング（転職）については、とくに大卒事務系も含めて一般エンジニアのクラスに頻発しており、ここのところ90人もの多数がやめた。勤続3〜4年の者が動きやすく、これをすぎると定着する。スーパーバイザー・クラスでは15人しかやめていない。転出先は官庁等が多く、またアメリカの修士課程などへの進学希望者も相当いる。

研修：年間20〜30グループを送り出し、年合計150人程度に達する。研修期間は通常3ヵ月前後であるが、ニューモデルの導入時には2週間のこともある。このうちワーカー・レベルの者は40人ぐらいであり、現場関係者以外もいる。1990年まではスーパーバイザー以上にかぎっていた。ワーカー・レベルの研修候補者の選抜は組長レベルでおこなっている。

ワーカー・レベルについては研修先のラインにならばせるので、ラインの増強にもなっている。ただし受け入れ先からの要請があるわけではない。研修先は豊田市内の10工場であるが、ごく少数フィリピンやアメリカにも送っている。研修手当は海外技術者研修協会を若干上回る額を支給している。研修修了後の拘束はいっさいしない。なお1991年には10〜20人が海外技術者研修協会を利用した。

タイと日本では現場の水準がちがうので、研修の効果は何よりも職場の厳しさと規律を体得することにある。研修先では他のアセアン諸国からの研修生と一緒にし、査定をおこなっている。

いすゞ・サムットプラカーン工場

工場概要：1963年にノックダウン工場として三菱商事により設立され、1966年にいすゞ自動車が資本参加した。資本金15億円（1991年3月に100％増資予定）の構成は、日本側49％（その大部分はいすゞ自動車）、タイ側51％（その大部分はトリペッチいすゞ販売）である。なおトリペッチいすゞ販売の資本構成は、三菱商事30％、いすゞ自動車19％で、残り51％はいすゞ自動車のディーラーと有名人である。

　従業員総数は1800人台であり、人材会社から2ヵ月契約で派遣される臨時工が700人、残りが正社員である。臨時工で優秀な人は一年後に本採用にする。正社員の内訳は、ワーカー600人台、リーダー100人強、その他生産工程の役付き100人強、スタッフ200人、マネージャー以上70人台となっている。日本人の出向者数は15人である。給与は臨時工で日給130バーツ、事務で月給7300バーツ、大学出のエンジニアには初任給1万300バーツ払っている。2シフト制をとっている。

　平均年齢は32歳、平均勤続年数は10年で、55歳定年制をしいている。退職金制度がある。小中卒が主体で女性はごく少ない。大部分の従業員が会社の裏手に住んでいる。ジョブホッピングは大きな問題であり、電気や保全関係のエンジニア、とくにシステム・エンジニアが非同業の新しい企業にわずかの賃金の差でひきぬかれる。とくに電気関係は、採用しても1～2年でいなくなる。ただしワーカーには「残業がある良い会社」という定評がありジョブホッピングはない。

　本社や三菱が嫌うこともあって、組合はない。労務関係では、最近2つの大きな事件があった。第1は1990年の「大卒者」の反乱であり、1日休業がおこなわれた。新卒者の初任給をあげた結果、5年勤続の者でも賃金が新卒者を下回ることになってしまったのがその原因である。その結果賃金体系を是正し、退職者は出さなかった。第2は待遇改善を求める臨時工の運動である。1991年650人のうち300人が集会をもち生産が大幅に低下した。警察の応援を得、労働省にも来てもらって臨時工を全員解雇した。そののち人材会社に700人の派遣を依頼し、雇用継続の300人と新規の400人を確保した。

研修：ワーカー・レベルの研修期間は6ヵ月から1年間であり、型ジグと塗装を中心に年間延べ30人に達する。そのうち10～15人は、日本に入国しやすく補助もあるため海外技術者研修協会を利用している。このほか業務ビザを使っ

て1ヵ月間の研修を受ける者もシステム開発部門などに相当いる。研修先はいずゞ本社であるが、本社は研修生の面倒をあまりみたくないようである。研修中の給与は全額支給するほか、研修手当は1日4000円である。研修後1年以内にやめるばあいには、研修手当の返済を要求している。

ミネベア・アユタヤ工場

工場概要：ミネベアの軽井沢工場は日本の主力工場であったが、人手不足のため1972年シンガポール工場を建設、1982年のタイ国アユタヤ工場開設以降生産の主力をタイ国に移した。1985年バンパイン工場、1988年ロップリー工場を開設した。現在タイ3工場の売上げはミネベア・グループ全体の4割を占め、世界最大の生産基地となっている。また機械も世界最新鋭のものを使用している。さらに、軽井沢-タイ-シンガポール間の人員移動および物流のため、B707機を週2便就航させている。

　投資委員会はそれまでタイ側資本との合弁でなければ認可しなかったが、アユタヤ工場設立の際に日本側資本100％を交渉し、製品の100％輸出を条件に特例として認められ、これ以後の日本からのマイクロ電子・家電産業の日本側100％資本による進出の先例をつくった。ただしロップリー工場にはバンコク銀行や王室等が40％出資している。製品輸出先は、日本60％、アメリカ、ヨーロッパそれぞれ15％、アジア10％等となっている。

　従業員総数は約1万7000人であり、バンパイン工場が9400人、アユタヤ工場が2500人、ロップリー工場が5000人となっている。日本人は180人いる。オペレーターの平均年齢は23歳、女性が83％を占め、学歴は中卒と高卒が半々である。機械が高価なため3シフト制をしいている。バス100台、60ルートを用意して通勤させている。オペレーターについては新聞広告はしないが、月200人の申し込みがある。退職率は月1％以下である。

　オペレーターの賃金はアユタヤ県の最低賃金日給82バーツに上乗せして90バーツから出発する。1年後に月給制に切り替える。エンジニアは全体で100人いるが、ジョブホッピングは減少しているばかりでなく、現在100人の申込書をもっている。1991年には10％ほどがやめたが、それは遠隔地にあるロップリー工場の電気関係が多かったという特殊事情がある。エンジニアに人気がある理由としては、企業イメージが良いこと、大卒9800バーツから出発する給与が良いこと、仕事がおもしろいことなどがあげられる。これからはなるべ

く下からの昇格でエンジニアの欠員を埋めたいとのことである。

研修：日本での研修はきわめて重要な意味をもっている。会社の思想や規則の理解、職場の整理整頓の仕方など6ヵ月後には日本人なみになり、タイに帰国後も忘れない。研修経験者は日本での研修を誇りにおもっており、まわりの人びとへの影響も大きい。経験者が10人に1人程度だと元の木阿弥になりかねないが、3〜4人に1人になると周囲もひきこまれる。タイの工場は日本と同程度ないしそれ以上の生産費がかかるから、従業員の訓練のメリットは大きい。また上級エンジニアについては、ベアリングの製作機械のオーバーホール（分解修理）からメインテナンス（維持・保存）を研修で覚えさせる。

アユタヤ工場の設立時には、操業開始前に研修に派遣し開始後ただちに就業させた。その際、研修は200人単位でおこない期間は6ヵ月間が標準であった。ただし2年間という長い人もいる。研修経験者の累計は5500人に達する。なおシンガポール工場の設立時にも、同じように200人単位の研修をおこない、経験者の累計は1500人であった。

1991年にはアユタヤ工場から150人ずつ2回、合計300人を派遣した。受け入れ先は、日本の主力工場である軽井沢工場と、電子機器類を生産するアユタヤ工場と関係の深い浜松工場がほとんどである。候補者は、しばらく働いた人のなかから選抜した。研修にあたっては、派遣前にスケジュールや目標をはっきりさせておく。研修方法はオン・ザ・ジョブ・トレーニング（OJT：日常業務のなかで必要な知識・技術を身につける教育研修方法）を基本として、ラインに入れる。

研修費用については日本ILO協会の基準にしたがい、日本側と当方が半々負担している。ただし、給与はこちらで振り込む。研修修了後は、研修期間の2倍の就労期間を義務づけている。この期間内に退職した者も2-3人いたが、研修手当の返還を要求した。日本ILO協会については、枠いっぱいを利用し1991年には1回18人を2回派遣した。

シャープ・サムットプラカーン工場

工場概要：工場は1987年10月に操業を開始した。資本金50億2000万円は100％シャープ本社がもっている。生産品目は、電子レンジ、冷凍冷蔵庫、エアコン、ファクシミリである。

従業員は2930人であり、1〜3シフトまである。男女比は22対78と女性が多く、平均年齢は22歳（男性25歳、女性21歳）である。ワーカーは1603人おり、

そのほぼ20人に1人ごとにユニット・チーフをおく。管理、事務、エンジニアリングを担当するスーパーバイザー以上は1327人である。採用はワーカーのばあい主としてビラや縁故により、それ以外は新聞広告による。日本人は31人いる。

ワーカーは基本的に日給であり、チャチョエンサオ県の最低賃金92バーツを上回る100バーツから出発する。長期勤続者や勤務態度が良い者186人には月給を支給している。残業を含めて平均4000バーツはとっている。エンジニア・クラスについては、9500バーツから出発し、1万5000バーツにまで及ぶ。60人いるエンジニアのジョブホッピングについては、操業開始当初はかなり目立ったがこのところ減少している。特別な防止策は設けていない。

研修：この1年間は研修生を送り出さなかったが、その前は年30〜40人であった。研修期間は技術者で3週間程度、ライン作業者で2週間程度だが、品目によりまちまちで難しい新製品は長くなる。ライン作業者のばあい、ひとつのグループは7〜8人から20人になることもあった。研修目的はシャープ・ポリシーを身につけてもらうことにある。研修先はシャープ本社と協力会社で、本社には研修の体制が整っている。研修生は良く働くと評判がいい。

研修費用は原則として当方負担だが、研修先がもつばあいもある。研修生の小遣いは出したことがない。なお、これまで日本側から研修生を送ってくれという協力要請があるときは、余裕があれば協力してきた。海外技術者研修協会等は利用したことがない。

ソニーセミコンダクター・パトゥムタニ工場

工場概要：1989年12月に竣工し、1990年4月初出荷した。資本金は100％ソニーがもち、投資額は当初約40億円弱、現在135億円になっている。業種は半導体のアセンブリーである。投資委員会の奨励を受けており、20％の国内販売権をもつとともに、原材料の輸入税の減免を交渉中である。

従業員は640人おり、3シフト制をとっている。全体の平均年齢は24歳、男性3分の1、女性3分の2となっている。オペレータ311人は高卒主体であり、平均年齢19〜20歳、最低賃金を参考にして平均日給120バーツを支給している。操業開始後3年たったので月給制への移行を考えている。オペレーターを管理するリーダー33人から上は月給制となり、管理と機械メインテナンスをおこなう高専卒クラスのフォアマン（現場の職長）が210人、大卒エンジニアが50

人、残りが事務のスーパーバイザーでその半数が大卒である。技術系新規大卒者の月給は1万1000バーツとしている。このほかボーナスを年間平均2.7ヵ月分支給する。

採用はエンジニアも含めて人材派遣会社を経由してタイ語紙で広告するほか、口コミもある。自社バス3路線で送迎している。操業開始以来の退職率は8％、年2～3％にすぎず、ジョブホッピングはあまり問題ではない。業績が良いため、操業3年で投資が回収できる見込みである。

研修：オペレーターについては、これまで生産の方式を変えたときに3回実施した。期間は2～3週間で、合計40～50人に達する。研修先は日本の国分工場と国東工場である。研修経験者はリーダーになる傾向がある。エンジニア等については、2ヵ月の研修期間で回数は多く、数回行った者もおり、合計10-15人に達する。エンジニアの研修先は主力工場の厚木工場である。12人いるコンピュータ技術者については、5人を日本IBM等で研修させた。

研修に際しては研修手当を1日3000円支給し、また食堂を利用させるとともに食費補助をしている。受け入れ先からは来てもらって助かると喜ばれている。ソニーには海外業務推進室があり、ここが研修を組織している。

東芝・サムットプラカーン工場

工場概要：1989年に竣工、90年4月に生産を開始した。資本構成は、東芝本社が85％、在タイ東芝系企業が10％、その他5％となっている。当初資本金は20億円、実際の投資はその4倍である。生産品目はエアコンと冷蔵庫（ただしコンプレッサーは日本から輸入）で、プレス、板金、溶接、塗装、プラスチック成型など部品の内生化に着手している。エアコンは95％、冷蔵庫は100％（うち日本が80％）輸出している。生産量はそれぞれ20万台である。投資委員会の奨励は、土地などの規制が強すぎるため受けていない。

従業員は1560人であり、2シフト制をとっている。高卒が主体で平均年齢は23歳、男性6割、女性4割となっている。採用はローレベルはタイ語紙、ハイレベルは英字紙への広告による。フォアマン（職長）以上230人は月給制で、残りは日給制である。日給は8時間労働で平均105～108バーツを支給しているが、これは最低賃金より若干高い。日本人の出向者は18人である。

エンジニアのジョブホッピングは大きな問題である。理工系の学卒者の供給が少なすぎるためすぐ退職してしまう。現在50人前後いるエンジニア・クラ

スはすべて中途採用によったが、すでに40〜50人やめている。これまで4人のエンジニアがひきぬかれたが、そのうち2人にたいしては損害賠償の訴訟を起こし、分割で支払わせている。転職はフォアマン・クラスにも及んでいる。

研修：1回に30〜35人を送り、期間は3ヵ月である。すでに4回実施した。研修先は冷蔵庫の大阪工場とエアコンの富士工場である。現場作業者が主体であるが、リーダーとしてフォアマンも行かせている。研修生の選抜はフォアマンが中心となっておこなっている。研修の目的は技能を習得してもらうことと、職場の規律を身につけてもらうことにある。そのほか日本に行ける可能性は、この工場での勤労意欲を高めている。

研修生の給与はそのままで、海外技術者研修協会なみの滞在費（1日4800円程度）を負担している。研修後1年間は退職しないという約束をさせている。もし1年以内にやめるときは研修費用を返してもらう。受け入れ先の評判は良い。第1回目のときは海外技術者研修協会を利用したが、第2回目以降は座学の必要性がないため独自に実施している。このほか学卒のエンジニアとテクニシャンについては1〜2年の別の研修制度を設けている。研修の効果としては、退職率と欠勤率の減少をあげることができる。退職率は月1.6％から1.8％であるが、1.0％を目標としている。また皆勤賞も、1990年には8人であったが1991年には113人に増えた。

2．聞き取り結果の整理

　以上タイの日系企業6社の聞き取りから得られた情報により、研修生の送り出しについて整理してみよう。この6社の選定は、別に研修生の送り出しの有無を基準としてなされたものではなかった。それにもかかわらず、6社のすべてが日本に研修生を送っていたことがまず注目される。これは日本での研修がすでに一般化していたことを表すものであると考えられる。

　ところで、この6社のあいだには研修制度におく比重に顕著な相違がある。試みに従業員総数にたいする研修経験者の比率を計算してみると、ミネベア32％、トヨタ25％、ソニー9〜11％、東芝8〜9％、いすゞ8％、シャープ1〜5％となる[*2]。すなわち、ミネベアとトヨタは4人に1人以上とトップグループ

[*2]　1年間しか情報の得られない企業については、過去5年間同数の研修生を送ったものと想定し、また研修経験者の退職はないものとして計算した。

を形成し、いすゞ、ソニー、東芝が1割前後と中間的であり、シャープがもっとも少ない。

　当然のことであるが、トップグループの2社は研修の効果をきわめて高く評価している。ミネベアのばあい「会社の思想や規則の理解」の定着を、トヨタのばあい「職場の厳しさと規律」の体得をあげている。なお、この両社とも日本ILO協会および海外技術者研修協会という日本政府の補助を受ける研修生受け入れの財団法人を積極的に活用している。

　ちなみに、研修修了者のジョブホッピングについては、研修による能力増大のため増加するという考えと、企業帰属意識が高まるため減少するという考えの両方が成立する。これについては、トップグループのミネベアがジョブホッピングを問題でないとする一方、エンジニアの研修に重点をおくトヨタが大きな問題だとしており、一義的な因果関係はみいだしがたい。

　それではどのような条件が研修を重視するか否かの相違を生むのであろうか。まず研修にたいする本社の態度については、自動車産業と電機産業で大きく異なった。すなわちトヨタは本社からの「要請がない」、いすゞは本社が研修生の「面倒をみたくないようだ」としており、自動車産業には積極的態度がない。それにたいし、電機産業では、「評判が良い」とか「助かる」とかいう本社の反応がほとんどである。それにもかかわらず、トヨタといすゞのあいだには大きな開きがあり、本社の態度は研修とは関係がなさそうである。

　要するに、研修に積極的な企業と消極的な企業とを決定する条件は、この聞き取り調査からは明確にできなかった。これは、当時研修制度が比較的新しく、企業も試行錯誤の状態にあったためかもしれない。

第3章　外国人労働者・移民の属性と類型

第1節　エスニック集団別比較——神奈川県の事例

　本節は1990年9月から1991年2月にかけて実施された神奈川県に在住あるいは就労する外国人労働者にたいするインタビュー調査の分析である[*1]。

　調査地域として選定された神奈川県は調査当時とりわけ建設ラッシュのさなかにあり、建設業の労働需給はきわめてタイトであった。また日産自動車の立地は自動車関連産業の旺盛な労働需要を引き起こしていた。さらに、この県には長い歴史をもつ在日韓国・朝鮮人や在日中国人のコミュニティが存在していた。このような状況は、外国人労働者の就労と居住にたいして他の地域にくらべてよりよい条件を提供していた。調査は困難をきわめたが、結果として横浜市寿町のドヤ街、日産自動車の関連企業が立地する内陸部、川崎市で面接の多くがおこなわれた。

　非正規就労者が相当部分を占めるという調査対象の性格上、サンプリングは不可能であった。われわれはまた、標準化された質問票を用いなかった。というのは、研究の当時の段階にあっては、調査対象者との自由な対話のほうがその全体像の把握のために望ましいと考えたからである。このようにして得られた調査対象者数は、パキスタン人15人、フィリピン人20人、韓国人21人、ラテンアメリカ人（日本国籍者を除く）18人、中国人（研修生を除く）17人であった。以下では「不明」を除いて集計した。

1. 属性

　まず在留資格であるが、彼らの多くは非正規残留者である。非正規残留者は、

[*1]　本節のインタビューと集計については、1990年度に筑波大学社会学類社会学専攻に在籍していた学生10人および国際関係学類に在籍していた学生1人計11人の協力を得た。

表Ⅱ-3-1　出身地域別年齢

人

	15歳〜	25歳〜	30歳〜	35歳〜	40歳〜	45歳〜	合計
パキスタン	5	4	4	1			14
フィリピン	3	3		4			10
韓国	3	4	6	1	5	1	20
ラテンアメリカ	5	3	4	2	3	1	18
中国	3	2	3				8
合計	19（27.1）	16（22.9）	17（24.3）	8（11.4）	8（11.4）	2（2.9）	70（100.0）

表Ⅱ-3-2　出身地域別学歴

人

	小学・中学	高校	専門	大学中退	大学	大学院	合計
パキスタン		1		2	4		7
フィリピン		2		1	5		8
韓国	1	8	2	1	3	1	16
ラテンアメリカ	5	4		1	2	1	13
中国			3	2	8		13
合計	6（10.5）	15（26.3）	5（8.8）	7（12.3）	22（38.6）	2（3.5）	57（100.0）

注：小・中・高・専門は少数の中退を含む。

表Ⅱ-3-3　出身地域別前職

人

	専門・管理・事務	販売・サービス・保安	農漁業	生産工程・建設・運輸	学生	無職	合計
パキスタン		2		3	3	1	9
フィリピン		4		2		1	7
韓国	4	5	1	6	1	1	18
ラテンアメリカ	4	3	3		1	4	15
中国	4	4		1	2		11
合計	12（20.0）	16（26.7）	6（10.0）	12（20.0）	7（11.7）	7（11.7）	60（100.0）

フィリピン人17人、韓国人17人、パキスタン人5人に達し、その大部分は観光ビザによる超過滞在である。ただし、ラテンアメリカ人は定住ビザ、中国人は就学ビザにより合法的に滞在していた。

　性別については、女性は韓国人に3人、ラテンアメリカ人に4人、中国人に4人おり、残りは男性であった。

　つぎに年齢についてみると、表Ⅱ-3-1のように、25歳台以下の人数はパキスタン人9人、ラテンアメリカ人8人が多く、韓国人では7人、フィリピン人

第3章　外国人労働者・移民の属性と類型

表Ⅱ-3-4　出身地域別来日目的

	金	勉強	日本を知りたい	仕事をしたい	国を出たい	その他	計
パキスタン	4		1	1		1	7
フィリピン	6			3			9
韓国	7	4	2			1	14
ラテンアメリカ	13		3			1	17
中国		10	3		2		15
合計	30（48.4）	14（22.6）	9（14.5）	4（6.5）	2（3.2）	3（4.8）	62（100.0）

表Ⅱ-3-5　出身地域別金の使途予定

	ビジネス資金	住宅	自分の学資	家族の学資・生活費	その他	貯めていない	計
パキスタン	1			2		1	4
フィリピン	9		1	1		1	12
韓国	3		3	1	1		8
ラテンアメリカ	4	5		1	1	2	13
合計	17（45.9）	5（13.5）	4（10.8）	5（13.5）	2（5.4）	4（10.8）	37（100.0）

では6人、中国人では5人となる。また、40歳台以上の者は韓国人に6人、ラテンアメリカ人に4人いて、この両地域出身者の年齢が相対的に高いことを示している。

　表Ⅱ-3-2により学歴をみると、パキスタン人およびフィリピン人のばあいは大卒の比重が高いが、韓国人は高校、ラテンアメリカ人は高校と小学・中学が多くなっている。

　出身地域での前職は表Ⅱ-3-3に示されている。これによれば、パキスタン人の前職には学生が多い反面ノンマニュアル（ここでは専門・管理・事務と販売・サービス・保安）が1人もいない。フィリピン人についても、販売・サービス・保安はいるが、専門・管理・事務はいない。それにたいし韓国人のばあいはマニュアル（ここでは農漁業と生産工程・建設・運輸）が相対的に多いとともにノンマニュアルもかなり存在し、前職は多様である。さらにラテンアメリカ人では、農漁業以外にはマニュアルが全然なく、前職がある者はすべてノンマニュアルに集中しているとともに、無職者も相当に多い。

　今さらいうまでもないが、外国人労働者が来日するのは主として出稼ぎのためである。来日目的を示す表Ⅱ-3-4によれば、中国以外の4地域とも圧倒的に

金を稼ぐために来ていることがわかる。しかしながら、それとともに「日本を知りたい」という目的も相当のウエイトを占めていることが注目される。すなわち、外国人労働者であっても単なる出稼ぎ者であるとばかりはいえない人びとが少数ながら存在していることも確かである。

　出稼ぎは、一般的に臨時的支出をカバーするためになされている。稼いだ金の使途の予定を示す**表Ⅱ-3-5**によれば、フィリピン人ではビジネス資金が圧倒的であるが、韓国人では学資が、ラテンアメリカ人では住宅がそれぞれビジネス資金とならんでいる。なお、この表では就学生である中国人を除いている。

2. 就労状況

　これら外国人労働者が就労する事業所の業種を**表Ⅱ-3-6**よりみると、フィリピン人は建設業に、ラテンアメリカ人は自動車関連産業を中心とする製造業に、中国人はサービス業にそれぞれ顕著に集中しており興味深い。また、韓国人については建設業が相対的に多く、パキスタン人については建設業と製造業に分散している。また就労先の規模については、かなり大手の事業所に就労しているとおもわれる者はフィリピン人4人、韓国人3人、ラテンアメリカ人1人だけであり、あとはすべて小規模とおもわれる事業所に就労している。

　したがって職業移動という観点からいえば、ラテンアメリカ人はノンマニュアルであった者が日本で生産工程に従事していることになり、前職との距離は大きい。同様のことは韓国人でノンマニュアルであった者およびパキスタン人で学生であった者についてもいえよう。これらの人びとにとっては、日本での生産工程や建設作業への長期的就労は困難な経験であろう。

　さらに、外国人労働者が集中する特定の事業所群が出現している。というのは、面接対象者は、外国人労働者を複数雇用する事業所に就労しているばあいが多いからである。すなわち、外国人を1人だけしか雇用していない事業所で働いている者は、フィリピン人2人、韓国人1人、パキスタン人1人だけにすぎず、あとはラテンアメリカ人の13人を含めてすべて外国人を2人以上雇用している事業所に就労している。ただし、中国人学生が働くサービス業関連にはこのような傾向はみられない。

　要するに、外国人労働者は自動車関連と金属加工を中心とする製造業ならびに建設業とサービス業の小規模の事業所に就労し、製造業と建設業のこれらの事業所では外国人労働者の複数雇用がみられるということになる。

第3章 外国人労働者・移民の属性と類型

表Ⅱ-3-6 出身地域別業種　　　　　　　　　　　　　　　　　　　　　　　　人

	金属加工	自動車関連	その他製造業	建設業	サービス業	その他	合計
パキスタン	4		5	5		1	15
フィリピン	1	1		16	1	1	20
韓国			3	11	5	1	20
ラテンアメリカ	2	10	5				17
中国					6	4	10
合計	7 (8.5)	11 (13.4)	13 (15.9)	32 (39.0)	12 (14.6)	7 (8.5)	82(100.0)

表Ⅱ-3-7 出身地域別月収　　　　　　　　　　　　　　　　　　　　　　　　人

	20万円未満	20万円〜	30万円〜	40万円〜	計
パキスタン	6	5	1		12
フィリピン	1	10	4	4	19
韓国	4	5	8	3	20
ラテンアメリカ	3		12		15
中国	5	1			6
合計	19 (26.4)	21 (29.2)	25 (34.7)	7 (9.7)	72 (100.0)

　これらの事業所の多くは、外国人労働者を確保するために住宅を提供している。会社の寮・社宅・アパート・マンションなどに住む者は、パキスタン人6人（残りは自己アパート）、フィリピン6人（残り6人はドヤ、3人は自己アパート）、ラテンアメリカ人は6人（残り9人は自己アパート、1人は派遣会社寮、1人は借家）に達する。この数字も、外国人労働者のこれら事業所への依存を示している。

　月収を示す表Ⅱ-3-7によれば、パキスタン人のばあいには6人が20万円未満であり、フィリピン人になると10人が20万円台である。それにたいし韓国人のばあいには8人が30万円台となり、ラテンアメリカ人では12人が30万円台である。すなわち、パキスタン人を底辺とし、ラテンアメリカ人を頂点とする外国人労働者の上下格差が存在していることになる。なお、中国人の月収も低いが、彼らは学生アルバイトという性格が強いため同列には論じられない。

　また、同じ職場における日本人との賃金の格差を指摘する者はフィリピン人に5人、パキスタン人に1人いたが、韓国人、ラテンアメリカ人にはいない。さらに、同じ職場における日本人との仕事内容の差別を指摘する者は、フィリピン人に4人いる。このことは、フィリピン人およびパキスタン人にたいして

は、日本人と同一の労働条件が適用されないばあいが存在することを示すと考えられ、ここでも韓国人およびラテンアメリカ人とのあいだに格差が存在している。

　このような出身地域別の格差は、彼らの学歴水準とは逆の傾向をみせている。つまり、高学歴者が多いパキスタン人およびフィリピン人の所得水準は低く、学歴水準の低い韓国人およびラテンアメリカ人の所得水準は高いということになる。また、パキスタン人およびフィリピン人は若く韓国人およびラテンアメリカ人はその逆であるという年齢構造の差異が出身地域別の所得格差構造に寄与していることも考えられる。

　ちなみに、このような所得格差と照応して本国への送金額にも出身地域別の差異がみられる。すなわちパキスタン人およびフィリピン人では月当たり送金額はすべて10万円台以下であるが、韓国人では20万円台が12人いる。

3. 定住化と同国人ネットワークの形成

　外国人労働者の定住化は滞在期間の長期化に表れている。長期化がもっとも著しいのがパキスタン人であって、1年半以上が11人あり最長の者は6年になるとしている。それに次いでいるのがフィリピン人と韓国人であって、それぞれ1年以上が8人、1年未満が11人を占めている。また、改定入管法施行後の流入者であるとおもわれる6ヵ月未満の者もそれぞれ4人および6人で、この両国については新規流入が続いていることを示している。ただし、ラテンアメリカ人については16人が1年未満の流入者であり、現象の新しさがみてとれる。なお、中国人は就学ビザの保有者であるため、2年以上の滞在者は1人だけであった。

　滞在期間の長期化とならんで、定住化にともなう数次移動者の発生も注目される。今回の来日が2回目以上である者は、フィリピン人で2人、韓国人で5人、ラテンアメリカ人で2人に達している。

　同国人による社会的ネットワークの形成についてみると、日本への入国および職場と住宅の確保については、日本ないし出身国における社会的ネットワークが大きな役割を果たしている。すでに日本での就労経験をもっている親類や友人、あるいは日本での生活基盤が確立している者が、新たにやってくる者に情報を提供して日本での定着を助けている。フィリピン人のばあい7人が同国人である親類や友人の援助を受けて入国し、また韓国人のばあい8人が在日韓

国・朝鮮人を含む同国人の親類や友人の支援を受けて入国している。それにたいし、ブローカーの手を経て入国した者はそれぞれわずか2人ずつにすぎない。一方ラテンアメリカ人のばあいには、現象が新しいこととともに、沖縄県に親類をもつ者が多いことも手伝ってか、入国の際の社会的ネットワークの影響はあまり強くなく、3人しか友人に言及しておらず、親類をあげる者は1人もいない。その残りは、出身地での新聞広告やあっせん業者・旅行業者、人材派遣業者の仲介により入国している。

また日本での転職を経験した者は、パキスタン人6人、フィリピン人7人、韓国人2人、ラテンアメリカ人9人とかなり多いが、その際にも社会的ネットワークが大きな役割を果たしている。すなわち、現職を同国人の友人ないし新類から紹介された者は、パキスタン人4人、フィリピン人7人、韓国人2人、ラテンアメリカ人7人に達する。ラテンアメリカ人が入国する際には同国人ネットワークを頼っていなかったから、このことは、彼らの社会的ネットワークが入国後形成されることを示している。

これを別の側面から明らかにしているのが同国人との交流であり、交流のない者はフィリピン人1人、韓国人3人の計4人にすぎない。

同国人の社会的ネットワークの重要性を如実に示しているのが、パキスタンの出身国事例調査である。われわれが訪れたパキスタンの「日本への出稼ぎ労働者の村」はすでに東京の近郊にアパートを共同所有しており、ここが同村出身者の日本での交流の拠点となっている。同様に、フィリピンの出身国事例調査にみられるケソン・シティとカビテには、日本への出稼ぎ者の留守家族や帰国者がかなり存在しており、日本に関する情報が交換されている。

これと関連して、出身地域のなかでも特定地域への集中がみられるということを指摘しておきたい。フィリピン人とラテンアメリカ人は出身国の首都圏に集中している（それぞれ15人および7人）。また、パキスタン人ではラホール5人、カラチ2人、イスラマバード2人、その他2人、韓国人ではソウル4人、済州島3人、その他7人、中国人では上海6人、東北地方2人、北京1人、その他2人となっており、それぞれラホール、ソウルおよび在日韓国・朝鮮人の主要な送り出し地域であった済州島、上海への相対的集中がみられる。これは、外国人労働者の送り出しの際の社会的ネットワークの役割を示唆しているものとも考えられよう。

それでは将来どのような状況が進展するのであろうか。表Ⅱ-3-8は日本にお

表Ⅱ-3-8　出身地域別滞在予定期間　　　　　　　　　　　　　　　　　　　　　　　　　人

	1年以内	1～2年	2～5年	金ができるまで	できれば永住	未定	合計
パキスタン	2			1	1	2	6
フィリピン			1	2	2	4	9
韓国	6	4					10
ラテンアメリカ	2	3	2	1		6	14
合計	10 (25.6)	7 (17.9)	3 (7.7)	4 (10.3)	3 (7.7)	12 (30.8)	39 (100.0)

ける滞在予定期間を示したものであるが、出身地域別に異なった傾向がみられる。ここで「未定」とは特定の帰国時期を想定していない者であり、「金ができるまで」「できれば永住」とならんで長期的な滞在が予想される人びとである。フィリピン人8人が、またパキスタン人は4人がこれら3つのカテゴリーに属しており、すでに述べたこれらの両地域出身者の既滞在期間の長期化と軌を一にするものである。流入が新しいラテンアメリカ人のばあいも「2～5年」を含むと9人が長期的滞在を予想している。それにたいし韓国人のばあいは、これら3地域とちがって全員が限定された期間の後の帰国を予定している。なお、中国人は就学生であるため除外した。

しかしながら、フィリピン人、パキスタン人、ラテンアメリカ人にみられるこのような長期的滞在への可能性も、いまだ家族の同居を招くまでには至っていない。配偶者ないし親などの家族と日本で同居している者は、フィリピン人に1人、韓国人に2人、ラテンアメリカ人に2人あるだけである。ちなみにいえば、既婚者はフィリピン人12人、韓国人11人、ラテンアメリカ人5人、中国人3人、パキスタン人2人である。

最後に、日本人との交流の有無は、滞在予定期間の長短とはあまり関係がなさそうだということを述べておきたい。日本人との交流をもつ者は、流入が比較的新しいラテンアメリカ人では13人であるのに、比較的古いフィリピン人のばあいは3人にすぎない。それにたいし同じく流入が比較的古い韓国人では9人が交流している。これには、ラテンアメリカ人が日系人であること、韓国人については在日韓国・朝鮮人という存在が交流を仲介しているという条件が働いているとおもわれる。

4. 要約

本研究で得られた主要な知見を要約すれば次のようになろう。外国人労働者は、滞在期間の長期化と数次移動者の発生ならびに彼らに労働供給を依存する特定事業所の出現により、日本での定住化のプロセスを歩んでいる。その結果、同国人による社会的ネットワークの形成と出身地域別の格差構造の進展がみられる。将来的には長期的滞在が予想されるが、韓国人はその例外をなしている。

第2節　非正規就労者の実態――イラン人を例として

　イラン人は1990年代前半における景気後退の影響をもっとも深刻に受けていた人びとであり、日本との文化的距離もきわめて離れていた。それにもかかわらず、日本への滞留傾向が強くみられた。したがって、非正規就労者の代表ともいえるイラン人の日本社会における様態の検討は、他の非正規就労者の動向にたいしても示唆するものが大である。

　調査は1993年7月に、質問票による面接法により首都圏（東京都のほか、千葉県、茨城県、埼玉県、栃木県）でおこなわれた。具体的には、イラン人の集結地として著名であった代々木公園の入り口にあたる山手線原宿駅を中心として、駅前（柏、大宮、松戸、水戸）等に集まっているイラン人に接触して回答してもらうという形式をとった。有効回答数は245であり、そのうち原宿駅での回答数は93であり、それにつぐ柏駅での回答数は29であった[*2]。被調査者は全員男性であり、その平均年齢は28.4歳、平均滞在期間は2年1ヵ月である。

1. 擬似亡命派の重要性

　われわれのおこなった調査には来日理由という項目がある。その結果をみると（複数回答）、「お金を稼ぐため」45.7％、「イランの現状に不満をもっているから」18.1％、「自分の能力を向上させるため」9.2％、「自分の視野・見聞を広めるため」20.6％、無回答6.3％となった。ここで「お金を稼ぐため」を出稼ざ

[*2]　本節のインタビューおよび集計については、1993年度に筑波大学社会学類社会学専攻に在籍していた学生21人、農林学類に在籍していた学生1人、社会科学研究科社会学専攻に在籍していた院生1人、地域研究研究科に在籍していた院生1人計24人の協力を得た。

派、「イランの現状に不満をもっているから」を擬似亡命派、「自分の能力を向上させるため」および「自分の視野・見聞を広めるため」を自己実現派と仮称するとすれば、出稼ぎ派はなんと半数に満たず、しかも非出稼ぎ派が出稼ぎ派をわずかながら上回っているのである。

ここで擬似亡命派と呼ぶわけは、日本政府に政治的難民の申請をしたとしてもそれが承認される可能性がないにもかかわらず、本国の状況を忌避する一種の亡命者的性格は否定できないからである。ところで、出稼ぎ派と擬似亡命派とのあいだには本国での出身階層や学歴、あるいは日本への定住意欲などについて顕著な差があり、在日イラン人がひとつの同質的な集団ではないことを示している。

すなわち、イランでの職業が販売・小売り、サービス等であり、学歴が高卒以下の者に出稼ぎ派が多い（以下に示すクロス集計結果は、すべてカイ二乗検定による有意水準95％以上である）。これはイランでは「バザール商人層」ともいえる階層であり、イランに精通している筆者の友人によれば、その実体はむしろ「バザール行商人層」に近い。それにたいし、専門職や管理職等社会的地位が高い職業で、学歴も高卒以上とりわけ大卒者に擬似亡命派が多くなっている。ただし自己実現派については、職業や学歴からみるかぎり特定の社会階層との対応がみられない。このことは、自己実現を求める渡航が階層的地位にかかわらず満遍なく起こるものであることを意味していると考えられる。

在日イラン人全体のイランでの職業の分布をみると、ホワイトカラーが42.8％、販売・サービスが25.7％、ブルーカラーが22.0％を占めており、ホワイトカラーの比重がきわめて高いことがわかる（内訳は、専門22.0、管理2.4、事務18.4、販売・小売18.4％、サービス7.3、工場労働者16.3、建設2.0、運転手3.7、学生3.3、軍人0.8、その他1.2、無職1.2、無回答2.9）。また、無職者がほとんどいないことも注目される。つまり、在日イラン人は失業者どころではなく、逆にかなり高い社会的地位をもつ人びとが主体となっているのである。また最終学歴を回答した者の分布は、なし0.6％、小学5.4％、中学13.8％、高校57.5％、大学22.8％となり、高卒が多い。

2. イラン革命がもたらしたもの

出稼ぎ派と擬似亡命派のあいだには、日本での滞在予定に関してきわめて顕著な違いがある。すなわち「すぐにでも帰りたい」「1年以内」「1年〜2年」か

らなる短期滞在予定者の合計は49.4％と全体の半数を占めている一方、「2年以上」「状況の許すかぎり」「永住するつもり」からなる長期滞在予定者の合計も44.5％とほぼ匹敵している。また、永住希望者も1割程度いる。ここにみられるように、イラン人の長期滞在への希望はきわめて強い（内訳は、「すぐにでも帰りたい」18.0％、「1年以内」7.3％、「1年〜2年」24.1％、「2年以上」5.3％、「状況の許すかぎり」29.8％、「永住するつもり」9.4％、無回答6.1％）。

ところで、出稼ぎ派の滞在予定期間は「1年〜2年」と「2年以上」「状況の許すかぎり」とにほぼ均等に分布しているのにたいし、擬似亡命派はとりわけ永住希望者のなかに多く、また「2年以上」「状況の許す限り」の比重が高い。つまり、出稼ぎ派が短期滞在に傾斜しているのにたいし、擬似亡命派は長期滞在へと指向しているのである。1992年5月に4万人いたイラン人は1993年11月までの1年間に9000人強が帰国したが、その主体は出稼ぎ派であり、擬似亡命派の多くは滞在をつづけていたという推測がこうしてなりたつ。

出稼ぎ派と擬似亡命派とのあいだの違いとしてもうひとつ指摘したいものは、来日時期である。イラン人の日本への大量流入を招いたビザの相互免除協定は1992年4月に一時停止された。これを考慮して日本滞在期間を18ヵ月と24ヵ月で区切ると、停止以前の流入を意味する19ヵ月以上の滞在者8割強は、19〜24ヵ月と25ヵ月以上とにほぼ等分される。ところで職業別にみるとき、25ヵ月以上の滞在者のうちホワイトカラーがかなりの比重を占めた。このことは、ビザ免除停止以後の帰国が主として出稼ぎ派を中心とするものであったことを意味する（滞在期間の分布は、18ヵ月以内17.9％、19〜30ヵ月60.8％、31ヵ月以上18.0％、無回答3.3％）。

このように顕著な対照をみせる2つのグループに大きな関連をもっているのは、ホメイニ師によって指導され1979年パーレビ国王の追放に成功したイラン革命である。この革命は、西洋の影響を排斥しアメリカに敵対しながら、シーア派イスラーム教の教義のうえにたつ神権政治的体制を樹立した。

スンニー派イスラーム教が現世肯定的であるのにたいして、シーア派は現世を悪と闇の支配する俗なる世界であると把握する〔井筒 1993：324〕。こうしてイランでは自由や寛容さの存在が次第に許されなくなり、のちに原理主義といわれる完全主義へと傾斜していった〔加納 1980：169, 221〕。

イラン革命を推進する宗教勢力の担い手となったものは、モスクーバザール－居住区からなる都市の伝統的部分を本拠地とする僧侶－バザール商工業者－

都市下層民であった。この人びとは、都市の近代的部分に住む国王とナショナル・エリートおよび新しい中間層に対抗したのである。こうして官僚・管理者や技術者が職場から追放され、人材は国外に流出した〔加納 1980：22, 133, 233〕。

われわれの調査で検出された出稼ぎ派は、その職業や学歴からみてまさにここで述べられた都市下層民にほかならない。それにたいして擬似亡命派は、イラン革命により存在の社会的基盤を奪われた新しい中間層に該当する。こうして、われわれのデータによれば擬似亡命派の大多数はイラン革命を支持していない（不支持率は88.5％）。

3. 差別にもかかわらず滞在しつづける

このようにイラン人の相当部分は長期滞在への可能性をもっていたが、彼らの日本社会での状況には景気後退も影響して厳しいものがあった。イラン人は、非正規ペルー人とならんで外国人労働者のなかでも最底辺に位置するといわれていた。

われわれの調査結果をみると、イラン人のおよそ半数近くが失業者および不安定就労者であり、失業者はじつに5人に1人に達していた（就労状況の内訳は、失業者21.2％、1ヵ月当たり就労日数20日以下の不安定就労者24.9％、同じく21日以上の安定就労者51.0％、無回答2.9％）。なお、東京都社会福祉協議会の調査によれば、非正規労働者一般の失業率は14.7％であった〔東京都 1993〕から、イラン人の失業率はこれをはるかに上回っていた。また月収の平均も18.7万円であって、首都圏における外国人労働者のなかでも最低水準にあった。

就労の場における劣悪な地位とともに、イラン人たちは差別問題にも直面していた。日本人により差別された経験をもつ者は60.4％にのぼり、ない者35.5％の倍近くに達していた（無回答4.1％）。さらに職場で日本人との格差や差別的扱いがあるかという質問にたいしては、61.2％があると答えている（複数回答による差別経験の内容は、「罵声をあびせられた」32.7％、「部屋を貸してもらえなかった」16.3％、「なにもしていないのに警察に尋問された」15.5％、「声をかけたのに無視された」15.1％、「じろじろとみられた」13.9％などとなっている）。

このような差別経験とともに、日本人による一部イラン人犯罪者との同一視がイラン人を傷つけていた。調査票には自由回答欄が設けられたが、自由回答の主要な傾向としては、イラン人による犯罪にたいする反応が日本観および日本人とのあいだの平等の要求とともに多数を占めた。なお自由回答欄の記入者

は150人（被調査者の61.2％）にも達し、しかもかなりの長文が多かった。

　偽造テレフォンカード売りや麻薬の売人等犯罪行為をおこなっている者は「悪いイラン人」と呼ばれ、まっとうに働き生活している「良いイラン人」と峻別されているのが自由回答の特徴である。そして「良いイラン人」を「悪いイラン人」と同一視しないでもらいたいという切実な要望が提出される。この種の回答は自由回答記入者の28.7％にのぼっている。このなかには「悪いイラン人」にたいする追放や処罰を求める主張も多数含まれていた。

　これと関連して、自由回答には日本のマスメディアによるイラン人＝犯罪者というステレオタイプにたいする強い反発（回答者の36.0％）がみられる。さらに、日本語による報道内容を理解できる日本語能力の高い者ほど反発が増大している。

　これまで述べてきたような労働市場の最底辺への追いやりや日本人による差別は、日本人や日本社会にたいする態度にどのように関係しているだろうか。自由回答欄に多数記述された日本についての印象を整理すると、日本に批判的な者（日本批判派）と、好感情をもつ者（親日派）への分極化が明瞭に存在することがわかる。なお日本を批判しながら日本への好感情を合わせもつ者も26人いたが、日本批判派にも親日派にも含めて分析した。

　日本批判派は日本人から受けた非人間的扱いや差別、日本人の冷たさ、日本社会全般での人間性や道徳の喪失などを批判しており、自由回答記入者の34.7％を占めている。そして、当然ながら差別経験とりわけ「罵声をあびせられた」者に日本批判者が多い。一方親日派は日本人の勤勉さや穏やかさ、親切さ、日本での楽しい経験などを述べており、自由回答記入者の39.3％に達する。また、ここでも差別経験のない者に親日派が多くみられる。

　ところで学歴構成からみると、日本批判派にも親日派にも大卒者が相対的に多い。つまりすでに検討した擬似亡命派は、日本批判派と親日派の両者を包含していると考えられる。これをさらに拡張して一般化すれば、擬似亡命派のうちの相当部分は、日本を批判しているのにもかかわらず長期滞在者となる傾向をもっていたといえる。このパラドクスにたいする回答としては、擬似亡命派のうちの日本批判者にとっては、帰国への誘因よりもイラン社会にたいする不満による出国への誘因のほうがはるかに大きかったということが考えられる。

4. ネットワークの形成

　長期滞在を可能にし長期滞在により促進される条件として、日本での社会的ネットワークの確立をあげることができる。このようなネットワークとしては、同国人によるものと日本人とのあいだに形成されるものがある。前者について現職を誰に紹介されたかという質問にたいする回答をみると、友人・家族・親戚・イラン人ブローカーからなる現職紹介に関するイラン人ネットワークの合計は7割をこえている（その内訳は、友人26.9％、家族・親戚26.1％、イラン人ブローカー17.6％、日本人ブローカー6.9％、それ以外の外国人ブローカー6.1％、直接接触5.7％、援助団体0.4％、無回答6.5％）。

　つぎに日本人とのつながりについてであるが、もっとも親しい日本人とのつきあいについての質問にたいする回答をみると、つきあいの程度の深い「一緒に遊びにいく」「悩みごとなどを相談する」の合計は4割弱であって「親しい友人はいない」の2割台をはるかに上回っており、日本人とのネットワークは予想以上に進展していたとおもわれる。さらに、非−日本批判派（日本批判派ではない者であって、親日派とは必ずしも一致しない）には日本人の友人をもっている者が多いことからみると、日本人とのネットワークは日本にたいする悪感情を減少させていた（日本人とのつきあいの分布は、「親しい友人はいない」24.5％、「会えばあいさつをする程度」15.9％、「世間話をする程度」12.2％、「一緒に遊びにいく」18.4％、「悩みごとなどを相談する」20.0％、無回答9.0％）。

　これと関連して、日本でのデート経験をもつイラン人は29.0％に達していた。この人びとのなかから、同居・結婚そして子どもの誕生への途を歩む人びとが相当出現することは確実であった（ちなみに、被調査者の既婚率は26.5％であって、4分の3が未婚男性である。前掲〔東京都1993〕の調査によれば、非正規労働者一般では「配偶者と日本にいる」者が23.5％を占めている。その内訳をみると配偶者が日本人である者が14.1％、日本人でない者が9.4％となっており、日本人配偶者のほうが多い）。

　労働力商品としての外国人労働者は、経済学的には就業機会の拡大や縮小にともなって増大したり減少したりすると考えられてきた。しかし、景気後退による労働需要の減退にもかかわらず、外国人労働者の顕著な減少は1990年代前半には起らなかった。在日イラン人のばあいには、上述したようにそもそも出稼ぎを目的とする労働力であるとはいえない人びとが相当部分を占めていた。

このような状況は、イラン人以外の外国人労働者についてもある程度妥当しているとおもわれる。そしてこれこそ、長期滞在外国人の発生の大きな基盤のひとつとなっていたと想定でき、経済学的説明の不十分さの例証となろう。

第3節　非労働移民の登場

　1990年代前半、景気後退下就労の場がせばまっているのに移民の一定部分は帰国しようとしなかった。しかし、外国人のすべてがたんに金を稼ぐために来日しているのであれば、帰国者がもっと増加してもよかったのではなかろうか。これは、外国人のなかには金をこえる期待をもって日本にやってくる者がいたということにほかならず、外国人「労働者」というカテゴリー自体の限界を露呈していたと考えるほうが自然である。筆者がこのような現実に気づいたのは、在日イラン人の調査をしていたときであった。前節でふれたように、来日理由を聞いたところ、出稼ぎ派は半数に満たないばかりでなく、非出稼ぎ派が出稼ぎ派を上回っていたのである。

　非出稼ぎ派を非労働移民と考えれば、非労働移民の第1にあげたいものは「擬似亡命派」である。イラン革命以後イランはイスラーム原理主義的傾向を強めていて、イラン-イラク戦争の後遺症もあいまってイランから脱出しようとする人びとを生みだしていた。「イランの現状に不満をもっている」のはこのような人びとなのである。あるイラン人青年にたいする岡田恵美子の聞き取りによれば、1990年代初頭に兵役2年が義務のところ兵役を拒否する学生運動があり、学生運動参加者は死刑にするといううわさも流れて兵役1年で国外に脱出した者が相当いた。その青年もそのひとりであるという〔岡田 1996：28〕[*3]。

[*3]　この聞き書きは、25歳のひとりのイラン人青年から得られた記録である。岡田は「『彼』の人生と体験を、できるだけ詳細に語ってもらうことから『彼』の背負っている国、社会、文化……といったものを浮き彫りにしてみたい」と述べているが、それは見事に成功している。
　この聞き書きで興味深い論点としては、兵役を完了しないで不法出国したため祖国に帰れないのではないかというおそれを抱いていること、プライドが高いため名前を呼ばれなかったり差別されたりすることによる屈辱感が強いこと、日本語を熱心に学んでいるばかりでなく日本の女の子にも関心があること、嫉妬心が強いこと、職を失ったため悪いことをする仲間がいることなどをあげることができよう。さらにこの青年は、「日本人はぼくらを嫌っているが、ぼくは日本が大好きだ。日本人の口のきき方は乱暴だけど、心はシンプルだ」と印象的な言葉を述べている。

第Ⅱ部　90年体制下の外国人労働者・移民── 1990年代前半の状況

このように政治的難民として承認される可能性がないにもかかわらず、本国の状況を忌避する一種の亡命的性格をもってやってくる人びとを、前節で述べたように、「擬似亡命派」と呼ぶことにする。

　非出稼ぎ派の第二として「自己実現派」をあげることができる。「自分の能力を向上させる」や「自分の視野・見聞を広める」という在日イラン人は、広い意味で自己実現を追求しようとする人びとであった。本書第Ⅳ部第3章で紹介するように、カナダ・トロントに在住していたインド出身のシク移民のなかでは、カナダへの移動が「カナダの機会の多さ」「冒険・旅行」「留学・個人的向上」という動機による者が66人中34人を占め、国際移動の意思決定は必ずしも経済的動機に還元できないことが印象的であった。この意味で在日イラン人とトロントのシク移民とは共通の指向性をもつ人びとをふくんでいたといえる。

　日系ブラジル人についても、1990年代前半の若い未婚の流入者のなかには出稼ぎ派とはとうていいえない人びとが現れていた。渡辺雅子の観察によれば「友達がみな日本にいってしまい淋しい」「この機会を使って日本を見学したい」といった理由による来日者が急増していた〔渡辺1995b：22〕。少なくとも「日本を見学したい」という人びとは、広い意味での自己実現派とみなすことができよう。これについて、浜松市の日系ブラジル人と日系ペルー人を対象とする1993年調査では来日の目的（複数回答2つ以内）を聞いているが、「日本を知るため」は26.1％と、「貯蓄」42.4％、「母国の治安や経済が悪いから」40.3％に次いでいた〔東洋大学1993（〔駒井1998b：下巻、359〕所収）〕。これも自己実現派の存在を示唆するものといえよう。

　若林チヒロの調査によれば、1990年代前半に滞日していたバングラデシュ人は、社会的には上層の出身であり学歴も高いこと、ビザの相互免除協定や就学生となる機会が開かれたため日本にやってきたことなど、労働者というよりむしろ若者の青春期の放浪ともいえる状況にあって、自己実現派に近いことがわかる。一種の偶然により来日したともいえるこの人びとは、滞在の長期化にともないいくつかの人生の選択肢に直面することとなった。それらは学業、定職につくこと、愛と結婚など青年の人生に課せられる重要な課題をめぐるものである。この課題に対処するため、ある者は帰国し、ある者は日本での定住を選んだ。なお、多くのバングラデシュ人は非正規の滞在者とならざるをえなかったため、日本でのハンディキャップはきわめて大きかった〔若林1996b〕*4。

付言すれば、東京都立労働研究所が1994年におこなった「外国人労働者本人に対する聞き取り・アンケート調査〔東京都1995-96〕」をみると、韓国人では本国で芽が出なかったりあるいはすでに失敗経験をもつ者が再起のチャンスを日本にみいだそうとしており、またタイ人についても首都や地方都市の中流層で同じような事情の者の来日が増えていたことから、成長しつつある途上国からの水平移動がみられるとしている。これもまた広義の自己実現派に属すると考えられる。

　以上、外国人の来日動機の3タイプをみてきたが、このほか日本人と結婚したとか、日本にすでにいる家族からの呼び寄せであるとか、あるいは家族に随伴して日本にやってくるなど、前の3タイプとは異なった家族的ともいえる動機をもつ者も無視できない。そこで、このような人びとを「家族結合派」と仮称することにしよう。

　こうして新来外国人たちは、日本にやってきた動機により出稼ぎ派、擬似亡命派、自己実現派、家族結合派という主要な4つのタイプに分類できることになる。ただし、人は生きていくためには働いて金を稼がなくてはならないから、雇用を求める労働者であるという性格をほとんどすべての外国人が共有していることはいうまでもない。ここで注意しておかなければならないことは、これら4タイプがいわば理念型（M.ヴェーバー）であることである。すなわち、あるひとりの新来外国人は100％ひとつのタイプに所属するのではない。ある人は、相当程度自己実現派の要素はもってはいるが、同時に出稼ぎ派という側面と家族結合派という側面も程度は少ないにせよあわせもっているというように。さらに、ある外国人のタイプは時間の流れとともに流動する。日本に入国したときは擬似亡命派であったものが次第に自己実現派に変わっていくというように。

　この4タイプのなかで、もっとも注目を要するのは擬似亡命派であろう。ミャンマーでは、強権的軍事政権が非民主主義的独裁政治をつづけていた。日本政府により政治的難民として認定されたミャンマー人は1992年までにわずか3人にすぎなかった〔根津1992：172〕。そして**表Ⅱ-1-11**の1995年のミャンマー人の超過滞在者6000人強は、その相当部分がここでいう擬似亡命派に属して

---

*4　この研究は、日本からの帰国者にたいするバングラデシュでの調査を含む前後6年にわたる3つの調査の結果を集大成したものである。

いたのである。これら在日ミャンマー人は、「在日ビルマ人協会」を組織してミャンマーの民主化運動をつづけていた〔ミャミャウィン 1994：147〕*5。中国人のなかの擬似亡命派の存在も重要である。中国人留学生に帰国しようとしない傾向がある理由として、1989年の天安門事件が中国共産党にたいする留学生の不信感を高めたことがあげられる。同じ理由は、中国人就学生の超過滞在者化についてもある程度成立するだろう。このばあいには、自己実現派的要素とならんで擬似亡命派的要素が重要な役割を果たしていたことになる。

日系ブラジル人についても、ミャンマー人や中国人とはちがった意味での擬似亡命派的要素を指摘できるかもしれない。国際協力事業団が1991年におこなった調査によれば、来日の主な動機として「自分の国の状況が非常に悪いから」をあげる者は、ラテンアメリカ5ヵ国からきた日系人の30.1％を占めており、「一定期間働いて、貯金し帰国するため」51.4％に次いでいた〔国際協力事業団1992（〔駒井1994c：上巻、182〕所収）〕。また前述した東洋大学による浜松市の日系人調査では、「母国の治安や経済が悪いから」40.3％とともに「母国には希望がないから」21.9％が多かった〔東洋大学 1993（〔駒井 1998b：下巻、359〕所収）〕。渕上英二は、ラテンアメリカ諸国の現地調査にもとづいて、「出稼ぎブームになって以来、日系人は窃盗や強盗の対象となっている。治安問題が急に金回りの良くなった日系人に集中するようになったのだ」と述べている。さらにかれは、強盗でブラジルにいる父を殺された日本で働いている子が、「ブラジルには親戚訪問のためには戻るが、住むためには戻らない」といった事例を紹介している〔淵上 1995：174, 215〕。これは出稼ぎ派が擬似亡命派に転化したものと理解できよう。

つぎに自己実現派については、その代表例である留学生・就学生の1990年代前半の状況をみる。

1988年に入国した就学生3万5000人強の半数近くが超過滞在者となり1989年以降もこの水準が維持されたこと、しかも1992年に新規入国者が2万7000人へとふたたび増大傾向をみせたことは、入管当局に大きな打撃を与えた。そのため、入管は1994年に「日本語就学生の今後の受入れ方針」を公表し、経費の自己支弁能力と日本語習得のための基礎学力を有するか否かを厳しく審査することとした。

就学生の実態については、東京都生活文化局による1991年の調査〔東京都 1992a（〔駒井1994c：下巻〕所収）〕*6がある。この調査の結果はすべて留学生と

就学生とに分けて集計されているが、全般的に就学生の学業や生活が留学生よりもはるかに苦しい状況にあったことがあきらかである。就学生の93.0％は日本語学校に通学していた。そしてなんらかの奨学金を受けている者は3.0％にすぎなかった。そのためアルバイトをしている者は就学生の65.1％を占めていた。そこで、報告書には明示されていないが、アルバイト収入額と時間当たり平均賃金から実際の就労時間を推定すると、週当たり35.4時間、週6日就労のばあい1日6時間弱となる。また、今後の計画については、大学に進学するなどして勉強をつづけたいとする者が71.0％の高率に達していた。つまり、就学生は正規の高等教育の前段階にあって日本語を勉強中であり、アルバイトに頼らざるをえない苦学生というイメージが強かった。就学生のアルバイトの就労先をみると、ウェイター・ウェイトレスなどサービス関係の仕事61.2％、工場・建設現場・清掃などの作業22.8％が圧倒的であり、事務や語学教師などはきわめて少なかった。またアルバイトの紹介者は同じ国の友人が56.6％に達し、同国人のネットワークの重要性がみてとれる。

　自己実現派のなかでは、中国人留学生の動向が注目される。留学生一般については、卒業後帰国することが一般的であるが、その例外をなしていたのが中国人である。1978-89年の留学終了後の帰国率は、アメリカ留学からの25％を最低として最高でもフランス留学からの50％にすぎない。なお日本留学からは29％で、7ヵ国中アメリカに次いで低い。留学生の帰国率の低さは、中国政府にとって大きな問題となっていた〔岡・深田 1995：32〕。このように中国人留学生のかなりの部分は他国での生活を選ぶが、そのなかには日本での定住を選択する者も多い。莫邦富は、1979年の中国の開放政策以降海外に出国した永住傾向の強い中国人を「新華僑」と呼び、中華人民共和国建国以前に海外に移住した老華僑とは出国の動機および目標実現のために選ぶ手段が異なっているとしている〔莫 1993：11〕。専門・管理職を含むノンマニュアル職に従事する中国人の多くは、まさに日本に留学したのち日本で就職した新華僑にほかならない。

　「新華僑」の概況については、最大の中国語メディアである『留学生新聞』

＊5　なお、滞日ビルマ人の実態については、〔倉 1998〕が、はじめてといえる調査の結果をまとめている。
＊6　本調査は、〔東京都 1989d〕調査を継承するものである。

第Ⅱ部　90年体制下の外国人労働者・移民——1990年代前半の状況

による1993年の読者調査〔『留学生新聞』編集部1994（〔駒井1994c〕所収）〕[*7]が参考になる。調査結果のうち在留資格については、就業者とりわけ日本企業への就職者が22.7％を占め第1位となった。1992年調査ではその比率は14.6％であったから、このカテゴリーが急伸したことがわかる。これとともに超過滞在者も同時期に4.6％から13.9％に激増した。また日本人と結婚した者も顕著に増大した。その結果、学生（大学生、就学生、専門学校生、大学院生、同研究生）のシェアは急減した。

　ここであきらかにしたように、外国人の多くは労働はしていたが、その来日動機が出稼ぎでない者も多かった。日本社会はこのような外国人の人生設計の多様性をほとんど理解していなかった。そしてこの事実は、外国人を労働力としては「受け入れる」が、人間としては「排除」する有力な根拠となっていたのである。

[*7]　この新聞は在日中国人により編集・発行されるいわゆるエスニック・ペーパーの代表とも目せるものであって、1988年12月に創刊された。

第4章　定住化の開始とエスニック・コミュニティの形成

第1節　定住化の開始

　1990年代前半の新来外国人たちは、日本人の前にとりあえず外国人「労働者」として現れた。日本社会の側も、「労働者」なのであるから「出稼ぎ」にやってきたのであり、生活の本拠を日本に移す者がいたとしてもそれはごく例外的であって、大多数は帰国するだろうという認識を一般的にもっていたとおもわれる。この認識は正しくなかった。景気後退がすでに相当長期にわたり、就業機会が総体的に減少しているにもかかわらず、外国人人口は微増しつづけ、非正規滞在者も大きく減少することがなかったことは第1章でみたとおりである。

　あらかじめいずれかひとつに決められてしまっているばあいは別にして、外国人には滞日について一般的に次の4つの選択肢が存在する。①帰国：一度日本に滞在したあと出身国に帰ってそこで生活をつづける。②リピータ：出身国と日本とのあいだの往来を繰り返す。これは出身国と日本とのあいだの往来が比較的自由なときにのみ成立する。③滞日：日本に相当長期間滞在するが、定住への意思は未定である。④定住：生活の本拠を出身国から日本に移して日本に定住する。帰国者と新たな入国者はつねに入れかわるが、外国人移民の一定部分は、日本での就労および生活の基盤が次第に確立するにともない、滞日と定住を選択していく。

　⑴入国管理の厳格化にともない、いったん帰国すると日本への再入国がきわめて困難となることを予想して滞在が長期化するという現象もみられた。韓国人の超過滞在者については、「外国人労働者にとって再来日の可能性がなくなることは、帰国か滞日かの選択を迫る。本国で家庭をなしている人は家族のこともあり帰国をするが、単身の男性、帰国をしても再就職が難しい人ほど滞日

表Ⅱ-4-1　永住意欲と日本の好悪　　　　　　　　　　　　　　　　　　　　（％）

	平均滞在期間（年）	永住意欲		日本の好悪		
		あり	なし	好き	嫌い	どちらとも言えない
フィリピン＊	3.8	57	43	64	3	34
中国＊	6.3	51	49	31	19	50
韓国	1.8	7	93	29	16	55
タイ	3.2	62	38	27	42	31
マレーシア	5.6	29	71	65	28	7
ミャンマー	4.5	13	87	58	27	15
インドネシア	2.0	42	58	61	3	36
ブラジル	4.5	12	88	35	45	20
全体	5.0	37	63	49	22	29

＊無回答を除いて再計算した。
出所：〔在日外国人情報誌連合会 1996〔駒井 1998b：下巻、241ff.〕〕

を選ばざるをえない」という、横浜のドヤ街居住者にたいする高鮮徽の1992年の調査にもとづく報告がある〔高 1996：182〕＊1。これは韓国人以外の超過滞在者についても程度や様態の差こそあれあてはまると考えられる。

　在日外国人情報誌連合会による調査は、1996年に実施されたものであるが、日本に住み着く意志があるかどうかと日本の好悪についてエスニック集団別の面白いデータを出している〔在日外国人情報誌連合会 1996〕＊2。表Ⅱ-4-1によれば、日本に永住したい者が半数をこえるグループはフィリピン、タイ、中国であり（無回答を除く）残りは半数にみたないが、なかでも韓国、ブラジル、ミャンマーに永住を考えていない者が極端に多い。韓国人出稼ぎ者については、他の調査でも日本への定住意欲がほとんどないことが注目される。高によれば、「いつまでも日本にいたい」と回答した者は皆無で、「できればずっといたい」も9％にすぎなかった。同様に、第3章第1節で紹介した神奈川県内の韓国人労働者10人も、全員が2年以内に帰国すると答えている。

　つぎに、表Ⅱ-4-1によって日本にたいする好悪をエスニック集団別にみると、日本を好く者が半数をこえるグループはフィリピン、マレーシア、ミャンマー、インドネシアであり、中国と韓国には回答を保留する者が多く、タイとブラジルには日本を嫌う者が多い。つまり、永住意欲と日本の好悪の関係についてはエスニック集団ごとに違いがあり、フィリピン人は永住意欲が高く日本を好み、ブラジル人は永住意欲が低く日本を嫌い、同じように韓国人も永住意欲が低く

第4章　定住化の開始とエスニック・コミュニティの形成

回答を保留するという、それぞれ一致した関係がある。それにたいし、中国人は永住意欲が高いのに回答を保留し、タイ人は永住意欲が高いのに日本を嫌い、ミャンマー人は永住意欲が低いのに日本を好むという矛盾した関係がみられる。

中国人については、前章で紹介した『留学生新聞』の読者調査〔『留学生新聞』編集部1994〕に興味深い情報がある。将来の定住場所について1992年調査では中国大陸を選んだ者は24.4％にすぎなかったのにたいし、1994年の調査では中国大陸が53.5％と過半となっており、日本に定住しようとする者は16.1％と少なかった。この急増の背景には、中国の経済成長にたいする肯定があると考えられる。日本人にたいする評価に関しては、「勤勉だが裏表がある」という趣旨の矛盾を指摘する自由回答が多く、それ自体興味深い日本人論となっている。付言すれば、精神生活の状況にたいする回答は、この人びとの日本社会での日常をよく示している。すなわち悩みについての自由回答を多い順に3位まで述べれば、「孤独・退屈」12.5％、「将来にたいする不安」11.4％、「経済問題」10.4％となった。これら中国人にとって孤独との闘いが大きな位置を占めていたといえよう。ただし、日本社会への適応については64.2％がすでに適応したと回答している。

なお、フィリピン労働者についてのM. R. Pバレスカスの1991～92年の調査をみると、彼（女）らの心はいつも自分の故郷へと向けられているが、家族を養うためにいやいやながら日本でつらい仕事をしていると述べられている〔バレスカス1996〕*3。

第3章第2節で検討したイラン人調査のデータにもとづいて、倉真一は滞日イラン人を出稼ぎ派と本国での大卒専門管理職層とに区別して分析している〔倉1996〕*4。日本人や日本社会への肯定的評価は、出稼ぎ派のばあいには安定

---

*1　この調査は、133人にたいして質問票を用いておこなわれた。
*2　エスニック・メディアのなかの代表的な活字メディアは、在日外国人情報誌連合会という名称の組織を形成している。この連合会に加盟する新聞・雑誌の読者を対象として実施されたものがこの調査である。
*3　バレスカスの調査は、60人のフィリピン人労働者にたいして質問票によりおこなわれた。この60人のうち、女性エンタテイナーは18人であった。また60人のほとんどが非正規就労者であった。
*4　倉は、滞日イラン人のもつ長期滞在から定住への指向性が生活機会の獲得のための戦略であり、それが日本人や日本社会への評価を規定していることを、出身国の社会的文脈と関連させながら論じている。

的雇用を得ている者に高い。それにたいし大卒専門管理職層にあっては、肯定的評価は一般になされないのである。その理由はこの層が日本で経験した相対的剥奪感にあるとされる。ただし、大卒専門管理職層のうちでも、イラン革命にたいして否定的な擬似亡命派には、肯定的評価も相当に存在している。

　なお外国人全体については、第Ⅰ部第7章第3節で紹介した宮沢浩一を中心とする公共政策調査会による1990年におこなわれた「来日外国人労働者の社会不適応状況に関する調査」がある。複数回答による日本人の印象をみると、「親切」とする者が59.5％を占め最多であり、「やさしい」も42.2％いる。その逆に「冷たい」とする者は21.6％しかいない〔公共政策調査会1991〕（〔駒井1994：上巻、264〕）。このように、全般的には日本人に好感情をもっていることがわかる。

　ここで移民の類型と滞日状況との関係を一般化してみよう。出稼ぎ派のばあいには、景気後退により雇用の場が縮小するとき、帰国する者と予定額まで稼せごうとして滞日を選ぶ者とに分極化するであろう。出稼ぎ派のうちラテンアメリカ日系人については、とくに移動が比較的自由であるという条件があるため、リピーターもふくめていずれのタイプも存在した。出稼ぎ派の主体をなす超過滞在者の大きな部分は滞日の段階にあったが、韓国人を例外として、定住の段階へと移りつつある者もかなり出はじめていたといえよう。

　擬似亡命派は、本国の状況が改善されたり日本以外の他の国に移動できる機会があるときには離日するという選択も生じようが、一般的には滞日から定住への道を歩むだろう。絶対数としてはそれほど多くない日本が受け入れたインドシナ難民やごく少数の一般難民は亡命者そのものであり、定住性が強い。擬似亡命派としてのイラン人の一部、ミャンマー人の一部、中国人留学生の一部、ラテンアメリカ日系人の一部なども定住していくことになろう。

　自己実現派については、自己実現の目標がなにであるかによってさまざまなパターンがあろう。たとえば、留学、事業の経営、放浪などなど。家族結合派は、5つのタイプのなかでいちばん定住への志向性を強くもつであろう。家族結合派については、後述する国際結婚の配偶者と日系中国人については、いったん中国を出てしまうとふたたび中国で生活することが難しくなるため、意思にかかわらず日本での定住を余儀なくされるというケースが多かった。ラテンアメリカ日系人のうち、家族ぐるみで来ている者や家族を呼び寄せている者は定住への傾向をもっていた。

第4章　定住化の開始とエスニック・コミュニティの形成

　以下、1990年代前半の定住化の進展を滞在期間の長期化と国際結婚の増大からみることにしよう。
　中国人の滞在期間については上述した『留学生新聞』の読者調査が一種のパネル調査的な情報を与えている。1994年調査で滞在年数をみると5、6年が19.1％、次いで2、3年が16.9％であり、2年前のトップの2、3年30.9％にくらべていちじるしく長期化している。これは1988～89年の日本語学校ブームによる入国者のかなりの部分が、そのまま定住への道を歩んでいることを反映している。そのため回答者の年齢も30～34歳層の36.4％が首位を占めており、また30歳以上が65.6％と多くなっている。さらに既婚者は60.1％に達し、日本で夫婦同居している者が既婚者の8割をこえていた〔『留学生新聞』編集部1994〕。
　滞在期間の長期化とともに、国際結婚が激増した。1980年までは国際結婚の件数は年1万にも満たなかった。しかし1985年から90年にかけて急増し、年2万5000件をこえるようになった。1975年以降、外国人妻との婚姻件数が外国人夫との婚姻件数を上回るようになった。なお農村の中高年男性など日本人男性で結婚できない者が増えており、公的機関や営利目的の民間業者がアジア諸国等から花嫁をあっせんしていた。これも増大する国際結婚の一因となっていた[*5]。
　外国人妻の国籍をみると、1995年には1992年以降首位であった韓国・朝鮮にかわってフィリピンがもっとも多くなった。一方外国人夫の国籍は、1970年に首位であったアメリカにかわって、1975年以降は韓国・朝鮮が首位、アメリカが第2位という状況が続いていた[*6]。
　非正規滞在者の家族形成については、東京都社会福祉協議会の1992～93年の調査によれば、既婚者が37.5％いた。既婚者を100％としたばあい、日本人以外の配偶者と日本にいる者9.4％、日本人配偶者と日本にいる者14.1％となり、日本人配偶者のほうが多く、既婚者の23.5％、合計45人が日本で家族生活を営んでいた。また、子どものいる者も509人のうち20人に達した。ただし、子どもの大多数は学齢期前であり、過半数が保育園・幼稚園・乳児院・養護施設等を利用していた〔東京都社会福祉協議会1993〕〔駒井1994ｃ：下巻、51〕）。

---

*5　この問題についてのもっともまとまった著作は、1990年代前半段階では、依然として〔宿谷1988〕であった。
*6　以上は、〔厚生省 各年版〕。

情報の得られるエスニック集団について若干述べれば、外国人男性のうちイラン人について、岡田恵美子は「在日労働者のなかで少なくとも5％のイラン人が日本女生徒の結婚、または婚約関係にあるといわれている」と記し、そのなかには在留ビザ獲得のためという計算をする者もいるかもしれないとしている〔岡田 1996：34〕。

また、杉山克己らは、1992〜93年に、栃木県の風俗関連産業で働くタイ女性22人にたいする調査をおこなった。そのうち、14人はパートナーがおり、そのなかで3人は結婚していた。相手の国籍は日本人9人、タイ人4人、無回答1人であった。日本で同居中の者は7人おり（そのうち結婚している者は1人）、相手はすべて日本人であった。なお「実際に生活の手助けをしてくれる」者の内訳は店のマスターが多いが、恋人やお客などの回答も見られた〔杉山ほか 1994a〕。

さらに、1993年に実施された『川崎市外国籍市民意識実態調査』の報告書には、これまで量的データがあまりなかったフィリピン女性に関する興味深い情報がある。フィリピン人の86％は女性であるが、彼女たちの81％が日本人と結婚していた。しかしその夫婦別居率は24％にも達している反面、子どもとの同居率は48％と他のエスニック集団よりも高かった。すなわち在日フィリピン女性の大部分は日本人男性と結婚していたが、その家庭生活には大きな問題がある人が多かったとみられる。なお、川崎市に在住する男性のなかで欧米・オセアニアの比率は67％と多く、そのうち日本人と結婚している者は43％にのぼっていた〔川崎市 1993〕。

第2節　アイデンティティの危機

日本という異国に来住した外国人移民は、母国や母文化と日本とのあいだでたえず精神的な往復運動をおこない、エスニックなアイデンティティの危機にさらされる。中国帰国者問題研究会は、中国帰国者たち105名を調査して彼らがたどる心理的プロセスについて以下の6つの段階をみいだした〔大迫・小川 1990：46-50〕[7]。外国人移民ではないものの示唆するところが多いので、その内容を以下紹介したい。

①移住期（ハネムーン期）：日本へ帰国（来日）したばかりの時期で、喜びが大きく、きわめて新鮮な気持ちをもち、急激な変化に適応すべく無我夢中のこ

ろである。
② 不適応期（第一期）：日本の生活になれてくるにしたがい、あらゆる場面で勝手のちがうことや、予想や期待を裏切られるなど厳しい現実に直面する。無性に腹がたったり、イライラしたり、無力感を感じるなど精神的に不安定になる時期である。
③ 表面的な適応期：日本での生活体験を積むなかで、困難の解決方法もわかりはじめる。また、「中国に帰ることはできない、日本で生活するしかない」、「日本とはこんな所だ」というあきらめから日本社会そのものを受け入れようとする時期でもある。
④ 不適応期（第二期）：日本社会へ一応は適応したものの、日本社会の欠点などがより強く意識され、日本での生活体験すべてが嫌な体験と感じてしまう。日本への期待感が強かった人ほど失望感も大きく、また日本に来ることを積極的に望んでいなかった人は中国での満足した生活とを比較しがちになり、日本へ来たことの後悔が募る時期である。この時期は心理的な面でも抑鬱状態や心身症状が発現しやすい。
⑤ 安定的適応期：困難を乗りこえたり、問題を解決できたという成功体験を積みかさねるなかで、日本での生活が安定してくる。「あきらめ」をこえて、むしろ「日本の生活をエンジョイ」することができるようになる時期である。
⑥ 望郷期：ふたたび中国文化、そして中国にいる親族への思いが熱く頭をもたげてくる。まさに「功なり名とげた」なかでの「望郷の念やみがたし」といった時期である。

報告書は、このような段階を規定する条件として、日本語の習得がうまくいっているか否か、また生活習慣の違いによる問題をどのように解決できるかが重要であるとしている。しかしながら、むしろ中国に傾斜しながらも日本とのあいだで揺れ動くアイデンティティ問題が根本にあると考えるべきであろう。

これとは違った視角から外国人の適応過程の段階を提示しているのは、フィリピン花嫁を診療する山形県の精神科医・桑山紀彦である。桑山によれば、彼女たちのストレスには以下の5つの段階がある〔桑山 1994：62-63〕。
① 1ヵ月目の山：戸惑いと困惑。精神的には緊張しているため、あまり問題は生じない（第一次身体的ストレス期）

＊7　今田克司『中国帰国者と日本社会』東大修士論文、無日付、35-36ページより引用。

②3ヵ月目の山：その地に適応していかなければならないことにたいする不安、怒り、不満。周囲の状況を眺めるだけの余裕が生じてくる。（精神的ストレス期）
③6ヵ月目の山：それまでかばってくれた周囲の日本人も本人の自立を促しはじめ、本人みずからなんでもしなければならなくなることで生じる「疲れ」（第二次身体的ストレス期）
④2年目の山：自分に与えられた仕事も大体できるようになってきてさらに余裕が生まれ、周囲への気遣いもルーズになってくる。習慣などもほぼ理解できるが、「受け入れられるものと受け入れられないものがある」という区別をするようになる（第一次対比期）
⑤5年目の山：日本でのアイデンティティを模索しはじめ、自分の「人生」という単位で、その嫁いだ国（日本）と祖国の深い対比がはじまり、その違いが許せないものとなる（第二次対比期）。

　ここでも、母国と日本とのあいだのアイデンティティの往復運動が次第に本質的なものとして露わになっていく過程が示されている。
　外国人のかかる精神病のなかには、アイデンティティ問題を病因とするものがある。これも、異国に暮らす人間にとってアイデンティティがいかに重要であるかを裏づけるものである。
　桑山はさらに「自分のありったけの力をもってしてこの閉鎖社会に適応させようとする一方で、自分の民族としてのアイデンティティを懸命に守ろうとするなかから生じた葛藤に起因する」フィリピン花嫁の重篤な心因反応の症例を提示している。その子どもたちも就学をしはじめる。「フィリピンの花嫁さんにしたように『日本人への完全な同化』を求めてしまえば、子どもたちは親以上に迷い、苦しみ、……一時的には『お母さん』である母親を恨むかもしれない」と桑山は述べている〔桑山 1994：66, 73〕。したがって、外国人移民の定住化を円滑に進展させるためには、アイデンティティ問題への対応がなければならない。

第3節　エスニック・コミュニティの形成

　定住化の進展にともなって、1990年代前半におけるエスニック・コミュニティの形成もめざましかった。以下エスニック・ビジネス、エスニック・メデ

第4章　定住化の開始とエスニック・コミュニティの形成

ィア、宗教施設、エスニック・ネットワークに焦点をしぼって、状況を概観する。

当時のエスニック・ビジネスは、出資者ないしは経営者がマイノリティに属しており、当初自集団のエスニック市場を基盤として成立していたが、次第に一般市場をも対象とするようになり、多くのばあい従業員として同じエスニック集団の構成員を雇用しているという特徴をもっていた。主要な業務内容を列挙すると、母国の食料品、雑貨、新聞・雑誌などを販売したり、ビデオをレンタルしたりする商店、母国料理や母国の酒を提供する飲食店、日本と母国を往来するための航空券の販売や書類作成などを請け負う旅行代理店、美容室、自集団向けの新聞や雑誌を発行する出版社、コンピュータ・ソフトの制作会社などがあった[*8]。

中国人については、新華僑によるエスニック・ビジネスの経営についての伊藤泰郎による1993年の調査がある[*9]。その結果をみると、外部からの資本の援助がありエスニックな絆の弱い外部支援型はあまりみられなかった。同郷人とのエスニックな絆が強く資本も同郷人に依存するエスニック集団型については、一大チェーンを形成した例があった。さらにエスニックな絆が強く資本提供については対等である共同経営型も数多くみられた。エスニックな絆が弱く資本提供については対等である脱エスニシティ型については、共同経営型に移行した例があった。このほか個人経営型があった。伊藤は共同経営型のもたらす意義を強調している。

つぎにエスニック・メディアについてであるが、日本のエスニック・メディアとは、日本社会のなかでのマイノリティを主たる対象として、自集団の言語を中心とし時には日本語や英語も用いながら定期的に情報を発する印刷や電波などの媒体と定義しておく。白水繁彦によれば、新聞、雑誌、放送、電話回線利用の通信などの手段による外国人向けメディアは、1980年代後半にぽつぽつ現れ、1990年代にはいると急激に増大した。ただし、経営基盤は弱く廃業に追いこまれるメディアも多かった。エスニック・メディアは、あるエスニッ

＊8　これについては、〔伊藤1996：287〕が参考になる。
＊9　〔伊藤1996〕。調査は関東圏で店舗や事務所を構える新華僑の経営者18人と彼らが経営する36社にたいして実施された。主体が状況に応じてもっとも利益をもたらすエスニシティを選択するという状況的エスニシティ論に立脚しながらエスニックな絆に着目し、新華僑によるエスニック・ビジネスの経営を対象として分析をおこなっている。

第Ⅱ部　90年体制下の外国人労働者・移民――1990年代前半の状況

ク集団への所属感情をつちかうとともに、エスニック集団にたいして日本で生活するために必要な情報や母国の情報、さらには日本人社会の情報を伝達するだけでなく、日本人社会にたいしてもエスニック集団の情報を伝達する媒介者としての役割をになっていた。初期には生活情報に関する内容が中心であったが、のちには次第に日本社会の理解や母国と日本の関係などの内容に移行していった[*10]。

　エスニック・メディアの重要性については、メディア接触行動の調査結果からも確認できる。第3章で紹介した1993年の東洋大学による浜松市調査から「一番頼りにしているメディア」（複数回答3つ）をみると、「日本で発行の母国語の新聞」49.0％、「母国から送られてくる新聞や雑誌など」48.7％、「友人や親せきからの耳情報」34.7％が多い〔東洋大学 1993〕（〔駒井 1995a：下巻、389〕）。

　宗教については、移民の増大にともなってキリスト教やイスラーム教をはじめとする既存の各種宗教施設への外国人の参加が増すとともに、新たな宗教施設もつぎつぎに建設された。これら宗教施設は、日本という新しい土地で心労の多い移民を宗教的に救済し、同国人との接触により安定感を与え、就職や居住ばかりでなく商品にかんする情報交換も可能にした。移民たちの多くは、本国にいたときよりも宗教施設に通う頻度が一層増えていた。以下、教派ごとに状況を概観しよう。

　まずカトリックについてであるが、フィリピン人の多くは来日後信仰心がむしろ高まっていた。カトリック教会としては、赤羽教会（東京都北区）が重要であり、第3日曜日には多いときで1000人近いフィリピン人が礼拝にきた〔『朝日新聞』1994年11月16日〕。この教会を頂点として、各地のカトリック教会では、フィリピン人とラテンアメリカ日系人を中心に、韓国人、ベトナム人、ナイジェリア人などをふくむ外国人の信者が急増した。これらの教会の中には、日本語のほか英語、タガログ語、ポルトガル語、スペイン語によるサービスをおこなっているところもあった。また、フィリピン人のために日本人と分離した特別のミサをおこなっている教会もあった。複数の神父は、信者である非正規をふくむ外国人の人権侵害に対抗し、生活を守る救援活動に従事していたことで知られている。

　つぎに、プロテスタントに関しては、韓国人が重要であった。韓国本国でのキリスト教徒の割合はおよそ3割とされるが、滞日する新来韓国人ではその割合が6割に達するとみられていた。新来韓国人がもっとも集中する東京都新宿

区の大久保通り一帯には、韓国語でサービスをおこなうキリスト教会が少なくとも4つあった〔まち居住研究会 1994：126-127〕。当初、新来韓国人たちは旧来韓国人が設立した協会に通っていたが、次第に韓国に母体をもつ教派の教会を新設してきた。当時の韓国人プロテスタントの大きな特徴は、階層ごとに礼拝におもむく教会が異なることであった。たとえば、韓国企業の派遣社員や大使館関係者は、出稼ぎ労働者が通う教会に行くことはほとんどなかった。

ちなみに、最大のエスニック集団である中国人は、宗教的活動にはほとんど参加しなかった。上述した東京の新宿地区では、道教の小さな祠がひとつだけみられるだけであった。

イスラーム教も各地で急激な発展をみせた。ムスリム人口が多い北関東を走る東武線は「エスニック・ライン」とも呼ばれていて、その沿線には規模の大きいモスクが集中していた。春日部市では、3階建ての学習塾だったビルを借りて、1992年に一の割モスクが設置された。ここは50人ぐらい入れる部屋が2つと、もう少し小さい部屋がひとつ、3階を合わせて200人ぐらいは礼拝できた。

定住化にともなって、第1に母国と日本にいる人のあいだで、あるいは日本にいる同国人とのあいだでそれぞれのエスニック集団ごとにエスニック・ネットワークが確立していった。たとえば、いったんバングラデシュの人が働くようになった職場では、その人が国に帰っても自分の友達のバングラデシュ人を紹介していくということがよくあった。とくにエスニック・ネットワークが発達していたのはフィリピン人で、親戚や同郷の知人などのあいだに緊密な関係が形成されていた。その媒介となるのは、エスニック・ビジネスとりわけエスニック・レストランや、宗教的施設などであった。

商店、飲食店、美容室などのエスニック・ビジネスでは、その経営者を結節点としてエスニック集団の広範なネットワークがはりめぐらされていた。エスニック・ビジネスがとくに発展しているエスニック集団は、ラテンアメリカ日系人、中国人、韓国人であった。当然のことではあるが、エスニック集団の集住地には多数のエスニック・ビジネスが発展していた。とくにエスニック・レストランは、食べるという人間にとっての基本的行為にもとづくアイデンティティを確認させる場であるとともに、同国人どうしの出会いの場を提供すると

＊10　以上は〔白水 1996〕をみよ。

いう二重の意味をもっていた。

　前掲の東洋大学による浜松市調査のばあい、回答の45.7％がブラジル料理店で集められた〔東洋大学1993〕（〔駒井1998b：334-335〕）。また華人系マレーシア人にたいする石井由香の1993年の調査も、東京のマレーシア中華料理店を中心に行われた〔石井1999：131〕。

　イラン人たちは、1990年代初頭、日曜日ごとに駅前や公園等に大勢で集まり親睦や情報交換をおこなう傾向がある点で可視性（めだちやすさ）が高く、他の非正規労働者と大きく異なっていた。1992年ごろまでイラン人たちの最大の集合場所は上野公園近辺であったが、取り締まりの厳格化もあいまって1993年ごろ代々木公園近辺へと移動した。上野に集まる理由について東大保健社会学研究室による1992年の調査結果（複数回答）をみると、仕事を探すため60人、仕事をするため43人、友人・同国人に会うため22人など（回答者138人）となっている。すなわちイラン人たちは、仕事を探すことを主な目的としてかなり遠くから集まってきていたのである〔東京大学1992〕（〔駒井1994c：下巻、199〕）。これもネットワーク形成の努力のあらわれとみなすことができる。

　神奈川県に在住するラテン系アメリカ日系人を調査した江成幸らによれば、生活問題の処理・解決は、派遣業者に頼らない時には日系人どうしのパーソナル・ネットワークに依存することが多かった〔江成ほか1994：202-203〕。ここでつけくわえておきたいことは、エスニック・ネットワークの形成とはうらはらに、日系人の日本の親戚との関係が弱かったことである。ブラジル日系人たちについて東洋大学による浜松市調査をみると、日本の親戚との交流は「とても活発」11.3％、「ときどきある」17.7％、「たまにしかない」10.8％、「ほとんどない」60.2％と、ほとんどない者が圧倒的に多い。これについて報告書は、「『故郷に錦を飾る』目的を果たすべく渡伯した戦後移民にとって、望郷の念は高くても、故郷の敷居は低いものではないようである」と説明を加えている〔東洋大学1993〕（〔駒井1998b：388〕）。

　韓国人については、日本四大寄せ場のひとつとして著名な横浜市寿町の簡易宿泊所で生活する韓国人労働者を対象とする高鮮徽による1992年の調査がある。寿町では済州島人のなかでもK邑の出身者が多かった。寿町への韓国人労働者の流入は1988年頃から偶然にはじまり、この時点でそれまであった在日韓国・朝鮮人の親戚に頼るという関係が消滅した。寿町に労働需要と寝場所があるという情報は、K邑から済州島全島へ、そして韓国人全般へと、ネットワークを

第4章　定住化の開始とエスニック・コミュニティの形成

通じて伝わっていったのである。寿町に在住する韓国人は済州島出身者と半島出身者に分けることができるが、とくに済州島出身者のほうに相互扶助ネットワークが発達しており、そのなかでもＫ邑は強かった。

「精神的に困ったことがあったら相談する人がいるか」という問いにたいして「同じ村、同郷出身」と答える者は済州島出身者の53.1％、半島出身者の31.7％にのぼる。同様に、現在ついている仕事の情報を「同じ村の人」から得た者は済州島出身者のうち50.0％、「同郷出身」から得た者は半島出身者の36.6％である。なお、在日韓国・朝鮮人とのつきあいの程度は「来日、帰国時のあいさつをする程度」20.5％、「なにか問題があるとき相談」と「ひんぱんに往来する」が16.4％となっており〔高 1996：178, 170-171〕、ブラジル日系人と似たような傾向にあった。つまり在日韓国・朝鮮人と新しくやってきた済州島人との関係は、あったとしても雇い主と従業員というさめた関係であったという風に考えるべきなのである。

華人系マレーシア人について石井由香の調査結果をみると、96人のうち24人が「親戚・友人がいたから」という来日理由をあげている。石井は、華人ネットワークの存在がマレーシアからの来日の増大に大きな影響を与えたのではないかと考えている〔石井 1999：145〕。

また若林チヒロは、1994年までの調査により、ガーナとナイジェリアを中心とするアフリカ出身者たちのネットワークが宗教および出身地域を中心として形成されていたほか、アイデンティティ確立のためのものもあったことをみいだしており注目される。これは、日本ではじめて自分が黒人であることを認識させられ、アフリカ人であるということのプライドをもとうとしてつくられたのである。その根底には、日本人がアフリカ人にたいしてもつ特定のステレオタイプがあった。性的に強いとか、難民か原始人としてしかみないというのがその典型である〔若林 1996a〕[11]。

出身国と受け入れ国を結ぶフィリピン人のネットワークの存在については、Ｍ.バレスカスがふれている。そこでは、フィリピン人がもつ友人、隣人、親戚などの個人的ネットワークが注目されている。調査対象者60人中17人が仕事についての情報提供者とともに働いており、また23人は日本に親戚をもっていたのである〔バレスカス 1996：106〕。

---

[11]　アフリカ人を対象とする調査は、当時、他に例をみない。

第Ⅱ部　90年体制下の外国人労働者・移民──1990年代前半の状況

第4節　居住の様態

　まず住宅をみることにしよう。前掲した東京都社会福祉協議会の調査によれば、非正規滞在者の住宅については、賃貸住宅アパート38.9％、雇用主が用意した住宅27.3％、知人・友人宅15.1％、工場に付属する寮9.4％などが多かった。また、家族以外の人と3人以上で同居している者が40.5％を占めていた。住宅にたいする不満では、「狭い」「適当な物件がみつからない」「家賃が高い」が上位にあった〔東京都社会福祉協議会1993〕（〔駒井1994c：下巻、25〕）。なお、上述した上野のイラン人調査によって寝泊まり場所についての回答をみると、東京都に若干の集中がみられるもののその他関東6県にも広く分布しており、仕事場についても同じような傾向がみられた〔東京大学1992〕（〔駒井1994c：下巻、204〕）。

　外国人労働者の定住化が進むにつれて、いくつかの集住地が形成されつつあった。東京の新宿地区は、韓国人をはじめとするアジア系新来外国人の集住地として知られていた。ここは風俗関連産業が集中的に存在する日本でも最大の盛り場である歌舞伎町に近く、外国人専用のアパートも出現しており、また日本人が入居をためらう低家賃の老朽アパートがかなり残存していたという点で、就労と居住が容易だったからである。ここでは商店をはじめとするエスニック集団ごとの各種ビジネスが操業していた。中国人の顕著な集住地は東京の池袋地区であった。ここでも低家賃の老朽アパート群が大量に残存しており、また歌舞伎町ほどではないが東京でも代表的な盛り場があるため、居住と就労が容易だったからである。ただし、新宿地区にせよ池袋地区にせよ、外国人だけが排他的に居住するゲットーが形成されていたわけではない。日本人住民との混住という住居パターンはあくまでも存続していた。

　ラテンアメリカ日系人は、特に群馬県の太田市や大泉町周辺と、浜松、豊橋、豊田、湖西などの東京から名古屋よりの東海地方に集中的に居住していた。太田市・大泉町のばあいには三洋電気や中島飛行機の流れを受ける代表的な自動車メーカーである富士重工業が、浜松市にはホンダやヤマハなどのオートバイメーカーが、豊田市には日本を代表する自動車メーカーであるトヨタがそれぞれ立地し、これらを中心として多くの下請・関連企業が存在し、企業城下町ともいえる性格をもっていた。これらの下請け・関連企業が日系人を受け入れて

いたのである。群馬県や東海地方のラテンアメリカ日系人については、コミュニティの形成にともない、日本人社会からの分離が強まっていくと推測される状況がみえた。商店や飲食店が自集団のたまり場となり、エスニック・メディアが自集団の言語で必要な情報を提供し、巨大な団地の一角に数十・数百世帯が隣接して居住し、仕事場では人材派遣会社による一括した労務管理がおこなわれるとき、あえて日本人社会と接触する必要性は失われる。実際、ラテンアメリカ日系人の日本語能力は、当時低下しつつあった。

　ここで特異な集中居住がみられた横浜の寿町についてふれておきたい。日本の四大寄せ場のなかで、なぜ寿町にのみ外国人労働者の集中居住がみられたかということについて、従来の議論のなかには、寿町の経営者の9割までが在日韓国・朝鮮人たちであって外国人に同情的だからという説があった。ところで、寿町に住み着いていた新来韓国人は済州島人が主であるのにたいして、ドヤ経営者は済州島出身者ではなかった。そのため寿町のドヤのうち外国人を受け入れる経営者がいるようなところは少数に限られ、またその関係はあくまでもクールだったと高は主張している〔高1996：185〕。

　それではなぜ、寿町というところに日本の四大寄せ場でもめずらしい外国人労働者の集中居住というパターンができたのだろうか。ここには非常に強力な救援団体の「カラバオの会」[*12]があって、取り締まりに対抗する力をもっており、当局もなかなか手を出せなかったということが考えられる。他の寄せ場については、蝟集の取り締まりも手伝って、外国人労働者が手配師のもとに朝集まってそのままマイクロバスに乗って就労先へ行くというようなパターンは崩れはじめていた。そういう意味では、寿町での集中居住はいろいろな偶然が重なってできたとおもわれる。

　以上みてきたように、1990年代前半には、家族生活がはじまり、エスニックなビジネス、メディア、宗教施設が活発に活動するとともにネットワークも発展し、エスニック集団ごとの集住地域も出現してきた。当時、日本人社会との関係に敵対性がそれほどみられなかったことは強調されてよい。たとえそれが無関心からくるものであっても、日本人がさまざまなエスニック・コミュニティの存在を総体的には黙認していたことは間違いない。

[*12] ひとりのカトリック神父により1980年後半に創設されたこの組織については第Ⅰ部第7章第5節第1項ですでにふれた。

第5章　包括的包摂政策不在のもとでの共生の模索

第1節　自治体、NPO、コミュニティ・ユニオンの役割

1. 非国家性と非営利性

　外国人移民の日本社会からの疎外や人権の侵害は、主として国家権力と民間企業により引き起こされてきた。西欧近代が生みだした国民国家は、特定の領土において主権を行使する主体を国民とするということを原則としている。その結果として、ある国民国家の領土に居住はするがその国民ではない人びとは、基本的にはその国民国家への帰属を否定されるとともに、人権の侵害にたいする国家による庇護を受けられないばかりでなく、しばしば国家権力による人権の侵害の対象にさえされている。また、外国人移民が外国人労働者として就労する場は大部分民間企業であるが、民間企業は営利追求を目的としているため、多くのばあい外国人労働者を劣悪な労働条件のもとでの低賃金労働者として利用してきた。その結果は、外国人労働者の内国人労働者からの疎外であり、また職場で頻発する人権の侵害であった。

　このように外国人移民の日本社会からの疎外や人権の侵害を是正しうる行為主体を国家権力や民間企業に求めることには根本的な無理がある。したがって、そのような行為主体は、第1に非国家的組織であることが絶対的な条件となる。ここで「非政府」でなく「非国家」とするわけは、「政府」には行為主体としての自治体も包含されてしまうからである。日本の地方自治制度は、国家権力にたいするアンチテーゼとして自由民権運動に由来する長い歴史をもっている〔宮本1986：第2章〕。それを反映して、「日本国憲法」では前文をふくむ全体にわたって「日本国民」あるいは「国民」という語が使われているのにたいし、「地方自治法」では「住民」という語が使われ、自治体の主権が住民にあることを明示している。この法には、自治体は住民の安全、健康および福祉を保持

する義務があるとされており、ここでいう「住民」には「日本国民」でない外国籍住民もふくまれていると理解するのが当然である。したがって、非国家的組織とは、中央政府以外の組織をさすことになる。

　行為主体の第2の条件は、非営利組織であること、すなわち利潤を追求する企業でないことにある。非営利組織はNPOという略語で表現されることが多い。このNPOという語は、Nonprofit Organizationという英語の頭文字をとったものであり、この語は民間非営利組織と訳されることもある。なぜ「民間」がつけ加えられるかといえば、政府組織も当然のことながら非営利組織だからである。しかしながら、政府組織はNPOには入らないという理解がすでに一般的に共有されてきたので、本章では「民間」なしに非営利組織という訳語をもちいる。また、かつてはもちいられることの多かったNGOという語は、Non-governmental Organizationという英語の略語で非政府組織と訳されているが、最近では国際協力など国際的活動をおこなっている組織にかぎって使われるようになってきたので、本書でもそれにしたがう。

　非営利セクターの社会的意義について先駆的な考察をおこなったP. F. ドラッカーは、NPOが「非営利」つまり企業でないということによっても、また「非政府」であるということによっても定義されないと主張する。NPOを企業や政府から区別するものは、まさにそれが人と社会を変革するという目的をもっているところにある。そのためにNPOに求められるものは、組織としての使命の明確化にほかならない〔Drucker 1990 = 1991〕。この定義はNPOの本質をよくいいあててはいるが、あまりに漠然としている感を否めない。

　12ヵ国における「民間による公益活動支援」を調査したL. M. サラモンによれば、非営利セクターにあてはまると考えられるNPO組織には、つぎのような特徴が共有されている。①正式に組織されていること。これは法人であるばあいもそうでないばあいもある。②民間であること。すなわち組織的に政府から離れている。③利益配分をしないこと。すなわち組織の活動の結果生まれた利益をその組織の所有者あるいは理事に分配しない。この点で、民間セクターであっても企業組織と異なる。④自己統治。⑤自発的であること。すなわち活動や業務においてある程度の自発的な参加がある。宗教的組織および政党や選挙を目的とする政治組織は、このような5つの条件をみたしてはいるが、サラモンはNPOから除外している。本章では、NPOについてはサラモンの定義にしたがうことにする。

サラモンは、非営利セクターをその活動分野によってつぎのように分類する。文化・レクリエーション、教育・調査研究、保険・医療、社会サービス、環境、地域開発・住宅、市民・アドボカシー、民間による公益活動支援仲介、国際活動、業界・職業団体・組合、その他。ここでアドボカシーとは、特定の立場・見解を擁護し推進する活動であり、政策提言と訳されることもある。市民・アドボカシーの分野には、市民権団体や人種団体の活動もふくまれる。また、労働組合は業界・職業団体・組合に含まれる〔Salamon & Anheier 1994 = 1996〕。

非国家でかつ非営利であるという2つの条件をみたす行為主体は、自治体とNPOにほかならない。ところで、従来のNPOにかんする議論では、第1セクターと呼ばれる排他的に国民の統治をおこなう政府組織が属する部門と、第2セクターと呼ばれる営利追求を目的とする企業組織が属する部門とに対抗する第3の部門として、NPOにより形成される第3の非営利セクターを対置することが一般的であった[*1]。しかしながら、第1セクターを部分的に構成する自治体と非営利セクターとのあいだには、対抗的関係ではなくむしろ補完的関係こそが存在する。こう考えれば、外国人移民に関する施策や運動の行為主体としては自治体とNPOとが重要な意義をもつことになる。

2. 自治体の国際政策

自治体の国際政策の先駆けは、1980年代前半の複数の先進的自治体による「民際外交」の提唱であった。それは、平和、人権、地球環境保護、貧困の絶滅などの地球的問題の解決には、自治体を組織者とする民による外交のほうが国家を主体とする外交よりも効果的である、とする主張を基礎としていた[*2]。民際外交の提唱はやがて国により吸収され、1987年には自治省により「地方公共団体における国際交流の在り方に関する指針」が自治体に示された。また1989年には「地域国際交流推進大綱の策定に関する指針」が、さらに1995年には「自治体国際協力推進大綱の策定に関する指針」が、それぞれ都道府県および政令指定都市に指示された。自治省はこれを「国際交流から国際協力」への発展だとしている〔自治省1995〕。すなわち、たんなる国際理解の増進と人や情報の交流の段階から、外国のニーズに応じる国際協力の段階へ移行する必要性が示されたのである。

しかし、1970年代から顕著化した新来外国人の日本への到来は、1990年代前半の自治体の国際政策にまったく新しい課題を背負わせることとなった。こ

れらの外国人が居住して生活するのは、当然のことながらどこかの自治体の管轄区域にふくまれる特定の地域である。したがって、好むと好まざるとにかかわらず、自治体は外国人を行政の対象とせざるをえなくなった。これは、自治体に内なる国際化が要請された消極的条件である。けれども、自治体が内なる国際化をさらに推進すべき積極的条件があった。周知のとおり、日本の国家レベルの移民政策は、移民管理政策だけが存在して包括的な移民との共生政策は不在であった。自治省が国際交流ないし国際協力については重視しても、内なる国際化についてはあまり重きをおかなかったのは、日本という国民国家のこのような基本姿勢を反映していた側面もあると考えられる。

それにたいし、自治体は地方自治法より明確に異なった立場に立つ。この法によれば自治体は住民の安全、健康および福祉を保持する義務があり、ここでいう住民には生活の本拠を当該自治体におく外国人も当然ふくまれる。普遍的な基本的人権に向かって開かれたこのような地方自治法の精神の基礎には、国権に民権を対置した自由民権運動に連なる100年有余にわたる日本の地方自治の伝統がある。つまり、自治体は国とは別個の国際政策を展開できる可能性をもっているのである。こうして、新旧の外国人といかに共生するかを指向する内なる国際化が、自治体の積極的課題として浮上してくることになる。内なる国際化の最終的目標は、豊かな個性あふれる地域文化の創造にある。外国人移民のもたらすさまざまな文化は、地域がもつ歴史性と風土性と相互作用をしながら固有の発展をとげる。

自治体の国際政策[*3]の概況については、〔東京都 1994b〕が全国レベルの情報を体系的に収集している。この報告書であきらかにされた興味ある事項を列挙すると、自治体の意識に大きな格差が存在していたことにまず驚かされる。定

[*1] たとえば、〔松下1998：8-10〕。

[*2] 〔駒井1994b：172〕をみよ。

[*3] ここで自治体の国際化政策に関する1990年代前半までの文献を例示すれば、〔神奈川県 1988〕、および〔東京都 1989g〕が先駆的である。〔行政管理研究センター 1991〕は、全国の先進的自治体の活動例を収集しているがやや断片的である。〔自治労 1991〕は、どのような原則によるべきであるかをあきらかにしながら施策の提示をおこなっている。〔かながわ在日外国人問題研究会 1992〕は、対象地域が神奈川県にかぎられるが洞察に富むすぐれた報告書である。さらに、〔江橋 1993〕は、前掲自治労の報告書を継承しながら、各地の自治体の施策を幅広く収集している。このほか、〔東京都 1994〕などがある。

住外国人の直面する諸問題を地道に解決する努力をつづけていた自治体が存在する一方で、問題意識の希薄な自治体もあった。それを判断するひとつの格好の材料が非正規外国人についての施策であって、人権を擁護するという立場から彼らを守るために真剣な模索をしている自治体がある反面、不法であるから施策の対象外として切り捨てるばかりか、入管および警察へ通報するとする自治体さえ相当あった。新来外国人の定住が進む関東地方には、前者の自治体が比較的多かったように見受けられる。また非正規就労者については、茨城県、兵庫県、横浜市、川崎市が人権尊重ないし労働保護の視点を出していた。このような姿勢のない自治体には国の施策・方針に委ねるという傾向が一般的にみられ、地方自治が国との緊張関係において成立してきた歴史的経緯が忘れられて、国の下請け機関に甘んじていた実態が明瞭にみてとれる。

　まず川崎市であるが、川崎市は日本資本主義の発達とともに成長した工業都市であって、植民地であった朝鮮半島から大勢の労働者が渡来し定住した。その結果、現在にいたるまで川崎市における外国人市民の多数派は韓国・朝鮮人であった。このことが、川崎市の外国人市民政策に先駆的位置を付与することになる。

　川崎市の外国人政策は、伊藤市政の時期と高橋市政の時期とに大きく区分される。1971年に誕生した伊藤革新市長は、外国人市民の諸組織による「自治体への公民権運動」ともいえる運動に積極的にこたえようとした。伊藤市政は、①1972年以降、国に先駆けて国民健康保険、住民登録、市営住宅、就学案内、生活保護者の奨学金支給などにおける国籍条項を撤廃して社会権を保障し、②1985年に機関委任事務である指紋押捺を拒否する外国人市民を告発しないという決定をし、③1986年に「在日外国人教育基本方針」を策定して教育における「積極的平等施策」を指向し、④地元町会の強い反対をおしきって、1988年に日本人との相互理解を深めるための社会教育施設「ふれあい館」を建設するなどの業績を残した。

　1989年に誕生した高橋市政は、伊藤市政の外国人市民政策を基本的に継承した。高橋市政は、新来外国人をもふくむ外国人全般にたいする「外国人市民施策」をまず策定しようとし、そのために外国人市民政策推進幹事会が1990年2月に「24項目の検討課題」をまとめて発表した。このように、川崎市は、主として旧来外国人に対応するために、外国人市民政策推進幹事会の設置、学校教育における実践、ふれあい館や市民館などの社会教育実践をおこなってき

第５章　包括的包摂政策不在のもとでの共生の模索

た。その背景には、軍事産業を維持するために連行されてきた大量の朝鮮人が川崎市南部に定住したという歴史への認識と在日韓国・朝鮮人の粘りづよい社会運動があった。

さらに1993年３月には、川崎市外国人市民施策調査研究委員会が新来外国人の視点も加え、53項目からなる「川崎市国際政策のガイドラインづくりのための提言」をまとめた。これは、自治体の国際政策を実際にどのように実施したらよいかについて具体的な提案をおこなっている点で画期的なものであった[*4]。本提言の目的は、「『共生』と『参加』を基軸にした国際政策の展望」のもとに、「『共に地域で生きていく』という政策理念をもって、人権尊重と差別撤廃の立場から外国人市民施策を推進」することにあった。

提言の内容は、外国人市民権の確立、外国人市民が暮らしやすいまちづくり、医療・福祉、地域の国際化主体との連携、残された課題の５つのパートからなっている。外国人市民権の確立については、外国人登録の改善と市政参加がうたわれている。まちづくりに関しては、学校教育、文化、住宅、まちづくり、職業、留学生の項目がうたわれている。国際化主体としては、国際交流協会および国際交流センター、ボランティア、市があげられている。残された課題としては、外国人市民政策推進幹事会によって1990年12月にまとめられた24項目の未解決課題、外国人登録、人種差別撤廃条約、国籍条項が指摘されている。

本提言のなかでとりわけ重要なものとしては、外国人市民権をあげることができる。市民登録としての外国人登録は、たんに管理のためではなく行政サービスの基礎データとして活用されなければならない。そのため「登録困難者の相談に応じたり、不完全登録でも受け入れることを検討するなど、登録しても安心していられるような体制づくりが必要」であるという主張のもつ意味は、自治体行政にとってきわめて重い。

外国人市民権のもうひとつの柱をなす市政参加については、国籍条項の撤廃、市政モニター・審議会等への参加の拡充、地方参政権取得の国への働きかけとならんで、とくに外国人職員の比率を外国人市民の人口比率と一致させることが提言されている。まちづくりについては、地域構造をふまえた国際交流拠点の整備という提言が注目される。南部のおおひん地区は日本人と韓国・朝鮮人

[*4]　〔駒井1995b〕所収。本提言は川崎市より法政大学江橋崇研究室に委託され〕、川崎市外国人市民施策調査研究委員会の責任において執筆された。

とが混在している地域であるから、異文化の集積をベースにして、「コリアンタウン構想」など市民参加による共生型まちづくりを発展させていける可能性があると述べられている。地域の国際化主体との連携でとりわけ重要なのはボランティアとの関係である。これについてはボランティア・グループへの助成金制度と、実践の場からの意見の行政へのフィードバック体制の整備がうたわれている。これと関連して、新来者を対象とするNPOとしての救援団体との連携は行政にとって必須と考えられるが、この提言では救援団体についての具体的言及がない。さらに文化については、外国人市民のニーズに対応して、各図書館レベルで外国人市民も参加する図書選定委員会を設置するという提案がだされている。

3. 行政課題とそれへの取り組み

(1) 行政需要の掘り起こし

　外国人および内国人住民を対象とする国際政策にたいする行政需要の掘り起こしと確定について参考となるのは、川崎市が実施した行政需要[*5]に関する調査〔川崎市 1993〕である。これは、新来者を含む外国籍市民全般にたいして自治体が実施した調査としてはそれまでほとんど例をみなかった包括的なものである。本報告書は、川崎市という自治体の国際化にたいする行政の施策の基礎として企画されたという点で問題意識が明確であり、分析についても興味深い指摘が随所にみられる。

　調査内容をみると、属性、地域のなかでの生活、労働と暮らし、医療・福祉、子どもと学校教育、文化と学習、市政・国政への要望という7本の柱が立てられている。このような調査内容の出発点となったのは、前項で述べた川崎市の国際政策ガイドラインで未解決課題とされた24項目であった。とくに文化交流についてみると、身近にほしいとおもう施設としては、「日本語や日本文化を学べる施設」47％、「日本人との交流を深めるための施設」43％、「母国に関する図書やビデオが借りられる施設」38％、「他の外国人との交流を深めるための施設」25％という順になっている。まず日本語や日本文化、ついで母国の文化への接触の要求が高い。

(2) 行政課題への取り組み

　ここで、大量流入した外国人労働者にたいする積極的な取り組みで注目され

第5章　包括的包摂政策不在のもとでの共生の模索

ていた4自治体と、固有の課題をかかえていた3自治体および1地域について、内なる国際化へのそれぞれの取り組みを検討する。前者は、静岡県浜松市、群馬県東毛地域の太田市と大泉町、群馬県からなる。後者は米軍基地の負担に苦しむ沖縄県、1995年の阪神・淡路大震災にみまわれた神戸市、留学生・研究者・大学教授などが多数滞在する茨城県つくば市、外国人花嫁を受け入れた山形県最上地域からなる[*6]。

浜松市と太田市・大泉町にとっての決定的な転機は、1990年の入管法の改定とともに訪れた。それにより入国と就労が自由化された日系ブラジル人をはじめとする外国人労働者が集住してきたからである。それにいかに対処するかが、これら自治体の重要な課題となった。浜松市は、1994年に「世界に開かれたまち」として自治大臣から表彰された初の団体となった。また太田市・大泉町は外国人住民と地域住民とのあいだに良好な共生関係がみられる地域として著名である。このように、1990年代前半、これら自治体の外国人政策はきわめて成功したと評価できる。

それを導いた大きな条件として、両地域とも自治体ではなく住民がイニシアティブをとったことを指摘できる。すなわち浜松市では「浜松国際交流協会」が内なる国際化の活動の核であったが、この任意団体にたいする市の出資額は半分以下であり、市関係者の役員もごくわずかにすぎなかった。また太田市・大泉町には、系列・関連企業である中小企業の経営者により結成された「東毛地区雇用安定促進協議会」があり、日系ブラジル人労働者の組織的導入と生活の安定のための中心的役割を果たしていた。

自治体は、これらの団体の活動を側面から支援しただけではなく、外国人住民にたいする行政サービスも提供した。その内容をみると、両地域に共通するものが多い。ポルトガル語など外国語による情報提供、同じく外国語による生活相談、小・中学校での日本語学級、地域での日本語教室・講座の開催などがそれである。とくに日本語教室・講座では、両地域ともボランティア講師の育成やその活用が模索されていたことが注目される。なお浜松市では母語保持の

[*5]　ここで自治体の国際政策にたいする行政需要に関する1990年代前半までの文献にふれておけば、〔東京都 1989a〕および〔東京都 1989b〕が先駆的である。なお、旧来外国人については、神奈川県が実施した〔金原・石田ほか 1986〕をはじめとして相当ある。さらに、〔千葉県 1994：第Ⅲ部〕がある。

[*6]　これについては〔駒井・渡戸 1997〕を参照されたい。

ための指導が小・中学校でおこなわれはじめていたこともつけ加えておきたい。

太田市・大泉町では、外国人住民の側の組織化が進んでいたのが大きな特徴である。日系人商店経営者がつくる「日系ブラジル人商工会」や、ブラジルで長期間暮らして帰国した日本人がボランティアとして生活相談を受けつける「日伯センター」は、日系ブラジル人の地域的ネットワークの結節点として機能していた。その結果、たとえば「大泉まつり」にサンバチームが参加し、地域住民から好評を博するというようなことが起こった。

労働力としての導入は、浜松市では主として営利企業である業務請負業者の手によりおこなわれたのにたいし、太田市・大泉町では主として東毛地区雇用安定促進協議会によりおこなわれた。それが太田市・大泉町での外国人の労使関係や生活の安定と市民的組織化の進展の背景となっていたことは疑えない。

太田市・大泉町をかかえる群馬県の歴史的経験をみると、行政と民間が一体となって設立した群馬県国際交流協会の果たした役割が大きい。当時年間2000件に達する外国人からの質問や相談が寄せられており、そのためもあって日本人とのあいだに大きなトラブルはなかった。

つぎに固有の課題を抱える地域・自治体に目を転じると、沖縄県、神戸市、つくば市は、それぞれ固有の歴史的事情があって、内なる国際化への取り組みが立ち遅れた。

まず沖縄県については、海外事務所の設置や世界のウチナーンチュ（沖縄人）大会の開催、海外移住者の留学・研修が積極的に推進されるなど、内なる国際化が進む状況があったが、米軍の存在がそれを妨げた。1995年現在沖縄県に滞在する外国人6万人のうち5万人がアメリカの軍人などであったが、安保条約にもとづく地位協定により外国人登録を免除されるとともに出入国管理の対象外であり、米軍基地は自治体の権限外ということもあって、この人びとは行政の対象と考えられてはいなかった。ただし、米軍基地問題は、アメリカ人そのものにたいする排除に結びついてはいなかった。

つぎにつくば市では、伝統的な地方政治構造が強く残存しており、新住民が地域権力構造から疎外されているのとまったく同様に、外国人住人もまた行政のなかに積極的な地位を占めていなかった。しかし、外国人住民は市民的権利の感覚をもっており、内なる国際化のために有利な潜在的条件が存在してはいた。

神戸市は、明治期の開港以来の伝統を受けつぐ国際的な海港都市としての神

戸像に立って、情報・国際化に指向する外を意識する都市開発がおこなわれており、内なる国際化を促進する条件は整っていた。大震災以前の神戸市では、在日韓国・朝鮮人などの旧来外国人に加えて、ベトナム人などの新来外国人も増加していた。それにもかかわらず行政はこれら外国人住民の存在にあまり注意をはらってこなかった。ところが大震災の被害がとくにこれら外国人住民に集中したため、行政は内なる国際化へと姿勢を転換せざるをえなくなった。

これら3自治体と対照的な最上地域のばあい、外国人花嫁の受け入れは当初各自治体の行政の関与によりおこなわれたため、行政は花嫁の定住に関する多面的ケアに取り組まざるをえなくなった。その過程で注目に値する2つの発展がみられた。ひとつは民間人を結節点とする、外国人花嫁と行政および地域住民のあいだのネットワークの確立であり、またもうひとつは外国人花嫁自身のボランティア活動への組織化である。

付言すれば、最上地域では、数百人のフィリピン女性と韓国女性が、日本人女性と結婚できない農民の花嫁としてやって来、夫を愛し、子どもを産み、地域に定着した。その帰結として、伝統的な権威主義的家族制度は動揺し、この地域は日本の中でも有数の外部へ開放された意識をもつ地域へと変容した。これこそ、たんなる労働力だけではない外国人移民にかける日本社会の期待を象徴するものである。

(3) 未払い医療費問題

医療保険のない非正規滞在者をふくむ外国人の医療費負担能力には限界があった。その結果外国人による医療費の未払いが発生したが、それは悪化の一途をたどっていた医療機関の経営を直撃する重大な要因となりはじめていた。未払い医療費は、外国人の受診が救急医療に集中しがちなことにより高額とならざるをえなかった。というのは医療保険のない外国人はぎりぎりまで受診しようとせず、救急医療への集中という状況が出現したからである。東京都内のある病院では未払い医療費の7割が救命救急科の患者であり、また神奈川県についても1991年度の県内での未払い分3700万円の95％が救急医療機関でのものだった〔『日経新聞』1993年3月29日〕。

医療機関の経営悪化は、「患者の選別」と呼ばれる現象によってさらに深刻化した。これは採算にあわないような患者を忌避し、採算面で引き合う患者を受け入れるという医療機関の行動をさす。患者の選別により、経営指向性が相

対的に強い私的機関が医療保険のない外国人を拒否し、診療指向性が相対的に強い公的機関に彼らが集中するという事態が起こった。そのため、とりわけ公的機関の経営が外国人の未払い医療費によって圧迫された。病院を自治体病院（都道府県および市町村立）、その他公的病院（日赤、済生会など）、私的病院、国立病院に分けたばあい、1990年の黒字病院の比率は、自治体病院でわずか2割台とごく低く、他にも5割前後にすぎず、私的病院、国立病院、その他公的病院の順で高くなっていた。なお、私的病院の病院数全体に占めるシェアは1990年で81％に達していた〔鴇田1995：109〕。

　自治体による未払い医療費の直接的補てんも試みられた。その先鞭をつけた神奈川県のばあい、生命が危ぶまれる緊急手術などが必要となる三次救急医療については県が全額負担（政令指定市とは折半）、入院が必要な二次救急医療などその他の救急医療については市町村と折半することとなり、1993年4月より実施された。また群馬県では、1993年7月より未払い医療費の7割について、県が7割を、市町村と企業が3割を負担することとした。1994年度には、千葉県、埼玉県も同様の補てんを開始した。さらには東京都は、1994年10月から、発生した未払い医療費を対象にその7割を補てんすることとした。自治体による補てん制度が、外国人患者にとっても医療機関にとっても一歩前進であったことは疑いない。しかしながら、この制度も問題の抜本的解決からはほど遠かった。というのは、補てん制度をもつ自治体の財政負担がそれをもたない自治体より大きくなり不公平であったばかりでなく、外国人患者にとっても医療機会へのアクセスという点で不公平が生じたという点は否めないからである。

　医療保険への加入についてみると、日系人は合法的滞在資格をもつ者が多く医療保険に加入できた。しかしながら国際協力事業団の調査をみると、医療保険の加入者は54.2％にすぎず加入率は低かった〔国際協力事業団1992〕（〔駒井1995b：196〕）。

　外国人の医療費問題に対処するため、外国人による互助会のシステムが模索されている。数千人を組織する横浜の「港町互助会」のばあい低額の会費で通院費用にかぎり相当額を補助していた。これについては、緊急避難的な意味はあったが、通院費用だけしかカバーできないため問題の焦点である救急医療への対応はできなかった。

　外国人の医療費問題は人権問題であることはもちろんであるが、日本の医療システムの崩壊の引き金となりかねないという側面ももっていた。未払い医療

費は、とくに診療指向性の強い自治体病院やその他公立病院にとって経営上の重荷となっていた。これについての対応策は、非正規滞在者にたいする生活保護の適用を復活することとともに、国民健康保険を含む医療保険への加入を促進すること以外にはなかったと思われる。

(4) 公務就任権問題と入居差別への対応

従来日本政府は、外国人が公務員となることはできないという姿勢を一貫して頑固にとりつづけてきた。しかしその根拠は、法務省の局長が1957年に恣意的に打ち出した「当然の法理として、外国人の公務就任権は認められない」とする見解のみであり、法的な根拠があるわけではない。これ以後、この見解にしたがって公務員は日本国籍保有者にかぎるといういわゆる国籍条項が設けられ、外国人は国家公務員はもちろんのこと地方公務員への就任からも排除されてきた。

就任権問題について、ここで自治体の取り組みをみることにしよう。まず意思決定をともなわない現業的部門については、1980年代に、自治省の指導に逆らって国籍条項をはずす自治体が、旧来韓国・朝鮮人が多く居住する関西地方に相当数出現した。そののち1990年代前半には、公の意思決定をともなわないとされるたとえば医療などの非現業的部門へと、自治省の抵抗にもかかわらず自治体の国籍条項の撤廃は進んだ。

また外国人にたいする入居差別の撤廃に向けて積極的な施策をおこなっていた自治体としては、川崎市のほか京都府と大阪府があった。

4. 地域コミュニティにおける共生の条件

G. ミュルダールはエスニック問題についての古典的研究『アメリカのジレンマ』のなかで、黒人にたいする偏見が、たとえば通りですれちがうときのように黒人を匿名の集団としてしかみないばあいには増大するが、名前と顔によってひとりひとりを認識するようになるとそれが減少すると述べている〔Myrdal 1944: Chapter 30〕。当然のことであるが、日本でも同じことが言えそうである〔富沢・玉置・犬塚1993〕[*7]。

1990年代前半の日本の全体的状況については、第4章で紹介した公共政策調

[*7] 大東町における外国人労働者を対象として興味深い発見をしている。

査会による調査が参考になる〔公共政策調査会1991〕〔〔駒井1994c：上巻〕所収）。この調査のうち日本人についての結果をみると、外国人への不安感については56.6％がもっているが、それを外国人との居住状況別にみると、①外国人が近辺に居住しない非居住、②近辺に居住する近辺居住、③外国人と身近に居住する密着居住の順で不安感が増すことがわかる。同じことは、「困ったことの経験」のある者46.4％についてもいえる。それにもかかわらず、問題解決には市・区役所があたるべきとする者41.1％、その他の公的機関29.5％、警察17.3％にたいし、本人どうしの話し合いは6.5％、町の中の第三者は2.6％しかいない。このように、解決のための直接的接触は地域住民の意識にはほとんどのぼっていない。なお、外国人と「あいさつ」や「つきあい」をしている日本人は全体で10.5％、密着居住者で22.2％であった。外国人についての結果では、日本人の友人がいる者は45.7％であったが、その多くは「あいさつ」程度にすぎなかった。なお、日本人の友人がいない者の7割は日本人とつきあいたいと感じていた。すなわち密着居住者のばあい、接触のなさが日本人地域住民の不安感を高めていたと結論できる。

　渡戸一郎の東京都における調査結果も、このような議論を支持するものである。近隣に外国人が増えることにたいする受けとめ方は、外国人との「つきあいがない」ばあいには、外国人にたいする不安感・抵抗感が増して「とくにこだわらない」とする寛容派が少なくなるのである〔渡戸1993：70〕[8]。

　杉山克己、三田優子らは、住民レベルで、「受け入れ」と「排除」の論理がどのように形成されるかを検討している。栃木県で起きたスリランカ人による日本人女性の殺人事件のばあい、個人的事件が外国人一般への不安へと拡大し、外国人は理解不能ゆえに恐いと感じられた。さらに雇用主どうしの連携もなかったため、「排除」の論理ができてしまった。それにたいし群馬県東毛地域では、近隣の住民は「―さん宅の外人」という見方で外国人をとらえたため偏見が強まらなかった。またこの地域では企業や事業所どうしの結びつきが強く、外国人についての情報が流通していた〔杉山ほか1994〕。この事例については、匿名の集団としての外国人一般にたいして、「―さん宅の外人」という形であるにせよ個人として認識されたばあいに「受け入れ」の論理が形成されたと解釈できる。

　都築くるみは豊田市保見団地の長期の観察者であるが、その研究によればこの団地の日系ブラジル人と地域住民との関係は、「問題噴出期」、緊張をはらん

だ沈静状態である「両にらみ期」、共生への第一歩である「第一次共生期」の3つの段階を経過した。企業の集中管理を可能にするため「囲い込み」の形態でいきなり団地に登場した日系人は、当初は大きな摩擦を引き起こしたが、盆踊りへの参加を契機として地域住民からの違和感や不安感が減った。共生への前進に大きな役割を果たしたのが、日系人とのコミュニケーションの接点となる地域のさまざまな日本人であったとされている〔都築 1996〕[*9]。

外国人をひとりひとり眼にみえるようにする際決定的に重要であるのが、エスニック・コミュニティと日本の地域社会を橋渡しする地域のキーパーソンの果たす役割である。江成幸らによれば、神奈川県に存在するラテンアメリカ日系人と日本人との関係については、各自が得意とする分野で両者の対等な関係をつくりだそうとしている少数のボランティアや有志が出現し、両者をつなぐ結節点となっていた〔江成ほか 1994：208-209〕。

5. NPO、NGOの重要性

1990年代前半には、自治体とならんでNPOの活動に期待される役割もきわめて大きかった。NPOとしては、賃金不払いや労災などの労働問題や生活問題について非正規滞在者を中心とする外国人にたいする助言や救援活動をおこなう救援団体がまずあげられる。特に女性についての東京の「ヘルプの家」、横浜のドヤ街である寿町の「カラバオの会」、名古屋の「共の会」などは長い歴史をもつ代表的な救援団体であった。このほか東京都板橋区に本部をもつ「APFS（Asian People's Friendship Society）」は、非正規労働者の自主的組織として運営されていた。この組織は20人にもみたない少数のバングラデシュと日本の青年により、外国籍住民の相互扶助と支援を目的として1987年に設立された。当初の労働・医療・生活・在留資格などの相談に加えて、定住化にともない次第に結婚や子どもの教育の相談がふえていった。また、APFSが中心となって準備された1992年の「移住労働者のメーデー」では「移住労働者権利宣言」が採択された〔吉成 1996〕。この組織の特徴としては、まず外国人構成員が主体的・積極的に参加していたことがあげられる。他の外国人救援団体

[*8]　調査対象は新宿区および日野市の住民である。
[*9]　都築は共生を視点として考察している。ここで「共生」とは、「異質性のある集団が、ひとつの社会で向かい合ったとき、双方が対等であること、コミュニケーションがあること」と定義される。

ではこのような例はあまりみられなかった。また、国家権力に対抗して非正規滞在外国人の救援に活動の重点をおいていたことも大きな特色である。救援団体は労働省や厚生省、あるいは法務省など中央省庁とも交渉して、一定の成果をあげていた。

　日本に本部をおく数少ない国連社会経済理事会の協議資格をもつ団体（いわゆる国連NGO）としては、反差別国際運動（IMADR）が注目される。この団体は、全国水平社以来の部落解放運動が積み重ねてきた国際連帯の伝統を受け継ぐものであり、国内外の人権の擁護をめざす国際人権団体として1988年に結成された。これは国内外の人権擁護団体と連携していた。活動の内容としては、部落差別の撤廃、女性や子どもの人権擁護とならんで、人種主義や人種差別への反対、移住労働者の問題、少数民族や先住民族問題、難民の問題、特定国における人権問題などが重要視されていた。この団体は、ジュネーブに事務所をもち、国連人権委員会において積極的な活動をおこなうとともに、各種の国際シンポジウムを開催していた。日本における移住労働者の問題に関しては、とくに入国管理局による暴力や非正規労働者の逮捕、送還が注目されていた。

6. コミュニティ・ユニオンの意義

　日本の労働組合の大多数を構成する企業別組合の特徴はつぎの諸点にある。①職種の別を問わず職員も工員も一括して、ある特定企業の正規雇用の従業員にだけ組合資格を制限していること。②組合役員がその会社の正規従業員としての地位を保持したままで組合の役員になっていること、つまり組合役員が在籍役員（これが専従のばあいは在籍専従役員）になっていること。③上部団体が存在してはいるが、単位組合は上部団体の統制を受けることがほとんどなく、ほぼ完全な企業別の主権また自治権をもっている〔長峰2003：39〕。このように、企業別組合は民間営利セクターである企業に基本的に従属している。そのため企業別組合はNPOとはみなされにくくなるのである。

　ところが、企業別組合とは理念も組織原理もまったく異なるコミュニティ・ユニオン、地域ユニオン、ローカルユニオン、地域労組などと呼ばれる労働組合が、少数ではあるが1990年前後から存在価値を高めつつあった。ここでは、それらを一括してコミュニティ・ユニオンと総称する[*10]。

　コミュニティ・ユニオンは、企業単位ではなく個人加入を原則とし、特定企業ではなく特定地域に活動範囲を設定するという特徴をもってきた。その結果

として、コミュニティ・ユニオンは、臨時工、社外工、派遣労働者、パート、アルバイトなど企業別組合から排除される非典型労働者（これらの労働者は一般的には「非正規労働者」と呼ばれることが多いが、外国人労働者の非正規滞在者との混同を避けるため、ここではこの語を使用する）と、企業別組合の結成が困難な中小零細企業の労働者とを主たる組織対象としてきた。このほか、企業別組合から見はなされたホワイトカラーや管理職が、リストラなどからの救済を求めてコミュニティ・ユニオンに加入する事例は注目をひいていた。組織対象を基準とすると、コミュニティ・ユニオンは、雑多な職種の労働者を広く組織する一般組合型と、加入資格の制限こそないものの、組織対象を管理職、女性、パートなどとして明確にしている型とに大別される。

　コミュニティ・ユニオンの主な活動分野としては、労働相談・支援があげられる。労働基準監督署や労政事務所ではカバーしきれない解雇、不払い賃金、労災などの「駆け込み相談」と呼ばれる個別的紛争について、労働者を組合に加入させたうえで、使用者に団体交渉を申し入れて解決を求めるという方法が一般的であった。その根拠となるものは、「労働組合法」第6条であって、労働組合は組合員のために使用者と団体交渉する権限をもつとし、同じく第7条で使用者は団体交渉を正当な理由なしに拒むことができないとしている。「駆け込み相談」が多いということは、問題が解決すれば組合加入の必要性がなくなるということを意味する。したがって、コミュニティ・ユニオンへの組合員の定着率はいちじるしく低くなるとともに、コミュニティ・ユニオンの財政基盤を不安定なものとさせる。

　コミュニティ・ユニオンの活動分野としてつぎにあげられるものは、共済制度である。非典型労働者は、福利厚生制度が未整備であるような職場か、あるいはその適用が除外されるような職場で働いているため、共済制度などへの加入の要望が強い。そのため、コミュニティ・ユニオンの多くは共済制度を設けるにいたったのである。

　コミュニティ・ユニオンが発生するようになったきっかけは、1980年代前半の労働組合による地域闘争や地域生活闘争にあった。その基盤のうえに、1982年には大阪で「ユニオンひごろ」が、1983年には東京で「江戸川ユニオ

---

*10　以下のコミュニティ・ユニオンにかんする情報は、とくに断わらないかぎり、主として〔長峰2003〕から得た。

ン」が結成された。とりわけ後者は、後続する諸コミュニティ・ユニオンに大きな刺激を与えたとされる。成立のしかたから、コミュニティ・ユニオンは、①出自が旧総評の地区労にあるもの、②総評が全国に配置した中小企業オルグによる1950年代の合同労組を起源とする全国一般労働組合から分離したもの、③市民運動や女性運動などさまざまな社会運動に起源をもつものという3類型に大別される。

これらのコミュニティ・ユニオンは、「コミュニティ・ユニオン全国ネットワーク」に参加していた。コミュニティ・ユニオンとしては、このほかナショナルセンターである連合や全労連のイニシアティブによりつくられた地域ユニオンおよびローカルユニオンがあるが、この両者は、全国ネットワークに参加しているコミュニティ・ユニオンとは本質的に異なっており、産業別組織への移行を目標としていた。労働組合としてのコミュニティ・ユニオンは、ナショナルセンター傘下のものを除きNPOとの活動の連携を生みだしていた。

企業別組合から見捨てられた労働者の個人加入に立脚するコミュニティ・ユニオンの組織形態は、きわめて不安定な立場にある外国人労働者の労働条件の改善にとって格好の受け皿となる。小川浩一は、コミュニティ・ユニオンや市民団体、教会などを経由して労働基準法違反を申告したり労災申請をおこなったばあい、労働基準監督署が入管への通報を控え、また組合員であれば摘発されてもすぐ入管に収容されないばあいがあると述べている〔小川1996〕。

以下、外国人労働者が組合員となっている代表的な3つのコミュニティ・ユニオン、すなわち「神奈川シティユニオン（KCU = Kanagawa City Union）、「全国一般労働組合東京南部（NUGW = National Union of General Workers）および「全統一労働組合外国人労働者分会（FWBZ = Foreign Workers Branch of Zentouitsu）を取りあげて、その活動を紹介する。

KCUについては小川の分析がある。それによればKCUは外国人の非正規労働者とラテンアメリカ日系人を組織していた。そのきっかけは、この組合が1990年に外国人の救援活動をおこなっていた前述したNPO「カラバオの会」の活動家と出会ったことに由来する。KCUの組織の特色は、エスニック・コミュニティの形成に対応してフィリピン、ラテンアメリカ、韓国にそれぞれ対応する態勢がつくられていたことにある。その結果組合員としての定着率こそ低いものの、組合員数の3分の2は外国人労働者となっていた。

KCUがとくに専門化している領域は労災闘争であり、その解決金のカンパ

が組合の財政をささえていた。課題としては、駆け込み訴え‐解決‐退職‐組合からの離脱というプロセスから脱却するため、組合オルグにたよらない外国人活動家の養成があげられていた。NPOとの関係をみると、神奈川県内や首都圏のNPOとネットワークをつくっていた。さらに、韓国労組との交流やペルーのNPOにたいする支援や連帯の活動などもおこなっていた。なお、KCUは産別の流れをくむものであって、前記の3類型にはあたらない〔小川 2004〕。

NUGWについても、小川による分析を紹介する。NUGWは語学学校教師や新聞記者などの専門的な外国人労働者を組織しているが、その端緒は1974年にさかのぼり、ベトナム反戦運動の経験のある外国人教師が組合と接触したことにある。この組合は、有期雇用契約を悪用しようとした語学学校や航空会社との闘いの経験を積んできた。その過程で日本の事情に疎いために組織的なダメージを被ったことがある。その克服には、日本人オルグの援助・協力が必要とされた。また、NUGWはイギリスやアメリカの労働組合と国際的な連帯活動をおこなっていた〔小川 2004〕。

つぎに全国一般労組から発展したFWBZであるが、鳥井一平によれば、そのはじまりは組合活動家と未払い賃金をかかえるガーナ人労働者との1991年の出会いにあった。バングラデシュ人労働者の労災の解決がこれにつづき、個別相談から全統一に加入する外国人労働者がふえていった。そして、みずからも組合員として活動を開始するにいたったのである。1992年に20名の外国人労働者によりFWBZが結成された。この組織への加入者は、1993年末には456名に達した〔鳥井 2004〕。

これら活発に活動している3つのコミュニティ・ユニオンを比較すると、①NUGWとFWBZでは外国人組合員による自主的な組合運動が顕著であり、②財政についてはKCUにおける解決金のカンパ方式が有効であることが注目され、③コミュニティ・ユニオン以外のNPOともネットワークがきずかれており、④とくにKCUとNUGWでは国際的なネットワークが構築されていた。

第2節 「段階的市民権」を提唱する

1. 基本的人権の尊重

(1) 「人種差別撤廃条約」と「移住労働者の権利条約」

　外国人労働者・移民の人権に関する国際条約は、世界人権宣言と、それを具体化した国際人権規約がもちろん出発点であるが、外国人移民についてはそのほかとくに2つの条約がとりわけ重要である。その第1は人種差別撤廃条約であり、第2は国連・移住労働者の権利条約である。

　人種差別撤廃条約については第Ⅰ部第6章第5節ですでに述べたが、日本では女性差別撤廃条約および子どもの権利条約よりも批准が大幅に遅れ、表現の自由と抵触する部分を保留することを条件に1995年になってやっと加入に踏み切った。

　つぎに国連・移住労働者の権利条約については、第1章第8節で紹介したとおり、人権を重視するとともに、文化的独自性の保持の意義を認めている。この条約は1990年に国連総会で採択されたが、締約国はいまだ少なく日本も批准していなかった。しかしながら、外国人労働者の政策のガイドラインとしての役割が期待されていた。

(2) 政府機関の総体的対応

　政府機関による外国人の人権の無視ないしは侵害については、総務庁の行政監察局による監察結果の1992年の報告書〔総務庁1992〕（〔駒井1994c：上巻〕所収）[11]が貴重な情報を提供している。本報告書から興味ある点をおもいつくままにひろうと、①非正規者の入管通報義務関係の実態、②出入国管理の混乱、③労災・雇用保険の不備、④医療と年金の立ち遅れ、⑤教育の問題をあげることができる。

　①については公務員には入管法によりこの義務が課せられており、それが外国人労働者の人権擁護の大きな壁になっていた。しかしながら、実際には通報の70.9％が検察および警察等からであり、その他はきわめて少ないとされている。事実16都道府県の労働関係機関からの通報は、1988年以降116件にすぎなかった。さらに、本報告書はこの点についての勧告もしていない。

②出入国管理に関しては問題が山積しており、看過しがたい状況に至っていたことが明瞭である。上陸審査では、ビザをもちながら上陸を拒否されたり〔法務省 各年版c〕（1989-1992年までは〔駒井 1994c：上巻〕所収）[12]、英語以外を母語とする者にたいする入国審査やかれらの審議申し出が困難であるとの指摘がある。入国事前審査については、規則上必要とされていない書類の添付が過大に要求されている。在留資格変更については、「許可すべきか否かの判断に迷い、処理に長期を要した」事例が述べられている。

③労災保険についてはその適用の充実をはかることとされている。また景気後退の状況下でその意義が増大していた雇用保険については、制度上は日本人と同様外国人にも強制適用となっているが、労働省は外国人の加入状況の把握をしていなかった。

④医療に関しては、調査された56医療機関の外国人患者延べ1396人のうち、744人が公的医療保険の適用を受けず、34人の医療費が未払いとなっていた。年金については、国民年金・厚生年金とも25年以上加入していないと給付が望めない老年年金を含むため、外国人未加入者が発生するとされている[13]。

⑤教育については、とくに義務教育の学校、幼稚園・保育所に関する外国人への情報提供の不備が問題とされている。

この報告書は、調査結果にもとづいて以下のような内容の勧告をしている。①外国人の就労等の実態把握の充実、②出入国管理に関する制度・運営の改善、③外国人にたいする諸制度・運営の改善、④その他。このうち最大のページ数が出入国管理にあてられており、その改善がとりわけ急務であるという認識のあったことがわかる。①就労の実態把握の項目としては、出入国管理・外国人登録・業務資料等諸制度による把握、法務省・労働省・建設省等行政機関における把握、関係機関の連携状況があげられ、②出入国管理の改善については、上陸審査基準、上陸審査・入国事前審査・在留管理等出入国管理および在留管

---

[11] この報告書は、政府機関がとっている外国人労働者にたいする諸施策について、その不十分な点や相互に整合性を欠く点を指摘し、改善を要する点を総合的に勧告しているものであり、他に類をみない貴重で興味深い資料である。

[12] これにより、有効なビザをもっているにもかかわらず、あるいはビザの相互免除協定が存在するにもかかわらず、不法就労の可能性を疑われて上陸を拒否される事例の頻発の概要を知ることができる。

[13] これについては、1994年の年金法改正により一時金を支給する制度が設けられた。

理、研修制度、就学制度の問題点が列挙され、③諸制度・運営の改善については、労働関係、医療、年金、教育、住宅の問題点が列挙され、④その他には、外国人の公務員等への採用、相談窓口の整備があげられている。

以上みてきたように、本報告書によれば日本の外国人行政は基本的に管理の姿勢をつづけており、しかもその施策は現状の後追いにせいいっぱいであったことがわかる。

(3) 生存権——窮迫化と医療問題

1990年代前半の日本の外国人労働者・移民のなかで、生活が窮迫化していた人びとをもっとも多くかかえていたのは、中国帰国者二世・三世とペルー人であり、イラン人も窮迫が著しかった。中国帰国者二世・三世については第Ⅲ部第5章でふれる。

窮迫化がいちじるしかったエスニック集団としては、このほか非正規のペルー人が注目される。この人たちの多くはいわゆる「偽日系」と呼ばれていた人たちである。かれらは日系人を証明する書類を買い、合法的に就労できるとおもって日本にやってきたのだが、入管のスクリーニングにかかったりあるいはそれを恐れてそのまま超過滞在になってしまったのである。非正規滞在のペルー人は、就職の機会が乏しくなるなかで合法的な日系人の雇用が選好されるため失職するなど、きわめて困った状況に追いこまれていた。

つぎにイラン人であるが、主要部分の流入がバブル崩壊後であり、非正規性も手伝って就職がむずかしく、非正規ペルー人とならんで外国人労働者のなかでも最底辺に位置していた。前述した山崎善比古らによる「上野の街とイラン人」調査では日本に来て嫌だとおもった経験を54人が回答しているが（複数回答）、それを分類すると、日本人の冷たさ等24人、仕事上の不当行為等11人、仕事がない8人、住む場所がない3人などとなっており、窮迫の状況を裏づけている〔東京大学 1992〕（〔駒井 1994c：下巻〕所収）。

つぎに医療問題であるが、第1章第6節で述べたとおり、1990年10月、厚生省は「不法滞在者にたいする生活保護の適用は適当でない」という指示を出した。この指示の背景は非正規滞在者を排除しようとする入管行政に厚生行政も追随したこととともに、国民医療費の急増を厚生省が抑制しようとしたこともあろう。この指示以前には、生活保護の適用を申請することにより支払能力をもたない患者の高額医療費をある程度補てんすることが可能であったため、医

療機関の多くは非正規外国人の重症患者を受け入れていた。ところがこの指示により、医療機関は、外国人患者から徴収不可能であるのに生活保護費による補てんもされない未払い医療費の問題を抱え込むことになった。未払いをおそれ、重症であればあるほど医療機関による非正規外国人にたいする診療拒否が頻発し、治療から見はなされる者が多く生まれていた。

　国民健康保険については、足立区に住むフィリピン女性が、「不法滞在を理由に国民健康保険証を交付しないのは不当」であるとして、足立区を相手方とする裁決の取り消しを東京地裁に提訴した。この女性は死亡した日本人の夫とのあいだに日本国籍をもつ子どもがあり、在留特別許可を申請中であった。それにたいする判決が1995年9月27日出されたが、その結果は「不当ではない」とするものであり、いわゆる不法滞在者にたいして国民健康保険加入の途を閉ざすことになった。そもそも医療保険に加入できないということは、非正規滞在者が疾病や傷害の医療費の全額を自己負担しなければならないということを意味し、かれらを医療の谷間に追いやることになる。これは基本的人権の重要な柱である生存権の侵害ともいえるものであり、看過できない問題をはらんでいる。

　医療費の全額自己負担は非正規滞在者の医療機関へのアクセスを厳しく抑制させた。すでに述べた東京都社会福祉協議会による調査は、ここでいう非正規滞在者に相当する「在留資格なし・不明」者を対象として含んでおり、彼らの医療に関する行動の情報を提供している。それによれば、医療機関での受診を必要とする程度の病気・怪我の経験者（仕事以外）のうち実際に医療機関で受診した人は61.8％にとどまった。そして非受診者の20.3％が「治療費がかかるので」医療機関で受診できなかったと答えている。なお「在留資格なし・不明」者の医療保険への加入率は2.2％にすぎなかった。そして、87.9％もの多数が医療保険への加入を希望していた〔東京都1993〕（〔駒井1994c：下巻、41-43〕）。

　ここでエイズについてみると、タイ女性の受診者のとくに多い茨城県の一医療機関の診療記録の分析結果がある〔木原ほか1993〕。それをみると、HIVの陽性率は1990年に3.0％、91年に3.6％、92年に5.0％であり、検診を受けた者全体にたいするHIVの平均感染率は4.6％であった。タイ女性の売春時におけるコンドームの使用率については、超過滞在等で東京近郊で身柄を拘束された者154人にたいする聴取結果が利用できる〔木原ほか1994〕。それによれば、コンドームを使用しないものはこの女性たちの49.3％に達した（不明19人を除く）。

これとは別に宇都宮市で性風俗産業に従事するタイ人女性にたいして面接した調査結果がある〔杉山ほか 1994a：81〕。それによれば、コンドームの使用を客に頼んでも、平均10人に3人程度しか使ってくれず、22人中7人は、客のすべてがコンドームを使わないと答えていた。

最後に居住権であるが、1990年代前半、非正規滞在者にたいしては、定住化が進行しているにもかかわらず徹底的に排除の姿勢がとられていた。アメリカなど欧米諸国でとられた一斉正規化（アムネスティ）という救済措置については、入管当局は論外であるとしていた。当時非正規滞在者が日本での滞在を正当化される唯一の道は、法務大臣から在留特別許可を得ることにかぎられていた。そして、ほとんどの在留特別許可は、日本人と結婚したばあいおよび日本人の実子を養育しているばあいにかぎられていた。

(4) 社会権

外国人労働者の就労する場が主として労働条件の劣悪な中小零細企業であるため、突然解雇、賃金不払い、内国人との賃金格差、労働災害保険の不適用などの事例が多発していた。

この保険は治療期間中の賃金とか治療費そのものを保障する制度である。ところが外国人労働者にたいする労災保険の給付率は日本人にくらべて極端に低かった。それは外国人労働者の労災が起きても、報告も保険の給付申請もしない「労災隠し」が頻発していたからである。経営者は労災保険を申請しにいけば、労働基準監督署や警察から非正規労働者を雇っていたことを非難され、外国人労働者のほうも、労災保険の給付申請をすれば退去強制に直結する入管当局への通報がおこなわれる危険性があった。前掲東京都社会福祉協議会の調査によれば、仕事による病気・怪我を36.3％が経験し、それを100としたばあい19.5％しか労災の適用を受けていなかった〔東京都 1993〕（〔駒井 1994c：下巻、37-38〕）。このように、非正規労働者のばあいには、労働行政が非正規就労を認めないという原則にたっていたため、労働紛争の仲裁を求めることができずに泣き寝入りせざるをえなくなることが多かった。

日常生活における重大な人権侵害としては、入居差別が横行していた。住宅紹介の際、住民票を要件とする不動産業者が大部分であるが、それが外国人を拒絶する根拠とされたのである。

(5) 文化的権利

　文化的権利についてみると、1990年代前半、とりわけ外国人が集住する地域で言語に関するさまざまな問題が起こっていた。文部省の調査によれば〔文部省 各年版〕〔〔駒井 1998b〕所収〕*14、日本語教育を必要とする公立小・中学校の児童・生徒は1991年に5463人であった。都道府県別の日本語教育を必要とする者の小・中学校在籍者数についてみると、1991年には東京都、神奈川県、愛知県、大阪府、静岡県、群馬県の順に多かった。

　1995年の児童・生徒数を学年別にみると、小学1年生を例外として低学年ほど人数が多くなっていた。すなわち中学3年生が1327人であるのにたいし、小学2年生は2231人いた。

　在籍期間が長期化しても日本語能力が改善されないことは、1991年のデータから知られる。中学生のばあい、在籍期間が3年以上で「読む力」が「おおむねできる」とする者は36.2％、また「書く力」で「おおむねできる」とする者は28.7％にすぎなかった。この事実は公立学校の日本語教育に問題があったことを示唆している。日本語教育が必要な児童・生徒の分散がいちじるしかったことはその解決をむずかしくした。

　ごくかぎられた自治体は、これらの外国語に堪能な教員を学校に派遣したり、あるいは他の学校から児童・生徒を集めて日本語を教えるセンター校を指定するなどの対応策を講じていたが、大部分の自治体ではなんの対策もとっていなかった。上述した文部省の調査によれば、市町村教育委員会の施策の首位は「日本語指導協力者の派遣」であるが、在籍者のいる学校の所在する市町村でこの施策を採用している教育委員会は、1993年現在19.6％にすぎなかった。

　中西晃を研究代表者とするグループの調査〔中西 1994〕（〔駒井 1995b〕所収）によれば、例外はあるものの、学校についていけないドロップアウトの危険性をもつ外国人児童・生徒が相当に出現していた。その最大の理由は、なによりも日本語能力の不十分さに求められよう。日本語を自由に使いこなせるようになるには数年かかるが、日本に来たての者や一時的滞在しか予定していない親をもつ者の日本語能力の獲得は困難であった。しかも日本語の教育体制はいま

---

*14　この資料は、日本の公立小・中・高校（高校は1993年以降）に在籍する日本語教育が必要な外国人児童・生徒の受け入れ・施策の状況に関する全国データであって、他に例をみない。この調査の第1回目は1991年9月に、第2回目は1993年9月に、第3回目は1995年9月に、それぞれ実施された。

だ試行錯誤的な水準にあり、教師個人の過重負担に委ねられがちであったという感が強い。

日本語能力の不足は、友だちができにくいということに直結していた。外国人児童・生徒は内国人である一般児童・生徒と離れて同国人どうしで固まるか、あるいはひとりぼっちとなってしまう。さらに、クラブ活動での退部者が多いこともこれに拍車をかけていた。日本語による授業を理解できにくいこと、日本人の友だちができにくいことから、勉強が難しくなる中学校段階で低学力への落ち込みが顕著となった。その結果、高校進学への希望が強いにもかかわらず、日本語による入学試験を考えるとそれを断念せざるをえないということになる。外国人児童・生徒にたいする入学特別枠が存在しないので、この子どもたちは学歴が重視されることの多い日本で落ちこぼれる可能性を強くもっていた。また、日本語を習得するにつれて母語を忘れるという傾向がみられた。

家族ぐるみで日本に出稼ぎに来ている日系ブラジル人については、ブラジルへ帰国するか否か、帰国するとすればいつかなどについて親が明確な計画をもっていないばあい、子どもが本気で日本語を学ぶ気になれず、ドロップ・アウトの可能性が高まった。日系ブラジル人が学齢期の子どもをつれてきている事例は、国際協力事業団の調査によれば、18.1％に達していた〔国際協力事業団 1992〕〔〔駒井 1955b：185〕）。学齢期の子どもにとっては、高校への進学の問題が大きかった。渡辺雅子が浜松市のある中学校から聞き取りした例を紹介すると、「現行のシステムでは日本語能力の点で、全日制を希望しても定時制高校しか入れない。定時制の場合は試験が作文と面接なので、作文指導を中心にやれば入学の可能性がある」とされている。

ポルトガル語指導助手は「なかには日本での滞在が1～2年だとおもっているので、学齢期の子どもがいても学校に行かせない親もいる。……日本の学校に通ってもブラジルに帰ったらまた最初からやりなおしになる。……ブラジルの学校で勉強すれば、弁護士にも医者にもなれる可能性があるのに、日本にいると中学だけであきらめてしまい、就職するにしても単純労働にしかつけなくなってしまうのではないかと心配だ」と語っている。こうした中学校では、ブラジル人生徒の不登校や退学といった問題も起きていた〔渡辺 1995a：59-60〕。ラテンアメリカ日系人の子どもたちが直面している事態は、諸外国でいわれる「移民二世問題」が日本でも登場しはじめていたことを示している。

（6）自由権

　非正規滞在者を徹底的に排除しようとする姿勢は、入管当局によるこの人びとにたいする人権侵害を頻発させていた。逮捕された非正規滞在者が帰国運賃を自弁できないばあい、無期限に収容所にとどまらなければならなかった。収容所内では、職員による信じがたい暴力事件がおりにふれ報告されていた[*15]。北区にある収容所には、規則で定められている屋外運動場さえなかった。

（7）参政権

　外国人の参政権の状況をみると、1990年代前半には、地方議会にせよ国会にせよ、いかなる外国人にたいしても選挙権および被選挙権は与えられていなかった。しかしながら、定住開始後すでに90年近くに達しながらその多くが日本国籍取得の道を選択しない旧来韓国・朝鮮人の存在は、定住外国人の参政権の問題を日本社会につきつけることとなった。国政レベルの選挙権については、1993年の最高裁判決がある。それによれば、国会議員の選挙権を日本国民にかぎっている選挙法は憲法に違反しないと判断された。

　しかしながら自治体レベルについては、1995年6月最高裁は、「国内永住者など自治体と密接な関係をもつ外国人に、法律で地方選挙の選挙権を与えることを禁じているとはいえない」という画期的な判断を示した。すなわち、もし国会が外国人の地方参政権を認める立法をおこなってもそれは合憲なのである。

　なお、地方選挙における外国人の被選挙権については、いまだ争われていない。

2.「段階的市民権」を提唱する

　外国人移民への対応策について、①外国人の人権の尊重、②外国人と内国人とのあいだの平等の確保、③多文化主義の確立、④国際的対応の4つの原則が必要とされる。これらの原則を具体化する方途として、「段階的市民権」という考えを提唱したい。この概念は、日本人としての内国人とも、在日韓国・朝鮮人や在日中国人など旧来外国人とも異なる、「日本に定住する外国人」の大量の出現という事態に対応するものである。

　「段階的市民権」を考えるにあたってまず明確化しなければならないことは、

　＊15　〔入管問題調査会1996〕は生々しい事例に満ちている。

国籍と市民権の分離である。従来、外国人が日本人と同等の人権の保障と平等性を獲得するには、日本国籍を取得するしか日本国家の法制により許された途はなかったといってよい。しかしながら、日本国籍の取得には、原国籍を放棄しなければならず、母国との主観的客観的きずなを断ち切って日本国民となることを強制するものであり、人権という観点からも多文化主義の確立という観点からも容認しがたい問題をはらんでいることは事実である。さらに、旧来外国人の多くは日本国籍取得にたいする根強い抵抗感をもっている。

市民権という発想は、ある地域に居住しその地域社会の一員として生活している諸個人には、意思決定への参加をふくむ諸権利が保障されなければならないという、普遍的人権の尊重に基盤をもっている。この意味での市民権は、わが国の地方自治法に規定された住民としての権利の延長線上にあり、自明のものとされている権利の享有主体としての国民理念の再検討を要求するものである。国民とはフィクションとしての民族概念にもとづいて人為的に形成された概念であり、自国民を絶対視し他国民を排斥する国民国家による差別の基体にほかならないという側面をもっているからである。

世界的にみれば、定住している外国人にも国民と同等の市民的（人身の自由、言論・思想・信条の自由、財産権、裁判に訴える権利）・社会的（勤労、教育や社会サービスを受ける権利）・政治的（参政権）な諸権利を保障しようとする動きが高まっている。その背景としては、国民による国家という概念の成立がせいぜい200年程度の歴史しかもっていないということはさておき、未曾有のヒトの移動にともない世界各地で外国人の定住化が進み、相当の人口比を占めるに至っていることがあげられる。これら外国人は生活の基盤を移動先に移し、勤労し納税し家庭生活を営んでいるにもかかわらず、移動先の国籍を取得する者は少数にとどまっている。

定住している外国人は、一時的に滞在する外国人と異なって移動先の社会の構成員であるため、この人びとにたいする特別な呼称が必要となる。そのような呼称としてシティズン（citizen）に対応するデニズン（denizen）という言葉が次第に広く使われるようになりはじめている。デニズンという語は、「イギリス臣民である身分を国王からとくに許された外国人」を意味する古い英語を、スウェーデンの移民研究者であるT.ハンマーが復活させたものである〔Hammer 1990 = 1999〕。

日本社会に定住する在日韓国・朝鮮人は、まさにデニズンとして位置づけら

れるべきである。在日韓国・朝鮮人は元来日本国民であったものが突然外国人とされたという歴史的経緯が存在するばかりでなく、定住もより長期化しており、その子孫も多い。日本におけるデニズンとしての在日韓国・朝鮮人にたいする権利付与は、一般的にいえばヨーロッパの先進国より立ち遅れている。

　この点で参考となるのがイギリスの法制である。イギリスは1951年に国籍法を改正したが、その際、旧植民地であった英連邦諸国の国民がイギリス本国に移住したばあいには、出身国の国籍保有を認めながら参政権を含むイギリスの市民権を広く認めることとした。またアイルランドについては、英連邦の一員ではないが歴史的経緯に鑑みて同じく市民権を認めたのである。オランダも旧植民地出身者に市民権を認めている。さらに北欧諸国は、同じ北欧の外国籍者に市民権を認め、のちにイタリア系やアジア・アフリカ系の人びとについても市民権の付与を拡大した*16。

　しかしながら、「段階的市民権」論とデニズン論の決定的な相違は、デニズン概念がただ合法的でしかも永住する外国人だけを対象としている点にある。これにたいし「段階的市民権」論は、非正規外国人をも含み、しかも定住の程度に応じて市民権付与を弾力化しようとするものである。国籍と市民権の分離は、定住しようとしない外国人のばあいには一層有効であろう。というのは、この人たちの日本国籍取得にたいする抵抗感は、ある意味では定住外国人よりも強いことがあると考えられるからである。

　国籍と分離された市民権について、日本への定住の程度に応じる段階を設定することを提案したい。段階としては、その一番基礎に生存権がおかれ、そのうえに社会権および自由権一般、さらに高次の段階に参政権がおかれることとなろう。ここでいう社会権と自由権の区分は、国連による国際人権規約の構造に沿うものであり、社会権は経済的・社会的・文化的権利を、自由権は市民的・政治的権利を対象としている。

　生存権とは、文字通り人間として日本社会に生存していくための最低の条件を充たすための権利であり、社会権のうち生存にとってもっとも基本的である諸権利を意味するものである。生活保障、医療保護、最低限の居住への権利などはここでいう生存権に属する。現在の日本では、非正規外国人にたいしては医療保護さえ認められておらず、緊急医療の不備は生命の危険さえ生じさせ

　＊16　諸外国の状況については、〔近藤1996a〕および〔近藤1996b〕の労作がある。

事態に立ちいたっている。また、外国人にたいする住宅差別ははなはだしく、生存限界的な居住をやむなくさせている。

社会権については、国連による移民労働者の権利条約の内容（第1章第8節参照）が参考になる。

自由権としては、国際人権規約（B規約）において身体、移動・居住・出入国、思想・良心および宗教、集会、結社の自由とともに、公務就任権を含む参政権が規定されている。しかしながら段階的市民権という発想においては、内国人の抵抗がとくに強いとおもわれる参政権は、自由権一般と切り離してより高次の権利とみなすほうが現実的である。

参政権とは、国家を含む公の意思決定への参加を意味するものであり、公務就任権、自治体レベルの参政権（選挙権・被選挙権）、国政レベルの参政権（選挙権・被選挙権）から構成される。

以下、外国人への市民権の付与が定住の程度によりどのようにおこなわれるべきであるかを考えてみたい。生存権的市民権は、出稼ぎなど短期的滞在者を含む外国人すべてにたいして、非正規であるか否かを問わず緊急に無条件で与えられるべきである。それ以外の社会権的および自由権的市民権についても、各権利について非正規短期滞在者を含む全外国人への付与の可能性が積極的に検討されるべきである。参政権的市民権については、定住外国人には国政レベルまで、長期滞在外国人には一応自治体レベルまでの参加が認められるべきである。

このような段階的市民権の実現により、非正規定住者にたいする従来のアムネスティ（一斉正規化）ないし精力的に運動が進められている在留特別許可要求の構想を一層現実化することができよう。これらの構想は、長期滞在の結果生活の基盤が本国から移住先国に移ってしまった者について、内国民と同じ処遇をはかろうという考えである。ところで、これまでのこの種の提案には全面的合法化か否かという選択肢しかなかった。そのためこの種の提案にたいしては、日本社会の側で外国人移民の流入を助長することになるのではないかという疑念など大きな抵抗感が生まれ、真剣な考察の対象となってはこなかった。

「段階的市民権」の法制化にあたっては、「外国人市民権法」（仮称）を制定することが必要となろう。この法の内容は、日本国籍をもたない者にも定住の程度に応じて生存権、社会権および自由権、参政権を段階的に保障することが基本となる。つまりこの法は、外国人にたいする管理・統制を根幹とする現行

入管法の精神とは対照的位置を占めるものである。付言すれば、段階的市民権の構想および付与に際しては、外国人自身の意向を汲みあげることが要求される。その前提は、意思決定のチャンネルとしての外国人の自己組織化およびそれにもとづく社会運動の許容ないし奨励である。その意味で、旧来外国人による地方参政権の要求運動とともに、非正規外国人も組みこんだ自発的組織の結成が日本各地で進みはじめていることは注目される。

　ヨーロッパでは、「労働力をいれたつもりであったのに、実際にやってきたのは人間であった」といわれる。人間である以上、労働力過剰に転じても帰国しようとはせず定住してしまったことが大きな社会問題をひき起こしたのである。日本においても、外国人移民の大規模な定住がはじまっている。法制化を前提として、「段階的市民権」の内容の検討を急がねばならない。

第Ⅲ部

移民の定住化
―― 1990年代後半から2000年代前半まで ――

第1章　移民の概況

第1節　出身国（地）と在留資格

　2001年はじめと2005年はじめにおける日本の移民の概況は、**表Ⅲ-1-1**と**表Ⅲ-1-2**に示されている。この表には駐留米軍やその家族、外交官、密入国者（法務省は2005年に3万人と推定〔『国際人流』2005年5月号、4〕[*1]）などはふくまれていない。これらの表の左はしから右から4列目の小計までは、外国人登録をした者についての2000年12月および2004年12月末現在の数値である。

　左はしの「特別永住者」の大部分は在日韓国・朝鮮人を主体とする旧来外国人であって、その合計は51万2269人から46万5619人に減少した。新来外国人のうちの登録者の合計は、117万4175人から150万8128人へと増加した。すなわち外国人登録者の合計は168万6444人から197万3747人までふえた。新来外国人のうち非正規滞在者は、表の右から3列目に示されているように、23万2121人から20万7299人へとへった。ただし、このなかには外国人登録をしている1万1467人と1万9164人がふくまれているのでこれを減じると、特別永住者と新来外国人の合計は、190万7098人から216万1882人へと増加し、ついに200万人の大台を大きくこえたことになる。これは2005年の日本人口の1.7％を占める。

　新来外国人の数は、右から2列目にみられるように139万4829人から169万6263人へと4年間でおよそ30万人、年当たり平均7万5000人の増加にすぎなかった。

　表より新来外国人を出身国（地）別にみると、第1位の中国人（台湾をふくむ）は36万9282人から52万2436人へと着増し、群をぬいて多い。第2位のブラジル人は25万2157人から29万1232人へと微増した。2001年に18万1997人

＊1　なお、2000年から施行された改定入管法は、刑罰をともなう不法在留罪を新設した。

第Ⅲ部　移民の定住化——1990年代後半から2000年代前半まで

表Ⅲ-1-1　国籍（出身地）別在留資格別外国人数

在留資格	旧来外国人登録者						新来登録者	
	特別永住者	投資・経営、法律・会計業務、医療、研究、教育、技術、教授、芸術、宗教、報道	人文知識・国際業務、企業内転勤	興行	研修	技能、ワーキングホリデー、特定活動（その他）	留学、就学	家族滞在
韓国・朝鮮	507,429	4,184	3,940	1,341	259	2,009	22,280	13,516
中国	4,151	15,215	12,645	1,912	22,163	22,476	71,863	32,306
ブラジル	15	115	111	300	191	73	403	313
フィリピン	25	914	700	43,790	2,734	2,222	1,015	948
ペルー	2	30	20	8	66	20	88	66
タイ	4	169	239	179	1,802	643	1,834	313
アメリカ	250	9,600	7,656	311	23	192	1,434	6,939
インドネシア	3	236	138	953	4,506	5,575	1,687	1,304
マレーシア	4	297	314	94	443	29	1,971	598
ベトナム	2	115	69	1	2,280	2,738	897	192
イギリス	33	3,080	4,626	77	23	343	1,073	1,758
イラン	5	103	27	2	22	28	173	311
カナダ	31	2,223	3,398	91	7	684	331	734
その他	315	9,875	10,403	4,788	1,680	3,923	9,712	13,580
合計	512,269	46,156	44,286	53,847	36,199	40,955	114,761	72,878

＊　未取得者とは、非正規者で外国人登録をしている者をさす。
＊＊若干名いるが「その他」に含まれている。
出所：旧、新来外国人登録者数については、〔法務省2001b〕。非正規者数については、〔法務省2001a〕

第1章　移民の概況

（2000年12月末および2001年1月1日現在）

外国人						非正規者	小計	合計
短期滞在	日本人の配偶者等、定住者	永住者、同配偶者等	文化活動、一時庇護、その他	未取得者*	小計	超過滞在者	登録者数＋非正規者数－未取得者数	
9,362	31,566	35,515	2,002	1,866	127,840	56,023	181,997	689,426
10,545	87,862	50,533	1,938	1,966	331,424	39,824	369,282	373,433
1,892	239,272	9,158	329	2,222	254,379	＊＊	252,157	252,172
6,078	59,550	21,283	3,704	1,908	144,846	31,666	174,604	174,629
5,842	31,347	7,647	219	816	46,169	8,502	53,855	53,857
4,776	13,622	2,059	2,854	795	29,285	19,500	47,990	47,994
904	11,127	5,938	371	111	44,606	＊＊	44,495	44,745
1,385	2,850	470	181	58	19,343	5,315	24,600	24,603
2,896	1,059	594	70	17	8,382	9,651	18,016	18,020
97	5,437	4,838	85	157	16,906	＊＊	16,749	16,751
949	2,777	1,657	82	47	16,492	＊＊	16,445	16,478
2,858	1,728	458	380	72	6,162	4,335	10,425	10,430
201	1,691	618	62	17	10,057	＊＊	10,040	10,071
20,260	27,344	11,253	4,051	1,415	118,284	57,305	171,174	174,489
68,045	517,232	152,021	16,328	11,467	1,174,175	232,121	1,394,829	1,907,098

401

第Ⅲ部　移民の定住化――1990年代後半から2000年代前半まで

表Ⅲ-1-2　国籍（出身地）別在留資格別外国人数

在留資格	旧来外国人登録者	新来登録者						
	特別永住者	教授、芸術、宗教、報道、投資・経営、法律・会計業務、医療、研究、教育、技術	人文知識・国際業務、企業内転勤	興行	研修	技能、ワーキングホリデー、特定活動（その他）	留学、就学	家族滞在
韓国・朝鮮	461,460	7,150	5,951	810	156	2,980	23,730	15,829
中国	3,306	17,122	17,053	4,163	40,136	48,904	120,176	35,253
ブラジル	19	236	126	233	124	162	409	405
フィリピン	30	1,326	1,057	50,691	2,888	3,878	986	1,334
ペルー	3	40	20	7	45	126	98	56
アメリカ	391	9,573	9,496	374	12	191	1,991	5,968
タイ	11	389	361	234	1,566	1,024	2,547	460
インドネシア	4	392	246	1,740	4,189	6,321	1,889	1,337
ベトナム	3	370	160	11	3,491	5,044	2,563	384
イギリス	40	3,072	5,683	49	20	503	759	1,555
マレーシア	6	346	432	35	235	48	2,157	756
インド	3	3,069	1,552	74	92	1,626	483	3,560
カナダ	60	2,383	4,318	75	5	763	407	778
その他	283	9,866	12,220	6,246	1,358	5,113	14,886	14,244
合計	465,619	55,334	58,675	64,742	54,317	76,683	173,081	81,919

＊　その他とは、非正規者で外国人登録をしている者をさす。
＊＊若干名いるが「その他」に含まれている。
出所：旧、新来外国人登録者数については、〔法務省2005b〕。非正規者数については、〔法務省2005a〕

第1章 移民の概況

(2004年12月末および2005年1月1日現在)

外国人						非正規者	小計 登録者数 ＋ 非正規者数 － その他	合計
短期滞在	日本人の配偶者等、定住者	永住者、同配偶者等	文化活動、一次庇護、未取得者	その他*	小計	超過滞在者		
8,919	29,834	45,727	2,681	2,192	145,959	43,151	186,918	648,378
11,929	83,984	99,635	4,638	1,271	484,264	39,443	522,436	525,742
975	226,580	53,112	3,965	211	286,538	4,905	291,232	291,251
13,267	67,573	48,310	3,063	4,991	199,364	30,619	224,992	225,022
4,449	28,081	21,005	1,474	346	55,747	6,624	62,025	62,028
853	10,256	9,185	492	62	48,453	**	48,391	48,782
3,834	14,120	7,276	1,121	3,404	36,336	12,787	45,719	45,730
1,943	3,902	1,431	182	314	23,886	7,169	30,741	30,745
599	5,904	7,111	334	44	26,015	**	25,971	25,974
889	2,766	2,625	103	18	18,042	**	18,024	18,064
2,087	947	1,199	47	107	8,396	7,431	15,720	15,726
1,943	698	1,799	113	468	15,477	**	15,009	15,012
190	1,882	1,178	63	8	12,050	**	12,042	12,102
20,569	31,499	22,788	3,084	5,728	147,601	55,170	197,043	197,326
72,446	508,026	322,381	21,360	19,164	1,508,128	207,299	1,696,263	2,161,882

第Ⅲ部　移民の定住化——1990年代後半から2000年代前半まで

と第3位であった韓国人は、2005年にも18万6918人にすぎず、第4位となった。それにたいし、第4位であったフィリピン人は、17万4604人から22万4992人へとふえて第3位となった。以下は10万人より少なくなり、2005年にはペルー人6万人強、アメリカ人5万人弱、タイ人4万人台とつづいていく。2001年にまだ1万人強いたイラン人は、2005年には「その他」のなかへ姿を消した。さらに、2005年にはマレーシア人が微減するとともに、インド人が登場した。

　以上の検討から、当時の日本に特徴的な状況を指摘することができる。第1に、日本人口全体にたいする外国人人口の比率は、欧米諸国の一般水準にくらべてきわめて低かった。第2に、欧米諸国にみられる特定のエスニック・マイノリティへの集中ということがなく、中国人が突出してはいるものの出身国はかなり分散していた。

　つぎに在留資格についてであるが、新来外国人の首位を占めているのは、主として日本人の配偶者や子どもを意味する「日本人の配偶者等」と日本人の孫をふくむ「定住者」であり、その大部分は日系人と国際結婚による外国人配偶者とからなる。このカテゴリーは51万7232人から50万8026人へと微減し、これについで多い「永住者」「同配偶者等」は、15万2021人から32万2381人へと着増した。

　非正規な超過滞在者は、23万2121人から20万7299人へと微減した。一時多かったバングラデシュ人、パキスタン人、イラン人は、1990年代後半に7〜4000人前後にまで減少した。これについては、景気の低迷期に就労機会が減少したことに加え、取り締まりの強化が影響している。とくに、1999年1月には27万1000人いたのに、そののち1年間に2万人もの大きな減少をしたことが注目される。その理由は、2000年2月に施行された改定入管法により退去強制後の日本への再入国の不許可期間が1年から5年に延ばされたことと、この法により高額の罰金が科せられるとのデマが流布したことを指摘できる。

　第4に多い「留学生」「就学生」の合計は、11万4761人から17万3081人へと着増した。

　これにつづくのは「家族滞在」と「短期滞在」であるが、これらを別にすれば、外国人労働に関係の深い在留資格がつづく。まず、合法的にブルーカラー的労働に従事できる「技能、ワーキングホリデー、特定活動（その他）」は、4万955人から7万6683人へと増大した。この「特定活動（その他）」は、主として研修終了後の技能実習生からなっている。ついで、サービス業における偽装

就労の可能性の高い「興行」は5万3847人から6万4742人へと、「人文知識・国際業務」と「企業内転勤」とからなるホワイトカラー的労働者は4万4286人から5万8675人へと、「教授」から「技術」にいたる専門・管理的労働者は4万6156人から5万5334人へと、「興行」とならんで偽装就労の可能性の高い「研修」は3万6199人から5万4317人へと、それぞれ増加した。

ここで、専門・管理的労働とホワイトカラー的労働従事者は90年体制が門戸を広げようとした「高度な人材」と目することができるが、この合計は2005年に10万人を若干上回る程度しかいなかった。

表Ⅲ-1-2のなかで外国人労働者と目される人びととがどれだけいるかについての算出はきわめてむずかしいが、暫定的な試算を示すとつぎのようになる。①専門・管理的労働者、5万人台。②ホワイトカラー的労働者、6万人弱。③「興行」（ダンサー・シンガーなど）としてのサービス業、6万人台。以下は主としてブルーカラー的労働者に該当する。④合法的なブルーカラー的労働者、7万人台。⑤ブルーカラー的労働としての「研修」については、偽装就労率をかりに70％として4万人弱。⑥「留学生・就学生」、そのうち資格外活動の許可率は1999年に47％であったから8万人台。⑦「日本人の配偶者等」「定住者」「永住者」「同配偶者等」については、2005年の日本人口の労働力率およそ52％を適用して43万人。⑧「超過滞在者」21万人弱。これらの総計は約100万人となる。

このように、外国人労働者は日本に滞在する外国人の相対的多数を占めてはいたが、労働に従事していない者もかなり存在していた。

ところで、2005年現在の日本の労働力人口は6650万人であるから、100万人という外国人の労働力人口はその1.5％にすぎない。この比率は欧米諸国とくらべてもきわめて低いものであった。

ここで、外国人登録をしている者について1998年の職業別分布をみると、無職および不詳を除く有職者53万6688人のうち、技能工・生産工程従事者は21万3053人、事務従事者は9万4354人、サービス業従事者は5万1354人、販売従事者は4万1820人などとなり、技能工・生産工程従事者が多数を占めていた〔法務省1999b：概説第18表〕。これは、日系人を中心とする合法的な外国人労働者の当時の状況を反映している。

表Ⅲ-1-1と表Ⅲ-1-2によってエスニック集団別に推移をみると、まず中国人については、8万8000人弱と首位であった「日本人の配偶者等、定住者」が8万4000人弱へと微減し、そのかわりに、定住化を反映して「永住者・同配偶

者等」が5万人強から10万人弱へとほぼ倍増して首位となった。「日本人の配偶者等、定住者」の多くは、第二次大戦後中国に残留した日本人の帰国に随伴してやってきた子や孫をふくむ家族である。これにつぐグループは「留学・就学」であり、7万人強から12万人強へと着増した。それにつづく「研修」「技能、ワーキングホリデー、特定活動（その他）」の合計は4万5000人弱から9万人弱へと顕著に増加し、研修生および技能実習生の重要性を示している。「超過滞在者」は4万人弱とほとんどかわっていない。その大きな部分は進学ができなかったかつての就学生である。ノンマニュアル的職業は3万人台へと着増した。このカテゴリーは社会的上昇をした人びとであり、日本に留学した者がそのまま日本企業に就職することが多かった。このように中国人集団はきわめて多様な人びとから構成されていた。

　第2番目に多いブラジル人についてはそのほとんどが「日本人の配偶者等、定住者」と「永住者・同配偶者等」に集中しており、その同質性が顕著である。ただし、前者が24万人弱から23万人弱へと微減したいっぽう、後者については、定住化にともなって1万人弱から5万人強へと激増した。

　第3位のフィリピン人については、「日本人の配偶者等、定住者」が6万人弱から7万人弱へと微増したいっぽう、「永住者・同配偶者等」も2万人強から5万人弱へと激増し、定住化の進展を示している。これは日本人男性とフィリピン人女性との国際結婚がその実質である。4万人強から5万人強へと微増した「興行」はフィリピン人の特徴ともいえるものであり、その多くはダンサーやシンガーとして入国し風俗関連産業に従事していた。超過滞在者は3万人強の水準を維持した。

　第4位の韓国人をみると、「日本人の配偶者等、定住者」が3万人強から3万人弱へと微減したいっぽう、「永住者・同配偶者等」は3万人台から4万人台へと増加した。このふたつのカテゴリーのうち少なくない部分は日本人の配偶者であり、国際結婚の増大を反映している。超過滞在者は5万人台から4万人台へと減少した。「留学、就学」は2万人強を維持した。

　第5位のペルー人については、「日本人の配偶者等、定住者」が3万人強から3万人弱へと微減したいっぽう、「永住者・同配偶者等」は定住化を反映して1万人弱から2万人強へとほぼ3倍増加した。

　第6位のアメリカ人は、専門・管理的職業、ホワイトカラー的職業、「日本人の配偶者等、定住者」、「永住者・同配偶者等」がそれぞれ1万人前後を占め

安定していた。

　第7位のタイ人は、国際結婚の増大にもとづき、「日本人の配偶者等、定住者」、「永住者・同配偶者等」の合計が1万人台から2万人強へと増加した。また、超過滞在者は2万人弱から1万人強へと減少した。

第2節　各移民集団の属性

　本節では、1990年代末の各移民集団の性別、年齢別、職業別の属性を、比較しながら検討する。

　まず性別については、**表Ⅲ-1-3**に示した。この表では、超過滞在者で外国人登録をおこなっている者9297人が重複していることに留意されたい。また旧来外国人と新来外国人とを区別する統計がないため、旧来外国人も含まれている。この表によれば、超過滞在者では男性が若干多いものの、全体では男性が88万1484人、女性が90万1680人とわずかではあるが女性のほうが多い。

　エスニック集団別にみると、女性が優勢であるグループと男性が優勢であるグループとに明瞭にわかれるのが興味深い。女性が男性を超過しているのは、ほとんど同数である中国以外では韓国・朝鮮、フィリピンとタイである。これら3国の女性の多くは日本で風俗関連産業に就業してきた。そのほか、フィリピン女性は日本人男性の配偶者である者が激増していた。

　男性のほうが女性よりも圧倒的に多いのは、イラン、バングラデシュとパキスタンのイスラーム圏である。同じイスラーム圏でもマレーシアとインドネシアではかなりの女性がいる。ブラジル、アメリカ、ミャンマーは男性のほうが多い。

　つぎに登録外国人に関する入管の資料から当時のエスニック集団の年齢構成をみると、旧来者が多いため高齢層の比重が高い韓国・朝鮮人を別にすれば、20歳代が多いグループと30歳代が多いグループにわかれることが注目される。前者としては、ブラジル、ペルー、マレーシア、インドネシアがあり、その共通性はマレーシアを除いて主として労働力であったことにある。インドネシアのばあい研修生が多かったが、このカテゴリーは偽装就労の可能性が高くその多くは労働力とみなすことができる。なおマレーシアは学生が多かった。

　一方30歳代が多いグループとしては、中国、タイ、アメリカ、イラン、バングラデシュ、パキスタン、ミャンマーがあり、その背景は移民集団ごとに異なっている。中国については上層の職業への従事や帰国者二世・三世の多さ、

表Ⅲ-1-3 国籍（出身地）別男女別外国人数
（1998年12月末および1999年1月1日現在）

在留資格	男			女			合計		
	登録者	超過滞在者	小計	登録者	超過滞在者	小計	登録者	超過滞在者	小計
韓国・朝鮮	308,189	24,434	332,623	330,639	38,143	368,782	638,828	62,577	701,405
中国	125,176	25,142	150,318	147,104	19,095	166,199	272,280	44,237	316,517
ブラジル	122,753	＊	122,753	99,464	＊	99,464	222,217	0	222,217
フィリピン	15,663	14,722	30,385	89,645	25,698	115,343	105,308	40,420	145,728
タイ	6,841	13,552	20,393	16,721	16,513	33,234	23,562	30,065	53,627
ペルー	23,489	6,885	30,374	17,828	3,435	21,263	41,317	10,320	51,637
アメリカ	26,604	＊	26,604	16,170	＊	16,170	42,774	0	42,774
マレーシア	3,901	5,195	9,096	2,698	4,794	7,492	6,599	9,989	16,588
インドネシア	11,463	＊	11,463	3,499	＊	3,499	14,962	0	14,962
イラン	6,683	7,024	13,707	534	280	814	7,217	7,304	14,521
バングラデシュ	5,323	4,685	10,008	1,099	251	1,350	6,422	4,936	11,358
パキスタン	5,541	4,156	9,697	464	151	615	6,005	4,307	10,312
ミャンマー	2,713	3,870	6,583	1,729	1,617	3,346	4,442	5,487	9,929
その他	71,920	35,560	107,480	48,263	15,846	64,109	120,183	51,406	171,589
合計	736,259	145,225	881,484	775,857	125,823	901,680	1,512,116	271,048	1,783,164＊＊

＊　若干名いるがその他に含まれている。
＊＊超過滞在者でありながら登録者である者9,297人をふくむため、実際の合計は1,773,867人である。
出所：〔法務省1999b〕、〔法務省1999a〕

　タイについては日本人男性の配偶者、アメリカについては上層の職業への従事、タイについては日本人男性の配偶者、イラン以下は日本での滞在の長期化などがそれぞれ影響している。ただし、フィリピンは20歳代と30歳代がほぼ同じで例外をなしている。

　同じく入管の資料をもとに移民集団別の当時の職業構成をみると次のようなことがいえる。旧来者の多い韓国・朝鮮については、専門・管理や事務とともに、販売や技能工・生産工程が多い。中国人については、留学後日本で就職した者が主として従事する専門・管理、事務とともに、技能工・生産工程、サービスも多く多様性をみせている。フィリピンも類似したパターンをもち、女性が主に従事するサービスがきわめて多く、次いで専門・管理、技能工・生産工程の順となっている。

　ブラジルとペルーについては、日系人の出稼ぎ者を中心として技能工・生産

工程が主要であるものの、事務へと上昇した者もかなりいた。タイ、イラン、バングラデシュ、インドネシアは技能工・生産工程に従事する者が多かった。パキスタンも技能工・生産工程が多いが、事務もかなり多く、その相当部分は貿易に従事していた。

アメリカは専門・管理への圧倒的な集中がみられるが、その多くは英語教師であった。マレーシアについても専門・管理が首位で、事務がそれにつづいていた〔法務省1999b：第2表および第6表〕。

第3節　景気後退下での就労の継続と労働条件の悪化

景気後退にもかかわらず1990年代後半に外国人人口が減少しなかったことの理由として、日本の労働市場が大企業群とその下請けや孫請けである中小零細企業群とからなる二重構造をもち、中小零細企業においては劣悪な労働条件のために景気の良し悪しにかかわらず労働力不足が慢性化していたということを指摘できよう。1998年11月労働省が発表した「外国人雇用状況報告」をみると、外国人雇用は、事業所数、外国人労働者数ともに、「100～299人」規模がもっとも多かった。第1回調査のおこなわれた1993年にくらべて1998年はとくに1000人以上規模の事業所の減少が著しいのにたいし、300人未満規模の事業所では外国人を雇用する事業所数は78.2％から81.2％へ、外国人労働者（直接雇用）数は69.4％から78.0％へとともに増加したのである〔労働省各年版〕。これは、100人以上300人未満の事業所が景気後退下の外国人労働力の主要な受け皿となっていたことを示すものである。

なお、1990年代後半には、とりわけ飲食店や風俗関連産業において日本人がいっさいいない職場が増加していた。すなわち、入管データによれば、稼働先に「日本人がいない」とした者は、1996年に14.6％、1997年に18.2％と着増する傾向にあった[*2]。

1995～96年に実施された千葉高校の調査〔千葉高校1997〕から、移民集団別の平均賃金がわかる。表Ⅲ-1-4によれば、6つの移民集団のなかでもっとも賃金が高いのは日系ブラジル人で、2位がイラン人、3位がバングラデシュ人、4位が中国人となっている。また、5位、6位は女性が30％から40％を占めるフ

[*2]　〔法務省各年版c〕。以下「入管データ」はすべてこれによる。

第Ⅲ部　移民の定住化——1990年代後半から2000年代前半まで

表Ⅲ-1-4　国籍別月収

	20万円未満	20万円以上	30万円以上	40万円以上	不明	計	平均
日系ブラジル人	6	8	11	1	4	30	26.1万円
韓国人	11	9	2		5	27	15.9万円
中国人	9	9	4	1	1	24	19.9万円
フィリピン人	15	12	1		4	32	18.2万円
タイ人	9	5	1			15	18.0万円
バングラデシュ人	6	19	2		1	28	21.4万円
イラン人	9	20	2		1	32	21.9万円
全体	65	82	23	2	16	188	20.5万円

出所：〔千葉高校1997〕〔駒井1998：下巻179〕）

ィリピン人、タイ人である。すなわち、性別構成を無視するとすれば、この時期に東アジア、東南アジア、南アジア、西アジアと西のほうにいくにしたがって賃金が安くなるといういわゆる「西回りの法則」がくずれたのである。つまりイラン人、バングラデシュ人の上昇がいちじるしく、フィリピン人、タイ人が最下位になってしまったということがいえる。これについては、景気後退のもとで日本語能力の影響が大きくなったのではないかということが考えられる。

　タイ人については、英語もそれほどうまくなく、日本語も日本に滞在していながらあまりうまくならないという者が多かった。フィリピン人は英語が話せるということが逆に作用して、日本語の上手な者が増えていかなかった。それにたいしてイラン人、バングラデシュ人は、学歴も高く、進取の精神に富む若者も多かった。主に1980年代後半に来日したバングラデシュ人はいうに及ばず、バブルが崩壊するかしないかという時期にやってきたイラン人の青年たちもけっして安易な道を歩んできたわけではない。しかし、来日後数年もたてば日本語も上達し、生活も相対的に安定していく者も出現しはじめたのである。

　ここで、非正規就労者の1998年の賃金と就労分野を、入管データからみることにしよう。表Ⅲ-1-5によれば、日収は「7千円超1万円以下」が48.6％と最多であり、「5千円超え7千円以下」が25.6％とそれにつぎ、さらに「1万円超え3万円以下」も13.6％いた。1990年代前半とくらべると賃金水準が低下したことはあきらかである。また就業分野も表Ⅲ-1-6のとおり、製造業が23.7％、建設業が19.0％となり、1990年代前半にくらべて建設業の減少がいちじるしい。さらに、ホスト・ホステスは17.7％とほぼ倍増した。男女別にみると、ホステ

表Ⅲ-1-5　非正規就労者の報酬（日額）1998年(%)

3千円以下	1.1
5千円以下	7.4
7千円以下	25.6
1万円以下	48.6
3万円以下	13.6
3万円超え	0.6
不詳	3.1
合計	100.0
実数	40,535

出所：〔法務省1998〕

表Ⅲ-1-6　非正規就労者の就業内容　1998年　(%)

	男女計	男	女
建設作業員	19.0	30.5	─
工員	23.7	30.3	13.3
その他労務作業者	5.0	6.9	─
ホスト・ホステス	17.7	─	43.0
バーテン・ウェイトレス	10.1	7.0	14.9
調理人	5.7	6.6	4.3
皿洗い人	＊	3.2	5.7
その他サービス	＊	＊	4.3
運搬労務者	＊	＊	＊
売春婦	＊	─	＊
その他	18.9	15.6	14.5
合計	100.0	100.0	100.0
実数	40,535	24,808	15,727

＊はその他に含まれる。
出所：〔法務省1998〕

ス従事者は女性の4割強にまで達した。この変化の理由としては、財政改革の遂行により公共事業費が大幅に削減されたため建設業の雇用吸収力も同様に減少したことを指摘できる。

　つぎに、1990年代後半から2000年代前半の研修制度の状況についてみることとする。1993年の国際研修協力機構（JITCO）の設立以降の研修生の受け入れルートは政府機関経由とJITCO経由とに大別され、政府機関経由はほぼ頭打ち傾向にあった。JITCO経由は主に企業単独型と団体管理型とからなる。企業単独型は、海外拠点をもちかつ煩雑な入国申請の手続きを自力で遂行でき

る大企業が主であるが、1996年をピークに減少をつづけていた。それにたいし、団体管理型はその多くが海外拠点をもたない中小企業が受け入れ団体を組織して受け入れるものであり、一貫して増大傾向にあり1997年以降企業単独型を大きく上回りはじめた。団体管理型の特徴は、管理的なローテーションシステムをともなう労働需給の構造をもっていることにあった〔佐野2002〕。このように、研修生の研修の受け皿は中小企業が中心となっていったということができる。

　研修・技能実習制度のかかえる本音と建前の矛盾は、受け入れ団体による贈賄事件というきわめて悪質なスキャンダルを発生させた。これは「ケーエスデー中小企業経営者福祉事業団」(KSD)の理事長によるものである。KSDは研修生を受け入れる関連財団「中小企業国際人材育成事業団」(アイム・ジャパン)を所管していた。KSD理事長は1996年に自民党の有力議員に贈賄し、KSDによる「ものつくり大学」の設立を有利に運ぼうとする国会質問をさせた。理事長はまた、1996年に別の自民党議員に賄賂を渡して技能実習生の滞在期間を延長させようとする国会質問をおこなわせ、1997年に技能実習生の在留期間は研修生であった期間もふくめて2年間から3年間へと延長された。その結果、1997年以降アイム・ジャパンの研修生受け入れ数は急伸し、黒字に転換した。なお、この理事長は2000年にアイム・ジャパンから使途不明金8000万円を引きだしている（〔『日経』2000年12月12日、2001年1月16日〕、〔『朝日』2001年1月17日〕）。すなわち研修生および技能実習生と中小企業主は受け入れ団体の食い物にされたのである。

　1998年に銚子の水産加工業界で起きた賃金ピンハネ事件もまた、研修・技能実習制度のかかえる問題点を浮き彫りにした。この事件は、銚子を中心として全国215社に約650人の研修生・実習生を派遣する国内最大手の中間団体のひとつである「全国生鮮食品ロジスティクス協同組合」の代表理事らが賃金1億円余りをピンハネしたとして、労働基準法違反で起訴されたというものである〔『朝日』1998年6月27日、11月18日、11月9日、11月22日、11月23日、12月8日、1999年1月8日、2月18日〕。その手口は、加盟社から実習生のばあい1人当たり月12万5000円前後の賃金を振り込ませながら、実際には日本で月3万6000円と帰国後に月2万〜2万4000円しかはらわず、健康保険料・税金など1万9000円を差し引いた残りの4万6000円から5万円を着服していたというものである。なお、帰国後の賃金も1998年以降は未払いとなった。この団体は

1999年初頭に2回目の不渡りを出して事実上倒産した。研修生・実習生は中国人であるが、その多くはピンハネされた未払いの研修手当および賃金の返還を求めて、この中間団体と研修・勤務先企業を相手に訴訟を起こした。

　この事件が示す問題点の第1は、研修生・実習生の偽装就労である。本来的には実習生であっても技能習得が目的であるはずだが、ある実習生は公判で訪日理由が「お金を稼ぐため」であると証言した。なお、彼女は出国時に中国側送り出し機関に約21万円を支払っていた。付言すれば、銚子の水産加工業界は1997年6月にも、研修生にたいして日本語など座学をほとんどおこなっていないこと、残業が常態となっていることなどを理由に、入管から45人の研修ビザの更新を拒否されたという前歴をもっている[*3]。

　問題点の第2は、鳴り物入りでつくられ巨額の国費を使い5省庁の天下り先となっている国際研修協力機構が、研修・技能実習制度の正常化および研修生・実習生の育成・保護にたいして果たさなければならない義務を怠っていたということである。機構側は、指導や監督権限はなくただ書類についての指導・助言ができるだけと逃げていたが、この機構が設立された経緯をみれば、このような悪質な大手中間団体の把握とそれにたいする適切な対応は当然の業務であった。

　大量の失踪者の発生は、この制度の矛盾の別の現れである。JITCOによれば2005年の研修生からの失踪者は約3600人で研修生総数の6.6％、同じく技能実習生からのそれは1000人以上であり1.7％以上にたっする。なお、この1000人以上という水準は3年連続であった〔『朝日』2005年12月23日〕。

　最後にブローカーの関与についてふれておこう。前掲千葉高校による千葉市周辺に住む外国人約30人にたいする面接調査の結果を**表Ⅲ-1-7**よりみると、中国人の33％、タイ人の53％、フィリピン人の28％が日本への入国に際してブローカーと接触していた。この数字は、第Ⅱ部第1章第1節第2項で紹介した入管のデータをはるかに上回る高い数値である。この数字のギャップについては、入管のデータが帰国しようとしている外国人を対象としているのにたいして、千葉高校のグループのデータは日本に滞在し働いている人を対象としていたことによるものと考えられる。すなわちこの違いは、バブルの崩壊後来日

＊3　NHK総合テレビ、特報首都圏'97、「外国人研修生・突然の帰国」1997年6月22日放映。

表Ⅲ-1-7　来日の際のあっせん業者の介在

	日系	韓国	中国	フィリピン	タイ	バングラデシュ	イラン	全体
はい	46.7%	7.4%	33.3%	28.1%	53.3%	3.6%	31.3%	28.0%
いいえ	53.3%	92.6%	66.7%	71.9%	46.7%	96.4%	68.7%	72.0%

出所：〔千葉高校 1997〕〔駒井 1998：下巻、31〕）

に際してのブローカーの関与が高まったことを示すと考えられる。

第4節　定住化と生活問題

　本節では、1990年代後半を対象として、まず定住化の進展を滞在期間と家族形成およびエスニック・メディアの観点からみ、ついで行政需要の調査にもとづいて生活問題一般を概観したあと、医療、日本語、居住について検討する。なお、教育については第4章であつかう。

　はじめに滞在期間であるが、在日外国人情報誌連合会による1996年の調査によれば、平均滞在期間はすでに5年となっていた。エスニック集団別にみると、中国がもっとも長く6年をこえており、以下5年をこえるマレーシア、4年をこえるブラジルとミャンマー、3年をこえるフィリピンとタイ、2年のインドネシアとつづき、もっとも滞在が短いのは韓国の2年弱であった〔在日外国人情報誌連合会 1996〕。また、1998年の入管データによれば、超過滞在者の帰国時の滞在期間が帰化要件の最短年数3年をこえる者は45.6％と半数に近づいていた。また帰国しようとする非正規滞在者にたいする入管の聞き取りによれば、滞日期間3年をこえる者は、2004年に47.9％と半数に近く、そのうち5年をこえる者は全体の31.9％を占めるにいたった。

　国際結婚の増加と本国からの家族の呼び寄せにより、1990年代後半に日本

表Ⅲ-1-8　来日家族

	有効回答数	あり	親または配偶者の来日
日系ブラジル人	30	19	8
韓国人	27	7	5
中国人	24	19	17
フィリピン人	30	17	5
タイ人	15	3	1
バングラデシュ人	28	6	3
イラン人	31	9	2
全体	185	80	41

出所：〔千葉高校1997〕〔駒井1998：下巻、185〕。

での家族形成は着実に進んだ。上述した千葉高校による調査では、表Ⅲ-1-8のように、家族が来日している者は185人のうち80人に達していた。移民集団別にみると、来日者の多い順に中国、ブラジル、フィリピンとなる。この3集団では、半数以上が来日者をもっていた。またこの80人のうち親または配偶者を来日させていた者は41人にのぼり、とくに中国とブラジルに多かった。一方、韓国、タイ、バングラデシュ、イランでは、家族の呼び寄せは相対的に少なかった。

『人口動態統計』により外国人妻の国籍をみると、1997年には中国がフィリピンを上回って最多となった。一方外国人夫の国籍は、1997年にはアメリカが首位、中国が第2位と様相が変わった。なお1997年の婚姻件数にたいする離婚数の割合すなわち離婚率は、国際結婚のばあい32.4％であり、日本人どうしの28.6％とそれほど大きな差がない。外国人妻による子の出産数は1998年に1万3635であり、外国人妻との婚姻件数にたいする割合すなわち出生率は61.5％にすぎずあきらかに低い。これは広範な偽装結婚の存在を示唆するものである。なお国籍別にみると、フィリピン妻の出生率が84.1％であるのにたいし、中国人妻のそれは38.9％しかない〔厚生省各年版〕。

李節子によれば、2004年には国際結婚の件数は4万8414件、総婚姻数の6.6％すなわち15組に1組という多くを占めていた。なお、同年には外国人妻との婚姻件数が外国人夫とのそれの2.0倍に達した。同年の外国人妻のトップは中国人、2位はフィリピン人、3位は韓国・朝鮮人であり、外国人夫のトップはアメリカ人、2位は韓国・朝鮮人、3位は中国人であった[*4]。このなかには、当然のことながら、少なくない非正規滞在者もふくまれていた。

第Ⅲ部　移民の定住化──1990年代後半から2000年代前半まで

　エスニック・コミュニティの形成にとって決定的に重要な役割を果たすものが、エスニック・メディアである。白水繁彦によれば、エスニック・メディアは、まず母語の維持や伝統文化の普及といった自文化を維持し伝承することとともに「生活情報や広告をとおして同胞の日本での基本的な生活を助ける」「同胞に安らぎや娯楽を与える」といった「集団内機能」をもつ。また同時に、「同胞に日本人や日本文化のことを解説して日本理解を助ける」「日本人に同胞社会のできごとや文化を解説して同胞のことを理解してもらう」「異文化を知る楽しみや共生共存の有意義さを日本人と分かちあう」といった「集団間機能」も保持する。

　狭義のエスニック・メディアとは、白水によれば、ホスト社会（ただし白水はローカル社会と表現している）のなかでホスト社会に居住する同胞によって制作されるメディアと定義されるが、2000年代初頭の日本のエスニックな印刷メディアは170タイトル以上にのぼり、またエスニックな衛星放送メディアは10チャンネルが営業していた。エスニック・メディアの送り手たちは、日本人を助けたり日本人から助けられたりして成長してきた。それにもかかわらず、それは日本社会と没交渉な心理的集団を形成する可能性がある。そのような事態を回避するためには、日本語欄の設置が必要である。日本のエスニック・メディアのうち日本語欄を設置しているのは全体の半数にみたなかったと推測され、この点に問題があった〔白水2003〕。

　なお、情報紙誌にかぎったばあい、1998年現在200種以上発行されていた。このうち半数が独立した経営をし常設の編集部をもっていた。主な言語別の内訳は、英語36、中国語27、韓国語12、ポルトガル語11、タガログ語6、スペイン語6のほか、フランス語、タイ語、ミャンマー語、マレー語、ベトナム語、インドネシア語、ウルドゥー語、ペルシャ語もあった。使用されている言語は15あった。印刷メディアの代表的なものをあげると、中国人を対象としもっとも長い歴史をもつ『留学生新聞』紙、ブラジル人を対象とする『ジャーナル・ツードベン』紙と『インターナショナル・プレス』紙、韓国人を対象とする『アリラン』誌、フィリピン人を対象とする『カイビガン』紙などがあり、主要なエスニック集団には印刷メディアが存在していた。これらの発行部数は9万部をトップに、いずれも2万部をこえていた。このほか100近くの自治体による広報紙誌やNPOによる異文化交流の関連紙誌があった。電波メディアについては、一般ラジオ局の外国人向け番組のほか外国人専門のラジオ局が2

局あり、衛星テレビも9波あった〔白水 1998：第Ⅲ章〕。

　ラテンアメリカ日系人が集住する浜松市については、浜松市国際交流室が1997年に発表した調査〔浜松市 1997〕をみると、定住化がいちじるしく進展したことが注目される。すなわち、滞在期間をみると、2年未満はわずか3分の1にまで減少した。それとともに単身者が1割弱に激減し、家族員数4～5人が4分の1を占めるまでに増加した。それにもかかわらず、日本語能力については、「聞くだけなら少しできる」と「ほとんどできない」の合計が4割弱を占めるまで増えた。また、景気後退の影響を受けて、賃金は時給1000円未満が1990年代前半にくらべてほぼ倍増し4割弱となった。ただし、職探しについては、「仕事がとてもみつけにくい」とする者が多少減り、「ややみつけにくい」とする者が若干増えている程度であり、それほど深刻とはなっていなかった。

　生活問題一般については、埼玉県『埼玉県在住外国人の意識調査報告書』（1996年実施）は、外国籍住民のもつ行政需要の把握について分析がていねいでかつ情報量が多い点で評価に値する〔埼玉県 1997〕。本調査の目的としては、「在住外国人の方々の日ごろの生活の様子や行政に対する生の声を把握するため」とされている。調査内容をみると、住まい、現在の仕事、医療・保険、教育・子育て、地域内での交流、防災、行政からの情報サービス、属性からなっている。

　本調査の発見事項をみると、移民集団ごとに行政需要が相違していることが興味深い。行政から提供してほしい情報の第1位を移民集団別にみると、中国とその他アジアでは「仕事」、フィリピンでは「教育」、韓国・朝鮮では「住宅」、ブラジルおよび北米・ヨーロッパでは「緊急時の対応」、中南米（ブラジルを除く）では「医療・保険」と分散がいちじるしい。職業別には中国が専門・技術職に、ブラジルとその他アジアが工員にそれぞれ傾斜する一方、フィリピンは主婦の色彩が強いことからその背景を理解できよう。同じように、「各種案内板に外国語表記を加える」という行政サービスを要求する比率が高い移民集団は、フィリピン、ブラジル、中南米（ブラジルを除く）、北米・ヨーロッパであった。その結果、「外国人向けの日本語教室を増やす」については中南米（ブラジルを除く）、北米・ヨーロッパ、ブラジルの支持が高くなる。こ

＊4　〔『朝日』2005年12月30日〕。なお、李は厚生労働省官房統計情報部『人口動態統計』と海外の日本領事館などへの届け出により算出している。

れらもまた、日本語能力と関連していたとおもわれる。

以下、生活問題のなかでも重要な医療、教育、居住についてみていく。

外国人がかかる病気・怪我の実情については、前に紹介した千葉高校の調査データが参考になる。調査対象者は千葉県に在住している外国人43人であった。その全員が保険には加入していなかった。この43人のうち40人ほどが来日後に発病経験をもっており、これは非常に多いという医者のコメントがある。この43人について、なかには何回も発病した人もいるので合計73の症例が報告されている。それを多い順でいうと、発熱が14、そのうち通院したが7、咳・痰が13、そのうち通院したが2、頭痛が10、そのうち通院したが1、打撲・捻挫が6、そのうち通院したが6、目・鼻・耳が6、そのうち通院したが4、歯痛が5、そのうち通院したが4、骨折が3、そのうち通院したが3、その他16、そのうち通院したが8となり、通院したの合計は35である。それにつづくのは、自分の国からもってきた薬が27、日本の薬屋で買った薬が7、薬は飲まず病院にも行かないで静養していたが4となる。

報告書は、症例についてつぎのような主要な3つの系列があると述べている。ひとつは、日本で働き生活することからくるストレス疲労としての頭痛、筋肉痛、倦怠感であり、病気の19％を占めている。つぎに、労働に関係ある打撲、捻挫、骨折、擦り傷、切り傷などが18％を占めている。第3に、風邪、咳や痰などの病気が18％を占めている。これについて医者は、労働関係を除けば全体的にみて軽症であり、それは若い人が多いためであるとコメントしている。また、風邪が多いことについては、日本が寒い国だということばかりではなく、労働条件が苛酷だということも影響しているとする。ちなみに、1回の外来受診で払える金額は1万円未満とする人が回答者30人のうち29人であった。また重い病気で入院するばあいには50万円未満とする人が回答者28人中26人にのぼった。

このような展開のなかで、1995年5月厚生省が従来の姿勢からついに一歩を踏み出すことがあきらかとなった。すなわち「外国人に係る医療に関する懇談会」（加藤一郎座長）が提出した報告書によれば、非正規滞在であっても、常時雇用されていれば事業主の届け出によって健康保険制度を適用することが適当とされた。また、未払い医療費問題については、自治体の補てん制度を国が支援する制度を新設するよう求めた。これを受けて厚生省は、全国に約130ある救急救命センターを対象として、回収できない医療費1件につき50万円を超え

る分について、国と都道府県が3分の1ずつ援助する補助制度を1996年度から発足させることとした。

　このように、未払い医療費の補てんについては全国約130の救命救急センターだけに対象を限定していたが、これではまったく不十分であるといわざるをえない。

　つぎに日本語については、前述した埼玉県の調査をみると、18歳以下の子どもをもつ者は全体で42.8％と定住化を反映して驚くほど多く、フィリピン人では6割強に達し、中国人とその他アジア人も多かった。子どもをもっている親の大部分は日本人が通っている学校に通学させていた。ところで教育の場でもっとも困っていることは、「学校から親への連絡が日本語で来るためわからないことがある」であった。その比率をエスニック集団別にみると、ブラジル以外のラテンアメリカ人をトップに、ブラジル人、北米・ヨーロッパ人にかなり高かった。これは日本語能力とある程度関連している。すなわち日本語能力は中国人と韓国・朝鮮人に高く、ブラジル人および中国人と韓国・朝鮮人以外のアジア人がそれについで低く、ブラジル以外のラテンアメリカ人にとりわけ低かったからである。

　1990年代後半に活発化したものが外国人に日本語を教えるボランティア・グループである。東京をふくむ関東地方のほか全国各地にあり、文化庁の調査で「任意団体」とされているものの総数は1998年11月現在336機関、そこで教育を担当しているボランティア等の総数は6511人に達した〔文化庁1999〕。生徒としての非正規滞在者をふくむ外国人の総数は8万3086人にのぼり、グループ当たり数十人から100人をこえるばあいもある。以下、当時の日本語ネットワークの組織的展開および活動状況を概観してみよう[5]。

　ネットワークの形成には必ず複数のキーパーソンが存在していた。多くのばあい、海外生活の経験をもつ高学歴の中年女性がその役割を果たしていた。これは、自分が海外で現地語の習得に苦労した経験をもっていること、時間的余裕に恵まれていること、日本語を教授できる能力をもっていること、国際的な活動に意義を認めていることなどによると考えられる。活動内容についてみると、たんに日本語のみを教えるか、あるいは生活相談にまで踏み込むかは、ボ

---

[5]　以下は、〔日本語ボランティア講座編集委員会1996a〕および〔同上委員会1996b〕を参考にした。

ランティアにとって大きな決断を迫られる選択である。外国人である日本語学習者は、日本社会との接点として、日本語をこえる日常生活の諸問題についての相談や助言をボランティアに望むからである。集団によってどちらに重点をおくかの比重は異なっているが、生活相談に応じるときには時間的負担が多いばかりでなく精神的にもきつい。

　日本語の教授方法については、ボランティアは当初正しい日本語を適切な教科書を用いて教えるという規格化された教授法が存在するはずだとおもいこんでおり、そのために自分は日本語教育の専門家でないとする専門家コンプレックスが広くみられた。ところが、次第に、日本語の教授は学習者とボランティアの人間関係に依存するものであり万能の教育法などは存在しないということに気がついていく。それは、まず平均学習時間が週2時間、年間80時間程度と圧倒的に短いこと、また、学習者が労働者であるか、花嫁であるか、中国帰国者であるかなどの背景の違いによって、修得したい日本語の内容のニーズが極端に異なることなどによる。

　組織上の問題に眼を転じると、集団のなかでは主導権をめぐるリーダー間の対立がしばしば発生する。とくに権威主義型リーダーと平等指向型リーダーとの対立、あるいは使命感の強いリーダーと趣味的なリーダーとの対立がよくみられた。多くのばあい、結果として集団の分裂と新規集団の発生が起こり、ネットワークの総数が増加することになる。自治体行政との緊密な連携プレーは、ネットワークの成功に不可欠であった。補助金が得られれば、集団の脆弱な財政基盤が強化される。また、会場についても公的な施設を確保できることのメリットは大きい。さらに、自治体の発行する広報により社会的な意義が一般住民から認識されることになる。

　最後に居住をみると、移民集団別の特徴については、前掲千葉高校の調査データによれば、フィリピン人がアパートに多く住んでいたのにたいして、タイ人やバングラデシュ人は主に会社の寮など会社丸抱えのところに居住した。またイラン人のばあいには、一軒家を借りてイラン人同士でシェアするばあいが多かった。

　1998年の入管データによれば、非正規就労者にかんするかぎり、東京集中が若干増加しそれ以外の地域は一般的にやや減少する傾向にあった。非正規就労者の東京への集中化傾向については、建設業、製造業からサービス業へのシフトと大きく関連していたということがいえそうである。それは逆に、非正規

就労者にとっては建設業や製造業で働く可能性が狭まっていたということを意味する。すなわち、産業空洞化や不景気によって日系人が全国各地に押し出され、従来非正規就労者が占めていた就労場所を、合法的であるがゆえに奪っていくというプロセスが進行していたとみられる。

第5節　世論の拒否傾向と外国人犯罪

　まず世論の動向であるが、1999年2月の経済企画庁の委託による3438人の物価モニターにたいする調査は、外国人労働者にたいする否定的傾向をみせていた。すなわち回答者の51.6％が、受け入れないとする方針を続けるべきであるとし、29.8％は受け入れ条件をさらに厳しくすべきであるとした。これら受け入れ拡大に否定的な者のうち、その理由として失業者の増加や労働条件の改善が遅れる懸念をあげた者は68.0％、地域社会でのトラブルの増加や治安の悪化をおそれる者は30.4％にたっした〔三井情報開発株式会社総合研究所1999：58-60〕。ただし、回答者の92.3％は女性でしかも専業主婦とおもわれる無職が56.4％を占めているため、解答にはある種の偏りがあっただろう。

　つぎに1990年代後半の外国人犯罪について。景気後退による就職難により刑事犯罪をおかす傾向がもっとも強く現れていたのは、密入国者たちであった。密入国者の多くを占める中国人のばあい、密入国を仲介した蛇頭に支払う礼金は30万円程度に高騰していた。本国にいる密入国者の家族が、日本への入国を確認したのちに蛇頭にこの礼金を借金して支払うことも多かった。もし日本で就職できないときには、この借金は密入国者に重くのしかかり、犯罪に手をそめざるをえないことになる。刑事犯罪の内容をみると、洋服や自動車の窃盗、パチンコのプリペイド・カードの偽造、機械装置の悪用によるパチンコ玉の窃盗、自らが蛇頭となることなどが滞日中国人による主要なものであった。単独犯は少なく、組織化が進んでいた。また、暴力団をふくむ日本人との共犯も増加していた。

　イラン人の所得の相対的上昇にもかかわらず、一部には、非行や犯罪に追いこまれる者もではじめた。窮迫の結果として、日本の組織暴力によるイラン人の利用がはじまった。岡田恵美子の聞きとりには、上野でヤクザから優しい声をかけられ、大阪で偽造テレホンカードの販売などに従事させられたイラン人青年の経験が語られている。この青年は、「最近急に職を失うものが増えてき

第Ⅲ部　移民の定住化——1990年代後半から2000年代前半まで

た。……仕事がないと仕方なくテレホンカードを売ったりヤクザの手伝いをしてしまう。……イラン人はずい分ヤクザの手伝いをしている。だってヤクザはとても優しいからね」「最近は悪いイラン人があまりにも増えたため、皆集まるのを厭がるようになった。60％ぐらいは何か悪い事に関わっている、との噂だ」と話している。さらに「イラン人は日本にいて様々なストレスを感じている。そのため本性はずいぶん荒れて教養がなくなってきている」とも語っている〔岡田1996〕。すなわち少数ではあるものの、変造テレホンカードの製造や販売、薬物や銃器の販売、ポン引きなどに手をそめる者が出ていた。薬物については、およそ1000人が販売に従事するまでに至っていた〔『朝日』1998年9月29日〕。

日系ブラジル人については、合法的であるにもかかわらず、犯罪が出現しはじめていた。刑法犯については、1998年上半期に全国で1502件が強盗、窃盗で摘発された。これは前年同期の3倍にのぼり、不況の影響が及んだものと推測される〔『日経』1998年9月3日〕。

このような事態が現れたことをどう解釈したらよいのであろうか。まず非正規滞在者については、全面的排除という姿勢がこの人びとのうちの若干の人生をのっぴきならない所まで追いこんでしまったことを指摘したい。むしろ、定住の程度に応じる段階的合法化をはからねばならなかったことの必要性を感じさせる。合法的な日系人については、日本人の子孫であれば日本社会への包摂が容易であるはずだという当初の思いこみが的外れであり、日系人であっても基本的には外国人であって窮迫化が進んだという事実に変わりはなかった。

犯罪の取り締まりをみると、「売春」は重点的対象であり、とくに東京の大久保や池袋、あるいは横浜の伊勢佐木町にいた売春婦が集中的に逮捕された。また、築地や足立などの魚市場や生鮮市場で集団的に働く中国人を「集団稼動」で摘発していた。アパートなどに数十人規模で住んでいた「集団居住」もまた対象とされた。このばあい、多くは近所の人の密告によった。このほか、「薬物」、興行ビザでエンターテイナーやダンサーなどとして来日しながら、ナイトクラブなどでホステスとして働いている「資格外就労」も対象とされた〔法務省各年版e〕。付言すれば、入管と警察による非正規労働者の摘発の相当部分は密告をきっかけとしていた。

本節の最後に、外国人にたいする日本人の差別意識を象徴するものとして、小樽の入浴拒否事件を紹介しておく。この事件は、小樽港近くの温泉施設が

「日本人がいやがり経営がなりたたなくなる」という理由で1998年のオープン以来外国人の入浴拒否を看板に掲げ、1999年に日本国籍をもつアメリカ出身者の入浴を拒否し、それにたいし差別された者が人種差別撤廃条約と憲法に違反するとして小樽市と温泉施設を告発したという経過をたどった（〔『朝日』2000年11月16日〕、〔『日経』2001年2月2日〕）。

第2章　多文化をもつ移民の日本社会への貢献

第1節　多文化共生社会をどう建設するか

1. 多文化主義の意義

　ここで「多文化共生社会」という語について、最小限の定義をしておきたい。「多文化共生社会」とは、「多文化主義」の理念にもとづいて組織される社会を意味している。「多文化主義」の反対概念である「単一民族主義」は、ある国民国家がただ一つの民族だけから構成されていることを理想とする。多文化主義とは、移民や先住民などから構成される複数のエスニック集団の異なった文化を尊重しながらある国民文化を創出していこうとする試みであると定義できる。

　つぎに本来的には国民文化に収束するものではない多文化主義について、あえて国民文化というわけは、現段階では多文化主義の実現される場は国民国家以外に求めがたいからである。しかしながら多文化主義という語が本源的にかかえている含意は地球文化の多文化化であり、その意味で多文化主義は本来国民文化に収束されるものではない。また創出とは、異なる文化の意図的な相互作用の結果としてそのそれぞれに起こる創造的変容の過程を指示する。多文化主義の理論的起源は諸文化が共有不可能な独自の価値をもつことを前提とした文化人類学の文化相対主義に求められるが、文化の創出を核心とする多文化主義の定義は、文化相対主義における文化の固定された不動性をくつがえし、文化とは普遍的に理解や共有ができるものでありつねに変容しうる可能性をもつことを重視する。多文化主義が確立した社会を多文化共生社会と呼ぶ。

　ところで、主として1990年代以降、欧米諸国では多文化主義にたいする批判が声高になされている。その論拠は、多文化主義とは究極のところそれぞれの文化が自己を絶対化して他から切断しようとする精神にほかならず、その結果として国民国家には修復しがたい分裂が発生してしまうということにある。

多文化主義の批判者は、このような分裂への対応策として、多文化主義が西欧中心主義であるとして廃棄した自由や平等あるいは人権などの普遍性をもつ理念のもとに諸エスニック集団を再統合していく以外にはないと主張する。その代表的論者としてE.トッドの見解をみると、差異の存在を承認する差異主義がアメリカにもたらしたものは黒人社会の絶対的隔離であった。差異主義の反対概念は普遍主義にほかならず、フランスがそうであるように普遍主義のもとではじめて多様性が確保されるのである〔Todd 1994 = 1999〕。ここでの差異主義にたいする批判は、多文化主義についても同様に成立すると考えられる。この種の議論はフランスばかりでなくアメリカにも広くみられる。

つけくわえれば、2000年代初頭にオーストラリアにおいても多文化主義にたいする批判者が現れた。それはハンソン（Pauline Hanson）が引き起こしたハンソン論争とワン・ネイション党の勃興に示されている。ハンソンは、先住民族アボリジニが非先住民族にくらべて優遇されすぎており、またアジア人の同化を求めない多文化主義は社会の分裂を生み不安定化させると主張する〔『日経』2003年2月2日〕。

このような多文化主義の批判者たちが指摘する社会の分裂や隔離は、はたして多文化主義に本質的に帰因するものであろうか。これにたいして筆者は、ある国民国家の主流をなす集団と他のエスニック集団とのあいだに経済的あるいは社会的に不平等な構造が存在しているからこそ分裂や分離が出現するのだと主張したい。アメリカでは、ヒスパニックやアジア系が次第に白人社会の一部となりつつあった一方、黒人たちは白人社会から完全に拒絶されて、暴力と崩壊家庭が蔓延する別の社会へと分離された。かれらの使用する言語も、標準的英語とはまったく異なった黒人英語である。A.ハッカーによれば、このような事態は黒人が奴隷としてアメリカに導入されたことにその歴史的な淵源がある〔Hacker 1992 = 1994〕。したがって、分裂や分離への対応は、いかにして不平等な構造を是正することができるかにかかっている。なお、文化の創造的変容を認めない文化相対主義的な多文化主義の採用は、すでに存在している不平等な構造を是認し、分裂や分離を深刻化させることになる。

それでは多文化主義にはどのような積極的な意義が認められるであろうか。第一にあげられるべきであるのは、多文化主義批判者たちの主張とは反対に、多文化主義の採用が社会の分裂や隔離を軽減するということである。C.テーラーは、諸エスニック集団の承認の要求がみたされないときに不満が蓄積され、

社会的緊張が発生するとしている。承認の要求の核となるものは、アイデンティティのよりどころであるエスニックな文化そのものである。したがって、承認への欲求は文化的権利の主張として現れる〔テーラー1994 = 1996〕。このように文化的権利の保障は、諸エスニック集団の社会的包摂の不可欠の条件となる。

多文化主義の第2のメリットとして、社会や文化の活性化への貢献が重要である。あらゆる社会や文化は、他からの刺激を受けないばあいは硬直化し化石化していくという宿命をもっている。その再活性化を促進するものは、その社会や文化とは異なる社会や文化との接触である。移民や民族的マイノリティがもたらす異なる社会や文化と遭遇しその影響を受けること、すなわちクレオール化することにより、ある社会や文化は創造的変容をとげるとともに、それを構成する諸エスニック社会やその文化もまた革新される[*1]。

第3に指摘したいことは、多文化主義が地球規模で出現しつつある文化の画一化に対抗しうる有効な方策であるということである。J.トムリンソンによれば、グローバル化とはアメリカ文化の地球大の帝国主義的侵略にほかならない。地球上いたるところに商業主義的なアメリカの大衆文化が輸出され、利潤の源泉となっている〔Tomlinson 1991 = 1997〕。G.リッツァの象徴的表現を借りれば、地球社会全体が「マクドナルド化する社会」へと変容しかけているということになる〔Ritzer 1996 = 1999〕。このような傾向に歯止めをかけるためには、現存する諸文化の価値を評価し、その生命力を高めることが必要である。多文化主義は、その一環として文化の多様化へと導く。

2. 移民受け入れ3ヵ国における多文化主義政策

ここでは、積極的に移民を受け入れ、国家として多文化主義政策を採用していたカナダとオーストラリアの事例と、移民により形成されてきたアメリカの動向をみることにする。

まず多文化主義の先進国であるカナダであるが、この国は言語や文化の違うイギリス系移民とフランス系移民という2大集団から構成されており、優越的地位をもつイギリス系カナダにたいするフランス系カナダの分離・独立に導きかねない抵抗をいかに解消するかが歴史的課題であった。それへの対応策として国家的統合をめざす多文化主義政策が模索される過程で、両グループ以外のエスニック集団に属する移民と先住民族とによる権利要求が高まり、かれらへの多文化主義政策の拡大もまた必要とされたのである。

第2章　多文化をもつ移民の日本社会への貢献

　カナダの多文化主義がもとづく法的根拠としては、第1に英語とフランス語の両者を対等な公用語とする1969年に制定された公用語法がある。この法は、当初は2言語・2文化主義を想定していたが、フランス系以外のマイノリティの抵抗により2言語・多文化主義への変更がなされた。つぎに、1982年憲法が決定的な重要性をもっている。この憲法は、2言語主義・多文化主義の採用とともに、人種や皮膚の色による差別を禁止し、先住民の権利を認めた。第3に、各エスニック集団の文化的伝統の維持をうたった1988年の多文化主義法がある。多文化主義法にもとづきエスニックな言語や文化、あるいはエスニック・メディアの促進が援助される〔吉田 1989〕[*2]。カナダの多文化プログラムは、1997年にカナダ民族遺産省により再編成された。その主要な内容は、①あらゆる出自のカナダ国民がカナダに帰属意識と愛着をもつアイデンティティの醸成、②市民参加、③公正で平等な処遇の3点である〔外国人との共生に関する基本法制研究会 2003：37〕。

　またオーストラリアについては、白豪主義と訣別してアジア系移民を受け入れることにより、アジアとの一体化を進めようとした。その結果、受け入れたアジア系移民をどのように統合するかが大きな課題となり、多文化主義的施策が模索されたのである。先住民への配慮は、ここでもその副産物であった。その内容を関根政美にしたがって整理すると、以下のようになる〔関根 2000：44ff.〕。

　①「言語・文化維持促進プログラム」——異文化・異言語の維持と発展をはかろうとするものであって、エスニック・スクール、エスニック集団を基盤とする福祉サービス、エスニック・メディア、エスニック・ビジネスへの公的援助がふくまれる。

　②「社会参加促進プログラム」——移民・難民・マイノリティの社会・政治参加を推進しようとするものであって、英語教育、通訳・翻訳サービス、教育・就職におけるアファーマティブ・アクション（積極的差別是正措置）、選挙権付与、人種差別の禁止がふくまれる。

　③「異文化間コミュニケーション促進プログラム」——ホスト社会の人びとを啓蒙しようとするものであって、公営多文化放送、多文化教育、多文化問題

[*1]　これについては、〔Cohen 2008＝2012：第7章〕。
[*2]　なおカナダの多文化主義法の日本語訳は、〔西川 1997：284-288〕に紹介されている。

研究がふくまれる。

この3つの柱のうちでは、言語・文化維持促進プログラムが重視されており、アファーマティブ・アクションについては、先住民にたいしては積極的であるが、移民・難民にたいしては消極的であるとされる。

第3にアメリカの動向であるが、そもそもは1964年の公民権法制定ののちに黒人やヒスパニックを中心とするエスニック・マイノリティにたいする施策が模索されたことを契機としている。その具体的内容としては、①公的機関での雇用、公立大学への入学、公的事業の受注におけるアファーマティブ・アクション、②公立学校における2ヵ国語教育、③非正規移民にたいする教育・医療・福祉面での支援があった。

アファーマティブ・アクションは全米で実施されてきたが、逆差別であるという白人中産階級からの批判が高まり、住民投票を経てカリフォルニア州では1996年に、ワシントン州では1998年に撤廃された〔『日経』1998年11月30日〕。2ヵ国語教育については、カリフォルニア州で住民投票を経て1998年に廃止された〔『朝日』1998年6月24日〕。非正規移民にたいする支援については1990年代に大幅な削減傾向がみられたが、1990年代末以降それに歯止めがかかりはじめた〔『朝日』2001年8月24日〕。

以上3ヵ国の2000年代前半までの多文化主義政策を概観したが、いずれもその国の歴史的経緯にたいする対応という色彩が強い。すなわちカナダのばあいにはイギリス系カナダとフランス系カナダとの融和のための手段が出発点であり、オーストラリアのばあいにはアジア系移民の統合が目的であり、アメリカのばあいには黒人とヒスパニックという2大エスニック集団にたいする差別の是正がめざされてきた。したがって、とくにカナダとオーストラリアでは、多文化主義が国家の政策として明文化され、中央政府主導のもとに展開されていた。また、アメリカについても、現在後退傾向がみられるものの、一応は多文化主義的方向性をもつ政策が樹立されたことがあった。

第2節　移民の価値意識

1. 地球市民的価値意識の5次元

本節では日本に在住する外国人移民がたんに管理や保護の対象ではなく、日

本文化に変革をもたらすための貴重な起爆剤であることをあきらかにする。変革の方向は、国民国家に規定された国民文化を超えるいわば地球文化への指向にある。地球文化とは、可能なかぎり多様な文化が相互に影響を与えつつ共存しながら発展していく地球規模の文化であり、それは精巧で複雑な絵柄をもつ一枚の織物にもたとえられよう。

ところで従来の諸議論では、往々にして文化とはなにかということについての共通の理解があったとはいいがたく、そのため無用の混乱が生じているようにおもわれる。ここでは人類学の伝統をも考慮しながら、文化を「日常文化」と「高い文化」とに分けることにしたい。日常文化とは人びとが日常生活を送る際の感じ方、考え方、行動の仕方などを意味し、高い文化とは哲学や芸術、あるいは宗教など高度に体系化された生の象徴の様式を意味するものとする[3]。高い文化が日常文化に浸透しそれを方向づけるのにたいし、日常文化は高い文化が存続し発展するための基盤を提供する。

このように文化を2つに分類するわけは、高い文化がそれぞれ完成された体系をもっているためあるひとつの高い文化を享受するか否かについては、たとえばイスラーム教への改宗のばあいのように、最終的には個人的ないし集団的選択の問題となり、社会はその選択に関与できないばかりでなく、関与してはならない。それにたいし、日常文化については人類全体が共有できるいわば普遍性が存在するようにおもわれる。

日常文化は、価値意識として概念化されることもできる。もっとも良く知られた価値意識の理論は、T.パーソンズのパターン変数であろう〔Parsons 1951 = 1974〕。5組の価値指向の型は西欧近代をモデルとして提示されているため、それを近代化論的価値と呼ぶことができるが、近代化論が時代的妥当性を喪失してしまったため、それにかわるものとして地球市民的価値の新たな構想が要請されている。

地球市民的価値の解明にあたり、筆者はオランダの社会学者G.ホフステードの議論から大きな示唆を得た〔Hofstede 1991 = 1995〕。ホフステードは、全世界50ヵ国と3多国籍地域のIBM社員を対象としてその感じ方、考え方、行

---

[3] G.ホフステードは、洗練された精神により産みだされる狭い意味の文化を「カルチャー1」、考え方・感じ方・行動の仕方など広義の文化を「カルチャー2」と呼んで区別している。〔Hofstede 1991 = 1995：3-4〕。「高い文化」と「日常文化」の区別は、この議論から触発された。

動の仕方についての質問を用意し、回答を因子分析して文化の4つの次元を得た。第1の次元は権力格差と名づけられているが、権力の弱い構成員が権力の不平等性をどの程度受容するかに関するものである。第2の次元は個人性対集団性を表すものである。ここで集団性とは行為にあたって家族や組織などの集団的利害が優先されるかそれとも個人的利害が優先されるかにかかわる。第3の次元は男性らしさ対女性らしさと呼ばれている。男性らしさとは自己主張の強さや競争のはげしさなどに、また女性らしさとは謙虚であることや生活の質に関心を払うことなどに象徴されるものである。第4の次元は不確実性の回避に関するものである。ある文化では不確実性があるばあいに不安水準が高くなり、それに対処するため法律や規則への依存が生まれる。

ただし、この分類のもととなった質問群は欧米的な価値前提のもとにつくられており、これが得られた4つの次元の普遍的妥当性を疑わせることはホフステードも認めている。その結果ホフステードは儒教的文化を分析して、徳にもとづく長期性(未来重視)対真理にもとづく短期性(現在・過去重視)という第5の次元を追加した。この第5の次元の追加にみられるように、これら文化の諸次元は確定的なものではなく、その改良や充実はこれからの課題である。

なお、ここで留意すべきであるのは、ホフステードがそれぞれの価値意識の好ましさについて中立を保っていることである。たとえば、かれは権力格差の強い文化と弱い文化の優劣を語らない。しかしながら、地球市民的価値という観点からすると、これら次元は人類全体への普遍性をもつ方向ともたない方向とをもっている。

まず権力格差であるが、権力的地位の干渉は文化創造のための自由を失わせると地球市民は主張するだろう。他方、文化を護持し発展させる責任感と能力をもつ貴族階級なしには文化は卑俗なものへと転落しつづけることになるとする有力な反論が、貴族主義的保守主義の側からなされるであろう。これについては、文化のマンネリズム化を避けえない以上、文化の革新は貴族主義的保守主義からではなくつねに周辺部の民衆を基盤としておこってきたことを指摘したい。権力格差についてはその小ささが文化創造の基盤として重要であるから、格差の大きい文化よりも小さい文化が望ましい。

個人性対集団性については、尊重されるべき個の自主性が集団に固着するとき越えがたい境界の設定がなされ、それが文化創造に不可欠の相互刺激のための開放性を阻止することになる。男性らしさ対女性らしさについては、戦争や

エコロジー問題を考えると女性らしさの重要性が増している。さらに不確実性の回避については、規則や規律の過剰な統制のもとでは、独創性やインスピレーションの獲得がいちじるしく制限されることになると地球市民は考えるだろう。また長期性対短期性については、未来を重視する長期指向がまさっている。

ホフステードによれば、日本はとくに男性らしさの程度で他国の追随を許さず第1位であり、また不確実性の回避への傾向も相当強いほうに属する。ホフステードにのっとって解釈すれば、これらは日本文化の弱点ということになろう。そうであれば、女性らしさが強くまた不確実性の回避の傾向が弱い他文化との接触・交流は、日本文化のこのような欠点を是正させるきっかけとなるであろう。逆に日本に存在するあるエスニック集団がたとえばきわめて強い権力格差をもっているばあい、日本文化の影響を受けてそれが弱まるとすれば、その文化の普遍性はそれだけ増大するであろう。

ただし、女性らしさ―男性らしさおよび長期指向―短期指向の2次元については、ホフステードの記述があいまいで明確な概念規定がなされているとはいいがたいので採用しないこととした。

一方、ホフステードの議論には、地球市民的価値としての許容および対話の要求と関係する価値意識の次元が欠如しているので、これらを寛容性と信頼性としてさらにつけくわえることとする。J.ハバーマスによれば、寛容性とは自己の信条の絶対性の確信にもとづく他者の信条の排斥すなわち原理主義とは対極に立つものであり、自己の確信と無関係に他者の信条を承認することを意味する〔ハバーマス 1994 = 1996：第1部〕。それは、具体的には異質性や多様性の受容、つまり差異の承認にほかならない。また信頼性とは、F.フクヤマによれば、ある集団のなかで共有され、人びとの協力の基盤となる一連のインフォーマルな価値観や規範を構成する。それはたがいが信用できる誠実な行動をするはずだということを確信させる〔Fukuyama 1999 = 2000：31〕。信頼性が高いときにはじめて相互行為が成立する。

こうして地球市民的価値意識の5つの次元が一応確定された。これら次元が必要にして十分であるかについてはそれほど自信があるわけではないが、われわれはいずれにせよどこからか出発しなければならない。歩みをつづけるうちに、理論的欠陥は次第に是正されていくことになろう。

このようにして得られた価値意識の呼称については、ホフステードの表現をそのまま採用すればその意味が的確に伝わりにくいという難点がある。そのため、

地球市民的価値を表す呼称へと変更することとした。すなわち、以下では「権力格差」は「平等性」、「個人性対集団性」は「個人主義」、「不確実性の回避」は「自発性」と表現される。これに「寛容性」と「信頼性」がつけ加わる。

実際の調査では、これら5次元のそれぞれについて、国家・政治、企業・経済、家族の3つのレベルに関し、回答者本人、本国、日本のそれぞれにたいする評価を5段階尺度で問う質問文が用意された。ただし、信頼性については、本人については質問はしなかった。したがって、調査票はフェイス・シートのほか42問から構成された。

質問文の内容に簡単にふれておくと、平等性の国家・政治については国家運営が有能な少数者によるべきかそれとも多数者の政治参加のほうがよいかを、企業・経営については上司による命令の受容度を、家族については結婚についての親の承認の可否をそれぞれ聞いた。また、個人主義の国家・政治についてはオリンピック選手の養成にたいする国の関与の可否を、企業・経済については家族との約束を破って残業に応じるか否かを、家族については遠くに住む病親の面倒をみるか否かをそれぞれ質問した。つぎに自発性であるが、国家・政治については失敗するかもしれない大胆な経済政策への支持の有無を、企業・経済についてはリスクがあるがやりたい仕事への転職の賛否を、家族については子どもの意志に反する大学進学の強制についての賛否をそれぞれ問うた。さらに寛容性の国家・政治については5年前後定住する外国人に内国人と同等の権利を付与することの可否を、企業・経済では企業管理者のうち外国人が半数をこえることについての賛否を、家族では娘の婚前性交渉の賛否をそれぞれ質問した。最後に信頼性であるが、国家・政治については脱走凶悪犯が逮捕される可能性を、企業・経済については倒産会社の再就職あっせんの際の約束の履行の可能性を、家族については親しい友人に貸した金が返済される可能性をそれぞれ聞いた。

調査対象は、日本に在住する新来外国人のうち人口の多い順に中国人、ブラジル人、韓国人、フィリピン人、ムスリム（バングラデシュ人とパキスタン人からなる）、タイ人、ペルー人、アメリカ人と、それにベトナム人を加えた合計9の移民集団を対象としさらに日本人も対象とした。調査は1997年11月から1998年1月にかけて、主として各移民集団が集住する日本各地の諸地域で母語の調査票により実施された。移民集団ごとの有効回答数は、タイ人の30から韓国人の94まで分散している[*4]。外国人登録データは閲覧できず、非正規滞

在者についてはそもそも公的データが存在しないため、サンプリングはしていない。日本人については、筑波大学学生の知り合いを対象とした。

2. 移民が住みにくい日本

以下調査データの分析をおこなっていくが、表Ⅲ-2-1で得点として表されている数値はすべて移民集団ごとの平均値である。平均値は、地球市民的価値にもっとも近い回答を5点、もっとも遠い回答を1点とし、それぞれの移民集団ごとの総得点を回答者数で除することによって得た。したがって、理論的には3点をこえれば地球市民的価値に接近することになる。また外国人全体の得点は、各移民集団の平均値をさらに平均して得たものであり、そのばあい回答者数は当然のことながら捨象されている。なお、信頼性の次元については他の4次元と別個に検討する。この表で網かけをした欄は、本文中で引用されている箇所である。

まず各次元ごとの外国人本人の総合的得点をみると、平等性3.4＞寛容性3.3＞自発性2.9＞個人主義2.3となり、平等性と寛容性で若干地球市民的であるが、自発性は中間的であり、またやや集団主義に傾斜している。つぎに外国人が日本社会をどのように認識しているかについて各次元ごとの総合的得点をみると、平等性3.1＞寛容性3.0＞自発性2.6＞個人主義2.2となり、地球市民的価値が実現されているとはとてもいえないという評価が与えられている。ここで外国人本人の価値意識と日本社会の評価の得点差をみると、平等性0.3＝寛容性0.3＝自発性0.3＞個人主義0.1と外国人のほうが高く、日本社会の現実は若干地球市民的である外国人の価値意識にさえ立ちおくれていることが明らかである。

付言すれば、外国人の本国についての評価は平等性3.2＞寛容性3.0＞自発性2.8＞個人主義2.4となり、同得点の寛容性を除いて日本の評価よりもわずかではあるが高得点であることが注目される。このことは、日本よりも本国のほう

＊4　エスニック集団ごとの主たる調査地と有効回答数はつぎのとおりである。中国人：東京都江東区51、ブラジル人：群馬県大泉町67、韓国人：東京都新宿区94、フィリピン人：千葉県60、タイ人：茨城県つくば市30、ペルー人：群馬県大泉町および静岡県浜松市80、アメリカ人：沖縄県78、ムスリム：群馬県伊勢崎市51、ベトナム人：神戸市長田区41、日本人：茨城県つくば市59、合計611。なお、本調査の実施にあたっては、1997年度に筑波大学社会学類に在籍した学生48名と、筑波大学大学院社会学研究科社会学専攻に在籍する院生2名の全面的協力を得た。

表Ⅲ-2-1　在日外国人の価値意識（平均値）

注（1）得点は1.0点以上5.0点以下。
注（2）数値が高いほど地球市民的性向が高い。

平等性

	国家・政治			企業・経済			家族			合計		
	本人	本国	日本	本人	本国	日本	本人	本国	日本	本人	本国	日本
アメリカ	4.1	4.0	2.9	3.3	3.4	2.2	3.7	4.0	2.3	3.7	3.8	2.5
ベトナム	3.7	3.1	3.6	3.0	3.6	2.9	3.3	2.8	3.6	3.3	3.2	3.4
フィリピン	3.1	3.4	2.9	3.1	2.9	2.7	3.6	3.4	3.1	3.3	3.2	2.9
ブラジル	3.3	3.1	3.3	3.0	3.3	2.7	3.7	3.8	3.4	3.3	3.4	3.1
ペルー	4.1	3.5	3.4	2.7	3.1	2.5	3.6	3.7	3.1	3.5	3.4	3.0
イスラーム圏	3.5	3.5	3.5	2.7	3.0	2.8	2.6	2.3	3.6	2.9	2.9	3.3
韓国	3.8	3.1	2.7	3.8	3.5	2.6	3.2	2.9	3.7	3.6	3.1	3.0
中国	3.9	3.3	3.6	3.7	3.6	2.9	2.7	2.5	3.6	3.4	3.1	3.4
タイ	3.3	3.3	3.0	2.9	2.8	2.9	3.3	2.9	3.3	3.2	3.0	3.1
単純平均	3.7	3.4	3.2	3.1	3.2	2.7	3.3	3.1	3.3	3.4	3.2	3.1
日本	3.6		3.3	4.2		2.7	3.7		3.3	3.8		3.1

個人主義

	国家・政治			企業・経済			家族			合計		
	本人	本国	日本	本人	本国	日本	本人	本国	日本	本人	本国	日本
アメリカ	2.7	2.6	2.5	3.0	2.4	2.2	2.2	3.4	2.0	2.6	2.8	2.2
ベトナム	2.6	2.8	2.7	3.1	3.2	1.9	2.0	2.5	2.7	2.5	2.8	2.4
フィリピン	2.1	2.3	1.7	2.7	3.3	1.9	2.8	2.1	3.8	2.5	2.6	2.4
ブラジル	2.2	2.3	2.2	3.3	3.1	2.1	1.5	1.7	1.8	2.3	2.4	2.0
ペルー	1.5	2.5	1.5	2.9	3.4	1.8	1.9	1.8	3.4	2.1	2.5	2.2
イスラーム圏	1.7	1.9	1.8	2.4	3.1	2.1	2.9	2.1	3.0	2.3	2.4	2.3
韓国	2.0	2.0	2.1	2.7	2.5	1.7	1.9	2.0	3.3	2.2	2.1	2.4
中国	2.1	2.1	2.1	1.7	1.8	1.7	2.0	1.9	3.1	1.9	1.9	2.3
タイ	1.5	1.6	1.9	1.9	2.3	1.3	1.9	1.7	2.5	1.8	1.9	1.9
単純平均	2.0	2.2	2.0	2.6	2.8	1.9	2.1	2.1	2.8	2.3	2.4	2.2
日本	3.1		2.7	2.8		1.7	2.3		2.6	2.7		2.3

が地球市民的価値にやや近いと外国人が判断していることを示す。

　外国人が日本社会にたいして上述したような否定的評価をもたらしている大きな要因は、日本の企業・経済と国家・政治にある。外国人本人の価値意識と

第2章　多文化をもつ移民の日本社会への貢献

自発性

	国家・政治			企業・経済			家族			合計		
	本人	本国	日本	本人	本国	日本	本人	本国	日本	本人	本国	日本
アメリカ	2.8	3.0	2.5	3.1	3.1	2.4	3.3	3.2	2.0	3.1	3.1	2.3
ベトナム	3.0	2.6	2.1	2.7	3.0	2.7	3.4	2.9	2.7	3.0	2.8	2.5
フィリピン	3.0	2.9	2.7	3.1	3.0	2.6	3.1	3.1	2.4	3.1	3.0	2.6
ブラジル	2.9	3.1	3.0	1.8	2.0	1.7	2.7	2.7	2.2	2.5	2.6	2.3
ペルー	2.0	2.4	2.4	2.3	2.7	2.5	3.4	3.1	3.0	2.6	2.7	2.6
イスラーム圏	2.5	3.1	2.8	2.5	2.7	2.4	3.2	2.7	3.6	2.7	2.8	2.9
韓国	2.3	2.5	2.2	3.3	2.8	2.1	3.5	1.8	2.7	3.0	2.4	2.3
中国	3.5	3.2	2.9	3.7	3.3	2.9	3.4	2.7	3.0	3.5	3.1	2.9
タイ	2.4	2.1	2.3	2.4	2.1	2.2	3.4	2.8	3.0	2.7	2.3	2.5
単純平均	2.7	2.8	2.5	2.8	2.7	2.4	3.3	2.8	2.7	2.9	2.8	2.6
日本	2.4		2.3	3.2		2.2	3.6		2.4	3.1		2.3

寛容性

	国家・政治			企業・経済			家族			合計		
	本人	本国	日本	本人	本国	日本	本人	本国	日本	本人	本国	日本
アメリカ	3.5	3.6	2.5	3.4	3.1	2.6	2.1	3.6	3.0	3.0	3.4	2.7
ベトナム	3.9	3.6	3.0	3.2	3.0	2.7	2.5	2.2	3.4	3.2	2.9	3.0
フィリピン	3.7	3.4	2.2	3.2	3.0	3.0	2.5	2.2	3.8	3.1	2.9	3.0
ブラジル	4.2	4.1	3.8	3.9	3.7	3.2	3.5	3.6	3.4	3.8	3.8	3.5
ペルー	4.2	4.4	2.7	3.4	2.0	2.0	3.0	2.5	3.8	3.5	3.3	2.8
イスラーム圏	3.9	3.7	2.4	3.3	3.0	2.9	2.1	1.7	3.0	3.1	2.8	2.8
韓国	4.0	2.8	2.3	3.0	2.2	1.8	2.5	2.1	4.5	3.2	2.4	2.9
中国	4.6	4.2	3.7	3.2	3.0	3.1	2.4	2.2	3.5	3.4	3.1	3.4
タイ	3.4	3.3	3.4	2.8	2.8	1.6	2.6	2.1	3.8	2.9	2.7	2.9
単純平均	3.9	3.7	2.9	3.3	3.0	2.5	2.6	2.5	3.6	3.3	3.0	3.0
日本	3.6		2.5	3.3		1.8	3.9		3.8	3.6		2.7

日本の企業・経済の評価とのあいだの得点差をみると、寛容性0.8＞平等性0.7＞自発性0.5＞個人主義0.4であり、日本の企業・経済が非寛容でかつ権力的で、相当に規則固執的でありかつ集団主義的圧力が強いという印象を与えていることがわかる。同様に、外国人本人の価値意識と日本の国家・政治の評価の得点差は、寛容性0.4＝自発性0.4＞個人主義0.3＞平等性0.2となり、企業・経済ほどではないものの、外国人の眼には日本の国家・政治はかなり非寛容でかつ規

第Ⅲ部　移民の定住化——1990年代後半から2000年代前半まで

信頼性

	国家・政治		企業・経済		家族		合計	
	本国	日本	本国	日本	本国	日本	本国	日本
アメリカ	3.9	3.8	2.9	3.7	3.6	3.8	3.5	3.8
ベトナム	3.5	4.1	2.9	3.5	3.4	3.4	3.3	3.7
フィリピン	3.9	4.3	2.9	3.6	3.3	3.4	3.4	3.8
ブラジル	3.8	3.8	3.0	4.0	3.2	3.3	3.3	3.7
ペルー	3.7	4.7	2.3	3.8	3.3	4.2	3.1	4.2
イスラーム圏	4.2	4.5	3.8	4.3	4.0	3.8	4.0	4.2
韓国	4.0	4.1	3.1	3.4	3.9	3.7	3.7	3.7
中国	4.4	4.4	3.5	3.5	4.2	3.8	4.0	3.9
タイ	4.3	4.8	2.8	3.8	3.1	3.3	3.4	4.0
単純平均	4.0	4.3	3.0	3.7	3.6	3.6	3.5	3.9
日本		4.0		3.0		3.1		3.4

則固執的であると映じている。

　日本の企業・経済にたいする低評価については、本国においては財閥ないし経済的に有力な集団により経済が支配されている体制が優勢ではあるが、韓国とフィリピンでは労働運動ないし大衆運動としての異議申し立てが強力であり、ブラジルでは労働保護政策が重視されていることも看過できない。これが集団主義や不平等性への抵抗の背景となっている。

　また、日本の国家・政治にたいする低評価については、中国とベトナムに一党独裁政権が存在するものの、その他の国（アメリカ以外）では、いずれも1980–90年代のはげしい民主化運動の結果として政治体制の根本的変動を経験している。既得権益にがんじがらめにされている日本の国家・政治体制にたいする批判的認識が存在するのは、けだし当然である。

　そこで外国人本人の価値意識と日本の企業・経済の評価の得点差がもっとも高い寛容性の次元について、移民集団別にさらにみることにした。得点差が0.7以上ある移民集団を高い順にならべると、ペルー1.5＞韓国1.4＞タイ1.3＞ブラジル0.7となり、これについては、ペルー人および韓国人の非正規滞在者の比重が高いこと、タイ人では風俗関連産業への従事者が多いことなどから、この人びとにたいする職場の労働環境が拒否的であることを物語っている。

　つぎに外国人本人の価値意識と日本の企業・経済の評価の得点差が寛容性についで大きい平等性の次元を移民集団別にみてみよう。得点差が0.7以上ある

移民集団を高い順にならべると、アメリカ1.5＞韓国1.0＝ペルー1.0となる。つまり権力的圧力にたいする反発は、アメリカ人にきわめて強く、韓国人とペルー人がそれについでいる。

　日本の国家・政治の評価については、外国人本人の価値意識との得点差は寛容性および自発性の次元に高かった。寛容性の得点差が0.7以上ある移民集団の順位をみると、韓国0.9＝フィリピン0.9＞ペルー0.8＞イスラーム圏0.7となった。トップである韓国人とフィリピン人と、それにつづくペルー人とイスラーム圏が、日本の国家・政治の非寛容性を強く感じている。また自発性については、得点差が0.6以上ある移民集団を高い順にならべると、ベトナム0.9＞韓国0.8＞中国0.6＝アメリカ0.6となった。ベトナム人には難民が多く、韓国および中国にはかなりの非正規滞在者がおり、それが規則固執的な日本の国家・政治にたいする反発を生んでいるとおもわれる。

3. 日本社会の良い点

　前項で紹介したデータは、日本で暮らしていくことを選んだりあるいはそうせざるをえない外国人にとって、日本社会がいかに生活しにくいかを意識面からあきらかにしている。しかしながら、日本社会のほうが外国人の本人の価値意識や本国の状況よりも地球市民的価値に近い側面として、信頼性および家族のありかたについての評価の高さがある。この両者は、外国人が日本に定住することを決意する前提条件となっているともみられる。

　まず信頼性の次元からみると、日本への信頼性の総合的得点は、外国人では3.9という驚異的高さであり、日本人でも3.4に達する。寛容性を除く3次元では外国人の本国の得点がわずかながら日本を上回っていたのにたいし、信頼性ではそれは3.5にすぎず日本を0.4下回る。外国人の本国と日本にたいする信頼性の得点差が0.4以上ある移民集団は、高い順にペルー1.1＞タイ0.6＞フィリピン0.4＝ベトナム0.4＝ブラジル0.4であり、いずれもある意味で本国の秩序が不安定な状況にある外国人である。

　つぎに各次元別に外国人の本国と日本にたいする信頼性の得点差を高い順からならべると、企業・経済0.7＞国家・政治0.3＞家族0.0となり、とくに日本の企業・経済にたいする信頼性の得点差が高く、国家・政治がそれにつぐ。そこで日本の企業・経済の信頼性について、外国人の本国との得点差が0.5以上のものを移民集団別にみると、ペルー1.5＞ブラジル1.0＝タイ1.0＞アメリカ

0.8＞フィリピン0.7＞ベトナム0.6＞イスラーム圏0.5となった。これについては、いずれも非儒教圏であることが注目される。

　つぎに、日本の家族のありかたについての評価をみよう。日本の家族の評価と外国人本人の家族についての価値意識の得点差を4次元についてみると、寛容性1.0＞個人主義0.7＞自発性0.6＞平等性0.0となった。すなわち、日本の家族は外国人本人の家族にくらべて寛容性に富み、個人主義的であり、自発性が相当高いと外国人から判断されていることになる。同じように、日本の家族の評価と外国人の本国の家族の評価の得点差を4次元についてみると、寛容性1.1＞個人主義0.7＞平等性0.2＞自発性－（マイナス）0.1となり、本国の家族よりも日本の家族は寛容で個人主義的であるとみられている。なお、自発性については、他の次元と異なり日本よりも本国の家族のほうがわずかにその性向が強いとされている。

　そこで、もっとも得点差が高かった寛容性について、日本の家族の評価と外国人本人の家族についての価値意識の得点差を移民集団別にみると、韓国2.0＞フィリピン1.3＞タイ1.2……＞ブラジル－0.1となり、日本の家族についてブラジルのみがわずかに非寛容であるとし、他は相当に寛容であるとしている。韓国人については儒教倫理が、フィリピン人についてはカトリックが、タイ人については上座部仏教が、家族について非寛容な価値意識を導いているとおもわれる。一方ブラジル人は、本人の価値意識が群をぬいて寛容である。

　同じように、日本の家族の寛容性の評価と外国人の本国の家族のそれとの得点差を移民集団別にみると、韓国2.4＞タイ1.7＞フィリピン1.6＞……＞ブラジル－0.2＞アメリカ－0.6となった。韓国、タイ、フィリピン、ブラジルについては本人の価値意識と同様の傾向をみせているが、ここでアメリカ人がきわめて強く日本の家族を非寛容であるとしていることが興味深い。かれらについては、本人の価値意識の非寛容性とアメリカ本国の家族制度の寛容性とが顕著なズレを示していることがわかる[*5]。

　要するに、外国人本人の価値意識からみると、日本社会は総体的に信頼できる社会なのである。また、日本の企業・経済や国家・政治への評価の低さにたいして、寛容性と個人主義の次元における日本の家族の評価の高さはきわだっている。これは、近年の国際結婚の増大のひとつの理由であるかもしれない。

4. 日本社会の閉塞状況をいかに打破するか

第2章　多文化をもつ移民の日本社会への貢献

　以上日本に滞在する外国人の価値意識をみてきたが、ここで日本人の価値意識と日本の現状にたいする認識を検討することにしよう。まず、各次元ごとの日本人本人の価値意識の総合的得点を示すと、平等性3.8＞寛容性3.6＞自発性3.1＞個人主義2.7となり、自発性が中間的であり、またやや集団主義に傾いているものの、平等性と寛容性については地球市民方向に傾斜しているといえる。ついでにいうと、日本人本人の価値意識とすでにみた外国人本人のそれを比較したばあい、外国人の総合的得点はすべて日本人よりも低く、得点差は平等性0.4＝個人主義0.4＞寛容性0.3＞自発性0.2となった。このように外国人を総体としてみれば、上下関係の重視や集団主義が日本人よりかなり強い。

　日本人本人の価値意識が地球市民的方向に傾斜しているのにたいし、日本人の日本にたいする評価については、その総合的得点が平等性3.1＞寛容性2.7＞自発性2.3＝個人主義2.3となり、地球市民的とはほど遠い評価が与えられている。ここで日本人本人の価値意識と日本にたいする評価との各次元の得点差を大きい順にならべると、寛容性0.9＞自発性0.8＞平等性0.7＞個人主義0.4となる。つまりすべての次元について、日本の社会制度は個人の価値意識に追いついていない。ここに日本を重苦しく覆う閉塞感の一端をかいまみることができる。

　得点差はとくに企業・経済に大きく、平等性1.5＝寛容性1.5＞個人主義1.1＞自発性1.0であった。つまり、職場における上下関係や画一化への嫌悪感が日本人のひとりひとりにとりわけ強く感じられ、集団主義的圧力や規則万能主義への抵抗感も相当あることがわかる。国家・政治についても、企業・経済ほどではないものの同じような傾向がみられ、寛容性1.1＞個人主義0.4＞平等性0.3＞自発性0.1となった。なお、日本人の日本評価と外国人の日本評価を比較すると、寛容性と自発性で外国人のほうが0.3だけ得点が高いものの、個人主義では0.1、平等性で0.0と総体的にはほぼ同水準にあり、外国人本人の価値意識と異なって一致の度合が高い。

　以上外国人を総体として述べてきたが、ここで移民集団ごとに価値意識の特徴を分析してみよう。対象とされた9移民集団は、結果的に5つの類型に整理できることが判明した。そのうちもっとも地球市民的価値に近いのは中国型と

＊5　これは、アメリカ人の調査対象者の多くが熱心なキリスト教信者から得られたことと関連しているとおもわれる。

アメリカ・韓国型であり、以下順次にフィリピン・ベトナム型、ラテンアメリカ型がつづき、ムスリム・タイ型がもっとも遠い。

　まず中国型であるが、中国人本人の得点は自発性3.5＞平等性3.4＝寛容性3.4＞個人主義1.9と、個人主義の次元以外はいちじるしく地球市民的価値に傾斜している。とくに自発性については日本人もふくむ10集団のなかで最高得点を得たところに大きな特徴がある。これについては経済発展の大波にさらされている中国では、従来の規制を乗りこえる個人的イニシアティブを発揮せざるをえず、自発性を高くしていると理解できる。

　つぎにアメリカ・韓国型をみると、アメリカ人本人のばあい、平等性3.7＞自発性3.1＞寛容性3.0＞個人主義2.6であり、平等性では9移民集団のうちの最高得点を得て社会関係における平等への指向性が顕著である。また韓国人本人については、平等性3.6＞寛容性3.2＞自発性3.0＞個人主義2.2であって、首位の平等性の得点はアメリカについでおり、また寛容性・自発性もそれぞれ第4位であることも同様であり、アメリカ人と類似したパターンをみせている。このように、この型の特徴は個人主義の次元以外は地球市民的価値に傾斜し、なかでも平等性の得点が高いことにある。

　フィリピン・ベトナム型に眼を転じると、フィリピン人本人の得点は平等性3.3＞自発性3.1＝寛容性3.1＞個人主義2.5であり、やや地球市民的方向にある。ベトナム人本人についても、平等性3.3＞寛容性3.2＞自発性3.0＞個人主義2.5とフィリピン人とパターンがきわめてよく似ている。いわば平均的な型であるといえる。

　ラテンアメリカ型を構成するブラジル人本人をみると、寛容性が日本人をふくむ10集団中最高得点の3.9であり、以下平等性3.3＞自発性2.5＞個人主義2.3とつづく。寛容性がきわだって高く平等性も地球市民的方向にあるが、自発性と個人主義については得点が低い。ペルー人本人については、寛容性3.5＝平等性3.5＞自発性2.6＞個人主義2.1となり、寛容性の高さはブラジルほどではないもののパターンはブラジルと同一である。

　最後にイスラーム圏・タイ型であるが、イスラーム圏の本人の価値意識をみると、寛容性3.1＞平等性2.9＞自発性2.7＞個人主義2.3と、寛容性で3点を少し上回るものの地球市民的価値体系からはもっとも遠い。タイ人本人に関しても、平等性3.2＞寛容性2.9＞自発性2.7＞個人主義1.8となり、平等性以外は3点を下回っている。とくに個人主義の次元については日本人もふくむ10集団

中の最低得点であり、集団主義の強さが目立っている。

このようにエスニック集団の5類型のなかには、日本人よりもはるかに自発性の強い中国型と、寛容性が日本人よりもきわだって高いラテンアメリカ型が存在している。また日本人よりやや得点が低いにせよ、平等性で高得点を示すアメリカ・韓国型があることもみのがせない。

本節では、外国人も日本人も、硬直化し制度疲労を起こしている日本社会の企業・経済や国家・政治の共通の犠牲者となっていることをあきらかにした。すでに述べたように、外国人と日本人の価値意識をくらべると、総体的にみれば日本人のほうが地球市民的価値に近い。しかしながら、外国人それぞれの移民集団のもつ価値意識のこのような顕著な特徴が、日本人の閉鎖的な発想と日本社会の硬直した制度に刺激を与えて、それらを変革する積極的な効果を筆者は重視したい。

第3節　「住みわけ」と「潜在化」から「共生」へ

日本では中央政府による多文化共生主義をふくむ包括的な移民包摂政策の決定的な立ち遅れという状況があった[*6]。こうして、カナダ、オーストラリア、アメリカとは異なる日本の大きな特徴として、NPOをはじめとする民間の非営利組織と自治体とがきわめて重要な役割を果たしてきたことがあげられる。

このような条件のもとで、社会的緊張こそ相対的に少なかったといえるものの、日本で優勢であった状況は、外国人と日本人とが接触を避けて没交渉を保持しようとする「住みわけ」であり、またひとつには外国人たちが日本社会のなかでその存在を隠蔽してしまう「潜在化」であったとおもわれる。住みわけがとりわけブラジル人と日本人とのあいだにみられたことについては、次章で述べる。

潜在化については、高鮮徽による「新韓国人」に関する的確な指摘があ

---

*6　なお、外国人との共生に関する基本法制研究会は「多文化共生社会基本法の提言」を発表した。それによれば、この法の基本理念は第1に人権の尊重であり、それは差別的取り扱いを受けずに個人として能力を発揮する機会が確保されることを意味する。第2の基本理念は社会参加の実現であり、立案および決定に参画できる機会の確保により果たされる。第3は国際的協調である〔外国人との共生に関する基本法制研究会 2003〕。

る〔高2003〕。ここで新韓国人とは、いわゆる在日韓国・朝鮮人ではない1980年代後半以降来日した新しい世代をさす。1990年代はじめまで、寄せ場として著名な横浜の寿町を拠点として生活し就労していた新韓国人の多くは帰国し、帰国しなかった一部の旧住人も寿町以外の土地に移って潜在化した。2000年代初頭この町にいた新韓国人は一時的滞在者にすぎなかった。寿町では仕事が少ないのに生活費が高かったことがこのような結果を招いたのである。日本に滞在しながら寿町を離れた人びとは、各地に分散して潜在化しながら働き生活していた。潜在化の過程でめだつことは、日本社会への適応が深まるにつれて孤立感が深まっていたことである。彼らは日本社会の一員となろうと頑張ってきたが、日本社会からは受け入れてもらえなかったのがその理由である。

こうした住みわけにせよ潜在化にせよ、多文化社会のひとつのありかたであることに相違はないが、共生とちがってこのような存在形態では多文化社会のメリットを享受できる可能性は低い。それにたいし、日本社会のなかでも外国人移民の参加による共生が進んでいた場として、少子化によって存亡の淵に立たされていた大学と移民の信徒が殺到していたカトリック教会が注目される。

グローバル化の展開のもとで地球的視野をもつ人材の養成が大学の急務となっている一方、少子化の進展による学生の減少に対処するために、日本の大学は外国人留学生に眼を向けざるをえなくなっていた。

日本人にたいする外国人の学生と教員の比率が日本ではもっとも高い立命館アジア太平洋大学（Ritsumeikan Asia Pacific University、以下APUと略）は、大分県という地域に立脚しながら、2000年の開学以来他に例をみない先駆的実験をつづけてきた。APUの多文化主義への指向性の基盤は、「開学宣言」に力強く示されている。それによれば、APUの設立の目的は「アジア太平洋の未来創造に貢献する有為の人材の養成と新たな学問の創造」であり、その基本理念は「自由・平和・ヒューマニズム」「国際相互理解」「アジア太平洋の未来創造」にほかならない。

今村正治と大島英穂によれば、2000年代初頭のAPUの外国人学生の出身は65ヵ国・地域にわたり全学生の45％（なお中国、台湾、韓国の出身者はその半分以下）を占めていた。教員も半数が外国籍であった。APUは日英2言語をキャンパスの共通言語とし、寮生活および授業や課外活動においても日本人学生との日常的な接触がおこなわれていた。このような多様性のぶつかりあいのなかから、国際理解の深化と大学構成員の活力が生みだされた。さらにホームステ

イ、アルバイト、行事への参加などにより、地域の国際化も促進された。付言すれば、APUがかかえる最大の課題のひとつは、外国人の卒業生に就職機会を提供できるか否かであった。これは日本の外国人受け入れ政策と直接関係しており、APUのみの努力には限界があると今村と大島は考えている〔今村・大島2003〕。

　企業、学校とならんで外国人の参加が大きな影響を与えていた場としてカトリック教会が注目される。従来日本人信徒を主たる対象として運営されてきたこの宗教施設は、外国人信徒の大量の登場によって大きな変容をせまられた。中川明にしたがってその状況をみると〔中川2003〕、フィリピン人、ブラジル人、ペルー人、韓国人などからなる外国人信徒数は2000年代初頭にすでに日本人信徒数をわずかに下回るところまで肉薄していた。その地域別分布には大きな差があり、関東・東海・関西に多く、とりわけ北関東では日本人の3倍以上にも達していた。

　教会は外国人信徒との共生をみずから望んだわけではなかった。人材や施設の余裕のあるところから日本語以外の言語によるサービスが開始されるなど、いわば受動的に対応をせまられたのが実情である。従来のカトリック教会は、外国人信徒を問題をかかえている人びととみて、その解決を助けるという恵みを与える対象としてきた。しかしながら、「彼ら」が「わたしたち」の一部になっていく過程で教会や個人としての日本人が活性化されるようになり、多文化共生社会化の肯定的側面が現れた。その先には、日本の教会と第三世界の教会とが共感によって結びつけられ、欧米の教会にたいする無用の劣等感とあこがれを払拭できる可能性があった。

　ただし、必ずしもスムーズに多文化共生社会化が進んだわけではない。中川の観察によれば、人種的偏見は根強く、価値観の相違による誤解が生じることもあり、日本語の壁は高く、その結果外国人信徒の存在を住みわけで解決しようとする傾向もみられた。

　それにもかかわらず、大学でも教会でも、移民の登場がいちじるしい活性化の効果を与えているばかりでなく、内国人との共生の場へと大きく変化したことは明白である。

　つぎに、日本社会への参加が活発な中国人とフィリピン人および欧米系の人びとを紹介する。

　1980年代から新たに流入してきた中国人のグループを「新華僑」と呼ぶこ

第Ⅲ部　移民の定住化──1990年代後半から2000年代前半まで

とが一般化してきたので、ここでもこの呼称を用いる。陳天璽によれば、新華僑の多くは高度な人材であり、地域的に分散しながら日本への定住傾向が強く、中国文化や中国に関連した分野で活躍するという特徴をもっていた。陳は、新華僑の高度な人材の具体例として、日本人と新華僑がともに働くテレビ制作会社をひきいる30代なかばの女性社長、メールマガジンなど多様な媒体を活用して日本社会とのコミュニケーションをはかる人物、知名度の高いジャーナリスト、世界的に活躍する著名な女性書画家、顕著な業績をあげているバイオテクノロジーやIT関連の3つの会社を起こした社長、NHKに雇用されていたサラリーマン、司法通訳者の育成に取り組む弁護士などを紹介している〔陳 2003〕。

中国人とならんでフィリピン人もまた日本社会への参加がきわめていちじるしいエスニック集団である。M. R. P. バレスカスは、フィリピン人が日本社会に物としての建造物をつくったばかりでなく、再生産的労働という重要な領域で貢献したことを強調している〔バレスカス 2003〕。ここで再生産とは、人間に活力を与えることと、次世代の生命を生むことの2つを意味している。

人間に活力を与えることについて、日本人男性と結婚しているフィリピン女性は、「わたしたちがいなければ、日本はすごく暗くなると思う。日本人はリラックスの仕方、くつろぎ方を知らないから。わたしたちは、日本人を笑わせてあげられる。マサヤ　タヨ（わたしたちは楽しくて）マカタオ（人間的らしい人間だもの）。だから日本人のお客さんたちはわたしのことを気に入ってくれた」と語っている。なおこれらの女性たちは、フィリピン女性エンタテイナーやフィリピン妻たちが日本で自分の人生をよりよく生きるのを助けるために、ボランティアとして移民の会に結集していた。このように、当初は非対照的な関係であったとしても、フィリピン女性と日本人男性との通婚により、次世代の生命が生まれる。フィリピン人にとって家族はきわめて大切なものであり、日本人配偶者の親や親戚などとの家庭的で人間的なつながりがつくられる。ダブルとして生まれた子どもたちは、日本の歴史と社会を担う新しい世代となる。

なお、ある種の住みわけから参加へと変容をみせたのは、欧米人のつくった移民社会であった。J. ウィルキンソンによれば〔ウィルキンソン 2003〕、欧米人は特権的地位をもっているかあるいはそうおもわれているために、日本社会への組織的参加が困難であった。他の人びとにたいする迫害と差別の歴史からすれば、欧米人は共感よりむしろ防衛心を呼び起こす歴史的特権集団であった。

さらに、欧米人は豊かな国から来ているから裕福にちがいないというイメージのもとに経済的特権層であるとみなされていた。それとともに、欧米人は文化的にすぐれているというよいイメージをもたれる文化的特権層でもあった。これらがあいまって、1970年代までは参加があったとしてもほとんど個人的なものにとどまっていた。すなわち、欧米人社会はこの時期までは日本社会とある意味で切断された別個の社会であり、住みわけの段階にあったといえる。

ただし1980年代以降になると、日本の地位の上昇とともに欧米人の特権的地位が動揺し、それにともなって欧米人による日本社会への組織的参加が開始されるようになった。その例としては、日本社会や日本人からの差別や偏見にたいする抗議運動や労働問題にたいする組織的取り組みをあげることができる。こうなれば、住みわけはもはや消滅し共生を指向する参加へと向かったのだと考えることができる。

以上みてきたように、中国人、フィリピン人、欧米人たちは、2000年代前半までにそれぞれ独特のパターンを形成しながら、日本社会への参加を強めていた。これは、多文化共生社会を建設するための明るい材料である。

第4節　日本のムスリム社会を歩く

1. 日本のムスリムの歴史

日本のムスリムの歴史は、イスラーム圏のムスリムたちが1980年代後半に外国人労働者として日本に大量流入する以前とそれ以後とではまったく姿をかえている。

流入以前の時期には、神戸イスラーム・モスクいわゆる神戸モスクや東京モスクなどの礼拝施設と、日本ムスリム協会やイスラミックセンター・ジャパンというような布教組織がある程度めだつくらいのものであった。ところが外国人ムスリム人口の増大とともに、ムサッラ（小規模な礼拝所）だけでなく目をみはるような本格的な巨大モスク[*7]がぞくぞくと建てられていった。ただし、

[*7] 　モスクとムサッラの区別はきわめてあいまいであるようにみえる。ここでは便宜的に、①金曜日の集合礼拝が可能であるような広いスペースをもつこと、②ミナレット（光塔）を備えていることの2つの条件のうち1つでもみたしていればモスク、それ以外をムサッラと呼ぶこととする。

2000年代初頭以降は、景気後退にともなう外国人労働者としてのムスリム人口の減少にともない、活動は全般的に停滞しはじめた。

（1）第二次大戦前

「日本最初のモスク」は、大阪府泉大津市に設けられた日露戦争のロシア兵捕虜収容所に所在していたと伝えられている。田澤拓也はここに1000名近いムスリムがいたと推定している〔田澤1998：40-41〕。第二次大戦の戦災で消失した名古屋モスクの創建は、小村不二男の聞き取りによれば1931年にトルコ系を主とするムスリムたちによった〔小村1988：299-302〕。彼らは後述するトルコ系タタール人であったと推測される。

現存する本格的モスクとしては最古である神戸モスクは、インド人（パキスタン人をふくむ）貿易商を中心として1935年につくられた。インド人たちは国際貿易港としての神戸に1890年代に住みつき、繊維商品の輸出や対ヨーロッパ貿易に従事していた。このほか、ロシア革命でイスラーム教を否定する赤軍と戦った結果難民となって日本に流入したトルコ系タタール人のうち、100人以上が阪神地方に来住し、そのなかではカザン出身者が多数を占めていた〔小村1988：303〕。当時、阪神地方には1000名近いムスリムがいたと田澤は述べている。建設資金が外部からの援助なしにほとんど独力で調達されたのが、神戸モスクの大きな特徴である〔田澤1998：75〕。カザン出身のタタール人たちの代表的人物はイスハキであって、神戸モスクと名古屋モスクを支持基盤としていた〔小村1988：314〕。

神戸モスクに3年遅れて、東京モスクが1938年に建造される。開堂式にはイエーメン王子をはじめ世界各国から祝賀使節が参加した〔小村1988：426〕。なお、建設資金は三菱、三井、住友といった財閥の寄金が主であり、ムスリムたちの寄与はわずかであった。付言すれば、建設当時の敷地は周囲に林が残る新興住宅地の一画であった〔田澤1998：95〕。このモスクは、カザン出身者ではないバシキール人としてのトルコ系タタール人難民クルバンアリーの個人的イニシアティブのもとに建設が企画された。というのは、田澤によれば1920年代東京近辺には約400人のトルコ系タタール人がいたからである〔田澤1998：84〕。クルバンアリーとイスハキは対立し、1936年には乱闘事件さえ起こしている〔小村1988：314〕。

ところで、クルバンアリーは中国ムスリムへの工作とイスラーム圏への進出

を企図する軍部や右翼に利用されただけで、東京モスクの開堂式に参列することさえできなかった。当時の日本の指導者たちによるイスラーム教の利用は、東京モスクの開堂式から4ヵ月後に前首相の林銑十郎陸軍大将を会長として発足した大日本回教協会の設立に象徴されている〔田澤1998：107〕。なお、そののちトルコ系タタール人は日本トルコ人会をつくって東京モスクを所有する。

(2) 第二次大戦後から外国人労働者の到来まで

　第二次大戦の敗戦とともにイスラーム教の政治的利用は消滅したが、神戸モスクおよび東京モスクは存続した。イスラーム教にたいする関心の一般的低下のなかで、1980年代まではただひとつ「東京・バライ・インドネシア」という教育施設がインドネシア政府の援助により1964年に開設されただけであった。なお、老朽化したために1986年に閉鎖され取り壊された東京モスクは、トルコ政府から建設資金の半分の援助のもとに、2000年に東京ジャーミイ（トルコ語でモスクの意味）として再開された。そのためもあって、東京ジャーミイのイマーム（指導者）は、トルコ政府の宗教庁から派遣されたトルコの国家公務員がつとめていた。

　このようなトルコの強い支援は、東京モスクがトルコ系タタール人と関連していたことに由来する。朝鮮戦争のときにトルコ軍も国連軍の一員として参戦したが、同じトルコ人だからという理由で東京モスクに集まるトルコ系タタール人のコミュニティが負傷兵の面倒をみた。それをきっかけとして、トルコ政府はそれまで国籍を喪失していたこの人びとにトルコ国籍を付与するとともに、東京モスクの再建の積極的支援に踏みきったのである。

　ちなみに、2000年代前半の東京ジャーミイの書記局は、東大大学院の博士課程で政治学を学んだ日本通のトルコ人がトルコ政府の委嘱を受けてその中心人物となっていた。なお、東京ジャーミイは、トルコ人やその他ムスリムに宗教サービスを提供することを主目的とし、日本人への積極的布教は考えていないとのことであった[*8]。

　1980年代までに活動したモスクがわずか2つ、学校が1つという状況のなかで、日本ムスリム協会およびイスラミックセンター・ジャパンという布教組織

[*8]　以上は、2001年12月6日、東京ジャーミイのセリム・ユジェル・ギュレチ氏からの聞き取りによる。

第Ⅲ部　移民の定住化——1990年代後半から2000年代前半まで

と、アラビック・イスラミック・インスティテュートという教育組織の果たした役割が注目される。

　日本ムスリム協会は、日本社会にたいしてイスラーム教を布教することを目的として、日本人ムスリムを中心に1952年に設立され、1964年に宗教法人として認可された。この協会の経費は法人および個人会員の会費と寄付金とでまかなわれていた。法人会員としては石油関係の企業などがあげられる。また外国人会員は約200家族にのぼった。主要な活動としては、まず、日本人ムスリムである学生をエジプトのアズハル大学やサウディアラビアのイマーム・ムハンマド・イブン・サウド・イスラーム国立大学（以下イマーム大学と略称）などイスラーム圏の著名な教育機関に派遣する事業があった。また協会はクルアーンおよびハディースのアラビア語と日本語の対訳も刊行していた。さらに特筆すべきなのは、火葬ができないムスリムのためにこの協会が墓地を購入し運営していたということがある。

　外国出身のムスリムが日本で死亡したばあい、その遺体は本国に送り返すというのが原則であり、その費用は70〜80万円かかった。ところで、死後の面倒をみてくれる知人がいないとか、費用負担をだれもできないときには、日本で埋葬せざるをえない。日本では土葬には特別の許可が必要とされ、一般の墓地での土葬がむずかしいため問題が生じる。神戸ではカトリック教徒が外人墓地に土葬されてきたため、本国に返すことのできないムスリムの遺体も外人墓地に埋葬することができたが、首都圏では墓地問題が深刻化した。そのため協会は、日本に留学するイスラーム圏の学生たちが結成したムスリム学生協会（1961年設立）とともに、山梨県塩山市にある文殊院という寺と塩山市役所の協力を得て、塩山市にムスリム専用の墓地を取得した〔サマライ（無日付）：9〕。この墓地には2001年現在80〜100人が眠っていた*9。

　イスラミックセンター・ジャパンは、上述したムスリム学生協会を起源とする。これを母体として、1966年に日本人とパキスタン人のムスリムを主要メンバーとして国際イスラミックセンターが設立された。それを1974年に再建したものがイスラミックセンター・ジャパンにほかならない。そのさい、サウディアラビア政府から大きな財政的支援があった。その背景としては、1973年の石油ショック後、日本がサウディアラビアにたいするさまざまな働きかけを強め、サウディアラビアの側でも日本への関心が高まったことがある〔サマライ（無日付）：9〕。センターは1982年に宗教法人として認可された。その活

動は、布教のための書籍やパンフレット類および機関誌『アッサラーム』の刊行のほか多岐にわたっていた。1996年の理事構成は、パキスタン人3人、日本人3人、中国人、スーダン人、サウディアラビア人、トルコ人、インド人各1人であり、パキスタン人と日本人の影響力が強かった。

　最後に教育施設としてのアラビック・イスラミック・インスティテュートは、サウディアラビアのイマーム大学の日本分校として1990年に開設され、サウディアラビア政府の直接の援助を受けていた。

(3) 外国人労働者の到来以降

　日本のムスリムの歴史の新しい段階を画するイスラーム圏からの外国人労働者の到来は、バブル経済のもと労働力不足が喧伝されていた1980年代にはじまり、とりわけパキスタン人、バングラデシュ人、イラン人がビザの相互免除協定を利用して大量に流入した。そのため、政府はパキスタンとバングラデシュについては1989年に、イランについては1992年に協定を一時停止した。1990年代初頭にバブルが崩壊して、外国人労働者にたいする需要も大きく減退した。こうして新規の流入こそ減少したものの、すでに日本に入国していた者の相当部分は定住化の道を歩み、なかには日本女性と結婚したり本国から妻子や親を呼び寄せたりする者も現れて、そののちの外国人ムスリム社会の基盤となった。そのなかにはかなりの超過滞在者がふくまれていた。

　ムスリム人口の量的増大と彼らの地方への分散は、既存のモスクでの対応を不可能とさせた。ところで、イスラームの教義によればムスリムが30家族いたらムサッラやモスクをつくることが要求されている[*10]。そのため、主としてアパートの一部屋などを賃借して礼拝所とするムサッラが、とりわけ1990年代に日本各地に出現した。ただし、ここでは毎日のサラート（礼拝）は可能であるが、金曜日の集合礼拝は空間的制約のためほとんどできなかった。そのため同じころから、建物を購入したり、あるいは敷地を所有後プレハブの建造物をつくるなどして、集合礼拝をおこなえるモスクがぞくぞくとつくられ、日本におけるムスリム社会の定着を目にみえるものとした。

＊9　以上は、2001年12月5日日本ムスリム協会会長樋口美作氏からの聞き取りによる。
＊10　前掲、樋口氏からの聞き取りによる。

第Ⅲ部　移民の定住化——1990年代後半から2000年代前半まで

2. 日本のムスリムの状況

(1) 外国人ムスリム人口

　表Ⅲ-2-2は、イスラーム圏と目される諸国のうち5000人以上の滞在者がいるインドネシア、インド、バングラデシュ、パキスタン、イランの5ヵ国について、2004年末の人口を在留資格別に示したものである。この表からは、1万5000人をこえる滞在者がいるにもかかわらずマレーシアが除かれている。その理由は、日本に来ていた外国人労働者の大部分が中国系マレーシア人であって、ムスリムであるマレー系マレーシア人はごく少数にすぎなかったとおもわれるからである。この5ヵ国を単純に総計すれば6万6437人ということになるが、ムスリム人口はこれよりかなり少なかったと考えられる。

　まずインドネシアについては、キリスト教徒やヒンドゥー教徒がいるので、ムスリム人口の比率は88％とされている〔片倉2002：88〕。インドについては、

表Ⅲ-2-2　国籍（出身地）別在留資格別外国人数

在留資格	特別永住者	教授、芸術、宗教、報道、投資・経営、法律、会計業務、医療、研究、教育、技術	人文知識・国際業務、企業内転勤	研修	技能、ワーキングホリデー、特定活動（その他）	登録者 日本人の配偶者等、定住者
インドネシア	4	389	246	4,189	6,321	3,902
インド	3	3,069	1,326	92	1,626	698
バングラデシュ	—	469	308	80	242	840
パキスタン	5	324	332	40	195	1,715
イラン	10	121	40	8	44	1,345
その他	465,597	50,962	56,423	49,908	68,255	499,526
合計	465,619	55,334	58,675	54,317	76,683	508,026

＊　その他とは、非正規者で外国人登録をしている者をさす。
＊＊若干名いるが「その他」にふくまれている。
出所：外国人登録者数については、〔法務省2005b〕、非正規者数については、〔法務省2005a〕

第2章　多文化をもつ移民の日本社会への貢献

ヒンドゥー教が主体であるためムスリム人口の比率は11％とされる〔桜井2003：34〕。

このほか、バングラデシュ人、パキスタン人、イラン人については全員をムスリムとカウントすると、5ヵ国の滞日ムスリム人口はおよそ以下のようになる。インドネシア2万7000人、インド1500人強、バングラデシュ8千人強、パキスタン7000人強、イラン5000人。すなわち合計およそ5万人弱がムスリム人口ということになる。ただし、バングラデシュ人、パキスタン人、イラン人のなかには当然非ムスリムが存在するとともに、他の国のムスリム人口についても非ムスリムがいることを考慮すると、実際のムスリムの数はこれより低くなろう*11。

そのなかで宗教的活動の中心的位置にいるのはパキスタン人とバングラデシュ人であり、イラン人およびインド人は周辺的存在であるとみられる。その理由は、イラン人が日本の大多数のムスリムが所属するスンニー派と異なるシー

（2004年12月末および2005年1月1日現在）

永住者、同配偶者等	文化活動、一次庇護、未取得者	その他*	それ以外の在留資格	小計（特別永住者を除く）	非正規者 超過滞在者	小計 登録者数＋非正規者数－その他（特別永住者を除く）	合計
1,431	182	314	6,912	23,886	7,169	30,741	30,745
1,799	113	468	6,286	15,477	＊＊	15,009	15,012
1,107	307	2,408	4,963	10,724	＊＊	8,316	8,316
1,834	146	1,320	2,699	8,605	＊＊	7,285	7,290
1,603	104	329	1,799	5,393	＊＊	5,064	5,074
314,607	20,508	14,325	85,680	1,444,043	200,130	1,629,848	2,095,445
322,381	21,360	19,164	108,339	1,508,128	207,299	1,696,263	2,161,882

ア派に所属していること、ペルシャ語の説教が期待できないことなどが考えられる。また、インド人については流入がはじまったばかりであり、また技術者が主体であるから、宗教的活動とは距離があると考えられる。最大規模のインドネシア人については、つぎに述べるように生活上の制約がきつく、大多数は宗教活動に参加しにくいとみられる。

(2) 出身国別のムスリムの状況

つぎに、出身国別のムスリムの状況がどのようなものであるかを表Ⅲ-2-1の在留資格よりみることにする。第1に「日本人の配偶者等、定住者」をみると、パキスタン、イランおよびバングラデシュが注目される。「日本人の配偶者等」の実数は、パキスタンで1715人、イランで1345人、バングラデシュで840人である。パキスタン、イラン、バングラデシュの来住者はほとんど男性ばかりであるから、この配偶者とは主として日本女性と結婚した3ヵ国の男性にほかならない。

第2に「研修」「技能、ワーキングホリデー、特定活動（その他）」という2つの在留資格に集中しているのはインドネシアである。表Ⅲ-2-2のようにインドネシアの研修生の実数は4189人であり、技能実習生を意味する「特定活動（その他）」の実数は6211人であったので、その合計はおよそ1万人強にのぼる。研修生および技能実習生については、勤務場所の束縛がきわめてきびしい例が多く、1日5回のサラートや金曜日の集合礼拝の実施はほぼ不可能な立場におかれていたといえる。

第3に、表Ⅲ-2-2の「教授」から「技術」にいたる在留資格はいわゆる専門・管理職にあたり、また「人文知識、国際業務、企業内転勤」はいわゆるホワイトカラー的職業に該当する。専門・管理職に従事するパキスタン人は324人、バングラデシュ人は469人である。そのなかで「投資・経営」だけを取りだしてみると、パキスタン人はなんと227人にものぼり、33人しかいないバングラデシュ人と顕著な対照をみせている。これは、専門・管理職のうちでもパキスタン人は経営者層に、バングラデシュ人は専門職にそれぞれ傾斜していたことを示す（小さな商売を自営している者はパキスタン人の1割程度はいるという意見を聞いたことがある）。

以下、パキスタン人経営者の活動の具体的内容を紹介する。日本の自動車メーカーがパキスタンで現地生産をはじめるまでは、ドバイ経由パキスタン向け

第2章　多文化をもつ移民の日本社会への貢献

の中古車輸出が利益の大きな源泉となった。かつては日本に中古車があふれており、またパキスタンでの需要も多かった。ところが不景気になると安くてよい車の仕入れがむずかしくなり、またパキスタン政府も現地生産されたものを買えというような政策転換をおこなったので、利益があがらなくなった。そのため、後述するように、パキスタンへの輸出に見切りをつけてロシアの船員相手に中古車を売るような経営者も現れてきた。

　第4に「超過滞在者」についてみると、インドネシアの7169人が多く、かつて多かったパキスタン、バングラデシュおよびイランはごく少数となった。

(3) 地域別分布

　次頁の表Ⅲ-2-3は、外国人登録をしたイスラーム圏出身者について、地域別の分布を示したものである。これによれば、圧倒的に関東それも東京都に集中していたことがわかる。ただしパキスタン人は例外で、埼玉県のほうが東京都よりも若干多い。また、インドネシア人は関東各地のほか愛知県など諸地域に比較的分散しているが、これはその主体が研修生および技能実習生であるために起こっている。

3. 宗教施設の活動

(1) 宗教施設の概況

　M. A. R.シディキ（Muhammad Abdur Rahman Siddiqi）によれば、2003年現在、モスクとムサッラの合計は日本全体に100ヵ所以上あったとされ〔シディキ2003：151〕、東海道本線沿線を中心に、札幌、福岡、高松、新潟など日本全国に分布していた[*12]。モスクについては、すでに述べた神戸モスク、東京ジャーミイ、アラビック・イスラミック・インスティテュート、東京・バライ・インドネシアのほか日本全国に合計23ヵ所あった〔シディキ2003：表6-1〕。

　宗教施設の運営はすべて独立自営であって、中央集権的な統一組織はなかった。前述した日本ムスリム協会やイスラミックセンター・ジャパンなども、布教組織としてたんに連絡や仲介をするだけであった。日本でのムサッラやモス

---

*11　桜井啓子は、日本のムスリム人口を2000年末現在で4万2000人程度であるとしている〔桜井2003：35〕。

*12　以下の情報は、2002年9月19日インターナショナル・ムスリムセンター・ジャパンのM. A. R.シディキ氏からの聞き取りにより得た。

表Ⅲ-2-3　都道府県別国籍（出身地）別外国人登録者　　　　（2004年12月末現在）

	インドネシア		インド		バングラデシュ	パキスタン	イラン	合計	
	実数	推定ムスリム数(1)	実数	推定ムスリム数(2)	実数	実数	実数	実数	推定ムスリム数
茨城	1,434	1,262	539	59	503	406	311	3,193	2,541
群馬	774	681	428	47	894	678	284	3,058	2,584
埼玉	1,277	1,124	734	81	1,198	1,568	584	5,361	4,555
千葉	841	740	1,208	133	1,043	713	602	4,407	3,231
東京	2,589	2,278	5,682	625	3,059	1,525	1,364	14,219	8,851
神奈川	1,163	1,023	1,870	206	968	1,074	697	5,772	3,968
愛知	2,039	1,794	741	82	465	632	246	4,123	3,219
その他	13,773	12,121	4,278	470	2,598	2,014	1,315	24,474	18,518
合計	23,890	21,023	15,480	1,703	10,724	8,610	5,403	64,107	47,467

注：(1) は実数×0.88（450ページ参照）。
　　(2) は実数×0.11（451ページ参照）。
出所：〔法務省 2005b〕

クの建設は、成功したパキスタン人実業家が資金を多く負担し、バングラデシュ人がそれを助けるというケースが多かった。どのムサッラやモスクにも運営委員会があって、運営委員のなかでいちばん学識が高く人格が高潔な人が仲間からイマームとして指名される。礼拝に来る人についての規制はなにもなく、だれでもどの宗教施設にも出入りできた。なお、宗教的施設の参加者どうしの相互扶助などは当然存在するが、外国人ムスリムだけからなる互助会ないし助け合い基金のようなフォーマルな組織はなかった。

(2) 主要なモスクの現状

　ふたたびシディキによって、休日である金曜日と休日でない金曜日の集団礼拝への参加者数[13]を多い順にみることにしよう。第1位の東京ジャーミイの参加者はそれぞれ1000人と300人、第2位のアラビック・イスラミック・インスティテュートの参加者はそれぞれ700人と250人であった。この両者が1990年以前からの歴史をもっているのにたいして、第3位から第5位までは、1990年代に建設されたものである。

　第3位は600人と300人の参加者をもつ海老名モスクである。本格的なミナレット（光塔）つきの壮麗なこのモスクは2000年に発足したが、パキスタン人が主要な資金を提供しスリランカ人がそれを助けたといわれる。スリランカは上座仏教国ではあるが、キリスト教徒とともにムスリムも若干存在する。第4

位は1998年に建設され、550人と20人の参加者がいる浅草モスクである。そのミナレットは、みればわかるという程度の簡素なものであった。第5位は4階だてのビルに美しいミナレットをもつ名古屋モスクであり、1998年に開堂し500人と100人の参加者を迎えた。このモスクの建設もパキスタン人が中心であったが、日本人ムスリムも協力したといわれている。なお、このモスクは第1項で述べた名古屋モスクとは異なる。

以下参加者数とモスク名を列挙すると、八潮モスク（350人、150人）、神戸モスク（300人、200人）、境町モスク（250人、150人）、伊勢崎モスク[*14]（200人、100人）、大塚モスク（200人、100人）、日吉モスク（150人、60人）、一ノ割モスク[*15]（150人、50人）となる。このほか、首都圏では行徳モスクと柏モスク、それ以外では磐田モスクの規模が比較的大きかった。大塚モスクは、もともと池袋にあって月25万円の家賃をはらっていた賃借モスクが6000万円ほどの資金を集めてビルを購入し、1999年に移転したものである。また、境町モスク（1995年開堂）、伊勢崎モスク（1995年開堂）、一ノ割モスク（1992年開堂）の3つは、埼玉県や群馬県で働く外国人労働者たちが多い東武線の沿線に所在する。

伊勢崎モスクは土地代に8500万円、プレハブの建物をふくめて1億円以上かかったが、パキスタン人が資金の相当部分を出しバングラデシュ人がそれを助けた。また一ノ割モスクは、元学習塾であった3階だての建物を信者たちから集めた4500万円ほどで買いとったものである。境町モスクと伊勢崎モスクは自分たちで資金を出しあって、高名なイマームを招致したことで知られている。すなわち境町モスクはバングラデシュから尊敬されているイマームを呼んだ。また伊勢崎モスクは、トルコ出身でマッカ（メッカ）で長く修行した83歳の長老イマームを来日させた経験をもつ。筆者が1997年にこのモスクを訪問したさいには、この長老を中心に日本社会へのイスラーム教の布教を誓いあっていた姿が印象的であった。

[*13] 休日でない金曜日のばあいには、雇い主に昼休みの時間を少し長くしてもらって礼拝に来て、そのかわり5時過ぎに働くなどとする。

[*14] このほか小さいモスクもあり、伊勢崎は当時、日本の「イスラーム都市」と呼ばれはじめていた。ハラール・ショップも目抜きの中心部に5ヵ所あった。伊勢崎では、イスラームの白い帽子をかぶった人たちが白昼群をなして歩いており、非常にエキゾチックな感じがした。

[*15] ここも運営の中心はパキスタン人であったが、1980年代にイスラームに入信した日本人も中心的役割を果たしていた。

(3) ハラール食品店の概況

本項の最後に、ハラール食品（イスラーム法にかなう食品）を売る店の概況について、樋口直人と丹野清人による1998〜99年の調査結果を紹介しておきたい〔樋口・丹野2002〕。ハラール食品店は80店舗あり、北は栃木県から西は福岡県にまで分布しているが、とりわけ関東地方、とくに東京都と群馬県に集中していた。店舗経営者の国籍をみると、パキスタン人が47人と突出し、以下バングラデシュ人が15人、イラン人が15人とつづいていた。

4. 日本のムスリム社会の今後の展望

(1) 社会的緊張の相対的不在

2000年代前半までは、日本社会と日本のムスリム社会との関係は、きわだった緊張が発生することなく経過してきた。とくに、モスクやムサッラとそれが立地している地域社会とは、良好ともいえる関係をきずいてきた。東京ジャーミイのばあい、モスクのほうがさきにあってその回りに次第に日本人が住みついたという事情もあって、地域社会のなかに溶けこんでいた。また伊勢崎モスクについては、行事のおり町内会リーダーにパキスタンとかバングラデシュの料理をおすそわけしたりしていた。

どのモスクも、当時まで組織的な妨害活動に遭ったことはなかった。地方のモスクで1回ビラが貼られたことがある程度であった。

ここでこれまでの最大の事件であった、富山県の「クルアーン廃棄事件」にふれておきたい。この事件は、人口3万の小杉町郊外で2001年5月に起こった。パキスタン人経営の中古車販売店にイスラーム教の聖典『クルアーン』が破られて散乱していたことがきっかけとなり、全国からパキスタン人などムスリム約250人が集まって警察、県庁などを訪れ、真相の究明と再発防止を要請したというのがその内容である。なお、この要請には日本人ムスリムが1人も参加しなかったことは注目に値する。ここにはロシア人を顧客とするパキスタン人の中古車業者が約50店舗営業していたが、ある日本人とのあいだにトラブルがあり、そののち右翼の街宣車がひんぱんにやってきて「外国人はでていけ」という街宣をおこなっていた。ムスリムたちはクルアーン廃棄事件と街宣活動とのつながりを疑ったが、結果的にはたんに父親を困らせようとして犯行をおかした28歳の女性が逮捕され、この事件は終息した。ここでは、被害者としてのパキスタン人業者ないしムスリムの宗教的冒涜にたいする強烈な反応が印

象的である。

　2001年9月のニューヨークの同時多発テロ以後も、日本のムスリム社会にたいするきわだった反発は起きなかった。日本ムスリム協会には嫌がらせの電話が1、2回あった程度であり、東京ジャーミイにも同様のEメールが1回入っただけであった。したがって、日本のムスリムをテロリストと結びつける気配は当時の日本社会にはまったくなかった。

　付言すれば、警察と入管が超過滞在者の摘発のため宗教施設に入ったことはなかった。

(2) 日本人ムスリムの少なさと参加の乏しさ

　日本のムスリム社会の今後を展望するにあたって、日本人へのイスラーム教の布教の可能性がどの程度あるかが検討されねばならない。一ノ割モスクでイマームをつとめる日本人ムスリムは、日本人ムスリムの総数が当時2000人にもとどいていないだろうと推測していた〔田澤 1998：212〕。後述するように、国際結婚による日本女性の改宗者を考慮すればこの数は過少にすぎるようにおもわれるが、それでも絶対数が少なかったという事実にかわりはない。なお、前述したシディキの情報によれば、23のモスクの休日でない金曜日の礼拝者数の合計は2000人強であったが、そのうち日本人ムスリムは100人強を占めていたにすぎない。ただし、日本人ムスリムの参加者がまったくいないモスクはわずか2つにすぎなかった。

　心の平和とか寛容の重視などのイスラーム教の教義は日本人には理解されやすいのに日本人ムスリムが極端に少ないのは、宗教的実践への抵抗が強いことにその一因があるとおもわれる。酒が飲めなくなること、1ヵ月間の断食が容易ではないこと、1日5回のサラートが困難であることなどが、日本人の入信をためらわせる。シディキによると、モスクでは外国人ムスリムと日本人ムスリムの分離がいちじるしかった。ほとんどのモスクの運営委員会には日本人は入っていなかった。日本人ムスリムはできるだけ早くモスクから出たがり、神と人間の交流、共同作業、相互理解の場としてのモスクと密接なかかわりをもつことができず、イマームにもなりたがらなかった。

　日本人ムスリムがこのような回避的行動をとった理由としては、説教が英語ないしアラビア語でおこなわれることによる言葉の壁、新しい発想のしにくさ、イスラーム教の知識の乏しさ、外国人と親しい友人関係をもつことへのためら

い、労働への義務感が高すぎることなどが指摘されている〔シディキ2003〕。

　このような状況のなかで日本のムスリム社会に大きな影響を与えていたのは、日本女性と外国人ムスリム男性との結婚である。ムスリム男性は、ムスリムどうしおよびユダヤ教徒とキリスト教徒との婚姻以外は許されない。そのため日本女性は、イスラーム教に改宗しないかぎりムスリム男性と結婚できないことになる。改宗者数は年間およそ300人にのぼったこともあったと推測され、けっして少ない数ではない。

　ところで、ムスリムの婚姻は一般的には契約金まで記載された契約書を2名以上の証人の立ち会いのもとで交わすことにより成立するが、サウディアラビア、マレーシア、パキスタン、バングラデシュなどでは、モスクなど公の宗教施設の証明がないと婚姻の登録をしない。日本人女性と外国人男性ムスリムとの婚姻の承認は、イスラミックセンター・ジャパンでは年間70〜100組、東京ジャーミイでは年間50組程度に達したことがあった。伊勢崎モスクのばあいには、日本人女性ばかりでなくブラジルやペルーから日本に渡ってきた日系人女性との婚姻をふくむと年間100組ぐらいを承認した時期があった。また日本ムスリム協会も年間20組を承認したことがあった。このように、女性は日本人ムスリムの重要な部分となっていた。

(3) 日本のムスリム社会の今後の展望

　1990年前後にそれぞれ数万人を数えたパキスタン人、バングラデシュ人、イラン人は、1990年代には帰国が進み、新規流入があまりないため人口減少がいちじるしい。とりわけこの3ヵ国の超過滞在者は、入管統計で「その他」に一括されるほどにまで減った。こうして外国人ムスリムの母体そのものが縮小しはじめた。さらに、宗教施設の拡大に大きく貢献したパキスタン人経営者層の経済力についても落ちこみがはじまり、そのなかには帰国を考える者もではじめていた。

　それでは、その活動が停滞するなかで、日本ではヨーロッパのような「イスラーム問題」は発生するであろうか。日本の宗教的風土は元来シンクレティズム（複数の宗教が混在する状態）的傾向が強く、またこれまでの歴史的経緯は社会的緊張があまり起きなかったことを示している。

　日本におけるムスリム社会は、第二次大戦前の東京モスクの国策的利用を例外として、一般的には日本社会との接触・交流はあまりないが社会的緊張もほ

とんどみられないという状況のまま推移してきた。しかしながら、日本におけるムスリム社会の1990年代の大きな発展は、日本人にたいしてイスラーム文化の現前を強く印象づけることとなった。これからの日本社会の課題は、外国人ムスリムたちが建設した宗教施設などを拠点として、日本をいかに地球社会に開いていくかということにあろう。

第Ⅲ部　移民の定住化——1990年代後半から2000年代前半まで

第3章　ラテンアメリカ日系人の定住化の諸相

第1節　ブラジル人移民の定住化の進展

1. はじめに

　本節では、1990年代後半から2000年代前半にかけて、ブラジル人移民の定住化がどのように進展したかを概観することにする。

　1992年末に15万人弱であったブラジル人は、微増をつづけて、第1章で述べたように2004年末には29万人強となり、新来外国人の2番目、旧来外国人をふくむ外国人全体でも3番目という多数を占めるにいたった。ブラジル人の来日は、日本の労働市場の状況および経済的側面にとどまらないブラジル側の条件とともに、日本で受け皿としてのブラジル人コミュニティが成立したことが影響している。

　ブラジル人の流入については、業務請負・人材派遣業が果たしていた大きな役割を忘れるわけにはいかない。従来「労働者派遣法」は、物の製造の業務への労働者の派遣を禁止していたが、2004年の改定により派遣が認められた。ところが、労働行政当局は改定以前から生産設備等を請負先企業から借用しさえすればそれを業務請負と解釈することにより、実質的な人材派遣を黙認してきた。そのため規模が相対的に大きな企業はブラジル人を主体とする日系人労働力を業務請負・人材派遣業に依存する間接雇用型をとるようになり、相対的に小さな規模の企業は非ブラジル人、ブラジル人を問わず直接雇用に傾斜していた。業務請負・人材派遣業が存在しつづけた理由は、第1に、請負先企業にとって雇用調節が容易なことにあった。生産量の変動にともなって労働者を簡単に採用したり解雇できただけでなく、請負先企業が好ましくおもわない者を取りかえることもできた。第2に、直接雇用にはビザ関係から労災、住宅・病気・学校などの生活関連にまで及ぶ煩雑な業務がともなうが、間接雇用のばあ

いにはそれが免除されることにあった。

2. 帰国意志をもちながらの定住化

　各種の調査からみて、ブラジル人の多数がいつかはブラジルに帰国しようと考えていたことはまちがいない。けれども、日本をブラジルと比較すると、ブラジルへの帰国をためらわせる条件はいくつもあった。丹野は、経済不況のもとでコストにたいする顧慮から、大手企業では、外国人の自社直接雇用から日本人社外工へのおき換えと、業務請負業から送りだされてくる社外工における外国人から日本人への代替が進展していることを見いだしている〔丹野2002：50〕。その結果、失業者やホームレスとなるブラジル人さえ現れることとなる。それにもかかわらず、就業を確保している者の収入は日本人よりも低いとはいえ本国のブラジルよりはるかに高かった。そのうえに、日本の治安はよく、電化製品や車も手に入れやすかった。さらに、ブラジル人コミュニティの形成は、安定した生活基盤を保証した。それだけでなく、日本での滞在期間の長期化は、ブラジルでの生業と財産の劣化、各種の資格や人的ネットワークの喪失をまねいた。こうして日本での定住者にとって、ブラジルへの帰国は生活の本拠ではなくなった場所への一種の「里帰り」にすぎなくなる。すなわち、深沢正雪の表現を借りれば、「出稼ぎ者」は本国との関連の弱まった移民労働者を意味する「デカセギ」に転化してしまった〔深沢1999：161ff.〕。

　定住化の過程は、ブラジル人社会の内部の階層化を押し進めるとともに、ホスト社会とのなんらかの共存関係を樹立した。

　まず階層化についてみると、労働者のなかからエスニック・ビジネス経営者が出現しはじめていたことが注目される。エスニック・ビジネス経営者のなかでは、ごくわずかなトランスナショナル、日本全体を対象とするナショナル、ローカルという3レベルの階層化が進んでいた〔小内・酒井2001：156〕。

　労働者については、長期間滞在する定着層、中・短期間滞在する循環層、新規流入層という階層が存在していた。定着層は、業務請負・人材派遣会社に雇用されて通訳や現場監督、請負・派遣先企業との折衝などの業務をおこなった。この層からは、みずからも業務請負・人材派遣業の経営者となる者も出現していた。循環層はブラジルとの往復や日本国内の移動をおこなった。循環層と新規流入層では時間給労働者が主体であった。時間給労働者については、業務請負・人材派遣業による間接雇用と直接雇用という、雇用形態による階層化が可

能である〔小内・酒井2001：139ff.〕。前者の就業先は大手元請企業から中小規模企業にいたり時間給も高かったのにたいし、後者のそれは中小規模とくに小規模企業に集中し時間給も低かった〔小内・酒井2001：69〕。

つぎにホスト社会との関係については、「住みわけ」の進展が興味深い〔深沢2003〕。深沢によれば、住みわけとはよりストレスの少ない生活空間を確保するために居住や労働の空間や時間をずらすこととされている。居住空間における住みわけは、間接雇用型のばあい、業務請負・人材派遣会社が用意したアパートなどの住宅に居住し、会社の送迎バスで職場と往復するから、地域住民とは隔離された集住型ということになる。なお、このほか混住型、混住のなかの集住型もあった。また、外国人は時間給が高い夜勤をむしろ希望するのにたいして、日本人はそれを忌避するので、夜間のシフトはほとんど外国人ばかりとなる職場もあり、時間における住みわけが発生した。「住みわけ」の結果、ホスト社会との距離は遠くなり、ブラジル人の日本語能力も低下しはじめていた。

住みわけの様態は、リーダー層、親族層、取り巻き層、一般層のいずれかに属するかによって異なる。リーダー層の多くは、1980年代後半に来日し、ブラジル人コミュニティを相手とする商売を創業し、日本人との接触が深く、日系人としてのアイデンティティをもつ二世層であった。リーダー層が呼び寄せた親族を中心とするグループが親族層であり、それを取り巻くのが取り巻き層である。この3者は日本社会への高い適応傾向と高い地域定住性をもつサブ・コミュニティを形成していた。

それにたいし一般層は、デカセギ・ブーム以降に来日し、目的意識が希薄でなんとなく日本に居ついてしまった人びとである。その多くは日本での被差別感からブラジル人意識が呼び起こされた三世層であった。一般層は、日本社会とは別個のブラジル人だけからなるコミュニティ基盤を必要としていた。このように前3者と異なって、一般層はコミュニティ・レベルでの住みわけを強く指向した。

住みわけは、当初の「不調和な状態」から、おたがいの擦りあわせ段階を経て「苦情の少ない状態」へと経過していった。

「住みわけ」にもかかわらずブラジル人と日本人との接点はさまざまな部面で存在していた。職場における日本人との接触・交流の様態については、間接雇用型と直接雇用型とで異なっていた。直接雇用型は概して小規模企業に多かったため、職場における接触・交流は間接雇用型よりも相当に多かった。職場

には、日本人男性正社員−日本人女性正社員−日本人女性準社員−日本人女性パート−外国人直接雇用−外国人派遣という序列が存在しており、末端の日本人女性パートにとってさえ外国人は同情による親しみの対象ではあったが、真の意味での接触・交流はなかった〔深沢2003：83〕。

このような状況のなかで、接触・交流の媒介者ないし媒体として、エスニック・ビジネスの経営者と学校が注目される。エスニック・ビジネスの経営者について大泉町のブラジリアン・プラザを例にとると、この商業コンプレクスは日本人とブラジル人経営者が共同出資して1996年に開設された。この事実は企業経営レベルでの接触・交流の可能性を示していた。ただし2000年には、ブラジル人経営者の自立能力の増大もあって日本人側が経営から撤退し、接触・交流は弱まった〔小内・酒井2001：157〕。

日本の学校もまた、日本人との接触・交流の場を提供した。日本の学校におけるブラジル人および日本人の児童生徒、両方の親、教師という5者の接触・交流の関係についてみると、まず児童生徒間の関係については、当然ではあるが一般的に子どもどうしの自然な交流・接触が存在し、日本人の親のほうも外国人の子どもを同情心をもって受容していた。ブラジル人の親も子どもどうしの交流・接触には積極的であった。ただし、教師はブラジル人の親が学校に協力的でないと考えがちであった。また、親どうしの交流・接触まではあまり進まなかった〔小内・酒井2001：第6章〕。

定住化の帰結として、ブラジル人アイデンティティが強化されたことは強調に値する。日本に暮らすブラジル人は、国籍が外国にあることによる社会的地位の弱さおよび外国人労働者であることによる経済的地位の低さにより、つねに内国人から同情や差別の対象とされる経験にさらされていた。その結果、ブラジルでは日本人というアイデンティティの諾否をめぐって動揺してきた日系人は、日本では逆にブラジル人であるというアイデンティティの採用に積極的におのれの存在根拠を見いだすようになった。それは、母国では経験したことのないサンバ・グループへの参加や、ブラジルのサッカー・チームにたいする熱狂的応援として表現された。

3. 将来展望

日本に定住化しつつあるブラジル移民の第一世代の多くは、内国人との住みわけにより言語をふくむおのれの文化的背景を保持しながら、低賃金労働者と

して懸命に生活していた。住みわけ型から共生型の多文化社会への移行にあたって決定的な役割を担うものが、親としての第一世代に連れられて日本にやってきたり日本で生まれた移民第二世代である。深沢は、母国の強い影響下にある移民一世的世界観とホスト社会の狭間にあって、ブラジル人移民第二世代が思慮深い過渡的世代となり、そのことによって貴重な人材を輩出する可能性が生まれることを強調している〔深沢2003〕。

　しかしながら、不就学の子どもたちは非行化が憂慮されるばかりでなく、社会の底辺に沈殿するおそれも強かった。またこれとは逆の方向の問題もあった。それは日本への同化である。学校で日本式の教育を受け日本語がたんのうになるにつれて、ブラジル人である親との断絶が深まり、家庭内のコミュニケーションさえ不自由となる事例もあった。

　それにしても、日本からブラジルに移住した移民一世は日本への強い帰属意識をよりどころとして異郷で生きてきたが、二世・三世はブラジルへの帰属意識を高め親世代との断絶が深まった。この人びとが日本に外国人労働者として渡航して日本に定住すると、その第二世代のある者は日本に同化して親世代との溝が生みだされることになった。日系ブラジル人は、このように世代ごとのアイデンティティの極端な動揺を耐えしのばなければならないという、他に例をみない数奇な運命を引き受けざるをえない存在となってしまったのである[*1]。

第2節　移民労働者の地域移動──東海圏を中心に

1. 移民労働者の地域分布

　外国人の居住地については、外国人登録者にかぎられるが、『在留外国人統計』各年版に都道府県別のデータがある〔法務省各年版b〕のでこれを利用することとし、北海道・東北、関東、甲信越、東海、北陸、近畿、中国・四国、九州の8圏に再分類した。外国人については、人口規模の多い順に韓国・朝鮮、中国、ブラジル、フィリピン、ペルー、アメリカ、タイの上位7ヵ国（出身地）をとりあげた。これら7ヵ国（出身地）の2004年末の居住地別分布は表Ⅲ-3-3に示されている。7ヵ国（出身地）の合計をみると、関東圏に4割弱、近畿圏および東海圏がそれぞれ2割前後であって、それ以外は1割にもみたない。すなわち、関東、近畿および東海の3圏でおよそ8割を占めていることがわかる。

第3章　ラテンアメリカ日系人の定住化の諸相

そのため、以下ではこれら3圏にかぎって分析する。

以下、7ヵ国（出身地）のそれぞれについてみると、在日韓国・朝鮮人がふくまれる韓国・朝鮮は、歴史的経緯を反映して近畿圏に4割強ともっとも多く居住し、関東圏がそれについでいる。一方、ブラジルは東海圏に5割が集住し、関東圏がそれにつぐ。それにたいし、これら2つ以外のグループは、いずれも関東圏での居住が最多となっている。ただし、韓国・朝鮮とブラジル以外のグループについて東海圏と近畿圏を比較すると、中国とアメリカでは近畿圏のほうが若干多いが、フィリピンおよびペルーでは東海圏のほうが近畿圏よりも圧倒的に多く、タイはわずかではあるが近畿圏に多い。

このように、総体的にみて関東圏の優越性は疑えないが、近畿圏と対比したばあいの東海圏の重要性が注目される。

2. 移民労働者の地域分布の推移

本項では、関東圏、東海圏、近畿圏ごとに7ヵ国（出身地）の1994年末、1999年末および2004年末の3つの時点における10年間にわたる歴史的推移を検討する（表Ⅲ-3-1、Ⅲ-3-2、Ⅲ-3-3参照）。

7ヵ国（出身地）の合計でみると、関東圏と東海圏では実数も比率も一貫して増加した。一方近畿圏をみると、実数ではほとんど増減がみられなかったものの比率では一貫して減少した。すなわち、この10年間に関東圏および東海圏の増加と近畿圏の停滞がパラレルに進展し、外国人人口の新規流入分は関東圏と東海圏に吸収されていたことがわかる。

以下、7ヵ国（出身地）のそれぞれについて、歴史的推移を分析する。人口が最多である韓国・朝鮮およびアメリカについては、居住地分布の変動が特異であるので後述する。

人口が韓国・朝鮮につぐ中国についてみると、関東圏および近畿圏では実数は一貫して増加したものの比率では一貫して減少した。それにたいし、東海圏では実数も比率も一貫して増加した。すなわち中国人人口の新規流入分は、関

---

*1　ところで、現行入管法によれば、移民第二世代の多くは四世であるため二世・三世に付与される在留資格が付与されない。移民第二世代を日本の多文化社会化の貴重な担い手とするためにも、彼らの受け入れ体制の整備と彼らをドロップアウトさせない方策が必要とされる。

第Ⅲ部　移民の定住化──1990年代後半から2000年代前半まで

表Ⅲ-3-1　国籍（出身地）別地域別外国人数（1994年12月末現在）

国＼地域	北海道・東北	割合	関東	割合	甲信越	割合	東海	割合
韓国・朝鮮	17,493	2.6%	171,839	25.4%	9,098	1.3%	78,324	11.6%
中国	7,686	3.5%	126,148	57.7%	5,839	2.7%	16,898	7.7%
ブラジル	2,338	1.5%	56,797	35.6%	9,778	6.1%	63,436	39.7%
フィリピン	5,153	6.0%	44,316	51.5%	4,843	5.6%	10,825	12.6%
ペルー	452	1.3%	19,533	55.2%	1,192	3.4%	7,819	22.1%
アメリカ	2,303	5.3%	24,515	56.6%	937	2.2%	2,866	6.6%
タイ	342	2.4%	9,159	65.4%	897	6.4%	1,157	8.3%
7ヵ国合計	35,767	2.9%	452,307	36.7%	32,584	2.6%	181,325	14.7%

出所：〔法務省1995〕

表Ⅲ-3-2　国籍（出身地）別地域別外国人数（1999年12月末現在）

国＼地域	北海道・東北	割合	関東	割合	甲信越	割合	東海	割合
韓国・朝鮮	17,471	2.7%	174,008	27.3%	9,311	1.5%	70,578	11.1%
中国	14,641	5.0%	154,375	52.5%	9,967	3.4%	25,591	8.7%
ブラジル	3,099	1.4%	64,884	28.9%	21,307	9.5%	98,287	43.8%
フィリピン	6,012	5.2%	59,058	51.1%	6,346	5.5%	17,318	15.0%
ペルー	337	0.8%	23,223	54.3%	1,832	4.3%	11,108	26.0%
アメリカ	2,313	5.4%	24,213	56.6%	994	2.3%	2,851	6.7%
タイ	529	2.1%	17,562	69.5%	2,143	8.5%	1,785	7.1%
7ヵ国合計	44,402	3.2%	517,323	37.4%	51,900	3.8%	227,518	16.5%

出所：〔法務省2000〕

表Ⅲ-3-3　国籍（出身地）別地域別外国人数（2004年12月末現在）

国＼地域	北海道・東北	割合	関東	割合	甲信越	割合	東海	割合
韓国・朝鮮	17,678	2.9%	184,165	30.3%	9,664	1.6%	64,357	10.6%
中国	27,456	5.6%	238,033	48.8%	16,465	3.4%	52,724	10.8%
ブラジル	3,250	1.1%	75,478	26.3%	24,586	8.6%	143,336	50.0%
フィリピン	8,908	4.5%	95,584	47.9%	9,935	5.0%	41,312	20.7%
ペルー	310	0.6%	29,576	53.1%	2,331	4.2%	16,907	30.3%
アメリカ	2,448	5.0%	27,391	56.1%	1,079	2.2%	3,439	7.0%
タイ	916	2.5%	24,485	67.4%	3,305	9.1%	2,810	7.7%
7ヵ国合計	60,966	3.5%	674,712	39.2%	67,365	3.9%	324,885	18.9%

出所：〔法務省2005b〕

第3章 ラテンアメリカ日系人の定住化の諸相

北陸	割合	近畿	割合	中国・四国	割合	九州	割合	合計	割合
9,607	1.4%	312,331	46.1%	44,448	6.6%	33,635	5.0%	676,793	100.0%
2,484	1.1%	38,297	17.5%	8,240	3.8%	12,993	5.9%	218,585	100.0%
4,498	2.8%	14,713	9.2%	6,668	4.2%	1,391	0.9%	159,619	100.0%
1,463	1.7%	5,535	6.4%	5,934	6.9%	7,899	9.2%	85,968	100.0%
262	0.7%	3,480	9.8%	1,235	3.5%	1,409	4.0%	35,382	100.0%
469	1.1%	5,925	13.7%	2,020	4.7%	4,285	9.9%	43,320	100.0%
157	1.1%	1,334	9.5%	506	3.6%	445	3.2%	13,997	100.0%
18,940	1.5%	381,615	30.9%	69,051	5.6%	62,075	5.0%	1,233,664	100.0%

北陸	割合	近畿	割合	中国・四国	割合	九州	割合	合計	割合
8,937	1.4%	285,842	44.9%	39,901	6.3%	30,500	4.8%	636,548	100.0%
4,610	1.6%	50,560	17.2%	17,303	5.9%	17,154	5.8%	294,201	100.0%
8,263	3.7%	19,514	8.7%	8,094	3.6%	851	0.4%	224,299	100.0%
2,181	1.9%	8,347	7.2%	7,987	6.9%	8,436	7.3%	115,685	100.0%
247	0.6%	4,006	9.4%	1,133	2.6%	887	2.1%	42,773	100.0%
478	1.1%	5,910	13.8%	1,954	4.6%	4,089	9.6%	42,802	100.0%
253	1.0%	2,033	8.1%	502	2.0%	446	1.8%	25,253	100.0%
24,969	1.8%	376,212	27.2%	76,874	5.6%	62,363	4.5%	1,381,561	100.0%

北陸	割合	近畿	割合	中国・四国	割合	九州	割合	合計	割合
7,843	1.3%	259,333	42.7%	35,506	5.8%	28,873	4.8%	607,419	100.0%
11,007	2.3%	76,096	15.6%	35,242	7.2%	30,547	6.3%	487,570	100.0%
8,432	2.9%	22,221	7.8%	8,384	2.9%	870	0.3%	286,557	100.0%
3,782	1.9%	13,875	7.0%	12,334	6.2%	13,664	6.9%	199,394	100.0%
205	0.4%	4,410	7.9%	1,260	2.3%	751	1.3%	55,750	100.0%
543	1.1%	6,985	14.3%	2,245	4.6%	4,714	9.7%	48,844	100.0%
391	1.1%	2,881	7.9%	790	2.2%	769	2.1%	36,347	100.0%
32,203	1.9%	385,801	22.4%	95,761	5.6%	80,188	4.7%	1,721,881	100.0%

第Ⅲ部　移民の定住化——1990年代後半から2000年代前半まで

東圏および近畿圏をはるかにしのいで東海圏に吸収されていた*2。

　ブラジルについては、分布の首位を占める東海圏で実数も比率も一貫して着増した。いっぽう関東圏および近畿圏については、実数は一貫して微増したが比率は一貫して減少した。これは、新規流入分が関東圏や近畿圏ではなく主として東海圏に吸収されていたことを意味する。ペルーについても同様で、5割台が集住する関東圏で実数は一貫して微増したものの比率は一貫して微減したのにたいし、東海圏では実数も比率も一貫して増加した。

　フィリピンについては、およそ半数が居住する関東圏での実数は一貫して増加したが比率は一貫して減少した。それにたいし関東圏につぐ人口をもつ東海圏では実数も比率もともに一貫して着増した*3。タイは関東圏の居住者が6割台を一貫して維持し、7ヵ国（出身地）のなかで最高の比率であった。また東海圏では実数は一貫して微増したが、比率ではほとんど増減がみられなかった。

　このように、中国、ブラジル、ペルー、フィリピン、タイについては、本項の冒頭で述べた関東、東海、近畿の3圏の一般的傾向と基本的に合致していた。それにたいし、韓国・朝鮮およびアメリカはことなった運動をみせた。

　まず韓国・朝鮮であるが、関東圏ではそれほど多くはないものの実数および比率で一貫して増加した。一方近畿圏および東海圏では、実数も比率も一貫して減少した。このカテゴリーに在日韓国・朝鮮人が多いことを考慮すると、日本国籍を取得しない人びとが近畿圏および東海圏から関東圏へと移動し、新規流入者も関東圏に向かったといえる。ちなみにいえば、石川義孝らは1995年から2000年まで東京圏に若年層が流入し25歳以上で全国に還流したとしている〔石川2007：第Ⅲ部、217〕。

　関東圏の居住者が5割台でタイについで高い比率のアメリカについては、一貫して関東圏での実数および比率の停滞傾向がみられた。近畿圏および東海圏についても同様であった。このように、韓国・朝鮮とアメリカは他の5ヵ国とことなる独自の展開をみせた。

3. 要約と結論

　本節では、外国人人口の大部分が集住する関東圏、近畿圏、東海圏をとりあげて、その居住地分布の歴史的推移を検討した。結論的にいえば、特異な推移をみせた韓国・朝鮮およびアメリカ以外の5ヵ国については、日本に定住しはじめた人びとも新規参入者もともに、大きく東海圏へと吸収されたことがあき

らかになった。

　東海圏への集中が起こった理由を考えると、いうまでもなく東海圏は、自動車生産で世界のトップをうかがうトヨタをはじめとして、自動車関連産業やその他の製造業がいちじるしく発展をみせていた地域である。日本資本主義の特徴である系列企業は、中小零細企業としてきびしい競争をしいられ、構造的に低賃金労働力を要求せざるをえない。つまり、東海圏には関東圏や近畿圏をはるかに上回る低賃金労働力にたいする需要が存在し、それにこたえる形での移動がおこなわれたことになる。

第3節　ラテンアメリカの日系諸社会におけるデカセギの評価

1. 問題の所在と調査方法の吟味

　「デカセギ」という日本語は、ラテンアメリカ諸国でもそのまま通用するにいたっている。これは日本へのデカセギが、ラテンアメリカ諸国ですでにきわめて一般化した現象となったことを反映するものである。2004年末におけるラテンアメリカ諸国出身者の日本での外国人登録者の総数は35万8211人に達し、その内訳はブラジルがもっとも多く28万6557人であり、以下ペルー5万5750人、ボリビア5655人、アルゼンチン3739人、コロンビア2991人、パラグアイ2152人とつづいていた。なお、チリは722人であった〔法務省2005b〕。このほか、二重国籍者をふくむラテンアメリカに在住していた日本国籍保有者も相当数が流入していた。

　このような状況を踏まえて、日本におけるラテンアメリカ日系人の生活や就労の状況あるいは地域社会における位置づけなどについては、とりわけ1990年代後半以降めざましい研究の蓄積がはじまり、進行している事態をかなり明

＊2　石川義孝ら人口地理学グループは、2000年の国勢調査の個票をもとに5年まえの常住地と現住地とを比較しながら外国人人口の国内移動を検討した。中国について石川らは、転出、転入ともに東京圏の比重が高かったとしている〔石川2007：第Ⅲ部、209〕が、東海圏については注目していない。

＊3　石川らはフィリピンについて、2000年までの新規流入者が分散した目的地選択をおこなっていたとしている〔石川2007：270-271〕が、ここでも東海圏への集住については注目していない。

第Ⅲ部　移民の定住化——1990年代後半から2000年代前半まで

瞭に把握できるようになった。それにたいし、送り出しもとであるラテンアメリカ諸国にたいしデカセギがどのような影響を与えたり、あるいはラテンアメリカの日系人がそれをどのように評価しているかについての日本語による情報は、2000年代前半まではほとんど存在していなかったといっても過言ではない。本節は、ラテンアメリカに在住する日系人に対象をしぼって、デカセギの日系社会に与えた影響がどのように評価されていたかをあきらかにしようとする試みである。

　ラテンアメリカ諸国における日系人人口の推測はむずかしいが、かりに外務省による2002年の数値を紹介すれば、ブラジル約140万人、ペルー8万人、アルゼンチン3万2000人、パラグアイ7000人、ボリビア1万4000人である〔『朝日』2002年12月12日〕。したがって、母国の日系人人口にたいする日本での外国人登録者数の比率は、高い順にペルー69.7％、ボリビア40.4％、パラグアイ30.7％、ブラジル20.5％、アルゼンチン11.7％となる。すなわちラテンアメリカ諸国のなかでもとりわけボリビアやペルーなどのアンデス諸国においてデカセギの進展がいちじるしく、なんと日系人の4〜7割が日本に流出していたことになる。アルゼンチンやパラグアイなどのラプラタ諸国やブラジルではそれほどでもないが、それでも1〜3割台に達していた。

　本節では、故喜多川豊宇が1999年におこなった調査データ[*4]（以下喜多川データと略）をもとに分析をおこなう。ところで喜多川データの調査対象者数を調査国別にみると、ブラジル655人、ペルー202人、ボリビア142人、パラグアイ94人、アルゼンチン292人、チリ71人であり、合計1456人である。当然のことではあるが無作為抽出はなされていないので、1456人全体を単位として検討をおこなえば、ブラジル人のウエイトが低まりアルゼンチン人などのそれが高まるなどの攪乱要因により、分析結果の妥当性が極端に失われる。そのため、本稿では調査国別に分析をおこなうこととした。ただし、パラグアイとチリは調査対象数が少なく、ペルーも回答者の圧倒的多数が未婚の若い女性から構成されており、分析に耐えないので除外した。

　したがって、以下ではブラジル、ラプラタ諸国を代表するアルゼンチン、同じくアンデス諸国を代表するボリビアの3つの調査対象国について比較しながら検討する。喜多川データの調査地点について述べると、ブラジルは全土にわたる7地点であり、アルゼンチンはブエノスアイレスおよびその近郊をふくむ6地点であった。喜多川はボリビアではコロニアオキナワで49人に、サンファ

ン移住地で55人に、サンタクルスで38人に調査をおこなっている。この前2者は戦後の農業移住者が入植した地域である。なお、すべての表についてカイ二乗検定をおこない、その値を表の下欄に示した。

2. 調査対象3ヵ国の概観

　まずこれら3ヵ国の日本人移民の歴史を概観しておこう。ブラジルについてはいまさらここで繰り返すこともないが、最小限の整理をおこなうとすれば、1908年の笠戸丸による渡航を嚆矢としてすでに1世紀以上にわたる時が流れている。1888年の奴隷解放により労働力不足に見まわれたブラジルは、外国人移民の大量受け入れを開始した。日本人移民もその一環であって1910年代から30年代なかばにかけて約20万人が移住した。さらに、第二次大戦中の中断ののち1952年から約5万人強が移住した。このように、ブラジルでは戦前移民とその子孫が多数を占めている。

　つぎにアルゼンチンであるが、明治中期にはじまった日本人の移住は第二次大戦前までは5400人の規模にとどまった。1957年に日本人の移民がふたたび認められたのち約8000人が移住した。このようにアルゼンチンの特徴は戦後移民が多いことにある。

　また、ボリビアへの日本人の移住は、ゴム景気をきっかけとしてボリビア領のアマゾン河支流のゴム園にペルーから流入した1899年を出発点としており、ブラジルより古い。ゴム景気の低迷とともに、日系人の多くは都市部に移動して自営業をいとなんだ。戦前の日系人は1980年代なかばには子孫をあわせて6500人に達していた。戦後の移住は主として農業移民として1954年から再開され、1980年代なかばには合計4000人に達した。つまり、戦後移民は戦前移民にほぼ匹敵している[5]。

　このような移民史のちがいは、各国における日本人移民の社会的属性の顕著な差異をもたらしている。以下喜多川データによりながら、まず日本とのつながりの強さを示す国籍および世代と日系社会への帰属を、ついで職業と年齢を

---

[4]　本節は、2000年に52歳の若さで物故された喜多川豊宇東洋大学助教授が1999年にラテンアメリカ6ヵ国で質問票を用いて実施された日系人にたいする実地調査の結果にもとづいている。令夫人からデータを死蔵するにしのびないとの連絡を2000年暮にいただき、質問票およびフロッピーが送られてきたのである。

[5]　以上3ヵ国についての情報は、〔国際協力事業団 1986〕より得た。

第Ⅲ部　移民の定住化──1990年代後半から2000年代前半まで

表Ⅲ-3-4　調査国別国籍

		国籍				合計
		調査国と同じ	二重国籍	日本	その他	
調査国	ブラジル	537 82.0%	31 4.7%	68 10.4%	19 2.9%	665 100.0%
	アルゼンチン	123 42.1%	44 15.1%	117 40.1%	8 2.7%	292 100.0%
	ボリビア	21 14.8%	56 39.4%	53 37.3%	12 8.5%	142 100.0%
合計		681 62.5%	131 12.0%	238 21.9%	39 3.6%	1,089 100.0%

P = 0.000

表Ⅲ-3-5　調査国別世代

		世代				合計
		一世	二世	三世	四世	
調査国	ブラジル	86 13.4%	313 48.8%	228 35.6%	14 2.2%	641 100.0%
	アルゼンチン	125 44.2%	134 47.3%	23 8.1%	1 0.4%	283 100.0%
	ボリビア	54 38.8%	84 60.4%	1 0.7%		139 100.0%
合計		265 24.9%	531 50.0%	252 23.7%	15 1.4%	1,063 100.0%

P = 0.000

比較してみよう。

　日本とのつながりを示す第1の指標である国籍については、表Ⅲ-3-4にみられるように、ブラジルではブラジル国籍者が82.0%と多数を占めている一方、ブラジルとの二重国籍者が4.7%、日本国籍者が10.4%であり、日本国籍の保有者は合計15.1%となる。それにたいしアルゼンチンでは、アルゼンチン国籍者は42.1%と半数にみたず、日本国籍者が40.1%、二重国籍者が15.1%にのぼり、日本国籍保有者の合計は55.2%とアルゼンチン国籍者を上回る。一方ボリビアでは、ボリビア国籍者は14.8%にすぎず、二重国籍者が39.4%、日本国籍者が37.3%とほぼ同率であり、日本国籍保有者の合計は76.7%にも達する。すなわち、日本国籍保有者の比率はブラジル、アルゼンチン、ボリビアの順で高まる。このほか、各国とも少数ではあるが調査国以外のラテンアメリカの国籍をもつ者がみられる。

表Ⅲ-3-6　　　調査国別県人会参加

		県人会参加			合計
		所属し活動活発	所属し活動不活発	所属せず	
調査国	ブラジル	97 15.5%	143 2.8%	386 61.7%	626 100.0%
	アルゼンチン	76 26.4%	147 51.0%	65 22.6%	288 100.0%
	ボリビア	55 39.9%	61 44.2%	22 15.9%	138 100.0%
合計		228 21.7%	351 33.4%	473 45.0%	1,052 100.0%

P = 0.000

　つぎに日本とのつながりを示す第2の指標である世代であるが、「日系何世か」という質問にたいする回答は**表Ⅲ-3-5**にみられる（無回答と「その他」を除く）。これによればブラジルではすでに二世が48.8％と最多となり、三世も35.6％と多く、その合計は8割をこえている。なお四世は14人だけいる。このようにブラジルの日系人の中心的世代が二世および三世へと移行しているのにたいし、アルゼンチンとボリビアでは依然として一世と二世が中心となっており、とくにボリビアの世代の分布は一世38.8％、二世60.4％であり、三世は1人しかいない。要するに、日本とのつながりが強いと考えられる一世の比率はブラジル、ボリビア、アルゼンチンの順で高い。

　日本とのつながりを示す第3の指標である日系社会への帰属については、その中心的組織である県人会への参加についての質問を用いることができる。**表Ⅲ-3-6**は参加の様態を「県人会に所属し活発に活動」、「所属してはいるが活動は不活発」、「非所属」の3つにわけて示したものである（無回答を除く）。ここにみられるように、ブラジルでは所属・活発型が15.5％と少ないのにたいし、非所属型は61.7％にも達している。それにたいし、アルゼンチンにおける県人会への参加は、所属・活発型が26.4％、所属・不活発型が51.0％、非所属型が22.6％と、所属はしているもののその活動が不活発である者が半分をこえている。一方ボリビアでは、所属・不活発が44.2％と首位ではあるが、所属・活発も39.9％とこの3ヵ国のなかではいちばん多い。すなわち県人会への参加は、ブラジル、アルゼンチン、ボリビアの順で増大する。

　このように、国籍、世代、日系社会への帰属のいずれの指標からみても、ブラジルの日本とのつながりは3ヵ国のなかでもっとも弱い。それにたいしボリ

表Ⅲ-3-7　調査国別職業

		職業							合計
		農業	自営業職人	会社員公務員	専門職	その他	主婦	学生生徒	
調査国	ブラジル	143 22.3%	94 14.7%	68 10.6%	56 8.7%	79 12.3%	64 10.0%	137 21.4%	641 100.0%
	アルゼンチン	61 20.9%	68 23.3%	34 11.6%	52 17.8%	27 9.2%	32 11.0%	18 6.2%	292 100.0%
	ボリビア	50 36.0%	18 12.9%	20 14.4%	12 8.6%	4 2.9%	33 23.7%	2 1.4%	139 100.0%
合計		254 23.7%	180 16.8%	122 11.4%	120 11.2%	110 10.3%	129 12.0%	157 14.6%	1,072 100.0%

P = 0.000

表Ⅲ-3-8　調査国別職業（大分類）

		職業			合計
		伝統的職業	近代的職業	主婦・学生・生徒	
調査国	ブラジル	237 42.2%	124 22.1%	201 35.8%	562 100.0%
	アルゼンチン	129 48.7%	86 32.5%	50 18.9%	265 100.0%
	ボリビア	68 50.4%	32 23.7%	35 25.9%	135 100.0%
合計		434 45.1%	242 25.2%	286 29.7%	962 100.0%

P = 0.000

表Ⅲ-3-9　調査国別年齢

		年齢						合計
		20歳未満	20歳代	30歳代	40歳代	50歳代	60歳以上	
調査国	ブラジル	51 7.8%	119 18.3%	108 16.6%	155 23.8%	84 12.9%	134 20.6%	651 100.0%
	アルゼンチン	13 4.5%	25 8.6%	48 16.6%	105 36.2%	55 19.0%	44 15.2%	290 100.0%
	ボリビア	3 2.1%	14 10.0%	58 41.4%	52 37.1%	8 5.7%	5 3.6%	140 100.0%
合計		67 6.2%	158 14.6%	214 19.8%	312 28.9%	147 13.6%	183 16.9%	1,081 100.0%

P = 0.000

ビアは、一世の相対的少なさを除けば日本とのつながりがもっとも強い。

　職業の調査国別分布は**表Ⅲ-3-7**に示されている。これによれば、ブラジル

では農業が22.3％と首位で自営業・職人の14.7％がそれについているのにたいし、アルゼンチンでは自営業・職人の23.3％が首位で農業の20.9％が第2位となっている。一方ボリビアでは主婦・学生・生徒を除く有業者104人のうち農業従事者が50人とほぼ半数を占めており、その比重が圧倒的に高い。これはボリビアでの調査対象者が主として戦後の農業移住地の住民であったことに由来する。つまり、農業従事者はアルゼンチン、ブラジル、ボリビアの順で多くなる。

その他の職業を除いて、伝統的職業（農業、自営業・職人）、近代的職業（会社員・公務員、専門職）、主婦・学生・生徒の3つのグループに大別した結果が**表Ⅲ-3-8**である。ここにみられるように、ブラジルとボリビアでは近代的職業従事者が伝統的職業従事者のおよそ半分にすぎないが、アルゼンチンではその比重がはるかに高い。近代的職業の従事者はアルゼンチンに相対的に多いことがわかる。

最後に表Ⅲ-3-9により3ヵ国の年齢構成を比較しておく。ブラジルでは20歳代以下の若年層が26.1％と突出し、また60歳以上の高齢層も20.6％ときわめて多い。つまり、ブラジルでは年齢の分散がいちじるしい。それにたいしアルゼンチンでは40歳代以上の比較的高齢層が多く、ボリビアでは30～40歳代の中年層に集中している。

3. 中間層流出論は成立するか

ところで、デカセギの主体についてはM.マルゴーリス（Maxine L. Margolis）がブラジルの経験にもとづいて中間層流出論を提唱している。マルゴーリスによれば、伝統的に移民受け入れ国であったブラジルは1986～87年を分水嶺として移民送り出し国へと大きく転換し、その主要な源泉は中間所得層であった。その背景としては、ブラジルの中間所得層が社会的上昇移動の可能性の減少や将来の不確実性を実感していたことがあげられる（〔Reis 2001 = 2001：30〕より引用）。ブラジル国外務省が実施した在外人口調査をみると、1997年に約150万人の在外ブラジル人がおり、その内訳は多い順にアメリカ約60万人、パラグアイ約45万人、日本約20万人などとなっている〔Reis 2001 = 2001：31〕。

マルゴーリスの中間層流出論は日系人にどの程度あてはまるであろうか。まず「日系人はブラジル（アルゼンチン、ボリビア）社会のどの社会階層に属しているか」という帰属階層を問う質問にたいする回答の分布は**表Ⅲ-3-10**のよう

表Ⅲ-3-10　調査国別帰属階層

		帰属階層					合計
		上	中の上	中	中の下	下	
調査国	ブラジル	10 1.6%	145 22.8%	448 70.3%	26 4.1%	8 1.3%	637 100.0%
	アルゼンチン	5 1.8%	21 7.4%	227 80.2%	28 9.9%	2 0.7%	283 100.0%
	ボリビア	10 7.9%	40 31.5%	75 59.1%	2 1.6%		127 100.0%
合計		25 2.4%	206 19.7%	750 71.6%	56 5.3%	10 1.0%	1,047 100.0%

P = 0.000

表Ⅲ-3-11　調査国別所得階層

		所得階層				合計
		上・中の上	中	中の下	下	
調査国	ブラジル	36 5.7%	413 64.8%	154 24.2%	34 5.3%	637 100.0%
	アルゼンチン	17 6.3%	173 64.3%	64 23.8%	15 5.6%	269 100.0%
	ボリビア	14 11.6%	84 69.4%	16 13.2%	7 5.8%	121 100.0%
合計		67 6.5%	670 65.2%	234 22.8%	56 5.5%	1,027 100.0%

P = 0.076

になった。社会階層を上、中の上、中、中の下、下の5つに分類したばあい、3ヵ国とも中への集中がみられるが、その程度はとくにアルゼンチンに高く8割をこえる。また3ヵ国のなかではボリビアが中の上の多さで群をぬいている。逆に中の下以下は3ヵ国ともきわめて少ない。したがって、日系人たちが総体としてそれぞれの社会の中間層、とくに中と中の上に属しているという自意識をもっていることにまちがいはない。

　また、「あなたの世帯収入はブラジル（アルゼンチン、ボリビア）でどの階層に位置するか」という所得階層についての質問にたいする回答は、**表Ⅲ-3-11**（無回答とともに「わからない」を除く、またこの表だけは統計的に有意な水準をわずかではあるが下回っている）にみられるように3分の2前後が中に集中しており大勢は帰属階層とかわらない。ただし、ブラジルとアルゼンチンでは帰属階層とくらべて中の上と上が減りその分中の下が増えており、この両国の分布は

驚くほど一致している。それにたいしボリビアは中の下が少ないぶん中の上以上が多い。このように日系人の帰属階層と所得階層が中に集中していることは、総体としての中間層流出論を裏づけているといえよう。

4. デカセギが日系社会に与えた影響の評価

喜多川データは、デカセギが日系社会に与えた影響について「活性化」と「空洞化」の評価を問うている。活性化についての質問文は「出稼ぎ現象は、日系社会の活性化に寄与したと思いますか？」であり、空洞化についてのそれは「出稼ぎ現象は、日系社会の空洞化を促進したと思いますか？」である。

以下この2問にたいする回答を検討しよう。活性化にたいする回答を調査国別にみたものが表Ⅲ-3-12である。「きわめて寄与」と「かなり寄与」をあわせた肯定的評価の比率は、ボリビア70.4％、ブラジル56.0％、アルゼンチン33.2％と大きな差があり、日系社会のデカセギによる活性化についてボリビアでは肯定的に、ブラジルでは肯定否定あいなかばし、アルゼンチンでは否定的にとらえられていることがわかる。

同様に空洞化について「まったく促進しなかった」と「やや促進した」を肯定的評価とすると、表Ⅲ-3-13にみられるように、その合計はボリビアとアルゼンチンが同水準でそれぞれ58.1％と58.0％、ブラジル46.5％となった。すなわち、ボリビアとアルゼンチンでは6割弱がデカセギは日系社会をあまり空洞化させなかったとしているのにたいし、ブラジルでは空洞化させなかったと考えている者は半数弱に減少する。

表Ⅲ-3-12 調査国別デカセギの日系社会活性化への寄与

		日系社会活性化への寄与				合計
		きわめて寄与	かなり寄与	やや寄与	まったく寄与しない	
調査国	ブラジル	156 24.6%	199 31.4%	221 34.9%	57 9.0%	633 100.0%
	アルゼンチン	20 7.8%	65 25.4%	111 43.4%	60 23.4%	256 100.0%
	ボリビア	32 25.6%	56 44.8%	30 24.0%	7 5.6%	125 100.0%
合計		208 20.5%	320 31.6%	362 35.7%	124 12.2%	1,014 100.0%

P = 0.000

第Ⅲ部　移民の定住化——1990年代後半から2000年代前半まで

表Ⅲ-3-13　調査国別デカセギの日系社会空洞化の促進

		日系社会空洞化の促進				合計
		きわめて促進	かなり促進	やや促進	まったく促進しない	
調査国	ブラジル	130 21.2%	198 32.3%	227 37.0%	58 9.5%	613 100.0%
	アルゼンチン	21 8.6%	81 33.3%	94 38.7%	47 19.3%	243 100.0%
	ボリビア	9 7.7%	40 34.2%	51 43.6%	17 14.5%	117 100.0%
合計		160 16.4%	319 32.8%	372 38.2%	122 12.5%	973 100.0%

P = 0.000

図Ⅲ-3-14　デカセギ評価類型

		活性化	
		肯定　＋	否定　－
空洞化	否定　＋	＋＋　デカセギ賛成者	＋－　影響否定者
	肯定　－	－＋　中間派	－－　デカセギ反対者

　この2つの質問は、ラテンアメリカ在住日系人が「デカセギ」をどう評価しているかについてのよい判断材料を提供していると考えられる。すなわち活性化を肯定しかつ空洞化しなかったとする者はデカセギの賛成者であり、活性化はしたが空洞化も起こったとする者はデカセギの影響についての中間派であり、活性化もしなかったし空洞化も起こらなかったとする者はデカセギの影響が存在しないとみる影響否定者であり、活性化しなかったばかりか空洞化が進んだとする者はデカセギの反対者であると整理できるからである。そこで本章では、この4つのカテゴリーを「デカセギ評価類型」と呼ぶことにする。

　活性化と空洞化のそれぞれの肯定的評価と否定的評価をかけあわせて、デカセギ賛成者、中間派、影響否定者、デカセギ反対者へのカテゴリー化を図Ⅲ-3-14のようにおこなった。

　こうして得られたデカセギ評価類型を調査国別にみたものが表Ⅲ-3-15であるが、国別に大きな違いがあることが印象的である。ボリビアでは、中間派とデカセギ賛成者が35％前後とほぼ同率でならび、デカセギ反対者が6.0％と極端に少ないという傾向がみられる。それにたいし、ブラジルでは、中間派が33.1％と相対的に多いものの、他の3カテゴリーも20％台前半でほぼ拮抗して

第3章 ラテンアメリカ日系人の定住化の諸相

表Ⅲ-3-15　調査国別デカセギ評価類型

		デカセギ評価類型				合計
		デカセギ賛成者	中間派	影響否定者	デカセギ反対者	
調査国	ブラジル	137 22.6%	201 33.1%	146 24.1%	123 20.3%	607 100.0%
	アルゼンチン	41 17.5%	34 14.5%	97 41.5%	62 26.5%	234 100.0%
	ボリビア	40 34.2%	42 35.9%	28 23.9%	7 6.0%	117 100.0%
合計		218 22.8%	277 28.9%	271 28.3%	192 20.0%	958 100.0%

$P = 0.000$

表Ⅲ-3-16　年齢別デカセギ評価類型（ブラジル）

		デカセギ評価類型				合計
		デカセギ賛成者	中間派	影響否定者	デカセギ反対者	
年齢	20歳未満	21 42.9%	11 22.4%	8 16.3%	9 18.4%	49 100.0%
	20歳代	30 26.1%	28 24.3%	32 27.8%	25 21.7%	115 100.0%
	30歳代	20 19.2%	38 36.5%	19 18.3%	27 26.0%	104 100.0%
	40歳代	30 20.5%	57 39.0%	39 26.7%	20 13.7%	146 100.0%
	50歳代	16 19.8%	27 33.3%	22 27.2%	16 19.8%	81 100.0%
	60歳以上	19 17.4%	38 34.9%	26 23.9%	26 23.9%	109 100.0%
合計		136 22.5%	199 32.9%	146 24.2%	123 20.4%	604 100.0%

$P = 0.021$

いる。アルゼンチンでは、影響否定者が41.5％ときわめて多い一方、デカセギ反対者も26.5％と相当に多い。つまり、デカセギ賛成者はアルゼンチン、ブラジル、ボリビアの順で多くなり、デカセギ反対者はこの順で少なくなる。このように、これら三ヵ国はあきらかに異なったパターンをみせている。

　それでは、このような相違についてどのように考えたらよいだろうか。第2項で検討した国籍、世代、県人会活動、職業、年齢としての社会的属性とデカセギ評価類型との関係を調査国別にみたが、統計的に有意な関連はまったくといってよいほど見いだせなかった。そのわずかな例外がブラジルの年齢とボリ

表Ⅲ-3-17　県人会参加別デカセギ評価類型（ボリビア）

		デカセギ評価類型		合計
		デカセギ賛成者	中間派・影響否定者・デカセギ反対者	
県人会参加	所属し活動活発	24 49.0%	25 51.0%	49 100.0%
	所属し活動不活発	13 26.5%	36 73.5%	49 100.0%
	所属せず	3 16.7%	15 83.3%	18 100.0%
合計		40 34.5%	76 65.5%	116 100.0%

P = 0.015

ビアの県人会活動である。

　ブラジルにおける年齢別デカセギ評価類型は表Ⅲ-3-16に示されている。ここにみられるように、20歳未満層ではデカセギ賛成者が極端に多く、それがいちじるしく少ない60歳以上層と顕著な対照をみせている。すなわち若年者はデカセギに賛成し高齢者は賛成しない。同様に、ボリビアを対象とする表Ⅲ-3-17は、県人会活動を所属・活発と、所属・不活発および非所属とにわけてデカセギ評価類型との関係を示している。これによれば、デカセギ賛成者が所属・活発型にいちじるしく多いのにたいし、それ以外の型では賛成者が顕著に減少する。すなわち日系社会に強く帰属している者がデカセギに賛成しているといえる。

　結論的にいえば、デカセギ評価類型のパターンの相違によって3ヵ国の日系人人口にたいするデカセギ者の比率の相違が説明できることを強調したい。第1項でみたように、この比率はボリビアに高く、ブラジルが中間であり、アルゼンチンに低い。ところで、日本国籍を保持する戦後の農業移民が主体であるボリビアでは、中間派とならんでデカセギ賛成者が多く、日系人が雪崩のようにデカセギに流出していることを裏づけている。一方、すでに現地社会に定着し日系人人口の規模もきわめて大きいブラジルでは、突出する中間派以外の類型が拮抗し、そのためデカセギしない者のほうがかなり多くなると解釈できる。それにたいし、かなりの戦後移民がいるアルゼンチンでは、デカセギ反対者は影響否定者のつぎに多く、デカセギへと駆りたてられる傾向があまりないことを説明できる。

ところで、デカセギ評価類型の3ヵ国間の相違は、社会的属性とはほとんど関連がなかった。したがって、この相違を発生させる要因の解明は今後の課題である。

第4章　ベトナム人研修生の送り出しのメカニズム

研修生・技能実習生の失踪者がとくに多いのがベトナム人であるが、それはベトナムの労働力輸出政策と受け入れ側である日本のかかえる構造的な問題点を反映するものであった。以下、その実状と背景を解明する。

第1節　失踪問題の深刻化

ベトナムの労働力輸出の主要なターゲットであった日本と韓国は、いわゆる単純労働力の受け入れをおこなっていなかった。そのためこの両国への労働者の入国は、日本へは技能実習制度をふくむ研修制度、韓国へは産業技術研修制度を利用しておこなわれることになった。ところが、ベトナム人研修生および技能実習生の日本および韓国での失踪率はきわめて高く、受け入れ国の研修制度に依存する労働力輸出政策の矛盾を浮き彫りにしていた。

すなわちJITCOが公表した1997年から2002年3月までのベトナム人研修生・実習生の日本における失踪率をみると、6159人の新規入国者にたいして失踪者はじつに1076人にのぼり、失踪率は17.5％に達した。同じ時期の研修生・実習生の新規入国者の総数は12万2415人で、そのうちの失踪者数は2506人であったから、研修生・実習生全体の失踪率は2.0％にすぎなかった。言葉をかえていえば、ベトナム人は失踪者全体の42.9％を占めていたことになる。年次別にみると、1997年には7.3％であったものが逐年増大して2000年にはそれまでの最高の28.4％にまでなった。

ちなみにいえば、韓国におけるベトナム人研修生の失踪率は22.5％と日本よりも高く（年次は不明）、中国人についで第2位となっていた。なお、韓国の研修生全体の失踪率は、1994年から2000年5月までの期間で22.0％にも達していた〔ホン2001：457-458〕。

このような状況に対処するため、ベトナム政府は2001年に政府議定書第68

号を交付した。その内容をみると、失踪研修生・実習生は、あらかじめ預託した保証金でもって、失踪により発生したあらゆる損害と退去強制されたばあいの帰国費用を弁済しなければならないとされた。また、失踪者は帰国後5年たたなければ国外での研修が許可されないこととなった。その影響があったためか、日本での失踪率は2001年には16.7％にまで減少した。ところが2002年になると失踪率はふたたび増大傾向をみせ、3月までのそれは21.4％となって政府議定書第68号の限界を印象づけた。

第2節　ベトナムの労働力輸出の歴史と概況

　当時の労働力輸出の法的根拠は、1999年に交付された政府議定書第152号にあった。その第1条には、「労働力輸出という点での国際協力の拡大は、人的資源の発展、雇用と所得の創出、労働者の専門的技能の向上、外貨獲得、ベトナムと海外諸国との関係の改善に資する社会経済的活動である」と、その目的がうたわれている。労働力輸出を主管する労働・傷病兵士・社会省（Ministry of Labor, Invalids and Social Affairs、以下MOLISAと略）は2010年には年100万人を輸出する目標を立てていた[*1]。このように労働力輸出はベトナムの重点的国策であったが、すでに20年以上の歴史をもっていた。

(1) 1980年―1990年

　1980年から開始されたベトナムの労働力輸出は、政府間あるいは地域間協定の締結にもとづいておこなわれた。その目的は南北統一後の経済的混乱により深刻化した過剰労働力対策であり、受け入れ国にとっては低廉な労働力の確保を意味した。労働力輸出を円滑に実施するため、1980年にMOLISAに輸出労働力の管理を目的とする海外雇用労働力管理局（Department for Administration of Foreign Employment Labor Force、以下DAFELと略）が設置された。

　この期間の輸出総数は約30万人にのぼり、そのうち24万4000人は旧ソ連、旧東ドイツ、旧チェコ、ブルガリアの旧社会主義国に派遣された。この4ヵ国についての年次別内訳は表Ⅲ-4-1に示されている。これをみると、1982年に

---

*1　2002年8月20日、MOLISAからの聞き取り。

表Ⅲ-4-1 旧ソ連、旧東ドイツ、旧チェコ、ブルガリアに派遣されたベトナム人労働者数1980-1990年

年	労働者数
1980	1,070
1981	20,230
1982	25,970
1983	12,402
1984	6,846
1985	5,008
1986	9,012
1987	48,820
1988	71,830
1989	39,929
1990	3,069
合計	244,186

出所：2002年11月14日ダウンロード
http://www.dafel.gov.vn/english-label/currentstatus.html

最初のピークがあり、1980年代なかばに低迷したあと1988年に最大の輸出数が記録されたが、1990年には実質的に終息した。このほか1万8000人の建設労働者がイラクに、7000人の専門家がアフリカ諸国に送られた。そのうえに東ヨーロッパ諸国で研修生・実習生であった2万4000人が労働者となった[*2]。

(2) 1991年以降現在まで

　旧社会主義圏の崩壊、1990～91年の湾岸戦争へのイラクの参戦、アフリカ諸国の経済的政治的危機により、1980年代の労働力輸出先は壊滅した。この状況に対応し、かつドイモイ政策による市場経済化への指向性を踏まえて、1991年に労働力輸出にとって画期的な政策転換がおこなわれた。それは労働力輸出業務が国家から労働力輸出企業へと移管されたことにほかならない。国家の役割は労働力輸出に関する政策を策定し必要な規制をおこなうことに限定される一方、労働力輸出企業はライセンスを取得したうえで営利事業として輸

[*2]　2002年11月14日ダウンロード　http://www.dafel.gov.vn/english-label/currentstatus.html

表Ⅲ-4-2 海外に派遣されたベトナム人労働者および専門家の数 1991-2000年

	1991	1992	1993	1994	1995	1996	1997	1998	1999	2000	合計
韓国		56	1,352	4,378	5,674	6,275	4,880	1,322	6,029		29,966
ラオス		405	586	521	1,355	1,577	8,674	na	na		13,118
リビア		24	1,362	3,178	1,594	2,357	1,335	1,386	1,143		12,379
日本		210	285	257	723	1,343	2,250	1,926	2,530		9,524
クウェート		7	0	0	0	342	499	1,233	1,786		3,867
ロシア		17	152	588	0	0	0	na	na		757
チェコスロバキア		8	0	40	340	0	193	na	na		581
台湾		0	0	37	87	122	191	196	3,969		4,062
カンボジア		0	0	42	0	201	0	na	na		243
シンガポール		2	7	20	124	157	33	47	129		519
アンゴラ		25	17	8	52	20	24	na	na		146
ポーランド		0	24	5	12	71	28	na	na		140
サウジアラビア		0	0	0	37	45	53	124	293		552
その他		62	191	160	52	151	309	5,963	5,931		12,819
合計	1,020	816	3,976	9,234	10,050	12,661	18,469	12,197	21,810	31,500	121,733

注：1991年および2000年の国別内訳が存在しないので、右端の数字を足しても最下段の合計と一致しない。
出所：[Ishizuka 2002 : 293]

表Ⅲ-4-3　労働力総輸出量　1991-2000年

年	労働者数
1991	1,022
1992	810
1993	3,960
1994	9,230
1995	10,050
1996	12,660
1997	18,470
1998	12,240
1999	21,810
2000	31,500
2001	37,000
合計	158,752

出所：表Ⅲ-4-1に同じ

出先国の受け入れ機関と契約を結ぶこととされたのである。

　この転換の結果、表Ⅲ-4-2に示されているように、輸出先は韓国、日本および台湾からなる東アジア、ラオスを中心とする東南アジア、クウェートなどの中東、リビアを中心とする北アフリカなどへと移行し、そのなかでは韓国が突出していた。ここでラオスへの労働力輸出にふれておくと、ラオスとは二国間協定があり、建設業にたいする熟練労働者の派遣が中心であるが農業労働者も若干数いた。派遣される労働者の出身地は主としてベトナム中部の海岸地域であった*3。

　年次別の変化は表Ⅲ-4-3にみられるが、1990年代なかばに1万人台、1999年に2万人台、2000年以降は3万人台と順調に拡大し、1991年から2001年までの総輸出数は15万8752人に達した。

　前述した政府議定書第152号の第3条は、1995年1月に公布された政府議定書第7号と同様に、合弁事業、生産協力、事業内容と一致する労働供給などの契約のもとでの労働者派遣をも認めており、そのばあいには労働力輸出企業を経由する必要はない。F.イシズカは、この形態での輸出労働力についての情報が存在しないためその詳細は不明であるとしながらも、1997～99年のばあいおそらく公表された労働力輸出数のなかばには達していたとみている〔Ishizuka 2002：292, note 30〕。

　ここで、われわれが現地調査をおこなった2つの企業における、労働力輸出

第4章　ベトナム人研修生の送り出しのメカニズム

企業を経由しない研修生の送り出し状況を紹介しておく。

①Orion-Hanel Picture Tube社──韓国資本と合弁でハノイでブラウン管を製造していた。1995年に操業開始以来200人の研修生を韓国に送ったが、2002年現在では研修先をフランスに切りかえ、50人からなる研修生の2チームを送ることにしていた*4。

②Fujitsu Computer Products of Vietnam社──富士通の子会社として南部Dong Nai省でプリント基盤の製造をおこなっていた。1996年の操業開始以来職長クラスとエンジニア300人を研修生として日本に送った。研修期間は数ヵ月から10ヵ月であり、1年以上のばあいもあった。ベトナム帰国後1～2年は転職しない約束をさせており、転職したばあいはかかった研修費用の返還を要求していた*5。

第3節　頻発する詐欺と搾取

事例1

台湾に派遣された労働者のうち6％以上が、契約期間終了以前にベトナムに帰国した。その理由は労働条件がベトナムで聞かされていたよりも劣悪であったためであり、それは労働力輸出企業と契約を結んだ相手方が直接の雇用者でなくブローカーだからであると考えられていた*6。

事例2

アメリカ領サモアにある韓国資本の大宇の縫製工場で働いていた249人（大部分が女性）は、過酷な労働と生活条件のもとにおかれて不満が蓄積していたが、賃金からの不明確な控除を引き金としてついにストライキに突入した。そればかりでなく、大宇の倒産により2001年1月工場が閉鎖されたため、労働者たちは仕事もなく賃金も支払われないまま立ち往生するという状況に追いこまれた。最終的には、サモア当局の仲裁により労働者は帰国することができた。なお、この案件に関与した労働力輸出企業の責任者2人は、契約内容を精査せず、アメリカ領サモアの生活水準と法制度に無知であり、結果的に政府に帰国費用を

---

*3　2002年8月20日、MOLISAからの聞き取り。
*4　22002年8月26日、Orion-Hanel Picture Tube社から聞き取り。
*5　2002年8月30日、Fujitsu Computer Products of Vietnam社から聞き取り。
*6　Viet Nam News, April 27, 2001（〔Ishizuka 2002：296〕より引用）。

負担させたという理由で、6年間と3年間の禁固刑の有罪判決を受けた[*7]。

事例3

2002年7月、4つの労働力輸出企業がアラブ首長国連邦の船会社と5000人の労働者を輸出する契約を結び、労働者を募集して身体検査およびビザ代ならびに保証金を納付させた。ところが、この契約内容の実行は考えられないとしてDAFELがこの案件の申請を拒否したため、渡航が不可能となった。労働者は納付金の返還を求めており、DAFELも労働力輸出企業に返還を要請したが、身体検査およびビザ代については返還される見通しは暗かった[*8]。

この3事例を整理すると、事例1と事例2の前半は海外に派遣された労働者が劣悪な労働条件をしいられたケースであり、事例2の後半は海外で雇用されている企業が倒産したばあいの対応が不十分でそのつけを労働者が負わされたケースであり、事例3は海外での就労ができなくなったにもかかわらず諸経費を支払わさせられそうなケースであった。このわずか3つの事例を瞥見しただけでも、ベトナムの労働力輸出のかかえる制度的問題が引き起こすひずみが、最終的には労働者にしわ寄せされていたことはあきらかである。

第4節　労働力輸出企業の概況

政府議定書第152号第5条は、労働力輸出のライセンスを申請できる企業についてつぎの3条件をみたすことを要求していた。

① 国有企業もしくは特定の大衆組織（ベトナム女性同盟、ベトナム商工会議所など6組織が例示されている）であること。ここでの国有企業には、地方公共団体に所属する企業もふくまれる。

② 10億ドン（2002年6月現在6万4516米ドル）以上の資本があること。

③ 労働力輸出にたずさわる部門の管理職およびスタッフ職の少なくとも50％が高等教育を受けていること。幹部職員は刑法犯の前科をもたないこと。

労働力輸出企業の業務は、受け入れ先国の企業や各種エージェントなどと輸出契約を締結し、労働者を募集し、受け入れ先国の言葉・生活習慣や一般的職業教育などの事前研修を通常3ヵ月から6ヵ月おこない、実際に送り出し、帰国させるという順序で流れていた。労働者は応募のさい、労働力輸出企業に手数料、保証金、事前研修料、健康診断料、渡航書類費用などを支払うのが通例であった。

表Ⅲ-4-4 所属形態別労働力輸出企業数 1998-2000年

	1998		1999		2000	
中央省庁	20	54.1%	31	52.5%	69	51.5%
交通・運輸省			12	20.3%	26	19.4%
建設省			4	6.8%	12	9.0%
工業省			3	5.1%	8	6.0%
地方公共団体	11	29.7%	20	33.9%	45	33.6%
ハノイ市			4	6.8%	9	6.7%
ホーチミン市			3	5.1%	8	6.0%
支部および組織	6	16.2%	8	13.6%	20	14.9%
大衆組織	―		―		12	9.0%
合計	37	100.0%	59	100.0%	134	100.0%

出所：〔Ishizuka 2002：293〕

　なお日本については、受け入れ側がベトナムに来て事前研修生のなかから受け入れ予定数の8割程度を選抜し、残り2割程度はベトナム側がきめることがふつうであったとのことである[9]。そのばあいには諸費用を徴収されているのに渡航できない可能性が生まれることとなる。

　表Ⅲ-4-4は、所属形態別の労働力輸出企業数を示している。この表で「支部および組織」とは、中央省庁および地方公共団体以外をさし、上述した「大衆組織」をふくむ。これをみると、労働力輸出企業が所属する中央省庁は交通・運輸省が最多であり、ついで建設省、工業省となっている。また、地方公共団体についてはハノイ市とホーチミン市がほぼ匹敵している。なお、2002年8月現在労働力輸出企業は160あったが、そのうちの3企業は純粋の民間企業であった。

　ここで労働力輸出企業としてのホーチミン市人民委員会の活動状況を紹介しておく[10]。国内からの人口流入が多かったこともあってホーチミン市の失業問題は深刻であり、それへの対応策として労働力輸出の重要性は高かった。そ

＊7　Viet Nam News, May 1, 2001（〔Ishizuka 2002：295-296〕より引用）。
＊8　Viet Nam News, August 2, 2002。
＊9　2002年8月20日、DAFELからの聞き取り。
＊10　2002年8月28日、ホーチミン市人民委員会からの聞き取り。ここで人民委員会とは、地方の選挙で選出される人民評議会の執行機関であり、地方における国家行政機関でもある。これについては、〔寺本1998〕をみよ。

のため人民委員会は2002年に1万人を輸出するという目標を掲げていた。この委員会は、1980年代に約5万人の労働力を旧社会主義国に輸出した実績をもつ。

1991年から韓国、日本、台湾などの諸国への輸出をはじめた。近年はこれにマレーシアが加わった。輸出数は1997年に若干減少したが、それ以外は増大傾向にあった。2000年代前半の実績をみると、2000年には日本に研修生として1600人、韓国に研修生として3000人、台湾に労働者として2400人、合計7000人を送り出した。2001年にはやや減少して5700人となったが、そのうち2000人は日本向けであった。2002年の1～6月の合計輸出数は3500人へと回復した。

日本への派遣希望者は、当初は片道切符分600ドルを用意すればよいだけであったが、失踪が問題化してからは多額ではあるが5000ドルを保証金として要求していた。なお、ホーチミン市人民委員会として、日本の研修・技能実習制度の現行3年の期間を延長することと、2回目の研修の許可を求める強い要望がなされた[*11]。

表Ⅲ-4-4にもどって、労働力輸出の年次変化をみると、ライセンスを取得した労働力輸出企業の総数が激増していることと、所属がカテゴリーのシェアにはそれほど変化がみられないことがわかる。イシズカによれば、2001年10月現在、ライセンス取得企業159のうち労働力輸出のみに特化している企業はわずか15にすぎず、あとは建設、運輸、繊維、縫製などの事業を兼営していた〔Ishizuka 2002：294〕。その操業地は、ハノイ市に60、ホーチミン市に30集中する以外は全土に分散していた。なお前述した3民間企業の操業地はこの両市とハイフォンであった。

労働力輸出企業には送り出し国の専門化がみられた。韓国を対象とする企業は8で規模は最大級であり、日本については35企業あった。台湾については118企業が従事していた。このような企業数の多さが、前節の事例1でみた台湾における労働条件の悪化を引き起こしたとおもわれる。

これらの労働力輸出企業を監督し必要な規制をおこなう役割を担ったものが、第2節で述べたDAFELである。労働力輸出の評価は、経験年数、年間輸出量、帰国させる能力、監督能力にもとづいておこなわれた。とくに年間輸出量は、海外における労働需要を発見できる能力を示すものとして重要であった[*12]。DAFELの発表によれば、2000年1月から2001年9月期の163企業の輸出実績別の分布は、500人以上16企業、499～100人24企業、99～1人70企業、0人

53企業となっており、ライセンスを取得しているのに輸出実績のない企業がじつに3分の1にも達していたことになる。実績の低い企業には歴史の新しいものが多かった〔Ishizuka 2002：294〕。

それにもかかわらず、2002年8月までにライセンスを取り消された企業数はわずかに15にすぎなかった。これは、労働力輸出企業の多くがMOLISAとならぶ他の中央省庁の管轄下にもあり、そのために省庁間の権限争いが存在したことにそのひとつの原因があろう。

付言すれば、海外派遣予定の労働者に研修をおこなうため、DAFELはホーチミン市に国際労働学校（School of International Labor）を2001年に開設した。また同じくMOLISAの部局である職業訓練総局（General Department of Vocational Training）も、同じ目的をもつ熟練労働者・輸出労働者研修学校（Skilled Worker and Labor Export Oriented Training School）を2001年に設立したが、カリキュラムはDAFELと相談してきめていた。300人を収容するこの学校は、ほとんどの経費を国庫補助でまかないごく少額の学費を徴収した。なお、韓国は韓国に派遣予定の労働者のための特別の学校をベトナムにつくっており、修了者の80％は韓国に行っていた[*13]。

第5節　労働力輸出企業の事例

本節では、労働力輸出企業の操業の実際を、ハノイ市に本拠をおくTRACIMEXCO社の事例についてみることにしよう[*14]。TRACIMEXCOとは、Transport Investment Co-operation and Import-Export Corporationの略であり、直訳すれば「運輸投資共同事業体および輸入・輸出会社」ということになろう。この会社は交通・運輸省に所属する国営企業であって、スタッフも国家公務員であった。主要な業務としては、労働力輸出のほかに年間2000万ドルに達する輸出入業務と自動車組立などをおこなっていた。労働力輸出の歴史は古く1980年に開始し、1980年代には旧ソ連および旧東ドイツ、旧チェコ、ブ

---

*11　当然のことではあるが、研修あるいは技能実習修了者は日本での再研修は認められていなかった。
*12　以上は、2002年8月20日、DAFELからの聞き取り。
*13　2002年8月21日、MOLISAの職業訓練総局からの聞き取り。
*14　以下は、2002年8月27日、TRACIMEXCO社からの聞き取り。

第Ⅲ部　移民の定住化——1990年代後半から2000年代前半まで

ルガリアなど東ヨーロッパとイラクに、1991年以降はライセンスを取得して韓国、日本、台湾、リビア、アラブ首長国連邦などに、合計1万5000人を輸出した。

労働力輸出の手順としては、まず輸出可能性のある受け入れ側のチェックをおこなう。とくにアラブ諸国のばあいには、コミッションだけ受け取って仕事を紹介しないケースがままあったからである。受け入れ側のミッションのベトナムまでの旅費は、日本以外はTRACIMEXCO社が支出した。契約後、新聞広告や各省の労働部を通じて希望者を募集する。

ここで、ハノイの南西部に隣接するHa Tay省My Duc県における輸出労働力の実際の徴募の仕方を紹介しておく[*15]。まず、労働力輸出企業がHa Tay省労働部と接触する。省労働部から発せられた情報は、県や省直属都市などのレベルの労働部を経由してその統轄する地域のリーダーに伝達される。リーダーはラウド・スピーカーなどを用いて住民に情報を伝え、それに応じた希望者の名簿が作成されて省労働部に送り返されるのである。

なお、My Duc県の労働力輸出は、旧チェコや旧ソ連などの旧社会主義圏を対象としてはじまった。約50人にのぼる海外出稼ぎからの帰国者（My Duc県の人口は17万人強）のなかには縫製、観光、製糸などの在村の事業を起こして金持ちとなった者がおり、村人の注目をあびていた。当時の主な労働力輸出先は韓国と中東であった。

ふたたびTRACIMEXCO社での聞き取りにもどると、渡航先国の人気度の順位は、日本が最高で、ついで韓国、かなり落ちて台湾となり、最後に中東がくる。平均して3倍の希望者が集まり、都市部から6割、農村部から4割という構成であった。農村部は中部地域が多く、山地部からは来ない。まず希望者の健康を診断するとともに学歴も確認する。マレーシアのばあいには小卒でよいが、日本については高卒が要求されたからである。候補者を選抜後、会社が所有する海外労働研修センターで、派遣先国の言語や生活習慣などの研修を2ヵ月以上、日本のばあいには5ヵ月おこなう。

派遣予定者が会社に支払わなければならない経費は、研修費が2ヵ月で40ドル、健康診断料50ドル、研修センターへの交通費・センターでの食費90ドル、渡航書類費用12ドル、資格審査料7ドルで、合計約200ドルとなる。とりわけ貧しい農民にとってはこの額はかなりのものであった。

日本については1994年から研修生の輸出をはじめた。当初愛知県と岐阜県

その他近県で操業する縫製関係の企業約100社で組織する組合のスタッフと社長数人がMOLISAの紹介で来社した。1社平均3人を派遣し、これまでの合計290人のうち104人はすでに帰国した。手数料として、支払われる手当・賃金の10％相当分をTRACIMEXCO社に送金させていた。当時この手数料を8.3％へと低下させることを計画中であった。日本では家族同様の待遇を受け、労使関係も良好で、韓国や台湾とは異なっていた。

失踪問題については、研修手当や技能実習生にたいする賃金が日本の一般水準より低すぎること、労務管理が劣悪な企業が存在すること、盗品の買い付けとともに失踪を援助する在日ベトナム人が存在することがその主たる理由であった。失踪率が10％以上に達したときには、日本側との契約を破棄して全員帰国させることとしていた。政府議定書第68号により、日本については2001年以降5000ドルの保証金の預託を要求していた。この措置ののちには失踪者は出ず、全員帰国した。

第6節　日本での研修生・技能実習生の事例

2002年8月27日、1998～99年に研修生、2000年に技能実習生として日本に3年間いた経験をもつ女性4人から話を聞くことができた[16]。この4人はAさん（29歳）、Bさん（30歳）、Cさん（30歳）、Dさん（29歳）であって、いずれもハノイ出身で帰国後もハノイに在住していた。日本に行く前は、AさんとBさんは昼アルバイトをしながら夜学に通い、CさんとDさんは縫製工場で働くという生活をしていた。出発は5年前のことだから、4人とも24歳から25歳だった。

日本での研修の情報は、AさんとBさんは縫製工場で働く親戚から聞き、CさんとDさんは職場から得た。前節で述べたTRACIMEXCO社が派遣会社であり、40人以上が応募したなかから19人（女性10人、男性9人）が選抜され、自宅から通いながら3ヵ月間事前研修を受けた。その経費は日本側が

---

*15　以下は、2002年8月25日、My Duc県からの聞き取り。なお、ベトナムの地方行政組織は、国の下に第一級行政区として省と中央直轄市がおかれ、その下に県や省直属都市などの第二行政区がおかれる。その下に第三級行政区としての基礎的行政単位が位置する。これについては、〔寺本1998〕をみよ。

*16　以下は、2002年8月27日TRACIMEXCO社でおこなわれた聞き取りによる。

TRACIMEXCO社に支払ったため、自己負担はなかった。ただし保証金として3000ドルを要求され、農地や不動産を抵当として銀行から借金してそれに当てた。

日本では、Aさん、Bさん、Dさんの3人は同じ所に住んで別々の縫製工場に通った。Aさんの工場は岐阜県海津町の近郊農村（岐阜県の最南端にあり、揖斐川と長良川のあいだに位置する）にあり、ベトナム人3人、日本人20人が作業していた。Bさんの工場は岐阜県大垣市にあり、ベトナム人3人、日本人25～30人が働いていた。Cさんの工場は和歌山県橋本市にあり、その作業者15人全員がベトナム人であって日本人は事務所だけにいた。

4人とも、日本到着後1～2週間のうちに生産ラインについた。研修手当は、1年目は月6万8000円、2年目は7万円であった。3年目に試験を受けて技能実習生となり、賃金は7万5000円となった。ボーナスはなく、健康保険には会社負担で加入していた。残業があったが、1年目には残業代をもらえなかったので、要求の結果2年目には支給されるようになった。住宅は会社が面倒をみてくれたが、食費は自分もちであった。TRACIMEXCO社からは、手数料として月5000円を徴収された。この金は働いている会社が集めて送金していた。ただし、4人が帰国した翌年の2001年からは、会社が手数料を支払うようになり、手当・賃金から天引きされることはなくなったと聞いている。なお、19人のうち3人が日本滞在中に失踪した。

保証金の3000ドルは、帰国の証明書と引き替えに返還された。4人のうち3人は3年間で1万5000ドル、1人は2万ドル貯めた。Aさん、Bさん、Cさんの3人はその金を銀行に預金していた。Dさんはオートバイを購入しまた実家の家計にも入れた。3人とも現在のところ結婚しておらず、その予定もない。Aさんには出発前恋人がいたが、日本に行っているあいだに関係が切れた。また4人とも仕事がみつからないので、帰国後2年間たってもぶらぶらしていた。

「出発前から研修ではなく労働だと知っていたが、やはりそうだった」「それにしても日本での仕事はおもしろく、機会があればぜひもう1度日本に行きたい」と、4人とも異口同音に答えたのが印象的だった。

この面接から得られた知見を整理すると、①日本の受け入れ側は、研修生には禁じられている残業を1年目からおこなわせるなど当初から労働力として利用しており、ベトナム人も就労であることを事前に認識している。②3年目の技能実習生への移行後も賃金の増加はそれほどではない。③労働力輸出企業の

受け取る手数料は無視できない。④保証金は高額のため、借金に頼らざるをえない。⑤出稼ぎ後のベトナム社会への再適応はむずかしい。⑥日本への好印象をもちつづけている、などを指摘できる。

第7節　韓国、旧東ドイツへの出稼ぎ者の事例

2002年8月27日、旧東ドイツへの出稼ぎ経験者であるハノイ在住のEさん（40歳の男性、中卒）と、韓国への出稼ぎ経験者であるハノイ在住のFさん（40歳の女性、高卒）およびハノイから40キロ離れたHung Yen省に住むGさん（49歳の男性、高卒）から話を聞くことができた[*17]。

Eさんは、独身だった20歳の1982年に農業・農村開発省付属の労働力輸出企業から旧東ドイツの農業機械製造工場での就労の話があり、事前研修を受けた。当時は保証金やその他の必要経費は一切要求されなかった。旧東ドイツには1988年までいたが、そのあいだ賃金の20％がさし引かれて、旧東ドイツ政府とベトナムの農業・農村開発省に支払われた。4000ドル貯めて帰国したのち、旧東ドイツでの経験を生かしてハノイで機械類を扱う店を開いた。従業員が4〜5人いる。

FさんとGさんはいずれも韓国で研修生となった経歴をもっていた。Fさんには夫と5歳になる子がおり、Gさんには妻と22歳および14歳の子がいたが、商業省付属の異なった労働力輸出企業を経由し、Fさんは靴下工場で1996年から2年間、Gさんはプラスチック成型工場で1996年から2年間働いたのちさらに1年間延長した。研修とはいえ実質的に労働であることは出国前から認識しており、実際にもそのとおりであったと2人はいう。

韓国での受け入れ先に関する最初の情報は、Fさんのばあい国会事務局に勤務する父から、またGさんのばあいはDAFELに勤務する弟から入った。Gさんの弟の話では、自分から意図的に情報を集めるということはしないが、なにか聞きつけたときには親戚だけには伝えるという。他人だと責任がとれず、また親戚を助けたいからである。もちろん親戚からは情報料や口きき料なとはとらない。

労働力輸出企業に支払った金額は、派遣前研修料と保証金をあわせてFさん

---

*17　以下は、2002年8月27日ハノイ市アーミー・ホテルでおこなわれた聞き取りによる。

のばあい800ドル、Gさんのばあい1000ドルであった。これは他の労働力輸出企業とくらべて条件がよく、良心的な数字であると2人は考えていた。自己資金のほか一部友人などから借金して金を準備した。韓国ではFさんには月350ドル、Gさんは月400ドルの手当が支給された。住宅と食費は受け入れ先が負担した。ベトナムには2～3ヵ月おきに送金し、総額はFさんが4000ドル、Gさんが1万ドルにのぼった。手当はウォンで支払われていたので、1997年の通過危機によりドルにたいするウォンの価値が半減したのは痛かった。

　稼いだ金の使途をみると、Fさんはオートバイや耐久消費財の購入にあてた。またGさんは家の修理代と耐久消費財の購入に使った。GさんはHung Yen省で農業にもどったが、まわりの出稼ぎ経験者には農地を購入する人が多いとのことである。なお、Fさんは帰国後国会事務局の庭師をしていた。

　3人とも出稼ぎ経験については待遇をふくめてよい記憶をもっている。出稼ぎにはぜひもう一度出たく、とくに日本を望んでいた。けれども、Gさんが接触した別の労働力輸出企業から6000ドルもの保証金を要求され、用意することができないのであきらめた。またFさんの友人の中には、労働力輸出企業に高額の保証金をだまし取られてしまった者がいたとのことである。

　この聞き取りから得られた知見はつぎのようになろう。①Eさんはもっとも初期の旧社会主義圏への出稼ぎ者であって、帰国後もその経験が生かされている。FさんとGさんについては、②出稼ぎ先の情報の入手は特定の個人からなされた。③日本の研修・技能実習制度と類似の韓国の産業技術研修制度を利用したが、実質的には就労であった。④帰国後は研修内容と無関係の職業に従事している。⑤韓国についての印象は好意的である。

第8節　結語

　ベトナム現地調査で痛感したことは、政府の側では失業の救済や国際収支の改善にたいするきわめて有効な方策として、一般の人びとのあいだでは出稼ぎの結果得られる富への期待として、労働力輸出にたいする過大な幻想が一般化しており、いわば国をあげて出稼ぎフィーバーともいえる状況にあったことであった。しかしながら、毎年150万人もの労働市場への新規参入がある[*18]ことを考えれば、1991～2001年までわずか16万人弱というきわめて低い輸出実績では期待にこたえるにはほど遠かったことは明白である。

第4章　ベトナム人研修生の送り出しのメカニズム

　オイルショック後旺盛であった中東諸国の労働需要はすでに沈静化して久しかった。そのため労働力輸出の標的は日本をふくむ東アジア諸国に向けられることになったが、これら諸国では日本をはじめとして生産基盤の海外移転が進行しており、労働需要の劇的拡大は望むべくもなかった。

　しかも、ベトナムの労働力輸出事業は、①そのほとんどすべてが公的機関によって、②営利事業としておこなわれているという特徴に由来する基本的問題をかかえていた。公的機関のなかでも各中央省庁の占める比重が高いが、そのそれぞれがばらばらに労働力輸出企業を経営しているという事態は、監督機関であるはずのDAFELの権限を弱め、詐欺事件をふくむいちじるしい混乱を招いていた。そのつけを労働者が背負わされたことはすでにみたとおりである。

　また、労働供給が国家や企業の営利事業として営まれてよいのかという根本的疑問がある。労働需要にたいして供給圧力がきわめて強いという条件のもとで労働力輸出企業が利潤追求をおこなうとき、企業が労働条件を無視あるいは軽視してでも労働供給を優先するという行動に走りがちであることは容易に理解できよう。このばあいにもそのつけは労働者が支払わなければならない。

　このような状況のもとでの日本にとっての最大の問題点は、ベトナム側の意図する労働力輸出と日本の研修・技能実習制度とのずれにあった。現地調査の過程で驚かされたことは、研修・技能実習制度についての理解がほとんどなく、たんに労働力輸出の受け皿としてしかそれが認識されていないことであった。第4節で紹介したように、ホーチミン市人民委員会は技能実習修了者をふたたび研修生として受け入れてもらいたいと要望していたが、ここにもこの種の認識が端的に示されている。労働力輸出企業においても労働者として受け入れる台湾と建前としては受け入れない日本をまったく同一視していたことは、第5節でみたとおりである。

　労働者の側も研修という意識は当初からなく、出稼ぎ者として来日することは第6節で述べた。したがって、ベトナム政府がたとえ失踪防止のための保証金をきわめて高額にしても、日本での収入でそれをカバーできるかぎり、低額の研修手当よりももっとよい稼ぎを求めて失踪者が続出することは当然であろう。

　結論的にいえば、ベトナム側に日本の研修・技能実習制度の内容を説明しそ

---

*18　2002年8月20日、統計局からの聞き取り。

れへの適応を求める努力を積み重ねても、実態は変化しなかったであろう。というのは、この制度が日本では実質的に低賃金の外国人労働者の導入手段として機能していたからである。つまり、日本の研修・技能実習制度を労働力輸出の受け皿であるとみるベトナム側が所有していた認識は、この意味で妥当だということになる[*19]。

[*19] ベトナムの労働力輸出政策についての文献は、〔Ishizuka 2002〕のほか、〔出井 1998〕、および〔ダン 2001〕がある。

第5章　移民第二世代問題の浮上

第1節　移民第二世代の教育問題

　移民第二世代の重要性については、A.ポルテスとR. G.ルンバウトによる『現代アメリカ移民第二世代の研究——移民排斥と同化主義に代わる「第三の道」』という研究〔Portes & Rumbaut 2001 = 2014〕が示唆に富んでいる。この研究は、フロリダとサンフランシスコに住む移民のとくに第二世代に焦点を絞って、いったいどういう要因がこの人たちの進学問題を妨げあるいは促進しているかということを解明するために、ほぼ10年という非常な長期間にわたり数千人を対象とした大規模な調査にもとづいている。以下、その概要を紹介する。

　労働者や難民としてアメリカにやって来た親たちは、経済力も社会的な地位もほとんどなく、英語もできない。タイの山奥から来たモン族の難民たちや、メキシコから来た外国人労働者たちは、とりわけ英語能力に欠ける。また新しく来たばかりでアメリカ社会と切り離されているため、とくに社会関係資本（social capital）に乏しい。

　ところが移民第二世代になると、子供を高校に進学させることができるような両親あるいは母親も出てくる。自分のエスニックコミュニティの中に閉じ込められて、とうとう英語の能力を獲得できなかった子どももかなりいるなかで、やる気があり頭の良い子どもたちは、親と違って英語ができるようになる。また社会関係資本についても、さまざまなケースがあるが、たとえば通学している学校が良い学校であるばあいそこで友達ができる。そうすると、親の社会関係資本の乏しさとは全く異なった新しい社会関係資本を、移民第二世代はつくりはじめていく。つまり、移民第二世代では失敗する子どももいるが明るい光のさしはじめる子どもも出てくる。

　移民第二世代のもつ重要性は、親の文化と自分が育つ社会の文化という2つの文化を継承しながら生きていく可能性をもっていることにある。それを通文

化性と呼ぶとすれば、その達成は移民第二世代のきわめて大切な目標である。D. C. ポロックとR. リーケンによれば、多文化の間で生きる子どもたち、つまり通文化性をもったサードカルチャーキッズは、2つの文化の狭間に挟まれているために、情緒的に不安定になり精神的に追い込まれるケースも多々ある。しかし、サードカルチャーキッズは親とも流入先社会とも違う新しい文化をもった子どもたちであるから、感受性の豊かさや新しい環境への適応性といった非常に重要な能力をもっている。そればかりでなく、社会関係資本の構築にすぐれている〔Pollock & Reken 2001 = 2010〕。

　ポルテスらは、バイリンガルな移民第二世代のもつ可能性に期待をかけている。バイリンガルな子どもたちとは、自分の親の言葉に流暢であるとともに英語にも流暢な人びとをさす。ポルテスらは、この子どもたちが選択型（selective）文化変容を起こしているとする。バイリンガルな子どもたちは、自分というものがかけがえのない存在であるから尊重されるべきだとする、きわめて高い自尊感情をもち、学業成績はとても優秀で、大学への進学率も高い。また自分の母語、たとえばスペイン語の通じるあるエスニックグループのコミュニティでも、そのコミュニティの中心的な担い手としてアメリカ社会のなかでそのコミュニティを発展させていく。

　それにたいして、とくに英語でないモノリンガルの谷間に落ちた子どもたちには、不協和型（dissonant）文化変容が強く表れやすい。この子どもたちは、学校の成績が上がらないばかりか、悪くすれば不就学になってしまい、エスニックグループの仲間達と非行に走るようになる。このように、ポルテスらの研究はとりわけ大学への進学を重視している。

　日本における移民第二世代は、母語と日本語に加えてグローバルに通用する英語も使えるトリリンガルとなる必要がある。トリリンガルとなるのが望ましい移民第二世代の教育にたいして、日本の初等公教育では日本語しか教えず、子どもをモノリンガル化させている。中学校でも、一条校では英語についてさえ日本語を使ってしか教えず、日本人向けのカリキュラムしか採用させない。母語教育にいたってはなきにひとしい。したがって、日本の公教育をいかにトリリンガル化させるかという課題は日本社会にとって決定的に重要であるが、その展望はほとんどない。

　このような状況のもとでトリリンガルな子どもを育てるためには、日本に存在している外国人学校に期待するしかない。外国人学校を正規の学校として、

日本の高校への進学資格はもちろんのこと、日本の大学への進学資格も得られるという方向性をつくり出していかなくてはならない。また、外国人学校のなかには外国の大学に進学できる国際バカロレア資格（IB）を提供する学校が複数あるが、これを外国人学校全般に拡充して世界に接続していくことも必要である。

以下、1990年代後半から2000年代前半にかけての移民第二世代の教育問題を概観する。

文部省の調査によれば〔文部省各年版〕、日本語教育を必要とする公立小・中学校の児童・生徒は1997年には1万6835人に、また学校数も5061校へと激増した。1997年にはこのほか461人の高校生が148校に在籍している。小・中学校の在籍者の1997年の母語の分布は、ポルトガル語44.2％、中国語29.7％、スペイン語10.2％、フィリピノ語3.6％、その他12.3％であった。すなわちラテンアメリカ系がおよそ半数強、中国系がおよそ3分の1弱を占めていたことになる。1990年代初頭と比較するとポルトガル語、スペイン語、フィリピノ語がやや増加した。なお1997年の総母語数は53言語に達していた。

定住化を反映して日本語教育を必要とする児童・生徒の在籍期間もいちじるしく長期化しはじめた。すなわち1997年には1年未満が45.8％、1年以上2年未満が22.3％、2年以上が31.9％となった。

都道府県別の日本語教育を必要とする者の小・中学校在籍数についてみると、1997年には愛知県、神奈川県、静岡県、東京都、大阪府、埼玉県の順で多く、ラテンアメリカ系の人びとの集住する愛知県と静岡県の増大がいちじるしかった。

なお、日本語教育が必要な児童・生徒の分散化傾向は見のがせない。1997年の在籍人数別小・中学校数をみると、1人44.9％、2〜5人40.0％、6人以上15.2％と5人以下が多数を占めていた。

日本語教育を必要とする公立小・中学校の児童・生徒は2004年に1万9678人に微増し、その母語の分布はポルトガル語35.7％、中国語23.5％、スペイン語14.9％、フィリピノ語9.1％、その他16.8％であり、ポルトガル語と中国語の比率が減少し、スペイン語、フィリピノ語、その他の比率は増加した。

2000年代前半に日本に滞在する外国人の子どもたちのうち、非正規の滞在者についてはデータがない。特別永住者と合法的滞在者の子どもについては、2004年末現在、0歳から4歳までが約6万4000人、5歳から9歳までが約6万

4000人、10歳から14歳までが約5万6000人、15歳から19歳までが約8万4000人いるから、合計約26万8000人というかなり多い人数になる。19歳までの子どもの人数を出身国別にみると、いちばん多いのが韓国・朝鮮人の約8万人であるが、特別永住者以外の子どもだけを数えると約1万9000人しかいなかったと推測される。つぎに多いのがブラジル人で約6万人、3番目に多いのが中国人で約5万3000人となり、以下フィリピン人約2万1000人、ペルー人約1万3000人、ベトナム人約5000人、タイ人約4000人とつづいていた〔法務省2005b〕。つまり、事情が異なる特別永住者を除くと、ブラジル人と中国人の子どもが、韓国人以下の子どもの数をはるかに引き離していたことになる。

　社会的な弱者である外国人の子どもは、その権利がきわめて侵害されやすい。発達の途上にある子どもにとっては、なかでも教育を受ける権利が決定的に重要である。この権利は、子ども本人にとってばかりでなく社会全体にとっても重要性が高い。というのは、この権利が脅かされるばあいには、子どもの非行化への対応という形で社会がそのつけをはらわなければならなくなるからである。したがって、子どもの教育を受ける権利は、健全な次世代の育成という観点からも全面的に擁護される必要がある。

　子どもの教育を受ける権利という観点からすると、数的に上位を占めるブラジル人と中国人の子どもが、きわめて憂慮すべき状態に陥っていた。そのなかでもっとも懸念されるものが不就学の問題であった。ところで、多くのばあい、不就学者の算定は外国人登録をおこなった数から学校での在籍数を減じるという方法でおこなわれていた。しかしながら、この算定法では外国人登録を残したままの転居者や帰国者もふくまれてしまうので、不就学者数が過大になるおそれがある。

　それに対処するため、群馬県大泉町は学齢期にある南米系児童生徒を対象とする調査を2002年度と2003年度に実施し、とくに就学していない児童生徒については家庭を訪問して聞き取りをおこなった。その結果をみると2002年度には622人の児童生徒がいたが、そのうち転出者が89人、帰国者が71人おり、それを除く462人の就学状況は、公立学校およびブラジル認可校への就学者が79.0％、ブラジル塾および託児所への通学者が15.4％、不就学者が5.6％であった。また2003年度には594人の児童生徒のうち転出または帰国者が148人（そのうち帰国したと判明したのは61人）おり、それを除く446人の就学状況は、公立学校への就学者が62.5％、ブラジル人学校・塾等および託児所への通学者が

32.1％、不就学者が5.4％であった〔群馬県 2004〕。

また岐阜県可児市は、義務教育年齢に該当する外国人の子どもをもつ全戸を直接訪問して面接をするという調査を2003年度と2004年度におこなった（〔小島ほか 2004〕、〔可児市 2005〕）。2003年度前期には283人が把捉され、そのうち一時帰国をふくむ帰国、別人居住、転居、不在・不明からなる不明者は77人いた。不明者を除く206人の就学率は94.2％、不就学率は5.8％であった。同じく後期には318人が把捉され、そのうち不明者は87人いた。それを除く231人の就学率は90.0％、不就学率は10.0％であった。2004年度調査の結果をみると、把捉された370人のなかで、不明者は103人いた。それを除く267人の就学率は90.6％、不就学率は9.4％であった。なお不明の内訳をみると、別人居住の5割弱と一時帰国をふくむ帰国4割弱が多く、そのほか一時転居をふくむ転居と不在・不明の者も若干いた。ちなみに、2004年度調査で就学者の通っている学校は、日本の学校58.7％、外国人学校41.3％であった。

この2自治体の貴重な調査から、不就学率は5％から10％という到底無視できない水準に達していることがあきらかになった。

不就学になる理由は、日本の学校については、授業についていけなかったり学校生活に適応できなかったりするからであり、またブラジル人学校については、授業料が高くて払えないということのほか、滞在の長期化とともにポルトガル語を忘れ、またブラジル風の学校生活になじめなくなってしまったことがあげられる。日本語の壁が高いため、日本の学校に小学校低学年までに入ればなんとかなるが、いきなり中学校に編入されるばあいにはほとんどが落ちこぼれて教室の「お客さん」となってしまい、最終的に不就学者となる可能性が高い。日本に定住するかそれともブラジルに帰国するかについて親自身が確定的な計画をもっていないばあいには、当然のことではあるが不就学の可能性が高まる。不就学の大きなきっかけは転校である。親の労働市場における劣悪な地位は、転勤および転居の頻度をきわめて高くする。親に依存せざるをえない子どもも転校をしいられるが、新しい場への適応がむずかしいばあいには不就学となってしまう。ちなみに、前述した可児市の2004年度調査から不就学者25人の不就学の理由をみると、学習困難10人、家庭問題・家事手伝い16人、経済面4人、その他5人となった。

不就学の子どものなかには、15歳未満の就労が禁止されているにもかかわらず働いている者もいたが、それより憂慮されるのは、毎日を無為にすごさざ

るをえなくなった不就学の子どもたちである。不就学は社会から脱落する可能性を高めるばかりでなく、後述する非行化の大きな引き金となる。

ここでブラジル人学校について述べれば、1990年代より設立がはじめられ2001年9月現在そのうちの20校がブラジル教育省によりブラジルの正規教育機関として認可されていた。そのなかには、ブラジルの大手私立ピタゴラス学園が群馬県太田市、静岡県浜松市、愛知県半田市および栃木県真岡市にそれぞれ開設した幼稚園から高校までをカバーする学校がふくまれている。そのほかの16校のうち6校は愛知県に、3校は岐阜県に、2校は静岡県に、残りの5校は三重県、長野県、埼玉県、茨城県、群馬県にそれぞれ1校ずつあった。これらの学校の規模は児童生徒数が数十人から200人弱程度であった。しかしながら、収容定員にかぎりがあるうえ教育経費が高いなどの問題から、ブラジル人学校に通学する児童生徒の総数はあまり多くなかった[*1]。2006年現在、ブラジル人学校は全国に約90校あり学齢期の子ども約7000人が通学していた〔『中日新聞』2006年4月15日〕。

こうして、多くのブラジル人子弟は日本の学校に通学することになるが、日本の公立小中学校に山積する問題も不就学を生みだす要因となっていた。志水宏吉によれば、もっとも根本的な問題は日本人にとって学校に通うことは義務であり権利でもあるのにたいし、外国人にとってはそれは恩恵として与えられるにすぎないところにある。その結果、公立学校に通う外国人の子どもたちには、学校文化のなかで多文化主義とは対極に立つ三重のハードルが課されることとなる〔志水2003〕。

第1のハードルは「同化をしいる組織風土」であって、日本の社会や文化のなかにある「集団主義」や「同調主義」が「一斉集団主義」や「奪文化化」として学校に現れる。第2のハードルは「個人化する教師のイデオロギー」と志水が呼ぶものであって、「異質性」を極力排除しようとする「脱文脈化」と同質的集団の一員として扱う「同質化」のもとに、問題解決を外国人の子どもの努力や心がけの変化へと「個人化」しようとする。第3のハードルは「ソフト化を進める教育改革のトレンド」であって、そのもとで外国人の子どもが「ゆるやかな拒絶」によっておき去りにされる危険性がある。この3つのハードルを別の視角からみているのが志水の引用する児島明の議論であって、教師たちは「外国人を特別扱いせず、生徒としてみんな一緒に扱う」という「差異の一元化」と「外国人だから仕方がない」とする「差異の固定化」を学校で使いわ

けているとする〔志水 2003：108-109〕。なお、ここでみたような公立学校にみられるような多文化化を抑止する要因は、日本社会のあらゆる部面に大なり小なり存在していると考えられる。

　2000年の外国人少年の刑法犯のなかでブラジル人少年が占める比率は、検挙人員で37％、検挙件数で64％という高い割合になっており、人口比を大きく上回る。ブラジル人少年の刑法犯のブラジル人少年人口全体にたいする比率は、日本人少年のそれよりも低かった。それであるのにブラジル人少年の犯罪率が高いのは、一部のブラジル人少年が犯罪を繰り返すからであり、ブラジル人少年のなかに非行化がいちじるしく進展していた部分があることを示している〔野呂 2002：22〕。

　同じような事態は中国人の子どもにも起きていた。中国人の子どものかなりの部分は、中国残留孤児・婦人として中国の東北地方から日本に帰国した日本人女性が、中国から連れてきたり呼び寄せたりした子や孫たちからなりたっていた。中国帰国者二世・三世の育った環境は貧しい奥地の農村が多く、日本の学校に編入しても授業についていけなかったり、学校における差別もあって、不就学となる子どもが相当な数にのぼった。中国人少年全体の犯罪率はそれほど高くないが、進学の壁とあいまって、中国帰国者二世・三世の一部に非行化する者が出ていた。その将来については、「ドラゴン」集団が示唆的である。かつて東京都江東区で「ドラゴン」という名称をもつ帰国者少年たちの暴走族集団があり、日本人の非行少年グループとわたりあっていた。かれらが屈強の大人になったとき、中国から新宿歌舞伎町に進出してきた東北マフィアの手先となってしまっていた[*2]。

　このように、教育を受ける権利の侵害はブラジル人や中国人の子ども自身を傷つけていたとともに、すでに日本社会にも負担をしいるものとなりはじめていた[*3]。

＊1　以上の情報は〔松本 2002〕、〔新海・加藤・松本 2002：資料10〕、〔池上 2001：33〕、〔小内・酒井 2001：309-313〕より得た。
＊2　これについては、〔東澤 1993：第4話〕および〔李 2002：189〕が参考になる。
＊3　2000年代半ば以降のブラジル人の高校進学率は、国勢調査によって確認できる。2005年には26.1％と、わずかに4人に1人であったのが、2010年にはなんと57.8％に上昇した。したがって、今後は高校進学よりも大学への進学問題が主要な課題となることが予測される。

第Ⅲ部　移民の定住化——1990年代後半から2000年代前半まで

第2節　移民第二世代としての中国帰国者二世・三世

　中国帰国者二世・三世とは、中国残留孤児・婦人の日本への帰国にともなって、同伴されたり呼び寄せられたりした子と孫およびその配偶者をさす。
　中国残留孤児・婦人とは、第二次大戦末期およびそれ以降の混乱により、保護者と生き別れあるいは離別して中国に置き去りにされた日本人をさす[*4]。その大部分は黒龍江、遼寧、吉林の東北三省の出身であり、開拓団員の子が多い。厚生省は残留孤児を「当時の年齢がおおむね13歳未満の者」と定義し、当時13歳以上であった者は自分の意思で残ったとしている。残留婦人はこれにあたるが、実際には生きるために中国人と結婚し、やむなく留まらざるをえなかった者が多い。また残留孤児の大部分は、中国の養父母に養育されて成長した。1972年の日中国交正常化を受けて、1973年から国費負担による日本への帰国の道が開かれた。親族の身元引き受け人を見いだせない者にたいする帰国の道は閉ざされていたが、1993年残留婦人12人の強行帰国を受けて、厚生省は1996年度までに永住帰国希望者をすべて国費帰国させることにした。それとともに、1994年に「中国残留邦人等の円滑な帰国の促進並びに永住帰国した中国残留邦人等及び特定配偶者の自立の支援に関する法律」が成立した。1973年以来の国費による帰国数は、1998年11月現在5326人にのぼる〔『日経』1998年11月6日〕。なお1998年5月の時点で判明している中国に残留する邦人数は約1250人弱でありそのうちおよそ6～7割が日本への帰国を希望していたといわれる〔『朝日』1998年5月23日〕。
　この人びとはすべて50歳代以上の高齢者であり、しかも中国での生活環境が主として農村であったためもあって、日本での新しい生活の確立は容易ではなかった。帰国後まず全国に8ヵ所ある（1999年からは3か所）定着促進センターに4ヵ月入所し、日本語や生活習慣を教わる。その後本籍地や身元引き受け人のいる地方へなかば強制的に送られ、全国15ヵ所の自立研修センターに8ヵ月通う。定住地の指定については反発が強く、後に相当数が東京など大都市およびその周辺に移動している。
　この人びとについては、まず生活保護の適用率が異常に高い。厚生省が1993年におこなった帰国孤児世帯にたいする調査によれば、生活保護受給世帯の割合はなんと全体の34.6％と3分の1以上に達していた。帰国後3～5年経

過した世帯の受給率も依然として30％を上回っており、5年以上経過した世帯でも23.6％という高率であった。また、就労している者は60.4％にとどまり、就労しない理由としては「病気のため」が68.2％に達していた〔厚生省1994〕。飯田俊郎は中国帰国者の生活パターンを、生活保護への依存か就労による自立かという軸と、帰国者仲間との連帯かそれからの孤立かという軸の2つを組み合わせて分析している〔飯田1996：271〕が、それほど自活能力を失っている残留孤児・婦人がいたのである。このほか、日本語がなかなか習得できないことや、生活習慣や価値観がまったく異なることによるカルチュア・ショックなど、問題は山積していた。そのなかでも、日本国籍の回復については要望が強かった。

中国残留孤児・婦人は、高齢のためもあって配偶者および子どもや孫とその配偶者などを同伴して帰国したり呼び寄せたりすることが多かった。国費で同伴できるのは、配偶者はもちろんであるが、そのほか原則として20歳未満の独身者である子どもにかぎられていた。これについては不満が多く、1995年以降60歳以上の、1997年からは55歳以上の者にたいして、子ども一人の家族についても国費による同伴帰国を認めることとなった。それ以外の子どもや孫およびその配偶者の帰国は自費によらなければならない。中国残留婦人・孤児の帰国に随伴してやってきた子どもや孫とその配偶者たちは中国帰国者二世・三世と呼ばれており、1999年現在、中国国籍をもって外国人登録をしている中国帰国者二世・三世はおよそ5～6万人程度に達したとおもわれる。このほかおよそ2～3万人前後の日本国籍取得者があるとみられる。

　付言すれば日本からブラジルに帰国した移民第二世代のほぼ半数が高等教育進学を目標としていて、教育達成の程度は高いという報告がある。有名私立高校や大学へ進学した事例も少なくない〔志水ほか2013：247〕。これには、マイノリティとしてのブラジル人社会と日本社会という両者を日本で経験したことがプラスに働いている、という説明もなりたつ。これをみても、移民第二世代にたいして日本語を教えるとともに、母語および英語も重視してトリリンガルを増やすことが必要であることが理解できよう。そうすれば、たとえば日系ブラジル人の第二世代が日本からブラジルに帰ったとしても、大学を卒業したのちブラジルにある日本企業ばかりでなくグローバルな超国籍企業への就職のチャンスが広がることになろう。

＊4　これについては、〔井出1986〕、〔中野1987〕、〔小川1995〕などがある。また、統計的調査としては、〔中国帰国者の会1989〕と、〔厚生省1994〕がある。前者は帰国者二世・三世が回答者の6割近くを占めている。また後者は国費により帰国した孤児だけを対象としている。

ちなみに、永住帰国した中国残留孤児・婦人は1人当たり平均10人強という驚くべき多数の二世・三世を随伴して生活をしていたことになる。

中国帰国者二世・三世に関しては、断片的な情報はあるもののその全体像についてはほとんどあきらかにされておらず、かなり実状が知られている残留孤児・婦人と対照的であった。そのため筆者は、実地調査をおこなってその実態を解明することにした[*5]。

調査は面接質問紙法により、1995年7月におこなわれた。調査対象者としては、「中国帰国者の会」の保有する残留婦人・孤児の名簿から系統的無作為抽出をおこない、その随伴した15歳以上の帰国者二世・三世を主とし、日本語学級参加者から若干名を追加して、147サンプルを得た。したがって、その居住地はほとんど23区内と都下をふくむ東京都であった。以下、この調査から得られた知見を要約する。

(1) 帰国者二世・三世はどんな人たちか

年齢構成（147人＝100％）をみると、10歳代が15.0％、20歳代が39.5％、30歳代が29.2％、40歳代が16.3％であった。10〜14歳層を考慮すれば10歳代も30％前後になるので、帰国者二世・三世は20歳代を中心とする比較的若い集団であるといえる。世代別（無回答者2人を除く回答者145人を100％とし、145人＝100％と表記する。以下同様）では、二世が77.9％、三世が22.1％と二世が圧倒的に多い。

配偶関係（147人＝100％）をみると、既婚者が65.3％、未婚者が34.7％と既婚者が3分の2を占める。ちなみに配偶者のエスニシティ（96人＝100％）をみると、日本人が3.1％、中国人が87.5％、日系中国人が9.4％となり、ほとんどが中国人と結婚していることがわかる。世帯員数（145人＝100％）については、単身世帯が7.6％、2人世帯が30.3％、3人世帯が31.7％、4人世帯が22.1％、5人以上世帯が8.3％となり、平均世帯員数は2.99人と小さい。すなわち夫婦ないし夫婦と子どもひとりという核家族の形態が多い。

また、中国における出身地（147人＝100％）を省別にみると、黒竜江省が55.1％と過半を占め、ついで遼寧省が22.4％、以下吉林省8.8％、内蒙古自治区7.5％、その他6.1％となっており、当然ではあるが内蒙古自治区以外は東北地方の3省に集中している。

日本への帰国時期（146人＝100％）をみると、1980〜84年が3.4％、1985〜

89年が42.5％、1990年以降が54.1％と調査時点まで6年未満の最近の帰国者がなかば以上を占める。なお、親である残留婦人・孤児と一緒に帰国したかそれとも後から呼び寄せられたか（143人＝100％）については、同時帰国が44.1％、後から呼び寄せが51.7％、すでに死亡が4.2％であり、後から呼び寄せられた者のほうが若干多い。

帰国時の費用負担（147人＝100％）については、日本政府からなんの援助も与えられない自費帰国者が70.7％、国費帰国者が29.3％である。

（2）帰国後の困難な生活

帰国後の生活は困難をきわめていた。以下、それを所得、就労、生活保護、住居からみることにする。

帰国者二世・三世は、世帯所得も個人所得もともに低い。月当たり世帯所得（121人＝100％）の分布は、10万円以下が4.1％、11〜20万円が25.6％、21〜30万円が43.8％、31〜40万円が20.7％、41万円以上が5.8％であり、20万円以下が3割近い。また、平均は18万3000円にすぎない。同様に個人所得（87人＝100％）は、10万円以下が34.5％、11〜20万円が41.4％、21〜30万円が18.4％、31万円以上が5.7％と4分の3が20万円以下であり、平均も14万7000円と低い。

つぎに就労の状況であるが、失業率が異常に高いうえに、就業している職種も肉体労働に偏っているのが大きな特徴である。労働力率は67.8％であり、日本全体とあまりかわらないが、労働力人口（99人＝100％）のなかでの失業率はなんと12.1％に達している。就労する職種について情報が得られた者（85人＝100％）の内訳（ただし失業者は直前の職）をみると、肉体労働57.6％、販売・サービス（運輸、保安をふくむ）28.2％、非肉体労働14.1％であり、肉体労働が圧倒的に多い。なお、非労働力（47人＝100％）の内訳は、学生53.2％、専業主婦25.5％、日本語学習中およびその他17.0％、病弱4.3％であった。

生活保護の受給状況（136人＝100％）についてみると、「受けている」13.2％、「受けたことがある」37.5％、「受けたことはない」49.3％となった。このよう

＊5　以下のインタビューおよび集計については、1995年度に主として筑波大学社会学類社会学専攻に在籍していた学生24人および北京日本学研究センターからの派遣院生1人の協力を得た。

に受給経験者と非経験者とはほぼ同数であり、帰国後の厳しい生活状況を示している。受給経験者の受給期間（69人＝100％）をみると、2年未満が65.2％、2年以上4年未満が18.8％、4年以上が15.9％であり、多くの帰国者が2年目のところで生活保護を打ち切られていたことがわかる。

生活保護の今後の受給（136人＝100％）に関しては、30.9％という多数が希望している。そのうち現在の受給者は1.5％（2人）にすぎず残りは現在の非受給者である。これは生活保護からも取り残されている貧困者の存在という看過できない状況を如実に示すものである。なお、受給の停止勧告についての意見（33人＝100％）の内訳は、不当とする者33.3％、妥当とする者66.7％となり、不当とする者が3分の1を占め打ち切り措置に問題があったことを示している。

なお、住居については、主として民間アパートである「民間借家・貸間」が49.7％、主として都営住宅である「公営住宅」が39.5％、「社宅・寮」が4.1％、「持ち家」が0.7％、「その他」が4.0％、「無回答」が2.0％となり、「民間借家・貸間」と「公営住宅」の合計は9割近くに達する。また、「持ち家」に住む者はただ一人であった。このように、居住環境がめぐまれているとはとうていいいがたい。

（3）被差別経験と孤立

帰国者二世・三世は、生活困難とともに日本社会からの差別や偏見にもさらされている。日本で差別や偏見を感じたことがあるかという質問にたいする回答（135人＝100％）の内訳は、「頻繁にある」が11.9％、「時々ある」が54.1％、「ない」が34.1％となり、3人のうち2人までが差別や偏見を感じていることになる。感じているものだけをとりあげて、仕事（76人＝100％）、学校（64人＝100％）、生活（70人＝100％）、居住地域（67人＝100％）の場面別にみると、仕事では「ある」73.7％対「ない」26.3％、学校では「ある」42.2％対「ない」57.8％、生活では「ある」55.7％対「ない」44.3％、居住地域では「ある」47.8％対「ない」52.2％となり、とくに仕事上での差別や偏見が強い。

ちなみに、親または祖父母が日本人であるために中国で差別を受けたことがあるかという質問（130人＝100％）にたいしては、「頻繁にあった」が8.5％、「時々あった」が33.1％、「なかった」が58.5％となり、4割強が日系人であったがための被差別経験をもっている。つまり、かなりの人びとは中国でも日本でも差別された経験をもっているのである。

まったく孤立してしまっている帰国者二世・三世の存在も無視できない。生活上困ったときの相談相手（139人＝100％）をみると、誰にも相談しないという者が22.3％もいる。なお相談する者の相手は、帰国者が47.5％と半数近く、日本人は11.5％しかいない。あとは帰国者以外の中国人が5.0％、その他が13.7％となっている。なお、日本人の親戚とのつきあいについては、あまりあるいはまったくつきあいがない者が54.7％となり、疎遠さがみてとれる[*6]。

(4) 学歴の低さと日本語能力の乏しさ

生活の困難さと差別や偏見にさらされていることをみてきたが、このような状況に陥る帰国者二世・三世側の条件として、学歴の低さと日本語能力の乏しさをあげることができよう。

まず中国での学歴（147人＝100％）をみると、未就学が2.7％、小学校卒が18.4％、中学校卒が31.3％、高校卒が32.7％、短大・大学卒が6.8％、専門学校・その他が8.1％であり、中卒以下がおよそ半数にのぼっている。また、日本で就学したものの学歴（52人＝100％）をみると、中学校卒が44.2％、高校卒が19.2％、短大・大学卒が7.7％、専門学校卒が28.8％であり、大学はおろか高校への進学さえ難しい状況にあることがみてとれる。

なお、日本で希望どおり進学できなかった者の理由（26人＝100％）をみると、日本語能力および学力をあげる者が38.5％、経済上の問題をあげる者が34.6％、仕事・アルバイト等のため時間がなかったとする者が19.2％、その他7.7％となり、生活の窮乏のために進学できなかったとする理由が半数をこえている。

つぎに日本語の能力であるが、「聞く」（147人＝100％）、「話す」（146人＝100％）、「読む」（146人＝100％）、「書く」（145人＝100％）に分けて、「ほとんど不自由なく生活できる」と「不自由を感じることはない」の合計の比率をみると、「聞く」46.3％、「話す」と「読む」それぞれ43.8％、「書く」40.7％となり、「聞

[*6] なお飯田俊郎によれば、「病気で困ったとき、どなたかに援助を受けたことがありますか」という質問にもとづく友人ネットワークによる援助は、残留孤児に特に顕著で、二世・三世がそれに続いている。二世・三世のばあいは、「東京在住人口が他のカテゴリーよりも多く、しかも就学・就労率が高いため、他の二世・三世との友人関係を形成できる」と飯田は述べている。さらに就労による経済的自立を果たすとともに他の帰国者とのネットワークを維持・拡大するため開かれた中華料理店が、帰国者二世・三世の交際の場として利用されていると報告している〔飯田1996〕。

く」、「話す」と「読む」、「書く」の順で不自由でない者が減り、「書く」では日本語に苦労しない者は4割しかいない。逆に「ほとんどできない」をみると、「聞く」8.8%、「話す」13.7%、「読む」23.3%、「書く」26.2%となり、「聞く」、「話す」、「読む」、「書く」の順でできない者が増え、「書く」ではおよそ4人に1人がほとんどできない。

　日本語を修得した場所については（140人＝100％）、ボランティア団体をふくむ日本語学校35.7%、公立学校での日本語学級および定着促進センター25.7%、習いに行かなかった30.7%、その他7.9%となり、特別に習ったことのない者が3割を占めている。また公的援助を受けないボランティア団体をふくむ日本語学校の比重が高いことも注目される。定着促進センターで日本語教育を受ける機会が自費帰国者には与えられていないことも考えあわせると、帰国者二世・三世にたいする日本語教育の提供は不十分であり、それがこの人びとの日本語能力の乏しさを生みだしているといえる。

(5) エスニック・アイデンティティと帰化

　帰国者二世・三世のエスニック・アイデンティティは複雑である。意識面でどこに帰属するかという質問によりエスニック・アイデンティティ（146人＝100％）をみると、中国人33.6%、日系中国人24.7%、中国系日本人11.6%、日本人8.9%、わからない・考えたことがない21.2%となった。

　ここにみられるように、中国人と日系中国人の合計すなわち中国人の意識をもつ者は58.3%と6割弱に達する。それにたいして中国系日本人と日本人の合計すなわち日本人の意識をもつ者は20.5%にすぎない。また、日系中国人と中国系日本人という中間的カテゴリーの合計は36.3%と3分の1強である。いずれにせよ、帰国者二世・三世が日本人であるという意識をあまりもっていなかったことはたしかである。

　こうして、日本国籍取得についての態度も微妙とならざるをえない。帰化についての意識（126人＝100％）の分布は、「積極的」42.1%、「消極的・やむをえない」16.7%、「わからない・考えたことがない」41.3%となり、「積極的」とともに「わからない・考えたことがない」の比重が高い。態度を反映する実際の取得行動（146人＝100％）についても、既取得者37.0%および現在申請中4.8%にたいして、取得行動をとっていない者は58.2%にのぼる。

　これと関連して、「もし可能なら中国に帰りたいか」という質問により中国

への帰国意志（138人＝100％）をみると、「非常にある」が6.5％、「ある」が28.3％、「あまりない」が48.6％、「まったくない」が16.7％となった。つまり3分の1強の者が帰国意志をもっていることになる。

　なお、帰国者二世・三世のうちとりわけ未成年者についての問題は山積していた。日本語の壁のため、学校の授業についていくのは容易ではなかった。日本語による試験しかおこなわれないので、進学についての見通しはきわめて暗かった。帰国者三世が殺された事件を扱った弁護士東澤靖は「心ない子ども同士のいじめ、仲間はずれ、『チューゴクジン』『中国に帰れ』『ビンボー』『バカバカ』などという、いわれのない差別、それをおそれて無口になり、帰国三世であることを隠す。自尊心を打ち砕かれる日々」と状況を報告している〔東澤 1993：135〕。

　以上みてきたように、移民第二世代としての中国帰国者二世・三世は日本社会の底辺に押しこまれてしまっており、日本社会からの疎外と孤立があるといえるが、学歴の低さや日本語能力の乏しさからみてそれからの脱却は容易ではなかった。その根底には、この人びとがほかのエスニック集団と違って出稼ぎや就学などの明確な目的をもって、充分な準備をしたうえで来日したわけではない、という状況が存在していた。

　それにしても、少数ではあるが日系中国人や中国系日本人という新しいアイデンティティをもつ者が存在することは、国民国家の原則によって日本人であるか中国人であるかを峻別する日本社会のありかたに疑問をなげかけるものであり、注目に値しよう。

第Ⅲ部　移民の定住化──1990年代後半から2000年代前半まで

第6章　日本国籍取得者の動機とアイデンティティ

　移民にたいする不平等な構造の是正と移民の意思決定への参加については、日本国籍を取得することがその解決策であるという主張が根強い。ところが、その実態についてはほとんど情報がなかった。そのため筆者は、日本への帰化すなわち日本国籍取得にかんする実地調査をおこなった。調査は1998年8月から2000年10月までの15ヵ月間に『官報』に記載されたおよそ1万9000人の日本国籍取得者から1500人を抽出して、238人の有効回答を得た[*1]。年当たりに換算すると帰化者数はおよそ1万5000人強となり、同年の滞日外国人人口の0.8％を占めていたことになる。

　この調査により帰化者の原国籍（帰属出身地）をみると、韓国49.2％、中国32.8％、台湾5.0％、朝鮮3.4％、その他9.6％となり、中国人の比重がいちじるしく高まっていたことが注目される。

　また、性別では女性62.4％、男性37.4％と女性のほうが多く、年齢別では20歳代23.9％、30歳代38.2％、40歳代24.8％、50歳代以上13.0％と30歳代が最多であった。出生地をみると、日本が54.2％と過半を占め、以下中国26.9％、台湾および韓国がそれぞれ4.6％とつづいている。既婚者178人を100.0％としたばあい、結婚相手の国籍の比率は日本59.0％、韓国20.2％、中国14.6％、その他3.9％となった。このように、日本生まれで日本人を配偶者とする者が過半に達する。

　調査結果でなによりも着目されるのは、国籍取得が生きていくための手段にすぎないと考える者が多いことである。すなわち、国籍は「A：人間のあり方を決めるものである」かそれとも「B：生きていくための手段にすぎないものであるか」という質問にたいする回答の分布は、「Aに賛成」が15.1％、「どちらかといえばAに賛成」が11.3％、「どちらかといえばBに賛成」が31.1％、「Bに賛成」が37.0％、「無回答」が5.0％となり、7割近くの多数が「手段」としてみている。

第6章　日本国籍取得者の動機とアイデンティティ

表Ⅲ-6-1　年齢別帰化理由

	帰化理由				合計
	子供のため	日本人と結婚したから	日本人と同じ権利が欲しかったから	その他	
20歳−29歳	9 15.8%	8 14.0%	17 29.8%	23 40.4%	57 100.0%
30歳−39歳	33 36.3%	16 17.6%	12 13.2%	30 33.0%	91 100.0%
40歳−49歳	29 50.0%	7 12.1%	11 19.0%	11 19.0%	58 100.0%
50歳以上	18 58.1%	2 6.5%	5 16.1%	6 19.4%	31 100.0%
合計	89 37.6%	33 13.9%	45 19.0%	70 29.5%	237 100.0%

$P = 0.002$

注：無回答を除く。

　国籍取得はなんのための手段であるかについては、帰化した理由をひとつだけ選んでもらった。それを多い順にならべると、「子どものため」37.6％、「日本人と同じ権利が欲しかったから」19.0％、「日本人と結婚したから」13.9％、「日本が好きだから」9.7％、「いま住んでいるところに住みつづけるのに便利だから」8.0％、「職場での地位をよりよくするため」3.4％、「その他」8.4％となった。このように、「子ども」「権利」「日本人との結婚」という理由が上位3位までを占めた。

　ここで帰化理由と年齢との関係を表Ⅲ-6-1よりみると、子ども派と権利派については、明瞭な年齢との相関がみられる（なお、クロス表についてはカイ二乗検定をおこない、その結果を表下部に示した）。すなわち子ども派は20歳代の15.8％から年齢が高くなるにつれて増加し、50歳代以上では6割近くにまでなる。それにたいし、権利派は20歳代の3割弱から年齢が高くなるにつれて減少し、50歳代以上では16.1％とほぼ半減する。つまり年齢が高くなるほど「子どものため」、低くなるほど「権利のため」の手段なのである。

　手段としての国籍取得行動は、原国籍国（帰属出身地）と日本への帰属意識

[*1] 本節の集計については、2000年度に筑波大学社会学類社会学専攻に在籍していた学生29人、社会科学研究科社会学専攻に在籍していた院生2人の協力を得た。

表Ⅲ-6-2　帰化前と帰化後の帰属意識

	帰化前	帰化後
日本帰属	42 17.9%	91 39.1%
二重帰属	61 26.0%	89 38.2%
原国籍国帰属	98 41.7%	35 15.0%
無帰属	34 14.5%	18 7.7%
合計	235 100.0%	233 100.0%

注：無回答を除く。

の様態からもあきらかとなる。「日本人であった（ある）」および「どちらかというと日本人であった（ある）」と回答した者を「日本帰属」者、「日本人でもあるし、もとの国の人でもあった（ある）」と回答した者を「二重帰属」者、「どちらかというと、もとの国の人であった（ある）」および「もとの国の人であった（ある）」と回答した者を「原国籍国帰属」者、「日本人でもなかったし、もとの国の人でもなかった（ない）」と回答した者を「無帰属」者とすると、帰化前および帰化後の分布は**表Ⅲ-6-2**のようになった。

　この表から、二重帰属者と原国籍国帰属者を合わせると、日本国籍取得という行動にもかかわらず過半数の人びとが原国籍国にたいする帰属意識を保持しつづけていることがわかる。また、帰化後の二重帰属者は日本帰属者とほぼ匹敵するほど多いことも注目される。ただし、帰化により原国籍帰属者は大きく減少するとともに無帰属者もかなり減り、そのぶん日本帰属者が大きく増加するとともに二重帰属者もかなり増えていることも事実である。

　その結果、二重国籍制度にたいする高い支持が現れる。「もとの国の国籍と日本の国籍の両方を持つことができるとしたら、もとの国の国籍を持ちたいと思いますか」という質問にたいする回答の分布は、「思う」が45.0％、「どちらかといえば思う」が12.6％、「どちらかといえば思わない」が13.0％、「思わない」が28.6％、「無回答」が0.8％となり、二重国籍制度にたいする賛成者が6割弱、反対者が4割強となった。

　二重国籍制度にたいする態度が帰属意識と明瞭な相関関係をもつことは、**表Ⅲ-6-3**にみられる。すなわち、二重国籍の賛成者の過半は帰化後の意識が二重

表Ⅲ-6-3　帰化後の帰属意識別二重国籍制度への賛否

		日本帰属	二重帰属	原国籍国帰属	無帰属	合計
二重国籍制度	賛成	31 23.0%	72 53.3%	26 19.3%	6 4.4%	135 100.0%
	反対	60 61.9%	16 16.5%	9 9.3%	12 12.4%	97 100.0%
合計		91 39.2%	88 37.9%	35 15.1%	18 7.8%	232 100.0%

注：無回答を除く。　　　　　　　　　　　　　　　　　　　　　　p=0.014

帰属である者から構成されている。それにたいし、反対者の6割以上は帰化後の意識が日本帰属である者となっている。

　要するに、日本国籍取得者の多くにとって、国籍はアイデンティティのよりどころというよりもむしろ生きていくための手段なのであり、その帰属意識は二重帰属と原国籍国帰属を合わせれば日本帰属よりも多くなる。その結果、二重国籍制度にたいする支持も高まるということになる[*2]。

[*2] 付言すれば、帰化までの期間が1年以上かかつた人が74.4％の多数を占め、それを「長い」と感じる人が81.4％もおり、帰化手続きの改善が望まれている。

第Ⅲ部　移民の定住化──1990年代後半から2000年代前半まで

第7章　低迷する移民受け入れ

第1節　新たな移民導入論の登場──その混乱と矛盾

1. 移民政策論争の再燃

　バブル経済の崩壊後の労働力過剰という状況のなかで、移民の導入の是非をめぐる議論は鳴りをひそめていた。ところが、1999年に時の経済企画庁長官堺屋太一が、人口減少社会に対処するために外国からの移民の導入を積極的に考慮すべきだとする問題提起をおこない、それを受ける形で日本の移民政策をめぐる論争がにわかに再燃した。

　再燃した移民政策論争の背景には、1997年に公表された国立社会保障・人口問題研究所による人口推計がある。この推計は、2007年頃から日本人口が減少をはじめ、2050年にはほぼ半減すること、また、65歳以上人口と15歳以上64歳までの人口の比率が2025年には1対3、2050年には1対2にまで上昇することを予測して、大きな衝撃を与えたものである。しかしながら、堺屋の諮問を受けた経済審議会の答申の後半部分は、専門的・技術的分野における高度な人材については移民を積極的に受け入れるとする一方、いわゆる単純労働者については慎重に検討するとして、堺屋の意向に全面的には賛成しなかった。この答申は、2010年を目標年度とする「経済計画」として、1999年7月閣議決定された。

　移民政策の論争にさらに拍車をかけたものが、2000年3月に発表された国連経済社会局人口部による「補充移民──人口減少と高齢化への解決策か？」という報告書〔United Nations 2000〕である。これは、日本および韓国とロシアのほか先進国5ヵ国とヨーロッパおよび欧州連合について、1995年をベースとして2050年の人口減少と高齢化を展望しながら、それを補充するためにどの程度の移民を導入すべきかを推計している。日本については、2005年にピー

クに達する人口規模を維持するためには55年間に1700万人（年31万人）、15歳以上64歳未満の生産年齢人口を維持するためには55年間に3300万人（年60万人）の移民の受け入れが必要であるとしている。

　経済計画の消極的姿勢にたいして、経済界では外国人労働者を積極的に受け入れるべきであるとする議論が急激に高まった。従来外国人労働者の導入に消極的だった日経連は、2000年および2001年版の労働問題研究委員会報告で外国人労働者の積極的活用を提言した。日経連会長（当時）の奥田碩によれば、その理由の第1は国際的に日本を孤立化させないことであり、その第2は少子高齢化への対策であるとされる〔『日経』2001年6月2日〕。また経団連も、会長であった今井敬によれば、労働人口の減少にたいする対応策というよりも、人口減少による歳入減への対応策として外国人労働者の導入に賛成している〔『朝日』2000年3月26日〕。

　このような移民政策論争のさなかの2000年2月、法務省はほぼ8年ぶりに第2次出入国管理基本計画を、またそれから5年後の2005年3月には第3次出入国管理基本計画を策定した。1990年6月から施行された改定入管法は公正な出入国管理の施策の基本を定めることを法務省に義務づけたが、これらの計画はそれにこたえるためのものであるとされた。1992年の出入国管理基本計画（以下第1次計画と呼ぶ）と比較すると、第2次および第3次計画は外国人の受け入れかたに関して若干の変化がみられる。

　第3次計画の枢要な施策の方針をみると、第1にわが国が必要とする外国人の円滑な受け入れがうたわれている。具体的には、まず専門的、技術的分野における外国人労働者の受け入れの推進が掲げられている。また、人口減少時代に対応するため専門的、技術的分野とはされていない分野における外国人労働者の受け入れについては検討するとしている。第2次計画についての入管局長の補足説明〔町田2000〕では、就労に一定のニーズがあるばあいそれに対応できる在留資格を整備するとされていたので、専門的、技術的分野でない分野については第3次計画が若干慎重になったことがうかがえる。この補足説明は外国人労働者の具体的導入構想として、国際ビジネスや技術者交流の円滑化、とりわけ情報通信その他の産業分野における技術・技能者の積極的な受け入れをうたっていた。また、受け入れの範囲等についてコンセンサスの形成が必要な分野として、少子高齢化に対応する介護労働をあげていた。第3次計画では、このほか観光等による国際交流の拡大、留学生、就学生の適正な受け入れ、長

期にわたりわが国社会に在留する外国人への対応とならんで、研修・技能実習制度の適正化があげられている。

　これについては、第3次計画では研修生・技能実習生の失踪、不法残留といった問題や、研修手当・賃金が全額支払われないなどといった問題が指摘されている。第2次計画では、研修制度および技能実習制度の推進と一層の充実がうたわれ、とりわけ農業、水産加工業、ホテル業にたいする技能実習制度の拡大の要望に迅速に対応するなどとしていた。このように、技能実習制度については、「推進・充実」から「適正化」へと変化した。

　必要な外国人の受け入れとならんで、第3次計画は第2次計画では明確に示されなかった枢要な方針として強力な水際対策の推進および不法滞在者（以下非正規滞在者とする）の大幅な縮減を通じたわが国の治安を回復するための取り組みを掲げたことが注目される。非正規滞在者については積極的な摘発活動をおこなうとしていることは第1次計画以来一貫しているが、第3次計画ではこの点がとくに強調されたのである。ただし、わが国社会とのつながりが深く、退去強制することが人道的な観点から問題が大きいと認められる非正規滞在者にたいしては、人道的な観点を十分に考慮し適切に対応していくとしている点は、第2次計画と同様である。なお第3次計画では、在留特別許可にかかわる透明性を高めるための方策について検討することがつけ加えられているとともに、人身取引の結果として不法滞在となった外国人にたいしては適切に対応するとしている。

　このほか難民については、第3次計画では難民審査参与員制度等新たな難民認定制度の適正な運用をはかるとしており、真に難民としての保護を必要とする者の地位は早期に安定させるとしていた第2次計画を基本的に踏襲した。

　第2次および第3次計画を第1次計画と比較すると、専門的な技術等を有する外国人労働者について受け入れるという姿勢は一貫している。技能実習制度については、第1次計画ではいまだ検討段階で存在していなかった。さらに、長期滞在外国人については第1次計画では言及さえなされず、非正規滞在者については全面的排除だけがめざされ、難民認定制度については偽装難民による悪用ばかりが強調されていた。

　上述したような法務省の当時の政策の方向は、高度な人材の受け入れとそれ以外の移民にたいする消極的姿勢において、他の先進諸国との共通性がある。まず、最大の移民国アメリカでは、1986年の改正移民法で非熟練労働にたい

する上限枠を設定して、原則的には移民規制へと転じた。その背景には、ヒスパニックの非正規移民および家族の再結合による非白人人口の激増がある。なお、1990年移民法では移民規制という基本的姿勢にかわりがないものの、特定の職業・技能・知識をもつ高度な人材にたいする優先枠が設定された。

　欧州連合についても、域内の移動の自由化と並行して、域外からの移民の流入には厳しい規制策が講じられていた。1960年代までに大規模に導入された外国人労働者は、どの国でも定住化し、彼らと再結合する家族員が新たな移民として渡来した。しかしながら、欧州連合の1990年代以降の移民規制策は、外国人労働者ではなく主として難民を対象とするものである。認定を求めようとする難民は巨大な規模で国境に殺到し、目的とされた国の認定のための待機期間中の負担を耐えがたいものにしていた[*1]。そのため、欧州連合が「要塞化」したという表現さえ現れるにいたった。

2. 少子高齢化対策としての移民導入の非現実性

　1990年代後半から2000年代前半にいたる10年間の日本の移民の増大数はわずか50万人強にすぎなかった。したがって、日本社会には、国連報告書のもとめる年30～60万人もの巨大な規模の外国人移民を受け入れて日本社会に包摂できる準備がまったく整っていなかったことは自明である。

　少子高齢化対策については、別の側面からの問題も存在する。井口泰は、年齢や出生率などの要件のみで入国者を選別することの困難性、とりわけ呼び寄せ家族の構成に干渉することの困難性などを指摘し、人口水準や人口構造の是正という観点からの移民受け入れは多くの不確実性と不安定性をともなうため安易に実行できる政策ではないとしている〔井口 2001：88ff.〕。同じように1994年のILOの報告書によれば、導入された移民集団が高齢化する時点で将棋倒しのようにさらなる移民の導入が必要とされることになるとし、「先進国における人口減少の唯一の長期的解決策は、（内国人の）出産を促進することである」と結論している〔Stalker 1994 = 1998：48〕。このように、少子高齢化対策としての移民導入という議論は、きわめて非現実的である。

　少子化の原因の根底には女性差別の問題が横たわっている。したがって、行きすぎた少子化の是正には、非現実的な移民の導入ではなく女性差別の解消が

---

　*1　これについては、〔Weiner 1995=1999〕が参考になる。

なによりも必要とされる。

　もうひとつの解決策として、高齢化にともなう社会的課題の解決のために定年制の廃止のような年齢差別の解消が要求されよう。藤正巌によれば65歳以上の高齢者であってもそのほとんどが働く能力をもち就労意欲も高いから、エイジフリー（年齢不問）の雇用制度の創出が重要となる〔藤正・古川2000〕。なお藤正は年金と高齢者労働との関連については明言していないが、就労者の増加により国庫の年金負担も減少することになろう。

　ただし、ここで述べた人口減少対策としての大量の移民の導入は非現実的であるという主張は、次項で述べる「非正規滞在外国人＝犯罪者論」とはまったく性格を異にする。

3. 外国人排除論の台頭

　第1項で述べた移民を積極的に受け入れるべきだという議論と真っ向から対立する、いわば「外国人排除論」とも呼ぶべき議論が1990年代後半以降急激に台頭していた。それは、外国人犯罪の急増が日本社会の治安を乱す大きな要因であることを論拠として、外国人を日本社会から排除すべきだと主張した。

　2003年に開催された「犯罪対策閣僚会議」は、「犯罪に強い社会の実現のための行動計画」を策定し、今後5年間でいわゆる不法滞在者（本書でいう非正規滞在者）を半減させるとの目標を掲げた。この目標の前提としては、非正規滞在者が外国人犯罪の主要な担い手であるという発想があった。この発想が基本的には正しくなかったことは以下あきらかにするとおりであるが、それが広く受け入れられた背景としては、マス・メディアの偏向した報道姿勢と、警察による同じく偏向した犯罪情報の提供があった。

　マス・メディアのフィルターをとおして画一的なステレオタイプが形づくられるが、それはとくに興味本位の誇張が多い外国人犯罪の報道にいちじるしい。永峰好美は、「アジア系外国人」や「外国人」や「ガイジン」などをステレオタイプ化された例として指摘している。当時の石原都知事の「三国人」発言もこのようなマス・メディアの報道姿勢の土壌のうえになされた。永峰は、それに対抗して少数派としての受け手の意見を取りこむことがこれからのマス・メディアの課題であると考えている〔永峰2002〕。

　日本の世論も、「外国人排除論」に追随する傾向をみせはじめていた。内閣府が2000年11月に実施した「外国人労働者問題に関する世論調査〔内閣府

2000〕」によれば、「不法」就労者への対応策として「すべて強制送還する」とする者は、1990年の調査結果より16.0％増えて49.6％となった。また『朝日新聞』が2000年9月におこなった調査〔『朝日』2000年11月9日〕によれば、超過滞在者を「取り締まる」とする者は46％となり、「合法的に働けるようにする」39％を上回った。このように、非正規滞在者にたいする世論の見方は厳しさをましていた。

　ただし、専門技術や知識を必要としない単純労働については、内閣府調査によれば「一定の条件や制限をつけて就労を認めるべきだ」とする者は、5.1％減って51.4％となったのにたいし、『朝日新聞』調査ではいわゆる単純労働者を条件つきで受け入れるとする者は64％と1989年11月の56％より増加しており、内閣府の調査結果と異なる傾向をみせている。いずれにせよ、世論の過半数は、「外国人排除論」にもかかわらず、いわゆる単純労働者の受け入れを依然として容認していたことを付言しておく。

　それでは、外国人と犯罪との関係はいったいどうなっていたのであろうか。『平成17年版警察白書』は、「過去10年間で、検挙件数は1.9倍に、検挙人員は1.8倍に増加している」として、外国人犯罪の脅威を強調している。しかしながら、入管法違反をはじめとする特別法犯を除外した刑法犯のみの外国人入国者数にたいする比率は、1995年に0.17％であったものが、2004年には0.13％とむしろ低下している。外国人入国者は1995年に373万2000人であったものが、2004年には675万7000人と2倍近くに増加した〔警察庁2005：204〕。これにともなって外国人犯罪も増加することはけだし当然であり、警察情報にはこの点で誇張があるといえる。この問題について数少ない本格的調査をおこなった橋本光平によれば、マクロ的にみて1998年にいたる過去30年間の外国人の犯罪率はほぼ連続して減少している（ただし1992年以降は微増）とともに、日本人の犯罪率の2分の1強にすぎない。韓国出身者と中国・タイ・フィリピン出身者に大別してみると、前者では新規入国者が増えるほど犯罪件数が低下するが、後者では増大する。これは初期移民には犯罪傾向が高いが、エスニック・コミュニティの形成と定着が進めば犯罪にたいする抑制がききはじめるという一般的傾向があるためであると橋本は主張する。ただしこの点については、橋本は中国人を例外であるとしている〔橋本2002〕。

　それでは、非正規に滞在する外国人と犯罪の関係はいったいどうなっているのであろうか。橋本とならぶ水準の本格的調査をおこなった野呂夏雄によれば、

2000年現在、非正規滞在者の刑法犯人口の比率は日本全体の2.48倍に達しており、犯罪傾向が高いことは否定できない。ただし、非正規滞在者を中国人と中国人以外とにわけてみると、中国人以外の刑法犯人口の比率は0.27％であって、日本全体の0.28％より低いことが注目される。それにたいし、中国人のそれは、2.29％と桁ちがいに高い〔野呂2002：図表3-3〕。したがって、非正規に滞在する外国人がすべて犯罪者であるという主張には問題がある。

新来移民のその特定部分が確固として日本社会への定住化傾向を強めつつあったにもかかわらず、移民と内国人とのあいだの社会的緊張がそれほど出現しなかったことは、欧米諸国の苦い経験に照らしあわせると興味深い。この事実もまた、「外国人排除論」にたいする強力な反証を提供するものである。

そのなかで、これまでの社会的緊張の代表的事例として注目されるのは、豊田市の保見団地で発生した紛争である。保見団地には住民総数9500人のうち3000人強の日系ブラジル人が集住していたが、2000年当時、ブラジル人による騒音や不法投棄とともに、窃盗、放火、迷惑駐車などがあいつぎ、それを注意すると暴力や集団恐喝をともなう仕返しがおこなわれ、一部住民は転居へと追いこまれた。このような状況を背景として、同年6月ラーメン屋台でブラジル人と右翼関係者がにらみあったことがきっかけとなり、右翼の街宣車と暴走族のオートバイ約50台が「ブラジル人でてこい」と団地内で街宣行動をおこない、さらに無関係の右翼の街宣車が何者かに燃やされた。情勢の悪化に対処するために、16名の警官から構成される「保見団地共生プロジェクト」が9月に発足し、24時間パトロールを開始した。さらに、ボランティアによる日本語教室から発展した「保見ヶ丘国際交流センター」の活動などもあいまって、事態は沈静化した[*2]。この事件の深層には、保見団地が一種のブラジル人のゲットーと化し、しかも日本人住民との接触が希薄であったという事実が存在する。

日本で移民と内国人とのあいだの社会的緊張がほとんど高まらなかった理由としては、旧来外国人とりわけ在日韓国・朝鮮人とのあいだの不幸な歴史的経験が貴重な教訓を日本社会に提供していたこと、居住パターンが混住型であるためゲットー地域が形成されにくかったこと、自治体やNPOの貢献にめざましいものがあったことなどが考えられるが、それらにもまして移民の比率が総体的に少ないことが決定的であったとおもわれる。

すなわち、移民導入にたいする消極的政策の結果、日本における外国人移民

の総人口にたいする構成比は欧米諸国にくらべていちじるしく低く、わずか1.7％を占めるにすぎなかった。移民人口が少なければ、移民集団の側でも受け入れ社会の側でも生起する諸問題に対応することが容易になることはいうまでもない。さらに、日本では欧米諸国と比較すると特定の移民集団への集中があまりなかったため、社会的緊張が起こりにくかったことも指摘できよう。いずれにせよ、社会的緊張の弱さは外国人排除論の妥当性を疑わせる。

4. 外国人の低賃金労働者を導入すべきか

　1990年代から日本資本主義の生産拠点の海外移転が活発化した。海外に投資された日本資本により生産された商品が日本に逆輸入されるだけでなく、海外で契約生産された商品が日本の消費者市場に満ちあふれるという現象も顕著になりはじめた。それはたんに製造業ばかりでなく、農業をふくむ広い分野に及んだ。旺盛な成長をつづける「ユニクロ」はまさにこの事態を象徴していた。

　この現象は、国民国家の存在に規定される資本と労働それぞれの連動によって起こっていた。すなわち国境の壁は、資本の自由な移動をほとんど自由に許容するが、労働の移動にはきびしい制限を加える。外国人労働者の相当規模の導入がはかられるばあい、資本には低賃金労働力を利用できる機会が与えられ国内生産の続行が可能となり、生産拠点を海外に移転する必要はそれほど生じない。これは欧米諸国にかなりみられた現象である。それにたいし、外国人労働者の導入が制限されるばあい、低賃金労働力を利用できない資本はそれを求めて海外に生産拠点を移転するしか競争にうちかつ方法がなくなる。とくに内国人が3K労働など特定の仕事を忌避する傾向が強いばあいには、移転が加速される。これこそが先進資本主義のなかではとりわけ日本に特徴的に現れた現象にほかならなかった。日本のばあい、さらに国際的にみて高い地価が生産拠点の海外移転に拍車をかけた。

　生産拠点の海外移転は1990年代中葉ごろ「産業の空洞化」として注目されたが、そののちさらに本格化した。経済産業省がまとめた2000年の「工業統計（速報）」によると、同年末の日本国内の製造業の工場（従業員10人以上）数は、最多であった1991年末より21％も減少した。その一方、財務省の「対外投資実績」によれば、2000年度のアジア向け投資は4000億円（総額1兆3000億

＊2　以上の情報は、〔松岡2001〕から得た。

円)となり首位の北米をわずかに下回るところまできた。また製造業の現地法人からの日本への輸出額については、アジアが群をぬいてのびていた〔『日経』2001年9月30日〕。さらに、日本貿易振興会による主として大企業を対象とした調査によれば、「中国に生産・調達拠点を移すことを検討している」とする企業は42.2％の多数を占めた〔『朝日』2001年8月26日〕。

　それでは、国内の生産能力を回復するために、日本は低賃金の外国人労働力の積極的な大量導入に踏み切るべきだったのであろうか。筆者は、この問題については、第1に外国人労働者が日本社会の底辺階級となる可能性が高いことを指摘したい。日本で就労しているブルーカラー的外国人労働者はきわめて劣悪な労働条件をしいられていたが、この状況が拡大再生産されることになろう。第2に、これほど大規模な生産拠点の海外移転が既成事実となってしまった以上、中途半端な導入は国内の低生産部門を温存させるばかりでなく、犠牲をはらって海外移転に踏み切った企業とのあいだに構造的不公正を引き起こすことになるだろう。したがって、低賃金の外国人労働力の大量導入は、政策としての現実性をもっていない。

　ただし、非正規滞在者や日系人など低賃金の外国人労働者としてすでに日本で生活し就労している人びとについては、排除ではなく、内国人との平等、社会的参加の確保、人権の重視を柱とする受け入れをはかるべきである。なお、研修生・技能実習生については、その受け入れの根拠となっている研修および技能実習制度が根本的矛盾をかかえており、日本の国際的信用を裏切るものであるから廃止されるべきである。低賃金労働力としての研修生および技能実習生を利用できる企業とできない企業とのあいだの不公平や、単身赴任を強制する人権侵害を考えれば、なおさらである。

5. 高度な人材をどう獲得したらよいか

　それでは、低賃金労働者以外の外国人の導入についてはどう考えればよいか。第1項で述べたように、第3次出入国管理基本計画においては、高度な人材（国際ビジネスやとりわけ情報通信分野などの技術者）の受け入れならびにそれ以外の就労に一定のニーズがある労働者の受け入れの検討がうたわれていた。これらについては、少子高齢化社会への対応策としての移民導入と異なって、具体的にその可否を検討する必要がある。

　まず高度な人材については、世界的規模での争奪戦が激化していた。日本経

済は、生産拠点の滔々たる海外移転にともなって、その活動を管理、金融、情報などに特化していかざるをえない。このような状況に対処するために外国人の高度な人材を導入することについては、日本では一般的コンセンサスが成立していたとみられる。

とりわけナレッジとシステムとサービスを組みあわせたナレッジ・インダストリーでは、外国人の人材活用をはからざるをえない状況に追いこまれていた。千秋敏によれば、生産工場ばかりでなく研究や技術開発の海外移転も現実化するなかで、日本のナレッジ・インダストリーの大半は、技術情報の流出を阻止するために、高度な技術力を必要とする事業領域や研究開発分野を日本に温存しようとしてきた。それには高度な人材としてのナレッジ・ワーカーが必要とされるが、日本人の供給能力が不足しているばかりでなく、グローバルな事業展開をおこなうためにも、さまざまなルートによる外国人ナレッジ・ワーカーの採用が本格化していた。グローバルな事業展開のなかでとくに重要性を増していたのは、海外の現地下請け会社におけるオフショア開発やアウトソーシングである。また採用ルートとしては、自前の養成のほか、中途採用や派遣業者への依存などがあった〔千秋2003〕。

ここで、ナレッジ・インダストリーの中核であるソフトウェア産業について、IT技術者の当時の状況をみることにする。IT技術者は、その能力に応じておおむね3レベルに区別される。上級レベルはシステム・アナリストやプロジェクト・マネージャーなどをつとめられる者であり、中級レベルはソフトウェア設計ができる程度の能力をもつ者であり、下級レベルはたんなるプログラマーやコーダーたちである。とくに人材不足がいちじるしいのは上級レベルであるが、日本でそれを埋めつつあったのがインド人技術者である。彼らは、アメリカのIT産業の不況化もあいまって、日本に相当規模の流入をはじめていた。インド人はベジタリアンであることが多く、また日本での子どもの教育がむずかしいなど、日本での定住には困難をともなう。中級および下級技術者の不足は主として中国人によって充足され、そのなかでは元留学生のウェイトが高かった。

外国人ナレッジ・ワーカーの採用は、職場にいちじるしい活性化の効果を与えていた。千秋にしたがって具体例を列挙すれば、英語の公用語化による国際化の進展や独創的な手法の移植とならんで、とりわけ異文化交流の相乗効果が重要である。この効果はとくに研究開発部門に顕著であるが、それは外国人研

究者の異質な発想がプラスに作用するためである。

ところで、ナレッジ・ワーカーが訴える最大の不満は、評価に関するものであった。外国人ワーカーには能力の評価内容とそのプロセスの情報開示にたいする要求が強いが、企業側はこの点に無関心であった。これとならんで、プロジェクトの最終目的の不明確性への批判や、年功序列的管理方式にたいする反発や疑念が存在した。企業内での多文化共生社会の形成のためには、外国人ナレッジ・ワーカーの活用と新たな評価尺度を核とするナレッジ・マネージメントの確立が要請されると千秋は結論している。

表Ⅲ-1-2（402～403頁）に示したように、高度な人材とされるカテゴリーである専門・管理職およびホワイトカラー的職業に従事する外国人の合計は2005年時点で10万人をわずかに上回る程度にすぎずきわめて少数であり、高度な人材の獲得において日本がいちじるしく立ち遅れていたことは言をまたない。ところで、その過半が中国人から構成されていることからもわかるとおり、このカテゴリーにおいて中国人は決定的な重要性をもっていた。

ところで、国際的に高度な人材を引きつける魅力が日本から失われつつあったようにみえるという、看過できない問題があることを指摘したい。たとえば、ある人材会社の在日中国人を対象とする調査によれば、今後の希望勤務先では日本よりも中国を希望する者が多かった。その理由としては、外国人の採用、昇格に格差があることや、物価が高く生活が苦しいことがある〔『日経』2003年2月6日〕。陳天璽もまた、日本の各界で活躍する中国人の参加を阻む要因として、中国人にたいする差別と偏見がいまだ根強く存在すること、日本社会が問題改善にたいする中国人からの提言を受け入れる柔軟性に欠けること、言葉の壁が高く日本的なコミュニケーションがむずかしいことなどを指摘している〔陳2003〕。

同じような状況を、高鮮徽は新韓国人について見いだしている。韓国に本拠をおく企業の駐在員としても、また留学先としても、日本に滞在することの魅力がうすれていると高は指摘する。駐在員にとっては、韓国社会の変化が早いため日本勤務をしていては流れに乗り遅れると考えられている。また日本の大学に留学しても学ぶことがなく、社会構造が保守的であるという理由から学部の留学生は減っている。その根底には、かつては日本社会のほうが進んでいたが、今では韓国社会のほうが進んでいるという認識がある〔高2003〕。

高度な人材にたいする吸引力をどのように高めたらよいかは、これからの日

本社会の大きな課題となろう。高度な人材の最大の供給源は日本で高等教育を受けた外国人であるから、留学生の受け入れの拡充は高度な人材の確保のために最優先されるべき方策である。

留学生の受け入れ政策は、時の中曽根首相により1983年に提唱された「留学生10万人計画」が出発点であった。しかしながら、この目標が達成されたのはやっと2003年になってからのことである。この立ち遅れの背景として、栖原暁は、私費留学経路が放置状態であったことと、日本語学校政策が欠落していたことを指摘している。こうして留学生政策の見なおしが必然化したが、入管政策としては身元保証人制度の廃止など審査の簡素化がはかられ、文部科学省サイドでは日本語学校を正式に位置づけるとともに日本内外で日本留学試験を実施することとした〔栖原2002〕。

高度な人材を呼び寄せるためには、留学生政策の確立とともに、日本にいる移民が生活し就労しあるいは学習する場における人間としての彼らの尊重が大切であることはいうまでもない。

6. 看護・介護分野とメイド

就労に一定のニーズがある労働として検討されるべきであるのは、少子高齢化に対応するための看護・介護分野やメイドがあげられる。まず看護・介護については、政府は2004年6月に閣議決定された「経済財政運営と構造改革に関する基本方針（骨太の方針・第4弾）」において、「看護、介護などの分野における外国人労働者の受け入れ拡充に関して総合的な観点から検討する」として、明確な一歩を踏みだした。その背景には、WTO（世界貿易機関）を中心とする多国間の自由貿易体制の強化がある種の限界に達し、それに対処するために自由貿易協定をふくむ経済連携協定の二国間での締結が推進されはじめたという事情がある。上述の基本方針は、交渉の過程のなかで、フィリピンやタイなどから看護や介護の分野の開放にたいする強い要求があったことにこたえるものであった。

それでは、看護・介護分野の開放の問題をどう考えたらよいのであろうか。まず、これらの分野の日本国内における労働需給をみると、看護については2000年以降マクロ的には需給がバランスして、2002年に40万人の准看および60万人の看護師のストックが確保されているばかりでなく、当時の看護福祉系大学の急増は供給を増大させていた〔久常2002：7, 38〕。それなのに看護師

不足というイメージがあるのは、中小病院や診療所などで経費節減のため看護要員の経費を減らして労働強化をはかろうとし、結果として看護師が離脱してしまうからである。状況は介護の分野においても類似しており、厚生労働省が定めているサービス単価が低すぎるため、安価なパートタイムのホームヘルパーに全面的に依存せざるをえなかった。介護労働は激務であるのにそれに見合う収入が得られないので、ホームヘルパー2級保有者など介護の有資格者の離脱がいちじるしかった。

　経済連携協定の締結が急がれているのは、相手国の設定する輸入関税や投資制限の壁に悩む日本の産業界からの強い要請があったからである。また、フィリピンに典型的なように、アジア諸国のなかには本国への送金を目的として労働力輸出を国策としている国も多かった。フィリピンでは、その一環として専門的な介護士を養成し、それを世界全体に派遣するプログラムが稼働していた。したがって、現実的には、日本が看護や介護の分野におけるアジア諸国からの労働者の受け入れにある程度踏み切らざるをえなくなる可能性が強かった。そのさい、受け入れの現場では、当然のことながら異文化の人びとから新鮮な刺激を受けることになろう。

　それにもかかわらず、外国人の看護師や介護従事者が低賃金で働く外国人労働者にほかならないということになれば、医療機関が経費を節減できたとしても、日本の既存の看護師や介護の有資格者のストックがさらに排除されるという問題が生じるばかりでなく、医療や介護の水準の全般的低下も憂慮される。その帰結は、治療の長期化という形での医療全般のコストの上昇であろう。したがって、高度な能力をもつ人材を日本人と同待遇で迎え入れることが絶対的に必要とされる。また、医療や介護はたんなる表面的な治療やサービス行為にとどまるものでなく、それを受ける人との全人格的な関係を前提とするので、異文化を理解する能力とりわけ日本語の能力は重要な条件となる。

　さらに、フィリピンでは看護師の海外流出がいちじるしく、経験を積んだ看護師がいなくなるという大きなマイナスの社会的効果を生みだしていたことも忘れられてはならない。医師が看護師の資格を取りなおして海外に流出するという事態さえ起こっていた。

　したがって、看護・介護労働への外国人の導入を考える前に、日本人の准看や看護師および介護従事者の待遇の改善など介護システムの抜本的改革をはかって、内国人とりわけ女性労働力の活用をはかることが先決であろう。

つぎにメイドについて考えてみよう。香港やシンガポールでは女性の社会進出がいちじるしいが、その背景として外国人労働者のメイドの存在があることはよく指摘される。第二次大戦後の日本社会では、メイドは基本的に不在であり家事労働の負担は主として既婚女性の肩に担わされてきた。しかしながら、共働き女性や高齢者世帯の増加を考慮すると、家事労働の外部への委託を体系的に検討すべき時がきているとおもわれる。家事労働を委託される者にたいして、資格の付与、業務の明確化、適正な報酬水準の設定、委託する側の身分意識の除去などを体系的におこなえば、内国人の女性労働力の活用が可能になるとおもわれる。したがって、メイドについても、介護労働と同様に、外国人の導入策は当面とられるべきではなかろう。

　以下、本節を要約する。まず1990年代末から移民政策論争が再燃しはじめたことから説き起こし、日本では低賃金の外国人労働力の導入をほとんどおこなわなかったことも手伝って生産拠点の海外移転が大規模に開始されたが、その反面社会的緊張は相対的に不在であったことを述べた。さらに少子高齢化への対策として移民を導入せよという議論にたいしてはそれを非現実的であるとし、高度な人材を別として外国人労働力の受け入れには慎重であるべきだとし、すでに定住しはじめている人びともふくめて移民受け入れ体制の整備をはかるべきだと結論した。

第2節　難民受け入れの立ち遅れ

　2000年代なかばまでの難民の受け入れの少なさは日本社会の人権感覚を象徴的に示している。年間1万人から3万人を受け入れているアメリカ、ドイツ、イギリス、カナダ、フランスを別格として、数千人あるいは数百人規模で受け入れていたそのほかの欧米諸国〔『朝日』2001年6月20日〕とくらべても日本の消極的姿勢は印象的である。1997年までは、ボートピープル以外で認定された難民の数は年間1桁ということが多く、しかもたった1人だけという年も多く、難民の受け入れにきわめて消極的だったと評することができる。

　1998年以降になると認定数は年間2桁台に乗りはじめた。2001年にはそれまでの最多の26人が認定され、日本政府の態度がやや変化したことを示している。それでも認定された総合計数はわずか3桁にすぎなかった。認定者がなぜこんなに少ないかというと、それは認定の獲得がほとんど不可能であることを反映

して、多い年でも200人台しか申請者がいなかったことによる。このことは、たとえば、イスラーム原理主義者による同時多発テロと関連させて、入管当局が2002年に難民申請をおこなったアフガニスタン人の身柄の拘束をおこなうという言語道断の行為にでたことからもわかる。

このような認定のプロセスにたいする強い批判を受けて、2004年に「出入国管理及び難民認定法」の改定案が国会を通過した。この改定案のうち難民に関する部分は、1982年にはじめてこの法律が成立して以来初の大改正となった。その主要な内容は、第1に批判の多かった難民認定の申請期間をこれまでの入国後90日以内から6ヵ月以内へと2倍に延長し、第2に難民認定の申請が可能な第三国を経由していないことを申請の要件とし、第3に認定されなかった場合の異議申し立てについては、これまでは法務省の内部だけで審査をおこなっていたがこれからは民間人の参与員3人がかかわるとし（難民審査参与員制度）、第4に申請者や異議申し立て者には仮滞在許可を出すことを原則とし、たとえ非正規の滞在者でも退去強制の対象としないとした。

この改定案にたいしては、第三国非経由という条件が厳しすぎるという批判や、異議申し立ての審査にあたる参与員は法務大臣の任命によるものであり、また法務大臣は参与員の判断に拘束されないことから、これまでとあまりかわらないという批判があった。このほか、この改正の大きなきっかけとなったものが、瀋陽の日本領事館への脱北者の駆け込み事件にたいする冷たい扱いであったことを考えると、政治難民とまではいえない事実上の難民にたいする配慮が改定案にはまったくないということを指摘できる。

このような不十分な点があったとしても、とくに難民審査参与員制度が創設された結果として2005年の難民の受け入れ数は大幅に増大した。難民として認定されたミャンマー人は2004年の14人から36人となり、在留特別許可も5人から40人へと激増した〔『中日新聞』2005年12月27日〕。

ところで、首尾よく難民認定申請者あるいは異議申し立て者として仮滞在許可を受けることができたとしても、問題は山積している。まず、認定の申請をしてもその決定が出されるまでにきわめて長い時間がかかるのが通例であり、2-3年が普通でひどい場合は11年ということもあった。とりわけ、とりあえず短期滞在の資格で日本に入国したあと超過滞在にならざるをえなかった人びとは、長期間困難な生活をしいられた。

この人びとは、次のような状況に直面してきた。インドシナ難民の受け入れ

のためにつくられた難民事業本部という機関が申請者に生活費などの補助をおこなっていたが、その額はごくわずかにすぎなかった。そのため、どうしても日本で就労することが必要となり、それを可能にする資格の付与や就労のあっせんが必要とされるがそれは容易ではない。また、国民健康保険への加入は1年以上滞在する資格をもっていることが条件とされているため、医療に保険が使えないことが多く深刻な事態となっていた。住宅については、家主の拒否が多発していたばかりでなく、高額な敷金や礼金を要求された。子どもがいる場合には、その教育も大きな課題となる。さらに、この人びとの精神的ストレスはとても強くそのケアが要求されるが、それへの対策はほとんど整備されていなかった。ここであげた問題点のすべてについて、とくに正規の在留資格をもたない人びとをどう救済するかが重要である。

　つぎに、首尾よく難民として認定された人びとについて考えてみよう。日本での定住を望む難民については、インドシナ難民を受け入れた経験が役に立つ。難民事業本部は、インドシナ難民にたいする日本語の教育、就職のあっせん、健康の管理などに取り組んできた。この機関が定住を希望する難民の支援の中心となるべきだが、それとならんで必要なのは、当然ながら特定非営利活動法人と呼ばれるNPOや国際的な支援活動をおこなっているNGOとの協力や連携である。

　ところで、世界各国の難民にたいする処遇については、受け入れ国で庇護して定住させるというそれまでの大勢が、できればもといた国に返すという方向に大きく転換しつつあった。東西冷戦のさなかでは、東側から流出した難民を西側が定住者として受け入れるということは自明だったが、社会主義体制の崩壊がその必要性をなくさせたからである。もといた国に返すためには、難民を発生させる国の構造をかえて難民を発生させないようにすることが求められる。

　2004年末までに日本で難民認定を申請した人びとの出身国の第1位はミャンマー人で、いうまでもなく軍事政権にたいする反対者たちが主であった。第2位はトルコ人でそのなかではクルド人が多い。この両国出身者は3桁台に乗っていた。以下2桁台のバングラデシュ人、アフガニスタン人、イラン人がつづいていた。ただし、認定された者についてみると、ミャンマー人以外は極端に少ない〔法務省2006〕。

　日本が難民をもといた国に返すためには、ミャンマーの民主化、トルコにおけるクルド人の社会的受容、アフガニスタンの平和などが確立されるよう国際

的な努力をすることが必要である。

　政治的迫害を逃れる人びとに避難所を提供することは、いうまでもなく地球社会の一員として果たさなければならない当然の義務である。日本は認定数を国際的に適正な水準に近づけなければならない。そのための緊急の課題としては、脱北者のように、政治難民にはあたらなくてももといた国に返せば迫害されることが確実な、事実上の難民の受け入れにたいする門戸を開くことがあげられる。

第8章　自治体、NPOの取り組みと在留特別許可の要求

第1節　自治体、NPO、市民運動

1. 基礎的自治体による取り組みの展開

　2000年前後、日本の地方自治は明治期以来もっとも劇的な変動を経験しつつあった。その出発点となったものこそ、1999年に公布され2000年から施行された「地方分権の推進を図るための関係法律の整備等に関する法律」（以下「地方分権一括法」と略）であった。この法は、「地方自治法」をはじめとする合計475本の関連法を一括改正した。法改正の主な目的は、国の役割と自治体の役割を根本的に見なおすことにあった[*1]。

　新「地方自治法」第1条の2によれば、国は国家としての存立や全国的に統一することが望ましい事務や業務に専念し、住民に身近な行政はできるかぎり自治体に委ねることとされた。自治体は、住民の福祉の増進をはかることを基本に、地域における行政を自主的かつ総合的に実施する。そのための手段が「機関委任事務」の廃止である。旧「地方自治法」第150条によれば、自治体が国の機関として処理する行政事務については、自治体は主務大臣の指揮監督を受けると規定されていた。機関委任事務の廃止により、なかば以上中央政府の下部機関とされていた自治体には、文字どおり自治権を確立する道が開けた。

　国と自治体の関係の変化と同様に、道府県と市町村との上下関係も変容した。新「地方自治法」第2条によれば、市町村は基礎的な自治体であるとされ、地域における事務と、その他の事務で法律またはこれにもとづく政令により処理されることとされるものを処理するとされている。それにたいして道府県は、広域にわたる事務、市町村に関する連絡調整に関する事務、その規模または性

---

　*1　「地方分権一括法」の意義については、〔坂田 2001〕が参考になる。

第Ⅲ部　移民の定住化──1990年代後半から2000年代前半まで

質において一般の市町村が処理することが適当でないと認められる事務を処理する。すなわち、自治体行政においては市町村が主体となり、道府県は個別の市町村では処理がむずかしい分野の支援に限定されることになった。

とくに東京都については23の「特別区」があり、旧「地方自治法」ではそれらは「都の内部団体」とされていたために、その位置づけや権限が一般の市町村よりも制限されて特別区の自主性が奪われ、また都区それぞれの住民にたいする役割分担が不明確であった。新「地方自治法」の第281条の2の第2項は、特別区を基礎的な自治体であると明確に規定し、都との関係は他の道府県と市町村との関係と同様であるとされた。これにともなって、都から特別区への事務の移管と特別区の財政基盤の強化がおこなわれることとなった。これは「都区制度改革」と呼ばれる*2。

以下、外国人移民が多く集住したために新しい施策をうちださざるをえなくなった3つの基礎的自治体である静岡県浜松市、群馬県大泉町、神奈川県川崎市の1990年代後半から2000年代前半の外国人市民政策を概観する。

浜松市は全国でも最多のブラジル人のほか多数の外国人をかかえていたが、出稼ぎ労働者から定住する生活者への変容は、外国人市民の権利をいかに保持するかということとともに、義務や責任をいかに果たしてもらうかという行政課題を市政につきつけた。地方参政権をもたない外国人市民の声を市政に取りこむために2000年につくられたものが「外国人市民会議」である。複数言語で基本教科を教える外国人児童サポート教室の開設は、この会議の要望を受けたものであった。さらに、外国人市民が集住する公営住宅団地におけるトラブルを防止するための「地域共生会議」の開催や、日本語ボランティア支援事業などを核とする「世界都市化ビジョン」が2001年に策定された。なお、浜松市の日本語ボランティアグループは、NPO法人の認可を受けた。

このような実績のうえにたって、浜松市は、エスニック・マイノリティがかかえる緊急な問題について2001年に「外国人集住都市会議」の設立を呼びかけそれに成功した。この会議は、ラテンアメリカ日系人を中心とする外国人市民が多数集住する13の都市から構成され、浜松市で開催された。その設立趣意をみると、外国人住民との地域共生の確立をめざして、問題解決のために都市間連携を構築し、国・県および関係機関への提言をおこなうとしている。提言は、教育、社会保障、外国人登録制度の見なおしを主要な内容とし、関係省庁に申し入れがなされた。教育については、日本語および母語の能力の低さと

不就学の子どもの増大とが憂慮されている。社会保障については、とくに社会保険の加入率の低さが懸念されている。また外国人登録制度については、見なおしが必要とされている。引きつづいて、2002年には14都市により東京会議が開催され、これには関係省庁も出席した*3。

「外国人集住都市会議」は、①基礎的自治体が都道府県にしばられないで直接にネットワークを形成したこと、②基礎的自治体が都道府県をとびこえて直接中央政府にたいして改善を要望したという点で、日本の地方自治の歴史のなかでも画期的意義をもつものであると評価できる。

つぎに大泉町であるが、この町には浜松市と同様にブラジル人を中心とする外国人市民が集住していた。1995年にボランティアによる日本語講座など国際交流を目的とする「大泉国際交流協会」が設立された。1997年以降、地域でのトラブルの防止と地域活動への外国人市民の参加のために、「地区別三者懇談会」の開催が推進された。ここで三者とは、地域の役員、外国人市民、行政をさす。さらに大泉町は、激増する外国人市民にどのように対処すべきかを検討する担当職員による会議を2000年に開催した。その結果、言葉の壁の克服のために、ポルトガル語に対応する職員の配置やポルトガル語による行政文書と広報の作製がおこなわれた。また、外国籍児童の増加にともなって、小中学校に日本語学級を設置した。教育問題については、第5章でみたように2002年と2003年に不就学児童の実態調査を実施するとともに、2003年には小中学校で放課後学力支援と進路相談をおこなった。また町は「外国人集住都市会議」にも参加した。このようなきめの細かい施策が、大泉町を「ブラジル人のふるさと」へと転換させたと考えられる*4。

最後に川崎市であるが*5、1990年に提起された検討課題24項目のなかの重要項目であった職員採用における国籍条項の撤廃については、1996年に消防士を除く全職種を対象とすることを決定した。なお、高知県、大阪府なども全面撤廃を検討中であった。また旧来外国人の多い西日本では、とくに外国人職員の採用および入居差別について具体的施策が進展していたことが注目される。「公権力の公使又は公の意思の形成への参画」という自治省見解を限定的に解

---

*2 「都区制度改革」については、〔西野2000:第1章〕が参考になる。
*3 以上は〔原田2004〕による。
*4 以上は〔糸井2004〕による。
*5 以下川崎市については〔峰岸2004〕による。

釈しようとしていた自治体としては、神奈川県、愛知県、横浜市、川崎市のほか、大阪府、神戸市、広島市、福岡市があった。付言すれば、地方自治法は外国人が自治体の管理職に就任することを妨げるものではないとした1996年の東京地裁の判決は、このような動きに大きな意味をもつものであった。

また24検討項目の別の重要項目であった外国人の議会としての性格をもつ「外国人市民代表者会議」については、1996年に設置条例が成立し同年以降開催された。そのきっかけは、外国人が地方参政権をもたないドイツとフランスで、都市によっては投票により選出された外国人市民の代表が審議会を構成し、その代表は市議会にも出席し、議決権はもたないが意見表明と議案提案権は保障されているという情報を得たことにあった。

この会議の総数26人の外国籍市民の代表者の選任については、原則として外国人登録数に応じる出身国別の比例配分という方式がとられた。募集の方法は、一般公募とともに、一部は在日韓国・朝鮮人の運動に取り組んできた3団体からの推薦にもよる。この方式についての担当者の評価は興味深い。団体推薦については、被推薦者が推薦母体の立場に拘束されがちで、ややもすれば外国籍市民全体の代表性に欠ける点もあったようである。また、分断国家を背景とする民族団体から登録人口による配分を差別だとする抗議があり、これが他都市に同種会議の設置をためらわせる原因ともなっていたと担当者は判断している。さらに、代表者と同国人とのあいだのコミュニケーションを増加させるためには、同国人ネットワークなど外国人コミュニティの形成が重要である。最終的には代表者の公選制が望ましいし可能であると担当者は考えていた。

代表者会議は、1996年度には相互理解教育、入居差別を禁止する住宅条例の制定、外国語による広報の充実を、1997年度には留学生修学奨励金制度の見なおし、出入国管理行政の改善、住宅条例制定の補足、国際交流事業の推進を、1998年度には放課後の子どもの居場所の確保、国立大学受験資格の承認と外国人学校への助成、外国人高齢者への年金支給と福祉手当の増額、国際交流の充実をそれぞれ提言した。このように、住宅と教育についての要望が中心であったといえる*6。

これはこの種の会議のパイオニアとなった。川崎市につづいて、東京都が1997年に「外国人都民会議」を、京都市が1998年に「京都市外国籍市民施策懇話会」を、神奈川県が1998年に「外国籍県民かながわ会議」を、東京都三鷹市が1999年に「みたか国際化円卓会議」をそれぞれ発足させた。外国籍市

民のほかに、京都市のばあいには学識経験者が、三鷹市のばあいには市幹部、国際交流協会、市民団体の関係者がそれぞれ構成員に入った。「外国人都民会議」は、医療や住宅に関する情報を外国人に伝達することを要望する報告書を都知事に提出した。また京都市と神奈川県の会議では、学校や就職など外国籍市民の直面する問題を審議し、その結果を首長に提言することになっていた。さらに三鷹市の会議は、市の第三次基本計画などへ提言する権限を与えられていた。

浜松市・大泉町・川崎市などの先進的な基礎的自治体の外国人市民政策については、①中央政府との関係における自律性、②外国人市民の市政への主体的参加を確保するために、川崎市と浜松市で外国人市民による議会的性格をもつ会議が開かれていること、③政策課題としての社会保障および子どもの教育の重要性、④NPOとの協働あるいはNPOへの支援を重視していること、⑤地域的共生を確立するために地域レベルでの外国人市民と日本人市民との会議を随時開催していることなどの共通点がある。これら諸点は、外国人市民をかかえる他の基礎的自治体にとっても参考としうるものであろう。

2. 台頭するNPOと市民運動

後述するNPO法の施行まで、日本における法的根拠をもつNPOとしては公益法人があるのみであった。その設立には、主務官庁による許可と高額の金融資産が要求された。したがって、中央省庁と距離をおこうとする組織や小規模な組織は公益法人の資格を取得できなかった。法人でない任意団体のばあい、活動にたいするつぎのような制約が発生した。①事務所の賃借や銀行口座の開設のさい団体名が使えない。②団体名で業務委託契約の締結ができないため、さまざまな障害が生まれる。③土地登記をはじめとする資産の処理が団体名でできないため、資産の継承に問題が生じる。④法人でないばあい、社会的信用の獲得がむずかしい。

1998年に画期的な「特定非営利活動促進法」（通称NPO法）が成立、施行された。この法の成立の背景としては、1995年の阪神・淡路大震災の際の130万人とも170万人ともいわれるボランティアによる救援活動の高まりがあった。こうして、日本でもついに非営利セクターが社会的認知を受けたのである。と

＊6　以上は〔山田2000〕による。

ころで、この「特定非営利活動」という語であるが、NPO法が衆議院を通過した時点では「市民活動」とされていたものが参議院で変更になった。その理由は「市民活動」という語が「市民運動」をイメージさせるので好ましくないということにあったとされる。

　NPO法は、法人の目的を「不特定かつ多数のものの利益の増進に寄与すること」として、所轄庁（都道府県および経済企画庁）の干渉を受けるおそれの高い「公益」性を使用しなかった。法人の要件としては、社員が10名で資金は不要としており、小規模組織でも十分対応できる。法人の設立は書面による形式要件の審査のみにとどまる「認証」とされ、所轄庁による恣意的な可否の判断が働きにくい。なお、法人の所轄庁が都道府県であるばあい、その業務は団体委任事務とされた。これは、国政への従属を弱めるものである。また、法人の情報公開が義務づけられた。ただし、この法では、法人にたいする税制の優遇制度が規定されなかったという問題点が残っている〔松下1998：28-29〕。

　この法の特定非営利活動とは、「NPO法」別表によれば、保健・医療・福祉、社会教育、まちづくり、学術・文化・芸術・スポーツ、環境の保全、災害救援、地域安全、人権の擁護・平和の推進、国際協力、子どもの健全育成、情報化社会の発展、科学技術の振興、経済活動の活性化、職業能力の開発・雇用機会の拡充の支援、消費者の保護、これらの活動をおこなう団体にたいする連絡・助言・援助からなる17の分野であると規定されている。

　ところで、NPO活動は自治体行政と以下の諸点で補完的である。①自治体の行政は厳格で公正な手続きのもとで安定したサービスを提供しなければならないので、日常的でない事態に遭遇すると決定や行動が遅れがちで柔軟性に欠ける。それにたいし、NPOは事態に即応する柔軟な活動ができる。多数のNPOやNGOが活躍した阪神・淡路大震災はその実例である。②自治体職員は地方公務員であって各種の法を遵守しなければならない義務があり、非正規に滞在する外国人のように合法性をもたない住民を保護することには現実的にさまざまな難点がある。それにたいしNPOにはそのような制約がない。③NPOは、自治体行政にたいするチェックをおこなったり代替案の提案をすることができる[*7]。

　自治体行政のNPO活動にたいする支援としては、①財政支援、②活動の場の提供、③情報支援の3つがもっとも重要であるといわれてきた[*8]。とくに財政支援については、NPOは活動のための資金を自治体および助成財団の助成

金や委託事業に大きく依存していた。これらの支援は、ややもすれば自治体とNPOとの対等な関係をあやうくさせる。これと関連して、自治体行政がNPOと協働したい分野があるのにそれに必要なNPOが存在しないばあい、自治体が行政主導型のNPOを意図的につくりだすという傾向さえ現れていた〔米原1998〕。そればかりでなく、行政需要の増大と膨大な財政赤字のもとで、本来は行政が負担しなければならないサービスでさえも、市民の自己責任という論理のもとでNPOに委託する自治体も現れていた。このようなばあいには、NPOは自治体行政の下請けと化し、自発性や自立性を喪失するおそれがある[*9]。

　前述した1995年の阪神・淡路大震災は、否応なく多文化共生社会への道を歩まざるをえなくなっている日本社会の状況を象徴的に示していた。すなわち、被災者のなかには、日本人ばかりでなく、高齢の独身女性がめだつ在日韓国・朝鮮人や、難民として受け入れられたベトナム人がかなり存在していたのである。このことは、どのようなNPO活動であろうと、外国人移民の存在をもはや必然的に考慮しなければならないことを意味している。NPOの活動領域を、かりに社会福祉、環境、国際、人権、青少年に大別するとすれば、このどの領域についても外国人移民の存在を避けてとおるわけにはいかないことは自明である。

　民間の非営利組織の外国人移民を対象とする活動は、主要には、救援ないし支援団体、1990年代にきわめて活発化した国際交流を促進しようとする国際交流団体、日本語ボランティアによって担われてきた。とりわけ国際交流協会や国際センターが、「内なる国際化」を掲げて積極的に活動してきたことは重要である。

　以下、日本に滞在する外国人と関連する活動をおこなっていたNPOについて、基礎的自治体と協働しながら市民活動を支援する中間支援組織と呼ばれるNPO、市民活動をしているNPO、自治体とは直接関係をもたないNPOおよびその全国ネットワーク、および日本語ネットワークの事例を紹介する。

　中間支援組織の事例としては、浜松NPOネットワークセンターを取りあげる。センターは1997年に設立され、団体会員40、個人会員110人、事務局運

---

*7　以上については、〔渡辺1999〕が参考になる。
*8　〔松下1998：21-23〕を参照せよ。
*9　これについては、〔大室2001〕が参考になる。

営スタッフ11人という体制であった。センターの活動は、「障害をもつ人・在住外国人・子ども・高齢者」が市民とともに問題解決の当事者となることをめざす事業を柱としていた。在住外国人の力を借りて地域社会のエンパワーメントをはかろうとする「多文化事業」はその一環であった。

センターは、先述した「外国人集住都市会議」のさい、自治体のカウンターパートとしてのNPOとして、議題設定の役割を果たそうとした。具体的には、在住外国人が直面している問題のうちもっとも緊急性の高い医療と子どもの教育について、2001年に「外国人医療支援市民団体全国交流会」を、2002年に「外国人教育支援市民団体全国交流会」を開催した。医療の全国交流会には、全国から9団体12グループが招待された。交流会は、医療に関する社会保険制度の改善、医療通訳養成、多言語対応医療環境の整備を提言した。また教育の全国交流会には12の招待団体をふくめて35団体、180人が集まった。交流会は、不就学にたいする取り組み、母語教育・母文化教育の公的取り組み、高校進学率の改善を提言した〔山口祐子2004〕。活動の過程で注目されるのは、たんに所在地域の市民活動グループとのあいだだけでなく、問題に応じて全国的ネットワークを形成しようとしたことである。

市民活動をしているNPOの事例としては、「MAF(外国人医療援助会)・浜松」を紹介する。外国人のための無料健康相談と検診会は、1996年に外国人支援の市民団体とロータリークラブの協力により実施されたのがそのはじまりであった。この試みは好評であり、翌1997年に「MAF・浜松」が結成された。その運営委員会には外国人も参加した。1997年以降この団体は無料検診会を実施したが、その経費はすべて寄付金でまかなわれた。2001年以降合計300人をこえる医師・看護師・通訳・一般ボランティアが参加したが、すべて無償のボランティアであった。注目されるのは中間支援組織との関係であり、前述した浜松NPOネットワークセンターがこの団体の事務局を担当していた。これがセンターによる医療の全国交流会を成功させた有力な一因となったのである〔山口貴司2004〕。

自治体とは直接関係をもたないNPOの全国ネットワークとしては、各地で移住労働者問題に取り組む市民団体や個人のネットワーク組織としては日本最大である「移住労働者と連帯する全国ネットワーク」(移住連)の事例を概観する。その歴史的経緯をみると、移住連の前身ともいえるものは「アジア人労働者問題懇談会」(アジ懇)であるが、この団体は「アジア太平洋資料センタ

ー」(PARC)や在日韓国・朝鮮人の権利保障運動と密接なつながりをもちながら誕生した。アジ懇は外国人労働者問題フォーラムを開催するなどの成果をあげたが、しだいに情報の交換にとどまらない政策提言や政府の施策の批判が求められていくようになった。そのため、より強力な全国規模のネットワークを立ちあげ行動力の結集をはかろうとして、1997年に移住連が発足したのである。

移住連は情報交換と共同行動とならんで、外国人医療・生活ネットワーク、外国人研修生問題ネットワーク、女性プロジェクトの3つの課題プロジェクトを発展させた。また、地域ネットワークを発足させるとともに、中央省庁への要請をおこない、国際的ネットワークにも参加した。課題としては、事務局体制と財政基盤の確立とならんで、組織内部での移住労働者の客体から主体への転換があげられていた〔岡本2004〕。

つぎに日本語ネットワークであるが、これは外国人移民あるいは日本語を母語としない人びとの日本語学習を支援するボランティアによるネットワークであり、1980年代から90年代にかけて急増した。日本語ボランティアは外国人移民がある程度集住する地域にはほとんど存在していた。ボランティアの主体は、海外在住経験や海外旅行経験をもつ中高年女性であった。活動がたんなる日本語教授だけでなく日常の生活相談にまで及ぶときには、外国人移民との接触・交流がさらに高まる。長澤成次によれば、2000年代初頭のボランティアの総数はおよそ2万人、日本語教室数は1500前後、ネットワーク数は30前後に達した。ネットワーク設立の契機や活動形態は一様ではない。設立を主導したものとしては、地域の日本語教育関係者、日本語ボランティア、大学関係者などがあり、このほか国際結婚などの地域的要因、国際交流協会の援助などが契機となっていた。またこれらが重複しているばあいもあった。日本語ネットワークがかかえている課題としては、まず、教え・教えられる関係でなくおたがいに学びあう関係をいかに創造できるかがある。また、生活支援ネットワークとの連携、子どもたちへの日本語学習支援、社会教育との連携、自治体による支援などが模索されていた〔長澤2003〕。

ここで2000年前後のコミュニティ・ユニオンについて若干ふれておく。2002年現在の全国ネットワークの組合数は66ユニオン、組合員数は1万5000人であった〔長峰2003：66〕。すなわち、1ユニオン当たりの組合員数は227人にすぎず、きわめて小規模であったといえる。なお、全国ネットワークに参加しているうちの8団体が中心となって、2002年に全国コミュニティ・ユニオン

連合会を結成し連合への加盟を申請したが〔浜村2003：28〕、連合は決定を先送りした。また「全統一労働組合外国人労働者分会（FWBZ）」への加入者は、2002年には2000名をこえた。NPOとの関係をみると、FWBZは前述した移住連の結成に参画し、その労働運動部門のサブネットワーク的な機能を果たすようになった〔鳥井2004〕。

　本節の結論として、日本型多文化共生社会を建設するためのNPOの活動についての提言をおこなっておきたい。

　①第1に、NPOの役割の一層の強化・拡大がはかられるべきである。そのさい、同じく非営利で中央政府ではない自治体との連携が重視されなければならない。

　②NPOは、日本型多文化共生社会の建設のための政策提言能力を格段に高める必要がある。これは、活動の現場のなかから問題を発見し、それを解決すべき方向を提示すべきことを意味する。

　③さまざまな外国人移民そのもののNPOへの参加を強く促進しなければならない。外国人移民は恩恵を与えられる客体ではなく、日本社会を変革する主体であるという認識が共有されなければならない。

　④NPO間の国際的ネットワークを拡充・強化していくことが求められる。外国のNPOから発信される日本のNPOが知らない情報や外国のNPOとの協働は、地球社会全体を多文化共生社会に変革していくための大きな力となる。

第2節　非正規滞在者による在留特別許可の要求

　1999年9月1日、法務大臣の裁量による「在留特別許可」を求めて、超過滞在により非正規化した外国人の5家族と単身者2人からなる21人が、APFS（Asian People's Friendship Society）支援のもとで、東京入国管理局に一斉出頭した。さらに、第2陣として4家族17人が12月27日にも一斉出頭した[*10]。従来、新来外国人にたいする在留特別許可は、日本人と結婚したり日本人とのあいだの実子を養育しているばあいにかぎられていた。したがって、このような条件をもっていない出頭者たちは、収容所に収容され、そののち本国への退去強制処分を受けるという最悪の事態を覚悟しての大きな賭けに出たといえる。その背景としては、日本での滞在の長期化と生活基盤の形成にともなってもはや日本しか住む国がなくなってしまったこと、また非正規滞在であるために公

第8章　自治体、NPOの取り組みと在留特別許可の要求

的保険への加入ができなかったり劣悪な労働環境におかれたりすることに耐えきれなくなったことなどがあげられる。

　われわれ外国人移民問題を主たる研究領域とする研究者グループは、在留特別許可の要求を支持する共同声明を作成し、短期間のうちに海外112人、国内481人の賛同を得て、11月11日法務大臣に提出した。共同声明の海外の賛同者としては、移民政策の研究者としてヨーロッパを代表するストックホルム大学のT.ハンマー（T. Hammer）名誉教授、同じくアメリカを代表するカリフォルニア大学のW.コーネリアス（W. Cornelius）教授、移民研究の著名な中心人物であるオーストラリア・ウォロンゴン大学のS.カースルズ（S. Castles）教授などが参加しており、この3人はわれわれの活動を支持するメッセージを送ってくれた。この共同声明では、われわれはとくに子どもにたいする退去強制が「子どもの権利条約」に抵触することを強調した。

　子どもの権利条約は1989年の国連総会で採択され、日本も1994年に加盟した。この条約は、人種差別撤廃条約および女性差別撤廃条約とならぶ国連の三大差別撤廃条約のひとつであり、国際社会の人権擁護の柱にほかならない。条約は国内法と同等の効力をもっているが、その第3条には、公的または私的な機関がおこなう子どもにかかわるすべての活動において、子どもの最善の利益が第一義的に考慮されると明記されている。この条約の国際的な効力は、たとえばフランスの最高裁が、この条約にもとづいてフランスの学校に通学する子どもをもつ非正規滞在の両親の退去強制命令を無効としたことにも示されている。

　またわれわれは、12月11日に非正規滞在者の処遇に関する国際シンポジウムを開催した。このシンポジウムでは、非正規滞在者の正規化に関する国際的状況を理解することを目的として、ヨーロッパ、アメリカ、国際人権法の現状を整理するとともに、在日韓国・朝鮮人がかつて在留特別許可を多数獲得した歴史にも焦点をおくこととした。このシンポジウムには、研究者ばかりでなく報道関係者や一般市民も多数参集した。

　これらの行動にたいし、2000年2月ついに中学への入学予定者をふくむ中学生以上の生徒をもつ4家族16人に在留特別許可が与えられ、大きな成果が勝ち取られた。法務省は、これについて、本国に送還したばあい生活や子どもの教

＊10　その背景など詳細については、〔駒井・渡戸・山脇2000〕をみよ。

第Ⅲ部　移民の定住化——1990年代後半から2000年代前半まで

育で困難が生じるケースがあり、人道的立場と国際的かつ時代的な流れに配慮したと述べている。これは、子どもの権利条約に抵触するというわれわれの指摘を法務省が受け入れざるをえなかったことを意味する。

　ここで第1陣の一斉出頭者の状況を簡単に紹介しよう。出身国別にみると、イラン人が4家族と単身者1人、ミャンマー人が1家族、バングラデシュ人が単身者1人である。日本で知りあって結婚した1家族以外の4家族は、来日後1〜2年のうちに本国から妻と子を日本に呼び寄せて合流している。また、高齢の母を呼び寄せたケースもひとつある。8人が子どもであり、その内訳は高校生2人、中学生1人、小学生2人、保育園児2人、乳児1人となっている。また、日本生まれの子どもも3人いる。

　成人男性の日本での滞在期間をみると、単身者1人が1994年に入国した以外は、1989〜91年に来日しており、10年に近づいていた。職業については、労働災害を被って治療中の単身者2人以外の男性のばあい、建設業を共同経営および自営している者がそれぞれ1人ずつ、製造業に雇用されている者が3人であり、月収は20〜30万円台となっていた。妻は1人を除いてパートに出ていた。このように生活は豊かとはいえないものの安定していた。

　さらに、第1陣の一斉出頭者は、一般的な人権擁護論をこえて考慮されなければならない切迫した事情をもっていた。まず労働災害を被った単身者2人については、治療のために日本での滞在が必要であった。また8人の子どもたちは、ほとんど日本語しかできず母国とはすでに完全に切れていた。母国への送還は、自分の意思によらず非正規滞在となってしまったこの子どもたちの権利を根本的に剥奪することになる。

　一斉出頭行動にいたる経緯について、吉成勝男は以下のように整理している〔吉成2000〕。すなわち、APFSは1994年に非正規滞在外国人のアムネスティ（一斉正規化）の即時実施を求めたが、入管当局はこれを頭から否定した。こうして、非正規滞在外国人にたいする在留特別許可の要求が構想され、個別的な要求に失敗した先例にかんがみて、一斉出頭行動という手段が決意されたのである。なお、1999年の行動ののち数次にわたる一斉出頭行動がなされてきた。

　これと関連して、長期にわたって非正規に残留していた外国人の家族にたいして入管当局がおこなった退去強制の処分を取り消すという画期的な判決が、2003年の9月と10月に東京地方裁判所から相次いで出されたことが注目される。9月の判決は、日本に10年以上滞在している夫と妻および中学生と小学生の子

どもからなるイラン人家族4人にたいするものであり、10月の判決は、日本に9年以上滞在している夫と妻および小学生の子どもからなる韓国人家族3人にたいするものであった。処分取り消しの理由は、長期間平穏に暮らしている家族を強制送還すれば、とくに子どもに生ずる負担が重大で人道に反するというものであった。

　この判決もまた、たとえ非正規な滞在であろうとも外国人の子どもの権利を無視できなくなっていた状況を反映している。

　非正規滞在者の大量の定住化にどう対処すべきかについては、外国人が流入した各国でも重大な問題となっており、アメリカやフランス、イタリアなど多くの国では、アムネスティ（＝一斉正規化）の方策が断続的にとられてきた。これら諸国でアムネスティが付与される最大公約数は、一定期間の滞在および生計の確保により生活基盤が確立されていることや重大な犯罪歴がないことなどがあげられよう。出頭者たちは当然これらの条件をみたしていた。しかしながら、法務省は、アムネスティについてはそれを期待する非正規移民の流入を招くという理由で、この措置を論外であるとしていた。しかしながら、非正規移民の流入は適正な入国管理により阻止できるはずであり、法務省の説明には根拠がない。当面、一定の要件をみたす非正規滞在者には無条件で在留特別許可が与えられるべきである。

　バブル期の労働力不足の時代、日本の世論は外国人労働者の存在に比較的好意的であった。けれども、バブル崩壊後非正規滞在者＝犯罪者というキャンペーンのもとで、非正規滞在者の排除は当然であるとする考えが一般化しはじめた。しかし、社会的公正の原理および地球市民レベルの人権感覚からいって、日本人は非正規滞在者の存在についての認識を改めるべきだと筆者はおもう。

　入国や滞在の仕方に違法行為があったとしてもそれは形式的なものにすぎず、また具体的な被害者はいない。そればかりでなく、この人びとは無権利の状態におかれながら、長期にわたり職場でかけがえのない人材として勤労し、納税の義務を果たし、日本社会の一員として生活してきた。その大多数はすでに母国での生活基盤を再確立することができなくなってしまっているから、母国への退去強制は人生の破滅を意味し、いかにも当を失して厳しすぎるといわざるをえない。したがって、人道的見地からその正規化をはかることは焦眉の急である。

第Ⅳ部

移民・ディアスポラの歴史的展開

第1章　グローバルな移民・ディアスポラの歴史

第1節　唐、オスマン、ローマの3帝国の文化的開放性

1. はじめに

　本節では唐、オスマン、ローマ帝国の歴史的事例を比較しながら、帝国と多文化共生社会のありかたを考えてみたい。これら3帝国は、帝国として当然のことではあるが、その内部に異文化をもつ複数の集団をかかえていた。そしてこれら3帝国の異文化集団にたいする対応はそれぞれ独自の歴史性をもつものであった。

　比較の基準としては、第1に異文化集団にたいしてどのような社会的地位が与えられていたかが重要である。すなわち抑圧され差別されて社会的に劣位の状態におかれていたか、それとも主流社会の構成員と同等の社会的参加がゆるされていたかどうかが問題となる。

　比較の第2の基準としては、異文化にたいする寛容性の程度があげられる。異文化にたいする拒絶が極端になれば狂信的な排除がなされ、異文化の存在を自明のものとして受容すれば、多文化が共生する。

　第3の比較の基準としては、文化の相互豊富化がどこまで実現されていたかをみることとしたい。ある文化は異文化との接触によりクレオール化ないしハイブリッド化して、より高度なものへと発展する。そして高度な文化の実現こそ、人間および社会の究極的な目標とされるべきものである。

　ここであげた第1および第2の比較基準は、相互に関連しあっている。社会的権利の平等性の保証は異文化への寛容の前提であり、またその帰結でもある。この2つの基準が充足されたのちにはじめて第3の基準である文化の相互豊富化が可能となる。

2. 唐帝国

　618年から907年までおよそ300年間さかえた唐帝国は、中国の歴代王朝のなかでもきわだった多文化共生社会であった。この帝国の文化水準の高さは、詩仙とよばれた杜甫や白居易、あるいは李白などに代表される唐詩によく表れている。石田幹之助の名著『長安の春』は、白居易や李白らの詩を引用しながら、唐帝国の都であった長安のコスモポリタンな雰囲気を見事に活写している。都の貴公子たちは、西域風のしゃれた服に身をつつんで、夕暮れともなれば紫髪緑眼をもつ胡姫がいる酒場へとかよい、かのじょたちのエキゾチックな踊りや音楽をたのしみながら、葡萄酒に酔うのである〔石田1967：3-64〕。ここで胡姫とは後述するソグド人をさすと森安孝夫は断言している〔森安2007：126〕。

　このような多文化共生社会が出現した条件としてまず指摘したいことは、長安がシルクロードの東のターミナルであったという事実である。シルクロードには砂漠のオアシス都市をむすぶルートとさらに北方の草原地帯をとおるルートがあり、南下すればインドにいたり、西方に進めばはるかビザンツ帝国にいたる。このシルクロードを利用して、多種多様な物産が長安にながれこむとともに、さまざまな異文化をもつ人びとも到着した。そのなかでもとくに大きな役割を果たした集団は、現在の中央アジアの内陸部を拠点としながら商人として活躍したソグド人であった。そのほか突厥人、朝鮮人、日本人、ペルシア人など、多くの異文化集団が長安でくらしていた〔森安2007：140〕。

　唐帝国においては異文化集団の成員であってもその社会的地位に差別がなかったことは、たとえば遣唐使として派遣された阿倍仲麻呂が朝廷の重臣に任ぜられたことによく示されている。異文化集団にたいする平等な処遇は、最近の学説によれば、唐帝国を創始した太祖李淵自身が西域の鮮卑系漢人であり、その支持基盤が匈奴の一部にもあったことを背景としているとおもわれる。ただし、異民族による征服王朝であった元や清とことなり、唐帝国は漢化が進んでおり、征服王朝とまではいえない〔森安2007：142-143〕。

　唐帝国の異文化にたいする寛容性がきわめて高かったことは、さまざまな宗教的活動の許容にみられる。この帝国では、仏教や道教はいうまでもなく、三夷教と呼ばれた諸教団も活発に活動していった。三夷教とは、ウイグルを拠点としていた摩尼教（マニ教）、景教（ネストリウス派キリスト教）、ペルシア系の人びとの信じる祆教（ゾロアスター教）であり、いずれもササン朝ペルシアに

起源をもち、中国に亡命したササン朝ペルシアの貴族やその随員をつうじて中国に伝播したのである〔王2002：177-182〕。仏教については帝国の晩期に「会昌の廃仏」として道教以外の諸教団の弾圧がおこなわれたことはあるが、これは帝国による長期的構造的な排斥というよりもむしろこの弾圧をおこなった武宗の個人的な敵意によるものであったと理解できる*1。

　このような基盤のうえに、本来は異文化の産物である仏教にもとづく唐文化がけんらんと咲きほこった。中国への仏教の伝来は漢代にまでさかのぼる。その刺激を受けて道教の教理の体系化が進むとともに、北魏や隋王朝では仏教がいわば国教として定着した。しかしながら、三蔵法師玄奘のインドへの求法のためのシルクロードをとおる大旅行の成果を出発点とする唐仏教の隆盛は、そののちの中国文化の総体にこれまでにない本質的な変容をもたらすこととなった。中村元は、中国人の思惟方法においては現実主義的傾向が強く、そのぶん抽象的思惟が未発達であると指摘している〔中村1988：第3章、第8章〕。それにもかかわらず朱子学において形而上学的な教理体系が成立しえたことは、中国人が抽象度の高い仏教教理を理解し把握したからである。

　ちなみに、コスモポリタンな性格をもつ唐文化は、当時の周辺国家であった日本にも大きな影響を与え、日本文化の形成の基盤を提供した。奈良時代、聖武天皇による東大寺の大仏建立および日本全土にわたる国分寺および国分尼寺の建設は、日本でも鎮護国家をはかるため仏教が国教化されたことを意味する。さらに平安時代にはいると、日本の仏教教学の基礎となった最澄および空海は、いずれも唐で仏教をまなんだ。すなわち、日本文化は唐帝国の多文化共生社会なしには形成されなかったことになる。

3. オスマン帝国

　オスマン帝国は、東西に分裂したローマ帝国のうち東ローマ帝国の衣鉢をつぐビザンツ帝国の帝都コンスタンチノープルを1453年に、エジプトのマムルーク朝の首都カイロを1517年にそれぞれ陥落させ、前世紀初頭まで400数十年間になんなんとする帝国支配を維持した。この帝国の建設者は、元来内陸アジアに定住していたトルコ人であったが、イスラームを奉じてアナトリアに勢力圏を拡大していったのである。この帝国の最盛時の版図は、現トルコのほか東

---

　*1　これについては、〔Reischauer 1955＝1999：第7章〕をみよ。

および中央ヨーロッパ、バルカン半島、イラク、イエメンからエジプト、北アフリカにおよぶ広大なものであり、そこには多くのアラブ人のほか、ギリシア人、アルメニア人、クルド人、ベルベル人など多様な人びとがすんでいた。

　オスマン帝国における芸術は16世紀に絶頂に達し、とくに建築およびその装飾のモティーフは生命力にみちた美にあふれ、驚嘆にあたいする。このような文化水準の高さは、この帝国が多文化共生社会であったことに由来するところが大きいとおもわれる。16世紀なかばの帝都イスタンブルには少なくとも25万人のムスリムと15万人の非ムスリム（そのうち3万人はユダヤ人）が定住していた〔Klever 1978 = 1998：126〕。ユダヤ人が多いわけは、帝国がレコンキスタによりスペインをおわれたスファラディムを受け入れたからである。これら異文化集団は、宗教別にゆるやかに住みわけてはいたが、ゲットーに閉じこめられることはなかった〔林 1997：74〕。

　多文化共生社会が形成された大きな要因として、帝都イスタンブルがシルクロードの西のターミナルであったことがあげられる。当時のシルクロードは陸と海に大別されるが、海のシルクロードの役割が高まりつつあった。陸のシルクロードは、中央アジアを経て、イラン高原にぬけてアナトリアにはいるかカスピ海北岸にまわり、どちらもイスタンブルにいたるのである。また海のシルクロードは、中国南部の港を主要な出発点として、東南アジア海域、インド洋海域を経由したのち、紅海ルートとペルシア湾ルートにわかれたのち地中海域にいたる。マムルーク朝の征服後、オスマン帝国は海のシルクロードも支配下におくことになる。こうしてシルクロードの西のターミナルとしてのイスタンブルには、アジアの諸物産があふれ莫大な富が蓄積されるとともに、交易にたずさわるさまざまな異文化の人びとが滞留したのである。

　この帝国は異文化集団に属する商人たちに自由な活動をゆるしたが、その権力機構の最上部も異文化集団を包含する独特のメカニズムをもっていた。帝国軍の指揮官クラスとスルタンの大部分の宰相および大宰相は、特別の教育を受けた奴隷階級から供給されていた。この奴隷階級は、もともと帝国領内とくにバルカン半島から強制的に徴集されたキリスト教徒の農民の10歳代の少年を給源とする。かれらはイスラームへの改宗を強要された（〔鈴木 1997：116、149〕、〔林 1997：41〕）。これらエリート奴隷たちのなかには、スルタンの娘と結婚する者さえ出現した〔鈴木 1992：227〕。「デヴシルメ」とよばれるこの制度は、スルタンが貴族階級の台頭をおさえ絶対的権力を独占するためにつくられ

たものである。

　またスルタンは初期には由緒ある女性と結婚したが、その制度がくずれたのちハレムがつくられた。ハレムの女たちも各地から集められイスラームに改宗させられた奴隷からなり、スルタンの寵愛を受けて皇子を出産することができ、その皇子がスルタンとなれば摂政として権力をふるうこともあった〔長場 2005：147-149〕。

　デヴシルメ制度とハレムは、オスマン帝国のトップエリートたちに異文化出身者のあたらしい血を注入することを可能にし、この帝国の活力を維持する大きな要因となった。要するにイスラームへの改宗という限界はあったにせよ、この帝国のトップエリートについては異文化集団出身者にたいする社会的障壁は事実上存在しなかったのである。

　イスラームを基盤とするこの帝国が他の宗教にたいしてきわめて寛容であったことは、一部のムスリムが極端な非寛容へと転化してしまった21世紀初頭からみると特筆にあたいする。この帝国には、ムスリムは当然として、ビザンツ帝国からひきつづくギリシア正教徒など多数のキリスト教徒とユダヤ教徒がいた。これら他宗教を信じる異文化集団にたいし、帝国はイスラームを強要することがなかったばかりでなく、自由な宗教的活動もみとめていたのである。言語についても、トルコ語以外の使用がゆるされていた。ただし、その寛容はあくまでも非ムスリムにたいするムスリムの優位を前提とするものであった。ムスリムに改宗すれば、貢納の義務からのがれ、平等に処遇され、社会的昇進の可能性ももつことになる〔Klever 1978 = 1998：283〕。

　この帝国の寛容性の例外として、イランに台頭したシーア派国家の影響をふせぐためにおこなわれたシーア派ムスリムにたいする16世紀の大粛清があり、4万人近くがとらえられその多くが処刑された〔鈴木 1992：126〕。また、この帝国は19世紀末にアルメニア人にたいする大虐殺をおこなった。これは、帝国末期のナショナリズムの風潮のなかで寛容性がくずれはじめたしるしであると理解できよう。いずれにせよ、オスマン帝国の歴史の大部分は寛容を基調とするものであった。

4. ローマ帝国

　ローマ都市国家の創設は紀元前8世紀にさかのぼるとされる。そののち軍事国家として膨脹をつづけ、共和制から帝政への転換を準備したユリウス・カエ

サルおよびその事業を継承したアウグストゥス帝のもとで、名実ともに帝国となった。この帝国は紀元2世紀にキリスト教を国教とするまでは、多神教といえる多くの神々を信仰していた。この帝国の最盛時は1〜2世紀の五賢帝の時代であるとするのが通説であり、本節でもこの時期に焦点をおきながら異文化集団にたいする帝国の対応を考察する。アウグストゥス帝にいたるまでに帝国が征服した版図は、ライン河とドナウ河以南のブリタニアをふくむガリア(現ヨーロッパ)と、アナトリアから地中海東部を経てエジプトおよび北アフリカ全般をおおう広大なものであり、地中海を囲繞するすべての地域を包含するものであった。

この広大な版図に、ローマ人とあきらかに異なる文化を保持する集団が存在していたことは当然である。ローマ人からもっとも尊敬されていたのは、高い学問と文化をたもちつづけていたギリシア人たちであった。そもそも帝国で使用された主要言語は、イタリア半島をふくむ西半分ではラテン語、東半分ではギリシア語であり〔大澤2001:138〕、帝国のエリート層のなかにも教養としてのギリシア語にたんのうなバイリンガルが多数いた。ギリシア本土およびギリシア人が多く移住したエジプトのアレクサンドリアには帝国のエリート層の子弟が留学するとともに、ローマに来住したギリシア人はエリート層の子弟の家庭教師をつとめた。付言すれば、各地に離散したギリシア人は、交易商人として商業に従事することも多かった。

それにたいして、ローマ帝国がガリアにおける未開の諸部族とともにもっとも手を焼いたのはユダヤ民族であった。紀元前6世紀のバビロン捕囚ののちイスラエルに帰還したこの民族は、多神教のローマ人とことなり、いかなる他の神をも許容しない絶対的な一神教であるユダヤ教を信奉していた。ユダヤ人は帝国領内の人口の10%程度をしめており、本土パレスチナに200万人、当時すでにディアスポラ状態のものが500万人ぐらいいたとされる〔大澤2001:60-62〕。

アウグストゥス帝のもとでユダヤは帝国の属州とされ、エルサレムの神殿におさめる神殿税とならんで属州税をも課されることとなった。この税への反発も一因となり、ユダヤ民族は1世紀に「ユダヤ戦争」と呼ばれるローマ帝国にたいする大反乱を起こす。この反乱は、ローマ軍によるエルサレムの神殿からの掠奪とその徹底的破壊、ユダヤ人の大虐殺により終結した〔大澤2001:第2章〕。ユダヤ戦争ののち、神殿税はローマのユピター神殿におさめるべきもの

第1章　グローバルな移民・ディアスポラの歴史

とされ、そののちのユダヤ民族の多くの反乱の原因となった。このことは、ローマ帝国が絶対的な一神教信仰のまえでは寛容でありえなかったことをしめしている。なお、ユダヤ人は各地で交易商人として生計をたてており、おなじく交易商人であったギリシア人と緊張関係にはいることがすくなくなかった。

　ユダヤ人であるイエス・キリストを開祖とし、その教団活動は当初ユダヤ人を対象としていたにもかかわらず、ユダヤ民族はのちにキリスト教会からキリストを殺した民族であるという烙印をおされ、帝国内部で差別と迫害の対象とされていく。

　ガリアにおける諸部族にたいしては、ローマ帝国はきびしい同化政策をとった。軍事的制圧後帰順した諸部族にたいしては属州税が課され、これが帝国の頂点にたつ皇帝、ローマ元老院議員および徴税請負人であるローマ騎士により収奪されて、かれらの巨大な私有財産の源泉となるとともに、帝国財政の主要な財源ともなった〔弓削 1989：78-81〕。ガリアの属州民はラテン語を使用させられローマ的な姓名を与えられるなど、ローマへの徹底的な同化がはかられたのである。それにもかかわらず、ローマ市民の地位は属州民には原則として付与されなかった。その根底にはガリアの「蛮人」にたいするぬきがたい蔑視があり、「蛮人」には無秩序、恐怖、不服従、凶暴、非理性といったマイナスの属性が付与されていた〔弓削 1989：218〕。つまり、帰順したガリアの属州民とローマ市民のあいだにはこえるのが困難な格差があった。はるかくだって212年にカラカラ帝はすべての属州民をローマ市民とするという施策をうちだした。これが支配階級および帝国の財政基盤を崩壊させることとなり、ひいてはローマ帝国の衰亡の一因ともなったのである。

　ローマ帝国の文化水準をどのように評価すればよいであろうか。もっとも称賛されているのは建造物とローマ法である。建造物としては、帝都ローマの栄光を象徴するコロッセウムや神殿などの大建築物がいまも偉容をほこっている。また上水道とともに道路も名高い。けれども、帝国を網のようにむすぶ道路の主要な役割は、軍隊と役人および国家が必要とする物資の効率的移動に奉仕するものであり、商人など民間人の利用を目的とするものではなかった〔弓削 1989：47〕。つまり、ローマは本質的に軍事国家であり、その道路は交易や文化交流の通路であったシルクロードとはその性格がことなっていたのである。ローマ法については、現代の法体系の偉大な起源であることは疑えない。しかしながら、法はあくまでも社会関係を形式的に整序するだけのものであり、実

質的な内容をもっているわけではない。こうしてみると、ローマ帝国の文化は実用的形式的なレベルにとどまっていたと評することができる。

これについては、ローマ帝国が本来的に多文化共生社会ではなかったことにその原因があるという説明を加えることができよう。すでにみたように、ローマ市民、ギリシア人、ユダヤ民族、ガリアの属州民のあいだには社会的地位における明瞭な不平等性が存在していた。これは結局、ローマ帝国が皇帝およびローマ元老院議員やローマ騎士からなる特権階級に支配されつづけていたことに由来する。この支配階級は、属州税に加えて、イタリアおよび属州に広大な領地を私有し、そこからあがる莫大な地代を占有していた〔弓削 1989：59、67〕。ローマ人の宴会における愚劣な浪費は、それにより可能となったのである。ローマ帝国が軍事国家以外の存在でありえなかったのも、征服による領地の拡大が支配階級により要求されたことによる。

その結果、ローマ帝国には、多文化共生社会の基礎的条件である異文化集団にたいする構造的平等性も異文化の尊重も、総体として出現することはなかった。その帰結は、おのれの祖先たちが信仰していた多神教の神々をすてさり、かわりに帝国をあげて一神教であるキリスト教に帰依した4世紀初頭の「コンスタンティヌス帝の改宗」であった。ここでは文化の相互豊富化ではなく、自文化の全面的放棄が生起した。

5. むすび

ここで本節でとりあげた3つの帝国を比較しながら整理してみたい。異文化集団にたいする社会構造上の平等性については、オスマン帝国のデヴシルメとハレムは徴集された奴隷たちからなる制度であり、その意味で本来的な限界をもつ。したがって、唐帝国、オスマン帝国、ローマ帝国という順に平等性の順位をつけることができる。

つぎに異文化にたいする寛容性については、ローマ帝国はユダヤ教というもっとも非寛容な宗教を信奉するユダヤ民族をかかえていたため、寛容でありつづけることが困難であるという宿命をもたざるをえなかった。こうして、寛容性の高い唐帝国および限界はあるものの寛容性が総体的に高いオスマン帝国に、それが低いローマ帝国が対比されることになる。

第3に文化の相互豊富化であるが、ここでは多文化共生社会を実現できた唐帝国およびオスマン帝国と、その途を進むことがなかったローマ帝国があざや

かなコントラストをみせている。

　以上の考察からどのような教訓が得られるであろうか。まず強調したいことは、多文化共生政策は、それが人間や社会の目的そのものである文化を指向しているという点で、他のあらゆる政策の基礎とならねばならないということである。現在の人類が唐文化やオスマン文化の成果をいかに享受しているかを想起されたい。

　また、長安およびイスタンブルがそれぞれシルクロードの東および西のターミナルであったことは興味深い。まず交易があり、それを追って文化交流が起こったのである。これを現在に敷衍すれば、グローバル化する経済のひとつの拠点的ターミナルとして、経済活動に従事する多種多様な異文化集団を積極的に誘致し受け入れることが多文化共生政策の出発点となるといえよう。それには、異文化集団にたいする構造的不平等をいかに除去するか、異文化にたいする寛容性をいかに確立するかが重要な課題となろう。

第2節　ナチスによるユダヤ人迫害
―ディアスポラとしての歴史を背景として―

1. はじめに　ナチス型のレイシズムをどのように把握するか

　最終的には600万人ものユダヤ人のホロコーストと、汎大陸的な全面的侵略戦争という人類史上まれにみる惨劇をひき起こしたナチス（＝ナチ党）運動は、ユダヤ人迫害を焦点とするレイシズムに依拠するものであった。現在の日本にあっても、たとえばネット右翼にみられるようなレイシズムが台頭しかけている。かつてナチスがひき起こしたような惨劇を日本やアジアで繰り返さないためには、ナチス型のレイシズムがどのような基盤と条件のもとに発生し展開したのかを解明し、そこから歴史的教訓をひきだすことがなによりも求められる。

　本節では、ナチス型のレイシズムについて、ヒトラーによるレイシズムの扇動と実行の展開過程、レイシズムの標的とされたユダヤ人のドイツ社会における存在状況、ナチスはどのような社会的動員をおこなうことでレイシズムを現実化したのかという問題をそれぞれ検討したのち、2010年代の日本の状況と比較してみたい。

2. ヒトラーのユダヤ人迫害の軌跡

(1) ヒトラーのユダヤ人迫害の諸段階

　A.ヒトラー（1989-1945）は、バイエルン連隊に志願兵として6年間すごし第一次世界大戦にも参戦した軍隊を1919年に除隊後、ナチ党（国民社会主義ドイツ労働者党）の前身である「ドイツ労働者党」に入党し政治家としての途を歩みはじめ、1921年には党の支配権をにぎった。1933年の選挙はナチ党に絶対多数を与えなかったが、その直後議会は議会制民主主義の自滅にほかならない全権委任法を可決し、ヒトラーはドイツの全権を掌握した。

　ヒトラーのユダヤ人迫害は、第1に第二級の市民であるとの宣告、第2に政治的権利の剥奪と通婚の禁止、第3に強制収容所への移送、第4に国外への追放、第5にひとり残らず絶滅収容所に送りこむホロコーストという段階を踏んだ。

　第1の段階についてみると、ヒトラーの全権掌握後の1933年中に、「職業官吏再建に関する法律」によって、ユダヤ人の公職からの追放がなされた。それに加えて、弁護士の資格剥奪、医師にたいする健康保険適用の不認可、教育機関での就学者数の制限、芸術・文学・ラジオ・演劇のあらゆる分野における活動の禁止、新聞雑誌への就業の禁止からなる諸法があいついで制定された〔Benz 2006＝2007：20〕。それにひきつづいて、私的な団体等もふくむすべての社会的機関が会員に「アーリア人証明書」の提示をもとめるようになった〔Benz 2006＝2007：30〕。

　第2の段階については、1935年にナチス党は2つのニュルンベルク法を公布した〔Benz 2006＝2007：46〕。「帝国公民法」は政治的権利をもった完全国民としてのアーリア人と、国籍を保有してはいても政治的権利をもたない「非アーリア人」を区分した。「ドイツ人の血と名誉を守るための法律」は、ユダヤ人と非ユダヤ人の結婚および性的関係を禁止した。なお、同年に施行された断種法は、ドイツ人であっても遺伝病疾患をもつ者を強制的に断種してゲルマン民族を純化しようとする恐るべき法であった。

　第3の段階である強制収容所は1934年以降親衛隊（後述）によりそのシステムが構築された〔Benz 2006＝2007：94-95〕が、その異常な拡張が開始されたのは1937年からであった〔Arendt 1951＝1972-74：Ⅲ150〕。1939年1月、それまで表だったユダヤ人攻撃をひかえていたヒトラーは、公然たるユダヤ人嫌悪を表明し、そのせん滅を予告した〔Koonz 2003＝2006：344〕。1941年、6歳以

上のユダヤ人全員に「ユダヤ人」と書かれた黄色の布貼り記章の着用が義務づけられ、それを怠ればただちに強制収容所に移送された〔Koonz 2003 = 2006：362〕。

なお、1938年11月の「帝国水晶の夜」には、ドイツ全土にわたる突撃隊（後述）員とナチ党員によるシナゴーグをはじめとするユダヤ人の施設およびユダヤ人への公然たるテロが実行され、11月ポグロムと呼ばれている。これ以後、ユダヤ人にたいする迫害はあからさまな暴力をともなうものとなった〔Benz 2006 = 2007：137〕。

第4の段階については、1941年にユダヤ人の国外移住をすべて禁止する命令が出されるまでは、ヒトラー政府はユダヤ人の国外追放を望んでいた〔Arendt 1965 = 1969：52-53〕。

第5の段階としてのホロコーストは、1941～1945年にかけてきわめて能率的に実行された〔Traverso 1992 = 1996：146〕。当初は、強制収容所の収容能力をこえて移送されたユダヤ人にたいする対応策として「最終的解決」がはかられたのであり、その結果強制収容所は絶滅収容所へと変容していった〔Arendt 1951 = 1972-74：Ⅲ 150〕。

第5の段階で決定的に重要であったものは、ヒトラーをはじめとする帝国政府の高官などが出席して1942年1月に開催されたヴァンゼー会議である。この会議では、ヨーロッパにおける1100万人にのぼるユダヤ人問題の全面解決をはかるため、すべてのユダヤ人を殺害することにし、移送ルートをふくむ具体策が検討された。ただし、ユダヤ人の組織的殺戮はこれ以前にすでに上層部で決定されており、この時点までで少なくとも50万人が犠牲となっていた〔Benz 2006 = 2007：146-149〕。悪名高いアイヒマンはこの会議を経て「強制移動」の専門家とされ、ユダヤ人を狩り集めて東部の絶滅収容所に移送する任務の責任者となった〔Arendt 1965 = 1969：90-91〕。

(2) ヒトラーの反ユダヤ主義イデオロギー

1920年に発表されたナチ党の25ヵ条の綱領では、公務員と報道機関からのユダヤ人の排除がうたわれるとともに、ユダヤ人が経営していると信じられていたデパートの没収、「ユダヤの物質主義」にたいする闘争が要求されている〔Koonz 2003 = 2006：49〕。この綱領にヒトラーの意向も反映していたことは確実である。

国事犯として投獄されていたヒトラーが1924年に口述し、のちに出版されたものが『わが闘争』第1巻である。ヒトラーのテロ組織である突撃隊は、ワイマール共和制政府を打倒する革命を起こそうとして、1923年に演説会場としてのミュンヘンのビアホールで2000人による最初の武力行動にでた。しかしこの反乱は失敗し、ヒトラーは国家反逆罪の容疑で逮捕され投獄された〔Koonz 2003 = 2006：38-39〕。1925年には『わが闘争』第2巻が、さらに1928年には『続・わが闘争』が口述されている。『わが闘争』には、ヒトラーのレイシズムにたつ世界観が如実に語られている。以下、その内容を要約する。

ヒトラーは、第一次大戦敗戦後の1918年のワイマール共和制革命がユダヤ主義を増長させ、民族と祖国を崩壊させようとしたとして、この革命を徹底的に糾明した。共和制のよってたつ議会制民主主義は、世界制覇という目的をもつユダヤ主義の伸張の手段にすぎず、いざとなればユダヤ人はそれを簡単に投げすてる〔Hitler 1936 = 1973：下 14-15〕。政権党である社会民主党はマルキシズムによって国際主義を唱え国内資本への闘争をおこなっているが、それはかえって国際金融資本すなわちユダヤ人の支配への途を開くものである〔Hitler 1936 = 1973：上 276-277〕。さらに、ロシアのボルシェヴィズム化は、ユダヤ人の世界支配権獲得の実験にほかならず、ユダヤ人はドイツをふくむ世界のボルシェヴィズム化をねらっている〔Hitler 1936 = 1973：下 368-369〕。要するに、議会制民主主義、マルキシズム、国際主義、ボルシェヴィズムなどの諸観念はすべてユダヤ人の世界制覇の手段として位置づけられ、それらとの訣別が唱道されたのである。

ヒトラーは、ユダヤ人の世界支配の陰謀がうたわれているとされる「シオンの賢者の議定書」の実在を確信していた〔Hitler 1936 = 1973：上 400〕。この議定書は、じつはロシアでひき起こされたポグロムの正当化をねらって、ロシア秘密警察の手先によって世紀はじめにパリで捏造されたものである。その存在は第一次世界大戦後まで忘れられていたが、突如としてヨーロッパ全体に広まった〔Arendt 1951 = 1972-74：Ⅱ 194-195〕。

ユダヤ人にたいする非難は、ヒトラーの人種観により正当化される。ヒトラーは、人類を文化創造者、文化支持者、文化破壊者という3種類の人種に区別する。文化創造者はただアーリア人種だけによって代表され、文化破壊者は寄生虫としてのユダヤ人にほかならない。これ以外の日本人もふくむ非アーリア人種は、つねに存在してはきたが、せいぜい文化支持者にしかすぎなかった

〔Hitler 1936 = 1973：上377-379〕。アーリア人種が混血によって血の純粋性を失うと、人種の水準が低下し文化は死滅する〔Hitler 1936 = 1973：上384-385〕。

　ヒトラーの世界戦略は、このようなレイシズムのうえにたって、2つの大きな方向線をもった。ひとつはアーリア人種に災厄をもたらすユダヤ人との闘争であり、もうひとつはアーリア人種の生存圏の確保のためのロシアをふくむ東方への領土拡大である〔Hitler 1928 = 2004：第11章〕。

(3) ヒトラーのレイシズムの淵源

　ヒトラーのレイシズムは、第1に汎ゲルマン主義、第2にゴビノーに代表されるレイシズム、第3に超人待望論、第4に第一次大戦後に急激に再出現した広範な反ユダヤ主義などを無原則的に雑然と寄せあつめたものである。

　オーストリアでドイツ人として成長したヒトラーは、この土地で勢力を拡大しつつあった汎ゲルマン主義に深く共鳴していた〔Hitler 1936 = 1973：上第3章〕。汎ゲルマン主義は、オーストリアの政治家ゲオルク・フォン・シェーネラーにより生みだされ、各地に離散しているドイツ人が結集してひとつの統一体を形成すべきであると主張した。汎ゲルマン主義運動の初期の担い手はほとんどドイツ系オーストリア人の学生ばかりであったとはいえ、広範な教養のない大衆に働きかけることができた。ただし、ドイツでは反ユダヤ主義は比較的あとになってはじめて汎ゲルマン主義運動のなかにはいったものであり、汎ゲルマン主義の中心的組織である汎ドイツ協会がユダヤ人をしめだすことを決めたのは、やっと1918年以後になってのことである〔Arendt 1951 = 1972-74：Ⅱ 189-190〕。

　第2のフランスの貴族ゴビノー伯によるレイシズムの決定版ともいえる『人種不平等起源論』は、1853年に出版された。この著作のなかで、ゴビノーは滅びつつある貴族にかわるべきエリートはアーリア人種でなければならないが、この人種は非アーリア系の下層民階級による民主主義化の途上で絶滅させられる危険に瀕していると主張した*1。アーリア人種という概念は言語学からうまれ、インドと西南アジアに由来するインド-ゲルマン語族の貴族集団がアーリア人種を名のり、その北方人種がゲルマン民族であるとされた〔Benz 2006 = 2007：29-30〕。ただし、この似非学説が広く流布したのは、ようやく第一次世界大戦後になってのことだった〔Arendt 1951 = 1972-74：Ⅱ 79〕。

＊1　〔Arendt 1951 = 1972-74：Ⅱ 83〕より引用。

第3の超人待望論であるが、おそらくニーチェの哲学に登場する「超人」から間接的に影響を受けて、ヒトラーはあるひとりの人物が他より傑出した創造力をもっており、民族共同体はそのような人物により指導されなければならないとした〔Hitler 1936 = 1973：下100-102〕ばかりでなく、この超人待望論によってゲルマン民族こそ全世界を支配し抑圧する任務を自然そのものによって与えられているとする考えにもみちびかれた〔Arendt 1951 = 1972-74：Ⅱ 78-79〕。

　ただし、ゴビノーの議論もふくめて、これら3つの淵源のいずれも反ユダヤ主義を直接的に表明するものではない。反ユダヤ主義は第一次大戦の敗戦後に出現したドイツ社会のさまざまな状況に規定されて登場したものであり、ヒトラーはすでに述べた3つの淵源のうえにこの新しいイデオロギーを継ぎたしたのだと解釈できる。付言すべきは、当時ゲルマンの血とユダヤの血の混合から生じるおぞましい帰結を警告する大衆文学が人気を博していたことである〔Traverso 1992 = 1996：49〕。ヒトラーのユダヤ人との混血への非難は、このような大衆文学のテーマを反映している。

(4) テロルの重要性

　ヒトラーの権力掌握は、つねにテロ行為に裏づけられていた。テロ行為は一種の力のプロパガンダであって、一般大衆にたいし、ナチスの権力は政府権力よりも強大であり、それに加担するほうが安全であるということを認識させるためのものだった〔Arendt 1951 = 1972-74：Ⅱ 68〕。テロ行為は突撃隊と親衛隊の2つの組織によって実行された。

　突撃隊はナチ党の場内警備係と会場整備係から発展した組織であり、1920年に創設された〔Benz 2006 = 2007：92-93〕。突撃隊が起こした1923年の暴力行為についてはすでにふれた。1933年の政権掌握直前国会議事堂が火災で炎上したが、この事件は共産主義者の手によるものだとして、突撃隊を手先として共産党員にたいするテロ攻撃が大規模におこなわれた。ユダヤ人にたいする襲撃もそれに随伴した〔Koonz 2003 = 2006：54-56〕。

　親衛隊は、ヒトラー護衛のため1925年に突撃隊の内部に創設された。1934年にヒトラーは統制がきかなくなりはじめた突撃隊の一部にたいし、親衛隊による粛清をおこなった。これにより突撃隊の勢力は低下したが存続はつづけ、ユダヤ人にたいする略奪、放火、心理的いやがらせ、暴行などの暴力と破壊行為が日常的におこなわれた。それにたいし、親衛隊によるユダヤ人にたいする

テロ行為は、より組織的かつ合法的な色彩を帯びていた〔Koonz 2003 = 2006：307〕。

(5) レイシズムと帝国主義

　レイシズムによって、ヒトラーはアーリア人種であるゲルマン民族による世界制覇という妄想による歴史的使命の実現へと乗りだした。すなわち1939年のポーランド侵攻を嚆矢として、ヒトラーは汎ヨーロッパ的な侵略に着手したのである。このように、ヒトラーのレイシズムは帝国主義的侵略のための政治的武器であり、ナショナリズムとは原則的に対立するものであった〔Arendt 1951 = 1972-74：Ⅱ 62-63〕。よく知られているように、ヒトラーは最終的には1945年ベルリンへと向かう連合国軍およびソ連軍の進撃のさなかに自殺した。

3. ユダヤ人はなぜレイシズムの標的にされたのか

　18世紀以降のドイツ社会のなかでのユダヤ人社会の顕著な特徴として、当初は金融部門のちには各種の文化的諸分野を優越的に支配しながらも、社会的にはドイツ社会から基本的に拒絶されていたことを指摘できる。金融部門およびのちの文化的諸分野での優越は、ユダヤ人がドイツ人やドイツ社会を経済的に搾取し文化的に退廃させているというユダヤ人にたいするステレオタイプを形成させた。またドイツ社会のなかでのユダヤ人社会の分離は、レイシズムによるユダヤ人迫害を容易にさせた。

　このような条件は、ディアスポラの原型であるとされるユダヤ人の歴史的経験を基盤として形成されたものである。そのため、以下ユダヤ人のディアスポラとしての離散史を略述することにしよう。

(1) ディアスポラとしての離散史

　前節でも若干ふれたが、ユダヤ人は、紀元前12世紀に奴隷状態にあったエジプトから、紀元前6世紀および5世紀に捕囚されていたバビロニアから、かつて神がこの民に約束した地とされるパレスチナに帰還した。しかしローマ帝国による70年の神殿破壊後ユダヤ人のパレスチナからの離散がはじまり、135年ローマ帝国にたいする3回目の反乱の鎮圧によりユダヤ人はパレスチナから完全に追放され〔Dimont 1962 = 1984：上112〕、ローマ帝国全土に離散した。

　中世ヨーロッパ世界におけるユダヤ人は、地中海世界に居住するスファラデ

ィムと、ドイツ・東欧系ユダヤ人であるアシュケナズィとに大別される。スファラドとは旧約聖書のヘブライ語でスペインを意味し、地中海世界ではもっとも多くのユダヤ人がイベリア半島とりわけスペイン諸都市に集住していたことから、この人びとをスファラディムと呼ぶようになったのである。

　15世紀末、異端審問のもとでキリスト教に改宗しなかったイベリア半島のスファラディムは、追放令によりオスマン帝国やマグレブ諸都市に離散した。また17世紀にはいるとアムステルダムへの大規模な定住がおこなわれた。スファラディムは、こうしてイスラーム世界やヨーロッパのキリスト教世界ばかりでなくラテンアメリカまでも包含する国際的ネットワークを樹立していったのである〔関 2009〕。

　つぎにアシュケナズィについてであるが、アシュケナズとは中世ヘブライ語でとくにライン川流域を中心とするドイツを表すようになった。したがってアシュケナズィとはドイツのユダヤ人およびその末裔とされるロシアやポーランドなど東欧系のユダヤ人全体をさす。この人びとは、ゲルマン語系で多くのスラブ系語彙をふくむイディッシュ語を話した〔高尾 2009：178-180〕。R.コーエンは、アシュケナズ系ユダヤ人の主たる起源をユダヤ教に改宗したハザル帝国とする説を紹介している。このほとんど知られていない帝国はコーカサスとボルガ河のあいだにあり、10世紀にロシアに滅ぼされたのち、その民が北方に移住してアシュケナズィとなったとされる〔Cohen 2008 = 2012：79-80〕。

　強調されるべきであるのは、ホロコーストの犠牲者の大半がアシュケナズ系ユダヤ人にほかならなかったことである。これは、この人びとがドイツおよび東欧に多かったことの結果である〔高尾 2009：188〕。

（2）金融部門のユダヤ人と文化的諸分野に進出したユダヤ人

　17〜19世紀のヨーロッパの金融部門におけるユダヤ人は、まず君主国での宮廷ユダヤ人として出発し、ついで国民国家段階では国際的金融ネットワークを形成したが、最終的には帝国主義段階で退出した。

　分立する公国や王国ないしプロイセン帝国やハプスブルグ王朝の宮廷などにおいて、国債引き受けや貸付事業およびその他の金融をおこなう宮廷ユダヤ人は、17世紀にはごく普通となり、18世紀中葉にはほとんどすべての君主国の宮廷に存在していた。なお、おもに行商人と職人からなる村や地方都市にいたユダヤ人の小さな共同体は、宮廷ユダヤ人のうちに庇護者をみいだした

〔Arendt 1951 = 1972-74：Ⅰ18-19〕。

　国民国家が19世紀に発展していくと、その財政は宮廷ユダヤ人の提供できる限界をはるかにこえる高額の資本および信用を必要とし、それはユダヤ人の国際的ネットワークを基盤として、中央および西ヨーロッパの大都市や商業中心地に定住する銀行家など富裕なユダヤ人階層から調達されるようになった〔Arendt 1951 = 1972-74：Ⅰ24-25〕。

　国民国家のなかでのユダヤ人は、国内の資本主義的企業に関係しようとはしなかった〔Arendt 1951 = 1972-74：Ⅰ43〕し、伝統にしたがって国内の政治問題にもかかわろうとはしなかった〔Arendt 1951 = 1972-74：Ⅰ26〕。こうして、ユダヤ人はひとつの特権的集団ではあったが社会を構成する1階級としては定着せず、国民のなかで多かれ少なかれ閉鎖された集団でありつづけた。1869年にユダヤ人がプロイセンの市民権を獲得できたにもかかわらず国籍からは排除されたままだった〔Traverso 1992 = 1996：2-3〕ことは、このような状況を反映している。

　19世紀末葉の帝国主義の時代にはいると、土着のブルジョアジーが国家的財政への介入をはじめたため、ユダヤ人は金融部門における独占的地位を急速にうしなった〔Arendt 1951 = 1972-74：Ⅰ32〕。

　反ユダヤ主義は第一次大戦前に一時的に消滅したため、アーレントはこの時期をツヴァイクにならって黄金の安定期と呼んでいる。この時期、ユダヤ人はますます銀行業からはなれて自立的な実業家になり、村の雑貨商や質屋にかわって大都市の百貨店が生まれた。そして富裕なユダヤ人の第二世代は実業家ではなく文化的諸分野に進出していった。わずか数十年のうちに、医者や弁護士ばかりでなく、新聞・出版・劇場のような文化的企業の大きな部分がユダヤ人によって占められた〔Arendt 1951 = 1972-74：Ⅰ96-97〕。

(3) ユダヤ人の同化指向とドイツ社会の拒絶

　文化的諸分野に進出した人びとの多くは、ドイツ社会に帰属しそれに同化しようとする指向性を示した。圧倒的多数のユダヤ人の知識人や作家はみずからを真のドイツ人であると意識し、みずからの作品をドイツ文化に属するものとみなし、ユダヤ人であることを否定した。この種のユダヤ人をH.アーレントは同化ユダヤ人と呼んでいる〔Arendt 1951 = 1972-74：Ⅰ168〕。

　けれどもドイツへの同化という自己意識は誤解であり、現実には彼らはつね

にドイツの文化的世界から排除されていた。ユダヤ・ドイツ文化はユダヤ精神のドイツ文化への適応から生まれたが、それと対話しようとするドイツの文化世界は見いだせず、モノローグに終わった〔Traverso 1992 = 1996：2〕。ユダヤ人による創造的でみのり多いはずの共生への努力は、とりわけある種のドイツ人知識人階級にとっては、ドイツの国民と文化のなかへの危険な「寄生虫」の闖入にみえた〔Traverso 1992 = 1996：13〕。

こうして、同化ユダヤ人にとっては同化への努力にもかかわらずドイツ社会から拒絶されるという事実が個々人の生活の中心にいすわり、生活全体がひとつの葛藤の場となってしまった〔Arendt 1951 = 1972-74：Ⅰ168〕。アーレントは、同化ユダヤ人を「こじき」であるとしている。こじきはなにがなんでもドイツ社会に受け入れられようとしたが、そこでは結局軽蔑と憎しみを被ってしか生きられなかったからである*2。

ところで、K.マルクスはユダヤ人出自であるにもかかわらずユダヤ人性を激烈に攻撃したが〔Marx 1843 = 1957〕、それはマルクスが同化ユダヤ人のひとりであったことを意味するのだろうか。アーレントによれば、ユダヤ人性への攻撃はマルクスが当時の急進主義の論点を採用したための帰結であって、のちの時代の反ユダヤ主義とは無関係であるとしている〔Arendt 1951 = 1972-74：Ⅰ62〕。すなわち、マルクスをふくむ19世紀中葉当時の人びとにとっては、ユダヤ人であるか否かは問題ではなかったのである。

帝国ドイツ・ユダヤ人代表部（ユダヤ人組織である中央協会の1933年以降の新呼称）の指導者層は、ユダヤ人迫害にもかかわらずナチス体制に忠誠を誓っており、同化ユダヤ人の究極的堕落を示している〔Traverso 1992 = 1996：126〕。さらに、ナチスの占領地域では一般ユダヤ人から承認されたユダヤ人指導者が存在し、彼らはほとんど例外なくなんらかの形でナチスに協力した。彼らが指導するユダヤ人評議会の指示にユダヤ人が服さなかったらおよそ半数のユダヤ人は助かっただろう、という推測がある〔Arendt 1965 = 1969：98-99〕。ここにも退廃した同化ユダヤ人がみられる。

(4) 第一次大戦後の反ユダヤ主義の蔓延

第一次大戦後、ユダヤ人は敗戦国ドイツを襲ったあらゆる矛盾や問題のスケープゴートとされ、反ユダヤ主義運動が急激に高揚した。ユダヤ人は敗戦に責任があるとされ、ワイマール共和制のもとで生まれた諸制度は「ユダヤ共和

国」にかえられたドイツの象徴として軽蔑された。投機家、搾取者のユダヤ人という古い常套句がもちだされ、「寄生虫的資本主義」にたいする非難が開始された〔Traverso 1992 = 1996：49〕。

　国内政治に関与しないという伝統的姿勢はユダヤ人の政治的無力をひき起こし、その無力さのゆえにユダヤ人は軽蔑の的となった〔Arendt 1951 = 1972-74：Ⅰ 26〕。文化的企業という現実とはかけはなれた仮象世界において多数のユダヤ人が獲得した名声は、このような仮象世界から締め出されているすべてのドイツ人からの憎悪の的となった〔Arendt 1951 = 1972-74：Ⅰ 100〕。またユダヤ人の富も、ドイツ社会には無用のものとして憎しみの対象となった。

　さらに、自信を喪失したドイツ人にとって、アーリア人種が最優秀でありユダヤ人は最劣等であるとするレイシズムは、自信回復のための救済手段を提供するものであった。ヒトラーの反ユダヤ主義は、このような第一次大戦後に一般化した反ユダヤ主義をとりこんだ。

4. レイシズムの担い手──階級脱落者（デクラッセ）・一般大衆・役人

（1）階級脱落者とはだれか

　ナチスの扇動のもとにユダヤ人迫害というレイシズムの火付け役となった人びとを、アーレントは階級脱落者としての「モッブ（Mob）」であるとしている。アーレントによれば、モッブは社会のあらゆる階級からの脱落者であり、社会からしめだされており、自分たちを指導しうる強力な人間のあとを喝采しながらついていくことしかできない〔Arendt 1951 = 1972-74：Ⅰ 204〕。その典型はすでにのべた突撃隊の隊員たちであり、「失業、社会的根無し草、フラストレーション」を特徴としていた〔Benz 2006 = 2007：93〕。

　ただしモッブの日本語訳は暴徒あるいは暴民などであり、あるきっかけのもとに集団的暴力を行使する群衆をさすので、レイシズムの日常的な担い手をさす概念としての使用には疑問がある。そのため、本節ではモッブというカテゴリーを避けて、階級脱落者という概念を用いることとしたい。階級脱落者とは、経済的社会的地位が極度に低落して経済的社会的基盤を喪失した人びとをさすものとする。

　E.フロムはこのような階級脱落者の主要部分が旧中産階級および下層中産階

＊2　〔Traverso 1992 = 1996：81〕でのLa tradition cachée, 1987からの引用。

級から構成されていたとしている。第一次大戦後のドイツにおいて階級脱落者が大量に出現したことには、つぎのような社会的経済的背景がある。戦敗国であったドイツは、ベルサイユ条約で返済が不可能ともいえる巨額の賠償金の支払いを応諾させられた。その重荷は、1923年に頂点に達した驚異的なインフレーションと失業のもとで、とくに旧中産階級の肩に背負わされた。さらに、旧中産階級の従来の安定感の源泉であった君主制は崩壊し、国家の権威は失墜し、父親の権威が失われて家族も崩壊した。またワイマール革命後労働者階級の社会的威信がいちじるしく向上し、その結果小さな商店主、職人、ホワイトカラーの勤労者などからなる下層中産階級の威信は相対的に失墜した。下層中産階級の新しい世代は、とりわけレイシズムに深くひきつけられ、その指導者に狂信的に結びついた〔Fromm 1941 = 1951：234-238〕。

　注目すべきは、ヒトラー自身が階級脱落者であったことである。ヒトラーの父はオーストリア税関吏をつとめたあと恩給生活にはいっていたが、ヒトラーが13歳のときに病死した。母の病没後ヒトラーはウィーンに移り、19歳から24歳までの5年間、「まず補助労働者となり、ついでちゃちな画工」として生活していたとみずから述べている〔Hitler 1936 = 1973：上40〕。建築家になることに失敗したヒトラーはミュンヘンに移り、そののち上述したように志願兵として6年間従軍した〔Hitler 1936 = 1973：上217-220〕。ろくな学歴もなく堅実な職業にもつくことのできなかったこのような経歴からして、ヒトラーもまた典型的な階級脱落者の若者であったといえよう。

　階級脱落者がレイシズムの火付け役となったことには、アーレントによれば以下のような諸条件がはたらいていた。まず、人びとは階級脱落者がブルジョワ階級と労働者階級に分裂した国民の外側にあって失われた民族共同体を体現するかのような期待をもった。また、ブルジョワジーはその固有のニヒリズムのゆえに、犯罪者である階級脱落者に強く共感した〔Arendt 1951 = 1972-74：Ⅰ55-56〕。

(2) 階級脱落者のルサンチマンと権威主義的性格

　階級脱落者の社会心理的特徴としては、社会的地位の低落により自分を締め出した社会にたいする強烈なルサンチマン（うらみつらみ）の感情を保有していることがあげられる。そのため、強い力をもつ指導者に盲従しながら、特定の弱い対象をスケープゴートにしたて、それを攻撃することによりうっぷんを

晴らそうとするのである。

　このような社会心理については、フロムの分析が参考になる。フロムによれば、人間は個人に安定感を与えていた第一次的な絆が断ちきられて、かれのそとに完全に分離した全体としての世界と直面すると、その自由の状態から逃避するために、おのれの外側の力に服従し他人を攻撃的に支配しようとするサディズム・マゾヒズム的傾向すなわち権威主義的性格をもつようになる〔Fromm 1941 = 1951：第5章〕。その全生活は心理的にも経済的にも欠乏の原則にもとづいており、嫉妬心を道徳的公憤として合理化するのである〔Fromm 1941 = 1951：231-234〕。

　このような権威主義的性格のもとで、階級脱落者の反ユダヤ主義はとりわけユダヤ人の世界支配の陰謀を過大評価し、ドイツの政治がその影響のもとにあることを嗅ぎつけようとする自然な傾向をもっていた〔Fromm 1941 = 1951：206〕。さらに、階級脱落者はおのれが落ちこんだ状況にうんざりして、アーリア人種という選民の主張にしがみつきながらなんとしてでも支配人種にのしあがろうとしていたが、それにたいしてはユダヤ人の選民信仰は手強い競争相手だった〔Arendt 1951 = 1972-74：Ⅰ 192-193〕。このような事情により、階級脱落者は反ユダヤ主義の熱烈な火付け役となったのである。

（3）一般大衆の加担

　レイシズムによるナチスのユダヤ人迫害は火付け役としての階級脱落者からの支持だけでは不十分であり、ナチスのテロ行為に威嚇された一般大衆の支持がなければ不可能であった。このような大衆は、階級脱落者とはまったく別のメンタリティーと要求をもっていたが、共同の世界が瓦解して徹底した自己喪失におちいり、軽蔑する日常性から逃れるために、階級脱落者が先鞭をつけた行動に加わったのである〔Arendt 1951 = 1972-74：Ⅲ 21, 24〕。フロムは、このような大衆を、主として労働者階級や自由主義的およびカトリック的なブルジョワジーからなる人びとであるとしている〔Fromm 1941 = 1951：231〕。絶望と怨恨に満ちみちた個人からなるこの大衆は、第一次大戦後のドイツできわめて急速にふくれあがった。

　一般大衆のレイシズムへの加担は、当初はナチスの讃美者になることもなんら強力な抵抗をなすこともなく、消極的なあきらめの態度でナチ政権に屈服し、迫害の無関心の傍観者となることによりなされた〔Fromm 1941 = 1951：232〕。

のちになると、大衆はやがて協力者にかわっていき、ごく普通のドイツ人であった友人、隣人、職場の同僚がユダヤ人を当局に密告するようになった〔Koonz 2003 = 2006：24-25〕。一般大衆をレイシズムに加担させるうえできわめて大きな役割を果たした人物はH.ヒムラーである。ヒムラーは、ゲシュタポがドイツ全国の警察組織を支配するようになった1936年以降、潜在的にはドイツ最大の権力を握るようになり、一般大衆を完全に全体的被支配の状態に組みこんだ〔Arendt 1951 = 1972-74：Ⅲ 58〕。

　なお、親衛隊員のなかで〈教養人〉の比率が目立って高かったことは注目に値する。教養人のなかにはかつて〈親ユダヤ主義者たち〉であった者もいた。この人びとは、ユダヤ人を愛したおのれの過去を背徳的であると意識し、ユダヤ人迫害をおのれの浄化や治療と感じた。親衛隊による徹底したユダヤ人絶滅の実行は、このような背景をもって生じたのである〔Arendt 1951 = 1972-74：Ⅰ 170〕。

　教養人の例をさらにあげると、ヒトラーの権力掌握後、ヒトラーをたたえその狂信的なスローガンを支持したもっとも著名な知識人としては、哲学者M.ハイデガーがあげられる。ハイデガーは1933年にフライブルグ大学の学長に選出されたが、その就任演説ではヒトラーとナチ党を讃美し、そののちナチ党に入党し、同年ヒトラーの任命により指導的学長として再任された。このように、レイシズムの担い手はたんに一般大衆にとどまらず、最高水準の知識人にまで及んでいたといえる。ただし、ハイデガーは翌34年に学長を辞任した〔Collins 2000 = 2004：15-16〕。これは当初ハイデガーがヒトラーにたいしていだいていたある種の共感が現実に直面して失われたためであると考えられる。

（4）官僚制のもとでの役人の盲従

　アーレントは、ナチス支配のもとでレイシズムが官僚制と幾重もの関係をもっていたことを指摘している。アーレントによれば、官僚制とは、政治にかわって行政が、法律にかわって政令が、決定者の責任が問われうる公的・法的決定にかわって役所（ビュロー）の匿名の規定が登場する支配形態である〔Arendt 1951 = 1972-74：Ⅱ 104-106〕。すでに述べたホロコーストにいたるおぞましいユダヤ人迫害では、その企画や実行にあたった中核的担い手は政府の役人であり、彼らは日常的業務としてそれに従事したばかりでなく、たとえばガス室のような虐殺を効率的に実行する手段の開発にも全面的な努力を惜しまな

かった。

　ここでも、ヒムラーは、行政的大量殺戮の機械の歯車であれ殺戮の犠牲者であれ、意のままにできる組織をつくりあげるという並はずれた能力を示した〔Arendt 1951 = 1972-74：Ⅲ 58〕。そのような組織の構成員であった被告たちは、1960年代から1990年代までの裁判で、命令は命令でありその内容にかかわりなくそれにしたがっただけであると証言した。すなわち、被告たちは自分たちには仕組みもわからなければ制御することもできない機械の歯車にすぎなかったと弁明したのである〔Koonz 2003 = 2006：224〕。

　以上要するに、ナチスが扇動したレイシズムは、階級脱落者がその火付け役となり、圧倒的多数の一般大衆と官僚制機構全般にわたる役人の総体が、悲劇的結末にいたるまでそれを推進したのである。

5. 2010年代の日本への教訓

　2010年代の日本では、「ネット右翼」と呼ばれる一群が力を強めつつある。ネット右翼とは、ナショナリズムを根底とするレイシズムの色彩を色濃くもち、設定された目標にたいする極端な暴言をふくむ直接的な攻撃行動も辞さない人びとの総称である。この集団は、恒常的な組織はもたず、インターネットを通じてのリーダーの呼びかけに応じてその都度組織される。攻撃目標としては、特権をもつと妄想された在日コリアンが重視されているが、領土問題の激化にともなって韓国や中国と関係する対象にも及ぶ。在日コリアンについては特権をもっていることが強調され、日本からの退去を要求する〔安田 2012〕。これまでの具体的な攻撃は主として朝鮮学校にたいしておこなわれたが、韓国のテレビ番組を多く放映するテレビ会社も標的とされ、新宿のコリアタウンでも示威行動がおこなわれている。

　ネット右翼として行動する人びとのなかでは低学歴・低収入であって階級脱落者のカテゴリーに該当すると判断される者の比率が全体的分布と比較して相対的には多いといえるが、高学歴・高収入の者が一定の割合でいることも否定できない〔サピオ編集部 2012：10-11〕。すなわち、1920-30年代のドイツと同様に、階級脱落者とともに一般大衆もルサンチマンの解消をもとめてレイシズム的な攻撃行動に出ていることになる。とりわけネット右翼のうちの階級脱落者の部分はナチスのレイシズムの火付け役と類似している点で看過できない。さらに、極端な暴言はたとえばナチスの突撃隊のテロ行為と共通性をもっている

といえる。

　ただし、レイシズムのリーダーについては、ヒトラーほどの力量をもつ扇動者は日本にはいまだ出現していない。これまでのネット右翼のリーダーたちは、長期的に持続する運動体を組織することなく、臨時的な呼びかけに終始してきた。もちろん、このような状況が将来的にもかわらないとはいいきれない。

　それでは、在日コリアンの歴史的社会的条件は当時のドイツのユダヤ人とどのように比較できるだろうか。少数の成功者は出はじめているものの、多くの在日コリアンの社会的経済的地位はいまだに高いとはいえず、顕著な社会的上昇がみられたユダヤ人とは異なっている。また日本人との通婚のいちじるしい増加や、日本国籍取得者の増大などは日本社会への参入の進行を示しており、ついにドイツ社会から拒絶されつづけたユダヤ人の状況とは対照的である。

　このように、日本社会では萌芽的であれレイシズム的行動が出現したが、いまのところレイシズムの強力なリーダーは出現しておらず、レイシズムの対象についても明確な標的が存在しているとはいえない。ただし、ナチスの歴史から得られる最大の教訓は、経済的社会的条件がレイシズムの勃興に決定的な役割を果たしたということである。この意味で、日本においても将来レイシズムが本格的に発展する可能性を完全に否定することはできまい。

第3節　新大陸のブラック・ディアスポラ

1. はじめに

　ここでいう「新大陸」には、北アメリカおよびラテンアメリカとともに、カリブ海地域もふくまれる。また「アフリカン・ディアスポラ」でなく「ブラック・ディアスポラ」とするのは、アメリカの論客W. E. B.デュボイスが「カラー・ライン」と表現しているように、皮膚の色が社会的差別と抑圧の根拠となっていることと、とりわけカリブ海地域のばあいそこを出身地としてさらにディアスポラ化する人びとも多いことによる。

　本節は、英語圏カリブ海地域、フランス語圏カリブ海地域、アメリカの三地域を出自とするブラック知識人・運動家たちがなにを問題とし、それにどのようにこたえようとしたかを検討する部分と、ブラジルおよびカナダにおけるブラック・ディアスポラのありかたをとくに音楽や祝祭を題材として検討する部

分とから構成されている。

2. 起源としての奴隷貿易

　W.ロドニーによれば、奴隷がもっとも集中的に送り出された地域としては、第1にセネガルからアンゴラにいたる海岸線に沿う300キロ強の幅をもつ地帯であり、第2に今日のタンザニア、モザンビーク、マラウイ、ザンビア北部、コンゴ民主共和国東部にまたがる東アフリカである〔Rodney 1972 = 1978：131〕。第1の地帯の今日のベナンの沿岸に位置するウィダは、K.ポランニーによれば、18世紀のはじめの10年間においては奴隷貿易において世界でもっとも卓越した中心地であった。ここにはフランスが永久的居住地をきずいており、そこの部族をとおして奴隷貿易に参加した。オランダ、ポルトガルとならんで、主として奴隷貿易を目的として1772年に設立されたイギリスの王立アフリカ会社もここに拠点を移した。

　ウィダは最終的にはダホメ王国により征服された。この王国は近隣のオヨ、アシャンティ、アルドラなどの諸王国と戦争するために銃器や火薬を必要としたが、それをヨーロッパ商人から手にいれるには、交換のための商品として戦争捕虜である奴隷を近隣部族から獲得しつづけなければならなかった。ヨーロッパ諸国は諸王国の対立をあおることにより、奴隷を入手したのである〔Polanyi 1966 = 1981：39ff.〕。セネガンビア地域においても同様に、フランスは内陸のムスリム遠距離交易商人を商館にひきつけることにより、部族対立の結果発生する戦争捕虜を奴隷として購入した。また上述したウィダ一帯と同様に、諸国家の政治的対立を刺激して火器と引きかえに奴隷商品の再生産を誘発した。

　労働力としての奴隷商品を購入したのは、主として砂糖プランテーションであった。その先鞭をつけたのはポルトガル領であったブラジルとカリブ海地域とにほかならない。E.ウィリアムズは、「18世紀の経済にとって砂糖は、19世紀経済における鉄鋼や20世紀のそれにおける石油にも似た地位を占めていた。言ってみれば、砂糖は王様だったのである」と、当時の世界経済システムにおける砂糖の重要性を指摘している〔Williams 1970 = 1978：Ⅰ150〕。

　18世紀にその最盛期をむかえた大西洋における黒人奴隷貿易の総数については、浜忠雄によれば、最近では1200万ないし1500万人内外とされるのが普通であるとしている。ただし、従来はPh. D.カーティン（Ph. D. Curtin）の主張する1000万人弱という推定値がもっとも信頼にあたいするとされてきた。

第Ⅳ部　移民・ディアスポラの歴史的展開

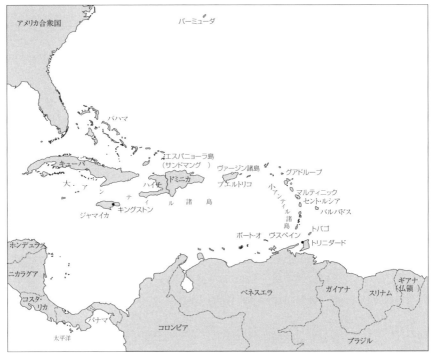

図Ⅳ-1-1　カリブ海地域

　カーティンにしたがってその導入先をみると、最大はブラジルであり約365万人、ついでイギリス領およびフランス領カリブ海地域がそれぞれ約160万人である*1。したがって、スペイン領およびその他のカリブ海地域とアメリカ南部には315万人弱が導入されたことになる。

　ブラジルでは、すでに16世紀には多数の砂糖プランテーションが繁栄していた〔Freyre 1933 = 2005：上326-329〕。植民地時代をつうじて砂糖は第1の輸出品でありつづけたが、17世紀にはそれに綿花が、19世紀にはコーヒーが加わった。先住民たちが少数であったため、これらの農産物を生産したのは奴隷貿易により導入された世界最大の奴隷人口であった〔Segal 1995 = 1999：144-145〕。

　カリブ海地域においては、主として虐殺により先住民人口が激減しており、年季契約奉公人、囚人、流刑政治犯からなる白人労働力も、絶対量が不足しているとともに高価すぎる、また年季契約奉公人については年季明けの奉公人を

受け入れる余地がないなどの理由で供給源とはならなかった。そのため、砂糖プランテーションは黒人奴隷に依存せざるをえない状況にあったのである〔Williams 1970 = 1978：第8章〕。

　ブラジルおよびカリブ海地域とくらべて、アメリカにおける奴隷労働の導入は比較的新しく、その本格化は18世紀にはいってからである。南北戦争直前のデータによれば、奴隷250万人のうち、181万5000人が綿花、35万人がタバコ、15万人が砂糖のプランテーションで生産に従事していたとされる〔Segal 1995 = 1999：109, 115〕。このように、アメリカの奴隷労働では砂糖生産の重要度は18世紀にはすでにさがっている。

3. カリブ海地域のブラック知識人・運動家

　カリブ海地域について強調されるべきことは、過去の帝国主義の遺産として分裂がいちじるしいことである。すなわち、かつてイギリス領植民地であった独立国はジャマイカ、トリニダード・トバコ、ガイアナ、バルバドスであり、またかつてフランス領植民地であったフランス海外県はマルティニック、グアドループ、フランス領ギアナであり、さらに旧オランダ領植民地であった独立国はスリナムである。スペイン領植民地であったキューバとプエルトリコは、19世紀末の米西戦争におけるアメリカの勝利の結果としてアメリカの植民地とされたが、キューバは独立した。また、フランス領であったハイチと同じくスペイン領であったドミニカはいずれも19世紀に独立を獲得している。これ以外にも、この地域には多くの小植民地や小独立国がいりくんでいる。

　このような歴史を反映して、カリブ海地域は、キューバを例外として旧宗主国との経済的、社会的、文化的つながりが強く、また英語圏およびフランス語圏内のまとまりはある程度存在するものの、カリブ海地域全域にまたがる連携は極端に弱いという顕著な特徴をもつ。そのため、旧イギリス領およびフランス領のカリブ海地域から離散するブラック・ディアスポラは、旧宗主国であるイギリスやフランスへ、それもとりわけメトロポリスとしてのロンドンやパリに向かう傾向をもつ。なお、プエルトリコを経由してアメリカに流入する非正規のドミニカ人は相当な数に達する[2]。注目すべきであるのは、ジャマイカ人

---

[1] 〔浜 2003：32-33〕より引用。
[2] 本書616ページ参照。

が1950年代にイギリスに多数流入したこともあって、イギリスが1960年代以降英連邦諸国からの流入の規制策を講じたことである。そのため、本国からであろうとイギリスからの再流出であろうと、旧イギリス領カリブ海地域出身者、とりわけジャマイカ人がカナダなど英連邦に属する先進国へと向かう流れが加わった*3。

　E.ウィリアムズは、「18世紀のスペイン領植民地には砂糖プランテーションは存在しないといってよい」としている。その結果、キューバ、プエルトリコ、エスパニョーラ島のスペイン支配地域では、白人人口にたいする奴隷人口の比率はいちじるしく低かった〔Williams 1970＝1978：Ⅰ 133-134〕。17世紀のカリブ海地域でもっともぬきんでた砂糖植民地となったのは、イギリス領のバルバドスであり、イギリス王室のもっとも貴重な財宝となった〔Williams 1970＝1978：Ⅰ 137-138〕。18世紀にはいると、同じくイギリス領のジャマイカがバルバドスにとってかわり発展の先頭をきった〔Williams 1970＝1978：Ⅰ 154〕。しかしながら、この世紀にジャマイカを制して圧倒的な優越的地位にのぼったのはフランス領のサンドマングであった〔Williams 1970＝1978：Ⅰ 168〕。このようなイギリスおよびフランス領のカリブ海地域の植民地では、砂糖プランテーションの存在により奴隷人口が白人人口を圧倒することとなった。

　ここで英語圏カリブ海地域を出自とするブラック知識人・運動家を検討したい。ジャマイカ出身のM.ガーヴェイ（Marcus Garvey 1887-1940）は、1916年から1927年にかけてアメリカに滞在し、「故郷と世界のアフリカ人にアフリカを」を提唱してアフリカへの回帰ないし帰還を推進した。黒人優越意識とパン・アフリカニズムにたつかれの思想の影響は、アフリカの独立の父祖であるエンクルマやケニヤッタにも深く及んだ。また彼が創設した万国黒人地位改善協会の支部はヨーロッパやアフリカにまで設立された。

　トリニダード出身のC. L. R.ジェームズ（1901-1989）は、ガーヴェイを重要視しながら1920年代のロンドンをパン・アフリカニズムの中心地とするとともに、第二次大戦後イギリス領カリブ海地域で推進された西インド連邦構想にも支持を与えた。1938年に出版された代表的著作である『ブラック・ジャコバン』は、サンドマングでフランス軍にたいする勝利をみちびき、ひいてはアメリカについで植民地からの独立を果たしたハイチの誕生の淵源となった黒人革命の英雄的指導者トゥサン・ルベルチュール（1743?-1803）の人生をえがいたものである。ルベルチュールはナポレオンにより捕えられたあともフランス

第1章　グローバルな移民・ディアスポラの歴史

にたいする忠誠をすてなかったが〔James 1980 = 2002 : 357〕、ここに彼の悲劇をみるジェームズの分析は、植民地権力ひいては宗主国への迎合を批判していると判断できよう。なお、ジェームズはE.ウィリアムズ、W.ロドニーらとともに、後述するS.ホール、P.ギルロイなどにも大きな影響を与えた。とくにウィリアムズはジェームズの教え子であった。

　トリニダード出身のE.ウィリアムズ（1911-1981）は、奴隷制の成立がイギリスの資本主義の要請したものであることを実証した『資本主義と奴隷制』（1944年）〔Williams 1944 = 2004〕、コロンブス到着以降のカリブ海地域の歴史を資本主義、奴隷制、植民地主義の視点から総合的に分析する『コロンブスからカストロまで』〔Williams 1970 = 1978〕などを刊行した。なお、1956年にはトリニダードの首相に就任している。このように、ウィリアムズの基本的スタンスは、アフリカそのものからは離れ、カリブ海地域全域へのコミットメントと植民地主義批判におかれたと理解できる[*4]。

　ジャマイカ出身のR.ネトルフォード（Rex Nettleford 1933-2010）は、他のブラック知識人とちがってカリブ海地域に根をおろし、「カリブ海地域の哲人」とも呼ばれたばかりでなく、創造芸術とくにダンスの表現者でもあった。このようにみると、ネトルフォードは後述するロドニーとともにカリビアンとしての土着主義的傾向をもつといえようか。

　ガイアナ出身のW.ロドニー（1942-1980）の代表作とされる『ヨーロッパはいかにアフリカを低開発化したか』（邦訳のメインタイトルは『世界資本主義とアフリカ』）〔Rodney 1972 = 1978〕は、ヨーロッパ人が渡来する以前のアフリカの発展の様相と、奴隷貿易や植民地主義がアフリカを低開発化させていく状況とを対照的に検討しているすぐれたアフリカ史であって、1972年に刊行された。ロドニーはもっとも抑圧された民衆の側にたちジャマイカを支配する権力者層には批判的であった。このことは、ロドニーの思想がパン・アフリカニズムと反植民地主義および土着主義の統合されたものであったことを示していると考えられる。

[*3]　本書608ページ参照。
[*4]　ウィリアムズとならぶ経済学者として、セント・ルシアに生まれ、主としてイギリスで活躍したノーベル経済学賞受賞者のA.ルイス（1915-1991）も、きわめて重要である。ルイスは「無制限の労働力供給下における経済発展」〔Lewis 1954〕、『経済成長の理論』〔Lewis 1955〕などの労作により、開発経済学の創始者のひとりとみなされている。

カルチュラル・スタディーズの代表者と目されているジャマイカ出身のS.ホール（1932-2014）は、「カリブの文化的アイデンティティの位置化と再位置化を少なくとも3つの「現前」——アフリカ的「現前」、「ヨーロッパ的現前」、そして第3のもっとも曖昧な全ての現前、つまり変異するアメリカ的「現前」——に関連づけて再考することができる」とする。アフリカ的現前とは抑圧されたものの場所であり、奴隷経験のもとでもいたるところに存在していた。ヨーロッパ的現前とは暴力、敵対性、抑圧ばかりでなく、その権力がとりこまれてカリブのアイデンティティの構成要素になってもいる。「新世界」的現前としてのアメリカ的現前は、多様性や雑種性と差異のはじまりそのものである〔Hall 1990 = 1998：97-102〕。

母がガイアナ出身であるP.ギルロイ（1956～）は、母の故郷をあまり知らない移民第二世代で、ヨーロッパ、アメリカ、アフリカ、カリブのあいだを移動する船のイメージからえられた〔Gilroy 1993 = 2006：15〕「ブラック・アトランティック（黒い大西洋）」と呼ばれる間文化的でトランスナショナルな編成のもつ意味に注目する〔Gilroy 1993 = 2006：2〕。離散した黒人たちが、もはや黒人たちだけが占有しているのではない二重の焦点をもった、クレオール化、混血化、ハイブリッド性を特徴とする文化の形式をつくりだしたためである〔Gilroy 1993 = 2006：11-12〕。黒人の文化史に関するナショナリズム的な思考のさまざまなパラダイムは、ブラック・アトランティックという編成に直面するとき、役にたたなくなってしまう。

つぎにフランス語圏カリブ海地域のブラック知識人・運動家を検討しよう。マルティニック出身のA.セゼール（1913-2008）は、1939年に刊行した長編詩『帰郷ノート』において「ネグリチュード（Négritude 黒人性）」の意識をうちだした〔Cesaire 1939/1956 = 2004〕。セゼールにとってネグリチュードとは、「価値」としてのアフリカをみずからの内にみいだすこと、すなわち「源泉への回帰」にほかならない〔砂野 2004：258-259〕。1939年にマルティニックに帰郷したセゼールは、第二次世界大戦後フランス国民議会議員およびマルティニックの首都の市長となり、マルティニックをフランスの海外県とした。ところが、マルティニックの植民地的状況は改善されず、それにたいする不満から1950年に『植民地主義論』を刊行した。そこでは、ヨーロッパの植民地事業が世界にもたらしたものは「暴力、横暴、浪費、拝金主義、はったり、群衆本能、愚昧、下劣、無秩序だ」とされたものの〔Cesaire 1955 = 2004：196〕、それ

以後もセゼールは宗主国フランスへの忠誠をたもちつづけた。

　セゼールと同じくマルティニック出身であるF.ファノン（1925-1961）は、混血であるにもかかわらず白人であるという意識をもつことを文化的に強制されながら育ち、フランスに留学したさい皮膚の色にもとづく差別を強烈に体験した。それにもとづいて、セゼールのネグリチュードの意識という議論を大きく受け入れながら帰郷後の1952年に刊行されたものが『黒い皮膚・白い仮面』にほかならない〔Fanon 1952 = 1998〕。1957年、ファノンは1954年に勃発したアルジェリア解放闘争の担い手であったアルジェリア民族解放戦線（FLN）の指導部の所在したチュニジアの首都チュニスに向かい、FLNに合流してそのスポークスマンとなる。アルジェリア革命への参加を原点としながら病をおして執筆されたものが『地に呪われたる者』である。アルジェリア革命をアフリカ統一への道程と位置づけ、植民地主義の暴力には暴力で対抗すべきであるとするこの著作は、ファノンの早すぎる死の直前の1961年に刊行された。この著作でファノンは「ニグロも今や消失しつつある」〔Fanon 1961 = 1969：134〕として、ネグリチュードの意識を批判している。アフリカは、ニグロ・アフリカとアラブ・イスラームとに分断されているが〔Fanon 1961 = 1969：123〕、今日もっとも緊急な課題はアフリカ民族の建設であるとする〔Fanon 1961 = 1969：142〕。

　セゼールやファノンと同じくマルティニック出身であるE.グリッサン（Édouard Glissant 1928-2011）は、1981年の著作で起源としてのアフリカ、植民地主義としてのヨーロッパ、南北アメリカ大陸との文化的連続性という視座からカリブ海地域を把握しようとする汎カリブ海性を提唱した。グリッサンののちにクレオール性にたつ文学運動が現れる。

　英語圏とフランス語圏のブラック知識人・運動家を比較すると、つぎのような共通点がみられる。第1に、祖先が奴隷であったこともあって、その社会的出自が下層中産階級以下である者が大部分を占めている。このことは、社会的差別や植民地主義にたいする批判という視点を共有させることとなった。第2に、多くの者が宗主国であるイギリスやフランスそれもメトロポリスの有力大学で学ぶ機会をえている。なお、ファノンに典型的なように、そのさい黒い皮膚にたいする蔑視という原体験をする者が多かったとおもわれる。

　宗主国に滞在をつづける者も多々あり、また、英語圏やフランス語圏の内部に限定されることが多いものの、カリブ海地域の諸地方を移動する者が複数存在する。すなわち、もともとアフリカからのディアスポラであった人びとが、

宗主国やカリブ海地域内でさらにディアスポラ化しているといえる。このような二重三重のディアスポラ体験は、彼らの現実にたいする認識と行動能力をいちじるしく高めたと考えられる。

　英語圏とフランス語圏との相互交流はあまり存在していないにもかかわらず、彼らが紡ぎだした思想の内容にはある種の類似性がみられる。すなわち時期こそずれているものの、ガーヴェイのアフリカ回帰にはセゼールのネグリチュードが、ジェームズの植民地主義批判にはファノンのアルジェリア解放闘争への参加が、さらにカリブ海地域へのコミットメントについてはウィリアムズの業績がグリッサンの汎カリブ海性の提唱にそれぞれ照応している。

4. アメリカのブラック知識人・運動家

　アメリカのブラック・ディアスポラのうち、M. ガーヴェイについては先述した。知識人であり黒人運動の偉大なる指導者でもあったW. E. B. デュボイス、M. L. キング Jr. とマルコム X を検討する。デュボイス（1868-1963）は、1903年に『黒人のたましい』を刊行した。そこでは、黒人が諸権利や基本的人権を制限され隔離されていることが告発され、これは色の黒い人種と色の白い人種とのあいだの関係、すなわちカラー・ライン（皮膚の色による境界線）の問題であることが主張される〔DuBois 1903 = 1992：30〕。アメリカにおける黒人のとるべき道については、アメリカはあまりに多大であるから、黒人はアメリカをアフリカ化しようとはしないが、逆に白いアメリカニズムに漂白させようともしないとのべるばかりでなく〔DuBois 1903 = 1992：16〕、さらに黒人こそアメリカの純粋な人間精神の代表者であり、真にアメリカ的な音楽、アメリカのおとぎ話と民間伝承の提供者であるとする〔DuBois 1903 = 1992：26〕。デュボイスはこのころから黒人運動に参加し、1910年の全国黒人向上協会の結成に貢献した。また、デュボイスは1919年にパリで第1回パン・アフリカ会議を組織した。90歳をこえたデュボイスはエンクルマの招請によりガーナにわたり、ガーナ市民となってそこで死去した。すなわちアメリカと訣別したのである。

　ノーベル平和賞の受賞者であるキング（1929-1968）は黒人バプティスト教会の牧師であったが、1955年のバス・ボイコット運動からはじまる公民権運動の指導者となり、1963年には仕事と自由のためのワシントン大行進を組織した。「私には夢がある」の演説はこのときのものである。キングの指導する運動は、ガンジーの影響のもとに非暴力的抵抗を特徴とするとともに、白人の

参加も歓迎するものであった。キングの運動にたいする信念は、神のはたらきへの確信からえられているとともに、アメリカの法秩序を信頼するものであった〔Carson 1998 = 2001〕。キングは39歳の若さで殺害された。

　マルコム X（1925-1965）の父は、ガーヴェイの万国黒人地位改善協会の熱心な組織者であったため、白人のテロの犠牲となった〔Malcolm X 1965 = 1993：第1章〕。1953年に彼はイスラームを自称する新興教団であったネーション・オブ・イスラームの熱心な導師となった。マルコム X の説教は、白人は青い目をした悪魔として創造されたものであり、キリスト教をもちいて黒人を洗脳し犠牲者である状態を甘受させているから、イスラームに帰依しなければならないというものであった〔Malcolm X 1965 = 1993：第12章〕。最高指導者のスキャンダルを原因としてマルコム X はこの教団を脱退し、マッカ（メッカ）への巡礼に向かう。ここで彼は、本来のイスラームが皮膚の色をいっさい顧慮していないことに驚かされ、白人にたいする憎悪を放棄する〔Malcolm X 1965 = 1993：第17章〕。そののち、彼はナイジェリアやガーナを歴訪して大歓迎を受け、アメリカ黒人の闘争がじつは国際的な闘争の一部であることをさとる〔Malcolm X 1965 = 1993：第18章〕。1965年、マルコム X はネーション・オブ・イスラームがおくりこんだ黒人の刺客の手で暗殺され、40年の人生を終えた。

　ここで、アメリカのブラック知識人・運動家たちをカリブ海地域のそれと比較してみよう。カリブ海地域との最大のちがいは、アメリカが植民地ではないため反植民地主義という視点が存在しないか、晩年のデュボイスやメッカ巡礼後のマルコム X のように存在したとしてもそれが弱いことにある。これと関連して、アメリカ人と黒人という状況をどう調停するかについては、『黒人のたましい』の時期のデュボイスにあっては黒人こそアメリカを代表するとされ、キングのばあいにもこの両者は共存すべきであるとされて、両者ともアメリカについて肯定的であるのにたいし、マルコム X ではアメリカへの帰属感は希薄である。さらに、パン・アフリカニズムについては、すでにガーヴェイのアメリカへの影響があったにもかかわらず、キングには欠如しており、マルコム X ではイスラームへと転移しており、カリブ海地域の人びとと顕著な対照をみせている。それにたいし、デュボイスはパン・アフリカ会議を組織した経験をもち、最晩年にはアフリカという故郷に回帰した。なお、デュボイスとキングは大学教育を受けていることからみて下層中産階級の出身であるとみられるが、マルコム X は父を殺されたのち一家離散を経験するなど最下層の出自であり、

この点で白人の権力にたいする抵抗感は前二者より強かったと考えられる。

5. ブラジルとカナダにおけるブラック音楽

　音楽がブラック・ディアスポラにたいしてもっている特別の意味あいは、ギルロイの『ブラック・アトランティック』において強調されている。奴隷の読み書き能力へのアクセスはしばしば死刑に処されるまでに否定されていたため、言語の表現能力が限定されるのに反比例するかのように、音楽の力と重要性が高められてきたのである〔Gilroy 1993 = 2006：146〕。

　1933年にG.フレイレ（ブラック知識人ではない）が刊行した『大邸宅と奴隷小屋』は、熱帯への適応力にすぐれたポルトガル人男性が先住民のインディオ女性や黒人女性と性交渉した結果としてブラジルに雑種社会が形成されたとする。奴隷制とともに人種混淆を特徴とする植民がなされたため、ブラジルは人種意識からは自由であったとされる〔Freyre 1933 = 2005：上45-46〕。それにたいし、北森絵里は、ブラジルに人種主義が存在するのに問題視されないのは、混血が多数派であるなかで黒人というカテゴリーがあいまいであるためであると主張する。ここで黒人のとるべき戦略は、黒人文化を継承しながらナショナル文化の創造に参画するか、それとも混血という考え方に反対する文化的抵抗を起こすかにわかれる。前者の典型例が混血の音楽サンバであり、リオデジャネイロのファベーラで創出されたブラック音楽であるファンキは後者の実例にほかならない〔北森 2011〕。

　つぎに英語圏カリブ海地域出身者の流入先のひとつであるカナダのトロントにおけるブラック・ディアスポラのありかたを、粟谷佳司によって音楽文化と祝祭を題材として検討したい。まず音楽文化であるが、ジャマイカからの移民たちがレゲエのレコードを発信し、ジャマイカとのネットワークも形成された。つぎにカリブ海系移民の祝祭としては、カーニヴァルを原型とするカリバーナがあげられる。パレード、演奏、歌唱、ダンスなどから構成されるカリバーナには多くの観光客があつまり、カナダの多文化主義の象徴ともされる。さらにインターネットの発展は、カリブ海系移民の音楽や祝祭の表象を世界大に拡散させている。ここにみられるのは、カナダのディアスポラの文化的出自がもはやアフリカではなくカリブ海地域になったという現実である〔粟谷 2011〕。

6. 要約と結論

　以上新大陸のブラック・ディアスポラについて、知識人・運動家と音楽表現を中心に概観してきた。奴隷という最悪の限界的状況を共有することから出発したこの人びとには、カリブ海地域、北アメリカ、ブラジルというそれぞれの地域的な条件のもとにさまざまな社会的相違が出現していることは否めない。それにもかかわらず、抑圧されてもけっして消えることのなかった故郷アフリカの痕跡が、この人びとの営為に他との比較をゆるさない独自性を刻印していることは疑えない。それとともに、この人びとのもつ二重三重のディアスポラ性は、その認識と行動をこれからも一層コスモポリタンなものとしていくであろう。

第4節　ヨーロッパ・ロシア・アメリカからの帝国ディアスポラ

1. ディアスポラ研究における欧米とロシアの諸帝国の意義

　15世紀にはじまった欧米とロシアの諸帝国の世界全体への拡大は、そののちの人類史に決定的な影響を与えてきた。帝国主義的な領土の争奪戦の悲劇的な帰結は、二度にわたる世界大戦であった。植民地のほぼ全面的な独立が果たされたのは、ようやく20世紀末になってからである。これらの諸帝国は、現在存続する唯一の帝国であるアメリカとともに、その崩壊後も世界全体にその支配の痕跡を強烈に刻印している。

　支配の根底的な基盤は言説により提供されるが、それは言語を前提とする。欧米の諸言語はリンガフランカ（共通語）となった英語をはじめとして、ポルトガル語圏およびフランス語圏のほかにも、スペイン語圏やロシア語圏などの大きな空間をかたちづくっている。とりわけ重要であるのは、欧米とロシアの諸帝国が資本主義的世界経済システム（I.ウォーラーステイン）の地球大の拡大に根底的に関与したことである〔Wallerstein 1979 = 1987〕。それとともに、欧米とロシアの諸帝国は、ヘゲモニーの獲得競争やその結果としてのヘゲモニー国家の歴史的変遷をともなう、諸国家の世界的ヒエラルヒー秩序としての政治システムも形成してきた。さらに文化的にみれば、欧米とロシアの諸帝国は、一面では植民地化された地域に存在する固有の土着文化を破壊したりそれと接

合したりしながら欧米とロシアの文化をグローバルに拡散させてきた。

　ここで「帝国」とは、本国の領土をこえてその領土を権力主義的に拡張しようとする、帝国主義にもとづいて獲得された植民地と宗主国とから構成される拡大された国家である、と暫定的に定義しておく。このような帝国としては、歴史的にはローマ帝国、唐帝国、オスマン帝国などが代表例としてあげられるが、ここでは対象を15世紀以降の欧米とロシアの諸帝国に限定したい。これらの諸帝国は、植民地にたいする権力主義的な統制という側面をそれ以前の諸帝国と共有しているが、それに加えて金融資本を中核とする資本主義的経済システムにより植民地から富の収奪をおこなうという、まったく新しい性格をもっている（〔Hobson 1938 = 1951-52〕、〔Lenin 1916 = 1956〕）。この点で、15世紀以降の欧米とロシアの諸帝国は従来の帝国とは根本的に区別されなければならない。ただし、このような帝国主義的経済システムは19世紀後半になってようやく完成されたので、ここではこの時期以降の帝国を「本格的帝国」と呼び、15世紀から19世紀後半にいたる未成熟な経済システムをもつ帝国を「初期的帝国」と呼ぶこととしたい。

　上述の帝国の定義には「植民地」という概念が使われているが、この概念もきわめて多義的であるので定義を必要とする。ここでは、諸帝国により征服された先住人口が相対的に稠密な地域を「征服植民地」、先住人口がほとんど存在しないかあるいは相対的に希少であって諸帝国による獲得ののち本国人口が移住した地域を「移住植民地」と呼んで、この両者を概念的に区別する。「植民地」という語は、征服植民地と移住植民地の上位概念として使用する。

　このような欧米とロシアの諸帝国の世界全体への拡大は、それを担うヒトの存在によりはじめて可能となる。R.コーエンは、ある権力によって植民あるいは軍事的な目的で定住がおこなわれるばあい、その結果として「帝国ディアスポラ」が生まれるとしている〔Cohen 2008 = 2012：148〕。この語の妥当性についてはともかくとして、コーエンが概念化しようとしたような欧米とロシアの諸ディアスポラが、どのように母国から離散し、どのように新しい土地に定住し、どのように活動しながら世界的影響を確立していったかの検討は絶対的に必要である。

2. 初期的諸帝国

　ポルトガルは15世紀前半のエンリケ航海王子の時代に大西洋およびアフリ

カ沿岸の航海事業に本格的に乗りだし、ついに1498年のヴァスコ・ダ・ガマによるインド航路の発見にいたる。その結果ポルトガルはインド洋およびアジアへと勢力を伸長していく。一方スペインは、1492年のコロンブスの西インド諸島への到着をきっかけとしてアメリカ大陸にたいする帝国主義的攻略を開始した。またマゼランは、1519年にマゼラン海峡を発見して通過したのちフィリピンにたどりつき、この群島ののちの植民地化への出発点となった。

　ポルトガルとスペインというこのふたつの初期的帝国は、16世紀前半からアメリカ大陸に植民地を経営した。すなわちポルトガルはブラジルを、スペインは西インド諸島のほかアンデス地域、メキシコ周辺、ラプラタ地域などを支配した。これら大陸部の植民地は、ナショナリズムの高まりとともに19世紀前半に独立した。またポルトガルは、17世紀にアフリカのアンゴラとモザンビークをその勢力下においた。

　この両帝国は、植民地経営とならんで、アジアの高価な産品を買いつけてヨーロッパで販売する通商にも従事した。ポルトガルは香辛料貿易を目的として16世紀初頭にはペルシャ湾口のホルムズ、インドのゴア、マレー半島のマラッカを通商拠点とするとともに香辛料の生産地であるモルッカ諸島にまで到達した。のちに中国のマカオと東ティモールも追加された。スペインは16世紀後半にフィリピンを占領して植民地とするとともに、マニラからメキシコのアカプルコにいたるガレオン船航路をひらいた〔Joaquin 1999 = 2005：76ff.〕。これによりアジアの産品は太平洋と大西洋を経由してヨーロッパに届けられた。しかしながら、これら両帝国の通商ネットワークは、17世紀にイギリスとオランダとの競争にやぶれて衰退していく。たとえばマラッカは、17世紀なかばにオランダにより奪取された。ただし、東ティモールについては18世紀初頭にポルトガルの領有が決定された。

　それでは、両帝国の植民地経営および通商ネットワークを担ったのはどのような人びとであったのか。まず植民地からみると、初期のブラジルでは流刑者や異端審問を逃れようとするユダヤ人も多かった〔長尾 2009：35〕。スペイン領では、もっとも初期の征服者(コンキスタドール)および宣教師に、主として非合法渡航者がつづいた〔立石 2009：53〕。ブラジルでは16世紀からサトウキビ栽培が、17世紀末からは金鉱採掘がブームとなり、スペイン領でも、農業、牧畜業、鉱山業、商業が振興したが〔立石 2009：61-62〕、これら諸産業の労働力はブラジルのばあい主としてアフリカから強制移送された奴隷、スペイン領ではそれに加えてイ

ンディオにより供給された。そのため本国からの移住人口は少なかったものの、これらの人びとがアメリカ大陸におけるポルトガル・スペイン系ディアスポラの源泉となったのである。したがって、この両帝国は移住植民地という性格もある程度もつ征服植民地を新大陸で経営したといえる。同様な状況はフィリピンにも存在した。

通商拠点については、ポルトガルのばあい、商館や要塞の要職についた下級貴族と、兵士や船員として働く平民に大別され、通常3年の勤務が義務づけられていた〔長尾2009：34〕。ただし、それとともに、ならず者、罪人、冒険商人たちがアジア海域におもむき、その多くは現地の女性とむすばれ、「ユーラシアン」の子どもたちを誕生させた〔羽田2007：70-71〕。

ポルトガルおよびスペインについでアジア貿易に参入した初期的帝国はオランダとイギリスであった。オランダは1602年に東インド会社を設立し、ジャカルタを中心的拠点としてポルトガル、スペイン、イギリスを圧倒しながら香辛料貿易をおこなった。その資産は18世紀末にオランダの国家に引き渡され東インド会社は消滅した。ただし、オランダがインドネシアの大部分を実質的な植民地として支配するのは、やっと19世紀後半になってからである。

ここできわめて重要な初期的帝国であるイギリスにふれておきたい。イギリスの海外進出が本格化するのは16世紀後半からであり、そのなかには17世紀初頭の北アメリカ東岸への入植、カナダのニューファンドランドにおける漁業基地の確保、西インド諸島における奴隷に依拠する征服植民地の建設などがふくまれる。それとともにアジアにおける通商にも参入し、1601年には東インド会社を設立し、マドラス、ボンベイ、カルカッタなどの拠点をインドにえた。これら通商拠点には本国から東インド会社が社員を派遣し、社員はのちにこれら拠点の行政幹部となった〔羽田2007：223ff.〕。ただし、その絶対数は少なく定住性も低かった。東インド会社は19世紀前半に消滅した。

北アメリカ東岸では、1620年メイフラワー号で到着した清教徒たちから入植が本格化する。南・中央アメリカと異なって、イギリス領の北アメリカでは当初から本国からの移住者が農業労働を担った。そのため移住者の絶対数が多くまた定住性も高く、征服植民地という側面はけっして否定できないものの、移住植民地としての性格が強かった。アメリカは1776年にイギリスから独立する。アジアにおける通商については、イギリスは18世紀後半にマレー半島のペナンを拠点として、中国およびインドとイギリスをむすぶ貿易ネットワー

クを形成した。イギリスはさらに、18世紀末にマラッカを、19世紀初頭に短期間ジャカルタを、そののちシンガポールを獲得して通商拠点とした。

　イギリスにつづく初期的帝国であるフランスは、17世紀前半以降に西インド諸島に征服植民地としての奴隷に依拠する植民地を建設するとともに〔平野2002：28ff.〕、17世紀初頭にカナダに漁業や毛皮の交易のための入植地を形成した。そのひとつはケベックであり、もうひとつはアカディアである〔平野2009：96-97〕。さらにフランスはミシシッピー川流域に進出し、獲得した土地をルイジアナと呼んだ。ただし、イギリス帝国と異なって本国からのこれら土地への移住者はわずかであった。またフランスは17世紀なかばに東インド会社を設立してアジアにおける通商にも参入したが、大革命とそれにつづく混乱により活動は低調となった〔羽田2007：326-327〕。

　初期的帝国の最後に登場するロシアは、帝国主義的政策を推進した専制君主であるイワン四世のもとで、16世紀なかばから、南方ではタタール人のカザン・ハン国とアストラン・ハン国およびステップ地域を、東方では西シベリアのシビル・ハン国を征服した*1。ロシアの帝国主義的膨張が本格化するのは、1682年に即位したピョートル一世の治世からである。大帝はオスマン帝国からアゾフ地方を獲得し、スウェーデンからバルト海沿岸を奪取して新都サンクト・ペテルブルグを建設するとともに、東方への進出を活発化した。ロシア帝国と同様に帝国主義的拡張をはかっていた清帝国とロシア帝国とのあいだで、領土を画定するために1689年にネルチンスク条約が締結された。

　ステップ地帯はウラル山脈南東部の中央黒土地帯、ヴォルガ河中・下流域およびドン地方、カフカース地方からなる。ステップ地帯には主として非ロシア人が居住していたため、侵入してきたロシア人とのあいだで土地をめぐる軍事的抗争が頻発した。またこの時期に流刑者がシベリアへと強制的におくられたが、その多くは高齢で死亡率が高かったため、ディアスポラとはならなかった。このように、ステップ地帯は征服植民地という性格が強く、シベリアは非ロシア人である先住人口が希少であったため移住植民地としての性格が強かったということになろう。

---

　*1　以下、ロシア帝国については、〔土肥2007〕を参考としたところが多い。

3. 本格的諸帝国

　18世紀以降、本格的帝国の建設が試みられるようになるが、その嚆矢となったのはイギリスであった。1713年のユトレヒト条約によりカナダにおけるイギリスの優位が認められた。その帰結として、フランス系ディアスポラであったアカディア人の大追放が、フランスとの七年戦争（1756～63年）の開戦直前におこなわれた。アカディア人の離散先のひとつがルイジアナであり、これによりこの土地はカナダのケベック州に次ぐフランス系ディアスポラ人口を抱えることとなった〔平野2009：97-98〕。七年戦争におけるイギリスの勝利の結果ケベックが、また19世紀初頭の購入によりルイジアナも、ともにイギリス領となった。

　イギリスは、18世紀末にオーストラリアを、19世紀なかばにニュージーランドを領土とした。これらの領土には先住民がいたものの、征服されたり絶滅させられたりして移住植民地となった。1824年に締結された英蘭条約は、マラッカ海峡を境界としてマレー半島以北をイギリスの勢力圏、インドネシアをオランダの勢力圏とした。これ以後イギリスは、マレー半島およびビルマに対する侵略を進め、19世紀後半には征服植民地としての支配を確立した。またイギリスは、19世紀なかばに中国から香港を奪いとり、対アジア貿易の拠点とするとともに、中国にたいする帝国主義的侵略の砦とした。さらにイギリスは、1857～59年に発生したインド大反乱を鎮圧して、インドにたいする全面的な直接支配を開始する。アフリカについては、イギリスは19世紀なかば以降南アフリカに対する支配を強めていくとともに、ベルリン会議（1884～85年）におけるアフリカ分割の結果としてケニヤおよびウガンダとその他のアフリカ領を獲得した。これら征服植民地には、軍事要員と植民地行政官が本国から赴任したが、通商ネットワークと同様にその数は少なくまた定住傾向にもとぼしかった。ただし、南アフリカは、オランダ人ディアスポラ（ボーア人）を中心とする移住植民地という性格をあわせもっていた[*2]。

　イギリスとともに本格的帝国となったフランスは、19世紀前半に北アフリカのアルジェリアに派兵し、それ以降フランス人の入植を推進した。さらにフランスは、19世紀末にはチュニジアを〔平野2002：145〕、20世紀初頭にはモロッコの大半を保護領とした〔平野2002：201〕。19世紀なかばに植民地とした南太平洋のニューカレドニアは、当初は流刑地であったがのちに移住植民地とな

った〔Betts 1991 = 2004：13〕。またフランスは、19世紀の後半にインドシナ半島に対する帝国主義的支配を確立し、アフリカ分割により西アフリカと赤道アフリカを中心に征服植民地を獲得した。征服植民地に渡ったフランス人たちは異国情緒や安逸にひたれる場、さらにはひと財産築く可能性の広がる場を求めた。ただし、その絶対数はきわめて少なく定住性にもとぼしかった。

　本格的帝国としてのロシア帝国の拡大は、18世紀から19世紀をつうじて加速化する。とりわけ1762年に即位したエカチェリーナ二世の治世である18世紀末には、オスマン帝国からクリミアを奪うとともに黒海の航海権を得た。さらにカフカース地方への侵略が開始されるとともに、プロイセン、オーストリアとともにポーランドを三分割した。シベリアへの移住は18世紀をつうじて本格化し、18世紀末には先住人口を上回った。

　19世紀の20年代にはいって、カザフをはじめとする中央アジアの植民地化が進められ、19世紀末には完了した。ロシア帝国は19世紀なかばに清帝国からウスリー川東岸をうばいとり、ウラジヴォストークを建設した。この世紀の末には中国の東北地方へのロシア人移住者の進出が顕著となり、さらに朝鮮半島への勢力拡大も試みられた。その結果として日本帝国とのあいだに日露戦争が勃発した。これらの東方進出は、軍事要員や行政担当者および聖職者とともに、次項で述べるように主として森に覆われた中核地帯から移住する農民によって実現した。

4. 諸帝国から入植地への労働力としての移動

　18世紀後半にイギリスではじまった産業革命は、19世紀前半以降ヨーロッパ諸国およびロシアに広く拡散し、資本主義的経済は新しい段階をむかえた。それに付随して、農業の荒廃による農村過剰人口と産業予備軍としての失業者および貧民がヨーロッパおよびロシア全域で大量に発生した。諸帝国は、社会的緊張の緩和と生活救済のために、このような人びとを植民地であるか否かを問わず新大陸を中心とする世界各地へと送り出さざるをえなくなった。

　この時期ポルトガルおよびスペインから北アメリカをふくむ新大陸に大量の出移民があった。また本格的帝国としてのイギリス帝国でも、19世紀をつうじてかつての植民地であった北アメリカへの移住がきわめて大規模におこなわ

＊2　南アフリカについては、〔Richard 1996＝2002：126-128〕をみよ。

れた。イギリスからの労働移民の大波は、20世紀にはいってから、当初は流刑地であったオーストラリアをはじめとして、カナダやニュージーランドをも襲うこととなった。フランスについては、アルジェリアへの大規模な移住が起こった。

ロシア帝国については、19世紀後半から産業の発展が起こるとともに、1861年の農奴制の廃止ののちに農民人口が急激に増加した。それにともなって、南方と東方への大規模な移住が加速された。ただし、ステップ地帯とシベリアとではその様相が異なっている。ステップ地域では農奴労働をともなう貴族領主の入植と農奴ではない移住者の入植が並行し、農奴解放後も農奴制に似た貴族による農民の搾取がつづいた。農奴ではない移住者としては、国有地農民、カザーク、宗教的異端者、退役兵士、外国人、逃亡した農奴などがあげられる。それにたいし、シベリアでは貴族も農奴も存在しなかった。なお、ロシア人入植者と非ロシア人先住民との土地をめぐる紛争も終息しなかった。

5. 最終帝国アメリカの特異性

アメリカは諸帝国のなかではもっともおくれて登場したことと、2010年代現在もっとも優越した権力を誇っているため、あくまでも現時点の話ではあるが「最終」という形容詞を付したい。この帝国はこれまで概観してきた諸帝国とはまったく異なるヒトの移動パターンをみせている。その特異性をみると、①アメリカ国民は「民族」とはいいがたい、②アメリカは「故郷」とはいいがたい、③国外のアメリカ人のうち米軍はアメリカ本土の一部ともいえる基地に住み、他の人びとはコミュニティ形成の基盤である「粘着性」をもっていないので、ディアスポラとしての明確なアイデンティティが形成されないという特徴をもっている。その結果、現在のところアメリカ系ディアスポラは存在していない*3。

6. 帝国主義との訣別の可能性

現在の地球社会のほとんどすべての空間が欧米とロシアの帝国主義的遺産によりいまだに覆いつくされていることは驚嘆に値する。アフリカのように宗主国勢力を表面的にはほぼ一掃した地域にも旧宗主国の言語圏が存在していることは、それを如実に示している。経済システムや政治システムをふくむこのような帝国主義的遺産との訣別は、これからの人類のきわめて重要な課題である。

欧米とロシアの帝国主義の影響力がディアスポラの存在する移住植民地で強いことは当然であり、ロシア人農民定住者も彼らの本質的なものを保持しつづけるなかで、先住民にたいして大きな影響を与えてきた。

　それとともに、帝国主義の影響力は、ディアスポラがあまり存在しなかった征服植民地や通商拠点でも遺憾なく発揮されつづけている。一般的にいって、初期的帝国であるか本格的帝国であるかを問わず、征服植民地や通商拠点の建設にたずさわった移住者はロシア帝国を例外として少数であり、ポルトガル人とスペイン人およびロシア人を別として定住性にとぼしく、ほとんどディアスポラ化しなかった。これについては、通商拠点のばあいには財産を形成したのち帰国するというパターンが通例であったこと、また征服植民地のばあいには支配者階級が現地社会とは距離をおきながら隔絶した生活をおくっていたという理由を指摘できよう*4。同様の状況は、現時点ではアメリカ帝国についても妥当する。このようにディアスポラが不在であるのに帝国主義の影響力が強い植民地が存在することは、帝国主義との訣別が容易ではないことを示している。

　帝国主義的遺産と訣別するための土着主義的抵抗の好例は、アルジェリアにみられる。ここではフランス系ディアスポラはフランスに引き揚げ、イスラームに基盤をもつ文化への回帰がおこなわれた。しかしながら、土着主義とは異なる、いわばクレオール化ともいえる別の方向への展開がみられることも興味深い*5。マラッカにおけるポルトガル系ディアスポラがそれであって、アイデンティティにおけるポルトガル性の仮面のもとに維持されているものは、マレー、中国、インド、ジャワなどの要素からなるクレオール・アイデンティティである*6。この事例は、帝国主義的遺産との訣別のための別の可能性を示唆するものである。

　付言すれば、R.コーエンは元来帝国ディアスポラであったのに結婚をつうじて地元の社会に溶け込んだり祖国との縁を切ったりして現地化あるいはクレオール化した入植者を準帝国ディアスポラと呼び、南アメリカの独立運動を指導

---

*3　以上は、〔ウィルキンソン・有道 2009〕による。
*4　この論点については、〔井野瀬 2007：290-292〕が示唆を与える。
*5　ディアスポラやクレオール化などの諸概念については、〔Clifford, 1997＝2002：第10章〕の議論が興味深い。
*6　これについては、〔長尾 2009：37-41〕をみよ。

したシモン・ボリバルをその代表例としている〔Cohen 2008 = 2012：119〕。このような南アメリカと中央アメリカのスペイン語圏クレオールには、被植民者であると同時に特権をもつ現地での上流階級であるという二面性があり〔Anderson 1991 = 2007：103-104〕、そのため帝国主義的遺産との関係は複雑なものとなる。

付論：アジア系日系人

　アジア系日系人とは、広義にはアジアに定住する日本人の子孫一般を意味するが、ここでは第二次大戦前から戦中にかけてアジア各地に渡った日本人の子孫をさすものとする。日本に滞在するアジア系日系人の大多数は、中国残留婦人・孤児が帰国する際に同伴したり呼び寄せたりした中国帰国者二世・三世である。
　フィリピンの日系人は全土に散在しているが、なかでもミンダナオ島ダバオにマニラ麻栽培のため入植した日本人の子孫の比重が高い。ダバオに定住する日本人人口は、1938年には1万6745人に達していた。日本人男性は、土地の所有問題もからんでバコボ族など先住の少数民族の女性と結婚することが多かった。
　第二次大戦後、生き残った日本人はアメリカ軍により日本に送還されたが、混血二世については、原則として16歳以上は送還、15歳以下は残留という処置がなされた。父の国日本と切り離された混血二世たちのほとんどは、フィリピンの反日感情の中で学齢期になっても通学すらできなかった者が多く、小作農や肉体労働者として最下層の生活を強いられてきた〔天野1990〕。外務省によれば、2015年現在で二世のフィリピン在住日系人は3545人にのぼった。そのうち1946人が健在である〔『朝日』2015年7月23日〕。四世を合わせた日系人の総計は5〜10万人にのぼるとみられる。
　韓国には、日本の植民地とされていた時代に朝鮮人男性と結婚し韓国に定住した「在韓日本人妻」と自ら呼ぶ人びとがおり、その数は1000人を超えると思われ、その子孫もいる。そのほとんどは、日本に居住していた朝鮮人と結婚し、第二次大戦敗戦前後に朝鮮半島に渡っている〔山本1996〕。なおサハリンについては、第二次大戦後の日本人の引き揚げの際、朝鮮人と結婚していたり朝鮮人の養子であった日本人は対象外とされ、そのため残留した者が多い。

1995年3月現在533人が確認されており、その子孫もいる。

　注目されるのは、日本が第二次大戦前支配していたミクロネシアである。最盛期である1940年にはミクロネシア人5万人に対し、日本人は民間人だけで約8万人がいた。この間現地の女性と日本人男性との結婚がおこなわれ、日系二世が誕生した。日系二世・三世は政界・経済界で活躍しているが、なかでもベラウ共和国のナカムラ元大統領、マーシャル諸島共和国カブア初代大統領は酋長家系の女性を母にもつ著名な二世である。日系人人口はトラックに最も多く、ベラウが次いでいる〔小林1982〕。

　インドネシアには、元日本軍兵士が300人ほど残留した〔『朝日』2015年7月17日〕。この人びとと現地の女性との間に生まれた二世は、およそ1000人に達するといわれている。なお、残留元日本軍兵士はベトナムその他についても報告されている。

第2章　1980年代までのグローバルな労働移民と難民

第1節　労働移民の理論

　労働移民は、1980年代とくに世界システムの中心諸国で大きな問題となりつつあった。ラテンアメリカからのヒスパニック（スペイン語使用人口）とアジアからのインドシナ難民をはじめとする人びととの1980年代のアメリカへの膨大な流入は、非合法移民をふくむと、外国生まれ人口を2000万、総人口の1割前後も増大させたと推測され、この国の社会構造を根底的に変化させつつあった。また西・北ヨーロッパでは、第二次大戦後から1970年代初頭にかけての好況期に労働力不足が存在したが、それに対応して導入された労働移民がそのまま定着し、合計1600万人以上、人口の1割近くに達していたとみられる。

　西・北ヨーロッパにおける労働移民の定着は、大きな社会的緊張をひき起こしていた。フランスを例にとると、そのほとんどがすでに10年以上の滞在歴をもっており、帰国が不可能となっていた。労働移民一般とりわけマグレブ諸国からの移民にたいする在来のフランス人の怒りや怨念は著しく、労働移民はフランス社会にとって深刻な問題となっていた。

　しかしながら、労働移民の現象は世界システムの中心諸国にのみみられるものではない。今世紀初頭にいたる世界システムの世界的拡大の段階では、周辺での労働力不足が一般的であり、それに応じて、中心への移動とともに周辺への移動が世界的に発生した。その帰結は、現代の周辺諸国に広範にみられる複数のエスニック集団からなる複合社会や多民族国家の成立であり、その社会的影響はきわめて大きい。

　本章では、労働移民の発生条件、その類型や段階、社会的影響を、地域的歴史的にあきらかにすることにしたい。本節では労働移民の学説史を概観しながら、ある点までは世界システム論的議論が妥当するが、労働移民の状況はすでにこのような経済学的説明を不充分にさせたことを述べ、世界階級の形成とい

第2章　1980年代までのグローバルな労働移民と難民

う視点の必要性を提示することにする。第2節では、モノカルチュア期の地域別移動を、第3節では産業化期の地域別移動と世界階級の形成状況を概観し、第4節ではそれにともなう社会的帰結を分析する。

　第三世界に関する議論の他の領域と同じように、労働移民についても、近代化論的アプローチと世界システム論的アプローチが対立しあっている。近代化論的アプローチのひとつの典型はW. A.ルイスにみられる。ルイスは独立した2つの社会的単位を設定し、その一方には労働力過剰による無制限の労働供給を、もう一方には雇用可能性による労働需要を想定し、労働移動が全般的な経済発展をひき起こすとした〔Lewis 1954：146-147〕。この議論は結局労働移動による2つの単位間の均衡回復を重視する均衡論であるといえる。均衡論の系列には2つの単位間の賃金水準や所得機会の格差にたいする個人の反応を重視するM.トダロの議論もふくまれている〔Todaro 1976：29, 73-74〕。こうして均衡論は、ある国家内部の移動とともに、労働移民の現象をも説明できるものとされたのである。
　それにたいして、世界システム論的アプローチは、資本と労働の動的な関連から労働移民の現象を把握しようとする。世界システムの中心への価値の移転の重要な条件となるものは、労働調達の方式である〔Wallerstein 1974 = 1981：第6章〕。世界システムの周辺への浸透過程では、商品としての労働力の形成が不充分なため労働移動が起こる。世界システムが成熟してくると、周辺が従来保持していた内的均衡が破壊されて産業予備軍としての過剰労働力が堆積される。低賃金労働力を要求する資本は、そのような労働力が存在している半周辺ないし周辺に移動するとともに、低賃金労働力そのものを中心へ引きよせようとする。こうして中心への労働移動が起こるのである。
　したがって、このアプローチでは、国際移動と国内移動とは周辺から中心への並行的な現象として把握される。A. G.フランクの表現を借りれば、それは衛星から中枢への移動としての共通性をもっているのである〔Frank 1969 = 1979〕。すなわち国際移動は衛星としての第三世界の周辺から世界的中枢としての中心への移動であり、国内移動は第三世界における衛星としての農村から副次的中枢としての巨大都市への移動にほかならない。
　ただし、国際移動と国内移動とは、国境の有無という点で決定的に異なっている。世界システム論的アプローチにたてば、国家は一方では国際分業を推進

するとともに、他方では労働力としての移民を受け入れたり送り出したりする役割を果たすことによって、資本主義的構造の再生産に寄与しているのである。

　以上概観した近代化論的アプローチと世界システム論的アプローチを比較してみると、現実の説明能力ではあきらかに後者のほうが勝っている。しかしながら、1970年代以降とりわけ顕著になりはじめた西・北ヨーロッパにおける労働移民の定着化や、アメリカにおける労働力とはなりえない人びとの大量流入などの現象は、世界システム論でももはや充分に説明しえなくなった。世界システム論にたつ論者の多くは、これらの人びとを産業予備軍として位置づけ、その存在が雇用調節と低賃金労働とを可能にすると説明する。もちろん、このような側面も当然存在してはいるが、これらの地域における労働移民のための社会的負担が資本蓄積のためにはかえって不利となっていることに示されているように、世界システム論もそれにふくまれる経済学的説明は部分的にしか有効ではない。

　このような意味で、労働移民というテーマは経済学をこえる分析枠組を必要としているといえる。その中心的な観点としてあげられるべきものは「世界階級」という観点である。

　世界階級には、地域的な不均等発展に照応して階級秩序が存在する段階と、地域と階級秩序の照応が崩壊する段階とを区別することができる。すなわち労働移民が顕著化する前の時期には、資本の相対的な移動可能性と労働の相対的な移動不可能性とがあったために、世界階級は、中心・半周辺・周辺への地域的不均等発展と照応しながら存在していた。つまり総体的にいえば、階級秩序の上の部分は中心諸国に、下の部分は周辺諸国にその主要な部分があったのである。ところが労働移民が顕著化する時期にはいると、中心の内部に周辺からの労働移民が堆積した結果、いわば中心の周辺化が起こった。このことは、中心地域に周辺と同じ性格をもった階級秩序の下の部分が存在しはじめたことを意味しており、中心と周辺との地域的分割が崩れた世界階級の新たな状況を示すものである。

　以上、労働移民の成立とそれが世界階級の構造に位置づけられるべきことを、学説史的に整理してきた。そこで、つぎに労働移民の類型もしくは段階について検討する。この問題について注目すべき考察をしているのはS.サッセンである。彼女は世界システム論にたって、資本と労働の関係を視点としながら、労働移民の4つの類型もしくは段階を提唱した〔Sassen-Koob 1983,：175-181〕。

第2章　1980年代までのグローバルな労働移民と難民

ここで類型もしくは段階という理由は、世界システムにおける資本蓄積の特定の様態が労働の様態を規定するため、労働移民の類型は同時に段階としても出現したからであるとされている。

　第1の類型は、周辺への世界システムへの拡大の段階に現れる。この段階では、周辺における一般的な労働不足をいかに克服するかが資本の中心的課題であった。というのは中心で起こった労働の大規模な商品化は、周辺では最低限しか成立しなかったからである。そのためこの類型は、一般的には強制的な労働供給として特徴づけられる。従来の自給自足的生活者が、奴隷・債務奴隷・部族的契約労働者などに強制的に転換されるとともに、周辺のある地域から別の地域への強制的な移動がおこなわれる。なお、この段階には、強制的な労働供給と区別される植民地への移民も存在している。

　世界システムとの一体化という第2の段階では、労働力の輸入は資本のある程度の蓄積と結合しており、労働が周辺から経済成長の高い地域に向かう類型が出現する。19世紀末から20世紀初頭にかけてのアメリカへの大量移民がその典型例である。サッセンは、この類型に1970年代以降の産油国、輸出加工地帯など周辺でも急速な成長をみせている地域への移民をも加えている。

　第3の類型では、中心における高度な資本蓄積と労働力輸入とが結合している。19世紀から第一次世界大戦にかけての西ヨーロッパおよび第二次大戦後復興期の西ヨーロッパへの労働移民の流入はその例である。

　第4の類型では、中心における労働にたいする資本の支配の再生産と労働力輸入とが結合している。復興期以降の西ヨーロッパや1970年代以降のアメリカへの労働移民の流入がその例である。さらに、少数の都市地域に集中する高所得の専門的労働力を活動の軸とする経済的再編成が進展しつつある。この2つの状況は、いずれも労働の再生産費用をふくむ労働の費用の削減への必要性を発生させる。ところで、これらの中心諸国においては、それまで労働者の組織化が進んでいたために、在来の労働者の労働の費用を削減することはなかなか困難である。そのために、低賃金労働力としての労働移民が輸入されたのである。

　以上概観してきたサッセンの類型もしくは段階は、各地域の資本蓄積の程度に応じる労働力の輸入を想定するものであった。しかしながら、世界システム論的発想は地球上の各地域を断片化してそれぞれの資本蓄積を個別に分析するという方法を基本的には拒否する。すなわち世界システムの発展の特定の段階

における世界の諸地域は一体的に把握されなければならないものなのである。

このような意味で、上述したサッセンの第1の類型は、周辺がモノカルチュア的な展開をみせた世界システムのモノカルチュア段階の周辺と中心として統一的に理解されるべきである。また第2の類型とされているものは、モノカルチュア段階において中心へと上昇しつつある地域と、周辺が産業化へ移行を開始した世界システムの産業化段階において半周辺化しつつある諸地域とに分離されるべきである。そして、この両者とも産業化段階の中心を意味する第3および第4の類型と統一的に分析されなければならない。したがって、本章では労働移民の発展段階をモノカルチュア期と産業化期に大別し考察することにしたい。

第2節　モノカルチュア期の移動

本節では、主要部分が産業化期に入っていた西ヨーロッパをまず概観し、ついでモノカルチュア期の労働移民を受け入れ地域と送り出し地域に分けて考察する。

(1) 西ヨーロッパの概況[*1]

第一次世界大戦以前までの労働移民の主体はヨーロッパの域内移動であった。ヨーロッパの周辺、半周辺としてのアイルランド、南・東ヨーロッパには産業予備軍としての過剰労働力が存在し、西ヨーロッパの中心諸国に流入した。ただし両大戦間には労働移民は著しく減少した。以下それを国別にみることにする。

イギリスは先進的中心国として、労働移民が大規模に流入した最初の国となった。入移民の第1のグループは、1846～47年の大飢饉がきっかけとなって流入した大量のアイルランド人であり、第2のグループはロシアから流入したユダヤ人であった。労働移民の流入に対抗して、イギリスは1905年に「外国人法」を、1914年に「外国人制限法」を発布した。これらの法は自治領と大英帝国臣民を除外していたものの、労働移動についての自由放任の終焉を意味した。フランスでは1850年以来流入が継続した。19世紀末から今世紀初頭にかけてのドイツでは、当時ロシアないしオーストリア-ハンガリー国籍をもっていたポーランド人の流入が大きな問題となった。そのため、1907年に最初

の外国人の制限がおこなわれた。スイスでは1880年代に大規模な流入が始まり、1910年には移民は総人口の15％を占めるにいたった。

(2) 周辺の受け入れ地域

アメリカ[*2] アメリカは、奴隷の受け入れを別にして、これまで4つの労働移民の流入の波を経験した。そのピークは、1850年代、1880年代、1900年以降、1970年代後半以降である。ところでアメリカ資本主義は一般に1898年〜1913年にかけて中心へと上昇したと考えられる。そのためここでは流入の第二の波までをアメリカのモノカルチュア期として分析することにする。

アフリカ黒人からなる奴隷の導入は、1820年代に綿花が南部の重要な生産物となって激増した。10歳以上の奴隷労働人口は、1830年には118万、1860年には234万にのぼり、1800年から1860年まで全労働力の20％台を占めつづけた。奴隷は1863年にリンカーンにより解放された。

アメリカへの労働移民の流入の第一の波は1820年代に始まり、1850年代にピークに達した。この時期に入国許可を得た労働移民の出身国の上位5ヵ国を多い順にみると、1820年代にはアイルランド、ドイツ、イギリス、フランス、メキシコであり、1830年代以降はメキシコのかわりにカナダが登場するが、4位まで変わらない。アイルランドとドイツの上位2ヵ国は総流入数の3分の2以上を占めつづけた。また、1840〜50年代には上位5ヵ国の総流入数に対する比率は93％に達した。このように、第一の波は主として西ヨーロッパ出身者から構成されていた。労働移民の多くは、ニューヨークとペンシルバニアを中心とする北東部諸州に定住した。V. M. ブリッグスは、この時期のアメリカ政府の政策を「無干渉の時期」（1787〜1860年）と呼んでいる。

労働移民の第二の波は1860年代から始まり1880年代にピークに達するが、それは奴隷解放による労働力不足という事態も反映している。出身国の上位5ヵ国をみると、ドイツ、イギリス、アイルランド、カナダについては第一の波の時期と変わらないが、1860年代にはノルウェイ、70年代には中国、80年代にはスウェーデンが登場し、送り出し国として西ヨーロッパだけでなく北ヨーロッパや中国が登場している。上位5ヵ国の総流入数にたいする比率も、80年

[*1] 以下のデータは、〔Castles & Kosack 1985：15-24〕より得た。
[*2] 以下のデータは、〔Briggs 1984：16-31, 97〕より得た。

代の70.6％にまで低下し、この面からも多様化の進展を示している。こうして1820年代から80年代までのアメリカ移民の85％は西ヨーロッパ出身者から構成されることとなった。彼らの多くは北東部および五大湖周辺の中西部に定住した。この時期の流入数は約500万人にのぼる。

　第二の波の時期は、ブリッグスにより「直接的公共政策による干渉の開始の時期」と呼ばれているが、それは外国人の契約労働に関する立法がなされたからである。アメリカで雇用するために送り出し国で労働者と契約することに関する契約労働法は、1864年に戦時立法として施行、1885年に外国人契約労働法として恒久化され、1921年の移民割当制の確立まで存続した。この方法は、契約労働者の永住を奨励した。

　第二の波の時期に開始される中国人移民は、非ヨーロッパ系であるという点で独特の意味をもっている。中国からの移民は、新規開拓地であるカリフォルニア州の人口の絶対的な少なさによる1850年代以降の大きな労働需要に対応するものであった。彼らは当初は鉄道建設に従事し、のちに鉱業やサービス業に拡散していった。1882年に、中国人の激増に対処するため中国人排除法が制定された。

　ブラジル　ブラジルでは、鉱山とプランテーションの労働のためにアフリカから黒人奴隷が輸入された。プランテーションの代表としてはコーヒーが著名である。奴隷制度の廃止後、19世紀後半から20世紀にかけて奴隷労働を置換したものは、労働移民による低賃金労働であった。ヨーロッパ人、とくにイタリア人が大量に移住したが、イタリア人は南部の後進的農業地域の出身者が主体であった〔Portes & Walton, 1981：50-51〕。同様に、移住した日本人も主としてプランテーション労働に従事した。

　カリブ海地域　カリブ海地域は、モノカルチュア産品としての砂糖の生産に特化した。この地域の先住インディオはほぼ虐殺されていたので、砂糖生産の労働はアフリカからの黒人奴隷に依存した。奴隷解放により奴隷が賃金労働者に転化するとともに、労働への追加的な需要は、少なくとも50万人にたっするインドからの国際移民によって充足された〔Sassen-Koob 1983：179〕。プエルトリコについては、生えぬきのプエルトリコ人の海外流出にともなって、イギリス領カリブ海地域（主としてジャマイカ）から契約労働者が流入した。

　東南・南アジア　東南アジアにおいては、生えぬきの人びとが生産に従事した米作以外のモノカルチュア生産および流通全般にわたる領域での顕著な労働

力不足があった。この労働需要を充足したのは、主として華南から移住した大量の中国人とインド人であった。マレーシアにおいては、インド人がとりわけゴム・プランテーション労働者として19世紀末より移住した。セイロンでは、はじめコーヒーのちに茶がモノカルチュア産品となったが、それに必要な労働を充当したものは1980年代なかばに83万人の人口をもつといわれる南インドのタミル部族であった〔山本 1986：70〕。

アフリカ*3　アフリカのモノカルチュア産品は、鉱山およびプランテーションと西アフリカの小農経済とにより生産された。1880年代から1920年代にかけてのモノカルチュア生産の拡大期に鉱山およびプランテーションにおける労働力不足が顕著となったが、それを充足したものは有名な還流的移民労働者であった。この人びとは出身農村と鉱山・プランテーションを周期的に移動した。それが意味するものは、C.メイヤスーに代表される接合理論によれば、出身共同体に労働力の再生産過程の費用を転嫁することにより、極端な賃金の低下と価値の収奪が可能になるという事実である〔Maillassoux 1975 = 1977：165-167〕。こうして還流的移民労働は、南部アフリカ、西アフリカ海岸部、ビクトリア湖周辺へ向かう今日の国際労働移動の基礎となった。

オーストラリア*4　モノカルチュア産品としての羊毛生産のための労働は1830年代ごろより必要とされ、1880年代にかけて、本国イギリスからの移民が急増した。

(3) 送り出し地域

ヨーロッパ　ヨーロッパについては、イギリスのような中心国で資本主義的発展の結果創出された過剰人口にもとづく供給源と、周辺農業地帯の農業人口による供給源とがあった。1800～1930年に4000万人の出移民があり、1860年までの出移民は、イギリス出身が66％、ドイツ出身が22％であった〔Castles & Kosack 1985：15〕。農業人口の供給源について代表的な事例をみると、19世紀前半のアイルランドは、イギリスとの垂直的な国際分業が形成された結果農業危機が深刻化し、農業労働者が広範に出現した。かれらの多くは、イギリスとともにカナダにまず移住しそののちアメリカに移住した〔森田 1987a：35〕。

---

*3　以下のデータは、〔村井 1987〕より得た。
*4　以下のデータは、〔前田 1987〕より得た。

ドイツでは1880年代末から1890年代初頭にかけて大量の移民流出があったが、これは農場領主制ないしユンカー型大農場経営から解放された農民が零落したことを背景としている〔尾上1987〕。イタリア人は1890年代から1910年代にかけて、北アメリカおよびブラジル、アルゼンチン、ウルグアイをふくむラテンアメリカに大量に移住している〔Briggs 1984：31〕。

プエルトリコ　プエルトリコの自給自足経済の崩壊は農民を賃金労働者に変えた。かれらは1870年代に解放された奴隷にかわってプランテーション労働者となり、その後さらにより良い雇用をもとめて、キューバ、ベネズエラ、ドミニカなどの近隣諸国への移住をおこなった〔Bonilla & Campos 1982〕。この運動は、ハワイ、バージン諸島、アメリカなどへの移住へと拡大した〔Maldonado-Denis 1982：22〕。

中国　19世紀中葉の太平天国の乱は大量の流民をつくりだした。とくに華南農村の疲弊が著しく、かれらは華南の港湾都市に堆積した。クーリー（苦力）として知られるこの膨大な底辺人口層は、東南アジアやアメリカ西海岸などに大量流出した。1960年代前半の海外の中国系人口総数は、ある推定によればおよそ1640万に達している〔中華民国年鑑1963：294〕。

インド　国際移民は、1830年代からはじまっている。負債を負った移民は東アフリカやカリブ海地域の砂糖プランテーションに流出した。さらにモノカルチュア生産のための労働力として、ビルマ、セイロン、マラヤなど隣接アジア地域に主として南インド農村からの大量移動があった。ただしその帰国率は高かった。1930年代には上記3ヵ国に約300万、その他約100万のインド人国際移民がいた〔杉原1987〕。

日本　日本人移民は、西南日本の農村人口を主たる供給源としていた。かれらは1880年代よりハワイ、アメリカ西海岸に移住した。1910年以降になると、主たる移民先はブラジルなどに変わった〔石川1979〕。1980年代半ばの海外の日系人口総数は、約140万である〔外務省1987〕。

第3節　産業化期の移動

本節では産業化期の移動を検討する。中心としてのアメリカについては、1970年代以降の国際移民の性格が必ずしも経済的に規定されるものではなくなったため、1960年代までを第1項で、それ以降を第3項で概観する。第2項

は中心としての第二次大戦後の西ヨーロッパを、第4項は産油国を、第5項は労働移民の送り出し国に与える影響をそれぞれ検討する。

(1) 1960年代までのアメリカ[*5]

アメリカへの国際移民の流入の第三の波は、1880年代以降から第一次世界大戦にかけて出現した。1880～1914年の流入数は実に約2200万人に達し、そのピーク時の1900～14年の流入数は約1300万人であった。出身国も劇的に変わり、イタリア、オーストリア、ハンガリー、ブルガリア、ギリシア、ポーランド、ルーマニア、ロシアなど南および東ヨーロッパ諸国が支配的となった。またフランス系カナダ人が増大するとともに、日本人が登場し、メキシコ人の大量流入が始まった。最多国であるイタリアからは、1890～1914年に約400万人流入している。なお、ポーランド、ルーマニア、ロシアからの移民の大きな部分はユダヤ人であった。南・東ヨーロッパからの「新移民」の大部分は非熟練労働市場に投げこまれ、「旧移民」を労働貴族の地位へと上昇させた。1890年から1921年にかけての時期をブリッグスは「量的制限のない選択の時期」と呼んでいる。それはすでに述べた中国人排除法が制定され、日本人制限を目的とした日本政府との紳士協定が1907年に締結されたからである。

日本からの移民は、1884年ハワイ砂糖キビ栽培者協会が日本人労働者を導入しようとし、それに応じて日本政府が日本人の海外就労を許可したことに始まる。それ以降、ハワイへの日本人移民の流入がつづき、1900年にアメリカ政府がハワイの領有宣言をおこなったときには、日系人口はハワイ総人口の40パーセントに達していた。

第三の波にみられた労働移民の質的変化に対応して、1921年に移民法がはじめて制定された。この法は、西・北ヨーロッパからの白人人口を優先するために国別割当制を採用したことで画期的である。ただし、この法はカナダとメキシコの属する西半球からの流入については、なんの規制もおこなわなかった。移民法は1924年に改正され、また1952年には移民国籍法が制定されたが、その基本的性格はほとんど同一である。そのためブリッグスは1921年から1952年法が廃止された1965年までの時期を「量的制限のあるエスニック選択の時期」と呼んでいる。

[*5] 以下のデータは、〔Briggs 1984：12-15, 38, 52, 96-112〕から得た。

1924年法は、入国者を、割当による移民、割当によらない移民、非移民に三大別した。妻子は割当から除外されたため、その入国数は割当による入国数より多数となった。また非移民のカテゴリーには一時入国労働者がふくまれている。なお、1924年法の大きな目的は、ハワイでの日本人移民の激増に対抗して日本人移民を実質的に禁止することにあった。この禁止は1952年法の制定までつづけられた。

第一次世界大戦時には、労働者の兵士化、生産の拡大、ヨーロッパからの移民の減少のために、カナダとメキシコからの移民が増大した。このなかには、カナダやメキシコ生まれの人びとからなる非合法移民ばかりでなく、両国を経由するヨーロッパないしアジア出身の非合法移民が相当規模ふくまれている。ちなみに、1924年に国境警備隊が創設されたが、それは主としてメキシコ経由の中国人の非合法入国を摘発するためであった。

しかしながら、世界恐慌の深刻化した1930年代から1960年代まで、労働移民は量的にもその意義を失った。たとえば1933年には流出数が流入数を上回ったが、これはメキシコ人が帰国したことを主因としている。1940年になると、国家的安全への配慮が移民政策を規定するようになり、主管部局は労働省から法務省へと移行した。

ここで、1970年代以降のアメリカで大きな役割を演じることになるメキシコ人移民の発生について、その歴史的条件を整理しておくことにしよう*6。アメリカの南西部は元来スペイン領であったためスペイン系の文化をもっており、メキシコとの親近性が強かった。けれども、第三の波の時期に大量移動が開始されたことは、当時のメキシコの国内条件を反映している。その第1は独裁政権を打倒した1911～17年の革命戦争である。この内乱は大きな社会的混乱をひき起こした。その第2は農業におけるアシエンダ制の崩壊が著しくなったことである。これらの条件の作用により、25万人の合法的移民と多数の非合法移民がアメリカに流入し、現在のメキシコ系アメリカ人の基礎となった。同時にメキシコ国内でも、中央諸州から北部諸州への大量移動がおこなわれた。

1960年代までのメキシコ人移民は、主として農業労働力となった。それはアメリカ国内の農業従事者が非農業部門へと移動したこと、中国人排除法と日本との紳士協定のためにアジア系移民が激減したことなどにより、農業部門が労働力不足になった事態に対応している。1921年移民法における一時入国労働者に関する条項は、南西部の農業雇用者の圧力のもとに設けられたものであ

る。この時期に8万人近くのメキシコ人の契約労働者が入国した。同じく1942〜64年に、ブラセロ（bracero）計画と呼ばれる「メキシコ人労働プログラム」にもとづいて、南西部に契約労働者が入国し、1950年代のピーク時には50万人弱が就労した。これら契約労働者は季節的な往復運動をしていた。1910年代〜20年代に流入して農業に従事していたメキシコ系アメリカ人は、これらの一時入国労働者に対抗できず都市へと移動した。

(2) 第二次大戦後の西ヨーロッパ

　概況[*7]　西ヨーロッパの労働移民の大多数は1945年以降に流入した。その発生条件については、受け入れ側である第二次大戦後の西ヨーロッパの中心諸国で完全雇用に近い状況が実現され労働の需給が逼迫したこと、在来の人びとが非熟練肉体労働を忌避したこと、また送り出し側については「低発展の発展」（フランク）による産業予備軍としての過剰人口が堆積していたことを指摘できる。

　1970年代初頭までの西ヨーロッパの労働移民数は1100万人、総人口の5％に達した。そのうち、1000万人近くはイギリス、フランス、ドイツ、スイスに集中していたが、そのほかスウェーデン、デンマーク、ノルウェイ、オーストリアにもみられた。その結果、1970年代初頭の上記4ヵ国の総人口にたいする比率は、スイスの14％を最高に7〜10％であり、また労働人口にたいする比率もスイスの30％を最高に6％となっていた。

　1980年代初頭には、労働移民の60％はヨーロッパ人、40％が非ヨーロッパ人であって、イギリス、フランス、ドイツの3ヵ国では総計200万人が第三世界の出身であった。一般的にいって、ヨーロッパへの外国人労働者の送り出し国は、南・東ヨーロッパからトルコやマグレブ諸国、さらにはアフリカ、カリブ海地域、南アジアへと遠隔地化していく傾向を指摘できる。とくにイタリア人は第二次大戦後に多く労働移民となったが、イタリアの経済成長とともに帰国しはじめ減少した。

　1970年代初頭まで、中心4ヵ国はローテーション政策[*8]をとるかとらないか

[*6]　以下のデータは、〔Briggs 1984：38, 52, 96-113, 137-152〕より得た。
[*7]　以下のデータは、〔Castles & Kosack 1985：3, 26-28, 41-44, 324-379, 491-492〕より得た。
[*8]　雇用に期限をつけることにより、労働移民をつぎつぎに入れ替えようとする政策。

によって大別されていた。イギリスとフランスがローテーション政策を採用しなかったのにたいし、ドイツとスイスはそれを採用し、労働移民の滞在期間の規制をおこなった。とくにスイスの政策はきわめて厳格であった。この政策は、「産業予備軍の外部化」と、労働力の再生産費用の送り出し国への転嫁とを目指すものであり、必要があれば労働力を国境外から調達し、それがなくなれば失業者として国境外へ排除しようとした。

ローテーション政策の有無にかかわらず、外国人労働者の導入はあくまでも低賃金労働力の確保を目的としておこなわれたため、若い男性が圧倒的に多かった。労働移民の立場はきわめて弱く、しかも金銭の獲得の希望が強いので、低い賃金水準のもとで長時間労働や深夜業、あるいは危険な作業や不潔な作業が彼らにおしつけられた。

ローテーション政策がとられた国では、以下のような非人間的な具体的方策が採用された。まず、入国許可は、雇用者の承諾書を前提としてなされ、転職は原則として認められなかった。雇用者は恣意的に雇用を解消できるが、それは外国人労働者にとって本国送還を意味した。こうして雇用者は外国人労働者にたいしてきわめて強大な権力をふるうこととなった。労働組合の結成はもちろん許されず、労働条件についての苦情を申したてる可能性もほとんど奪われていた。このように、労働移民はその雇用者にきわめて大きな権力と利益をもたらしたのである。以下、国別に概況をみることにする。

イギリス[*9] イギリスへの労働移民の流入は、英連邦諸国からの流入を主体に1950年代より大規模化した。旧英領カリブ海地域、なかでもジャマイカからの有色移民の流入は1955〜56年がピークであった。それに引きつづいたものはインドとパキスタンからの有色移民であって、1960年に大量流入があった。このほかアイルランドやドイツからの移民もつづいていた。なお、旧英領カリブ海地域の流出先は、1967〜68年を境に変化し、イギリスではなくアメリカとカナダに向かう者が圧倒的となった。

このような状況に直面して、イギリスは1962年に英連邦移民法を制定し、承認書制度を創設して旧ないし現英連邦諸国からの入国を厳しく制限した。しかしながら、この法はすでにイギリスにいる労働者の扶養家族の入国を認めたため、扶養家族の流入が顕著化した。その結果、1971年および1983年の制限の強化にもかかわらず、イギリスの労働移民の基本的性格は、一時的に滞在する労働者から永住する家族へと変化しはじめた。すなわち労働移民規制が再入

第2章　1980年代までのグローバルな労働移民と難民

国を困難にしたため、家族の呼びよせによる労働移民の定着化が促進されたことになる。

1981年の労働移民を出身国別にみると、アイルランド95万人、インド67万人、パキスタンとバングラデシュ36万人、カリブ海地域55万人、その他英連邦63万人がめだっており、英連邦諸国からの有色移民の増大ぶりがうかがえる。なお、英連邦に属するオーストラリア、ニュージーランド、カナダと、アメリカへの再流出は、ほとんどの年に流入を上回っていた。これはイギリスが外国人労働者の経由地となるばあいがあったことを示している。この傾向は、新連邦諸国に強く、1970年前後には2～3％の再流出があった。とくにパキスタン人の再流出は顕著であった。またカリブ海地域からの移民も1970年代初頭に再流出に転じた。ただし、1962年法では、家族単位の再流出は困難であった。

低賃金労働力の需要を反映して、流入した移民の経済活動人口率は高く、また25～44歳人口層への集中がみられたとともに、男性の比率が高かった。これらの傾向はとくにパキスタン人とカリブ海地域の人びとに顕著であった。後者については、流入前の職業がホワイトカラーないし熟練のものが多く、資質の高さが注目される。

フランス[*10]　フランスは1945年に国立移民局を設立し、第二次大戦後の労働力不足に対応しようとした。この機関は雇用者を登録し、それにもとづいて政府間協定により外国人労働力を独占的に調達しようとするものであった。この機関は徐々に実質的機能を喪失したが、その活動により創始された流入の概況をみると、大戦直後はイタリア人、1960年代前半はスペイン人、後半はポルトガル人の移民が多かった。アルジェリア人は1954年の独立まで自由に入国でき、1960年代にはいっても流入が継続した。なお、フランス側にたって闘ったアルジェリア人にはフランス国籍が与えられ、イスラーム系フランス人となった。1960年代後半には、ユーゴ人、トルコ人などとともにモロッコ人と西アフリカ人の増加が顕著となり、またカリブ海地域からの流入も増大した。非合法移民の比率はきわめて高く、1968年には合法移民の82％にも達した。

このような労働移民の激増に直面して、フランス政府は1968年に移民規制の厳格化を試みた。その方針はアルジェリア、モロッコなどのマグレブ諸国お

---

*9　以下のデータは、〔Castles & Kosack 1985：28-31〕、〔Briggs 1984：152-153〕より得た。
*10　以下のデータは、〔Castles & Kosack 1985：32-35, 58-65, 105, 295, 493〕より得た。

よび西アフリカ出身者には一時滞在を、ヨーロッパ出身者には家族の呼びよせによる定着をそれぞれはかろうとするものであった。アルジェリア人についてはとくに1969年に協定を結び、仕事の無い者の帰国をはかろうとしたが、これらの方法はあまり効果をあげなかった。こうしてフランスは1946～70年に197万人の労働者と69万人の扶養家族の流入を許したことになる。

その結果1974年に移民導入の停止措置がとられた。しかしながら国際移民の流入はやまず、1980年代なかばにはおよそ350～400万人、総人口の7％の移民が存在したとみられる。1982年の内訳を多い順にみると、ポルトガル人86万人、アルジェリア人82万人、イタリア人45万人、モロッコ人44万人、スペイン人41万人となっている。

イギリスと比較すると、フランスの国際移民の経済活動人口比率や男性比率はそれほど高くなかった。これはとくにイタリア人やスペイン人などの古い移民が扶養家族をともなっているためであり、流入が新しいほどこれらの比率は高くなる。このことはとくにマグレブ系に著しかった。フランスでも、労働移民は在来のフランス人が悪い労働条件のために選択しない労働条件と低賃金をおしつけられた。1960年代末のデータによれば、男性の3分の1以上が建設・土木業に、3分の2弱が機械その他製造業・農業・商業に従事し、女性の2分の1以上が家事・サービス・対個人サービス・商業に従事していた。非合法な外国人労働者はとりわけ苛酷な低賃金と労働条件のもとにいた。

ドイツ[*11] 第二次大戦直後には、東ドイツからの流入も手つだって失業率はかなり高かったが、1950年代後半に労働力不足に転じた。そのため、ドイツ政府は1955年イタリアと募集配置協定を結び、農業・建設業の季節労働者を導入した。そののち同種の協定は、1960年にスペインおよびギリシアと、1961年にトルコと、1964年にポルトガルと、1968年にユーゴとのあいだにつぎつぎ締結されていった。採用の方法は、連邦労働局が協定相手国に事務所を設置し、ドイツの雇用者の要請に応じて募集するというものであった。その結果、1950年代後半から1960年前半にかけて、多数のイタリア人がたんに季節労働者としてだけではなく製造業、建設業の非季節労働者としても入国した。またこのころギリシア、スペイン、ユーゴ、トルコからも大きな流入があった。

ドイツはローテーション政策を推進しようとし、労働移民にたいする制限や扶養家族の入国規制は、1965年の外国人法においても踏襲された。しかしながら1960年代後半から労働移民が著増した[*12]。彼らは帰国しようとせず、家

族を呼びよせて定着化する傾向が顕著となった。1973年の労働移民の募集停止はローテーション政策の挫折を意味するものであった。1981年の国際移民の内訳をみると、多い順にトルコ人155万人、ユーゴ人64万人、イタリア人63万人、ギリシア人30万人となっていた。なお、ドイツの非合法移民は他の諸国ほど多くはなかった。

　こうして労働移民の定着化にどのように対処するかは、ドイツの大きな政策課題となった。1980年に一方では労働移民の教育・文化・社会をも重視する統合政策が採用され、また他方では、1983年の「外国人帰国準備促進法」により、わずかな帰国一時金の支給とひきかえに排除がはかられた。ただし、1975～83年の送還政策による帰国者はわずか2割程度にすぎなかった。

　当初から労働力として導入されたため、ドイツの国際移民の経済活動人口比率はきわめて高く、25～35歳への集中がみられ、男性比率も極端に高かった。これはとりわけトルコ人とユーゴ人にあてはまる。ドイツでも、在来の労働者が脱出した悪条件の雇用の場を労働移民が埋めていた。1970年代の初頭データによると、労働移民の男性就業者の3分の2は金属・機械製造業と建設業に集中し、女性就業者の3分の2は繊維・医療・金属機械・電機を含む製造業に集中していた。なお、1980年代には、女性は製造業主体からサービス業主体に転換した。ちなみに、トルコ人およびユーゴ人の主要な出身地域はかなり発達した非農村であった。

　スイス[*13]　スイスでは公的機関ではなく雇用者による直接の募集がなされた。スイスでは厳しいローテーション政策がとられたが、それは入国と居住の厳格な審査に依拠していた。ただし、1950年代後半に扶養家族についての規則は緩和された。労働組合と右翼による反国際移民キャンペーンのため、1963年以降労働移民を減少させる施策が講じられた。しかしながら、他の諸国と同じように、スイスにおいても労働移民は増大していった。その理由としては、第1に特定期間（通常10年）居住すれば居住権が与えられたこと、第2に扶養家族の呼びよせができたことがあげられる。1980年代初頭には、イタリア人42万人、スペイン人10万人のほか、ユーゴ人、フランス人、オーストリア人

＊11　以下のデータは、〔Castles & Kosack 1985：39-42, 51-73, 495〕より得た。
＊12　以下のデータは、〔木前 1987〕、〔真瀬 1987〕より得た。
＊13　以下のデータは、〔Castles & Kosack 1985：37-41, 67-69, 381-383, 493〕より得た。

がいた。このほか相当規模の季節労働者と国外からの通勤者がいた。

スイスについても特定業種への外国人労働者の集中があった。1970年代初頭のデータによれば、建設と機械製造業に男性の2分の1以上が従事した。女性についてはサービス業・製造業・商業に分散していた。労働移民が拡大した時期と定着した時期を比較すると、拡大時には在来の労働力が低賃金非熟練部門から高賃金熟練部門に移動し、低賃金非熟練部門は移民労働力が充当した。それが定着期になると、在来の労働力の量的限界のため、高賃金熟練部門にも移民労働力が進出するようになった。このようにスイスの在来の人口は労働移民の流入により著しい上昇移動を経験した。

(3) 1970年代以降のアメリカ

アメリカの1965年移民法は、移民量を増やすことなく1921年移民法以来の国別割当制を廃止しようとするものであった[*14]。その背景にあるものは、公民権運動に象徴される人種差別の撤廃という理想の高揚であった。この法は家族の再結合と政治的亡命を理由とする移民を認めるとともに、就労を目的とする移民には労働省による労働許可証を要求した。そのために、これら3つの理由にもとづく優先順位制度が創設された。従来無制限であったメキシコとカナダをふくむ西半球からの入国については、年12万人の上限枠が設定され、また東半球については全体で年17万人、1国年2万人の上限枠が設定された。1976年には、西半球についても、優先順位制度と1国年2万人の上限枠が設定された。

1980年には難民法が施行されたが、これにより移民上限枠が年27万人に縮小されるとともに難民枠5万人が新設された。また優先順位の制度の変更がおこなわれた。しかしながら、アメリカ政府は上限枠を順守しなかった。1981年に年5万人のメキシコ人労働者の入国が認められ、それ以降メキシコからの入国数は自由裁量に委ねられた〔Cockcroft 1982：48〕。また移民の近親者は枠外であるため、年次枠は超過される傾向にあった。

1965年移民法の影響は、国際移民の流入の激増として現れた。1966～81年の年平均合法入国者数は43万5000人に増大し、1980年代には非合法移民を含めて年100万人以上に達したとみられる。こうして、1970年代から1980年代にかけて、アメリカは移民の第四の波に遭遇したのである。第四の波のもとで、移民はアメリカの増加人口の25～50％を構成した。この時期のアメリカは、

第2章　1980年代までのグローバルな労働移民と難民

他の全諸国の2倍の移民を受け入れたことになる。1970年センサスと80年センサスを比較すると、外国生まれ人口は960万から1390万人に、総人口にたいする比率は4.7％から6.2％へと著増した。ただしセンサスは非合法移民を把捉していないから、実際の増加はもっと大きかった。

　また1965年移民法は、移民の出身国の構成を大きく変えた。すなわち、これまで上位5ヵ国の構成比率が60％以下になったことはなかったが、1969年以降それは34〜46％に低落した。これは出身国の分散を示すものである。1969〜80年の上位5ヵ国をみると、イタリア、ギリシア、カナダが1973年までに姿を消し、メキシコが最多となり、フィリピンが急上昇した。1974年以降の各年の上位5ヵ国のなかには、この2ヵ国以外にキューバ、韓国、台湾、ベトナムがふくまれており、いずれも東および東南アジアもしくはカリブ海地域に位置している。

　ここで、第四の波の大きな部分を構成している非合法移民について整理しておきたい*15。非合法移民は、前述した1976年の優先順位制度により労働許可証が必要になったことと、年2万人の上限枠の西半球への適用にその端を発している。許可証を取得できない上限枠をこえる人びとは非合法化せざるをえなくなったからである。入国管理の予算と人員が乏しいため西半球諸国からの越境は容易であり、非合法移民の雇用者は法の網をかいくぐることが容易で、非合法移民そのものは、逮捕されても自発的に退去すれば再入国が可能であった。さらに、非合法に入国しても、合法化への途があった。たとえば1978年に発行された労働許可証の45％は非合法移民の事後承認であった。これらの状況が非合法移民を生みだしたのである。

　非合法移民について信頼できるデータは存在していなかった。人口統計局の推定では、非合法移民は1985年に400万人から600万人であった。そのほかの推定は200万人から1500万人に分散していた。どの推定も根拠が薄弱で信頼できないが、非合法移民がきわめて大量で年々増加していたことだけは確実である〔Government of U. S. A., 1986a = 1986：272-273〕。非合法移民の送り出し地域をみると、1980年前半でメキシコ60％、カリブ海地域20％、その他が20％であると推測されていた。その他はラテンアメリカとアジアのほか世界中に分散

＊14　以下のデータは、別注を除いて、〔Briggs 1984：chaps. 4 & 8〕より得た。
＊15　以下のデータは、別注を除いて、〔Briggs 1984：69-71, chap. 5〕より得た。

していた。

　つぎに、第四の波のなかで非合法移民とならぶ重要性をもっている難民・政治的亡命者を検討しておきたい*16。難民・亡命者は、東西冷戦の当事者であるアメリカが、社会主義的政権の確立した地域から自国への政治的帰依者を受け入れざるをえないという理由により生じたものである。1945年以降は、東ヨーロッパを主体とする流入があり、1953年までに50万人以上が流入した。1953年には中国革命により発生した難民が、1956年にはハンガリー動乱により発生した難民が、それぞれ流入した。1959年のキューバの社会主義化は、東ヨーロッパからの流入とならぶ大量の難民流入を生みだした。この人びとについては、1924年移民法の特別の解釈により入国が許された。1965年移民法は、難民亡命者枠年1万7400人を設定した。1975年には南ベトナムの社会主義化があり、これまで最大の難民を生みだした。政府関係者や軍隊関係者とともに、中国系ベトナム人を主体とする「ボート・ピープル」が、1980年代に入ってもアメリカに流入しつづけていた。

　1980年のキューバ危機に際しては、キューバ人とともにキューバを経由して大量のハイチ人が流入した。彼らはスペイン系を主体とするキューバ人と異なって黒人であり、しかも流入の実質的理由は政治的なものではなく、経済的なものであった。これら難民の激増に対応して、1980年難民法は年5万人の入国枠を設定し、さらに1982年には、人道上の見地からこの枠以外の特別枠が設定された。

　キューバ人難民の社会的性格は、1973年を境に大きく変化した。1959～73年の流入者は革命前の上流階級に属し、有能で高い学歴をもつ成功者であった。そのためこの人びとは「黄金の追放者」と呼ばれ、西半球で最大の頭脳流出にほかならなかった。それ以降の流入者は低所得・低学歴・非熟練である者を主体とした。とりわけハイチ人の場合、そのほとんど全員が農村出身者であった。キューバ人とハイチ人は、他のカリブ海地域からの移民と同様に、すでにアメリカとの社会的ネットワークをもっていた。その大部分はフロリダ州とくにマイアミに集住し、かれらを分散させようとする政策は失敗した。

　ベトナム人難民についても類似した傾向がみられた。1978年以前に到着した人びとは高い学歴をもち、以前の職業的地位も相対的に高く、都市出身者であり、その多くは多少なりとも英語ができた。それにたいしそれ以降の流入者は学歴は低く、貧弱な技能しかもたず、英語もほとんど話せず、しばしば農村

第2章　1980年代までのグローバルな労働移民と難民

出身者であった。

　以上、第四の波の概況をみてきたが、そのなかで大きな比重を占めるメキシコおよびカリブ海地域についてその状況を述べることにしたい*17。まずメキシコ人移民についてであるが、メキシコの資本集約的経済成長路線は農業に大きな打撃を与え、大規模な脱農が起こった。緑の革命に象徴される農村開発がこれに拍車をかけた。脱農者のひとつの流れは首都メキシコシティへ向かったが、別の流れは北部アメリカ国境にある諸都市へと向かった。これら諸都市は、ティファナに対応するサンディエゴのように、アメリカ側にそれぞれ対応する双子の都市をもっている。これらの北部都市滞留人口は、いずれもアメリカに友人や親類などの社会的ネットワークをもっており、非合法移民はその力を借りて越境してアメリカ国内に流入するのが通常のパターンであった。このほか、規模はそれほど大きくないがアメリカとメキシコ間の越境通勤者がおり、非熟練農業労働や家事サービスに従事していた。

　つぎにカリブ海地域からは、先述したとおり難民としての流入も相当であるが、それ以外の合法・非合法移民も多かった*18。この地域は、モノカルチュア経済の危機と極端な所得格差のため、大衆的貧困が広範に存在していた。それとともにアメリカにいる友人や親類との社会的ネットワークが強く形成されていた。この両要因のために大規模なアメリカへの流出が起こったのである。

　この地域のなかでアメリカへの流入に最大のウエイトをもつプエルトリコは、1917年にアメリカの領土に併合されており移動が自由にできた。その結果アメリカにいるプエルトリコ人人口は本土人口とほぼ同規模となり、そのうち本土人口をこえると予測されるほどのアメリカへの移住が起こった〔Bonilla & Campos 1982〕。また1962年の英連邦移民法以降、旧英領地域からの移民がアメリカに流れを変えたことは、先述したとおりである。なお、プエルトリコはカリブ海地域からの非合法移民の経由地になっていた。プエルトリコに入国してしまえばアメリカへ渡れるからである。このような非合法移民の最多はドミニカ人であると考えられ、おそらく合計100万人程度に達していよう。

　付言すれば、カリブ海地域には「階段状人口移動」と呼ばれる興味深い構造

---

　*16　以下のデータは、〔Briggs 1984：56-65, chap. 8〕より得た。
　*17　以下のデータは、別注を除いて、〔Briggs 1984：137-169, chap. 7〕より得た。
　*18　以下のデータは、別注を除いて、〔Briggs 1984：152-155〕より得た。

が存在していた。プエルトリコにはドミニカ人が流入するが、ドミニカにはそれよりも低賃金であるハイチ人が引きよせられていたからである〔Grasmuck 1983〕。

1970年代以降アメリカに流入した国際移民の大部分は、低賃金労働力として利用されてきた。1970年代以降の不況に対処するため低賃金労働力への需要が高まったが、これにたいしては第四の波のもとで充分すぎるほどの移民労働力の供給があった。製造業やサービス業がその主要な部分であり、なかでもマイクロ電子技術を応用する先端技術分野への移民労働力の進出は著しかった。

1980年代の半ばの情報によれば、入国者の39％がブルーカラーであったのにたいし、アメリカの全就業者では32％であった。また、入国者のうち18％がサービス業に従事していたのにたいし、アメリカ全体では13％であった。このように労働移民はブルーカラーとサービス業に多かったのである〔Government of U. S. A. 1986a＝1986：274〕。地域別にみると、マイアミでは製造業雇用者の75％が、ロサンジェルスとニューヨークでは40％以上が、サンフランシスコでは25％が、シカゴとボストンでは20％が外国生まれであった。こうして、製造業における賃金上昇率は、その地域の労働移民人口の規模と負の相関をしていた〔DeFreitas & Marshall 1984〕。ベトナム移民については、以前の就業的地位が高いほど適応が困難であるということをみいだした研究があるが〔North & Weissert, 1974：19〕、それはこのような移民への労働需要を考えれば当然のことである。

なお、1970年代初頭の小サンプルの調査によれば、労働移民の入国時と2年後の就業分布を比較すると、2年後には全体としては下降傾向をみせている〔Chiswick, 1982〕。ただし、5年後になると在来の労働者との差はなくなる〔Stein 1979：38〕。このことは、総体としてみるばあい、労働移民の個人個人が5年すれば在来のアメリカ人と労働市場で比肩しうるようになったことを意味している。

ニューヨークについては、サッセンの興味深い研究がある。ニューヨークはアメリカ資本主義の中心として金融や管理的業務およびサービス業などの第三次部門は残存したが、製造業については国内他地域や海外への流出のために空洞化が起こった。このような状況のなかでチャイナタウンの衣服産業は産出を増加させておりきわめて特異であった。これはホンコン系移民の低賃金労働力を利用することにより可能となったのである。すなわち、第三次部門の高所得

者の需要を充足する零細かつ労働集約的な製造業やサービス業が発展していることは、中心の周辺化をふくめて「中心の再構造化」が進展していることにほかならないとサッセンは解釈している（〔Sassen-Koob 1982〕、〔Sassen-Koob 1983：188ff.〕）。

　外国人労働者専門というスティグマを押された仕事が発生しはじめたことは、外国人労働力の大量流入と関連している。在来のアメリカ人労働者が好む仕事と好まない仕事の分化が起こり、好まない仕事を忌避するという事態が起こる。その結果、1973～74年の不況時には労働移民の失業率よりも在来のアメリカ人労働者の失業率のほうが高くなってしまったのである〔Briggs 1984：125〕。その根底にあったものは、労働移民にたいする人種差別主義である。

　非合法な労働移民は、雇用者による徹底的な搾取の対象であった。非合法に入国した移民を犯罪者化することにより、もっとも従順でしかも最低の賃金で働く労働力を獲得できたからである。彼らはつねに発見されて逮捕され、本国に送還される脅威にさらされていた。しかも雇用者は、社会保険と失業保険の義務を免れていた。労働運動を組織しようとする者は国外へ退去させられてしまうため、地位の改善は難しかった。非合法な外国人労働者は、南西部ではメキシコ系アメリカ人と、東部および中央の北部では黒人と非熟練労働分野で競合し、彼らに大きな脅威を与えていた。しかしながら、その発生はアメリカ労働運動の過去の勝利によっているのである。すなわち、みずからの権益を守ろうとする労働組合の組織的努力が流入労働力の非合法化を推進していた大きな力にほかならなかった。

　しかしながら、第四の波の移民の性格は大きく変化し、たんなる低賃金労働力の提供者という規定は現実と合致しなくなった[*19]。たとえば1970年以降女性が移民の過半を占めており、また25歳以下ないし65歳以上の年齢の者が増えていること、合法移民の80％が家族の再結合を理由としており、就労を理由とするものが20％にすぎなかったことなどは、これを裏づけている。

　移民の流入地域も低賃金労働市場により全面的に規定されているとはみなしがたい。1968～78年の雇用増加率を地域別に見ると、旧来の経済的中心地であった北東部および北中部がそれぞれ10.7％、18.8％に留まったのにたいし、南部は32.6％、西部は39.7％の規模に達した。それにたいし、移民受け入れ州

＊19　以下のデータは、〔Briggs 1984：75, 85, 244, 255〕より得た。

を多い順にならべると、最大はカリフォルニア州で流入移民の4分の1を受け入れており、つぎはニューヨーク州の16〜21％となり、以下テキサス州、フロリダ州、イリノイ州、ニュージャージー州となる。カリフォルニア州への流入は西部の雇用増加と、テキサス州、フロリダ州への流入は南部の雇用増加とそれぞれ合致するものであり、労働移民という低賃金労働力の存在が地域的経済成長をもたらしていたことを示している。しかしながら、ニューヨーク州およびニュージャージー州のばあいには、雇用増加がそれほどでもないのに移民流入が著しかった。ニューヨークにはカリブ海地域と東南アジアからの移民が集中し、いわば「失業者の貯水池」ともいえる状態となっていた。これは、移民の地域的分布のメカニズムが労働市場以外の要因によって左右されはじめたことを示している。

　ニューヨークへの移民集中のひとつの説明としては、巨大都市圏への居住の集中が自己運動をしはじめたことがあげられよう。国際移民にとっては、出身国を同じくする者との居住は流入先での生活を容易にする条件であるが、巨大都市圏ではその可能性がとくに高かったからである。

　以上のように、アメリカの国際移民は、すでに経済学的な説明だけでは十分には理解できない状況にたちいたっていた。第1節で述べたとおり、このことは世界階級の秩序が新たな段階にはいったことを示すものである。

(4) 産油国[*20]

　中近東産油国としてのペルシャ湾諸国とリビアでは、オイルマネーを利用する都市建設がはかられ、外国人労働力が流入した。たとえばクウェートをみると、全就業者の70％以上が外国人であり、クウェート人は主として公務員となっていた。労働移民の送り出し地域は、アラブ域内と域外に分けることができる。域内移民は通常の国内人口移動と類似しており、農業国からの送り出しが重要であった。その首位を占めるのはエジプトからの移民であった。南北イエメンの送り出しも多いが、その多くは国境往来の自由という特権を用いてサウディアラビアに向かった。

　地域外の送り出し地域は、インド、パキスタン、スリランカ、バングラデシュからなる南アジア、フィリピン、タイ、韓国、マレーシア、インドネシアからなる東・東南アジアであった。かれらは建設現場での隔離されたキャンプ生活という飛び地方式のもとで一定期間労働したのち帰国した。労働移民は

1970年代後半には増加傾向にあったが、1980年代前半には急激に減少した。

(5) 送り出し国への影響

　本節の最後に、労働移民が送り出し国に与えた影響を概観しておこう。移民労働を送り出す側にとっての経済的不利益は、人的資本という経済資源が需要国に移転されてしまうことにある。すなわち、送り出し国は人的資本の形成のために投資した育児・教育などの費用を請求することができないまま、労働力を失うのである。しかも流出する労働力は、労働受け入れ側の選択性のために、高い能力をもった者が選択される傾向がある。若く健康な男性で、高学歴と高技能をもつ発展した地域の出身者が好まれる〔Sassen-Koob 1982：126〕。この傾向は、送り出し国にとっての不利益を増大させる。ただし、出移民の拡大とともに熟練率がしだいに低下する一般的趨勢があったことは、すでにみたとおりである。

　また、外国人労働者の送り出しは送り出し国の支配層に有利なばあいがある。不満分子や生活の向上を強く望んでいる者を移住させること、あるいは大衆的貧困や失業を移民により解決することは、政治的安定と支配の存続を意味するからである（〔Portes & Walton 1981：13〕、〔Castles & Kosack 1985：410-427〕）。

第4節　底辺階級への転成

　前節までは、労働移民の一般的移動状況とりわけ中心への流入状況を概観した。本節では、流入した労働移民の流入先国への定着化とそれにともなう在来の人びととの社会的緊張ないし対立の展開を、とくに西ヨーロッパとアメリカについて整理することにしよう。

(1) 西ヨーロッパ[20]

　西ヨーロッパの中心諸国が1960年代から70年代にかけて労働移民の入国を厳しく制限する政策をとったにもかかわらず、滞在する労働移民の総数は増大

---

*20　以下のデータは、〔小川 1987〕より得た。
*21　以下のデータは、別注を除いて、〔Castle & Kosack 1985：39-56, 80-92, 462-490〕より得た。

しつづけた。それは入国規制の強化に対応して、彼らが帰国しようとはしないで滞在の長期化から永住の意図をもちはじめ、扶養家族を呼びよせた結果であった。すなわちヨーロッパ主要7ヵ国に在留する労働移民数は、1974年の約630万人から1984年の約560万人へと減少したが、外国人居住者数は1975年の約1185万人から1980年前半の約1245万人へと相当に増加したのである〔森田1987a：3〕。1980年代にはいると、定着した労働移民の第二世代の登場がこの問題に新しい色彩を加えた。この過程をS.カースルズはつぎのように総括している。「労働移民はこうして新しいエスニック少数者集団に転化した。その帰結は、西ヨーロッパ全域にわたる人種主義（レイシズム）と人種対立の発展であった〔Castles & Kosack 1985：487〕」。

　以下、西ヨーロッパにおける定着と対立の状況を検討することにしよう。定着した労働移民にたいする西ヨーロッパの在来の人びとによる反感は人種対立へと発展し、どの国でも大きな政治的問題となっていた。労働移民は、一般には失業の原因であり、社会的快適性を喪失させ治安を悪化させる不必要な人びとであると考えられていた。その結果労働移民にたいする暴力行為が頻発するにいたった。こうして労働移民は偏見と差別の対象となった。

　イギリスではアジア系が最大の被害者であり、カリブ海地域の人びとがそれにつづいていた。これら有色労働移民にたいする偏見と差別は、第二世代になってもあまり変化しなかった。この状況は、19世紀から20世紀初頭にかけてアイルランド人とユダヤ人に向けられたものとよく似ている。フランスでは非ヨーロッパ人一般、なかでもアルジェリア人が偏見と差別の対象であり、その程度は黒人に対するよりも強かった。ドイツではトルコ人が最も偏見を受け差別されていた。偏見と差別は弁証法的な過程である。差別は経済的・社会的利害にもとづいて形成され、偏見はそのような差別を正当化するために発生する。偏見は皮膚の色によるよりも、過去の植民地支配に由来していると考えられる。フランスで黒人よりもアルジェリア人が強い偏見をもたれていたことはその例証である。

　人種的偏見は、怠惰、粗暴、知力が低い、不潔などのステレオタイプとして現れる。その結果、同じ職場で働くことが忌避され、採用や昇進における差別が正当化された。こうして、労働移民の社会的地位の低さは、人種的差別と偏見を発生させる主たる要因となる。

　労働移民の社会的地位を概観すると、西ヨーロッパでは、一般に労働移民の

失業率は在来の人びとよりも高かった。とくに西ドイツのトルコ人移民のばあい、就業率よりも失業率が高くなっていた。就業したとしても労働市場における底辺の地位が与えられた。やや資料は古いが1960年代のマニュアル率（マニュアル労働〔単純労働〕の就労率）をみると、イギリスでは男66％、女47％、フランスでは90％以上、ドイツでは男90％、女86％、スイスでは85％となっていた。イギリスのマニュアル率は、高い順にジャマイカ人、それ以外のカリブ海地域、パキスタン人、イタリア人、アイルランド人となっていて、エスニシティによる社会的序列を示している。同様にフランスのマニュアル率は、イタリア人にやや低くアルジェリア人に高かった。

　このように定着した労働移民は、西ヨーロッパの底辺階級へと転成しつつあったが、在来の労働者階級は労働移民とけっして連帯しようとはしなかった。労働移民にたいする偏見の程度は労働者階級に高かった。この現象については、労働移民が在来の労働者の競争相手であるとみなされていたからであると考えられる。こうして、労働移民の搾取は、在来の労働者には有利であるという発想が生まれたのである。すでに述べたように、西ヨーロッパの在来の労働者は労働移民の流入によって上昇移動を経験した。このこともまた底辺にいる労働移民との一体感を失わせた。労働移民の労組加入率はきわめて低かったが、それは在来の組合員の反対があったためである。そればかりか労組は反労働移民運動の一方の牽引車となっていた。こうして在来の労働者の敵は支配階級でなく、同じ弱い立場にいる労働移民であるという驚くべき錯覚が生まれた。

　労働移民にたいする差別により、かれらは西ヨーロッパの大都市の中心部に集中して居住し、ゲットーの形成へと向かいつつあった。なぜならば、一般的にいって就業機会は大都市に多く、また相互扶助をともなう集中居住は差別や暴力にたいする避難所となるからである。個人的ネットワークの重要性が集中居住をますます増大させた。

　集中居住の状況を各国別にみると[22]、イギリスではロンドン圏に移民の3分の1が集中し、残りも連担都市地域（ロンドン周辺の大都市圏）に居住していた。フランスでは、1970年にパリに30％強、フランス人口の47％が居住するパリをふくむ5地域に3分の2が集中していた。ドイツでは、産業地帯とフランクフルトをふくむ特定の大都市に集中していた。スイスではとくにジュネーブへ

---

[22] 以下のデータは、〔Castles & Kosack 1985：48-49, 284, 365-366, 494, 504〕より得た。

の集中がみられた。ゲットー化は通常はエスニック集団ごとにおこなわれるが、イギリスでは階級的地位による分割がみられた。

　西ヨーロッパの大都市は荒廃が進行していたが、その責任が中心部に集中居住する労働移民たちにかぶせられた。こうして、集中居住の帰結は、在来の人びとからの隔離と労働移民の可視性(ヴィジビリティ)の増大であり、人種差別主義のひとつの原因となった。なお、集中居住は労働の再生産費用を低下させるから、外国人労働者の低賃金労働を可能にする重要な条件ともなっていた。付言すれば、このような集中居住地域における住宅はきわめて劣悪であった。

　労働移民による扶養家族の呼びよせは、第二世代問題をひき起こした。教育については、労働移民の子供は登校こそ拒否されないが、各種のハンディキャップがあり低い就学率と高い中退率をもたらしていた。これは非行へ直結するとともに、低学歴による失業へと導くものであった。子供の適応は早いので、親とのあいだに軋轢が生じる。両親がその母国に固執して、子供を母国の様式に従って育てようとするのにたいし、子供は現在生活している国に所属しようとするからである。こうして子供はどちらの世界にも属さない中間者となるばかりか、しばしば自分の出身背景や親を憎悪するようになる。イギリスでは第一世代に比べてノンマニュアルが減少する一方マニュアルが増大して、下降移動をしていた。それにたいし、フランスやドイツでは事務・熟練の若干の増大と非熟練の減少がみられ、やや上昇傾向にあったといえる。

　以上西ヨーロッパの概況をみてきたが、多様で平等な文化の相互豊富化とはほど遠い状況にあったといえる。しかしながら、北ヨーロッパのスウェーデンでは労働移民の定着を前提とする多文化国家への移行が模索されており、またイギリスでも、文化的多元主義への転換の萌芽がみられたことを付記しておきたい。

(2) アメリカ

　本項では、第二の波以降30年を経た1950年代のアメリカ社会が、どのような構造をもっていたかをまず概観し、ついで文化的多元主義の理想が一般に受容されたのちに開始された第四の波に乗って新しく流入した国際移民たちが、どのような社会的位置におかれているかを検討することにしたい。

　Ⅰ　エス階級の形成と多元的ルツボ[*23]　M. M. ゴードンによれば、1950年代のアメリカ社会の基本的な構成要素はエスニック集団であった。エスニシティ

は、1953年にD. リースマン（David Riesman）により用いられて以来一般化したきわめて新しい社会的カテゴリーである。その語原はギリシア語のエトノス（「ある地方の住民」もしくは「民族」を意味する）であり、人種・宗教・民族的出自あるいはこれらの結合によって定義される。

人種とは、白人・黒人・モンゴロイドなどの区分を、宗教はプロテスタント・カトリック・ユダヤ教などの区分を、民族的出自はイギリス人・ドイツ人・イタリア人などの区分をそれぞれ意味し、民族的出自、宗教、人種の順でアイデンティティが形成される。このような基準によって一体感を共有している集団がエスニック集団と呼ばれる。その共同体性の決定的指標は内婚率である。エスニック集団は、見知らないばかりでなく時には敵意のある環境のなかで、母国語を用いる教会や新聞あるいは相互援助組織をつうじて形成されたインフォーマルなネットワークを基盤としている。エスニック集団は、従来の階級にかわって、社会的地位への要求と政治的利益のための有効な母体として機能しはじめた。

アメリカの従来の階級構造は、とりわけ東部の海岸の大都市に典型的に成立していた。一般的にいえば、そこでは古い家族からなる上の上、新興成り金からなる上の下、経営者と専門職からなる市民の実質としての中の上、下級ホワイトカラーからなる中の下、熟練・半熟練のマニュアルからなる下という序列を想定することができよう。ところがエスニック集団の登場により、これらの階級区分はエスニック集団の内部に取りこまれた。すなわち、垂直に区分されたエスニック集団のそれぞれは水平的な階級により区分されたのである。ゴードンはこれを「エス階級」と呼んでいる。

ゴードンは、アメリカ社会の核心的エスニック集団と移民としてのエスニック集団とが遭遇した結果生まれる関係をすべて「同化」と呼び、同化を「アングロ同調」「ルツボ」「文化的多元主義」の3つに類型化した。

以下これら3類型を説明すると、アメリカでは植民地の時期からアングロ-サクソンの支配が不動のものとしてつづいている。「アングロ同調」とは、アングロ-サクソンの優位性という前提にたって、それへの移民の融合をはかろうとすることを意味する。アングロ同調は、アイルランド系カトリックの大量流入への反発、1880年代の中国人排斥、第一次大戦時のドイツ系アメリカ人

＊23　以下の行論は、〔Gordon 1964＝2000〕の要約である。

の排斥の際にとくに高揚した。

　アングロ同調が核心的社会・文化への適応という目標をもっているのにたいし、「ルツボ」とはアングロ-サクソンをふくむエスニックな各文化が溶解して新しい文化を形成することを目標とする。アメリカはフロンティア社会であり、フロンティアでは出身エスニシティの意義は重要性を失うのである。しかしながら、現実のルツボは、理想化されたアングロ-サクソン・モデルにすべてを転換する、アングロ同調の変形ルツボにほかならなかったというのがゴードンの判断である。

　目標としての「文化的多元主義」の登場は、アングロ同調やルツボ同調に比べれば遅い。この理想は、移民からではなく在来の中流階級の理想主義を基盤としていた。この語がはじめて用いられたのは1924年のことである。従来の目標がエスニシティの吸収を意味していたのにたいし、文化的多元主義の主張の核心は、エスニック集団がその文化的伝統から全体的な国民文化に寄与するとき、その国民文化はより豊かで多様性に満ちたものになるということにある。それは目標として、平等の理想とともに差異を重んじる文化的民主主義の確立をもっている。

　以上ゴードンによってエスニック関係の3類型をみたが、文化的多元主義は同化とはいえないから、これら3類型に同化の語を用いるのは適当ではない。むしろアングロ同調を同化と呼びかえる方が誤解が少ないとおもわれる。

　それでは、移民社会としてのアメリカにこのようなエスニック関係のモデルをあてはめてみると、どのような分析ができるだろうか。ゴードンは、1950年代のアメリカを複数のルツボからなりたつ多元的社会であると結論づけている。それらの下位社会としてのルツボのうち主要なものを列挙すると、プロテスタント、カトリック、ユダヤ教という宗教的基準によるルツボ、溶解が許されない黒人という人種的基準によるルツボ、共通の考え方と発想をもつ知識人というルツボがある。これらのそれぞれのルツボのなかで、民族的出身にもとづく移民のコミュニティは、たとえば、通婚などをつうじてきわめて急速に溶解してひとつのものになってしまう。この過程を具体的にみると、第一の波と第二の波のなかで流入したアングロ-サクソン系以外の各民族集団の実質的部分は、白人プロテスタント部門に吸収されてしまった。それはアングロ-サクソン系人口の多さと英語の優越性によった。ただし例外はアイルランド系カトリックとドイツ系ユダヤ人であった。

以下、主要な各ルツボごとに、その概況をみることにしよう。まず黒人であるが、かれらはアメリカ人口の1割強を占め、その圧倒的多数はプロテスタントである。しかしながら白人社会から排斥されたために、かれらは白人社会とは独立した組織や制度をもつ別個の社会的世界を建設した。黒人社会の階級構造は、上流・中流・下層に分けることができる。上流階級は白人の中の上階級にほぼ照応するものであり、公務員を含む専門職に従事している。かれらは白人との混血者であり、「貴族の血」を誇っている。中流階級は白人の下層階級にほぼ照応し、下級ホワイトカラー・小企業主・熟練・半熟練労働者からなりたっている。下層階級は北部大都市に多く居住するが、その出発点は1920年代の南部からの大量移動であり、いぜんとして南部農村の刻印をもっている。黒人社会の底辺には売春婦や犯罪者たちがいる。

つぎにカトリックについて。カトリックは、初期にはアイルランド人や、とくにイタリア人やスラブ系など貧しい肉体労働者の民族的コミュニティを維持する役割を果たした。アイルランド系カトリックの大量流入はプロテスタント社会の恐怖をかきたて、激烈な反カトリック・キャンペーンが起こった。第三の波で流入した南・東ヨーロッパ人の多くはカトリックであり、かれらにたいする軽蔑感とともに強い脅威感がかきたてられた。異なった民族的背景をもつカトリック教会はしだいに溶解して、アメリカ全体の統一的カトリック教会を形成していった。

ユダヤ人とはユダヤ教にもとづくエスニック集団の成員をさし、アメリカ人口の3％強を構成する。かれらは中流階級の価値観をもって移住し、社会の底辺から出発したが、その上昇移動はきわめて顕著であり、とくに東ヨーロッパ系ユダヤ人に著しい。その大多数は、ニューヨークをはじめとする東部の大都市に在住している。

最後に知識人であるが、エスニックな背景を異にする人びとから構成される唯一の下位社会である。その地位と生活様式は中の上階級である。この下位社会はエスニック集団の不適応者の安全弁となり、諸エスニック集団の統合のシンボルとなっている。

このように、1950年代の多元的ルツボにおいては、総体的にいえば白人プロテスタントを頂点とし、知識人とユダヤ人がそれにつぎ、その下にカトリック、底辺に黒人社会が存在していた。もちろん、これらルツボ間の社会的地位は重複する部分もあったが、それらはエスニシティにより切断されていた。理

想としての文化的多元主義の登場は、このような状況を背景としていたのである。

Ⅱ 文化的多元主義の定着と第四の波 1950年代後半にはじまった公民権運動は、文化的多元主義をアメリカ社会の基本的な目標とした。1964年の公民権法、1965年の投票権法はエスニシティにたいするアメリカの考え方の新しい紀元を画すものであった。エスニックな組織は25あるが、そのうち19は程度の差こそあれ文化的多元主義の観念を支持していた。エスニックな言語の尊重、生活文化の維持、エスニック集団の権利の擁護は社会的に承認され、公民権法以後、入学や就職の際にエスニシティにもとづく割当制〔quota system クォータ制〕が採用された。

ただし、ゴードンはエスニック集団の承認を禁止する（すなわち割当制をとらない）リベラルな多元主義と、それを承認する（すなわち割当制をとる）コーポレートな多元主義とを区別し、政策としては前者のほうが良い結果を生むとしていることを付記しておきたい〔Gordon 1975 = 1984〕。

このような基盤のうえに移民の第四の波が到来したのであるが、それは従来の多元的ルツボを変容させずにはおかなかった。中川文雄によれば、第1に黒人にたいする社会的差別と隔離は著しい変化をとげた。その理由としては、カリブ海地域出身の黒人・混血黒人が従来の黒人にたいする偏見を打破したこと、またヒスパニックの大量の登場が従来の白・黒二分法的発想を人種連続体的発想へと変えたことがあげられる。第2にヒスパニックにたいする偏見と差別が減少した。これは、初期のキューバ人難民が白人で社会的地位も高かったことにも由来する。なお、スペイン語と英語の併用教育の開始はこの人びとの流入により影響された〔中川 1984〕。このような傾向は、当時文化的多元主義がますます強く支持されるようになっていたことを意味している。

さらに、国際移民のなかでも社会的地位の高いものの比重が増していることが、文化的多元主義への動きを加速化した。とくに合法的移民は複雑な移民制度をくぐりぬけなければならないために、出身国では高学歴・高所得で社会的地位の高かった者が多く、流入後もそれが継続されるばあいがあった。とりわけ韓国人およびインド人については、アメリカ留学後高い職業について在留するものが多かった〔Briggs 1984：68-79〕。こうして移民のなかでは、地位の高い専門・技術職従事者も重要な位置を占めるようになったのである。

このことは、各エスニック集団のあいだの階級的地位の差が消失したことを

意味するのだろうか。エスニック別の職業構成をみると、移民の大量流入により黒人集団は著しく上昇してヒスパニック一般より上位にたった。そしてヒスパニックのなかではメキシコ人が最下層を占めていた。とくに非合法に入国したメキシコ人の位置はきわめて低かった〔Briggs 1984：161〕。また黒人集団のなかでもその下層部分は階級的差別を受けていたという指摘がある。このようにみていくと、あるエスニック集団一般が特定の階級的地位を与えられるということはないが、その下層部分とくに非合法移民が底辺階級へと転成しつつあったと考えられる。アメリカにおける世界階級秩序の下層階級の形成は、このように複雑な様相をみせていた。

最後に、アメリカ社会の将来を占うために世代との関係をみておこう。移民第一世代のばあい第一次集団レベルでの参加を意味する構造的同化は問題外であるが、第二世代のばあい状況ははるかに複雑である。イタリア人移民では、両親に反抗してアメリカ化の運動をみせるタイプ、イタリア人の集団と価値に固執するタイプ、対立を避ける無関心のタイプの3つがあるという調査がある〔Child 1943〕。日本人移民については、一般に第二世代はアメリカ化を強く指向するが、第三世代になると逆に日本への指向性が強まるという報告がある〔キタノ 1979〕。なお、日本人移民の第二世代は在来のアメリカ人よりもやや社会的地位が上昇するが、第三世代になるとその差が消失するという調査結果もある〔Chiswick 1982〕。一般的にいって、世代が下がるほどエスニック集団への参加は低下する。

(3) カナダ

アメリカと同じく移民社会である1960年代のカナダについて分析したJ. ポーターは、カナダを「垂直なモザイク」社会と呼んでいる。これは、各エスニシティがそれぞれまとまりながら、特定の社会的地位を割り当てられているので、これが垂直に並べられたモザイク模様のようであるというのである〔Porter 1965〕。したがって、カナダはアメリカの1950年代のエス階級とは基本的に異なる構造をもっていたといえる。

第Ⅳ部　移民・ディアスポラの歴史的展開

第3章　北米における移民ヒエラルヒーの実態分析

　本章では、1970年代に筆者が北米で実施した3つの移民調査の結果を紹介する。第1節は、1977年にハワイのサモア人移民を対象として実施した調査であり、階層的にはもっとも低い。第2節はカナダにおける非白人系移民を対象として1976年に実施した第二次資料にもとづく調査である。また第3節はカナダのトロントに在住するシク移民を対象として1978年に実施した調査であり、出身国インドにおける社会的地位は相当に高い。なお本章の情報は、第1節と第3節については1990年代前半まで、第2節については調査時点のものであることを断わっておきたい。

第1節　ハワイのサモア人移民――社会福祉への依存

1. はじめに

　ここでハワイ州のサモア人移民をとりあげるわけは、彼（女）らが諸移民のなかでも最底辺の位置を占めているばかりでなく、社会福祉に大幅に依存する状態にあって、ある種の重要な問題を象徴的に提示しているからである。
　ハワイでは、日本の生活保護にあたるものとして、医療保護、食料切符（food stamp）、所得補償の3つがある。ところで、ハワイ全体では10家族のうち1家族が所得補償を受けているのにたいし、サモア人で所得補償を受けている割合はおよそ3家族に1家族に達する〔Franco 1987：18〕。それとともに、家賃補助を受けることのできる公共住宅への顕著な集住がみられる。公共住宅の家賃は家族収入の30％までしか徴収されず、所得水準（ただし家族の規模による）、居住水準（ただし家族形態による）、必要性の緊急度に応じて減免される[*1]。
　1982年のハワイ州計画・経済発展局の発表によれば、サモア人口の約23％は、代表的な公共住宅のある3つの国勢調査区に集中している。クヒオ・パーク・テ

ラス区（Kuhio Park Terrace）には1428人のサモア人が住んでいるが、それはこの調査区人口の53.6％を構成する。同様にカリヒ・バレイ・ホームズ区（Kalihi Valley Homes）には1285人、メイヤー・ライト・ハウジング区（Mayor Wright Housing）には519人が住み、それぞれ調査区人口の43.6％および30.2％を占めている。

社会福祉は、社会全般がその財政を負担することによって成立している。したがって、このようなサモア人の所得補償および家賃補助へのきわめて高率の依存は巨額の社会的コストを意味するものであるが、それはどのように生じたのであろうか。また公共住宅での生活は、どのような状況にあるのか。それをあきらかにするのが本節の課題である。

2. ハワイにおけるサモア人

1990年センサス（人口調査）によれば、ハワイ州110万8000人のエスニック別人口構成は次のようになっている。白人37万人がトップで、日本人24万7000人、フィリピン人16万9000人、ハワイ州の先住民族であるハワイ人13万9000人までが10万人台であり、以下中国人6万9000人、黒人2万7000人、韓国人2万4000人とつづき、サモア人1万5000人がその次である。このほかヒスパニックが8万1000人いる。これ以外のエスニック集団は5000人以下と少ない。

また、アメリカ本土およびハワイ州全体のサモア人口は6万3000人であり、その半数強3万2000人がカリフォルニア州に、4分の1弱1万5000人がハワイ州に住んでいる〔Government of U.S.A. 1992：Table 26〕。1980年センサスではその98％がオアフ島に集中し、なかでもホノルル市居住者がほとんどである。

ハワイ州のエスニック集団のなかで、サモア人の社会的経済的地位はもっとも低い。こころみに労働力人口（兵役を除く）にたいする失業人口比率をみると、10.2％と群をぬいて高い。以下失業率の高い順に列挙すると、ハワイ人6.9％、ベトナム人6.3％、韓国人5.3％、フィリピン人5.2％、グアム人5.1％、中国人2.8％、日本人2.5％、インド人1.6％となっている〔Government of U.S.A. 1983：66〕。なお、同じポリネシア系であるハワイ人の失業率が第2位ときわめて高いことも注目される。

学歴もきわめて低い。サモア女性の平均就学年数は10.4年であり、高卒者の比率は44.3％と、アジア－太平洋系エスニック集団のなかではもっとも低い。

＊1　1993年4月、ハワイ州住宅機構での聞き取りによる。

男性のばあいには平均就学年数が11.2年、高卒者の比率も58.4%と若干良くなるが、それでもこの比率は最下位のフィリピン男性に次ぐものである〔Government of U.S.A. 1983：Table 93〕。

　このようにハワイ社会で最底辺に位置するサモア人たちは、どのような歴史的経過をたどって流入してきたのであろうか。1889年アメリカ、イギリス、ドイツのあいだでベルリン条約が調印され、東サモアを構成するトゥトゥイラ島とマヌア諸島はアメリカ領、西サモアを構成するウポル島はドイツ領とされ、それまで一体であったサモア諸島は分割された。西サモアは1914年にニュージーランドの管轄下に移されたのち、1962年に独立した。その人口は1984年現在15万3130人である。

　アメリカ領サモアからハワイおよびアメリカ本土への大規模な移動は、第二次大戦中にトゥトゥイラ島に建設された海軍基地をきっかけとしている。この基地の従業員がサモア外での雇用を求めたばかりでなく、1950年代初頭の基地閉鎖により、サモア人のアメリカ軍兵士がハワイに配置転換されたのである。このような男性に引きつづいて、女性たちが移動した。

　アメリカ領サモア人はアメリカ国籍をもっているため、なんの制限もなく移動がおこなわれてきた。アメリカ領サモアの人口は1980年現在3万2397人であるから、すでにアメリカ本土およびハワイ州での人口のほうが多くなっている。

　西サモア人は1950年代初頭からニュージーランドへと移動していたが、1970年代のニュージーランドの景気後退と移民流入規制により、まずアメリカ領サモアに移動して次いでそこからハワイやアメリカ本土へとふたたび移動するという形態が顕著となった。1990年代前半には、この形態とともに、ニュージーランドやアメリカに短期ビザで渡航し雇用機会を求めるという傾向も現れている。

　アメリカ本土およびハワイ州のサモア人の出身地の構成比率は、1980年センサスによれば、アメリカ領サモア33.6%、ハワイ州33.1%、西サモア28.1%、アメリカ本土5.2%となっており、西サモア出身者の比重は無視できない[*2]。なお、1986年の移民法改正にともなう措置により、アメリカに定住する西サモア人の未登録移民はほとんど正規化された[*3]。

表Ⅳ-3-1　エスニック集団別にみたオアフ島の公共住宅に居住する世帯数
（1992年6月）

	ハワイ	サモア	フィリピン	白人	ヒスパニック	その他	合計	単身世帯		
								男性	女性	合計
クヒオ・パーク・テラス	137	264	42	28	23	83	577	29	384	413
カリヒ・バレイ・ホームズ	62	156	35	25	13	106	397	39	168	207
その他の公共住宅	571	262	271	204	137	524	1969	145	1158	1303
合計	770	682	348	257	173	713	2943	213	1710	1923

出所：〔Hawaiian Housing Authority 1991-1992〕

3. クヒオ・パーク・テラスでの生活実態

　表Ⅳ-3-1は、エスニック集団別にみたオアフ島の公共住宅に居住する世帯数を示している。これによれば、公共住宅に住むエスニック集団はハワイ人がもっとも多く、サモア人がそれに次いでおり、第3位のフィリピン人以下はずっと少なくなることがわかる。またサモア人はクヒオ・パーク・テラスおよびカリヒ・バレイ・ホームズに圧倒的に集中している。クヒオ・パーク・テラスの特徴としては、首位であるサモア人と第2位のハワイ人の両者の比重が高いこと、また女性の単身世帯が多いことを指摘できる。

　このような事情を考慮して、われわれは、クヒオ・パーク・テラスにおいて1977年5月16～24日にかけて、サモア人世帯の世帯主63人にたいする面接調査を実施した[*4]。以下その調査結果を紹介する。調査対象者は、管理事務所の協力を得て単身者世帯以外で協力してくれる者すべてとした。ただし面接を英語でおこなったため、英語のあまりできない者は除外されており、その意味では調査対象者に偏りがあるとおもわれる。

　まず性別にみると女性が68％と男性の倍以上である。年齢は10歳代9％、20歳代40％、30歳代16％、40歳代16％、50歳以上17％であり、約半数が20歳代以下ときわめて若い。また世帯員数でみると2人8％、3人30％、4人16％、5人16％、6～7人16％、8人以上12％となり、世帯規模はきわめて大きいといえる。

　＊2　　以上の情報は、主として〔Franco 1987：1-4〕から得た。
　＊3　　1993年4月、Kalihi-Palama Immigrant Service Centerでの聞き取りによる。
　＊4　　本節のインタビューおよび集計については、1977年度に筑波大学社会学類社会学専攻に在籍していた学生14人の協力を得た。

学歴をみると0〜1年13％、2〜5年25％、6〜10年31％、11〜15年17％、16年以上5％であり、10年以下が7割弱に達している。職業別では、無職68％、有職20％、不明12％と無職者が7割近い。ちなみに有職者の実数は、専門1人、運輸2人、サービス5人、マニュアル3人、その他1人であり、サービスとマニュアルが多い。

　要するにクヒオ・パーク・テラスでは、低学歴で夫のいない若い女性の世帯主が、職をもたないにもかかわらずたくさんの子どもをかかえて暮らしていることがわかる。つまり、所得補償を得ながら家賃補助を受けている者が多数なのである。

　誰とともに来たかという質問（複数回答）については、単独20％、配偶者24％、親16％、子ども41％、その他の家族11％、親戚9％、友人2％となり、すでにサモアを離れるときから子どもと一緒だった者が多い。さらにハワイに来住したのは、経済的、政治的、個人的理由のどれによるかという質問については、経済的11％、政治的6％、個人的62％となり、個人的理由が圧倒的である。つまり彼女たちの移動の相当部分は、ハワイでの社会福祉への依存を前提としておこなわれたものであると推測できるかもしれない。

　なお来住時に親戚がいなくて苦労したと答えた者はわずか20％にすぎず、不明が13％であることを考慮すると3分の2以上はすでに親戚が来ていたとみられ、これが移動を容易にしている。また来住時期については、1959年以前6％、1960年代18％、1970年代73％とここ数年の移動者が4分の3近くにのぼっている。

4. 社会福祉への依存をどう説明するか

　社会福祉への依存により生活する人びとがサモア人という特定のエスニック集団に多くみられることについては、どのような説明が可能であろうか。これについて一般のハワイ州民は、次のように考えているように見受けられる。

　サモア人はサモア文化を強く保持しつづけている。その文化では、大家族や親族が尊重されるとともに、女性が他の活動を犠牲にしてでも育児の主要な担い手であることが期待され、女性が賃労働に従事することはその女性の威信を下げる。そのうえに、彼女たちの英語能力の低さによる言葉の壁が労働市場への参入を妨げる。こうしてこの文化にあっては、母親である女性の社会福祉への依存は恥とはならなくなるのである。

たしかに、サモア人がその文化を保持しつづけていることはわれわれの調査結果にもみられる。サモア風の食事をしている者の比率は、朝食で59％、昼食で63％、夕食で63％と多数派を占めている。宗教についてもサモアにいるサモア人の大部分はキリスト教を信仰しているが、それがハワイでも継続していると答える者の比率は76％にも達している。

ただし、社会福祉への依存の反省から自助への努力もはじめられている。サモア人サービス提供協会（Samoan Service Providers' Association）は、とりわけ母子家庭の母親にたいする職業訓練をおこなっており、一定の成果をあげている。

クヒオ・パーク・テラスの事例は、移民社会アメリカにおける社会福祉依存というある移民集団のありかたを典型的に示すものである。

第2節 カナダの非白人系移民にたいする人種差別

1. 非白人系移民の登場

カナダは、人口密度の低い広大な領土と独特の理想主義的自由主義のゆえに、移民の大規模な受け入れをつづけてきており、世界的にも例外的な存在である。

カナダ移民法の大きな転換点は、「移民普遍化（universal immigration）」の原則にもとづく1967年法であった。というのは、この法ではじめて、非白人系移民にたいする人種的・民族的差別を撤廃するために点数制が導入されたからである。これは、自由主義的立場の勝利を意味するものにほかならなかった。

1967年の移民普遍化によりカナダの非白人系移民の流入は著しく増加し、1970年代のなかばにはカナダ社会に大きな影響を与えはじめていた。そのため、この時期には移民受け入れの是非についてのはげしい論争がおこなわれた。本節では、1970年代なかばを中心として、論争の内容とその実際的基盤を整理することより、非白人系移民の受け入れにともなうカナダの問題状況を整理することにしたい。

移民自由化を契機として、カナダ人の表現を借りれば、「伝統的」白人系移民にたいする「非伝統的」非白人系移民が大規模に出現しはじめた。たとえば非白人系の在留総数は、1945年から1967年までは14万2000人だったのが、1968年から1975年までは40万5000人にものぼった。また、1975年には、18

万8000人の移民のうち非白人系がおよそ半分の9万人に達した。これは、従来白人系移民が主体であったこの社会にとっては、驚くべき変化といってよい。

その人種別構成をみると、主としてアジア系、カリブ海地域からの西インド系（黒人が多い）、インドの諸地方やアフリカ（とくにウガンダ）からの東インド系、アメリカ系黒人からなっている。また、彼らの主要な出身国を1967年までの5年間におけるカナダへの移民供給の上位10ヵ国からみると、インド、ジャマイカ、ガイアナ、香港、フィリピンがふくまれており、1967年に近づくと韓国も登場している*5。このように、非白人系移民の多くは、インド、香港、カリブ海地域、アフリカをふくめた英連邦諸国から移住してきているといえる。

ここで、カナダへの移民の送り出し国のなかで特別の位置を占める英連邦諸国についてふれておきたい。7つの海を支配するといわれたイギリスの植民地を母体とするこれら諸国は、白人系の国々であるカナダ、オーストラリア、ニュージーランドなど旧連邦諸国と、非白人系の国々であるカリブ海地域、アフリカ、南アジアなどにある新連邦諸国に分けられる。

イギリスは、1948年のイギリス国籍法によりこれら諸国の国民にイギリス国民と同等の地位を与え、それに応じてジャマイカなどカリブ海地域、インド、パキスタンなど南アジア諸国、ウガンダなどアフリカ諸国を中心とする大量流入があった。アフリカ諸国のばあいにはアフリカ化により追放された南アジア系の人びとが主である。

ところが1960年代イギリスは非白人系の流入を阻止する諸措置を講じたため、彼（女）らは、移民を受け入れているアメリカとともに旧英連邦諸国に向かうことになった。しかもジャマイカやガイアナなどカリブ海地域の人びとは、アフリカから奴隷として連れてこられた黒人の子孫であり、南アジア系の人びととともに有色（coloured）と呼ばれている。なお、香港が英連邦の一員であることはいうまでもない。

つまり、新英連邦諸国の人びとの従来の移住目的地であったイギリス本国の門戸がせばめられたのとまさに時を一にして、旧英連邦諸国の一員であるカナダがオーストラリアとともに非白人系の受け入れへと踏み切ったのである。

ところで、1970年代前半に深刻化した経済不況にともなって、移民の存在は、カナダにおいて多くの議論のもととなった。その頂点に位置するものこそ、1975年にカナダ政府により発表された『移民・人口緑書（Green Paper on

Immigration and Population)』にほかならない〔Government of Canada：1975a〕。保守主義的な見地にたつこの緑書は、国際移民のもたらした重大な影響を指摘して、カナダ社会全体にわたる論争をひき起したのである。緑書は、移民を原因とする問題として人口増加、都市化、社会的緊張、フランス語の衰退、出移民国にとっての頭脳流出などをあげ、労働市場の縮小や一般的経済状態の悪化への対応、すなわち移民の受け入れの再考が不可欠であると強く主張した。すなわち緑書は、移民を制限するための手段として、移民の絶対量、出身地域、認可カテゴリーに関する割当制の導入を考慮すべきだとする政策提言をおこなったのである。

　緑書の指摘した諸問題は、程度を不問にするとすれば、いずれもたしかに現実に存在しているといえる。すなわち、移民による人口増加については先述した。都市化および社会的緊張については、本節第3項でふれるとおりである。またトロントを中心とする英語圏とモントリオールを中心とするフランス語圏に分かれているカナダでは、旧英連邦からの英語使用者を主体とする流入は、フランス語の衰退に直結する。

　緑書にたいしては、自由主義的な立場からの反論も根強く存在している。たとえば大トロント社会計画会議 (Social Planning Council of Metropolitan Toronto) の結論によれば、人口増加の問題を別にすると、移民はこれらの深刻な状況の原因ではなく、その結果にすぎないのである。したがって会議は、移民問題について現状維持を強調している〔Social Planning Council of Metropolitan Toronto 1975b〕。

　自由主義的立場からの反論にもかかわらず、カナダの世論は、一般に移民にたいする規制を承認する方向に向きかけていたようにみえる。たとえば、緑書を作製した委員会に届いた個人的投書を分類するとつぎのようになる。移民全部、あるいは非白人系移民の停止を望ましいとおもうものが60％、規制の強化を望むものが23％であるのにたいし、現在の政策が維持されるべきであるとするものはわずか6％にすぎない。また、カナダテレビが1975年におこなった世論調査も同じような結果を示している。すなわち、68％の人が出身国を考慮する移民政策を望んでおり、76％の人が非合法移民を統制するための国内パスポート制度を受け入れるとし、48％の人が現行の移民政策は自分たちの生活

　＊5　以上のデータおよび数値は、〔Collins 1976：8〕。

をおびやかすものと考えている*6。

　ここにみられるように、自由主義的立場にたいする一般の支持の低さは否定できない。それは結局、「経済不況期になって労働力が過剰なのに、なぜ問題の多い非白人系移民をカナダに受け入れなければならないのか」という問いにたいして自由主義的政策が明確な回答を用意していなかったことに由来するとおもわれる。以下、この保守主義者の問いそのものが妥当であるか否かを検討することにしよう。

2. 垂直なモザイク

　J.ポーターは、移民社会であるカナダの分析の古典と目されている『垂直なモザイク』（1965年）という著書のなかで、カナダ社会はたしかに諸エスニック集団がモザイクの破片のようにそれぞれの生活習慣を守りながら暮らしてはいるが、そのモザイク模様は諸エスニック集団のもつ階級的地位と権力とにより垂直に配列されていると論じた。すなわち、彼は1931年のカナダの人種別の階級構造についてつぎのように述べている。

　「イギリス人とユダヤ人は、高い地位に格付けされる。そのつぎの地位には、おそらくフランス人、ドイツ人、オランダ人が格付けされるだろう。それ以下は、スカンディナビア系、東欧系、イタリア人、日本人、上記以外の中部ヨーロッパ系、中国人、カナダ・インディアンとつづいている〔Porter 1965：81〕」

　この記述によれば、歴史的にみて、日本人と中国人からなるアジア系の社会的地位が高かったとはとてもいえない。そもそもアジア系の流入は前世紀の中国人移民からはじまるが、彼らは主に鉄道工事の労務者として流入した。今世紀に入ってからの中国人の本国送還にもかかわらず、アジア系は次第に増大していき、1931年にはカナダ人口の0.8％を占めるまでにいたる〔Porter 1965：69〕。ところでアジア系男性の40％以上は対個人サービスに従事し、肉体労働につく者がそのつぎに多かった。そしてほとんどのばあい、彼らは「英国人の支配する」職業から締めだされていた〔Porter 1965：78〕。なお、ポーターの記述には黒人がふれられていないが、それは彼らがきわめて少数であったためである。この少数の黒人は、他の英連邦から家事使用人として送りこまれてきた。

　けれども、少なくとも「移民普遍化」のおこなわれた1967年ごろには、非白人系移民の職業的地位は、一般にはある程度上昇したようである。

第3章 北米における移民ヒエラルヒーの実態分析

表Ⅳ-3-2　認可カテゴリー別移民構成比（カナダ全体）　　　　　　　　　　%

年	呼び寄せ	推薦	独立	計
1968-1973	23	23	54	100
1975	34	25	41	100

出所：1968-1973年については〔Government of Canada 1975a：39, Table 3, 4〕、1975年については〔Collins 1976：8〕。

　1967年移民法には、移民の認可カテゴリーとして「独立」「呼び寄せ」「推薦」の3つがあった（なお、このほかに政治的亡命者・難民のための特別のカテゴリーがある）。「独立」移民とは、非常に能力がありカナダにおける雇用が事前に確定されている者をさし、「呼び寄せ」移民とは、カナダにすでに依存可能な近親者がいるものをさす。「推薦」移民はカナダに遠い親類がいる者のためである。

　ところで、呼び寄せと推薦のカテゴリーは、移民の不法な流入の手段となっていた。1959年、香港警察は、カナダ等世界各地へ不法に移民を送っている大規模な移民周旋業者組織を摘発した。彼らはカナダに虚偽の親族をつくりあげて、呼び寄せ、あるいは推薦移民としてカナダ政府の認可を受けていたのである〔Hawkins 1972：132〕。さらに、たとえ合法的移民であっても、この2つのカテゴリーは、カナダでの就職が保証されていない人びとの流入の手段として使われていた。たとえば極端な例では、移民1人が流入すると、のちに平均して17人の親族が流入するという報告さえある。ちなみにいえば、この2つのカテゴリーは、香港およびカリブ海地域からの流入の主要な手段となっていた。とりわけカリブ海地域からの流入者のばあい、1975年にはその73％が呼び寄せもしくは推薦であった〔Collins 1976：8〕。

　こうしてみると、独立移民は比較的職業的地位が高く、呼び寄せおよび推薦は低いばかりか就労の可能性をもたない者までふくんでいるといってよい。ところでこの3つの認可カテゴリーの構成比を示す**表Ⅳ-3-2**をみると、1968～73年の移民の54％は独立であるから、この時期の流入者の過半数の職業的地位は比較的高かったといえる。このことは非白人系についても成立するとおもわれる。前述した『移民緑書』によっても、新規移住者の最大多数は専門あるいは技術的分野の職業に従事し、ついで技能工、事務、販売が多い。そして緑書

＊6　以上のデータは、〔Collins 1976：10〕。

は、この傾向が基本的には存続しつづけていると述べているから〔Government of Canada 1975b：5〕、少なくとも緑書の刊行された1975年以前までは、非白人系をふくむ大半の移民の職業的地位がある程度高かったことが確認できる。

ところが表Ⅳ-3-2によれば、1975年には独立移民の比率が41％に低落する一方で、呼び寄せと推薦の合計は59％に達して、1968-73年と逆の傾向になっている。このことは、非白人系をふくむ流入移民の過半数が劣悪な労働市場に投げこまれはじめたことを推測させる。

このような事態をさらに悪化させる要因として、移民労働への依存に必然的にともなう社会的諸問題を避けるため、カナダ国内の不安定就労者に頼ろうとする傾向が出現してきたことを指摘したい。不安定就労者は、1973年には8万4000人、1974年には8万7000人に達したが〔Social Planning Council of Metropolitan Toronto 1975a：4〕、これは1975年の非白人系移民9万人にほぼ匹敵している。

以上みてきたように、1967年の「移民普遍化」と1975年の『移民緑書』のあいだの労働市場の変化は顕著である。1960年代の移民の主体は「非常に能力がある」者であり、それはカナダ社会に貢献するものであるからこそ歓迎された。それにたいし1970年代に入ると、移民の主体は、すでにカナダにいる親族を頼って必ずしも就労のあてがあってやってくるわけではない非白人系にとってかわられたが、その萌芽はすでに1960年代の歓迎政策のうちに存在していたのである。言葉をかえれば、これは労働市場へ参入する条件がプルからプッシュへとかわったことにほかならない。つまり、労働力は過剰となったのであり、保守主義者の移民受容に関する疑問は、少なくとも労働市場については正当なのである。

3. 非白人系移民にたいする人種差別

本項では、非白人系にたいする人種差別を、社会的地位における差別、居住におけるゲットー地区の形成、非白人系のもつ被差別感に大別して述べることにしたい。ゲットー地区が差別の表れであるのは、それが差別を受ける少数者集団の隔離（segregation）により成立するからである。本項の素材はトロントから得られているが、その理由はカナダの国際移民が大都市とりわけトロントに集中する傾向をもっていることにある。

トロントへの集中は、移民が居住を希望する州についてのデータから知るこ

とができる。1970年における希望上位3州をみると、トロントがあるオンタリオ州が54.7％、モントリオールがあるケベック州が15.7％、バンクーバーがあるブリティッシュ・コロンビア州が14.6％となっている〔Hawkins 1972：65〕。すなわちこの3州の合計は85.0％に達し、そのうちオンタリオ州の居住希望者が過半を占めていることがわかる。こうして、トロントだけで年間6万人の移民を受け入れることになるが、これはカナダに流入した移民全体の約3分の1にあたる。なお、モントリオールにも年間3万人が流入する。

ちなみに、トロント、モントリオール、バンクーバーの3大都市だけで全移民の半数以上を受け入れており、各都市の人口増加にたいする移民の寄与率は、1961年から1971年までのばあい、トロントでは2分の1、バンクーバーでは3分の1、モントリオールでは4分の1に達した〔Collins 1976：9〕。移民の大都市集中、とりわけトロントへの集中の要因としては、他の要因とともに、就業機会の相対的豊かさという理由が考えられるが、ここではこれ以上立ちいらない。

その結果、非白人系移民もトロントに集中することになる。1971年に大トロント（Metropolitan Toronto）に移住した非白人系移民の絶対数は、中国人が2万5050人、アメリカ系黒人が1万1670人、西インド系が1万4520人であった。なお大トロント人口にたいする割合は、それぞれ1.2％、0.6％、0.7％となっている〔Kumove 1975：181〕。インドおよびパキスタン出身の東インド系は、1971年のセンサス（国勢調査）によれば、6700人強である。さらに1972年には、ウガンダ出身の東インド系だけで6000人に達している。アフリカやカリブ海地域からの東インド系が多いことはいうまでもない〔Kumove 1975：193〕。このように、非白人系の移民人口はとくにトロントで増大しつつあり、彼らにたいする人種差別もトロントでの大きな問題となるのである。

まず社会的地位における人種差別については、A.リッチモンドによるトロントの調査結果を**表Ⅳ-3-3**に示した。これによれば、職業的地位の高いものはアジア系で50±16％に達しており、白人系の25±5％よりはるかに多く、**表Ⅳ-3-3**の唯一の例外をなしている。なお黒人では職業的地位の高いものはわずか8±4％にすぎない。職業的地位については、黒人と白人系、アジア系と白人系のあいだに統計的な有意差がある。

ここでついでに、黒人の失業の多さにも注目しておきたい。1967年の10月から11月までの2ヵ月間にトロントのカナダ人材センター（Canada Manpower Center）に登録した西インド系は、登録者総数の6.6％（16人）にのぼった。こ

表Ⅳ-3-3 トロントにおける移民の社会的地位と被差別意識 (信頼度95%)

	黒人	アジア系	白人系
職業的地位が高い（ブリシェン係数が55.00以上）	8 ± 4 %	50 ± 16	25 ± 5[*][**]
個人所得が平均（メディアン）以上	31 ± 18	41 ± 13	54 ± 7[*]
家族の所得が平均（メディアン）以上	29 ± 18	42 ± 14	46 ± 3
教育年数が平均（メディアン）以上	34 ± 11	22 ± 5	48 ± 5[*][**]
居住における差別があるとおもう	59 ± 14	51 ± 15	44 ± 3[*]
所属集団が差別の対象となったことがある	76 ± 12	63 ± 19	22 ± 3[*][**]
個人的な被差別経験がある	38 ± 17	13 ± 7	3 ± 1[*][**]

[*]黒人と白人系とのあいだに有意差。　　[**]アジア系と白人系とのあいだに有意差。
出所：〔Richmond 1972：163, Table A3.1〕

の数字は、西インド系が人口に占める割合（大トロントで0.7%）にくらべると極端に高く、黒人の失業の存在を裏付けている〔Social Planning Council of Metropolitan Toronto 1968：37〕。

つぎに所得であるが、表Ⅳ-3-3によると個人所得のばあい平均（メディアン）以上を得るものは白人系が54 ± 7%であるのにたいし、アジア系は41 ± 13%、黒人は31 ± 18%であり、白人系と黒人のあいだには有意差がある。なお家族の所得のばあいには、平均（メディアン）以上を得るものが白人系で46 ± 3%であるのにたいし、アジア系42 ± 14%、黒人29 ± 18%となっており、他の指標ほど大きな差異がなく有意差もない[*7]。最後に教育程度であるが、平均（メディアン）年数以上の教育を受けたものは白人系が48 ± 5%であるのにたいし、黒人34 ± 11%、アジア系22 ± 5%となっており、この指標についてはアジア系が最低であり、白人系と黒人およびアジア系とのあいだには有意差がある。

要するに社会的地位からみるかぎり、トロントの非白人系にたいする人種差別はそれほど一貫したものではない。なるほど黒人の社会的地位は一般に低いが、職業ではアジア系が白人系よりも高く、所得の格差も相対的に小さい。この事実は、客観的にはトロントが非白人系にたいしてある程度許容的であることを示している。

なお、トロントの事例に即していえば、子供の教育に関しては、アジア系が大学教育とくに医学教育を受けさせることに非常に熱心であることは周知の事実である。

つぎに、人種差別の第2の側面である居住におけるゲットー地区の形成をみてみよう。アメリカの大都市と異なり、トロントはまだ非白人系だけからなる

第3章　北米における移民ヒエラルヒーの実態分析

表Ⅳ-3-4　トロントにおけるアジア系移民の地域別人口（1971年）

	移民の人口	総人口にたいする割合
大トロント	65,645	3.1%
トロント市	34,030	4.8
イトピコーク	5,105	1.8
スカボロー	7,435	2.2
ヨーク	2,505	1.7
イースト・ヨーク	3,575	3.4
北部	12,995	2.6

出所：〔Social Planning Council of Metropolitan Toronto 1975b：13〕

ゲットー地区を生みだしていない。表Ⅳ-3-4によれば、トロント市とイースト・ヨークへの集中が多少みうけられるものの、アジア系は全地域に分散していることがわかる。黒人のばあいも、西インド系かアメリカ系かを問わず、トロント全体に分散しており、都市計画小区域あるいは街区レベルに下がっても、黒人が多数を占めている地域はない〔Kumove 1975：206〕。ただし、トロント市の中央西にあるバザースト通りの西側には、「グリーンバナナ地帯」と呼ばれる顕著な黒人の集中地区がある〔O'Malley 1970：132〕ことを付記しておかなければならない。また中国人の集中地区も若干みられる。

　表Ⅳ-3-3によれば、「居住における差別があるとおもう」者は、白人系移民の44±3％にたいし、黒人では59±14％、アジア系では51±15％に達しており、黒人にとくに高く、白人系と黒人のあいだに有意差がある。これは、居住についての黒人への差別傾向を示唆するデータであるといえる。

　それにしても、全般的にみて非白人系のゲットー地区がいまだ本格的に形成されていないという事実は、前述したカナダ社会のある程度の許容性が居住についても成立することを示している。

　最後に、人種差別の第3の表れである非白人系のもつ被差別感をみてみる。表Ⅳ-3-3によれば、「所属集団が差別の対象となったことがある」を肯定するものは、白人系移民で22±3％と少ないのにたいし、黒人では76±12％の多さに達し、アジア系でも63±19％と高く、この両者と白人系のあいだには有意差がある。さらに「個人的な被差別経験がある」者は、白人系ではわずか3

───────────
＊7　なお近年の香港からの移民には経済的に豊かな者がある程度みられる。

±1％にすぎないのにたいし、黒人では38±17％、アジア系では13±7％であって、ここでも白人系と黒人・アジア系とのあいだに有意差がある。要するに、黒人がもっとも強く被差別感をいだいており、アジア系移民も白人系移民とくらべるとかなり高い被差別感をもっているといえる。

このように、社会的地位やゲットー地区形成と異なって、非白人系の被差別感は、白人系に比して所属集団レベルでも個人レベルでもきわめて強い。このことは、カナダ社会が非白人系移民にある程度の許容性をもちながらも、主観的な態度の面では差別意識を保持しつづけていることを示している。ちなみに、オンタリオ人権委員会に苦情をいってきた者の半数は黒人であり、彼らの苦情はとくに住居や職業についてのものが多い〔O'Malley 1970：132-135〕。さらに、アジア系のなかでも東インド系にたいしては、彼らの「可視性（visibility）」もあいともなって、黒人とはある意味で種類の異なった人種差別が生みだされている。すなわち、「パキ」という蔑称は東インド系にたいして広く用いられはじめており、東インド系にたいするいくつかの暴力事件さえ報告されている。たとえば1975年のバンクーバーでの襲撃事件や、1975年のブリティッシュ・コロンビア州奥地での東インド系も巻きこまれた人種間の紛争などはその一例である〔Collins 1976：8〕。

1970年代なかばのトロントは、非白人系にたいする差別については慎重に対処し、表面化させないようにしようとしているといわれる。ある黒人女性はつぎのように語っている。「ほおにかかった髪の毛のように、差別はみることはできないけれども、たしかに感じられるわ」〔O'Malley 1970：132-135〕。

ただし黒人については、近い将来に黒人としてのアイデンティティの確立ばかりでなく武装闘争路線さえ生まれるかもしれないという予想もある〔O'Malley 1970：132-135〕。

このように、客観的にはある程度許容的でありながら、主観的には差別意識が強いという指摘が意味するものは、カナダ社会における自由主義的主張が表面的には受け入れられているが、実際には保守主義的立場が根強く残存しているという事実である。

最後に、移民の受け入れと定着にともない、カナダでは多文化主義の確立のための諸政策が実施されてきたことが注目される。フランス語を用いるケベック州の存在は、英語とフランス語の二言語主義をとる公用語法を1969年に成立させた。そのための「二言語・二文化検討委員会」が他の諸言語も重要であ

るとしたため、二言語・多文化主義政策が定着したのである〔綾部・太田 1989：101〕。

第3節　トロントのシク移民——頭脳流出の事例

1. 高い資質をもつシク移民

　本節ではカナダのトロントのシク移民を対象としておこなった調査の結果にもとづいて、移民ないし外国人労働者のなかでももっとも高い資質をもつとおもわれる人びとが、流入先の中心国でどのような状況におかれ、どのような意識をもっているかを検討することにしたい。調査は、面接質問紙法により1978年9〜10月におこなわれた。調査対象の抽出方法は、シクの男性がすべてシン（Singh）という姓をもっているため、トロント市の電話帳のシン姓から無作為抽出して100サンプルを得た。

　シクとは、グル・ナーナク（1469-1539）が創始したシク教を信仰する人びとをさす言葉であり、分離独立以前には現在のパキスタンとインドの両国にまたがるパンジャブ地方を中心として住んでいた。

　シク教はヒンドゥー教とイスラーム教の融合により成立した宗教であり、多神教と一神教の対立をこれらを超越する神の存在への信仰によって克服しようとした。この宗教の特徴は、既存宗教の儀礼や祭祀階級を拒絶し、民衆に神への直接信仰の道を開いたことにある。さらにシク教はカースト制度を否定して、神によって創られたすべての人間の社会的平等を強調した。とくに異教徒への差別および女性差別の象徴ともいえるサティー（寡婦殉死）を禁止した〔保坂1992〕。なお、すべてのシクがシンという姓をもっているのも、出身カーストの判明を避けるためにとられた措置である〔Singh 1973 = 1980：22〕。

　シク教団は17世紀から反イスラームの軍事集団に転化し、19世紀初頭にはラホールを首都とする王国を建設した。しかしながら、1849年イギリス軍との戦闘に破れてイギリス領に併合された。1947年インドとパキスタンの分離独立がおこなわれ、シクの居住地であったパンジャブは2つに引き裂かれた〔Singh 1973 = 1980〕。

　そのおり西パンジャブにいたシクを中心とする非イスラーム人口約600万（一説には300万）が、東パンジャブをはじめデリーその他各地に難民として移

動させられた。一方東パンジャブからも多数のイスラーム人口が、西パンジャブへと移った。そののちシク教徒は自治権の獲得や分離独立を提唱し、ヒンドゥー教徒とのあいだで紛争を繰り返した。1984年にはシク教の最大の聖地アムリツァーにあるゴールデン・テンプルを数千のインド政府の軍隊が奇襲し、その4ヵ月後インディラ・ガンジー首相がシク教徒により暗殺されたことは記憶に新しい。現在の人口は約1400万で、その7割がパンジャブ州に集中している〔保坂 1992：序章〕。

つけ加えなければならないことは、シクの可視性 (visibility) が顕著に高いことである。シク教の教理によれば、シク教徒は髪とあごひげを切らずにのばし髪を巻くためにターバンを着用しなければならない。シクの多くはこの教えにしたがっているのである。

シク教の教義では、道義を実践し自己執着を避けるとともに、現世内の活動が重視されている。さらに道義の内容としては、礼拝および施しとならんで仕事の重視があり〔Cole & Sambhi 1978 = 1986：第7章〕、肉体労働を忌避するヒンドゥー教と顕著な対照をみせている。これは、プロテスタンティズムの世俗内禁欲に匹敵するともいえる倫理である。そのため、シクは農業ばかりでなく機械や技術関係にも強く、タクシー運転手などのほか軍人としても著名である〔保坂 1992：第5章第5節〕。

シク教の教理と人口増加による耕地の不足は、この人びとの移動性をきわめて高くした。分離独立以前にもコルカタを中心とするベンガルからビルマ、マレー、香港ひいてはカナダ、アメリカ、イギリスまでの移動がみられた。分離独立以後、難民化した者の一部はデリーを中心にインド全土に移住した。またカナダでは、とりわけバンクーバーに定着した〔Cole & Sambhi 1978 = 1986：第9章〕。われわれの調査対象者100人はこのような背景をもっている人びとなのである。

われわれの調査結果からも、シクの移動性の高さを確認することができる。回答者の出生地を大別すると、パンジャブ（62人）、パンジャブ以外のインド（17人）、現パキスタンの西パンジャブ（12人）、マレーシア、ケニア、タンザニア、ガイアナの英連邦（7人）となり、およそ4分の1がパンジャブ以外の出生者なのである。

年齢をみると、39歳以上5人、29〜38歳21人、19〜28歳49人、18歳以下25人となり、20歳台に集中している。また男性は84人、女性は16人であった。

ところで、トロントのシクの資質は一般にきわめて高い。まず学歴からみると大卒以上が53人と過半を占め、しかもそのなかには在学年数17年以上の大学院相当が21人含まれている。このほか大学中退が13人いる。高卒は29人、高校中退は5人である。このようにおよそ3分の2が大学中退以上であり、この人びとは主として高学歴者から構成されているといえる。

　つぎにカナダに来るまえにどのような職業についていたかをみる。回答者のうち24人は、カナダ来住以前にイギリス、ドイツ、アメリカを経由しているので、この人びとについてはこの3つの国に渡る以前の職業ということにする。調査からは、最初についた初職、もっとも長く従事した最長職、カナダや欧米に流出する直前に従事していた直前職の3つの情報が得られる。

　最長職と直前職を比較すると農業から運輸にかわった1例があるだけで他は一致するので、非労働力28人と不明14人を除いた58人の最長職の分布をみると、専門12人（うち教員9人）、管理2人、事務12人、販売・サービス5人、マニュアル17人、農業10人となる。すなわち社会的経済的地位のもっとも高い専門・管理職は4分の1弱という驚異的な比率を占め、事務と販売・サービスを含むとノンマニュアル的職業が半数を上回る。

　しかもこのうち非労働力については、欧米3ヵ国の経由者24人のうち非労働力の10人と、それ以外の者の非労働力3人の大部分は学生であったとみられる。つまり、学歴と同様にかつての職業についても、この人びとが高い資質をもっていることは明らかである。

2．移動による地位の低落

　ところが、シクはカナダでは低い社会経済的地位しか与えられていない。同じように非労働力4人と不明3人を除いた93人の現職をみると、専門10人（うち教員4人）、管理2人、事務7人、販売9人、運輸・保安3人とノンマニュアル的職業従事者が31人であるのにたいし、マニュアルは59人にも達する。その職種としては、金属工・機械工・電気工・印刷工・紡織工・化学関係工員・包装工などがある。このほかに失業者が3人いる。つまりトロントでは、シクの3分の2近くがマニュアルとなってしまっているのである。

　カナダ流入後、シクの多くは職業移動を経験している。不明者3人を除く97人の職業移動回数をみると、非移動者が36人であるのにたいし、1回移動者は36人、2回以上移動者は25人とその合計は61人にのぼる。しかしながら、そ

の多くはマニュアルないしノンマニュアル的職業の枠内でおこなわれており、初職と現職を比較するとマニュアルからノンマニュアルへの上昇移動者は6人、ノンマニュアルからマニュアルへの下降移動者は4人にすぎない。

その結果、カナダ流入後の初職・最長職・現職の分布にはほとんど変化がみられない。ノンマニュアル的職業の従事者は、初職で30人、最長職で31人、現職で31人であり、一方マニュアル的職業の従事者は、初職で64人、最長職62人、現職で59人と若干減少しているようにみえるが、現職で失業が3人発生している。

つまり、シクについてカナダや欧米諸国への流入以前の職業とカナダ流入後の職業をくらべると、ノンマニュアル的職業からマニュアル的職業への下降移動を経験した者が多く、しかもカナダ流入後は職業移動したとしても上昇には結びついていないと結論できる。これについては、カナダでの滞在期間が短すぎるためいまだ上昇移動がはじまっていないという反論もなりたつかもしれない。

そこでカナダでの滞在期間をみると、9年以上14人、4〜8年66人、3年以上20人となる。すなわち滞在期間が4年以上の者は8割にも達しているのである。つまり、滞在期間が相当長くなってもカナダでの上昇移動の機会は乏しいといえよう。

しかも、下降移動者には相当規模の高学歴者や英語能力の高い者がふくまれていることが注目される。就業者90人全体の学歴をみると、大学中退以上60人、高卒以下30人となる。ところで、マニュアル的職業59人の学歴は大学中退以上35人、高卒以下24人となっている。一方、ノンマニュアル的職業31人の学歴は大学中退以上25人、高卒以下6人である。ちなみに、専門・管理では12人のうち11人までが大卒以上の学歴をもっている。このように、学歴はある程度職業的地位を規定してはいるが、高学歴者でも低い職業的地位に落ちる可能性はかなり高い。

英語能力についても同様のことがいえる。就業者90人全体の英語能力の分布は「きわめてすぐれている」31人、「かなりよい」22人、「よい」21人、「まあまあ」12人、「わるい」4人となった。

ところで、マニュアル的職業59人のそれは「かなりよい」以上28人、「よい」以下31人と全般的に英語能力は低いものの、英語能力の高い者も相当数ふくまれている。一方ノンマニュアル的職業31人の英語能力は「かなりよい」

以上25人、「よい」以下6人である。なお、専門・管理では12人のうち9人までが「きわめてすぐれている」英語能力をもっている。つまり、英語能力についても職業的地位をかなり規定してはいるが、能力があっても地位の低い職業に従事する者が相当いることを指摘できるのである。

3. カナダへの定着

　以上検討してきたように、カナダへの来住は多くのシクの社会経済的地位を下降させる。それにもかかわらず、彼（女）らはなぜ居住を決意するのであろうか。この点について、カナダへの来住理由に関する自由回答は興味ある結果を示している。回答者66人の内容を整理して多い順に示すと、「カナダからの呼び寄せ」25人、「カナダの機会の多さ」22人、「冒険・旅行」9人、「留学・個人的向上」3人、「その他」7人となる。

　ここに明らかなように、単に経済的動機のみには還元できないような、いわば自己の可能性をためすためともいえる「カナダの機会の多さ」「冒険・旅行」「留学・個人的向上」などの積極的自己実現を指向する理由をあげる者が回答者の過半を占めているのである。

　そればかりでなく、この人びとの多くは出身国にたいする帰属を捨てて、カナダで生きつづけていくことを選択しているようにみえる。「子どもの機会は出身国にくらべてカナダのほうが多いとおもうか」という質問にたいする回答をみると、「カナダのほうが多い」59人、「出身国のほうが多い」10人、不明10人、非該当（子どもなし）21人と、圧倒的にカナダにおける機会の豊かさが支持されている。

　その具体的内容を自由回答により聞くと、「教育のよさ」23人、「全般によい」17人、「就職のチャンス、機会の多さ、致富の可能性」9人の順になっている（回答者数68人）。このデータは間接的ではあるが、シクのカナダへの定着を示唆するものであると考えられる。

　しかしながら、出身国からの離脱は、シクというカナダにおけるエスニック集団との関係の希薄化や、シクとしてのアイデンティティの喪失を必ずしも意味するものではない。トロントにはシク教の寺院があるが、そこへの参詣の頻度を聞くと、「週1回」27人、「月2〜3回」17人、「月1回」22人の合計は66人に達し、「ほとんど行かない」26人、「行ったことがない」6人の合計32人の2倍にも達している。

さらに親しい友人のエスニシティについての回答をみると、「すべてシク」14人、「ほとんどシク」40人、「ほとんどインド人」19人、「シクやインド人にはほとんどいない」19人、「シクやインド人はひとりもいない」4人となり、シク間の個人的ネットワークが大きな意味をもっていることがわかる。

その結果、シクの言語であるパンジャブ語を子どもに習得させたいという希望も強くなる。すなわち子どもに「習得させたい」とする者が63人であるのにたいし、「その意思はない」者は10人にすぎない。このように宗教を中心とするシクのエスニック集団としてのアイデンティティはかなり強固に保持されつづけているのである。

ただし、シク教徒の特徴とされるひげやターバン着用については、それほど遵守されていないことをつけ加えておきたい。男性84人のひげの有無をみると、「手入れをせずはやしている」22人、「手入れをしてはやしている」18人、「はやしていない」44人となる。またターバンについては、「つねに」または「ほとんどつねに」着用する者28人、「しばしば」着用する者8人、「めったに」または「全然」着用しない者48人である。このように、ひげとターバンについては半数前後が教理にしたがっていない。

われわれの調査結果を用いた御薬袋啓子の分析によれば、ターバンを常用している男性が着用していない男性より頻繁に差別・偏見の犠牲になることは、それほど強くないにせよはっきりしているとされる〔古屋野・御薬袋1982：96〕。そうであるとすれば、ひげをそったりターバンを着用しないことは、必ずしもシクとしてのアイデンティティの弱化を意味するものではなかろう。

本節の結論を示せば、以下のようになろう。トロントのシク移民のような高い資質をもつ人びとを世界システムの中心国が吸収することは、出身国にとっては頭脳流出（ブレイン・ドレイン）にほかならず、大きな損失を意味するものであろう。このような基本的な論点を別にすれば、次の2点が注目される。

第1に、この人びとの出稼ぎ性が少ないことが興味深い。大多数が下降移動し、移住先で低い社会経済的地位を割り当てられ、しかも偏見・差別の対象とされるにもかかわらず、カナダでの定住が指向されるのである。その背景としては、経済的動機に還元されえないような、「機会の多さ」の評価に象徴される高資質の人びとに特有の自己実現的動機が存在している。

第2に、シクというエスニック集団が果たしている大きな役割を指摘できる。高資質の人びとであるといっても、移住先の社会にそのまま溶けこんでしまう

わけではない。宗教を中核とするアイデンティティとそれにもとづく社会的ネットワークを媒介として、日常生活が営まれるのである。

第4章　BRICs諸国からの高学歴移民の空間的可動性

はじめに

　脱領土化したグローバルノマドにたいする注目が高まっている。ノマドとは元来は遊牧民をさす概念であったが、空間的に移動する人びとを広くさすように意味が拡張されてきた。J.アタリはひとつの場所に定住することなく、地球上の魅力ある場所に自由に移動する人びとを超ノマドとしてのクリエイティブ階級であるとし、企業所有者、起業家、科学者、高度な技術者、金融関係者、法律家、芸術家などから構成されているとする。彼らは多極化した世界のなかの頭脳と金が集中する中心都市にいる。アタリによれば、超ノマドの対極に位置するものが下層ノマドであり、経済的貧困や保健の悪化、環境破壊などの状況に強制されて移動せざるをえなくなった人びとをさす。超ノマドと下層ノマドの中間には、ある場所に定住しながらもヴァーチャルな対象とくにスポーツに熱狂しながら気晴らしをしつづけるヴァーチャル・ノマドがいる〔Attali 2006 = 2008：第Ⅳ章〕。世界的な中心都市に上昇するためには、移動するクリエイティブ階級をひきつけることが重要である〔Attali 2006 = 2008：第Ⅲ章〕。

　同じような状況の展開はZ.バウマンによっても指摘されている。バウマンによれば、ポストモダンの消費社会にあっては、空間的可動性（mobility）*1の程度に応じて上層と下層との階層化が出現する。空間的可動性の程度とは自分がどこにいるかをきめる自由の有無を意味するが、空間的可動性のヒエラルヒーの上層にはグローバルに移動する旅行者（tourist）がおり、その頂点にたつものが「常連の旅行者」である。それにたいし、このヒエラルヒーの上層の下には移動を阻止され地域に結びつけられた人びとがいる。さらにこのヒエラルヒーの下層の底辺には「世界のゴミとしての浮浪者（vagabond）」をふくむ放浪者が堆積している。彼らは行く所どこでも歓迎されず、ある土地に長く留まることができないことを知っている〔Bauman 1998 = 2010：第4章〕。

第 4 章　BRICs 諸国からの高学歴移民の空間的可動性

　アタリの超ノマドとバウマンの常連の旅行者とはほぼ照応していると考えられるので、以下超ノマドないし常連の旅行者などに対応する存在を「グローバルノマド」と呼ぶことにしたい。本章ではグローバルノマドとしての BRICs 諸国（ブラジル、ロシア、インド、中国）[2] からの高学歴をもつ移民の類型化をこころみたのち、それにもとづいて出身国の開発にたいする貢献の様態を検討する。

　本章の素材となった BRICs 諸国からの移民のサンプル 636 人は、インターネットによる呼びかけに応じて 4 移住先国（日本、イギリス、オーストラリア、アメリカ）で自発的に回答してくれた人びとである[3]。ここで、出身国別および移住先国別の全体の分布を多い順にみると、出身国はブラジル 28.5%、中国 27.5%、ロシア 24.8%、インド 19.2% であり、移住先国は日本 35.7%、オーストラリア 25.3%、イギリス 22.2%、アメリカ 16.8% であった。

　表 IV-4-1 は出身国別に移住先国を示したものである。この表から、アメリカにはロシア出身者が、イギリスには中国出身者が、オーストラリアにはインド出身者と中国出身者が、日本にはブラジル出身者とインド出身者が、それぞれ相対的に集中していることがわかる[4]。

　われわれのサンプルの最終学歴は、博士 10.1%、修士 40.1% であり、その合計は 50.2% と半分をこえている。対照的に学士は 28.5% であり、高卒水準以下はわずか 21.3% しかいない。このように、調査対象者の学歴はきわめて高い。また職業をみると、専門 35.5%、管理 11.9% であり、その合計は 47.4% にも達する。つぎに技術および関連職 11.0% がつづき、事務・販売・サービスはわずか 8.8% である。ここでもサンプルは、学歴と同様に社会的地位の高い職業に

---

　[1]　「空間的可動性」の原語である mobility は、社会的地位の移動性を意味する言葉でもあるので、本章ではこれと区別するためすべて「空間的」をつけ加えた。

　[2]　BRICs 諸国とは、もともとブラジル、ロシア、インド、中国の 4 カ国の頭文字に複数形の s を付して使われていたが、このところ南アフリカを加えた BRICS 諸国が使われるようになった。本章では 4 カ国を検討の対象としているため、BRICs 諸国という語を使用する。

　[3]　インターネットによる調査は、ロンドン・スクール・オブ・エコノミクスに所属する中国比較ネットワーク（China Comparative Perspective Network）のオンライン調査サイトをつうじておこなわれ、2012 年 10 月 31 日に受付を終了した。

　[4]　表 IV-4-1 ではカイ二乗検定をおこなった。表下部の p＜0.01 は両変数の関連が統計的に有意であることを示す。以下の諸表も同様。

第Ⅳ部　移民・ディアスポラの歴史的展開

表Ⅳ-4-1　出身国別移住先国　　　　　　　　　　　　　　　　　　　　　　（人）

			移住先国				合計
			アメリカ	イギリス	オーストラリア	日本	
出身国	中国	実数	30	62	52	31	175
		比率	17.1	35.4	29.7	17.7	100.0
	ロシア	実数	37	40	41	40	158
		比率	23.4	25.3	25.9	25.3	100.0
	インド	実数	14	22	38	48	122
		比率	11.5	18.0	31.1	39.3	100.0
	ブラジル	実数	26	17	30	108	181
		比率	14.4	9.4	16.6	59.7	100.0
合　計		実数	107	141	161	227	636
		比率	16.8	22.2	25.3	35.7	100.0

$p < 0.01$

集中しているといえる。

このように、インターネットで回答を寄せることのできる情報技術能力および学歴と職業の高さからみて、われわれの調査対象者の大きな部分はまさにグローバルノマドに該当する。

第1節　グローバルノマドの類型

ある特定の土地から切りはなされている程度、すなわち脱領土性の強弱により、ノマドの意識や行動が規定されると考えられるので、本稿では、グローバルノマドを、移住先国と出身国への愛着度の強弱という基準から類型化することにした。愛着度の類型は、論理的には**表Ⅳ-4-2**のように整理できる。本稿では、移住先国と出身国のどちらにも愛着度の弱いタイプを「没愛着型」、移住先国と出身国のどちらにも愛着度の強いタイプを「二重愛着型」、移住先国への愛着度は強いが出身国への愛着度は弱いタイプを「移住先国愛着型」、その逆のタイプを「出身国愛着型」と呼ぶことにする。

没愛着型はグローバルノマドの特質をもっとも強くもっている。二重愛着型は、あるふるさとの地から離散しながらもふるさとの地への愛着度をもちつづけているという意味で、ディアスポラ型のノマドとみなすことができる[*5]。この両者にたいし、移住先国愛着型と出身国愛着型とはノマドではありながらも

第4章 BRICs諸国からの高学歴移民の空間的可動性

表Ⅳ-4-2　出身国および移住先国への愛着度の類型

		移住先国への愛着度	
		強	弱
出身国への愛着度	強	二重愛着型	出身国愛着型
	弱	移住先国愛着型	没愛着型

表Ⅳ-4-3　グローバルノマド類型の分布　　　　　　　　　　（人）

			移住先国への愛着部		合計
			強	強	
出身国への愛着度	強	実数	259	148	407
		比率	40.7	23.3	64.0
	弱	実数	102	127	229
		比率	16.0	20.0	36.0
合計		実数	361	275	636
		比率	56.8	43.2	100.0

特定の領土への指向性をもち、ノマドという性格が弱い。

　表Ⅳ-4-3はグローバルノマド類型の分布を示している。移住先国および出身国にたいする愛着度についての選択肢は、「全然ない、ごく弱い」「弱い」「ふつう」「高い」「ごく高い」の5段階からなるが、この表では「全然ない、ごく弱い」「弱い」「ふつう」を「弱」とし、「高い」「ごく高い」を「強」とした。その結果をみると、多い順に二重愛着型40.7％、出身国愛着型23.3％、没愛着型20.0％、移住先国愛着型16.0％となり、二重愛着型がきわだって多く、このタイプの重要性を示している。

　グローバルノマド類型の妥当性は、将来の居住予定地および在留資格との関連から確認できる。居住予定地についての「5～10年後の計画」は、表Ⅳ-4-4に示されている。これによれば、「現住国に留まる」とする者が60.7％と最多であり、「出身国に戻る」23.9％がつづき、「別の国に移動」および「その他」はわずかである。グローバルノマド類型別に「現住国に留まる」とする者の分布をみると、当然ではあるが移住先国愛着型の86.3％が圧倒的に多く、また「出身国に戻る」とする者では出身国愛着型の33.8％が最多で、それに二重愛着型の27.4％がつづいている。

＊5　ディアスポラの定義としては、〔Cohen 2008＝2012：第1章〕をみよ。

表Ⅳ-4-4　グローバルノマド類型別5～10年後の計画　　　　　　　　　　　（人）

			5～10年後の計画				合計
			別の国に移動	現住国に留まる	出身国に戻る	その他	
グローバルノマド類型	二重愛着型	実数	14	155	71	19	259
		比率	5.4	59.8	27.4	7.3	100.0
	移住先国愛着型	実数	6	88	3	5	102
		比率	5.9	86.3	2.9	4.9	100.0
	出身国愛着型	実数	23	68	50	7	148
		比率	15.5	45.9	33.8	4.7	100.0
	没愛着型	実数	16	75	28	8	127
		比率	12.6	59.1	22.0	6.3	100.0
合計		実数	59	386	152	39	636
		比率	9.3	60.7	23.9	6.1	100.0

$p < 0.01$

表Ⅳ-4-5　グローバルノマド類型別在留資格　　　　　　　　　　　　　　（人）

			在留資格							合計
			市民権保持者	永住者	就労資格保有者	配偶者／パートナー	学生	一時滞在者	その他	
グローバルノマド類型	二重愛着型	実数	67	115	47	7	10	1	12	259
		比率	25.9	44.4	18.1	2.7	3.9	0.4	4.6	100.0
	移住先国愛着型	実数	49	28	17	2	5	0	1	102
		比率	48.0	27.5	16.7	2.0	4.9	0.0	1.0	100.0
	出身国愛着型	実数	31	45	51	7	8	2	4	148
		比率	20.9	30.4	34.5	4.7	5.4	1.4	2.7	100.0
	没愛着型	実数	39	41	29	3	11	0	4	127
		比率	30.7	32.3	22.8	2.4	8.7	0.0	3.1	100.0
合計		実数	186	229	144	19	34	3	21	636
		比率	29.2	36.0	22.6	3.0	5.3	0.5	3.3	100.0

$p < 0.01$

　表Ⅳ-4-5により在留資格をみると、安定性がもっとも高い市民権保持者が29.2％、安定性がそれにつぐ永住者が36.0％で、この両者の合計はおよそ3分の2にも達する。グローバルノマド類型別にみると、安定性の高い市民権保持者は移住先国愛着型にきわめて多く、出身国愛着型にきわめて少ない。また安定性がそれにつぐ永住者は二重愛着型に顕著に集中している。安定性の低い就労資格保有者はとくに出身国愛着型に多い。つまり、在留資格の安定性の高低

とグローバルノマド類型とは、没愛着型を例外として密接に連関しているといえる。

第2節　なにがグローバルノマド類型を決定するか

　こうしたグローバルノマドの類型化には、どのような要因が働いているのであろうか。まず、最終学歴とグローバルノマド類型との関連は**表Ⅳ-4-6**に示されている。学歴の高いほうからみると、博士は没愛着型に相対的に多く、この型の特徴といえる。なお、二重愛着型の博士はきわめて少ない。修士は没愛着型にやや少ないものの各類型にほぼ均等に分布している。学士は移住先国愛着型に相対的に多く、高卒水準は二重愛着型に相対的に多い。また、没愛着型の高卒水準も相対的にかなり多い。つまり、没愛着型に若干の逸脱はあるものの、総体的にみて、二重愛着型、移住先国愛着型、没愛着型の順で学歴が高くなるという傾向がみてとれる。なお、職業については、グローバルノマド類型とのあいだに明瞭な関連はみられなかった。

　つぎに、「移住というあなたの決断に、出身国の政治的状況はどれくらい影響しましたか」という質問にたいするグローバルノマド類型別の回答の分布を**表Ⅳ-4-7**からみると、「ごく強い」および「強い」の合計は移住先国愛着型に群をぬいて多く51.0％と半数をこえているのにたいし、他の型はいずれも少な

表Ⅳ-4-6　グローバルノマド類型別最終学歴　　　　　　　　　　　　　　　　（人）

			最終学歴					合計
			博士	修士	学士	高卒水準	その他	
グローバルノマド類型	二重愛着型	実数	17	106	67	51	18	259
		比率	6.6	40.9	25.9	19.7	6.9	100.0
	移住先国愛着型	実数	12	40	38	11	1	102
		比率	11.8	39.2	37.3	10.8	1.0	100.0
	出身国愛着型	実数	15	62	49	9	13	148
		比率	10.1	41.9	33.1	6.1	8.8	100.0
	没愛着型	実数	20	47	27	24	9	127
		比率	15.7	37.0	21.3	18.9	7.1	100.0
合計		実数	64	255	181	95	41	636
		比率	10.1	40.1	28.5	14.9	6.4	100.0

$p < 0.01$

第Ⅳ部　移民・ディアスポラの歴史的展開

表Ⅳ-4-7　グローバルノマド類型別出身国の政治状況の移住への影響　　　　　　　　（人）

			出身国の政治状況の移住への影響					合計
			ごく強い	強い	ふつう	弱い	ごく弱い	
グローバルノマド類型	二重愛着型	実数	18	29	31	23	158	259
		比率	6.9	11.2	12.0	8.9	61.0	100.0
	移住先国愛着型	実数	34	18	11	10	29	102
		比率	33.3	17.6	10.8	9.8	28.4	100.0
	出身国愛着型	実数	8	8	17	18	97	148
		比率	5.4	5.4	11.5	12.2	65.5	100.0
	没愛着型	実数	8	14	16	13	76	127
		比率	6.3	11.0	12.6	10.2	59.8	100.0
合　計		実数	68	69	75	64	360	636
		比率	10.7	10.8	11.8	10.1	56.6	100.0

$p < 0.01$

表Ⅳ-4-8　グローバルノマド類型別移住先国の法と秩序の透明性と公正さの移住への影響　　　　　　　　　　　　　　　　　　　　　　　　　（人）

			移住先国の法と秩序の影響					合計
			ごく強い	強い	ふつう	弱い	ごく弱い	
グローバルノマド類型	二重愛着型	実数	67	57	46	21	68	259
		比率	25.9	22.0	17.8	8.1	26.3	100.0
	移住先国愛着型	実数	52	15	17	7	11	102
		比率	51.0	14.7	16.7	6.9	10.8	100.0
	出身国愛着型	実数	23	30	38	11	46	148
		比率	15.5	20.3	25.7	7.4	31.1	100.0
	没愛着型	実数	22	28	23	14	40	127
		比率	17.3	22.0	18.1	11.0	31.5	100.0
合　計		実数	164	130	124	53	165	636
		比率	25.8	20.4	19.5	8.3	25.9	100.0

$p < 0.01$

い。すなわち移住先国愛着型は、本国の政治状況に影響されて移住を決断したといえる。

　同様に、移住先国の社会的状況もグローバルノマドの類型化に影響する。「現住国への移動にさいして、明確で公正な法および秩序はどれくらい影響しましたか」という質問にたいするグローバルノマド類型別の回答の分布を表Ⅳ-4-8からみると、「ごく強い」および「強い」の合計は移住先国愛着型の65.7％を最高に、二重愛着型、没愛着型の順で低くなり、出身国愛着型の35.8％が

最低である。

　つまり、学歴はグローバルノマド類型と大きく関係している。また、出身国および移住先国の政治的社会的状況は移住先国愛着型の移住の決断にもっとも強く影響しており、他の型では出身国の状況よりも移住先国の状況により左右されるが、その程度は移住先国愛着型よりも低い。

第3節　グローバルノマド類型と出身国

　調査対象者の出身国をグローバルノマド類型別に表Ⅳ-4-9よりみると、きわめて興味深い結果がえられた。すなわち、没愛着型は中国出身者に、移住先国愛着型はロシア出身者に、二重愛着型はブラジル出身者にそれぞれ極端に集中している。なお、インド出身者については二重愛着型と出身国愛着型とが相対的に多い。

　グローバルノマド類型が出身国別に特化することを説明するために、出身国および移住先国への愛着度を出身国別に検討する。表Ⅳ-4-10は出身国への愛着度を出身国別にみたものである。これによれば、「ごく高い」「高い」とこたえる者はロシアおよび中国出身者では5割強と少なくなり、とくに中国出身者は51.5％と最低である。それにたいし、ブラジル出身者の7割以上、インド出身者の9割近くが「ごく高い」「高い」とこたえている。

表Ⅳ-4-9　グローバルノマド類型別出身国　　　　　　　　　　　　　　　（人）

			出身国				合計
			中国	ロシア	インド	ブラジル	
グローバルノマド類型	二重愛着型	実数	52	44	65	98	259
		比率	20.1	17.0	25.1	37.8	100.0
	移住先国愛着型	実数	30	44	8	20	102
		比率	29.4	43.1	7.8	19.6	100.0
	出身国愛着型	実数	35	36	41	36	148
		比率	23.6	24.3	27.7	24.3	100.0
	没愛着型	実数	58	34	8	27	127
		比率	45.7	26.8	6.3	21.3	100.0
合計		実数	175	158	122	181	636
		比率	27.5	24.8	19.2	28.5	100.0

$p < 0.01$

第Ⅳ部　移民・ディアスポラの歴史的展開

表Ⅳ-4-10　出身国別出身国への愛着度　　　　　　　　　　　　　　　　　　（人）

			出身国への愛着度					合計
			ごく高い	高い	ふつう	低い	ごく低い	
グローバルノマド類型	中国	実数	30	36	50	7	5	128
		比率	23.4	28.1	39.1	5.5	3.9	100.0
	ロシア	実数	37	37	33	20	9	136
		比率	27.2	27.2	24.3	14.7	6.6	100.0
	インド	実数	55	37	6	2	5	105
		比率	52.4	35.2	5.7	1.9	4.8	100.0
	ブラジル	実数	88	40	23	6	17	174
		比率	50.6	23.0	13.2	3.4	9.8	100.0
合計		実数	210	150	112	35	36	543
		比率	38.7	27.6	20.6	6.4	6.6	100.0

$p < 0.01$

注：技術的問題により、本表は回答者数が他の表より少ない。また、中国にはインド出身者が1人、インドにはロシア出身者1人、ブラジルには中国出身者1人がふくまれている。

表Ⅳ-4-11　出身国別移住先国への愛着度　　　　　　　　　　　　　　　　　（人）

			移住先国への愛着度					合計
			ごく高い	高い	ふつう	低い	ごく低い	
出身国	中国	実数	17	31	76	30	21	175
		比率	9.7	17.7	43.4	17.1	12.0	100.0
	ロシア	実数	25	35	37	28	33	158
		比率	15.8	22.2	23.4	17.7	20.9	100.0
	インド	実数	24	23	39	23	13	122
		比率	19.7	18.9	32.0	18.9	10.7	100.0
	ブラジル	実数	45	33	59	17	27	181
		比率	24.9	18.2	32.6	9.4	14.9	100.0
合計		実数	111	122	211	98	94	636
		比率	17.5	19.2	33.2	15.4	14.8	100.0

$p < 0.01$

つぎに、移住先国への愛着度を出身国別に表Ⅳ-4-11よりみると、「ごく高い」と「高い」からなる愛着度の高い者は、中国出身者にもっとも少なく27.4％しかおらず、4割前後が愛着度の高い他の3ヵ国と顕著な対照をみせている。なかでもブラジル出身者は愛着度の高い者が43.1％にものぼる。すなわち、中国出身者は出身国の中国ばかりでなく、イギリスとオーストラリアが主体の移住先国にたいしても愛着度がもっとも低い。こうして中国出身者はグローバル

ノマドの典型である没愛着型の中核を構成することになる。

　中国出身者と対照的な性格をもっているのがブラジル出身者である。この人びとは、出身国ブラジルへの強い愛着度とともに、日本が主体である移住先国への愛着度も4ヵ国のなかでもっとも強く、ディアスポラ型ノマドである二重愛着型の中心的部分となっている。

　インド出身者のばあいには、出身国インドにたいする強い愛着度とオーストラリアと日本を主体とする移住先国へのかなり高い愛着度があり、二重愛着型と出身国愛着型とがほぼ同数で、この両者の合計が過半となる。最後にロシア出身者のばあいには、中国出身者についで出身国にたいする愛着度が低く、逆にアメリカを主体とする移住先国にたいする愛着度は高い。こうして、ロシア出身者は移住先国愛着型グローバルノマドの中核となる。

　上述した傾向は、出身国別にみた「5～10年後の計画」からもおおむね裏づけられる。**表Ⅳ-4-12**によれば、「現住国に留まる」とする者は中国とロシア出身者で7割以上に達し、中国のほうがわずかに多い。この傾向は、移住先国愛着型が多いロシア出身者については当然といえるが、中国出身者も移住先国に留まろうとしており、没愛着型の多さと矛盾する傾向をみせている。ブラジル出身者では、選択が現住国と出身国とにほぼ2分され、二重愛着型が多数であることに照応している。インド出身者では過半が現住国を選択するものの、出身国を選択する者もおよそ3分の1近くおり、出身国への愛着度の強さを反

表Ⅳ-4-12　出身国別5～10年後の計画　　　　　　　　　　　　　　　　　　(人)

			5～10年後の計画				合計
			別の国に移動	現住国に留まる	出身国に戻る	その他	
出身国	中国	実数	18	129	23	5	175
		比率	10.3	73.7	13.1	2.9	100.0
	ロシア	実数	23	115	5	15	158
		比率	14.6	72.8	3.2	9.5	100.0
	インド	実数	8	63	40	11	122
		比率	6.6	51.6	32.8	9.0	100.0
	ブラジル	実数	10	79	84	8	181
		比率	5.5	43.6	46.4	4.4	100.0
合計		実数	59	386	152	39	636
		比率	9.3	60.7	23.9	6.1	100.0

$p < 0.01$

第Ⅳ部　移民・ディアスポラの歴史的展開

表Ⅳ-4-13　出身国別出身国の政治状況の移住への影響　　　　　　　　　　（人）

			出身国の政治状況の移住への影響					合計
			ごく強い	強い	ふつう	弱い	ごく弱い	
出身国	中国	実数	11	16	26	17	105	175
		比率	6.3	9.1	14.9	9.7	60.0	100.0
	ロシア	実数	41	34	25	13	45	158
		比率	25.9	21.5	15.8	8.2	28.5	100.0
	インド	実数	7	5	11	16	83	122
		比率	5.7	4.1	9.0	13.1	68.0	100.0
	ブラジル	実数	9	14	13	18	127	181
		比率	5.0	7.7	7.2	9.9	70.2	100.0
合計		実数	68	69	75	64	360	636
		比率	10.7	10.8	11.8	10.1	56.6	100.0

$p < 0.01$

表Ⅳ-4-14　出身国別移住先国の法と秩序の透明性と公正さの移住への影響　　（人）

			移住先国の法と秩序の影響					合計
			ごく強い	強い	ふつう	弱い	ごく弱い	
出身国	中国	実数	35	45	38	14	43	175
		比率	20.0	25.7	21.7	8.0	24.6	100.0
	ロシア	実数	63	39	26	10	20	158
		比率	39.9	24.7	16.5	6.3	12.7	100.0
	インド	実数	28	26	21	9	38	122
		比率	23.0	21.3	17.2	7.4	31.1	100.0
	ブラジル	実数	38	20	39	20	64	181
		比率	21.0	11.0	21.5	11.0	35.4	100.0
合計		実数	164	130	124	53	165	636
		比率	25.8	20.4	19.5	8.3	25.9	100.0

$p < 0.01$

映している。

　以下、このような出身国別の差異が表れる条件を検討する。表Ⅳ-4-13により「出身国の政治状況の移住への影響」を出身国別にみると、「ごく強い」および「強い」の合計はロシア出身者だけに極端に多く、47.4％とおよそ半数に近いが、他の出身国では16％以下にすぎない。同様に、表Ⅳ-4-14より「移住先国の法と秩序の透明性と公正さの移住への影響」を出身国別にみると、トップはここでもロシア出身者で「ごく強い」と「強い」の合計は64.6％と3分の

第4章 BRICs諸国からの高学歴移民の空間的可動性

表Ⅳ-4-15 出身国別移住先国の仕事に関連する機会の平等性 （人）

			移住先国の仕事に関連する機会の平等性					合計
			ごく高い	高い	ふつう	低い	ごく低い	
出身国	中国	実数	25	47	60	24	19	175
		比率	14.3	26.9	34.3	13.7	10.9	100.0
	ロシア	実数	44	44	43	22	5	158
		比率	27.8	27.8	27.2	13.9	3.2	100.0
	インド	実数	30	38	32	16	6	122
		比率	24.6	31.1	26.2	13.1	4.9	100.0
	ブラジル	実数	30	40	57	24	30	181
		比率	16.6	22.1	31.5	13.3	16.6	100.0
合計		実数	129	169	192	86	60	636
		比率	20.3	26.6	30.2	13.5	9.4	100.0

$p < 0.01$

2に近い。以下中国およびインド出身者がつづき、ブラジル出身者にもっとも少ない。このように、ロシア出身者は、出身国の政治状況を忌避するとともに移住先国の社会的条件に共感する者が多く、その結果として移住先国愛着型が多数を占めるにいたる。

中国出身者については、「5～10年後の計画」の結果とうらはらに、移住先国への不満の程度が高いことが注目される。表Ⅳ-4-15により「移住先国の仕事に関連する機会の平等性」を出身国別にみると、「ごく高い」と「高い」からなる満足者の合計は、ロシアおよびインド出身者では満足者が過半数であるのに、中国出身者では40％強にすぎない。なお、ブラジル出身者の満足者はこれよりもはるかに少ない。

おなじように、表Ⅳ-4-16により「移住先国の社会/コミュニティの平等性」にたいする満足度を出身国別にみると、「ごく高い」と「高い」からなる満足者は、ロシアおよびインド出身者では過半数であるのに、中国出身者はここでも少なく、最低のブラジル出身者を若干うわまわる程度である。ただし、比率の開きは表Ⅳ-4-15よりはるかに小さい。このような移住先国の平等性にたいする不満が、移住先国にたいする中国出身者の愛着を弱めているといえる。つまり、興味深いことに、主たる移住先国であるイギリスとオーストラリアの移民受け入れの体制がかなり成熟しているにもかかわらず、中国出身者のこの両国の平等性にたいする満足度は低いのである。それにもかかわらず、中国出身者の大部分が移住先国に留まりつづけようとしていることは上述した。

表Ⅳ-4-16　出身国別移住先国の社会／コミュニティの平等性　　　　　　　　（人）

			移住先国の社会／コミュニティの平等性					合計
			ごく高い	高い	ふつう	低い	ごく低い	
出身国	中国	実数	32	52	70	9	12	175
		比率	18.3	29.7	40.0	5.1	6.9	100.0
	ロシア	実数	48	47	39	16	8	158
		比率	30.4	29.7	24.7	10.1	5.1	100.0
	インド	実数	27	39	33	18	5	122
		比率	22.1	32.0	27.0	14.8	4.1	100.0
	ブラジル	実数	22	59	47	30	23	181
		比率	12.2	32.6	26.0	16.6	12.7	100.0
合計		実数	129	197	189	73	48	636
		比率	20.3	31.0	29.7	11.5	7.5	100.0

$p<0.01$

　移住先国の平等性にたいする満足度が最低であるブラジル出身者のばあいには、主たる移住先国である日本における劣悪な労働環境や差別的な社会状況が反映されているとおもわれる。ただし、ブラジル出身者が移住先国にたいする高い愛着度をもっていることもわすれてはならない。

第4節　出身国の開発にたいする貢献の可能性

　出身地から移動して別の土地に居住しながらも出身地への愛着をもちつづけていると定義されるディアスポラ型のノマドについては、さまざまなタイプの移民のなかでも近年開発との関連という観点から注目度が高まっている[6]。それは、ひとつには現住国にいながら、またひとつには出身国へ帰還することにより、出身国の開発に貢献できる可能性があるからである。出身国から離れて居住した経験をもつディアスポラの発想と行動様式は出身国の人びととは異なる新しいものとなり、その結果出身国の開発を刺激することになるというのがその理由である。

　ここで、出身国の開発にたいする貢献の可能性をグローバルノマド類型別に整理しておきたい。開発にたいする貢献については、今後帰国を決断するさいに、「出身国の開発援助の可能性の有無」および「出身国で起業する可能性の有無」はどれくらい影響するかという2つの質問をもちいた。

　表Ⅳ-4-17により、帰国の決断にたいする開発援助の可能性の影響をみると、

第4章　BRICs諸国からの高学歴移民の空間的可動性

表Ⅳ-4-17　グローバルノマド類型別出身国の開発援助の可能性の帰国意思への影響度
(人)

グローバルノマド類型			帰国意思への影響度					合計
			ごく強い	強い	ふつう	弱い	ごく弱い	
グローバルノマド類型	二重愛着型	実数	77	69	53	27	33	259
		比率	29.7	26.6	20.5	10.4	12.7	100.0
	移住先国愛着型	実数	15	14	17	16	40	102
		比率	14.7	13.7	16.7	15.7	39.2	100.0
	出身国愛着型	実数	40	27	38	23	20	148
		比率	27.0	18.2	25.7	15.5	13.5	100.0
	没愛着型	実数	13	25	35	21	33	127
		比率	10.2	19.7	27.6	16.5	26.0	100.0
合計		実数	145	135	143	87	126	636
		比率	22.8	21.2	22.5	13.7	19.8	100.0

$p < 0.01$

表Ⅳ-4-18　グローバルノマド類型別出身国での起業の可能性の帰国意思への影響度
(人)

グローバルノマド類型			帰国意思への影響度					合計
			ごく強い	強い	ふつう	弱い	ごく弱い	
グローバルノマド類型	二重愛着型	実数	88	51	43	14	63	259
		比率	34.0	19.7	16.6	5.4	24.3	100.0
	移住先国愛着型	実数	19	16	20	7	40	102
		比率	18.6	15.7	19.6	6.9	39.2	100.0
	出身国愛着型	実数	45	21	31	22	29	148
		比率	30.4	14.2	20.9	14.9	19.6	100.0
	没愛着型	実数	22	22	32	15	36	127
		比率	17.3	17.3	25.2	11.8	28.3	100.0
合計		実数	174	110	126	58	168	636
		比率	27.4	17.3	19.8	9.1	26.4	100.0

$p < 0.01$

「ごく強い」および「強い」の合計は二重愛着型の56.3％を最高として、出身国愛着型がそれにつづくが、移住先国愛着型および没愛着型ではずっと低くなる。おなじように、帰国の決断にたいする起業の可能性の影響を表Ⅳ-4-18よ

---

*6　開発とディアスポラについては、たとえば〔Castles & Miller 2009＝2011：76-77〕をみよ。

りみると、「ごく強い」および「強い」の合計はここでも二重愛着型の53.7%を最高として、出身国愛着型がそれにつづき、移住先愛着型および没愛着型ではかなり低くなる。このように、出身国の開発にたいする貢献は、二重愛着型とそれにつづく出身国愛着型の帰国の決断に大きく影響していることがわかる。

　ここで、出身国に帰国して起業あるいは高い地位の管理職として就職した中国およびロシア出身の元留学生にたいする出身国での面接調査の結果を紹介しておきたい。表Ⅳ-4-19は、2011年8月22日に江蘇省常州市で実施した中国帰国留学生の創業者にたいする集団的面接聞き取り調査の対象者4名の一覧表である[7]。江蘇省の帰国留学生の創業者数は、別格の北京および上海についで多く、中国でも注目される地域である[8]。対象者はいずれも年齢が30歳代後半から40歳代であり、すべて男性である。

　H・Xは、1990年に日本にわたり学位取得後、日本の繊維関連企業でERP（企業資源計画）にたずさわった。日本の大学での先輩にさそわれて2002年に帰国し、起業のノウハウに関する情報コンサルタント会社を常州市で起業した。高校生の上の子どもは妻と日本におり、彼自身も帰国後に2年間日本にいたことがある。なお、小学生の下の子どもは母とともに常州市にいる。

　Z・Cは、日本で学位を取得し、日本に定住するという意思もあったが、中国の自動車メーカーの発展がいちじるしいことをみて、2006年に帰国した。2007年に中国政府による資本支援を受けて起業した会社に就職したが、2008年に自動車用オートメーション装置を生産する現在の会社を設立した。製品への引合いは、中国ばかりでなくインドやベトナムからもある。将来は日本への進出も考えている。滞日技師の会の一員であるが、この組織には日本から帰国した技師が60名いる。

表Ⅳ-4-19　中国帰国留学生の創業者（江蘇省常州市）

名前	業種	職位	学歴	滞在国	帰国年
H・X	情報コンサルタント	専務取締役	博士	日本	2002
Z・C	オートメーション装置	専務取締役	博士	日本	2006
P・D	ソフトウェア	専務取締役	博士	オランダ アメリカ	2008
L・S	医療用ロボット	専務取締役	博士	日本	2009

P・Dは、まずオランダにわたり学位を得るとともに、中国国籍を放棄してオランダ国籍を取得した。2000年にシリコン・ヴァレイに転職したが、2008年の経済危機により失業した。日本の技術者からの助言もあって2008年に帰国し、アモイで職をえた。そののち現在の常州市のソフトウェア企業に移った。中国政府からの期待はきわめて高いものの、具体的支援策がなく、アウトソーシングの受注も北京や上海には及ばない。

　L・Sは、2008年に日本で学位を取得し、東京で1年間はたらいたあと帰国し、東大で学位を取得した中国人と検査用の医療用ロボットを研究開発する企業を共同経営している。起業にあたり中国政府から1500万元の支援を得た。常州市の経営環境はめぐまれているが、高度な人材の不足が問題である。日本での経験のメリットは、技術そのものよりも企業のシステムや仕事への態度にみならうべき点があることである。

　質問紙調査では、中国出身者は没愛着型が優位にたっていた。それにもかかわらず、この4名を帰国させる決意の誘因となったのは、なによりも政府からの支援もふくむ中国におけるビジネス機会の多さであったとみられる。中国政府は帰国留学生にハイテク産業を起業させるための諸施策を実施しているが、とりわけ2002年からの「帰国留学生創業パーク」構想が実績をあげている〔戴2012：214〕。Z・CおよびL・Sの受けた資本支援は、この構想によるものであったと考えられる。

　したがって、中国における永住も、かならずしも一般的とはいえなくなる。2000年の北京での調査によれば、551人の帰国創業者のうち永住帰国者は44.3％にすぎない。残りは外国の国籍または永住・定住権を有する「海外華人・華僑」であり、そのなかには海外での生活基盤をもつ「短期帰国者」もふくまれている〔戴2012：203, 212, 注8〕。日本に妻と娘がいるH・Xとオランダ国籍をもつP・Dも、その意味では外国に生活基盤をもっている。なお、Z・Cも日本との関係が依然としてつづいている。この点で、この3人は、質問紙調査における中国出身者のなかで優勢だった没愛着型と、ある意味で共鳴していると

＊7　中国の面接調査対象者は、われわれ調査チームのメンバーのひとりと面識のある人物と、彼が呼びかけてあつめてくれた3名である。調査は常州市に所在する東芝変圧器工場の会議室を借りておこなわれた。

＊8　2003年の江蘇省の留学生創業者は、5000人前後である北京および上海についで1000人弱と多く、広東省をわずかではあるがしのいでいる。〔戴2012：153, 表9〕参照。

第Ⅳ部　移民・ディアスポラの歴史的展開

表Ⅳ-4-20　ロシア帰国留学生（モスクワ）

名前	業種	職位	学歴	滞在国	帰国年
K・K	建設	プロジェクト主任	修士	イギリス	2004
A・P	石油	企画・資産管理部長	修士	アメリカ	2002
S・S	保険	資産管理部長	不詳	イギリス	2004
D・G	経営コンサルタント	社長	修士	イギリス	2004

もいえる。

　表Ⅳ-4-20は、2010年8月10～11日にモスクワで実施したロシア帰国留学生にたいする個別的面接聞き取り調査の対象者4名の一覧表である[*9]。年齢は30歳代後半から40歳代前半であり、すべて男性である。

　K・Kは、2000年にロンドンに渡り、経営学修士号を得た。そののちロンドンでアメリカ系のビジネス企画開発関係の会社に就職した。2004年に帰国し、現在モスクワの中堅の建設企業でプロジェクトの主任をしている。彼の妻も同時期にロンドンで経営学修士号を取得し、ロシア帰国後は管理職の人材をリクルーティングするアメリカ企業のモスクワ支社に就職した。K・Kは、効率性、責任感、情報伝達などで、イギリス企業のほうがロシア企業よりまさっていると感じている。それにもかかわらずロシアに帰国した理由は、文化の違いのため昇進の可能性が小さいということにあり、この点は彼の妻も同様である。

　A・Pは、ロンドンの大銀行で短期間のインターンシップを経験後ロシアで就職したが、1998年の金融危機により失業した。機会を得て、アメリカの州立大学で2001年に経営学修士号を取得し、ニューヨークで数ヵ月働いたのち2002年に帰国した。企業の意思決定は、チームワークの良さにより、アメリカよりもロシアのほうが迅速である。またロシアでは同国人との競争はあるが、外国人との競争をあまりしなくてもよい。このような理由で帰国し、2回転職したのち、ロシアにおける最大手の石油会社のひとつTNK BPに就職し、現在企画・資産管理部長をつとめている。

　S・Sは、ロシアで国立銀行およびオランダ系の銀行に勤務したが、1998年の金融危機により失業し、イギリスに渡ることを決意した。ロンドンでは、JP MorganおよびUSBという世界的な投資銀行に合計5年間勤務した。2004年に帰国後、ロシアの大手銀行であるRosBankを経て、2009年からイタリア系保険会社の資産管理部門を管理している。将来は自分の会社をもちたいと考えている。イギリスの経営管理の様式は、垂直的であるロシアの様式にたいし

て、より柔軟で洗練されているので、それを現在勤務する会社に植えつけようと努力している。なお、彼はロシアとイギリスの二重国籍をもっている。

D・Gは、1997年にワルシャワで経済学的調査に従事し、1998年にはアメリカの企業で働いた経験をもつ。2001年にイギリスに渡り、オックスフォード大学から経済学修士号を取得したのち、オックスフォード調査研究所で調査法の開発をおこなった。2004年に帰国後、2つの企業を順次に起業した。小規模企業開発や市場開発をふくむ現在の経営コンサルタント会社には80人の社員がいる。経営コンサルタント分野では世界的なBain社、McKinsey社や食品大手のネスレ社などと提携して事業を展開しており、世界的水準で活動している企業としてはロシアで唯一と彼は考えている。帰国理由は、ロシア市場では機会が豊富で起業しやすいことと、イギリスで就労許可を得るのがむずかしいことにあった。

ここでとりあげた4名は、移住先国に留まらず帰国を選択した点で、質問紙調査のロシア出身者の大きな特徴であった移住先国愛着型とはことなっており、例外的な人びとといえる。4名のうち2名は、1998年のロシアにおける金融危機による失業を契機として出国しており、これは「政治的状況」にたいする不満による出国とはいえない。また、移住先国における昇進や就労許可の壁とならんでロシアにおけるビジネスの機会の豊富さをあげている者も2名おり、このような条件が帰国を選択させたといえる。さらに、イギリスおよびアメリカでの経験は、同業種の多国籍企業とのネットワーク構築に資するとともに、ロシアにおける経営管理の発想や方式の転換をうながしていることも指摘しておきたい。

なお、**表Ⅳ-4-21**は出身国での起業の可能性が帰国意思にどの程度影響するかについての出身国別の分布であるが、「ごく強い」と「強い」の合計をみると、インド、ブラジル、ロシア、中国の順で影響度が低くなり、ロシアと中国ではともに平均を下回っている。すなわち、ここで紹介した面接対象者は、高学歴の中国およびロシア出身者のなかでは少数派ともいえる人びとであることに注意しておきたい。

---

*9 ロシアの面接調査は、留学生OBのメーリングリストの管理者の協力をえて、約300人にインターネットによる呼びかけをおこない、その結果モスクワでは4人の対象者をえることができた。調査は、モスクワに所在するホテルおよび喫茶店でおこなった。

第Ⅳ部　移民・ディアスポラの歴史的展開

表Ⅳ-4-21　出身国別出身国での起業の可能性の帰国意思への影響度　　　　　（人）

			ごく強い	強い	ふつう	低い	ごく低い	合計
出身国	中国	実数	36	33	43	16	47	175
		比率	20.6	18.9	24.6	9.1	26.9	100.0
	ロシア	実数	36	23	26	26	47	158
		比率	22.8	14.6	16.5	16.5	29.7	100.0
	インド	実数	46	23	21	8	24	122
		比率	37.7	18.9	17.2	6.6	19.7	100.0
	ブラジル	実数	56	31	36	8	50	181
		比率	30.9	17.1	19.9	4.4	27.6	100.0
合計		実数	174	110	126	58	168	636
		比率	27.4	17.3	19.8	9.1	26.4	100.0

$p < 0.01$

結論

　結論的にいえば、中国出身者に典型的にみられる没愛着型は、すでに脱領土化したグローバルノマドとなっていたり、あるいはそうなる可能性をもっている。この意味で中国出身者のもつ出身国をもふくむグローバルな高い空間的可動性の動向は注目に値する。それにたいし、ディアスポラ型のノマドとみなせる二重愛着型および領土性の強い出身国愛着型は、出身国の開発に貢献する可能性が高い。また、ロシア出身者に典型的な移住先国愛着型は、ある意味で政治的亡命者と共通する側面をもっており、面接対象者にみられるように例外は当然存在するものの、出身国愛着型とは方向のことなる領土性を帯びるにいたった。

付記：本章は、2009年度から2012年度にかけて交付された科学研究費補助金（基盤研究（B）海外学術調査、研究代表者は陳立行関西学院大学教授）「海外BRICs新移民に関わる国際比較調査研究――米、英、豪、日を対象として」による研究成果をもとに執筆されたものである。私は提携研究者としてこのプロジェクトに参加した。

終章　多文化共生社会への途

第1節　エスニック概念の成立

　第Ⅳ部第2章第4節で述べたように、エスニック集団という言葉が広く使われるようになったのはごく最近であり、アメリカで1950年代に黒人の解放をめざす公民権運動が高まったとき以来のことである。アメリカという包括的社会のなかで支配的な集団と向き合う少数者集団を指示する語が必要とされ、エトノスという古いギリシア語が再登場したのである。またヨーロッパでのこの語の使用は、1970年代の外国人労働者の定住化以降のことである。この語は、通常はある国民国家が複数の人種や民族の原則にたつ集団から構成されているばあい、主要な民族との関係において、それ以外の人種や民族などを指示する言葉である。したがって、この概念は国民国家という外枠を前提していることになる。

　M. ゴードンやN. グレイザーとD. モイニハンによる公民権運動の時期の古典的著作では、エスニック集団は主観的な一体感にもとづくものであり、客観的基準そのものはあまり重要ではないとされた〔Gordon 1964 = 2000〕、〔Glazer & Moynihan 1963 = 1986〕。

　それにたいして現実的な経済的および政治的利益獲得を指向する誘因を重視する用具論者がいる。J. ロスチャイルドは、用具論的発想にたって、エスニシティが実際の利害獲得の可能性に対応してつねに新たに形成されていくものであること、それは表面的には情念とロマンティシズムに覆われているがその根拠となる歴史や文化の一体性はいわば創造されるものであることを主張している〔Rothschild 1981 = 1989〕。ここで客観的基準が意味をもっていないところはゴードン等と共通ではあるが、エスニック集団を状況に対応する権力闘争の次元で把握しようとするところが基本的に相違している。

　用具論にたてば、エスニック集団は政治的に形成されることになる。自分た

ちの要求を獲得するために政治的に結集し、その過程で歴史・民族・文化というような条件がそれに応じて呼びおこされる。後者には、とくに差別にたいする集合的行動に着目するエスニック集合運動論や分割労働市場論などがある。

このような主観的アイデンティティの形成にたいして「エスニックな境界 (ethnic boundary)」の果たす重要性を指摘したのは、F.バルトであった。エスニックな文化や社会組織は、このような境界を維持するための社会的接触を可能にする条件にほかならない。その際、異なったエスニック集団の境界をこえてアイデンティティの変化を起こす人びとが発生するのが常態である。しかしながら、このような人びとが発生したとしても境界そのものの安定性は変わらない〔Barth 1969 = 1996：第1章〕。

ここで、部族、人種、民族、国民との対比における「エスニック集団」ないし「エスニシティ」という概念の筆者なりの定義をしておきたい。エスニック集団ないしエスニシティとは、より包括的な社会における他者との相互作用過程の中で、出自、文化、宗教、身体的特徴、言語など個人的に選択できない特性の共通性を根拠として、自らを成員であると同定し、あるいは他者から成員であると同定されることにより社会的境界が設定される集団をさす。すなわちエスニック集団は、より包括的な社会を構成する一部分であり、その社会は多くのばあい国民国家であるが、そうでないばあいもある。つぎにエスニック集団は、成員と非成員が相互作用の中で社会的境界を設定しながらつくり出すものであり、他者との相互作用がないばあいにはこの集団は存在しない。またエスニック集団は、主観的に準拠がなされたり、あるいは他者の主観的ステレオタイプにより構成されるものであって、個人的に選択できない特性としての客観的根拠は、あくまでも主観的同定のための素材にすぎないため流動的である。なお、エスニシティとはエスニック集団性と置き換えることができ、エスニック社会とは複数のエスニック集団から構成される社会を意味する。エスニック集団の例としては、日本民族という支配的な集団に対峙しているアイヌ人や在日コリアンあるいは外国人労働移民があげられる。また日本民族は、日本では国民の主要部分であるが、ブラジルではエスニック集団のひとつとなる。

つぎに人類学がよく使っていた「部族 (tribe)」であるが、孤立性と固定性を強調するという結果に陥るという点が反省され、エスニック集団概念への代替が進行しつつある。また「人種」は皮膚の色など客観的とされる身体的特徴によって定義されている点で、エスニック集団とは異なっている。一方「民族

(People, Folk)」とは、一般的には言語・文化・歴史などを共有する集団を意味するが、主要には国民国家を形成すべき国民の基体として歴史的に形成された概念である。そのため、エスニック集団と異なって、民族概念にはより包括的な社会は存在せず、また他者との相互作用も前提されない。さらに、客観的根拠により定義される傾向が強く、また実体性が付与される程度もエスニック集団より大きい。最後に「国民 (nation)」とは、国民国家を構成する諸個人あるいはその全体をさす概念である。この概念が生まれたのは、B. アンダーソンによれば活版印刷術発明後のヨーロッパである。国民的言語を中心とする出版活動が利潤を上げるようになり、出版活動を媒介として国民概念が発生し、国民国家を誕生させた。このように国民は「想像の共同体」でしかない〔Anderson 1991 = 2007〕。

第2節　多文化主義への逆風

　多文化主義的政策については第Ⅲ部第2章第1節で述べたが、1980年代後半あたりから、多文化主義批判の論調が出現しはじめた。そのなかでは、フランスに関するA. フィンケルクロート、アメリカに関するE. トッド、A. ブルーム、A. シュレジンガー, Jr. などによる著作が代表的である。

　フィンケルクロートによれば、多文化主義の意味するものは啓蒙の普遍的開放性にたいする排他性であり、自由であるべき個人の隷従にほかならない。このような状況が生まれたのは、多文化主義の出発点となった植民地解放期の文化的相対主義が、啓蒙に対置される非理性的な民族精神という発想を継承しているからである〔Finkielkraud 1987 = 1988〕。同じくフランスの代表的論者としてトッドの見解をみると、差異の存在を承認する差異主義がアメリカにもたらしたものは黒人社会の絶対的隔離であった。差異主義の反対概念は普遍主義にほかならず、フランスがそうであるように普遍主義のもとではじめて多様性が確保されるのである〔Todd 1994 = 1999〕。

　保守的な思想家ブルームは、文化的相対主義がアメリカのもっとも重要な価値である共通の善とか理性の自由などを無視させるとして、それを「アメリカン・マインドの終焉」と呼んだ〔Bloom 1987 = 1988〕。また、シュレジンガーは、多文化主義とは民族中心的な分離主義であり、アメリカ社会の分裂をもたらすとした〔Schlesinger 1991 = 1992〕。

文化的相対主義は、アメリカの文化人類学者であるルース・ベネディクトが『文化の型』という著作のなかで展開した、それぞれの文化は独自の侵すことのできない絶対的な価値をもっているという文化的本質主義にたつ議論〔Benedict 1934 = 1973〕に、その淵源をもっている。日本についての彼女の著作である『菊と刀』にみられる、西欧文化の「罪」にたいして日本文化の本質は「恥」にあるという議論〔Benedict 1946 = 1948〕はその一例である。
　これらの多文化主義を批判する著作の発想の類似性には驚くべきものがある。それを要約すると以下のようになろう。
　内国人のなかでもとりわけ大学の知識人などの支持をも受けて、定着した移民たちが多文化主義を採用し、受け入れ先国にこれまで共有されていた国民意識とは別個のエスニックな自己確認をおこなう。民族教育や2言語併用教育の推進はそのための手段である。その結果、国民国家には修復しがたい分裂の危機が発生してしまうのである。というのは、多文化主義とは、民族主義と同様に究極的には自己を絶対化して他から切断し閉鎖しようとする精神にほかならないからである。
　このような分裂にたいする方策としては、結局のところ、フランスやアメリカの国民国家としての建国時に誓われた、人類に普遍的な自由や平等あるいは人権などの理念のもとへと移民たちを再統合していくほかはない。多文化主義は、こうした理念を西欧中心主義として廃棄したのであるが、じつはこれらの理念はその普遍性のゆえに他の非西欧的理念よりも価値として優越している。多文化主義が本来理想としてもっていた国民文化への寄与も、普遍的理念の承認という前提のうえでのみ実現されうる。
　このような多文化主義にたいする批判的論調も背景となって、アメリカでは反多文化主義的気運が高まり、2010年代に入っても状況はあまり変わらない。初の黒人大統領であるオバマ大統領は1200万人いるといわれるヒスパニックの非正規滞在者を在留資格の付与により救済しようとしたが、裁判所により阻止された。このようにヒスパニックと黒人を中心とするアメリカのマイノリティの権利は後退状況にあるといえる。
　とりわけ黒人たちは、A.ハッカーによれば白人社会から完全に拒絶されて、暴力と崩壊家庭が蔓延する別の社会へと分離されてしまった。かれらの使用する言語も、標準的英語とはまったく異なった黒人英語である。このような事態は黒人が奴隷としてアメリカに導入されたことにその歴史的な淵源がある

〔Hacker 1992 = 1994〕。

　オーストラリアでも1990年代に入ると多文化主義にたいする批判が強まっていく。ハンソンの率いる右翼的なワン・ネーション党は、多文化主義批判により党勢を伸ばした。また2000年代に入って、多文化主義政策のもとで創設された移民多文化省は、保守的なハワード政権により移民市民権省という名称に変えられた。なお、多文化主義政策の時期でもその後退の時期でも、オーストラリアにおける白人の優位性という状況はつづいていた。

　ただし、カナダではアメリカやオーストラリアにみられるような多文化主義にたいする逆風は存在しなかった。

　1990年前後から、前述した古典的多文化主義批判とはまったく異なった、多文化主義のもつ本来的な理想から逸脱するような種類の多文化主義の問題視や、それにたいする否定的態度が出現しはじめた。そのひとつとして公定（official）多文化主義にたいする批判がある。塩原良和によれば、公定多文化主義はマイノリティを上から管理するために採用される理念である〔塩原2010〕。塩原は、1990年代の逆風までのオーストラリアの多文化主義は福祉を中心としていたが、それは福祉を餌にしてマイノリティの主体性や発言能力を封じこめるという役割を果たしていたとする。

　1990年代から後になると、グローバル化のかけ声のもとで営利を最優先する新自由主義的な経済政策が世界的に追求されるようになったが、塩原によれば、オーストラリアでは公定多文化主義は移民の選別に結びついた。グローバル経済に適合するグローバル人材としての高度人材は歓迎されるが、そうでない移民は低賃金労働者として徹底的に搾取されるか排除されるようになったのである。こうしてオーストラリアの公定多文化主義はグローバル経済の強化に手を貸すように変質した。

第3節　コスモポリタニズムとナショナリズム

　日本における多文化共生研究も、総体的にはナショナリズムの呪縛から解き放たれていない。すなわち移民の受け入れや管理は、あくまでも日本の国益のみを前提として検討され立案されてきた。また、文化についても、これまでの多文化共生という用語の使われかたでは、日本文化の固定された本質と移民の保持する文化の固定された本質の存在というフィクションが暗黙のうちに承認

されており、その帰結は最終的にはフィクションとして固定された日本文化の存続を擁護するという形でのナショナリズムの容認にほかならなくなる。

ナショナリズムに対抗する基本的概念はコスモポリタニズムである。コスモポリタンは、ヨーロッパではもともとは国民や国家の特殊性に挑戦する政治的あるいは文化的普遍性をさしていた〔Held 1995 = 2002：271〕。『簡約オックスフォード英語辞典』では、形容詞および名詞であるこの語は「世界のあらゆる部分に属し、国民的制約から自由である」と定義されている。コスモポリタニズムとは、「国民」にかえてコスモポリタンの訳語である「地球市民」あるいは「世界市民」を基本的視点としようとする考えかたである。グローバル化が不可避的に進展していくなかで、時代は、ナショナリズムの呪縛から解放されたコスモポリタニズムにたつ移民研究をつよく要請している。

（1）権利としての居住の自由にもとづく移民の積極的受け入れ

コスモポリタニズムの意義をもっとも明確に提唱した思想家は、I.カントであった。『永遠平和のために』という著作の「第三確定条項」では、「世界市民法は、普遍的な歓待（宇都宮訳では「友好」）をもたらす諸条件に制限されなければならない」という命題がたてられている。ここで「歓待」とは、外国人が他国の土地に足をふみいれても、それだけの理由でその国の人間から敵意をもって扱われることはないという権利のこととされる。歓待は、（家族の一員としてあつかわれる）賓客（宇都宮訳では「客人」）の権利と、訪問の権利とからなりたっているが、外国人が要求できるのは訪問の権利までである。この権利の根拠として、カントは「人間はもともとだれひとりとして、地上のある場所にいることについて、他人よりも多くの権利を所有しているわけではない」とし、この「地球の表面を共同に所有する権利に基づいて」、すべての人間には訪問する権利が保障され、その拡大は結局人類を世界市民的体制へと近づけていくと主張する〔Kant 1795 = 1985：49-51〕。

J.デリダによれば、カントの主張する「歓待」には二律背反がある。すなわち、一方には「歓待の唯一無二の掟」すなわち「限りない歓待の無条件な掟」があり、他方には「つねに条件づけられ（た）、条件的な権利や義務」（（　）は筆者）すなわち「家族、市民社会、そして国家を通過」していく法＝権利としての「もろもろの掟」がある。ところで、「歓待の無条件的な唯一無二の掟は、歓待の掟の上にありながら、もろもろの掟を必要として、それを要請す

る」。これが歓待のもつ二律背反にほかならない〔Derrida & Dufourmantelle 1997 = 1999：98-99〕。

　この二律背反について、デリダは「万国の世界市民たち、もう一努力だ！」と題される講演記録のなかで、「要は、いかにして権利を変革し進歩させるかを知ること」だとし、さらに歓待の権利が「身をたもっている歴史的空間のなかで、いったいこの進歩が可能なのか否かを知ること」だと述べている。つまり、もろもろの法＝権利が存在する状況のもとで、無条件の歓待の権利を拡大していく可能性をさぐることが、この二律背反から脱出するみちであるとしているのである〔Derrida 1997 = 1996：311-312〕。

　デリダは、避難を必要とする外国人のもつ本国送還や帰化をともなわない庇護される権利すなわち庇護権を歓待の最優先事項として提示しており、その重要性の指摘がこの講演の主要テーマとなっている〔Derrida 1997 = 1996：300-301〕。H.アーレントによれば、ヨーロッパ世界にはかつては庇護権が存在しており、「一国家の権力範囲から逃れた亡命者にたいしては自動的に他の国家共同体の保護が開かれ、それによって何びとたりとも完全に無権利に、もしくは完全に法の保護外に置かれることのないようにされていた」が、それはわれわれの時代においては「すでに滅びている」とされる〔Arendt 1951 = 1972-74：Ⅱ256〕。

　アーレントは、庇護権が保証されなければならない人びとの筆頭に、民族－領土－国家の三位一体から諸事件によって放り出された亡命者をふくむ「故国を持たぬ無国籍者」をあげる。「国籍を持つことで保証されていた権利を一旦失った人々は、すべて無権利のままに放置された」〔Arendt 1951 = 1972-74：Ⅱ236〕からである。少数民族もまた、国家をもたない民族であるために、いかなる国家によっても保護されることがなく、住む国の好意にすがって生きることしかできないとされる〔Arendt 1951 = 1972-74：Ⅱ238〕。

(2) 文化のハイブリッド化という絶対的要請

　アーレントは、文化的同質性と異質性が政治共同体や文明にたいして与える影響について、つぎのように概括している。「高度に発展した政治共同体は、つねに外国人にたいする敵意を示す傾向があるが、その理由は、外国人は自国人よりもはるかに明瞭に自然によって与えられた変えることのできない相違を顕示するからである。同じ理由からこれらの政治共同体は人種的同一性にあれ

ほど宿命的に執着するのであり、異質な人々を同化し得ないことが原因となって滅亡することも多いのである」

「謎に満ちた所与の相違性という暗い背景を切り捨てあるいは縮少させ、自然の与えた無限の多様性を均一化することに成功した文明は、化石化という周知の形で滅びるか、あるいはその文明がもはや同化し得ない野蛮人部族によって踏みにじられ、野蛮人が新しい支配を打ちたてることになる」〔Arendt 1951 = 1972-74：II 288-289〕。つまり、アーレントにしたがえば、高度に発展した政治共同体であれ文明であれ、そのさらなる発展のためには、異質性を受け入れながらハイブリッド化することが絶対的に要請されている。

このような均一化の呪縛については、G.ジンメルによる文化のダイナミズムに関する考察が示唆に富んでいる。ジンメルによれば文化とは生に内容と形式、舞台と秩序を与える社会制度、芸術、宗教、科学、技術その他を意味するが、文化は発生するときからそれを生みだす生の創造的運動と対立する宿命をもっている。というのは、文化は、休むことのないリズムと不断の更新を特徴とする生とは無関係な確固とした固有の論理と法則性をもってしまうからである。こうして生の力は既成の文化を蝕み、新しい形式の文化が生みだされ古い形式が駆逐される〔Gimmel 1917 = 1943〕。

文化的本質主義にたいする文化のハイブリッド化という考えかたの成立をたすけた源泉のひとつは、第IV部第1章第2節で紹介した越境性の高い文化をもつカリブ人への着目であった。カルチュラル・スタディーズの代表者であるS.ホールは、カリビアンのアイデンティティを構成する文化的現前として、抑圧されたものの場所としてのアフリカ的現前、支配する権力としてのヨーロッパ的現前、新世界すなわち未知の土地としてのアメリカ的現前の3つを指摘する。このような文化的現前は、カリビアンがアフリカから奴隷として植民地であるカリブ海地域への離散を強要されたディアスポラであることに由来する〔Hall 1990 = 1998〕。

カリブ人にとどまらず黒人全体の文化史を検討したのはP.ギルロイであるが、ナショナリズム的な思考様式が「ブラック・アトランティック」すなわち「黒い大西洋」と呼ばれるトランスナショナルな編成に立ちむかえなくなることを主題とする『ブラック・アトランティック』を1993年に刊行して〔Gilroy 1993 = 2006〕、それにより著名となった。

ポストコロニアリズムも、このような文化のハイブリッド化の必然性を承認

しながら、議論をすすめる。その有力な理論家であるH. K.バーバは、とりわけ文化の越境性を重視し、「従属、支配、ディアスポラ、強制追放に服した者たちからこそ、我々は生と思考について永遠の教訓を得ることができる。……生き残る戦略としての文化は、民族をまたぐものであると同時に言語をまたぐものである」と主張する。文化がこのような越境性をもつのは、奴隷貿易と年季契約労働、第三世界から西洋への移民の受けいれ、第三世界の内部と外部での経済的政治的難民の交換などとともに、地球的規模となったメディア・テクノロジーの領土的野心があるからだとされる〔Bhabha 1994 = 2005：290-291〕。

(3) ディアスポラという概念の意義

　文化のハイブリッド化という要請にもっともこたえることのできる存在としてディアスポラがある。ディアスポラは、「分散する」「拡散する」「まき散らす」などの意味をもつギリシア語の動詞を起源とするものであり、近年ユダヤ人ばかりでなく国境をこえて別の土地に定住する人びとをさす概念としてひろく使われるようになってきた。ディアスポラに関する指導的研究者であるR.コーエンによれば、ディアスポラとは、実在しようと観念上の存在であろうと「ふるさとの地」との観念的ないし実際的な結びつきがあり、強いエスニック集団意識をたもちつづけながらホスト社会で暮らす人びとをさす〔Cohen 2008 = 2012：54〕。

　コーエンは、ディアスポラの諸類型とその主要なエスニック集団を以下のように提示する。原型的・古典的ディアスポラとしてのユダヤ人、犠牲者ディアスポラとしてのアフリカ人（奴隷）とアルメニア人（大量虐殺）、労働ディアスポラとしてのインド人、帝国ディアスポラとしてのイギリス人、交易ディアスポラとしての中国人とレバノン人、脱領土化ディアスポラとしてのカリブ人およびシンド人・パルシー教徒。脱領土化ディアスポラは、あるエスニック集団の文化が伝統的な領土にもとづく参照点をうしない、可動的な複数の場所性をもつようになったときに形成される〔Cohen 2008 = 2012：55〕。

(4) コスモポリタン・デモクラシーとディアスポラ公共圏

　コスモポリタニズムの確立のためには、ハーバマスの主張するような公共性の確立が不可欠である。ここで公共性とは、公権力に対抗して構成員の批判的な論争により社会的合意を形成していくような関心のありかたを意味する

〔Habermas 1962 ＝ 1973〕、〔Habermas 1981 ＝ 1985-87〕)。このような意味での公共性は、構成員の参加によってのみ確立される。

　コスモポリタニズムを実現させうるための行動基準としては、寛容性、信頼性および平等性が重要である。寛容性とは異質な文化の存在を承認することである。信頼性とは人びとのあいだの相互関係において行動に予測可能性が存在することを意味し、社会関係資本は信頼性によって構築される。平等性とは権力的な上下関係の不在にほかならない。

　D. ヘルドは、国民国家を単位とするステイト・システムによる統治ではなく、地球市民によるグローバルな統治の必要性を提唱した。民主主義の正当性は最終的にはトランスナショナルにのみ保証されるから、そのような統治はコスモポリタンな民主主義法の確立を要請する。そこでは、人びとは「すぐ隣の政治的共同社会の市民であるかもしれないし、彼らの生活に影響を与えるより広い地域や地球的なネットワークの市民であるかもしれない。こうしたコスモポリタンな政治体は形態と内容において、境界内と境界横断的に機能する権力と権威の多用な形態を反映し包含する」〔Held 1995 ＝ 2002：264-265〕。

　A. アパデュライは、ヘルドと問題意識を共有しながらも、グローバル化のもとでとりわけディアスポラの公共圏〔Appadurai 1996 ＝ 2004：32〕のもつ重要性を指摘する。電子メディアと大規模な移動により特徴づけられる現在の世界にあっては、「領土上は分断されている多様な個人が、それにもかかわらず、自らのディアスポラ的な立場や発言にふさわしい、想像力と関心の共同体を形成しつつある」〔Appadurai 1996 ＝ 2004：346〕からである。

　これと関連して、近年注目されてきたのが出身地の開発を促進する行為主体としてのディアスポラの役割である。コーエンは、「開発の担い手」であるディアスポラの存在に注目する。送金量が莫大であるばかりでなく、非効率で腐敗しがちな政府に援助をあたえるよりも、ディアスポラをつうじて援助を与えるほうが好ましいからである〔Cohen 2008 ＝ 2012：323-324〕。S. カースルズとM. J. ミラーもまた、移民は、海外送金、技術や考えかたの移転としての「社会的送金」、頭脳流出から頭脳循環への変化、一時的あるいは循環的移民の登場などにより、開発に利益をもたらすとする〔Castles & Miller 2009 ＝ 2011：76-77〕。

　付言すれば、カースルズは循環的移民が移民のあたらしい類型であることを強調する。これまでの類型とちがって、循環的移民はきわめて柔軟性にとんで

いる。この人びとが移動する契機としては、教育、結婚、生きかたの模索、引退などがある〔Castles 2010：174〕。W. バリガもまた、こんにちの移民のありかたのなかで一時滞在性がますます一般的となってきたことを指摘する。季節的農業労働者や契約労働者ばかりでなく、学生、インターン、研修生、研究者なども一時的滞在者を構成する〔Barriga 2013：156〕。

第4節　複合民族論、単一民族主義、「公定」多文化共生主義

　多文化共生と対立する日本のレイシズムは、大日本帝国の時期と戦後の時期とでは明確に異なっている。まず大日本帝国のレイシズムについてみると、この帝国は朝鮮と台湾を植民地化した結果、複数の民族を統治しなければならなくなった。小熊英二によれば、そのときに統治の根拠を与えたのは複合民族論であった〔小熊 1995〕。民族の複合という状況のなかで、日本民族こそがもっとも優位に立ち他の民族を支配することが正当化されたのである。

　第二次大戦の敗戦時に、それまで200万人以上いたといわれる朝鮮半島出身者の多くが帰国したなかで、およそ50万人が日本に残留したとされる。さらに先住民族としてのアイヌ民族も存在していた。それにもかかわらず、敗戦後、日本の主流のレイシズムは複合民族論から一気に転回して、単一民族主義をとるようになった。この考えかたによれば、日本列島にはこれまで日本民族だけがおり優秀な文化を育んできたので、ここに他の民族を入れると日本文化の優秀性が失われることになるとされた。

　日本のレイシズムは、戦前の天皇制イデオロギーにもとづく段階と、戦後民主主義にもとづく段階とに大きく区別することができる。国民国家の成立期に、日本は天皇制を中軸とする国体概念を採用した。家制度を擬制的に拡張することにより創作されたこのイデオロギーの特徴は、日本国民であることの要件を国「家」の家長であるとされた天皇との擬似的家族関係に求め、しかも天皇との距離に応じる社会的ヒエラルヒーを設定したことにある。この国民国家の理念はきわめて個別主義的であり、アメリカやフランスの普遍的な国民理念とは顕著な対照をみせている。

　ここでは、日本民族以外の者はエスニックな自己確認を放棄して日本人になりきること、すなわち天皇との関係を承認しながら完全に同化することによってしか日本国民になりえなかった。アイヌ民族とともに朝鮮半島や台湾の旧植

民地の人びとの日本国民化＝皇民化は、日本国家の強制による同化ならびに劣等な社会的地位の押しつけをよく示している。

　第二次世界大戦の敗戦後天皇制は形骸化し、いわゆる戦後民主主義体制が成立した。そのイデオロギー的特徴は、天皇制イデオロギーにたいする批判こそある程度なされたものの、国民国家の理念や構造についての反省がほとんどなされず、それが自明のものとして放置されたことにある。その結果、とくに血統を重視する日本民族およびそれが構成する日本国民の概念的妥当性については、戦前からの発想が問われることなくそのまま存続し単一民族主義の基盤となった。

　1990年代のはじめまで、日本政府は、日本には少数民族は存在せずただ日本民族だけが存在しているとする単一民族主義を公式見解としていた。それを動揺させたものが、先住民族であるアイヌ民族の抵抗、とりわけ大きな影響を与えた在日コリアンによる異議申し立て、さらには新来外国人の到来と定住化であった。このような現実を前にして、2000年代に入ると日本政府も単一民族主義ではなく多文化共生を唱えざるをえなくなった。日本では、地域レベルでの在日コリアンとの共生をめざす概念として1970年代ごろから「多文化共生」が使われはじめ、そののちそれ以外の移民グループとの関係についてもNPOや自治体を中心として多用されてきた。

　2000年に出された法務省の出入国管理基本計画の第二次計画において、「外国人と心地よく共生する社会」という表現が登場した。ここではじめて多文化共生という概念が日本政府の公式文書のなかに現れたのである。2006年に総務省は「地域における多文化共生社会推進プログラム」を策定し、自治体はそれにしたがう施策を実施することになった。国が先導するこのプログラムをきっかけとして、多文化共生という概念にたいする疑問や批判が急速に高まった。低賃金労働力としての外国人労働者への依存にともなう社会的コストを、本来ならばそれを負担しなければならない企業にかわって自治体や地域社会に転嫁する隠れみのではないかという批判は有力である。

　90年体制の柱のひとつであった日系人労働者の就労については、当初より、多くのばあい業務請負業者が全面的に介在しながら現在にいたっている。業務請負業者は、下請企業の工場構内で低コストでの業務請負という形態で日系人労働者を雇用する。このばあい、下請企業は親会社からの注文に応じて雇用を調整できるが、労働者の就労はきわめて不安定化せざるをえなくなる。また低

コストについては、業務請負業者が低賃金しか払わないことや社会保険に入らないことにより可能となる。こうして下請企業は親会社からのきびしいコスト削減の要求にこたえることができるのである。

　このような就労形態でもっとも利益をあげるのは、いうまでもなく親企業にほかならない。それは、親企業が妥当な賃金や当然支払うべき社会保険を負担しないフリーライダー（只乗り）となっているからである。その犠牲者は誰かというと、住民、自治体、善意の民間の活動家たちである。公営住宅は住民が徴収される税金で建設され家賃が低いが、業務請負業者は日系人労働者をそこに集住させる。教育については不就学問題が憂慮されるとともに、学校を管理する自治体に負担がかかる。医療については無保険のため病院に行けず、行ったとしても病院が医療費の不払いの被害者となることも多い。居住、教育、医療などで日系人を支援する善意の民間の活動家たちは、じつはフリーライダーである親企業の尻拭いをしていることになる。

　つぎに、「公定」多文化主義のもとでの「高度人材」と「単純労働者」の選別についてみることにしょう。日本においては90年体制が成立した時点で、投資経営、ある多国籍企業である国で働いていた人が日本に来るための企業内移転、人文知識、国際業務などのカテゴリーにあてはまる高度人材を歓迎するとしていた。グローバル経済下での高度人材の争奪戦に参加するために、2012年にポイト制が採用され、博士号の所有者や相当の財産をもつ高度人材に永住許可を与えやすくした。さらに2015年になって高度専門職という新しい在留資格がつくられた。

　それと対極的に、いわゆる単純労働者の受け入れについては、現代の奴隷制度だとして国際的な非難を受けている技能実習制度が乱用されてきた。そもそも90年体制の柱のひとつであった研修制度のもとでの研修生は、あまりに人身拘束と搾取がひどかったために、2010年に労働法制が適用され賃金も支払われる技能実習生へとすべて移行した。しかしながら、期限付きのローテーションのもとでの人身拘束のきつい低賃金労働者という本質はそのまま存続した。

　単純労働者が主である外国人労働者は、社会的に隔離されたり潜在化しているため、その実態がほとんど見えなくなっている。

　まず隔離からみると、日系人は業務請負業者により、技能実習生は受け入れ団体と受け入れ企業により、非正規就労者はその非正規性により隔離され、劣悪な労働条件のもとでの低賃金労働を余儀なくされている。技能実習生は問題

を多くかかえているのに、建設や介護の分野での今後の受け入れ拡大が画策されている。また、期限については、2015年現在3年間であるがこれを5年間に延長することが検討されている。

第5節　社会的統合から社会的包摂へ

　第2節で述べたように、ここのところ統合（integration）という概念にたいする疑念が広く発生してきている。ある外国人移民をある社会に統合するということは、結局のところその社会のマジョリティが支配的な権力関係のなかに外国人移民を組みこむことにほかならないのではないかという疑念である。

　福祉を中心とするか移民の序列化をはかるか否かにかかわらず、国益をはかるためにオーストラリアの公定多文化主義が移民の社会的統合を政策目標としてかかげたのは、当然の帰結であったと考えられる。このような状況を背景として、公定多文化主義の罠におちいらずマジョリティとの対等な関係をつくるためには、統合よりも包摂（inclusiveness）という考えかたのほうが有効なのではないかという議論が、世界的に出てきている。

　全泓奎によれば、既存の貧困や剥奪の概念が静態的な貧困に注目し主に低所得をとりあつかっていたのにたいし、社会的排除（exclusion）は動態的な概念であり、社会的・経済的・法的／政治的、文化的／道徳的などの諸領域における「関係性の貧困」に注目するとされる。福祉国家の市民権モデルは社会サービスを受動的に受ける「受動的社会権」であったが、それにたいして全は「参加的市民権」の理念を提唱する。それにより社会的排除から社会的包摂へというプロセスが実現される〔全 2015〕。

　前節で指摘したような「公定」多文化共生主義の罠におちいることなく、日本社会を真の意味での多文化共生社会へと変革するためには、これまで無意識的に使われることが多かった「社会的統合」ではなく、ここで略述したような「社会的包摂」という考えかたを意識的に採用する必要がある。そのばあい、経済的・社会的・政治的側面における移民の平等な権利を確立するとともに、とりわけ移民のもつ文化を尊重することによって多文化共生を実現しなければならない。

あ と が き

　旧稿の全面的書きなおし作業に着手したのは、昨年の4月25日のことであった。それから早くも1年3カ月がすぎてしまったが、ようやくこの「あとがき」を書くところまでたどりつくことができた。書きなおしをしながら、この30年間のさまざまな日々が鮮やかに想いだされた。

　社会学研究者としてではあったが、たくさんの外国人労働者・移民との出会いがあった。1990年前後の外国人労働者の多くは、まだ20歳代ないし30歳代の若い働き盛りであったが、この人びとは今では中高年になってしまった。この人びとにとって、日本での滞在がすべて幸福な日々であったとはとてもいえない。そしてこの30年間のおおむね苦難の時の経過のなかで、ある者は帰国し、ある者は別の国に渡り、そしてある者は日本に滞在しつづけるという選択をした。

　それを思うと、日本に定住した移民たちやその第二世代、そしてこれから日本にやってくる新しい移民たちの人生が充実した幸せなものとなることをいのってやまない。本書がそのための一助となることを切望する。昨今の移民・難民にたいする世界的な逆風をみれば、その感をますます強くする。

　筆者はこの9月5日で76歳を迎える。これまでに書いてきた移民社会学関係の著作をいつかは集大成しようと望んでいたが、今こうやってその願いがやっとかなうことになり、感無量である。このような豊かな精進の日々を送れたということは、筆者にたいして人知を超えるおおいなる配慮と励ましがあったからにほかならないことを確信している。

2016年8月1日

駒井　洋

【初出一覧】

本書の各部・各章・各節・各項の素材となったもともとの著書・論文等の主たる出所を示す。略号については「参考文献一覧」の駒井洋の項を参照されたい。

序章　第1節：〔駒井2015c〕、第2節：〔駒井2014〕
第Ⅰ部　〔駒井1989-1990〕
第Ⅱ部
　　第1章：〔駒井1993〕
　　第2章
　　　第1節：〔駒井1994b：第4章〕、第2節：〔駒井1992b〕、第3節：〔駒井1994b：第4章〕
　　第3章
　　　第1節：〔駒井1992a〕、第2節：〔駒井1995a〕、第3節：〔駒井1999：第3章〕
　　第4章：〔駒井1999：第4章〕
　　第5章
　　　第1節：〔駒井1999：第6章〕〔駒井2006：第9章〕、第2節：〔駒井1999：終章〕
第Ⅲ部
　　第1章：〔駒井1999：第2章〕
　　第2章
　　　第1節：〔駒井2006：第1章〕、第2節：〔駒井1999：第7章〕、第3節：〔駒井2003：第1章〕、第4節：〔駒井2006：第7章〕
　　第3章
　　　第1節：〔駒井2006：第4章〕、第2節：未出版、第3節：〔駒井2006：第5章〕
　　第4章：〔駒井2006：第3章〕
　　第5章
　　　第1節：〔駒井2006：第2章〕〔駒井2016〕、第2節：〔駒井1998a〕
　　第6章：〔駒井・佐々木2001〕
　　第7章
　　　第1節：〔駒井2006：第1章〕、第2節：〔駒井2006：第2章〕
　　第8章：〔駒井・渡戸・山脇2000：序論〕
第Ⅳ部
　　第1章
　　　第1節：〔駒井2007〕、第2節：〔駒井2013〕、第3節：〔小倉・駒井2011：序論〕、第4節：〔駒井・江成2009：序論〕、付論：〔駒井1997：17項〕
　　第2章：〔駒井1989：第6章〕
　　第3章：〔駒井1994b：第3・7章〕
　　第4章：〔駒井2015b〕
　　終章：〔駒井2016〕

参考文献

〈新聞・雑誌・ニュースレター〉

・紙名を省略した新聞
　『朝日』:『朝日新聞』　　『日経』:『日経新聞』　　『毎日』:『毎日新聞』　　『読売』:『読売新聞』

・資料的価値の高い雑誌
　『国際人流』:入管協会

・救援団体ニュースレター
　『カラバオ』:カラバオの会（寿・外国人出稼ぎ労働者と連帯する会）
　『CALL』:アジアの働き学ぶ仲間と連帯する労働者・市民の会
　『国芸協ニュース』:国際芸能事業者協会
　『まいぐらんと』:あるすの会「まいぐらんと」編集部

〈日本語・韓国語・中国語による単行本・論文・報告書・提言〉

青山守男「天下の台所を支える外国人労働者たち」『CALL』No.1、1990年7月30日
赤木数成「なぜ彼らは日本をめざすのか――ブラジル日系人出稼ぎと日系社会の現状」『国際人流』1990年7月号
明石純一『入国管理政策「1990年体制」の成立と展開』ナカニシヤ出版、2010年
朝日新聞社会部編『近くて近いアジア』学陽書房、1989年
朝日新聞学芸部『あなたの隣に――ルポ 鎖国にっぽんの「外国人」』朝日新聞社、1991年
アジア社会問題研究所編『アジア人勤労者問題に関する調査研究』産業研究、1990年6月
アジア人労働者問題懇談会編『アジア人出稼ぎ労働者手帳』明石書店、1988年
アジア人労働者問題懇談会編『新版 アジア人出稼ぎ労働者手帳』明石書店、1990年
アジア人労働者問題懇談会編『侵される人権・外国人労働者』第三書館、1992年
アジア太平洋資料センター1987a：アジア太平洋資料センター「労働力輸出大国フィリピン」『世界から』第30号、1987年
アジア太平洋資料センター1987b：アジア太平洋資料センター「フィリピン人と海外出稼ぎ」『新地平』1987年9月号
『晨』1992年6月号
東三郎「"かくれみの"としての日本語学校」『新地平』1986年9月号
天野洋一『ダバオ国の末裔たち』風媒社、1990年
綾部恒雄編『もっと知りたいカナダ』弘文堂、1989年
綾部恒雄・太田和子「民族と言語」（[綾部1989]所収）
あるすの会編『ラバーン事件の告発』柘植書房、1990年
粟谷佳司「カナダのブラック・ディアスポラ――ポピュラー音楽、多文化主義、観光、インターネット空間との関わりから」（[小倉・駒井2011]所収）
飯田俊樹「都市社会におけるエスニシティ――中国帰国者の事例分析を中心に」（[駒井1996]所収）
飯田典子「日系人のまち――グラビア『リトル・ブラジル』によせて」『世界』1992年7月号
飯沼二郎『在日韓国・朝鮮人――その日本社会における存在価値』海風社、1988年
井口泰『外国人労働者新時代』（ちくま新書）筑摩書房、2001年
池上重弘編『ブラジル人と国際化する地域社会――居住・教育・医療』明石書店、2001年

石井慎二編『ジャパゆきさん物語』JICC出版局、1986年
石井由香『エスニック関係と人の国際移動』国際書院、1999年
石川友紀「海外移住の歴史的要因」（［外務省・国際協力事業団1979］所収）
石川義孝『人口減少と地域』京都大学学術出版会、2007年
石川好『ヒトの開国かヒトの鎖国か』パンリサーチインスティテュート、1988年
石田幹之助『増訂 長安の春』（東洋文庫）平凡社、1967年
石原巧『外国人雇用の本音と建前――労働力鎖国の裏で何が起きているか』祥伝社、1992年
石山永一郎『フィリピン出稼ぎ労働者――夢を追い日本に生きて』柘植書房、1989年
井筒俊彦『イスラーム文化』（井筒俊彦著作集2）中央公論社、1993年
井出孫六『終わりなき旅』岩波書店、1986年
出井富美「ベトナム――国家政策としての労働力輸出」『アジ研ワールド・トレンド』No.31、1998年
糸井昌信「大泉町の外国人市民政策」（［駒井2004］所収）
伊藤和夫「難民認定の制度・運用見直せ」『朝日』1989年10月16日
伊藤潔「『難民天国ニッポン』の幻想を与えたのは誰だ」『諸君』1989年11月号
伊藤泰郎「関東圏における新華僑のエスニック・ビジネス」（［駒井1996］所収）
伊藤るり「『同化なき統合』の壮大な実験」『別冊宝島』106号、1990年
伊藤るり「フランスにおけるイスラム系住民の同化と編入――〈同化イデオロギーの相対化〉という文脈のなかで」（［百瀬・小倉1992］所収）
稲上毅・桑原靖夫ほか『外国人労働者を戦力化する中小企業』中小企業リサーチセンター、1992年
井野瀬久美恵『大英帝国という経験』講談社、2007年
茨城県商工労働部『外国人労働者雇用実態調査結果報告書』1992年3月
今村正治・大島英穂「多文化環境の大学」（［駒井2003］所収）
伊豫谷登士翁・梶田孝道編『外国人労働論』弘文堂、1992年
伊豫谷登士翁・内藤俊雄「東京の国際化で転換迫られる中小企業」『エコノミスト』1989年9月5日号
ウィルキンソン、ジェンス「欧米人――日本における複雑な立場」（［駒井2003］所収）
ウィルキンソン、ジェンス・有道出人「アメリカ人ディアスポラの民族性の問題」（［駒井・江成2009］所収）
内田進「香港の移民流出と外国人労働力輸入」『アジ研ニュース』1989年9月号、アジア経済研究所
内野正幸『差別的表現』有斐閣、1990年
内海愛子・松井やより『アジアから来た出稼ぎ労働者たち』明石書店、1988年
江成幸ほか「南米日系人の社会関係」（［来日外国人との共生社会研究会1994］所収）
NHK取材班『ヒト不足社会――誰が日本を支えるのか』日本放送出版協会、1991年
江橋崇編『外国人労働者と人権』法政大学出版局、1990年
江橋崇編『外国人は住民です』学陽書房、1993年
王鉞著、金連縁訳『シルクロード全史』中央公論社、2002年
大阪商工会議所産業経済部編「外国人労働者受け入れに関する調査報告」1988年10月
大阪商工会議所産業経済部編「外国人労働者等の採用に関する調査報告」1990年5月
大迫正晴・小川一幸『祖国復帰への歩み』中国帰国者問題研究会1990年（今田克司「中国帰国者と日本社会」東大修士論文、無日付、所収）
大澤武男『ユダヤ人とローマ帝国』（講談社現代新書）講談社、2001年
大島静子・フランシス、キャロリン『HELPから見た日本』朝日新聞社、1988年
大西正曹『経済環境の変化と中小工業』関西大学経済・政治研究所、1987年
大貫憲介・藤林泰「不平等な外国人犯罪の取り扱い」『世界』1990年1月号
大沼保昭『単一民族社会の神話を超えて――在日韓国・朝鮮人と出入国管理体制』東信堂、1986年
大室悦賀「変わりつつある自治体とNPOの関係」中村陽一・日本NPOセンター編『日本のNPO 2001』日本評論社、2001年

岡益巳・深田博己『中国人留学生と日本』白帝社、1995年
岡沢憲芙「スウェーデンにおける外国人受け入れ政策——地球市民権の試み」〔社会保障研究所1991〕所収
岡田恵美子「日本で働く——あるイラン人青年の記録」〔駒井1996〕所収
岡部一明『多民族社会の到来』御茶の水書房、1991年
岡本雅享「移住者の権利を守るネットワーク運動の軌跡と課題」〔駒井2004〕所収
小川浩一「外国人労働者と自治体」渡戸一郎編『自治体政策の展開とNGO』明石書店、1996年
小川浩一「外国人労働組合の可能性」〔駒井2004〕所収
小川津根子『祖国よ』（岩波新書）岩波書店、1995年
小川雄平「中東の経済開発と国際労働力移動」〔森田1987b〕所収
沖縄県国際交流財団編『南米移住者子弟の「出稼ぎ問題」に関する実態調査報告書』1990年11月
奥田道大・田嶋淳子編『池袋のアジア系外国人——社会学的実態報告』めこん、1991年
奥田道大・田嶋淳子編『新宿のアジア系外国人——社会学的実態報告』立教大学社会学部、1992年5月
奥田道大・田嶋淳子編『新宿のアジア系外国人——社会学的実態報告』めこん、1993年
小熊英二『単一民族神話の起源——〈日本人〉の自画像の系譜』新曜社、1995年
小倉充夫・駒井洋編『ブラック・ディアスポラ』明石書店、2011年
長田満江「出稼ぎに希望を託すバングラデシュの青年たち」『アジ研ニュース』1989年9月号、アジア経済研究所
長場紘『イスタンブル——歴史と現代の光と影』慶応義塾大学出版会、2005年
落合英秋『アジア人労働力輸入』現代評論社、1974年
小内透編『在日ブラジル人の教育と保育——群馬県太田・大泉地区を事例として』明石書店、2003
小内透・酒井恵真編『日系ブラジル人の定住化と地域社会——群馬県太田・大泉地区を事例として』御茶の水書房、2001
尾上修悟「一九世紀前半の国際移民・国際投資と国際分業」〔森田1987b〕所収
海外技術者研修協会『ご利用の手引き』1988年版
外国人就学生受入機関協議会『会報』創刊号および3号、1987年3月および7月
外国人就学生受入機関協議会「アンケートによる外国人就学生事情」『国際人流』1989年6月号
外国人との共生に関する基本法制研究会『多文化共生社会基本法の提言』多文化共生センター、2003年
外務省1987：外務大臣官房領事移住部部移住課『海外日系人調査報告書（昭和61年度調査）』1987年
外務省1989：外務省経済協力局編『我が国の政府開発援助』上巻、国際協力推進協会、1989年
外務省1990：外務大臣官房領事移住部編『海外在留邦人数調査統計』平成2年版、1990年
外務省1992：外務省外務報道官・外務省経済協力局『経済協力Q&A』世界の動き社、1992年3月
外務省・国際協力事業団編『海外移住の意義を求めて』1979年
梶田孝道『エスニシティと社会変動』有信堂高文社、1988年
梶田孝道「EC統合と定住外国人の将来——EC諸国民と非EC諸国民との差異に着目して」〔社会保障研究所1991〕所収
梶田孝道「同化・統合・編入——フランスの移民への対応をめぐる論争」〔伊豫谷・梶田1992〕所収
梶田孝道（研究代表者）「国際移民の新動向と外国人政策の課題」（法務省東京入国管理局委託調査報告書）、2001年
梶田孝道・丹野清人・樋口直人『顔の見えない定住化——日系ブラジル人と国家・市場・移民ネットワーク』名古屋大学出版会、2005年
柏木宏『アメリカの外交人労働者』明石書店、1991年
片岡義博「壊された『共存共栄』——三重・韓国人海女摘発の波紋」『まいぐらんと』第4号、1988年7月15日
片倉もとこ編集代表『イスラーム世界事典』明石書店、2002年
神奈川県自治総合研究センター『地球化時代の自治体』、1988年

神奈川県1991a：神奈川県自治総合研究センター『欧州における外国人問題に関する調査』1991年3月
神奈川県1991b：神奈川県労働部労政課『企業における外国人労働者雇用の意向・実態調査』1991年3月
神奈川県1991c：神奈川県労働部労政課『労働組合役員の外国人労働者に対する意識調査』1991年3月
かながわ在日外国人問題研究会『多文化・多民族社会の進行と外国人受け入れの現状』、1992年
可児市企画部まちづくり推進課『外国人の子どもの教育環境に関する実態調査──調査報告書2004年度』可児市国際交流協会、2005年
加納弘勝『イラン社会を解剖する』東京新聞出版局、1980年
加納弘勝「中東地域の国際労働移動と移民政策」（〔百瀬・小倉1992〕所収）
カラバオの会「外国人出稼ぎ労働者の合法化に向けて」1988年7月
カラバオの会『仲間じゃないか、外国人労働者』明石書店、1990年
川上郁雄『越境する家族──在日ベトナム系住民の生活世界』明石書店、2001
川崎市市民局勤労市民室編「雇用労働調査結果報告書」1988年12月
川崎市『川崎市外国籍市民意識実態調査報告書』1993年（〔駒井1995〕所収）
川原謙一『アメリカ移民法』有斐閣出版サービス、1990年
関西経営者協会「外国人労働者の受け入れ問題について」（無日付）
関西経営者協会『国際化への企業の対応』1989年9月
関西経済同友会『幅広い外国人雇用の促進を』1989年3月
関西経済連合会「外国人労働者受け入れ問題について」1990年4月
関東弁護士会連合会編『外国人労働者の就労と人権』明石書店、1990年
上林千恵子『外国人労働者受け入れと日本社会──技能実習制度の展開とジレンマ』東京大学出版会、2015
企業活力研究所「外国人労働者受け入れに関する提言」1988年7月
菊池京子「外国人労働者送り出し国の社会的メカニズム」（〔伊豫谷・梶田1992〕所収）
キタノ、ハリー「日系人のアイデンティティ」（〔外務省・国際協力事業団1979〕所収）
木前利秋「西ドイツにおける外国人労働力導入の構造」（〔森田1987b〕所収）
北森絵里「ブラジルのブラック・ディアスポラ─リオデジャネイロのファンキにみる言説と身体の政治学」（〔小倉・駒井2011〕所収）
木原雅子ほか「風俗営業に関わる来日外国人女性の職・経歴および国内における性行動について」『日本公衆衛生雑誌』第41巻第2号、1994年
木原正博ほか「来日外国人のHIV抗体検査、HIV抗体陽性率および性感染症の動向について」『日本公衆衛生雑誌』第40巻第12号、1993年
行財政総合研究所編『外国人労働者の人権』大月書店、1990年
行政管理研究センター『国際化時代と自治体──新たな行政秩序の形成へ向けて』1991年3月
漁業問題研究会『漁業問題研究会報告書』1988年9月
金賛汀『異邦人は君ヶ代丸に乗って──朝鮮人街猪飼野の形成史』（岩波新書）岩波書店、1985年
金石範『「在日」の思想』筑摩書房、1981年
金秀坤・崔燉吉『海外人力進出의経済的効果分析』韓国開発研究院、1985年
金東勲『解説 人権差別撤廃条約』解放出版社、1990年
金東勲編『国連・移住労働者権利条約と日本』解放出版社、1992年
金東明「在日朝鮮人の『第三の道』」『朝鮮人』17号、1979年
金原左門・石田玲子ほか『日本のなかの韓国・朝鮮人、中国人──神奈川県内在住外国人実態調査より』明石書店、1986年
工藤正子『越境の人類学──在日パキスタン人ムスリム移民の妻たち』東京大学出版会、2008
倉真一「景気後退下における在日イラン人」（〔駒井1996〕所収）
倉真一「国際移民の多様性とエスニックな連帯──日本におけるビルマ人を事例に」『年報筑波社会学』第10号、筑波社会学会、1998年

参考文献

ぐるーぷ赤かぶ編『あぶない日本語学校――アジアからの就学生』新泉社、1989年
桑原靖夫『国境を越える労働者』岩波書店、1991年
桑山紀彦「苦悩する外国人花嫁たち」『イマーゴ』青土社、1994年1月号
群馬県邑楽郡大泉町教育委員会『不就学外国人児童生徒の実態把握と就学支援のあり方』2004年
慶應義塾大学法学部宮沢浩一研究会『外国人労働者問題』被害者学研究所、1989年
経済企画庁1988a：経済企画庁国民生活局「我が国における外国人雇用と国民生活に関するアンケート調査結果について（概要）」1988年3月
経済企画庁1988b：経済企画庁編『世界とともに生きる日本――経済運営5ヵ年計画』大蔵省印刷局、1988年5月
経済企画庁1989：経済企画庁総合計画局『労働力の国際間移動の国内労働市場等に与える影響に関する調査報告書』1989年4月
経済団体連合会『持続的な安定成長と労働力の確保を目指して』1992年5月
経済同友会1989a：経済同友会「これからの外国人雇用のあり方について――『実習プログラム』による秩序ある外国人労働者の受入れ」1989年3月
経済同友会1989b：経済同友会「外国人との共生を目指して」1989年7月
経済同友会1992：経済同友会「我が国の外国人雇用の進むべき方向について」1992年6月
警察庁『警察白書』平成2年版、大蔵省印刷局、1990年
警察庁刑事局「平成3年の犯罪情勢について」1991年12月
警察庁1992a：警察庁国際刑事課「平成3年の来日外国人による刑法犯の検挙状況について」1992年2月
警察庁1992b：警察庁刑事局「平成4年上半期の犯罪情勢」1992年7月
警察庁1992c：警察庁『警察白書』平成4年版、大蔵省印刷局、1992年
警察庁編『警察白書平成17年版』ぎょうせい、2005年
建設業外国人問題研究会編『建設業における外国人労働者問題と外国人研修生の受入れ』大成出版社、1991年
建設省建設経済局長「建築業における外国人の不法就労の防止に関する協力依頼について」1988年11月
小井土彰宏「メキシコ系「非合法」移民労働者とアメリカ国家――歴史的動態と1986年移民法改革」〔百瀬・小倉1992〕所収
小井土有治編『外国人労働者　政策と課題』税務経理協会、1990年
高鮮徽「横浜市A町の済州島人と韓国人労働者」〔駒井1996〕所収
高鮮徽「『新韓国人』――適応による潜在化と孤立」〔駒井2003〕所収
公共政策調査会『来日外国人労働者の社会不適応状況に関する調査』1991年3月（〔駒井1994c：上巻〕所収）
厚生省大臣官房統計情報部編『人口動態統計』各年版
厚生省社会援護局援護企画課中国孤児等対策室「中国帰国孤児生活実態調査結果の概要」1994年8月
国際協力事業団沖縄支部『海外移住ガイド』1986年
国際協力事業団『日系人本邦就労実態調査報告書』1992年2月（〔駒井1995〕所収）
国際協力事業団『平成4年度日系人本邦就労実態調査報告書』1993年（〔駒井1994c：上巻〕所収）
国際産業・労働研究センター『わが国企業における外国人労働者・研修生の受け入れ実態と今後のニーズ』1990年
国際人流編集部「統計にみる日本人の海外移住」『国際人流』1990年7月号
国民金融公庫「中小企業における外国人労働者の雇用」『国民金融公庫調査月報』1991年12月号
国民金融公庫総合研究所「『ヒト』の国際化時代に生きる中小企業」『調査季報』第20号、1992年2月
国連大学・創価大学アジア研究所編『難民問題の学際的研究』御茶の水書房、1986年
小島朋之「海を越えた〝民工盲流〟」『正論』1989年11月
小島蓉子「外国人労働者への福祉的対応――国際比較の視点から」〔〔佐藤1992〕所収）
小島祥美ほか『共に育むふれあい交流都市をめざして――岐阜県可児市の歩み』可児市、可児市国際

交流協会、2004年
小島麗逸「中国の人口移動」(〔中岡1991〕所収)
五野井博明『出稼ぎ外人残酷物語』エール出版社、1989年
小林泉『ミクロネシアの小さな国々』中央公論社、1982年
小林真生『日本の地域社会における対外国人意識──北海道稚内市と富山県旧新湊市を事例として』
　　福村出版、2012年
駒井洋「日本人のアジア観」『東洋大学社会学部紀要』11・12、1975年
駒井洋『国際社会学研究』日本評論社、1989年
駒井洋「外国人労働者必然論　鎖国論・開国論を超えて」『エコノミスト』第67巻第34号‑第68巻第12
　　号、毎日新聞社、1989‑1990年
駒井洋『外国人労働者をみる眼』明石書店、1990年
駒井洋「外国人研修生は労働者か」『社会学ジャーナル』第16号、筑波大学社会学研究室、1991年
駒井1992a：駒井洋(研究代表者)「外国人労働者実態調査報告書」(〔手塚・駒井ほか1992〕所収)
駒井1992b：駒井洋(研究代表者)、「外国人労働者の労働及び生活実態に関する研究─研修生の分析」
　　(〔手塚・駒井ほか1992〕所収)
駒井洋『外国人労働者定住への道』明石書店、1993年
駒井1994a：駒井洋「段階的市民権を提唱する」『世界』第596号、岩波書店、1994年
駒井1994b：駒井洋『移民社会日本の構想』国際書院、1994年
駒井1994c：駒井洋編『外国人労働者問題資料集成』上・下巻、明石書店、1994年
駒井1995a：駒井洋(研究代表者)「在日イラン人─景気後退下における生活と就労」駒井洋編『外国人
　　定住問題資料集成』明石書店、1995年
駒井1995b：駒井洋編『外国人定住問題資料集成』明石書店、1995年
駒井洋編『日本のエスニック社会』明石書店、1996年
駒井洋(編者代表)『新来・定住外国人がわかる事典』明石書店、1997年
駒井1998a：駒井洋(研究代表者)「中国帰国者二世・三世」駒井洋編『新来・定住外国人資料集成』下
　　巻、明石書店、1998年
駒井1998b：駒井洋編『新来・定住外国人資料集成』上・下巻、明石書店、1998年
駒井洋『日本の外国人移民』明石書店、1999年
駒井洋編『国際化のなかの移民政策の課題』明石書店、2002年
駒井洋編『多文化社会への道』明石書店、2003年
駒井洋編『移民をめぐる自治体の政策と社会運動』明石書店、2004年
駒井洋『グローバル化時代の日本型多文化共生社会』明石書店、2006年
駒井洋「多文化共生社会を世界史にさぐる──唐、オスマン、ローマ帝国の比較」『都市問題研究』
　　2007年11月号
駒井洋「ナチスによるユダヤ人迫害から得られる教訓」小林真生編『レイシズムと外国人嫌悪』明石
　　書店、2013年
駒井洋「日本における移民研究の成果と課題」『移民政策研究』第6号、2014年
駒井2015a：「移民第二世代の進学問題」宇都宮大学国際学部『岐路に立つ日本と世界』2015年
駒井2015b：駒井洋「BRICs諸国からの高学歴移民の空間的可動性」五十嵐泰正・明石純一編『「グ
　　ローバル人材」をめぐる政策と現実』明石書店、2015年
駒井2015c：駒井洋「日本における『移民社会学』の移民政策にたいする貢献度」『社会学評論』262
　　号、2015年
駒井洋「多文化共生研究の歩みと課題」池上重弘・上田ナンシー直美編『シンポジウム　浜松で考え
　　る多文化共生のフロンティア』静岡文化芸術大学、2016年
駒井洋・江成幸『ヨーロッパ・ロシア・アメリカのディアスポラ』(叢書グローバル・ディアスポラ
　　4)明石書店、2009年

参考文献

駒井洋・佐々木てる編『日本国籍取得者の研究』筑波大学社会学研究室、2001年
駒井洋・渡戸一郎編『自治体の外国人政策――内なる国際化への取り組み』明石書店、1997年
駒井洋・渡戸一郎・山脇啓造編『超過滞在外国人と在留特別許可――岐路に立つ日本の出入国管理政策』明石書店、2000年
小村不二男『日本イスラーム史』日本イスラーム友好連盟、1988年
古屋野正伍・御薬袋啓子「多様文化主義が少数民族移民に及ぼす影響」古屋野正伍編『アジア移民の社会学的研究』アカデミア出版会、1982年
雇用開発センター『企業の国際化と外国人留学生・研修生』1989年
CALLネットワーク『あなたの街の外国人』第一書林、1991年
近藤1996a：近藤敦『「外国人」の参政権』明石書店、1996年
近藤1996b：近藤敦『外国人参政権と国籍』明石書店、1996年
今野浩一郎・佐藤博樹編『外国人研修生』東洋経済新報社、1991年
柴生林「日本留学熱を冷静に視る」『アジアの友』1989年1月号、アジア学生文化協会
戴二彪『新移民と中国の経済発展――頭脳流出から頭脳循環へ』多賀出版、2012年
埼玉県労働部労政福祉課編『外国人労働者就労状況調査結果報告書』1991年3月
埼玉県『埼玉県在住外国人の意識調査報告書』1997年
在日外国人情報誌連合会「在日外国人市場調査・データ集」1996年（〔駒井1998b：下巻〕所収）
在日朝鮮人社会・教育研究所編『帰化』晩聲社、1989年
賽漢卓娜『国際移動時代の国際結婚――日本の農村に嫁いだ中国人女性』勁草書房、2011年
坂田期雄『地方分権 次へのシナリオ』ぎょうせい、2001年
桜井啓子『日本のムスリム社会』（ちくま新書）筑摩書房、2003年
佐崎昭二『建設労働と外国人労働者』大成出版社、1991年
佐々木聖子『アジアから吹く風』朝日新聞社、1991年
佐々木てる『日本の国籍制度とコリア系日本人』明石書店、2006年
佐藤進編『外国人労働者の福祉と人権』法律文化社、1992年
佐藤達也「〝国策〟となった出稼ぎ」『総評新聞』1988年6月17日号
佐藤康夫「イタリア編」（〔神奈川県1991a〕所収）
佐野哲「外国人研修・技能実習制度の構造と機能」（〔駒井2002〕所収）
サピオ編集部「「ネット右翼」をデータで読む（辻大介による調査）」『サピオ』2012年8月22日・29日号
サマライ、サリー・M.「日本におけるイスラーム普及の歴史と発展」イスラミックセンター・ジャパン、無日付（原文は1997年に発表）
サンパウロ人文科学研究所「ブラジルに於ける日系人口調査報告――1987・1988――抜粋」（無日付）
サンパウロ人文科学研究所『ブラジル日系人の意識調査』1992年2月
三和総合研究所研究開発部『内なる国際化のための人材活用』1989年5月
シェーンエック、マサコ「ドイツ編」（〔神奈川県1991a〕所収）
塩原良和『変革する多文化主義――オーストラリアからの展望』法政大学出版局、2010年
自治省「自治体国際協力推進政策大綱の策定に関する指針について」自治国第5号、1995年4月30日
自治労自治研中央推進委員会『外国人は住民です――自治研作業委員会報告』1991年10月
シディキ、M.A.R.「モスクの現状と展望」（〔駒井2003〕所収）
信濃毎日新聞社編『世界市民への道――アジア・人権・ニッポン』明石書店、1989年
信濃毎日新聞社編『扉を開けて――ルポタージュ 外国公人労働者の生活と人権』明石書店、1992年
志水宏吉「『エイリアン』との遭遇――学校で何が起こっているか」（〔駒井2003〕所収）
志水宏吉・清水睦美編『ニューカマーと教育――学校文化とエスニシティの葛藤をめぐって』明石書店、2001年
志水宏吉・中島智子・鍛治致編『日本の外国人学校――トランスナショナリティをめぐる教育政策の課題』明石書店、2014年

志水宏吉・山本ベバーリアン・鍛治致・ハヤシザキカズヒコ編『「往還する人々」の教育戦略――グローバル社会を生きる家族と公教育の課題』明石書店、2013年
下田博次「収奪されるアジアの知的労働」『朝日ジャーナル』1988年4月1日号
下平好博「オランダの移民労働者と社会的統合政策」（［社会保障研究所1991］所収）
社会経済国民会議『平成2年版国民会議白書』1990年
シャヘド、サーム・関口千恵『在留特別許可――アジア系外国人とのオーバーステイ国際結婚』明石書店、1992年
社会保障研究所編『外国人労働者と社会保障』東京大学出版会、1991年
宿谷京子『アジアから来た花嫁』明石書店、1988年
徐京植『皇民化政策から指紋押捺まで――在日朝鮮人の「昭和史」』岩波書店、1989年
情報センター企画部「外国人の非正規社員雇用に関する雇用管理の実態調査」『E'STIME』号外、1991年
白水繁彦編『エスニック・メディア』明石書店、1996年
白水繁彦『エスニック文化の社会学』日本評論社、1998年
白水繁彦「グローバル化する日本とエスニック・メディア」（［駒井2003］所収）
新海英行・加藤良治・松本一子編『新版 在日外国人の教育保障――愛知のブラジル人を中心に』大学教育出版、2002年
菅田詳「不法就労根絶を目指すシンガポール」『アジ研ニュース』1989年9月号、アジア経済研究所
杉浦明道「言葉、裁判、タイ人――名古屋のケース」（［江橋1990］所収）
杉原薫「インド人移民とプランテーション経済」（［森田1987b］所収）
杉山ほか1994a：杉山克己ほか「性風俗産業に従事する滞日外国人女性の生活」（［来日外国人との共生社会研究会1994］所収）
杉山ほか1994b：杉山克己ほか「栃木県A市における外国人犯罪の発生と日本人住民の反応」（［来日外国人との共生社会研究会1994］所収）
鈴木江理子『日本で働く非正規滞在者――彼らは「好ましくない外国人労働者」なのか？』明石書店、2009年
鈴木董『オスマン帝国』（講談社現代新書）講談社、1992年
鈴木董『オスマン帝国とイスラム世界』東京大学出版会、1997年
砂野幸稔「エメ・セゼール小論」（［Cesaire 1939/1956=2004］所収）
栖原暁「日本の留学生政策」（［駒井2002］所収）
関哲行「スファラディム・ユダヤ人――中世以降の歴史的変遷」（［駒井・江成2009］所収）
関口知子『在日日系ブラジル人の子どもたち――異文化に育つ子どものアイデンティティ形成』明石書店、2003年
関根政美『多文化主義社会の到来』朝日新聞社、2000年
全泓奎『包摂型社会――社会的排除アプローチとその実践』法律文化社、2015年
全国建設労組総連合関東地方協議会『63年10月12・13日建設・住宅企業交渉――報告書』、1988年
全国信用金庫協会「外国人労働者の問題について」1991年10月
全国造船重機械労働組合連合会「外国人労働者の受け入れ判断基準」1989年2月
全国ビルメンテナンス協会「外国人学生雇用のための手続き・実務マニュアル」1989年
全国労働安全衛生センター連絡会議編『安全センター情報』1991年3月号
全国労働安全衛生センター1992a：全国労働安全衛生センター連絡会議『安全センター情報』1992年5月号
全国労働安全衛生センター1992b：全国労働安全衛生センター連絡会議編『外国人労働者の労災白書』92年版、海風書房、1992年4月
総合研究開発機構『外国人労働者の社会的受容システムに関する研究』1990年
総務庁『労働力調査年報』昭和63年版、総務庁統計局、1988
総務庁1992：総務庁行政監察局『外国人の就労に関する実態調査結果報告書』1992年1月（［駒井

1994c：上巻］所収）
総理府内閣総理大臣官房広報室「外国人の入国と在留に関する世論調査」（1988年2月調査）
総理府内閣総理大臣官房広報室「外国人労働者問題に関する世論調査」（1990年11月調査）
大同生命保険「第2回経営者1,000人アンケート」（無日付）
高尾千津子「アシュケナズィム・ユダヤ人」（［駒井・江成2009］所収）
高橋秀実『Tokyo外国人裁判』平凡社、1992年
竹下修子『国際結婚の諸相』学文社、2004年
武田里子『ムラの国際結婚再考——結婚移住女性と農村の社会変容』めこん、2011年
田澤拓也『ムスリム・ニッポン』小学館、1998年
立石博高「スペイン帝国の興隆——一六世紀におけるインディアスへの移住」（［駒井・江成2009］所収）
田中宏「就学生問題の構図」『アジアの友』1989年4月号、アジア学生文化協会
田中宏『在日外国人——法の壁、心の溝』（岩波新書）岩波書店、1991年
田中宏・三好亜矢子編『ジャパゆきさんの現在——外国人労働者をめぐる問題点』（現代のエスプリ249）至文堂、1988年
田辺俊介編『外国人へのまなざしと政治意識——社会調査で読み解く日本のナショナリズム』勁草書房、2011年
田畑茂二郎『国際化時代の人権問題』岩波書店、1988年
ダン、ニュエン・アン「ベトナムにおける海外直接投資・政策・国際労働移動」早瀬保子編『アジア太平洋地域における国際人口移動』日本貿易振興会アジア経済研究所、2001年
丹野清人「グローバリゼーション下の産業再編と地域労働市場」『大原社会問題研究所雑誌』No.528、2002年11月号
丹野清人『越境する雇用システムと外国人労働者』東京大学出版会、2007年
千秋敏「IT企業に見る外国人労働者」（［駒井2003］所収）
千葉県企画部文化国際課『千葉県国際化推進基礎調査報告書＝平成6年度実施』
千葉県商工労働部労政課『外国人労働者雇用実態調査報告書』1990年2月
千葉県立千葉高等学校国際社会研究会『外国人労働者実態調査1995-1996年』1997年（［駒井1998：下巻］所収）
『中華民国年鑑』1963年版、中華民国年鑑社
中国帰国者の会「アンケート調査」1989年
中小企業経営者災害補償事業団「外国人労働者に関する調査報告」1990年5月
中小企業庁編『中小企業白書』昭和63年版、大蔵省印刷局、1988年
中小企業庁編『中小企業白書』平成元年版、大蔵省印刷局、1989年
張振海事件弁護団編『張振海ハイジャック事件』日中出版、1990年
陳天璽「中国人—日本社会と新華僑」（［駒井2003］所収）
通産省産業政策局編『共存的競争への道——グローバリゼーション下での我が国産業活動と産業政策の方向』通商産業調査会、1989年7月
通産省産業労働問題懇談会『外国人労働者問題への対応について』1990年5月
筑波大学社会学研究室『オキナワから地球へ——国家をこえる民際交流の可能性』1987年
筑波大学社会学研究室『地球・国家・地域社会——北海道からの視角』1988年
筑波大学社会学研究室編『東京からTOKYOへ』1990年
筑波大学社会学研究室『国境を越えて——外国人労働者の現状』1991年
都築くるみ「日系ブラジル人の生活実態調査より　中間報告」『名古屋大学社会学論集』第13号、1992年
都築くるみ「日系ブラジル人受け入れと地域の変容」（［駒井1996］所収）
坪谷美欧子『「永続的ソジョナー」中国人のアイデンティティ——中国からの日本留学にみる国際移民システム』有信堂高文社、2008年

手塚和彰『外国人労働者』日本経済新聞社、1989年
手塚1990a：手塚和彰「スイスにおける外国人労働者の受け入れ」『日本労働研究雑誌』1990年7月号
手塚1990b：手塚和彰『労働力移動の時代』中央公論社、1990年
手塚和彰『続・外国人労働者』日本経済新聞社、1991年
手塚和彰・駒井洋ほか編『外国人労働者の就労実態──総合的実態調査報告集』明石書店、1992年
手塚和彰・宮島喬ほか編『外国人労働者と自治体』明石書店、1992年
手塚和彰・渡辺尚ほか編『シンポジウム　日本とドイツの外国人労働者』明石書店、1991年
テーラー、C.「承認をめぐる政治」（［Gutmann 1994=1996］所収）
寺本実「ベトナムの地方行政制度」『アジ研ワールド・トレンド』No.40、1998年
天明佳臣『外国人労働者と労働災害──その現状と実務Q&A』海風書房、1991年
東京商工会議所（無日付）：東京商工会議所「外国人の受け入れに関する調査（概要）」（無日付）
東京商工会議所「外国人労働者の受け入れ問題に関する中間意見について」1988年9月
東京商工会議所「『外国人労働者熟練形成制度』の創設等に関する提言」1989年12月
東京商工会議所「労働政策に関する要望」1990年7月
東京大学医学部保健社会学研究室「上野の街のイラン人──摩擦と共生」1992年（［駒井1994c：下巻］所収）
東京都（新宿区）：東京都新宿区による調査（無タイトル、無日付）
東京都1989a：東京都港区企画部文化・国際交流担当『港区在住外国人の意識調査』1989年1月
東京都1989b：東京都豊島区編『豊島区の国際化に関する行政需要調査』1989年2月
東京都1989c：東京都品川労政事務所『外国人の雇用に関する意識・実態調査』1989年3月
東京都1989d：東京都生活文化局『留学生・就学生の生活に関する実態調査報告書』1989年5月
東京都1989e：東京都衛生局「日本語学校就学生に対する結核検診結果（最終集計）について」1989年10月
東京都1989f：東京都情報連絡室『情報連絡（資料編）』No.14、1989年12月
東京都1989g：東京都生活文化局国際交流部企画渉外労務課編『東京都区市町村における国際交流事業等に関する調査結果』1989年12月
東京都1990a：外国人労働者等問題連絡協議会（企画審議室調整部）『東京都における外国人労働者の現状と課題』1990年6月
東京都1990b：東京都豊島区『外国人相談にみる豊島区の国際化』1990年9月
東京都1991：東京都立労働研究所『東京都における外国人労働者の就労実態』1991年3月
東京都1992a：東京都生活文化局『留学生・就学生に関する実態調査報告書』1992年3月
東京都1992b：東京都情報連絡室広報広聴部都民広聴課編「都市生活に関する世論調査 平成3年11月調査」1992年5月
東京都1992c：東京都情報連絡室広報広聴部都民広聴課編「国際化に関する世論調査 平成4年2月調査」1992年6月
東京都1992d：東京都生活文化局『留学生・就学生の生活に関する実態調査報告書』1992年［駒井1994c：下巻］所収
東京都1993：東京都社会福祉協議会『在住外国人の福祉・生活課題に関する実態調査報告書』1993年（［駒井1994c：下巻］所収）
東京都1994a：東京都国際政策懇談会『東京都国際政策懇談会報告書』、1994年
東京都1994b：東京都生活文化局・東京都職員研修所編『国内自治体の国際化施策調査』1994年（［駒井1995b］所収）
東京都1995-96：東京都立労働研究所編『外国人労働者のコミュニケーションと人間関係』1995-96年（［駒井1998］所収）
東京都信用金庫協会研究センター『国際化の進展に伴う中小企業への影響』1990年10月
東京都民銀行「〝労働力不足〟と外国人労働者の雇用について」1989年7月

参考文献

東京法人会連合会「中小企業の従業員の雇用実態について」1988年11月
東洋大学社会学部研究室編『浜松市における外国人の生活実態・意識調査』浜松市企画部国際交流室　1993年〔［駒井1998］所収〕
鴇田忠彦編『日本の医療経済』東洋経済新報社、1995年
栃木県経済同友会「外国人労働者の受入れについて（提言）」1989年11月
土肥恒之『ロシア・ロマノフ王朝の大地』講談社、2007年
富岡次郎『現代イギリスの移民労働者』明石書店、1988年
富岡次郎『イギリスにおける移民労働者の住宅問題』明石書店、1992年
富沢寿勇・玉置泰明・犬塚協太『静岡県小笠郡大東町在日外国人調査報告書』静岡県立大学国際関係学部、1993年
友永健三『人権とは？国際人権規約と日本』解放出版社、1989年
鳥井一平「全統一外国人労働者分会のあゆみと現状」［駒井2004］所収〕
内閣府大臣官房政府広報室「外国人労働者問題に関する世論調査」2000年11月調査
内藤正典編『ドイツ再統一とトルコ人移民労働者』明石書店、1991年
中井清美『定住外国人と公務就任権——70万人を締め出す論理』柘植書房、1989年
長尾直洋「ポルトガル海洋帝国の遺産—— CPLP、マラッカのポルトガル人村にみるディアスポラの諸相」［駒井・江成2009］所収〕
中岡三益編『難民　移民　出稼ぎ』東洋経済新報社、1991年
中川明「変容するカトリック教会」（［駒井2003］所収）
中川文雄「アメリカ合衆国の人種関係・民族関係の変化とカリブ海地域からの移民」『アジア経済』第25巻第12号、1984年
中桐伸五・高山後雄編『すべての外国人に医療保護を』海風書房、1992年
長澤成次「日本語ボランティアネットワークの役割と課題」（［駒井2003］所収）
中西晃（研究代表者）「外国人児童・生徒の受け入れとその指導・教育に関する実践的研究」1994年（［駒井1995］所収）
中野謙二『中国残留孤児問題』情報企画出版、1987年
長野県経営者協会「外国人単純労働者の受け入れに関するアンケート結果報告」1990年7月
長峰登記夫「コミュニティ・ユニオン運動の20年」（［浜村・長峯2003］所収）
永峰好美「マス・メディアの動向」（［駒井2002］所収）
中村元『シナ人の思惟方法』春秋社、1988年
中村洋一・日本NPOセンター『日本のNPO 2000』日本評論社、1999年
名古屋商工会議所「外国人労働者問題に関する意見書」1990年7月
西尾幹二『戦略的「鎖国」論』講談社、1988年
西川長夫ほか編『多文化主義・多言語主義の現在』人文書院、1997年
西野善雄『200X　東京が変わる　自治が変わる』学陽書房、2000年
21世紀経済基盤開発国民会議「外国人労働者受入れの提言」1988年12月
日本化学エネルギー労働組合協議会『化学・エネルギー産業にみる労働者意識　1987年実施』1988年
日本語ボランティア講座編集委員会1996a：日本語ボランティア講座編集委員会編『いま！日本語ボランティア—「日本語ボランティア講座」（東京）』凡人社、1996年
日本語ボランティア講座編集委員会1996b：日本語ボランティア講座編集委員会編『いま！日本語ボランティア—「日本語ボランティア講座」（山形）』凡人社、1996年
日本総合研究所『外国人労働者の受容と共生に関する研究』1990年
日本フードサービス協会「外国人雇用に関する外食産業からの提言」1990年5月
日本弁護士連合会『人権の国際的保障』1988年
日本労働協会編『海外労働時報』1987年9月号
日本労働組合総連合会『平成2年-3年度政策・制度要求と提言（案）』1990年

日本労働研究機構『外国人労働者問題の政策的検討』1991年3月
入管協会『在留外国人統計』各年版
入管問題調査会編『密室の人権侵害』現代人文社、1996年
根津清『難民認定』ダイヤモンド社、1992年
農林水産省「外国人研修生・労働者に関する調査結果」1989年11月
野呂夏雄「外国人犯罪に関する統計的分析と共生への課題」『Life design report』43号　ライフデザイン研究所、2002年
萩尾信也「暗躍する仲介業者たち」『外国人労働者と人権』（法学セミナー増刊）日本評論社、1988年
莫邦富『新華僑』河出書房新社、1993年
橋本光平「在日移民労働者の犯罪とその推移」『研究レポート』PHP総合研究所研究本部、通巻8号、1994年6月
橋本光平「外国人犯罪の長期的動向と最近の傾向」（［駒井2002］所収）
畑田国男「大久保通りに『多民族国家・日本』の明日がある!?」『別冊宝島』106号、1990年
蜂谷隆『それでも外国人労働者はやってくる』日刊工業新聞社、1991年
花田昌宣「移民先進国フランスから学ぶもの」『エコノミスト』1989年11月14日号
花田昌宣「フランス編」（〔神奈川県1991a〕所収）
花房征夫「韓国の企業戦士」『アジ研ニュース』1989年9月号、アジア経済研究所
花見忠「外国人労働者──アメリカから何を学ぶか」『日本労働研究雑誌』33巻1号、1991年1月
花見忠・桑原靖夫編『明日の隣人　外国人労働者』東洋経済新報社、1989年
羽田正『東インド会社とアジアの海』講談社、2007年
ハバーマス, J.「民主的立憲国家における承認への闘争」（［Gutmann 1994=1996］所収）
浜忠雄『カリブからの問い──ハイチ革命と近代世界』岩波書店、2003年
濱口桂一郎「日本の外国人労働者政策─労働政策の否定に立脚した外国人政策の『失われた二〇年』」五十嵐泰正編『労働再審　越境する労働と〈移民〉』大月書店、2010年
浜松市国際交流室『日系人の生活実態・意識調査'96報告書』1997年
浜村彰「合同労組からコミュニティ・ユニオンへ」（［浜村・長峰2003］所収）
浜村彰・長峰登記夫編『組合機能の多様化と可能性』法政大学出版局、2003年
林佳世子『オスマン帝国の時代』（世界史リブレット19）山川出版社、1997年
林瑞枝『フランスの異邦人』中央公論社、1984年
林瑞枝「EC諸国に職を求めて──フランスのマグレブ出身者の現状」（〔中岡1991〕所収）
原田なほみ「外国人集住都市浜松における地域共生の取り組み」（〔駒井2004〕所収）
バレスカス, M.R.P.「在日フィリピン人労働者の多様な状況」（〔駒井1996〕所収）
バレスカス, M.R.P.「フィリピン人──内部からの貢献」（〔駒井2003〕所収）
東澤靖『長い旅の重荷』海風書房、1993年
樋口直人『日本型排外主義──在特会・外国人参政権・東アジア地政学』名古屋大学出版会、2014年
樋口直人・丹野清人「食文化の越境とハラール食品産業の形成」『徳島大学社会科学研究』第13号、2002年2月
久常節子『にわか役人奮闘記』学習研究社、2002年
日名子暁「ジャパゆきさんの経済学」（〔石井1986〕所収）
日名子暁『経・年・国籍不問──外国人労働者が100万人になる日』ダイヤモンド社、1992年
平川均「韓国の輸出指向型成長と貿易」『韓国経済の分析』日本評論社、1988年
平野千果子『フランス植民地主義の歴史──奴隷制廃止から植民地帝国の崩壊まで』人文書院、2002年
平野千果子「フランス植民地帝国と離散──帝国からフランコフォニーへ？」（〔駒井・江成2009〕所収）
広渡清吾「西ドイツの外国人政策対立の構図」『外国人労働者と人権』（法学セミナー増刊）日本評論

社、1988年
広渡清吾「外国人『統合』政策を襲う大きな揺らぎ」『別冊宝島』106号、1990年
広渡1992a：広渡清吾「外国人受け入れの法的論理」〔伊豫谷・梶田1992〕所収）
広渡1992b：広渡清吾「ドイツの外国人問題と国籍」〔百瀬・小倉1992〕所収）
深沢正雪『パラレル・ワールド』潮出版社、1999年
深沢正雪「ブラジル人――『住み分け』から『共生』へ」（［駒井2003］所収）
深町宏樹「パキスタン」『アジ研ニュース』1989年9月号、アジア経済研究所
吹浦忠正『難民』日本教育新聞社出版局、1989年
福家洋介「東南アジアの労働力移動」『新地平』1986年9月号
福田友子『トランスナショナルなパキスタン人移民の社会的世界――移住労働者から移民企業家へ』福村出版、2012年
藤崎康夫『出稼ぎ日系外国人労働者』明石書店、1991年
藤正巖・古川俊之『ウェルカム・人口減少社会』（文春新書）文芸春秋、2000年
淵上英二『日系人証明』新評論、1995年
文化庁文化局『国内の日本語教育の概要平成10年度』1999年
法務省各年版a：法務大臣官房司法法制調査部編『出入国管理統計年報』各年版
法務省各年版b：法務省入国管理局『在留外国人統計』入管協会、各年版
法務省各年版c：法務省入国管理局『出入国管理統計概要』入管協会、各年版
法務省各年版d：法務省入国管理局「上陸拒否者数」各年版『出入国管理関係統計概要』入管協会、各年版（1989-1992年までは［駒井1994c］所収）
法務省各年版e：法務省入国管理局「入管法違反外国人の集中摘発等の実施」（代表例）『国際人流』各年9月号（あるいはその前後）、入管協会
法務省1987：法務省入国管理局「不法就労外国人にかかわるあっ旋ブローカーの実態について」1987年3月
法務省1988a：法務省入国管理局警備課「不法就労外国人の実態」『国際人流』1988年3月号
法務省1988b：法務省入国管理局「昭和63年上半期における上陸拒否者及び入管法違反事件の概況について」1988年9月
法務省1988c：法務省入国管理局難民認定室「我が国におけるインドシナ難民の現状」『国際人流』1988年9月号
法務省1988d：法務省大阪入国管理局「近畿弁護士連合会との懇談会における説明要旨」1988年
法務省1989a：法務省入国管理局「外国人の就労に関するアンケート調査」1989年2月号
法務省1989b：法務省入国管理局「多様化・分散化する不法就労外国人」『国際人流』1989年2月号
法務省1989c：外国人労働者入国問題検討委員会『報告書』入管協会、1989年3月
法務省1989d：法務省入国管理局「統計にみる不法就労外国人の実態」『国際人流』1989年4月号
法務省1989e：法務省入国管理局「日本語教育振興協会設立」『国際人流』1989年7月号
法務省1989f：法務省入国管理局「外国人研修生に係わる入国事前審査基準の策定について」1989年8月
法務省1989g：法務省入国管理局「研修実施企業に関する実態調査結果について」1989年8月
法務省1989h：法務省入国管理局「大都市圏における不法就労摘発努力期間の実施結果について」『国際人流』1989年9月号
法務省1989i：法務省入国管理局「昭和63年上陸拒否者及び入管法違反事件概要」『外国人及び日本人出入国統計概説』入管協会、1989年
法務省1990a：法務省入国管理局「上陸拒否者及び入管法違反事件の概況」『平成元年出入国管理関係統計概要』入管協会、1990年3月
法務省1990b：法務省入国管理局「平成元年外国人及び日本人出入国統計」『平成元年出入国管理関係統計概要』入管協会、1990年3月
法務省1990c：法務省入国管理局「在留日系ブラジル人等の稼働状況等に関する実態調査の実施につい

て」1990年4月
法務省1990d：法務省入国管理局「動き出した改正入管法」『国際人流』1990年6月号
法務省1990e：法務省入国管理局「外国人登録者（平成元年12月末現在）の国籍・出身地別在留資格
　　　（在留目的）別統計について」1990年9月
法務省1990f：法務省入国管理局「動き出した改正入管法」『国際人流』1990年11月号
法務省1991a：法務省入国管理局『出入国管理関係統計概要平成2年』入管協会、1991年7月
法務省1991b：法務省入国管理局登録課「日本で暮らす外国人──平成2年12月末現在における在留外
　　　国人統計」1991年11月
法務省1991c：法務省入国管理局「入管法違反外国人の集中摘発の実施について」1991年11月
法務省1991d：法務省入国管理局「平成3年上半期における不法就労事件について」1991年11月
法務省1992a：法務省入国管理局「不法就労外国人に対する上陸審査強化期間実施結果について」1992
　　　年1月
法務省1992b：法務省入国管理局「本邦における不法残留者数について」1992年2月
法務省1992c：法務省入国管理局『出入国管理関係統計概要平成3年』入管協会、1992年8月
法務省1992d：法務省入国管理局「本邦における不法残留者の数について」1992年8月
法務省1993：法務省入国管理局『出入国管理関係統計概要平成4年』入管協会、1993年
法務省1995：法務省入国管理局『平成7年版在留外国人統計』入管協会、1995年
法務省1998：法務省入国管理局『平成10年出入国管理関係統計概要』入管協会、1998年
法務省1999a：法務省入国管理局「本邦における不法残留者数（平成11年1月1日現在）」1999年
法務省1999b：法務省入国管理局『平成11年度在留外国人統計』入管協会、1999年
法務省2000：法務省入国管理局『平成12年版在留外国人統計』入管協会、2000年
法務省2001a：法務省入国管理局「本邦における不法残留者数（平成13年1月1日現在）」2001年
法務省2001b：法務省入国管理局『在留外国人統計平成13年版』入管協会、2001年
法務省2005a：法務省入国管理局「本邦における不法残留者数（平成17年1月1日現在）」2005年
法務省2005b：法務省入国管理局『在留外国人統計平成17年版』入管協会、2005年
法務省2006：法務省入国管理局「平成17年における難民認定者数等について」『国際人流』2006年4月号
朴慶植『朝鮮人強制連行の記録』未来社、1965年
朴慶植編『在日朝鮮人関係資料集成』三一書房、1975年
朴慶植『解放後在日朝鮮人運動史』三一書房、1989年
保坂俊司『シク教の教えと文化』平河出版社、1992年
細見卓監修『外国人労働者──日本とドイツ』河合出版、1992年
ホン・ジウォン「韓国における『産業研修制度』の現状」（［梶田2001］所収）
本間浩『難民問題とは何か』（岩波新書）岩波書店、1990年
毎日新聞東京本社社会部編『じぱんぐ──日本を目指す外国人労働者』毎日新聞社、1989年
毎日新聞1990a：毎日新聞東京本社社会部編『じぱんぐ──日本を目指す外国人労働者』新装・改訂
　　　版、毎日新聞社、1990年
毎日新聞1990b：毎日新聞外信部編『第三の開国──世界を「漂う民」』朝日ソノラマ、1990年
前田芳人「ウェイクフィールドの植民理論と植民の現実過程」（［森田1987b］所収）
前山隆「日系外国人労働者について」『国際人流』1988年10月号
前山隆「日系外国人労働者のその後」『国際人流』1990年7月号
真瀬勝康「西欧における外国人労働者とその送り出しの構造」（［森田1987b］所収）
まち居住研究会『外国人居住と変貌する街』学芸出版社、1994年
町田幸雄「不法就労外国人の実態」『ジュリスト』1988年6月1日号
町田幸雄「21世紀の出入国管理行政を展望して」『国際人流』2000年3月号
松井和久「マレーシアへ向かうインドネシア人労働者」『アジ研ニュース』1989年9月号、アジア経済
　　　研究所

松岡真理恵「地域の政治問題と化す外国人集住の現状と地域での取り組みの限界——愛知県豊田市保見団地の事例から考える」（[梶田2001]所収）
松下啓一『自治体NPO政策』ぎょうせい、1998年
松原明「『NPO法』に至る背景と立法過程」（[中村洋一・日本NPOセンター1999]所収）
松本一子「外国人児童・生徒の教育」および「資料10」（[新海・加藤・松本2002]所収）
丸川知雄「中国から日本への『就学生』急増」『アジ研ニュース』1989年9月号、アジア経済研究所
水町亮介『犯されたアジア——タイのじゃぱゆきさん物語』ブレーンセンター、1988年
三田優子ほか「東毛地区T市における町工場と外国人労働者」（[来日外国人との共生社会研究会1994]所収）
三井情報開発株式会社総合研究所『モニターを活用した「新たなる時代の姿と政策方針」策定のための調査報告書』1999年
峰岸是雄「川崎市の外国人市民政策とNPO」（[駒井2004]所収）
宮島喬・梶田孝道・伊藤るり『先進社会のジレンマ——現代フランス社会の実像をもとめて』有斐閣、1985年
宮島喬『外国人労働者迎え入れの論理——先進社会のジレンマのなかで』明石書店、1989年
ミャミャウィン「軍事独裁体制下のビルマと在日ビルマ人の民主化運動」山本武彦ほか編『国際化と人権』国際書院、1994年
宮本憲一『地方自治の歴史と展開』自治体研究社、1986年
民族差別と闘う連絡協議会編『在日韓国・朝鮮人の補償・人権法』新幹社、1989年
村井義雄「アフリカにおける資本主義の浸透と労働力移動」（[森田1987b]所収）
百瀬宏・小倉充夫編『現代国家と移民労働者』有信堂高文社、1992年
森廣正『現代資本主義と外国人労働者』大月書店、1986年
森田1987a：森田桐郎「総論——資本主義の世界的展開と国際労働力移動」（[森田1987b]所収）
森田1987b：森田桐郎編『国際労働力移動』東京大学出版会、1987年
森安孝夫『シルクロードと唐帝国』講談社、2007年
文部省各年版：文部省学術国際局『「日本語教育が必要な外国人児童・生徒の受入れ状況等に関する調査」の結果』各年版（1992-1997年までは[駒井1998]所収）
文部省1991：文部省学術国際局留学生課「我が国の留学生制度の概要」1991年1月
文部省1992：文部省「日本語教育が必要な外国人児童・生徒の受入れ・指導の状況について」1992年4月
安田浩一『ネットと愛国——在特会の「闇」を追いかけて』講談社、2012年
矢延洋泰「巧妙なシンガポールの外国人労働者対策」『エコノミスト』1989年10月3日号
山神1989a：山神進「日本語学校に関するガイドライン策定される」『国際人流』1989年3月号
山神1989b：山神進「研修生に関する入国事前審査基準の明確化に向けて」『国際人流』1989年6月号
山神1989c：山神進「統計からみた外国人就学生の入国状況」『国際人流』1989年7月号
山神1989d：山神進「ボート・ピープルをめぐる現況と課題」『国際人流』1989年10月号
山神1989e：山神進『我が国をめぐる国際人流の変遷——出入国・在留統計にみる国際化現状』入管協会、1989年
山神進『難民問題の現状と課題』日本加除出版、1990年
山口貴司「市民による外国人医療支援活動」（[駒井2004]所収）
山口祐子「浜松市におけるNPOの試み」（[駒井2004]所収）
山口1988a：山口令子「カネに憑かれた中国人〝留学〟生」『文藝春秋』1988年9月号
山口1988b：山口令子「醜聞ふきだす日本語学校」『文藝春秋』1988年12月号
山崎哲夫「入管法の改正・外国人労働者問題への対応」『国際人流』1989年6月号
山崎喜比古・若林チヒロほか「上野の街とイラン人——摩擦と共生」東京大学医学部保健社会学教室編、1992年7月（[駒井1994c：下巻]所収）
山下袈裟男『ヒトの国際化に関する総合的研究——特に外国人労働者に関する調査研究を中心に』東

洋大学社会学部、1992年
山田貴夫「川崎市外国人市民代表者会議の成立と現状」宮島喬編『外国人市民と政治参加』有信堂、2000年
山谷哲夫『じゃぱゆきさん』情報センター出版局、1985年
山中一郎「パキスタンにおける海外移住労働」『アジア経済』1984年3月号
山本一巳「フィリピン」『アジ研ニュース』1989年9月号、アジア経済研究所
山本かほり「在韓日本人妻の生活史」谷富夫編『ライフ・ヒストリーを学ぶ人のために』世界思想社、1996年
山本真弓「アイデンティティ・シンボルの模索と葛藤——在日朝鮮人と在スリランカ・インド系タミル人」重松伸司編著『現代アジア移民』名古屋大学出版会、1986年
弓削達『ローマはなぜ滅んだか』（講談社現代新書）講談社、1989年
尹健次「『再入国許可書』と渡航の自由」『世界』1990年1月号
横浜商工会議所「外国人労働者受け入れに関する調査、労働時間短縮に関する調査：結果概要」1990年1月
吉田健正「社会」（〔綾部1989〕所収）
吉成勝男「転換期の外国人居住者支援活動」渡戸一郎編『自治体政策の展開とNGO』明石書店、1996年
吉成勝男「在留特別許可一斉行動の経過と展望」（〔駒井2004〕所収）
米原亮三「NPOと自治体のネットワーク」田辺孝二ほか『ネットワーク時代の地球市民の生き方』中央経済社、1998年
来日外国人との共生社会研究会『来日アジア・アフリカ系外国人の生活適応と日本人との共生に関する研究』東京大学医学部保健社会学研究室、1994年
李小牧『歌舞伎町案内人』角川書店、2002年
劉文甫「正念場を迎えた台湾の外国人労働者問題」『アジ研ニュース』1989年9月号、アジア経済研究所
『留学生新聞』編集部「在日華人の実態——『留学生新聞』読者アンケート報告」1994年（〔駒井1995〕所収）
臨時行政改革推進審議会「国際化対応・国民生活重視の行政改革に関する第二次答申」1991年12月
連合総合生活開発研究所『人間優先の経済社会システムの創造へ』第一書林、1990年
労働省各年版：労働省職業安定局編「外国人雇用状況報告の結果について」各年11月
労働省1988a：労働省「外国人労働者の就労の実態等について」1988年3月
労働省1988b：労働省職業安定局編『今後における外国人労働者受入れの方向——外国人労働者問題研究報告』労務行政研究所、1988年3月
労働省1988c：労働省編『雇用対策基本計画（第六次）』大蔵省印刷局、1988年7月
労働省1988d：外国人労働者問題に関する調査検討のための懇談会『外国人労働者問題への対応の在り方について』1988年12月
労働省1988e：労働大臣官房国際労働課編『海外労働白書』昭和63年版、日本労働協会、1988年
労働省1989a：労働省労働基準局「不法就労外国人に対する災害補償の状況について」1989年6月
労働省1989b：労働省職業安定局雇用政策課・雇用促進事業団雇用職業総合研究所編『外国人労働者の受け入れ政策』雇用問題研究会、1989年
労働省1989c：労働大臣官房国際労働課編『海外労働白書』平成元年版、日本労働協会、1989年
労働省1989d：労働大臣官房政策調査部編『建設・輸送関係事業の賃金実態』平成元年版、大蔵省印刷局、1989年
労働省1990a：労働省職業能力開発局海外協力課「『外国人研修生の受け入れに関する調査』結果の概要」1990年10月
労働省1990b：労働大臣官房政策調査部編『建設・港湾運送関係事業の賃金実態』平成2年版、大蔵省印刷局、1990年

労働省1991a：外国人労働者が労働面等に及ぼす影響等に関する研究会『報告書』1991年1月
労働省1991b：労働省職業安定局編『外国人労働者問題の動向と視点』労務行政研究所、1991年11月
労働省1992a：外国人労働者が労働面等に及ぼす影響等に関する研究会専門部会『報告書』1992年6月
労働省1992b：労働省「技能実習制度の創設等外国人研修生受入れの充実」1992年8月
労働省1992c：労働大臣官房国際労働課編『海外労働白書』平成4年版、日本労働研究機構、1992年
若林敬子「中国における人口〝盲流〟」『人口問題研究』第46巻第1号、厚生省人口問題研究所、1990年4月
若林チヒロ1996a：若林チヒロ「滞日アフリカ黒人の『プライド』形成のためのネットワーク」（［駒井1996］所収）
若林チヒロ1996b：若林チヒロ「日本を漂流するバングラデシュの若者たち」（［駒井1996］所収）
鷲尾宏明「タイをめぐる国際労働移動」『アジ研ニュース』1989年9月号、アジア経済研究所
鷲見一夫『ODA援助の現実』岩波書店、1989年
渡戸一郎「世界都市化の中の外国人問題」『都市問題』1988年9月号
渡戸一郎編『アジア都市「東京」のコミュニティ』明星大学人文学部社会学科、1993年
渡辺元「NPO法の成立」（［中村洋一・日本NPOセンター1999］所収）
渡辺雅子「ブラジルからの日系出稼ぎ労働者と『日本』との出会い」『社会調査実習報告書』Vol.8、明治学院大学社会学部、1992年3月
渡辺1995a：渡辺雅子「日系ブラジル人児童・生徒の増加に対する教育現場での模索」『明治学院論叢』第555号、1995年3月
渡辺1995b：渡辺雅子「日系ブラジル人出稼ぎ者の生活世界」『都市問題』第86巻第3号、1995年3月
渡辺1995c：渡辺雅子編『共同研究　出稼ぎ日系ブラジル人（上）論文篇：就労と生活（下）資料篇：体験と意識』明石書店、1995年
渡辺雅子・光山静枝「ブラジルからの日系出稼ぎ労働者の実態と日本社会の対応」『明治学院論叢』第499号、1992年3月
渡辺雅子・弓削はるみほか「日系出稼ぎ労働者の急増に伴う日本社会の対応と模索」『明治学院大学社会学部付属研究所年報』22号、1992年3月

〈欧文による単行本・論文・報告書〉

Anderson, Benedict., *Imagined Communities: Reflections on the Origin and Spread of Nationalism*, London and New York: Verso, 1991（白石隆・白石さや訳『定本　想像の共同体――ナショナリズムの起源と流行』書籍工房早山、2007年）

Appadurai, Arjun, *Modernity at Large: Cultural Dimensions of Globalization*, Minneapolis: University of Minnesota Press, 1996（門田健一訳『さまよえる近代――グローバル化の文化研究』平凡社、2004年）

Arendt, Hannah, *The Origins of Totalitarianism*, New York: Harcourt, Brace & World, 1951（大久保和郎・大島通義・大島かおり訳『全体主義の起源』みすず書房、1972-74年）

Arendt, Hannah, *Eichmann in Jerusalem: A Report on the Banality of Evil*, New York: Viking Press, 1963, 1965（revised and enlarged edition）（大久保和郎訳『イェルサレムのアイヒマン――悪の陳腐さについての報告』みすず書房、1969年）

APMMF（Asia-Pacific Mission for Migrant Filipinos）, *Proceedings of the First Regional Conference of Overseas Filipinos（Asia and the Pacific）*, Hong Kong, 1988

Attali, Jacques, *Une Brève histoire de l'avenir*, Paris: Fayard, 2006（林昌宏訳『21世紀の歴史』作品社、2008年）

Ballescas, Maria Rosario Piquero, *Filipina Entertainers in Japan: An Introduction*, Quezon City: The Foundation for Nationalist Studies, 1993（津田守監訳　小森恵・宮脇摂・高畑幸訳『フィリピン女性エンターテイナーの世界』明石書店、1994）

Barriga, William, "Migration Trends in the Contemporary World: An Overview," 2013（移民政策学会編『移民政策研究』第5号、明石書店）

Barth, F., ed., *Ethnic Groups and Boundaries*, Norway, Bergen-Oslo: Universitets Forlaget, 1969（青柳まちこ編・監訳『「エスニック」とは何か——エスニシティ基本論文選』新泉社、1996年）

Bauman, Zygmunt, *Globalization: The Human Consequences*, Oxford: Blackwell 1998（澤田眞治・中井愛子訳『グローバリゼーション——人間への影響』法政大学出版局、2010年）

Benedict, Ruth, *The Chrysanthemum and the Sword: Patterns of Japanese Culture*, Boston: Houghton Mifflin, 1946（長谷川松治訳『菊と刀』社会思想研究会出版部、1948年）

Benedict, Ruth, *Patterns of Culture*, Boston: Houghton Mifflin, 1934（米山俊直訳『文化の型』社会思想社、1973年）

Benz, Wolfgang, *Die 101 wichtigsten Fragen Das Dritte Reich*, München: Verlag C. H. Beck, 2006（斎藤寿雄訳『ナチス第三帝国を知るための101の質問』現代書館、2007年）

Bhabha, Homi K., *The Location of Culture*, London and New York: Routledge, 1994（本橋哲也ほか訳『文化の場所——ポストコロニアリズムの位相』（叢書・ウニベルシタス778）法政大学出版局、2005年）

Betts, R. F., *France and Decolonisation 1900-1960*, London: Macmillan Education, 1991（今林直樹・加茂省三訳『フランスと脱植民地化』晃洋書房、2004年）

Bloom, Allan, *The Closing of the American Mind*, New York: Simon & Schuster, 1987（菅野盾樹訳『アメリカン・マインドの終焉』みすず書房、1988年）

Bonilla, Frank & Campos, Ricardo, "Imperialist Initatives and the Puerto Rican Worker," in [Dixon & Jonas 1982]

Briggs, Jr., Vernon M., *Immigration Policy and the American Labor Force*, Baltimore: Johns Hopkins University Press, 1984

Carson, Clayborne, ed., *The Autobiography of Martin Luther King Jr.*, New York: Warner Books, 1998（梶原寿訳『マーティン・ルーサー・キング自伝』日本基督教団出版局、2001年）

Castles, Stephen & Kosack, Godula, *Immigrant Workers and Class Structure in Western Europe*, second edition, Oxford: Oxford University Press, 1985

Castles, Stephen & Miller, Mark J., *The Age of Migration: International Population Movements in the Modern World*, 4th edition, UK: Palgrave Macmillan, 2009（関根政美・関根薫監訳『国際移民の時代［第4版］』名古屋大学出版会、2011年）

Castles, Stephen, "Key Issues in Global Migration: A Human Development Approach," 2010（移民政策学会編『移民政策研究』第2号、現代人文社）

CIIR (Catholic Institute for International Relations), *The Labour Trade: Filipino Migrant Workers around the World*, Manila, 1987

Cesaire, Aime, *Cahier d'un retour au pays natal*, Paris: la Societe nouvelle presence africaine, 1939/1956（砂野幸稔訳『帰郷ノート／植民地主義論』平凡社、2004年）

Cesaire, Aime, *Discours sur le colonialisme*, Paris: la Societe nouvelle presence africaine, 1955（砂野幸稔訳『帰郷ノート／植民地主義論』平凡社、2004年）

Child, Irvin L., *Italian or American? The Second Generation in Conflict*, New Haven: Yale University Press, 1943（［Gordon 1964］p. 202より引用）

Chiswick, Barry R., *The Employment of Immigrants in the United States*, Washington, D.C.: American Enterprise Institute, 1982（［Briggs 1984：219］より引用）

Clifford, J., *Routes: Travel and Translation in the Late Twentieth Century*, Canbridge, Mass.: Harvard University Press, 1997（毛利嘉孝ほか訳『ルーツ——20世紀最後の旅と翻訳』月曜社、2002年）

Cockcroft, James D., "Mexican Migration, Crisis, and the Internationalization of Labor Struggle," in [Dixson & Jonas 1982]

Cohen, Robin, *The New Helots: Migrants in the International Division of Labour*, England: Gower, 1987（清水知久訳『労働力の国際的移動——奴隷化に抵抗する移民労働者』明石書店、1989年）

Cohen, Robin, *Global Diasporas: An Introduction*, 2nd edition, London and New York: Routledge, 2008（駒井洋訳『新版 グローバル・ディアスポラ』明石書店、2012年）

Cole, W. Owen & Sambhi, Piara Singh, *The Sikhs*, London: Routledge & Kegan Paul, 1978（溝上富夫訳『シク教』筑摩書房、1986年）

Collins, Dough, "Fear and Loathing in the Canadian Mosaic," *Globe and Mail*, Sept. 11, 1976

Collins, Jeff, *Heidegger and the Nazis*, London: Icon Books, 2000（大田原眞澄訳『ハイデガーとナチス』（ポストモダン・ブックス）岩波書店、2004年）

DeFreitas, Gregory & Marshall, Adriana, "Immigration and Wage Growth in U. S. Manufacturing in the l970's," 1984（［Briggs 1984］、pp.77-78より引用）

Derrida, Jacques, "Cosmopolites de tous les pays, encore un effort!" Le Parlememnt international des Ecrivains, 1996（港道隆訳「万国の世界市民たち、もう一努力だ！」『世界』1996年11月号、岩波書店）

Derrida, Jacques & Dufourmantelle, Anne, *De l'hospitalité*, Paris: Calmann-Lévy, 1997（廣瀬浩司訳『歓待について』産業図書、1999年）

Dimont, Max I., *Jews, God and History*, New York: Simon and Shuster, 1962（藤本和子訳『ユダヤ人——神と歴史のはざまで』（朝日選書）朝日新聞社、1984年）

Dixon, Marlene & Jonas, Susanne eds., *The New Nomads: From Immigrant Labor to Transnational Working Class*, San Francisco: Synthesis Publications, 1982

DAGA (Documentation for Action Groups in Asia), *Migrant Labour for Sale?* Hong Kong, 1986

Drucker, Peter F., *Managing the Nonprofit Organization*, New York: Harper Collins Publications, 1990（上田淳生・田代正美訳『非営利組織の経営』ダイヤモンド社、1991年）

DuBois, Willian Edward Burghardt, *The Souls of Black Folk*, Chicago: A. C. McCLURG & Co., 1903（木島始ほか訳『黒人のたましい』（岩波文庫）岩波書店、1992年）

Fanon, Frantz, *Peau Noire, Masques Blancs*, Paris: Édition du Seuil, 1952（海老坂武・加藤晴久訳『黒い皮膚・白い仮面』みすず書房、1998年）

Fanon, Frantz, *Les Damnes de la Terre*, Paris: François Maspero, 1961（鈴木道彦・浦野衣子訳『地に呪われたる者』みすず書房、1996年）

Finkielkraut, Alain, *La defaite de la pensée*, Paris: Éditions Gallimard, 1987（西谷修訳『思考の敗北あるいは文化のパラドクス』河出書房新社、1988年）

Franco, Robert W., *Samoans in Hawaii*, Honolulu: East-West Population Institute, East-West Center, 1987

Frank, Andre Gunder, *Latin America: Underdevelopment or Revolution; Essays on the Development of Underdevelopment and the Immediate Enemy*, New York: Monthly Review, 1969（大崎正治ほか訳『世界資本主義と低開発——収奪の《中枢－衛星》構造』柘植書房、1979年）

Freyre, Gilberto, *Casa-grande & senzala: formação da família brasileira sob o regime da economia patriarcal*, Rio de Janeiro: Maia & Schmidt, 1933（鈴木茂訳『大邸宅と奴隷小屋—ブラジルにおける家父長制家族の形成』上・下、日本経済評論社、2005年）

Fromm, Erich, *Escape from Freedom*, New York: Henry Holt and Company, 1941（日高六郎訳『自由からの逃走』創元社、1951年）

Fukuyama, Francis, *The Great Disruption*, New York: Free Press, 1999（鈴木主税訳『「大崩壊」の時代』早川書房、2000年）

Gaspard, Françoise et Servan-Schreiber, C., *La fin des immigrés*, Paris: Editions du Seuil, 1984（林信弘監訳『外国人労働者のフランス』法律文化社、1989年）

Gilroy, Paul, *The Black Atlantic: Modernity and Double Consciousness*, London: Verso, 1993（上野俊

哉ほか訳『ブラック・アトランティック——近代性と二重意識』月曜社、2006年）
Glazer, Nathan & Moynihan, Daniel P., *Beyond the Melting Pot*, Cambridge, Mass.: Massachusetts Institute of Technology Press, 1963（阿部斉・飯野正子訳『人種のるつぼを越えて』南雲堂、1986年）
Glazer, Nathan & Moynihan, Daniel P., eds., *Ethnicity: Theory and Experience*, Cambridge, Mass.: Harvard University Press, 1975（内山秀夫訳『民族とアイデンティティ』三嶺書房、1984年）
Gordon, Milton M., *Assimilation in American Life: The Role of Race, Religion, and National Origins*, New York: Oxford University Press, 1964（倉田和四生・山本剛郎訳編『アメリカンライフにおける同化理論の諸相——人種・宗教および出身国の役割』晃洋書房、2000年）
Gordon, Milton M., "Toward a General Theory of Racial and Ethnic Group Relations," in [Glazer & Moynihan 1975=1984]
Government of Canada 1975a: Government of Canada, Minister of Manpower and Immigration, *The Green Paper on Immigration and Population*, 1975
Government of Canada 1975b: Government of Canada, Minister of Manpower and Immigration, *Three Years in Canada, Highlights from the Green Paper on Immigration and Population*, 1975
Government of U.S.A., Bureau of the Census, *General Social and Economic Characteristics: Hawaii*, 1983
Government of U.S.A.1986a: Government of U. S. A., *The Annnual Report of the Council of Economic Advisers*, 1986（『アメリカ経済白書』（経済セミナー増刊）日本評論社、1986年）
Government of U. S. A.1986b: Government of U. S. A., *Economic Report of the President*, 1986（『アメリカ経済白書』（経済セミナー増刊）日本評論社、1986年）
Government of U. S. A., Bureau of the Census, *Statistical Abstract of the United States*: 1992（112th edition), 1992
Grasmuck, S., "International Stair-Step Migration: Dominican Labor in the United States and Haitian Labor in the Dominican Republic," in I. H. Simpson & R. L. Simpson. eds., *Research in the Sociology of Work*, Vol. 2; Peripheral Workers, JAI Press, 1983（［森田1987b：5］より引用）
Gutmann, Amy, ed., *Multiculturalism: Examining the Politics of Recognition*, Princeton: Princeton University Press, 1994（佐々木毅ほか訳『マルチカルチュラリズム』岩波書店、1996年）
Habermas, Jürgen, *Strukturwandel der Öffentlichkeit*, Neuwied: Luchterhand, 1962（河上倫造ほか訳『公共性の構造転換』未来社、1973年）
Habermas, Jürgen, *Theorie des kommunikativen Handelns*, Frankfurt am Main: Surkamp Verlag, 1981（河上倫逸ほか訳『コミュニケーション的行為の理論』未来社、1985-87年）
Hacker, Andrew, *Two Nations: Black and White, Separate, Hostile, Unequal*, New York: Charles Scribner's Sons, 1992（上坂昇訳『アメリカの二つの国民』明石書店、1994年）
Hall, Stuart, "Cultural Identity and Diaspora," in Rutherford, J., ed. *Identity, Community, Culture, Difference*, London: Lawrence and Wishart, 1990（小笠原博毅訳「文化的アイデンティティとディアスポラ」『現代思想』1998年3月臨時増刊号、青土社）
Hammer, Tommas, *Democracy and the Nation State*, Aldershot: Avebury, 1990（近藤敦監訳『永住市民(デニズン)と国民国家』明石書店、1999年）
Hawaiian Housing Authority, *Hawaiian Housing Authority Composite Report*, July 1, 1991–June 30, 1992
Hawkins, Freda, *Canada and Immigration: Public Policy and Public Concern*, Montreal: McGill Queen's University Press, 1972
Held, David, *Democracy and the Global Order: From the Modern State to Cosmopolitan Governance*, Oxford: Polity Press, 1995（佐々木寛ほか訳『デモクラシーと世界秩序——地球市民の政治学』NTT出版、2002年）

Hitler, Adolf, *Mein Kampf*, München: Verlag Franz Eher Nachfolger G.m.b.H., 1925-27, 1936 (213./217. Ausgabe)（平野一郎・将積茂訳『わが闘争』（角川文庫）角川書店、1973年）

Hitler, Adolf, Hitler Manuscript (1928) in U.S. National Archives, World War II Record Division（平野一郎訳『続・わが闘争』（角川文庫）角川書店、2004年）

Hobson, J. A., *Imperialism*, 3rd ed., London: George Allen & Unwin, 1938（矢内原忠雄訳『帝国主義論』上・下巻、岩波書店、1951-52年）

Hofstede, Geert, *Cultures and Organizations*, UK: Mcgraw-Hill, 1991（岩井紀子・岩井八郎訳『多文化世界』有斐閣、1995年）

Ishizuka, Futaba, "Viet Nam's Labor Export: Policy, Performance, and Issues," Hayase, Yasuko, ed., *A Study on Trade, Investment and International Labor Migration in the APEC Member Economics*, APEC Study Center, Institute of Developing Economies, JETRO, March 2002

James, C.L.R., *The Black Jacobins: Toussaint L'Ouverture and the San Domingo Revolution*, revised edition, London: Allison & Busby, 1980（青木芳夫監訳『ブラック・ジャコバン——トゥサン＝ルヴェルチュールとハイチ革命』増補新版、大村書店、2002年）

Joaquin, Nick, *Manila, My Manila*, Makati City: Bookmark, 1999（宮本靖介監訳『物語 マニラの歴史』明石書店、2005年）

Kant, Immanuel, *Zum ewigen Frieden. Ein philosophischer Entwurf*, 1795（宇都宮芳明訳『永遠平和のために』（岩波文庫）岩波書店、1985年）

Klever, Ulrich, *Das Weltreich der TÜRKEN: Die abenteuerliche Geschichte von einem VOLK und seinen SULTANEN*, Hamburg: Pobel-Moewing Verlag, 1978（戸叶勝也訳『オスマン・トルコ——世界帝国建設の野望と秘密』アリアドネ企画、1998年）

Koonz, Claudia, *The Nazi Conscience*, Mass.: Harvard University Press, 2003（滝川義人訳『ナチと民族原理主義』青灯社、2006年）

Kumove, Leon, *The Social Structure of Metropolitan Toronto*, The Municipality of Metropolitan Toronto, Planning Department, 1975

Lenin, V. I., *Imperialism: the Highest Stage of Capitalism*, Moscow: Foreign Language Publishing House, 1916（宇高基輔訳『資本主義の最高の段階としての帝国主義』）（岩波文庫）岩波書店、1956年）

Lewis, Arthur W., "Economic Development with Unlimited Supplies of Labor," The Manchester School of Economic and Social Studies, Vol. 22, No.2, 1954

Lewis, Arthur W., *The Theory of Economic Growth*, London: George Allen & Unwin, 1955

Maillasoux, Claude, *Femmes, greniers et capitaux*, Paris: François Maspero, 1975（川田順造・原口武彦訳『家族制共同体の理論——経済人類学の課題』筑摩書房、1977年）

Malcolm X, with the assistance of Alex Haley, *The Autobiography of Malcolm X*, New York: Ballantine Books, 1965（浜本武雄訳『マルコムX自伝』アップリンク、1993年）

Maldonado-Denis, Manuel, "Puertorican Emigration: Proposals for its Study," in [Dixon & Jonas 1982]

Marx, Karl, "Zur Jüdenfrage," 1843, Marx/Engels Gesamtausgabe, Erster Abteilung［I］Bd. I［1］、Ersterhalbband [i], Frankfurt am Main, 1927（中野正訳「ユダヤ人問題によせて」大内兵衛・向坂逸郎監修『マルクス・エンゲルス選集』第1巻、新潮社、1957年）

Myrdal, G., *An American Dilemma*, New York: Harper & Row, 1944

North, Davis S. & Weissert, William G., *Immigrants and the United States*, Washington, D.C.: Government Printing Office, 1974（[Briggs 1984：83] より引用）

O'Malley, Martin, "Blacks in Toronto," in W. E. Mann, ed., *The Underside of Toronto*, Toronto: McClelland and Stewart, 1970

Parsons, Talcott, *The Social System*, Glencoe, Ilinois: Free Press, 1951（佐藤勉訳『社会体系論』青木書店、1974年）

Piore, M. J., *Birds of Passage*, Cambridge: Cambridge Univesity Press, 1979

Polanyi, Karl, *Dahomey and the Slave Trade*, Seattle: University of Washington Press, 1966（栗本慎一郎・端信行訳『経済と文明——ダホメの経済人類学的分析』新版、サイマル出版会、1981年）

Pollock, David C. & Reken, Ruth van, *Third Culture Kids: Growing up among Worlds*, Boston: Intercultural Press, 1999, 2001（嘉納もも・日部八重子訳『サードカルチャーキッズ——多文化の間で生きる子どもたち』スリーエーネットワーク、2010年）

Porter, John, *The Vertical Mosaic: An Analysis of Social Class and Power in Canada*, Toronto: University of Toronto Press, 1965

Portes, Alejandro & Walton, John, *Labor, Class, and the International System*, New York: Academic Press, 1981

Portes, Alejandro & Rumbaut, Rubén G., *Legacies: The Story of the Immigrant Second Generation*, Berkeley and Los Angeles: University of California Press, 2001（村井忠政ほか訳『現代アメリカ移民第二世代の研究——移民排斥と同化主義に代わる「第三の道」』明石書店、2014年）

Reis, Maria Edileuza Fontenelle, *Brasileiros no Japão: O elo humano das relações bilaterais*, São Paulo: Kaleidos-Primus, 2001（二宮正人編・訳『在日ブラジル人——二国間関係の人的絆』サンパウロ：カレイドス・プリムス社、2001年）

Reischauer, Edwin O., *Ennin's Diary: The Record of a pilgrimage to China in Search of the Law*, New York: The Ronald Press Co. 1955（田村完誓訳『円仁唐代中国への旅』（講談社学術文庫）講談社、1999年

Richard, Guy, *Ailleurs, L'herbe est plus verte: Histoire des migrations dans le monde*, Calvados: Éditions Corlet, 1996（藤野邦夫訳『移民の一万年史——人口移動・遙かなる民族の旅』新評論、2002年）

Richmond, Anthony H., *Ethnic Residential Segregation in Metropolitan Toronto*, Toronto: York University, Institute for Behavioural Research, 1972

Ritzer, George, *The Mcdonaldization of Society*, revised ed., California: Pine Forge Press, 1996（正岡寛司監訳『マクドナルド化する社会』早稲田大学出版会、1999年）

Rodney, Walter, *How Europe Underdeveloped Africa*, London: Bogle L'Ouverture Publications, 1972（北沢正雄訳『世界資本主義とアフリカ——ヨーロッパはいかにアフリカを低開発化したか』柘植書房、1978年）

Rothschild, Joseph, *Ethnopolitics: A Conceptual Framework*, New York: Columbia University Press, 1981（内山秀夫訳『エスノポリティクス』三省堂、1989年）

Salamon, Lester M. & Anheier, Helmut K., *The Emerging Nonprofit Sector*, Maryland: The Johns Hopkins University, 1994（今田忠監訳『台頭する非営利セクター』ダイヤモンド社、1996年）

Sassen, Saskia, *The Mobility of Labor and Capital*, Cambridge: Cambridge University Press, 1988（森田桐郎訳『労働と資本の国際移動』岩波書店、1992年）

Sassen-Koob, Saskia, "Recomposition and Peripheralization at the Core," in [Dixon & Jonas 1982]

Sassen-Koob, Saskia, "Labor Migration and the new Industrial Division of Labor," June Nash & Maria Patricia Fernandez-Kelly, eds., *Women, Men, and the International Division of Labor*, Albany: State University of New York Press, 1983

Schlesinger, Jr., Arthur M., *The Disuniting of America: Reflections on a Multicultural Society*, New York: Whittle Communications, 1991（都留重人監訳『アメリカの分裂——多元文化社会についての所見』岩波書店、1992年）

Segal, Ronald, *The Black Diaspora: Five Centuries of the Black Experience Outside Africa*, New York: Farrar, Straus and Giroux, 1995（富田虎男監訳『ブラック・ディアスポラ——世界の黒人がつくる歴史・社会・文化』明石書店、1999年）

Simmel, Georg, *Der Konflikt der modernen Kultur*, Leipzig: Verlag von Duncker & Humbolt, 1917（阿閉吉男訳「近代文化の葛藤」『文化の哲学』三笠書房、1943年）

Singh, Khushwant, *The Sikhs*, London: George Allen & Unwin, 1973（斎藤昭俊訳『インドのシク教』国書刊行会、1980年）

Social Planning Council of Metropolitan Toronto, *Social Opportunity Project: Report of a Survey Relating to Urban Migrants and Receiving Area in Metropolitan Toronto*, 1968

Social Planning Council of Metropolitan Toronto 1975a: Social Planning Council of Metropolitan Toronto, *A Brief on Canada's Immigration Policy*, 1975

Social Planning Council of Metropolitan Toronto 1975b: Social Planning Council of Metropolitan Toronto, The Community Review and Research Group, *Who Comes Here? A Background Analysis of the Federal Green Paper on Immigration*, 1975

Stalker, Peter, *The Work of Strangers*, Geneva: ILO, 1994（大石奈々・石井由香訳『世界の労働力移動』築地書館、1998年）

Stein, Barry M., "Occupational Adjustment of Refugees: The Vietnamese in the United States," *International Migration Review*, Spring 1979（[Briggs 1984] p. 219より引用）

Todaro, Michael P., *Internal Migration in Developing Countries: A Review of Theory, Evidence, Methodology and Research Prioritie*s, Geneva: ILO, 1976

Todd, Emmanuel, *Le Destin des Immigrés*, Paris: Editions du Seuil, 1994（石崎晴己・東松秀雄訳『移民の運命』藤原書店、1999年）

Tomlinson, John, *Cultural Imperialism: A Critical Introduction*, London: Pinter Publishers, 1991（片岡信訳『文化帝国主義』青土社、1997年）

Traverso, Enzo, *Les juifs et l' allemagne: de la "symbiose judéo-allemande" á la mémoire d'Auschwitz*, Paris: Éditions La Découverte, 1992（宇京頼三訳『ユダヤ人とドイツ――「ユダヤ・ドイツの共生」からアウシュヴィッツの記憶まで』（叢書・ウニベルシタス510）法政大学出版局、1996年）

United Nations, Population Division, Department of Economic and Social Affairs, United Nations Secretariat, "Replacement Migration: Is it a Solution to Declining and Ageing Populations?" March 2000

Wallerstein, Immanuel, *The Modern World-System: Capitalist Agriculture and the Origins of the European World-Economy in the sixteen century*, New York: Academic Press, 1974（川北稔訳『近代世界システム――農業資本主義とヨーロッパ世界経済の成立』岩波書店、1981年）

Wallerstein, Immanuel, *The Capitalist World-Economy*, London: Cambridge University Press, 1979（藤瀬浩司・日南田靜真ほか訳『資本主義世界経済』1・2、名古屋大学出版会、1987年）

Wallraff, G., *Ganz Unten*, Köln: Kiepenheuer & Witch, 1985（マサコ・シェーンエック訳『最底辺』岩波書店、1987年）

Weiner, Myron, *The Global Migration Crisis: Challenge to States and to Human Rights*, New York: HarperCollins College Publishers, 1995（内藤嘉昭訳『移民と難民の国際政治学』明石書店、1999年）

Williams, Erick, *Capitalism and Slavery*, North Carolina: University of North Carolina Press, 1944（山本伸監訳『資本主義と奴隷制――経済史から見た黒人奴隷制の発生と崩壊』明石書店、2004年）

Williams, Erick, *From Columbus to Castro: The History of the Caribbean 1492-1969*, New York: Harper & Row, 1970（川北稔訳『コロンブスからカストロまで――カリブ海域史、1492-1969』（岩波現代選書6・7）岩波書店、1978年）

World Bank, *Word Development Report*, New York: Oxford University Press, 1990

事項索引

APFS (Asian People's Friendship Society) 379, 544, 546
EU（欧州連合） 291, 521
ILO（国際労働機関） 201, 521
ILO条約（国際労働機関） 201, 232
JITCO（国際研修協力機構） 293-295, 411-413, 482
NGO（非政府組織） 17, 367
NPO（民間非営利組織） 367-369, 379-382, 383, 540-545
ODA（政府開発援助） 233, 248
OECD（経済協力開発機構） 234

【ア】

アイデンティティ（エスニック・──） 356-358, 512-514, 517, 647-649
アジア系日本人 594, 595
アファーマティブ・アクション（積極的差別解消策） 199, 427, 428
アフガニスタン（難民） 217, 532, 533
アフリカ 363, 364, 590, 603
アムネスティ（一斉正規化・特別永住権） 231, 394, 546, 547
アメリカ 195-199, 202, 204, 205, 207, 273, 291, 292, 406-409, 520, 592, 601
　　移民受け入れ国としての── 601, 602, 605, 612-618, 622-627
　　最終帝国としての── 592
　　──の多文化主義政策 428
アラビック・イスラミック・インスティテュート 448, 449, 453
アルスの会 230
アルゼンチン 246, 471-480
アルバイト 70, 72-73, 241, 263, 349
アングロ同調 207, 623, 624
イギリス 189-192, 203, 207, 395, 607-609, 620, 621, 634
　　──帝国 588-589
池袋 31, 251
移住労働者の法的地位に関する欧州条約 200
イスラーム（教） 24, 361, 553-555, 643
イスラミックセンター・ジャパン 447, 448, 453
イタリア 194, 202, 204

移民（概念） 13
移民の概況 399-423
　　──の価値意識 428-441
　　──の定住化 397-547
移民社会学 13, 14, 27
移民政策 22-24, 237, 518
　　──論争 518, 519
移民第二世代 17, 232, 465, 500-513
　　──の教育問題 24, 17, 500-505
移民法 612, 613, 633, 637
イラン（人） 15, 242, 245, 246, 250-252, 279, 280, 281, 286-287, 339-346, 362, 421, 450-453, 456, 458, 533
イラン革命 280, 340, 341
医療（費）問題 375-377, 418, 419
インターナショナルスクール 25
インド（人） 61, 177, 404, 450-452, 604
インドシナ難民 24, 29, 46, 205-206, 216-218, 253, 533
インドネシア（人） 177, 273, 450-452
受け入れ国／地域 32-33, 36, 178-182, 234, 287-289, 600, 601
右翼 290, 524, 573, 574
運輸省 210
エスニック（概念：エスニシティ） 142, 669-671
　　──集団 17, 24, 206, 427, 622-627, 669
　　──・コミュニティ 358, 365, 416
　　──・ビジネス 359-361, 429
　　──・メディア 358-360, 413, 427
欧州連合→EU
大泉町（群馬県） 267, 284, 364, 374, 375, 536, 537
オーストラリア 603, 673
　　──の多文化主義政策 427, 428
太田市（群馬県） 31, 246, 250, 251, 252, 267, 282, 364, 367, 374, 375
オールドカマー→旧来外国人
沖縄（県） 267, 374
送り出し国 13, 32, 33, 36, 150-178, 234, 242, 285-287, 602, 603, 619
オスマン帝国 551-555
オランダ 194

事項索引

オン・ザ・ジョブ・トレーニング（OJT）　57, 80, 85

【カ】
海外技術者研修協会（AOTS）　82-83, 248, 315, 329
海外進出企業　297-301, 322
階級脱落者　569-573
外国人
　──市民権→市民権　373
　──就学生受入機関協議会　77-79
　──集住都市会議　537
　──登録（者）　272, 399, 405
　──登録証　39, 232
　──登録制度　537
　──登録法　39
　──排除論　522-525
　──花嫁　375
　──犯罪　421, 422, 522-524
外国人労働者・移民（問題）　13, 29, 32, 36, 47-57, 220-226, 233, 241-252, 237, 278
　──「必然論」　16, 29, 36, 227-229
　──の雇用　226-227, 287
　──の搾取　80
　──の集住（地）　144, 145, 284, 364, 365
　──の就労　258-270, 334, 388
　──の人権　200-201, 228-231, 234, 280, 367, 380-385, 391
　　　生存権　386-388, 393, 394
　　　社会権　388, 391, 394
　　　文化的権利　389-391
　　　自由権　391, 394
　　　参政権　391, 394
　──の定住化　231, 281, 283, 336-338, 351-356, 364
　──の導入　519
　──の日本語能力　281
　──の犯罪　278, 279, 506
　──の病気・医療　282, 283
　──の流入　37-47, 58
　──への世論　421
開国論　16, 29, 87, 208-228
改定入管法　237-238, 241, 280
外務省　210
家事労働　531
カトリック（教会）　360, 443
カナダ　627, 633-648, 673

　──の多文化主義政策　426, 427
可児市（岐阜県）　503
カラバオの会　229, 365, 383
カリブ海地域　575-582, 602
カルチュラル・スタディーズ　676
川口市（埼玉県）　54, 80, 222
川崎市（神奈川県）　370-372, 536, 537
看護・介護（労働）　529, 530
韓国（人）　15, 56, 71, 80, 82, 85, 161-166, 182, 242, 251, 285, 288, 362, 404, 406, 409, 594
偽装結婚　92
偽装就労　301-311, 405, 407, 413
偽装難民　286, 520
技能研修制度　238
技能実習制度・技能実習生　14, 15, 19, 20, 293-295
基本的人権　385-394
90年体制　14-17, 29, 237, 242, 680, 681
旧西ドイツ→ドイツ
キューバ（難民）　205, 614
旧来外国人　273, 399, 525
教育　283, 385, 419, 420
協定永住権　39
漁業　139-140
居住（住宅）問題・住宅差別　144-149, 422
近代化論（的アプローチ）　597, 598
クヒオ・パーク・テラス　631-633
グループ赤かぶ　229
クルド人　535
グローバルノマド　650-668
景気後退（1991年頃からのバブル経済の崩壊）　241, 251, 253, 259, 269, 409, 518, 547
経済企画庁　218, 219
経済不況→景気後退
警察（の暴力・等）　52-53
血統主義　290
研修・技能実習制度　412
研修生・技能実習生　79-87, 215, 230, 239, 248-249, 293-330, 412, 493-497, 520, 526
　──受け入れ機関／企業　239-240, 296-301, 310, 312-322
　──送り出し機関　240
建設業　113-128, 259, 260, 411
厚生省　17
高度（な）人材・高学歴移民　520, 527-529, 650, 651, 681
神戸市　374

709

神戸モスク　446
公務就任権　378
公務就任権問題　377, 396
国際移動の社会学　13
国際協力事業団　82, 265, 298
国際結婚　273, 355, 415
国際研修協力機構→JITCO
国際人権規約　41, 396
国際分業体制　234
国籍
　──条項　41, 371, 379, 537
　──選択の自由　38, 232
　──法　39, 232
国民　367, 380-382, 384, 671, 680
　──国家　513, 525, 566, 567, 671, 679, 680
国連
　──移住労働者の権利条約　384
　──難民高等弁務官事務所　291
コスモポリタニズム　673, 674, 677
湖西市　268
子どもの権利条約　384, 545, 546
コミュニティ・ユニオン　380-383, 543
雇用開発センター　83
雇用許可制度　210, 237
雇用者処罰制度　238

【サ】
サービス（産）業　128-138, 258, 263, 264
在日韓国・朝鮮人　15, 28, 32, 37, 41-44, 214, 238-239, 273, 331, 232, 365, 399, 465, 524, 538, 543, 573, 574, 680
在日コリアン→在日韓国・朝鮮人
在日朝鮮人総連合会　41
在日ビルマ協会　348
在留資格　331, 404
在留特別許可　18, 31, 544
鎖国論　16, 29, 45, 208-218, 227, 228
差別・偏見　214, 420, 510, 511, 620
サモワ人（移民）　628-633
3K労働　53
参政権　396, 397
シク（教／移民）　643-648
自治体　282, 283, 366-379, 536-540
　──の国際政策／外国人市民政策　368-377, 536-539
シティズンシップ→市民権
渋谷区　222

資本主義（経済）　228, 233
市民運動　539-544
市民権　374, 394, 396
指紋押捺制度　39
社会権　396, 397
上海事件　78
就学生　65-77, 243
宗教（施設）　360, 453, 454
従軍慰安婦　37
自由権　396, 397
集住コミュニティ　31
就職差別　40, 41
住宅差別／入居差別　40, 378, 379
出入国管理　384, 385
出入国管理及び難民認定法（入管法）　14, 30, 39, 51, 237, 532
出入国管理令　39
少子高齢化→人口減少・高齢化
植民地（経営・支配・収奪）　37, 38, 189-190, 585-594
女性差別撤廃条約　231, 384, 545
シンガポール　179
人口減少・高齢化（少子高齢化）　518, 519 521
新宿　31
人種差別　198-200, 612
　──撤廃条約　200, 207, 231, 384, 545
新来外国人　13, 45, 46, 273, 278, 370, 371, 399, 524
スイス　192, 203, 204, 611, 612
スウェーデン　193, 200, 202, 290
頭脳流出→ブレイン・ドレイン
スリランカ　176
政策提言　208-234
緊急政策　119-231
中期政策　231-233
長期政策　233-234
性産業（従事者）　89-95, 241, 258, 261, 262
政治的権利の付与　17, 26, 27
製造業　96-113, 258, 260, 410, 525
生存権　396, 397
政府開発援助→ODA　234
世界階級　598
世界システム論（的アプローチ）　596-598
選挙権・被選挙権→参政権　41, 202
総評　212
総理府（調査）　218, 219, 220, 221

【タ】

タイ　60, 61, 63, 65, 71, 82, 174-176, 246, 247, 262, 273, 279, 312-315, 322-329, 404, 407, 410
第三世界　214, 215, 216, 233, 607
台湾　71, 181, 282, 287, 679
高田馬場　75-77
多文化共生（社会）　30-32, 232, 424, 441, 541, 544, 554, 558, 680
多文化主義（政策）　31, 206, 207, 391, 424-428, 442
　──への批判／逆風　425, 671-673
単一民族主義　233, 424, 679, 680
段階的市民権　385, 391-395
単純労働（者／力）　14, 20, 82-84, 209, 210, 219, 221, 223, 237, 239, 681
地球市民的価値意識　428-441
地方参政権→参政権　398
中国（人）　15, 23, 28, 33, 46, 71, 72, 166-172, 246, 247-251, 273, 286, 315-320, 331, 399, 405, 408, 505, 524, 604
　──帰国者（二世・三世）　46, 386, 408, 505, 506-513, 594
　──残留孤児→中国帰国者（二世, 三世）
超過滞在者　238, 243, 273, 280, 404
朝鮮人学校　25, 41
帝国（主義）　551-558, 567, 585-594
定住化→外国人労働者の定住化
低賃金労働者（労働力）　16, 47, 68, 79, 88, 213, 214, 227, 234, 367, 525, 526, 616, 680
デカセギ　47-49, 461, 462, 469, 470, 475, 477-480
出稼ぎ　215, 279, 496
デニズン　392, 393
天安門事件　67, 286, 339-346, 348
天皇制　679, 680
デンマーク　202
ドイツ　183-185, 289, 200, 202, 204, 205, 207, 610, 621
東京
　──ジャーミイ　447, 453, 454
　──商工会議所　211, 212, 222
　──都品川労政事務所　83
　──都社会福祉協議会　252
　──法人会連合会　223
　──モスク　445, 446
統合　17, 682
唐帝国　551-553
東毛（群馬県）　20, 266, 267, 374, 375

特別永住者　15, 238, 273, 273, 399
豊島区（東京都）　282
豊橋市（愛知県）　268, 365
トルコ　610, 611, 620
トロント　635-645

【ナ】

ナショナリズム　673, 674
難民　205, 216, 251, 273, 520, 531-533, 614
難民条約　29, 41, 217
　難民認定　217, 286, 520, 532, 533
　西ドイツ／東ドイツ→ドイツ
二重国籍　247, 516, 517
日系人　237, 247, 267
日系ブラジル人　19-21, 24, 264, 268-270, 346, 348, 375, 422, 524
日本語
　──学校／学級　67-71, 75, 77, 78, 92, 240, 249, 285
　──教育　501
　──の教授　420
　──の習得・能力　230-231, 240, 389, 390, 511, 512
日本国籍取得（日本への帰化）　44, 233, 394, 512, 514-517
日本弁護士連合会人権擁護委員会　281
日本ムスリム協会　446, 448, 454
日本労働組合総連合会→連合
ニューカマー→新来外国人
入管法→出入国管理及び難民認定法
入管法違反　252
入居差別→住宅差別
入国管理行政　209
ネット右翼→右翼
農業　138-139, 264, 525
農林水産省　210

【ハ】

排外主義　27
バイリンガル・トリリンガル　500
パキスタン　15, 23, 54-55, 60, 61, 69, 152-156, 243, 251, 273, 285, 450-453, 456, 458
浜松市（静岡県）　20, 21, 31, 266, 268, 284, 365, 374, 417, 536
ハラール食品　457
ハワイ　628-632
バングラデシュ（人）　15, 52, 55, 60, 61, 65, 69,

711

173-174, 243, 251, 273, 346, 450-453, 456, 458, 533
犯罪→外国人犯罪
反ユダヤ主義　559-572
非正規（外国人）労働者／就労者　16, 31, 50, 51, 57, 58, 219, 220, 230, 243, 244, 251, 257, 282, 283, 288, 339, 410, 411, 526
非正規滞在者　30, 31, 399, 522-524, 547
必然論→外国人労働者・移民「必然論」
フィリピン（人）　15, 60, 71, 82, 156-160, 246, 247, 262, 273, 285, 321, 322, 364, 404, 406, 530
　——女性　17, 46, 53, 262
風俗関連産業→性産業　46, 89, 406, 409
プエルトリコ　604, 615
複合民族論　679
不法就労助長罪　244, 246
ブラジル（人）　19, 47-49, 62, 246-247, 273, 404, 406, 409, 460-464, 471-480, 505, 602
　——系日系人　247
　——人学校　504, 505
ブラック・ディアスポラ　574-585
ブラック知識人・運動家　578-585
フランス（人）　15, 185-189, 201-203, 205, 207, 609, 621
ブルネイ　182
ブレイン・ドレイン（頭脳流出）　215
ブローカー　54, 58-65, 245, 246, 269, 270, 413
プロテスタント　360
文化的多元主義　624-627
文化のハイブリッド化　675-677
ベトナム（人）　22, 33, 482-498, 614
ペルー（人）　246, 247, 269, 270, 272, 273, 386, 404, 406
偏見→差別・偏見
包括的な移民包摂政策　16, 17, 22, 24, 26-28, 236, 366, 441
包摂　17, 682
法務省　51, 209, 210
　——東京法務局　229
　——入国管理局　58, 237
亡命者→難民
ボートピープル　205-218, 532, 614
ホームレス　252
ボリビア　246, 471-480
香港　71, 180, 287, 644

【マ】
マレーシア　56, 71, 82, 181, 242, 243, 273, 289, 363, 404, 450-451
ミャンマー（人）　273, 348, 533
民族教育　41, 43, 233, 396
民族差別　40, 41
ムサッラ　446, 453
ムスリム社会　450-459
メイド→家事労働
メキシコ人移民　606, 615
モスク　453-456
文部省　237

【ヤ】
ユダヤ人（迫害／差別）→反ユダヤ主義
ヨーロッパ（西——）　600, 603, 607, 619-622

【ラ】
ラテンアメリカ日系人　47, 238, 239, 265-272, 364, 417, 460, 469
留学生・就学生　230, 237, 241, 249, 250, 278, 404
ルツボ　207
レイシズム　559, 563-565, 571-754, 679
連合　213
労働移民　596-627
　——の理論　596-600
労働組合　203, 212, 382-385
労働省　17, 51, 209, 210, 229, 237
　——職業安定局　246
　——労働基準局　229
労働力不足　87, 214, 288, 311
労働力輸出（「人力進出」「労務輸出」）　152-172, 285, 285, 483-499
ローテーション原則／政策　184, 207, 607, 608, 610, 611
ローマ帝国　555-558
ロシア帝国　591, 592

【ワ】
蕨市（埼玉県）　222

人名索引

[日本人名]

明石純一　15
飯田俊郎　507
飯沼二郎　44
井口泰　521
池上重弘　21
石井由香　363
石川義孝　468, 469
伊藤泰郎　359
今村正治　442
内海愛子　93
江橋崇　280, 369, 371
大島英穂　442
大沼保昭　40
岡田恵美子　345
岡部一明　199, 291
小川浩一　384
小川雄平　151
奥田道大　20, 21, 148, 223
小熊英二　679
落合英秋　20, 24
小内透　20, 461-463
梶田孝道　15, 16, 18, 29
柏木宏　195, 291
川上郁雄　22
上林千恵子　19
喜多川豊宇　267, 281, 470, 471
金賛汀　40
金石範　44
金東勲　291
工藤正子　23
高鮮徽　362, 441, 528
五野井博明　103
小林不二男　446
小林真生　22
賽漢卓娜　23
酒井恵真　461-464
桜井啓子　453
佐々木聖子　153, 158
佐々木てる　27
佐藤進　291
塩原良和　673
志水宏吉　24-26, 28

下平好博　194
徐京植　37
白水繁彦　416
鈴木江理子　18
関口知子　25
全泓奎　682
竹下修子　23
武田里子　21
田澤拓也　446
田中宏　40
田辺俊介　27
丹野清人　18, 461
陳天璽　444, 528
坪谷美欧子　22
手塚和彰　166, 290
鳥井一平　383
富岡次郎　189
内藤正典　289
中川明　443
中川文雄　626
莫邦富　350
樋口直人　18
深沢正雪　461, 462
福田友子　23
藤正巖　522
渕上英二　348
朴慶植　38
細見卓　289
町村敬志　221
松井やより　93
宮沢浩一　222
宮島喬　15, 16
森廣正　183
森田桐郎　183
山神進　66
尹健次　40
吉成勝男　546
李節子　417
渡戸一郎　22, 378
渡辺雅子　18

713

[外国人名]

アタリ，J.（Jacques Attali） 650, 651
アパデュライ，A.（Arjun Appadurai） 678
アーレント，H.（Arendt, Hannah） 567, 570, 572, 675, 676
アンダーソン，B.（Benedict Anderson） 671
イシズカ，フタバ（Futaba Ishizuka） 486
ウィリアムズ，E.（Erick Williams） 575, 578, 579
ウィルキンソン，J.（Jens Wilkinson） 445
ウォーラーステイン，I.（Immanuel Wallerstein） 585
ガーヴェイ，M.（Marcus Garvey） 578, 582, 583
カースルズ，S.（Stephen Castles） 29, 191, 545, 620
カント，I.（Immanuel Kant） 674
ギルロイ，P.（Paul Gilroy） 579
キング・ジュニア，M. L.（Martin Luther King, Jr.） 579, 580, 584
グリッサン，E.（Edouard Glissant） 581
グレイザー，N.（Nathan Glazer） 669
コザック，G.（Godula Kosack） 29, 191
コーエン，R.（Robin Cohen） 29, 566, 586, 593, 677, 600
ゴードン，M.（Gordon, Milton） 622-624, 626, 669
サラモン，L.（Lester Salamon） 367
サッセン，S.（Saskia Sassen） 196, 598-600, 616, 617
ジェームズ，C.（Cyril James） 578
シディキ，M. A. R.（Muhammad Abdur Rahman Siddiqi） 453, 454
シュレジンガー，A.（Arthur Schlesinger） 671
ジンメル，G.（George Simmel） 676
セゼール，A.（Aime Cesaire） 580
ディレイニー，M.（Martin Delany） 582
デュボイス，W.（William DuBois） 582
デリダ，J.（Jacques Derrida） 674, 675
トッド，E.（Emmanuel Todd） 425, 671
トムリンソン，J.（John Tomlinson） 426
ドラッカー，P.（Peter Drucker） 367
ネトルフォード，R.（Rex Nettleford） 579
ハイデガー，M.（Martin Heidegger） 572
パーソンズ，T.（Talcott Parsons） 429
バーバ，H.（Homi Bhabha） 677

ハンマー，T.（Tommas Hammer） 545
バウマン，Z.（Zygmunt Bauman） 650, 651
ハッカー，A.（Andrew Hacker） 425, 672
ハバーマス，J.（Jürgen Habermas） 431, 677
バリガ，W.（William Barriga） 679
バルト，F.（Frederic Barth） 670
バレスカス，M.（Maria Ballescas） 17, 353, 363, 444
ヒトラー，A.（Adolf Hitler） 559-565, 570
ファノン，F.（Frantz Fanon） 581
フィンケルクロート，A.（Alain Finkielkraut） 671
フクヤマ，F.（Francis Fukuyama） 431
フランク，A.（Andre Frank） 597
ブリッグス，V.（Vernon Briggs） 601, 602, 605
ブルーム，A.（Allan Bloom） 671
フレイレ，G.（Gilberto Freyre） 584
フロム，E.（Erich Fromm） 571
ベネディクト，R.（Ruth Benedict） 672
ヘルド，D.（David Held） 678
ポーター，J.（John Porter） 627
ホール，S.（Stuart Hall） 579, 580, 676
ホフステード，G.（Geert Hofstede） 429-431
ホブソン，J.（John Hobson） 586
ポランニー，K.（Karl Polanyi） 575
ポルテス，A.（Alejandro Portes） 499, 500
ポロック，D.（David Pollock） 500
マルクス，K.（Karl Marx） 568
マルコム X（Malcolm X） 582-584
マルゴーリス，M.（Maxine Margolis） 475
ミュルダール，G.（Gunnar Myrdal） 377
ミラー，M. J.（Mark J. Miller） 678
メイヤスー，C.（Claude Meillassoux） 603
モイニハン，D.（Daniel Moynihan） 669
リーケン，R.（Ruth van Reken） 500
リッツァ，G.（George Ritzer） 426
ルイス，A.（Arthur Lewis） 579, 597
ルンバウト，R.（Rubén Rumbaut） 499
レーニン，W.（Wladimir Lenin） 586
ロスチャイルド，J.（Joseph Rothschild） 669
ロドニー，W.（Walter Rodney） 575, 579

【著者プロフィール】

駒井 洋（こまい・ひろし）

1940年生まれ。大連出身。筑波大学名誉教授。
移民政策学会会長（2015年5月－）。
東京大学大学院社会学研究科博士課程修了。博士（社会学）。
近著に、
『グローバル・ディアスポラ』（叢書、全6巻、監修、明石書店、2009-11年）、
『貪欲に抗する社会の構築――近代合理主義をこえる仏教の叡智』（単著、明石書店、2010年）、
『移民・ディアスポラ研究』（シリーズ、監修、既刊5冊、明石書店、2011年－）、
「日本における移民研究の成果と課題」『移民政策研究』第6号、2014年、
「日本における『移民社会学』の移民政策にたいする貢献度」『社会学評論』第66巻第2号、2015年、
「『引揚げ者』系日本人のライフコース」佐々木てる編『マルチ・エスニック・ジャパニーズ――○○系日本人の変革力』（「移民・ディアスポラ研究5」、明石書店、2016年）など。

移民社会学研究――実態分析と政策提言 1987-2016

2016年9月30日　初版第1刷発行

著　者	駒　井　　　洋
発行者	石　井　昭　男
発行所	株式会社 明石書店

〒101-0021　東京都千代田区外神田6-9-5
電　話　03（5818）1171
ＦＡＸ　03（5818）1174
振　替　00100-7-24505
http://www.akashi.co.jp

組　　版	朝日メディアインターナショナル株式会社
装　　丁	明石書店デザイン室
印刷・製本	モリモト印刷株式会社

（定価はカバーに表示してあります）　　　ISBN978-4-7503-4404-1

JCOPY〈（社）出版者著作権管理機構 委託出版物〉
本書の無断複写は著作権法上での例外を除き禁じられています。複写される場合は、そのつど事前に、（社）出版者著作権管理機構（電話 03-3513-6969、FAX 03-3513-6979、e-mail: info@jcopy.or.jp）の許諾を得てください。

移民・ディアスポラ研究 5
マルチ・エスニック・ジャパニーズ
○○系日本人の変革力

駒井 洋[監修]　佐々木てる[編著]

A5判／並製／256頁　◎2,800円

近年、「単一民族」幻想を打ち破る、多様な出自を持つ「日本人」の活躍が目立っている。こうしたマルチ・エスニック化と排外主義が共存する日本社会の現在を世界の国民国家の類例の中で分析し、その課題と未来像を論じる。

【内容構成】
序章　○○系というアポリア──マルチ・エスニック・ジャパンへの課題

I　○○系概念の国際比較──エスニシティとナショナリティの乖離と統合
第1章　「エスニック・アメリカン」であること──エスニック文化とナショナリズムの接合
第2章　「ドイツ人」概念の変容──「○○系ドイツ人」から考える
第3章　アジアにおける○○系概念──国民構築とエスニック・アイデンティティ
Column1　移動する子ども
特別インタビュー　日本代表として闘う──日本国籍を取得した外国人ラグビー選手たち

II　○○系日本人の可能性と課題
第4章　コリア系日本人の再定義──「帰化」制度の歴史的課題
第5章　華僑華人──マルチ・エスニック・ジャパンへの希望の芽
Column2　〈非-在日〉作家による「在日コリアン文学」──安岡伸好『遠い海』によせて
第6章　フィリピン系日本人──10万人の不可視的マイノリティ
第7章　ベトナム系日本人──「名付けること」と「名乗ること」のあいだで
Column3　日本人にならない方がよかった？──ある「ビルマ系日本人」のつぶやき
第8章　ロシア系日本人──100年の歴史から見えてくるもの
第9章　「中国帰国者」系日本人──生成的な境界文化の可能性
第10章　「引揚げ者」系日本人のライフコース
Column4　もうひとつの「帰国者」──サハリンから日本へ

〈価格は本体価格です〉

移民・ディアスポラ研究 4
「グローバル人材」をめぐる政策と現実

駒井 洋 [監修]
五十嵐泰正、明石純一 [編著]

A5判／並製／256頁　◎2,800円

ホワイトカラーや専門・管理・技術職など「高度人材」の国際移動は、新自由主義的経済秩序をさらに強化するか、それに対抗する新しい条件がうみだされるか、送出国と受入国にはどんな影響を与えるのかを、日本と各国の例によって詳細に論じ今後の展望を示す。

【内容構成】
序章　グローバル化の最前線が問いかける射程
I 　人材獲得をめぐる各国の現況と政策展開
第1章　アメリカの高度人材に対する移民政策の変遷と現在の動向
第2章　シンガポールの人材獲得政策——都市国家の成長戦略とジレンマ
第3章　韓国におけるグローバル人材の現況と政策展開
第4章　日本のグローバル人材の受入れの現況と政策展開
第5章　国境を越える人材——その誘致をめぐる葛藤
II 　「グローバル人材」雇用と移動の現場から
第6章　〈討議〉海外就職の可能性
第7章　大連の日本向けアウトソーシングと日本人現地採用者
第8章　日本企業における「ダイバーシティ改革」と外国人雇用について
III 　「グローバル人材」をめぐる諸論点
第9章　BRICs諸国からの高学歴移民の空間的可動性
第10章　グローバル・シティ東京と「特区」構想——「国家戦略特区」の隠れた射程を考える
第11章　グローバル人材の育成をめぐる企業と大学とのギャップ——伝統への固執か、グローバル化への適応過程か
第12章　グローバル・マルチカルチュラル・ミドルクラスと分断されるシティズンシップ

〈価格は本体価格です〉

移民・ディアスポラ研究 3
レイシズムと外国人嫌悪

駒井 洋［監修］
小林真生［編著］

A5判／並製／232頁　◎2,800円

インターネットの普及、経済の低迷などを背景に、日本でもアジアに対する極端な民族差別発言が公然と語られ、叫ばれるようになった。ナチスの台頭、ヨーロッパの反ユダヤ主義などの分析と比較のなかから、レイシズム、ゼノフォビアに対する原理的批判の試み。

【内容構成】

I　レイシズムとしてのネット右翼
特別企画　ネット右翼と反日暴動、その底流にあるもの
第1章　日本におけるヘイトスピーチ拡大の源流とコリアノフォビア
第2章　右派のイデオロギーにおけるネット右翼の位置づけ──道徳概念システム論による分析の試み
第3章　中国「方正日本人公墓」にみる対日意識の形成と表出
第4章　近代日本の人種差別と植民地政策
第5章　ナチスによるユダヤ人迫害から得られる教訓

II　ヨーロッパにおけるイスラモフォビア
第6章　ドイツの排外主義──「右翼のノーマル化」のなかで
第7章　「人権の国」で許容されるレイシズムとは何か？──フランスにおける極右、反移民政策、イスラモフォビア
第8章　英国における人種主義とイスラモフォビア

III　日本人の排外意識と外国人管理の強化
第9章　在日ブラジル人の「社会問題」化と排外意識
第10章　日本型雇用と「職の競合」をめぐる排外感情──「外国人労働者に関する意識調査アンケート」を素材として
第11章　新たな在留管理制度に内在する構造的暴力──日本社会に蔓延する無自覚な外国人差別

〈価格は本体価格です〉

移民・ディアスポラ研究 2
東日本大震災と外国人移住者たち

駒井 洋［監修］
鈴木江理子［編著］

A5判／並製／260頁　◎2,800円

東日本大震災は増加する外国人移住者の地域社会での受け入れと多文化共生の現状を浮き彫りにした。被災地域で暮らす移住者たちの体験したバッシングや支援の手が届きにくい現状を踏まえ、地域の一員として共に復旧・復興していく上での課題を明らかにする。

【内容構成】

Ⅰ 東日本大震災が問う「地域」と外国人
第1章　未曾有の大災害、外国人散在地域では、なにが起きたのか──地域における「共生」を問う
第2章　「多文化ファミリー」における震災体験と新たな課題──結婚移民女性のトランスナショナル性をどう捉えるか
第3章　「土地に縛り付けられている人々」と「旅行者」──震災があらわにした可動性という分断線

Ⅱ 東日本大震災が問う日本社会
第4章　外国人による被災地支援活動──その特性が日本社会に示すもの
第5章　東日本大震災と技能実習生──震災から見えてきた移住労働者受け入れ政策の実態
第6章　被害日本大震災と在日コリアン──エスニック・マイノリティの視点を通じてみる震災と日本社会

Ⅲ 東日本大震災と情報伝達
第7章　地域の日本語教育と被災地の外国人──コミュニティにおける言語とその役割
第8章　多言語支援センターによる災害時外国人支援──情報提供と相談対応を中心に
第9章　災害時の情報アクセスと内容理解──外国人住民の「混乱」の背景にあるもの

Ⅳ 大震災における外国人支援
第10章　市民意識と多文化共生──阪神・淡路大震災の経験から東日本大震災の支援へ
第11章　被災地での法律相談活動からみた外国人住民──気仙沼・大船渡のフィリピン人住民の姿
第12章　いまなお移住労働者は使い捨ての労働力なのか？──東日本大震災以降の労働相談案件から
第13章　国際移住機関(IOM)による人道的帰国支援と在日外国人らの選択──浮き彫りにされた社会統合の課題
column　東日本大震災と留学生／東日本大震災を「在日」としてどのように捉えるのか／在日ブラジル人とメディア

〈価格は本体価格です〉

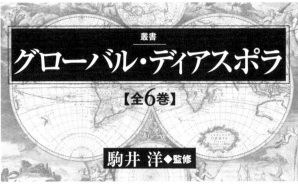

叢書 グローバル・ディアスポラ
【全6巻】

駒井 洋◆監修

15世紀以降、近代世界システムの形成とともに始まった大規模な人の移動を「ディアスポラ」をキーワードにして問い直す

1 東アジアのディアスポラ
陳天璽+小林知子編著（第6回配本）

2 東南・南アジアのディアスポラ
首藤もと子編著（第4回配本）

3 中東・北アフリカのディアスポラ
宮治美江子編著（第3回配本）

4 ヨーロッパ・ロシア・アメリカのディアスポラ
駒井洋+江成幸編著（第1回配本）

5 ブラック・ディアスポラ
小倉充夫+駒井洋編著（第5回配本）

6 ラテンアメリカン・ディアスポラ
中川文雄+田島久歳+山脇千賀子編著（第2回配本）

〈価格は本体価格です〉　A5判／上製　◎各5000円